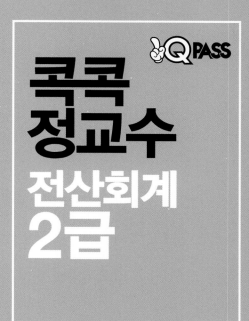

✌Q PASS

콕콕 정교수 전산회계 2급

공인회계사·세무사 **정성진** 지음

다락원

콕콕 정교수
전산회계 2급 특징

전산회계 2급 시험에 합격하기 위해서는 회계원리 기초 내용을 익힌 뒤, 이를 KcLep 프로그램에 입력할 줄 알아야 합니다. 어느 정도 공부만 하면 꼭 전공자가 아니어도, 그리고 학원에 가지 않아도 독학으로 충분히 합격할 수 있는 시험임에도 많은 분들이 합격에 어려움을 겪고 있습니다.

이에 저자의 오랜 공인회계사·대학교수 경험을 바탕으로 학생들이 쉽게 전산회계 2급 자격증을 취득할 수 있도록 책을 구성하였는데, 이 책은 다음과 같은 특징을 갖고 있습니다.

- 대화식으로 기술되어 이해하기가 아주 쉽습니다.
- 합격에 꼭 필요한 기출 내용만으로 책을 구성하고 출제빈도가 높은 핵심내용은 별도로 구분하였습니다.
- 이론 공부 뒤 곧장 해당 내용을 KcLep에 입력하도록 구성되어 있습니다.
- 한 권으로 「이론」 + 「실무」 + 「기출」을 끝낼 수 있습니다.
- 전산회계 2급 모든 해설 영상이 무료 제공됩니다.
- 시험 직전 체크할 수 있는 「핵심 요약집」이 부록으로 제공됩니다.

전산회계 2급 시험은 회계전공자는 2주, 차변·대변만 어렴풋이 아는 학생이라면 매일 1~2시간의 꾸준한 학습으로 1개월이면 합격할 수 있을 정도의 시험입니다. 차변·대변을 모른다 하더라도 매일 2~3시간씩 1개월이면 충분합니다.

이 책을 차분히 읽고 시키는 대로 따라만 하면 여러분의 손에 전산회계 2급 자격증이 쥐어질 것입니다.

공인회계사·세무사 정성진

전산회계 2급 시험안내

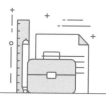

📜 시험개요: 시험시간 60분

✓ 100점 만점(이론 30점, 실기 70점): 70점 이상 취득 시 합격

🔍 평가범위

이론문제(30점)			실무문제(70점)		
구 분	출제비중		구 분	출제비중	
회계 기본개념	4문제	8점	회사 등록정보 수정	1문제	6점
자 산	4문제	8점	전기분 재무제표 수정	1문제	6점
부 채	3문제	6점	기초정보 관리	2문제	6점
자 본	1문제	2점	일반전표 입력	8문제	24점
수익·비용	3문제	6점	오류수정	2문제	6점
			기말 결산정리	4문제	12점
			장부조회	3문제	10점
계	15문제	30점	계	21문제	70점

📅 시험일정: 짝수달 초(연 6회 시행)

한국세무사회 국가공인자격시험 사이트(http://license.kacpta.or.kr)에서 인터넷으로 원서 접수하며 응시료는 30,000원임.

KcLep & 실습데이터 설치

🔒 KcLep 수험용 프로그램 설치방법

① 한국세무사회 국가공인자격시험 사이트(http://license.kacpta.or.kr) 접속

② 자료실 클릭

한국세무사회 국가공인자격시험	시험안내	원서접수	자격증	알림마당	나의수험정보
	시험개요	개별접수	자격증신청	공지사항	원서접수관리
	시험일정	단체접수	자격조회	자주하는질문	자격증관리
	자격우대사항	접수내역	자격증갱신	자료실	확인서발급
	합격률			구인안내	1:1문의
				학원안내	회원정보관리
				교재안내	

③ KcLep 설치파일 다운로드

공지사항	번호 ↓	제목	파일	등록일	조회
자주하는질문	6	2025년 수험용 프로그램 케이렙(v.2025.03.07.)	↓	2025/03/05	5020
	5	[수동설치] 2025년 수험용 프로그램 케이렙 (v.2025.03.07.)	↓	2025/03/05	1396
자료실　>	4	2025 자격시험 홍보물[전단지,포스터,안내책자]	↓	2024/12/13	17094

④ 설치파일 클릭하여 KcLep 설치하면 바탕화면세 KcLep 단축아이콘 표시

🖥️ 실습데이터 설치방법

① 「cafe.naver.com/eduacc 공지&DATA다운로드」에서 [콕콕정교수 전산회계 2급] 이론+실무+기출 실습데이터의 Data_Install_JH2.zip 파일을 다운로드

공지	[콕콕정교수 전산회계 2급] 이론+실무+기출 실습데이터 Ⓝ	콕콕 정교수 🖪	20:09
공지	[콕콕정교수 전산회계 1급] 이론+실무+기출 실습데이터 Ⓝ	콕콕 정교수 🖪	20:07

② Data_Install_JH2.exe 클릭한 후 "압축해제(E)" 클릭

> ALZip Self-Extractor   ×
>
> 압축 해제 경로
> C:\KcLepDB\KcLep\
>   폴더선택(B)...
>
> □덮어쓰기(W) ☑폴더 열기(O) [압축해제(E)] [닫기]

③ 압축해제 후 생성되는 실습데이터

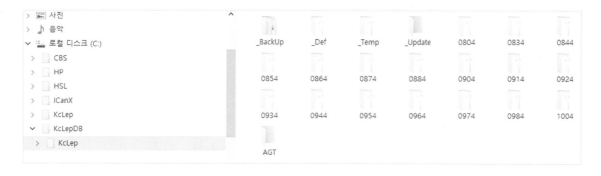

④ 설치한 실습데이터를 KcLep 프로그램에 인식시키기 위해 KcLep 실행 후 "회사등록" 클릭

⑤ "F4 회사코드재생성" 클릭한 후 "예(Y)" 클릭

<table>
<tr><td>참고</td><td>입력된 데이터를 모두 지우고 실습데이터를 다시 설치하는 법</td></tr>
</table>

✔ 기존 데이터 삭제

윈도우 탐색기를 클릭하여 ③번에서 살펴봤던 KcLepDB의 폴더들을 모두 삭제(단, 기입력한 데이터를 백업하려면 해당 폴더를 다른 곳에 복사 필요)

✔ 데이터 재설치

다운받았던 Data_Install_JH2.exe 클릭한 후 "압축해제(E)" 클릭 ⇒ KcLep 실행 ⇒ "회사등록" 클릭 ⇒ "F4 회사코드재생성" 클릭한 후 "예(Y)" 클릭

합격전략 & 진도체크표

📢 합격전략

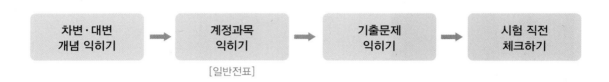

차변·대변 개념 익히기 → 계정과목 익히기 → 기출문제 익히기 → 시험 직전 체크하기

[일반전표]

[1단계] 차변·대변 개념 익히기

회사가 사용하는 자산·비용을 차변, 회사가 조달한 자금인 자본·부채·수익을 대변이라고 합니다. 이 개념을 익혀야 일반전표 입력이 가능한데 절대 암기하지 말고 개념을 이해해야 합니다.

[2단계] 자산·부채·자본·수익·비용 주요 계정과목 익히기 ⇒ 일반전표

회계거래가 발생하면 이를 일반전표에 입력해야 하는데 예금거래, 유가증권 취득, 외상대금 회수, 급여지급, 물품 기부 등이 이에 해당됩니다. 출제유형이 뻔해 일반전표 입력은 생각보다 어렵지 않습니다.

[3단계] 기출문제 시험유형 익히기

최소 5~10회분 기출문제를 실제 시험과 동일한 시간에 풀어 보면서 이론, 실무 시험유형을 몸에 익혀야 합니다.

[4단계] 시험 직전 체크

공부하면서 반드시 암기가 필요한 일부 내용은 별책 부록 「콕콕정교수 전산회계 2급 핵심체크 & 빈출 120문제」에 미리 체크해 두었다가 시험 직전 점검을 해야 합니다.

✔ **마지막 당부**
- 이론문제 최소 22점, 실무문제 최소 52점 획득해야 안전하게 합격합니다.
- 70점만 넘으면 합격이므로 회계초심자는 너무 어려운 내용은 과감히 포기해도 합격에 지장이 없습니다.

하루 1시간, 1개월 합격 / 하루 2시간 2주 합격 진도체크표

시간		공부할 내용	진도체크
1주차	월	Ⅰ-01. 회계 기본개념과 회계거래의 요건	☐
	화	Ⅰ-02. 재무제표 생성과정과 자산·부채·자본·수익·비용 개념	☐
	수	Ⅰ-03. 회계등식	☐
	목	Ⅰ-04. 분개 1 : 차변·대변과 복식회계의 개념	☐
	금	Ⅰ-05. 분개 2 : 거래의 8요소와 회계거래 결합관계	☐
	토	Ⅰ-06. 재무제표 작성 순서 : 회계순환과정	☐
	일	Ⅰ-07. 재무제표 종류와 재무제표 작성 기본원칙	☐
2주차	월	Ⅱ-08. KcLep 설치 및 기초정보 관리	☐
		Ⅱ-09. KcLep 일반전표 입력법	☐
	화	Ⅲ-10. 현금및현금성자산	☐
	수	Ⅲ-11. 매출채권	☐
	목	Ⅲ-12. 대손회계	☐
	금	Ⅲ-13. 유가증권	☐
		Ⅲ-14. 기타당좌자산	☐
	토	Ⅲ-15. 재고자산	☐
	일	Ⅲ-16. 투자자산	☐
		Ⅲ-17. 유형자산의 취득	☐
3주차	월	Ⅲ-18. 감가상각비	☐
	화	Ⅲ-19. 유형자산 처분과 폐기	☐
	수	Ⅲ-20. 무형자산·기타 비유동자산	☐
	목	Ⅳ-21. 유동부채	☐
		Ⅳ-22. 비유동부채	☐
	금	Ⅳ-23. 자 본	☐
	토	Ⅴ-24. 매출, 매출원가	☐
	일	Ⅴ-25. 판매관리비	☐
4주차	월	Ⅴ-26. 영업외수익·영업외비용	☐
	화	Ⅴ-27. 수익·비용의 이연	☐
	수	Ⅵ-28. 오류수정	☐
		Ⅵ-29. 기말 결산정리	☐
	목	Ⅵ-30. 전기분 재무제표 수정	☐
	금	Ⅵ-31. 장부조회	☐
	토	기출문제 풀이	☐
	일	핵심체크 & 빈출 120문제	☐

※ 전공자 또는 회계전공 지식이 있으신 분은 위 기준 학습 분량을 1일 학습에 맞춰 집중학습하시면 충분히 2주에도 합격이 가능합니다.
 (예) 월·화요일 진도→1일에 학습)
※ 단, 회계를 처음 공부하는 학생은 하루 2시간, 1개월 합격전략으로 공부하세요.

Contents

I 회계의 기본원리

II KcLep 프로그램 배우기

Contents

부록 기출문제 풀이

I

회계의
기본원리

01 회계 기본개념과 회계거래의 요건

학습내용
· 회계의 정의   · 회계상 거래의 개념

출제경향
이론문제로만 출제되며 회계의 개념 문제는 거의 출제가 되지 않으며 회계상 거래의 개념을 묻는 문제가 1년에 2문제 정도 출제되어 3~4회 시험마다 1문제 출제되고 있음. 출제빈도는 높지 않지만 내용이 어렵지 않으므로 출제될 경우 반드시 맞혀야 함

1 회계의 정의

회사를 제대로 운영하기 위해서는 회사의 상황을 정확히 파악하는 것이 아주 중요합니다. 즉, 물건을 팔면 얼마나 남는지, 매달 지급할 급여, 대출금 이자, 외상대금이 얼마인지, 그리고 이러한 비용을 지급할 현금이 충분한지, 은행 대출금 잔액은 얼마인지, 거래처별로 수금할 잔액은 얼마인지 등의 관련 정보가 필요한데 이러한 것을 '회계정보'라고 부릅니다. 회계란 이러한 회계정보를 만들어 전달하는 일련의 과정을 말합니다.

1. 회계의 정의

> 회계란 특정 기업에 발생한 경제적 사건(거래)을 식별하여 화폐 금액으로 기록한 뒤, 이 **재무정보를** 주주·채권자 등 **정보이용자에게 전달**하는 일련의 **과정**

2. 회계에서 파악할 정보(회계정보=재무정보)

회계란 재무적 정보를 주주 등 정보이용자에게 전달하는 일련의 과정이라고 공부했습니다. 여기에는 중요한 두 개의 단어가 있습니다. 바로 '재무정보'와 '정보이용자'입니다. 먼저 '재무정보', 다음으로 '정보이용자'에 대해 차례로 알아보겠습니다.

1) 재무정보

회계를 통해 파악할 가장 중요한 재무적 정보 두 가지를 꼽으라면 바로 기업의 재무상태와 경영성과입니다.

정교수 콕콕

🎯 핵심체크

회계의 목적
회계정보이용자의 합리적 의사결정에 유용한 정보 제공

정교수 콕콕

① 재무상태

재무상태란 기업이 얼마나 건실한지 그 정도를 말하는데, 구체적으로는 기업이 보유한 자산(재산)은 얼마나 되며 갚아야 할 부채(빚)는 얼마나 되어 결국 순재산(자본)은 얼마나 되는지를 말합니다.

② 경영성과

경영성과란 얼마나 장사를 잘했는지를 말하는데, 연간 매출액(수익), 매출원가·각종 관리비용(비용)을 차감한 후의 연간 이익으로 표현됩니다.

〈재무정보〉

구 분	내 용	재무제표 명칭
재무상태	기업이 보유한 자산, 부채, 자본 현황	재무상태표
경영성과	기업의 수익(매출), 비용(매출원가, 각종 관리비 등) 차감 후 연간 이익 현황	손익계산서

특정 기업의 재무상태는 재무상태표에, 그리고 경영성과는 손익계산서에 표시되는데 이를 재무제표라고 부릅니다. 재무(財務)란 '돈과 관련된 일'이란 뜻이고, 제표(諸表)란 '여러 가지 표'란 뜻입니다. 즉, 재무제표란 '회사의 돈과 관련한 내용을 알려주는 여러 가지 표'입니다.

회계공부란 결국 이 재무상태표와 손익계산서를 공부하는 것입니다.

2) 회계정보 이용자

자, 그럼 이렇게 회계에서 만들어진 재무상태표, 손익계산서와 같은 회계정보는 과연 누가 이용할까요? 먼저 회사 **내부에는 경영자, 근로자**가 있고 다음으로 회사 **외부에는 회사의 주주, 잠재적 투자자, 채권자, 거래처, 정부기관(국세청 등)**이 있습니다. 이를 요약하면 다음과 같습니다.

〈회계정보 이용자〉

정교수 콕콕

🎯 핵심체크
회계정보 이용자
• 내부: 경영자, 근로자
• 외부: 주주, 채권자, 잠재적
  투자자, 채권자, 거래처,
  정부기관

① 내부이용자

가. 경영자

경영자는 회계정보를 이용해 생산량, 자금조달, 차입금상환, 인력채용, 제품개발 등 중장기적 계획을 수립하기도 하고, 1년간 회사가 얼마나 잘 운영되었는지 평가합니다.

나. 근로자

근로자는 자신의 급여 인상이나 근로조건 협상을 위해 회사가 보유한 예금규모, 상환할 부채 규모 및 이익 수준 등의 회계정보가 필요합니다.

② 외부이용자

가. 주주

회사에 투자한 주주는 회사의 경영성과, 현금보유 정도 등의 회계정보를 파악해 얼마나 배당을 요구할지, 그리고 궁극적으로 언제 회사 주식을 처분할지 결정합니다.

나. 잠재적 투자자

잠재적 투자자들은 회사의 회계정보를 분석해 이 회사에 투자할지 여부를 결정합니다.

다. 채권자

채권자는 회사의 재무상태와 경영성과를 고려해 대출 여부나 대출금액, 이자율을 결정합니다.

라. 거래처

거래처는 해당 회사의 재무상황을 파악해 제품을 외상으로 판매할지 여부 등을 결정합니다.

마. 정부기관

정부기관은 회계정보를 이용해 회사에 법인세, 건강보험료, 재산세 등을 얼마나 부과할지 결정합니다.

자, 그럼 회계정보 이용자 관련 내용이 전산회계시험에서 어떤 식으로 출제되는지 알아보겠습니다.

| **이론기출 확인문제** | **전산회계 2급**, 2020년, 92회 |

다음 중 회계정보의 내부이용자에 속하는 이해관계자로 옳은 것은?

① 고객　　　　　　　② 정부　　　　　　　③ 경영자　　　　　　　④ 채권자

|정답| ③

고객, 정부, 채권자는 모두 회계정보의 외부 이용자임.

---

3. 회계원칙: 기업회계기준

자, 여기서 한 가지 생각해 볼 것이 있는데, 이렇게 다양한 정보 이용자들이 회계정보를 필요로 하는데 이 회계정보가 엉터리로 만들어졌다면 어떨까요? 회계정보 이용자들은 무엇이 진짜인지 몰라 모두 혼란에 빠질 것입니다.

그래서 각 국가마다 재무상태표, 손익계산서와 같은 회계정보를 만들 때 따라야 하는 원칙을 만들었는데 이를 회계원칙, 다른 말로 '일반적으로 인정된 회계원칙'이라고 합니다.

1) 회계원칙의 종류

회계원칙은 처음에는 각 국가별로 독자적으로 정하다가 2000년 이후에는 세계 각국이 통일된 동일한 국제회계원칙을 사용하고 있는데 우리나라가 채택한 국제회계기준을 한국채택국제회계기준(K-IFRS)이라고 부릅니다. 현재 우리나라는 2011년부터 상장기업에게만 의무적으로 한국채택국제회계기준을 적용하고 있으며, 비상장회사에게는 일반기업회계기준을 적용하고 있습니다.

한국채택국제회계기준과 일반기업회계기준은 대부분 내용이 유사하되 한국채택국제회계기준이 일반기업회계기준보다 복잡한 상황을 가정한 것이라 생각하면 됩니다. 참고로 2014년부터 중소기업은 일반기업회계기준보다 더 간단한 구조의 중소기업회계기준을 적용할 수 있습니다.

2) 전산회계시험 출제범위

전산회계는 비상장 회사를 가정하여 문제가 출제되기 때문에 여러분은 일반회계기준만 학습하면 충분합니다. 다음은 전산회계 시험지에 인쇄되어 나오는 문구입니다.

> "한국채택국제회계기준을 적용하도록 하는 전제조건이 없는 경우, 일반기업회계기준을 적용하여 회계 처리한다."

4. 회계의 종류

자, 이제 마지막으로 회계의 종류에 대해 알아보겠습니다.

회계라고 하면 흔히 재무상태표와 손익계산서를 만드는 것을 떠올리지만 이를 좀 더 정확하게 구분하면 다음과 같이 재무회계, 원가·관리회계, 세무회계, 이렇게 3가지로 구분할 수 있습니다. **보통 아무 말 없이 그냥 회계라고 하면 재무회계를 말합니다.**

구 분	재무회계	(원가)관리회계	세무회계
목 적	회사의 재무상태, 경영성과를 외부에 공표	원가계산, 제품 가격 결정 등	기업의 소득에 세금 부과 시 필요 정보 제공
정보이용자	내부(경영자, 근로자), 외부(주주, 잠재적 투자자, 채권자, 거래처, 정부 등)	내부(경영자)	내부(경영자) 및 과세당국
보고수단	재무제표(재무상태표, 손익계산서 등)	특수 형태 보고서	세무신고서
회계기준	기업회계기준	없음	세법

◎ 핵심체크

재무회계 Vs (원가)관리회계
· 재무회계: 재무제표 외부공표
· (원가)관리회계: 경영자의 의사결정 위한 자료보고

그럼 다음으로 회계정의와 회계의 종류가 전산회계 2급 시험에 어떤 식으로 출제되는지 한번 알아보겠습니다.

| 전산회계 2급, 2016년, 68회 |

이론기출 확인문제

다음 중 회계의 목적을 가장 잘 설명한 것은?

① 상품 판매 가격 결정
② 기업의 정당한 세액을 계산하여 세금 납부
③ 완성한 제품의 제조원가 결정
④ 기업의 이해관계자에게 합리적인 의사결정을 위한 정보제공

|정답| ④

회계란 재무적 정보를 주주, 채권자 등에게 전달하는 과정이며, 이를 통해 정보이용자는 합리적인 의사결정을 하게 됨. 상품판매가격 결정과 제품의 제조원가 결정은 원가관리회계, 세금계산 및 납부는 세무회계에 대한 설명임.

❷ 회계상 거래의 개념

앞에서 공부한 바와 같이 재무상태표는 회사의 자산, 부채, 자본과 같은 재무상태를 알려주고, 손익계산서는 회사의 수익, 비용, 이익 같은 경영성과를 알려주는 표입니다. 그리고 회계는 이 재무상태표와 손익계산서를 작성하는 것이기 때문에 **재무상태(자산, 부채, 자본)와 경영성과(수익, 비용)에 영향을 미치지 않으면 회계가 이를 처리할 필요가 없습니다.**

자, 그럼 회계상 거래의 개념에 대해서 알아보겠습니다.
거래의 사전적 의미는 '재화 또는 서비스를 대상으로 상인과 상인, 또는 상인과 고객 사이에서 이루어지는 경제적 행위'입니다. 하지만 회계에서 말하는 거래는 이러한 사전적 또는 경제적 의미와는 다른 부분이 있기 때문에 주의가 필요합니다.
자, 이제 회계에서 말하는 거래의 의미를 파악하기 위해 몇 가지 사례를 살펴볼 텐데 박스 안의 내용을 잘 읽어보고 이것이 회계적으로 거래인지 아닌지 맞혀보시기 바랍니다.

1. 사례연습

사례 1

여러 명의 지원자를 대상으로 면접을 실시한 뒤 그중 1명을 선발해 연봉 4천만 원 조건으로 근로계약서를 작성하였으며 해당 직원은 이틀 뒤 출근 예정임.

상식적으로 볼 때 직원채용도 거래의 일종이지만 **단순한 직원채용은 회계상 거래가 아닙니다.** 왜냐하면, **직원채용 근로계약서 작성만으로는 회사의 자산, 부채, 자본, 수익, 비용**

어디에도 영향을 미치지 않기 때문입니다. 이렇게 회계적 거래가 아닌 행위는 단순한 메모사항일 뿐, 회계처리를 통해 장부에 반영할 수가 없습니다. 채용한 근로자에게 월급이 지급되어 비용이 지출되면 그때야 회계상 거래가 발생하는 것입니다.

사례 2

판매장 설치를 위해 삼성역 인근 1층 상가를 보증금 1억 원에 빌리는 임대차 계약서를 작성하고 현금 1,000만 원을 계약금으로 지급함.

임대차 계약서 작성과정에서 계약금 1,000만 원이 현금 지급되어 **현금자산은 감소하고 그만큼 나중에 받을 임차보증금 자산이 생겼기 때문에 계약금 지급은 회계상 거래입니다.**

사례 3

제품을 1,000만 원어치 구매한다는 구매주문서를 단골 거래처로부터 팩스 전송받음. 아직 물품의 배송이나 계약금 수령 등은 이루어지지 않음.

1,000만 원어치 제품 구매주문을 받은 것은 아주 기쁜 일이지만 회계상으로는 거래가 아닙니다. 왜냐하면, 주문서 접수는 회사의 자산, 부채, 자본, 수익, 비용에 영향을 미치지 않기 때문입니다. 따라서 **주문서 접수 후 제품을 배송하거나 계약금을 받는 등의 구체적 회계적 사건이 일어나기 전까지는 회계상 거래가 아닙니다.**

2. 회계거래의 요건

이상 살펴본 바와 같이 회계상 거래로 인식되기 위해서는 다음 두 가지 요건을 모두 갖추어야 하며 만약 이 두 가지를 모두 갖추지 못하면 회계상 거래가 아니므로 장부에 반영할 필요가 없습니다.

회계거래의 요건	• 기업의 재무상태(자산, 부채, 자본)와 경영성과(수익, 비용)에 영향을 미쳐야 한다. • 금액으로 측정할 수 있어야 한다.

회계거래의 요건
• 자산, 부채, 자본, 수익, 비용에 영향을 미쳐야 함.
• 금액으로 측정 가능

지금까지 공부한 회계거래의 내용이 전산회계시험에서 어떤 유형으로 시험문제가 출제되는지 알아보겠습니다.

이론기출 확인문제

| 전산회계 **2급**, 2020년, 92회 |

다음 중 회계상 거래를 모두 고른 것은?

> 영미실업은 ㉠ 종업원을 추가로 채용하고 ㉡ 건물을 추가로 사용하기 위해 임대차계약을 체결하였으며 ㉢ 영업용 자동차 1대를 현금으로 매입하였다. 또한, ㉣ 1천만 원의 상품을 추가로 주문하였고, ㉤ 바른은행 에서 현금 2천만 원을 3년간 차입하였다.

① ㉢, ㉤   ② ㉠, ㉣   ③ ㉠, ㉡   ④ ㉣, ㉤

|정답| ①

단순한 종업원 추가 채용(㉠), 건물 임대차계약(㉡), 상품 추가 주문(㉣)은 자산, 부채, 자본, 수익, 비용에 영향을 미치지 않으므로 회계상 거래가 아님.

01 이론기출 공략하기

회계 기본개념과 회계거래의 요건

01 난이도 ★ 필수

다음 중 회계의 목적을 설명한 것으로 바르지 않은 것은? [2020년, 94회]

① 회사의 일정시점의 재무상태를 파악한다.

② 회사의 일정기간 동안의 경영성과를 측정한다.

③ 종업원의 실적을 분석하여 근무 태도를 평가한다.

④ 다양한 이해관계자들이 합리적인 의사결정을 할 수 있도록 유용한 정보를 제공한다.

02 난이도 ★★

다음의 의미를 가장 잘 나타내는 것은? [2017년, 73회]

회계정보이용자의 합리적인 의사결정에 유용한 정보를 제공

① 회계목적 ② 회계분류

③ 회계연도 ④ 회계단위

03 난이도 ★★ 필수

다음 중 회계상 거래에 해당하는 것은? [2025년, 118회]

① 기계장치를 10억원에 취득하기로 계약을 체결하였다.

② 상품(장부가액 100,000원)이 화재로 인해 소실되었다.

③ 월 2백만원의 지급조건으로 직원을 채용하고 근로계약서를 작성하였다.

④ 차량운반구를 1억원에 매입하기로 하고 계약을 체결하였다.

04 난이도 ★★

다음 중 회계상의 거래에 해당하는 것은? [2021년, 96회]

① 화재로 인해 상품의 일부가 파손되다.

② 신입사원 김사랑 씨를 채용하다.

③ 신규 거래처로 ㈜희망상사를 선정하다.

④ 사업 확장을 위해 새로운 건물을 임차하기로 결정하다.

05
난이도 ★★

05 다음 중 거래의 성립요건에 해당하지 않는 것은? [2019년 82회]

☐ ① 상품 200,000원을 도난당하다.

② 컴퓨터 1대를 500,000원에 구입하고 대금은 월말에 지급하기로 하다.

③ 회사의 신문대금 30,000원을 현금으로 결제하다.

④ 제주도 감귤농장에 감귤 5,000,000원어치를 주문하다.

난이도 ★★ 필수

06 다음 중 회계상 거래에 해당하는 것은? [2025년, 114회]

☐ ① 직원 1명을 신규 채용하고 근로계약서를 작성했다.

② 매장 임차료를 종전 대비 5% 인상하기로 임대인과 구두 협의했다.

③ 제품 100개를 주문한 고객으로부터 제품 50개 추가 주문을 받았다.

④ 사업자금으로 차입한 대출금에 대한 1개월분 대출이자가 발생하였다.

정답 및 해설

01 ③ 회계의 목적은 기업의 회계정보(재무상태, 경영성과)를 정보이용자에게 전달하는 것임.

02 ①

03 ② ①③④ 단순한 계약의 체결은 자산, 부채, 자본, 수익, 비용에 영향을 미치지 않으므로 회계상 거래가 아님. ②화재로 상품 10만 원이 소실되면 자산이 감소하므로 회계상 거래임.

04 ① 화재로 상품이 소실되면 자산이 줄어들고 화재손실 비용이 발생한 거래이지만 나머지 ②③④번 거래는 회계상 거래가 아님.

05 ④ 단순한 감귤 주문은 자산, 부채, 자본, 수익, 비용에 영향을 미치지 않으므로 회계상 거래가 아님.

06 ④ 1개월분 이자가 발생하면 비용(이자비용)이 발생했으므로 회계상 거래임.

학습내용 · 재무제표 생성과정   · 자산, 부채, 자본, 수익, 비용 개념

출제경향 재무제표의 생성과정을 통해 자산, 부채, 자본, 수익, 비용의 개념을 알아보는 단원으로 자산, 부채, 자본, 수익, 비용의 개념이 아주 가끔씩 이론문제로 출제되고 있음.

① 재무제표의 생성과정

회계란 회사에서 발생한 수많은 거래를 잘 요약·정리한 뒤 이를 표로 정리해서 정보이용자에게 전달하는 일련의 과정인데 그 과정에서 차변, 대변이라는 독특한 약속을 사용합니다. 다만, 차변, 대변이라는 개념이 너무 독특해서 필자 또한 처음 회계를 공부할 때 엄청난 어려움을 겪었던 생각이 납니다.

필자가 겪었던 회계에 대한 어려운 경험을 여러분에게 최소화되기 위해 **사례를 통해 차변, 대변의 원리를 설명하려 합니다. 일단 회계공부라고 생각하지 말고 주변의 아시는 분이 퇴직 후 조그마한 회사를 창업한다고 생각하고 사례를 보면 좋겠습니다.**

1. 주식회사의 개념

재무제표 생성과정을 이해하기 위해서는 주식회사에 대한 기초적인 지식이 필요한데 다음이 주식회사의 기본개념입니다.

1) 주식회사의 시초

주식회사의 시초는 17세기 초 네덜란드의 동인도 회사에서 찾을 수 있습니다. 동인도 회사는 아시아의 후추, 커피, 비단 등의 무역을 위해 네덜란드, 영국, 프랑스 등이 동인도에 설립한 회사로 가장 유명한 것이 바로 네덜란드의 동인도 회사입니다.

말레이시아, 인도네시아 지역에서 가장 세력이 강했던 네덜란드의 동인도회사는 귀족과 왕으로부터 자금을 투자받아 동인도회사를 설립했던 영국, 프랑스와 달리 일반 시민들로부터 투자를 받았다고 합니다. 그리고 향후 이익 분배를 위해 투자증서를 발급했는데 이것이 오늘날 주식의 시초입니다.

2) 주식회사의 시작: 투자금(출자금)의 모집

주식회사를 시작하기 위해서는 회사 설립에 필요한 자금이 필요한데 그 시작이 바로 주주의 투자금, 바로 주주의 출자금입니다. 주주가 회사에 투자금을 납입하면 회사는 이를 증명하기 위해 주식을 발행하여 교부합니다.

3) 부족한 자금의 차입: 차입금

회사의 자금이 충분하다면 문제가 없지만 대부분의 경우에는 부족한 자금을 은행에서 빌리는데 이를 차입금이라고 합니다.

4) 경영의 시작: 소유와 경영의 분리

17세기 초 아시아무역은 성공만 하면 엄청난 이익을 볼 수 있었지만 해적의 공격, 나쁜 바다 날씨 등으로 그 위험 또한 매우 높았다고 합니다.

이를 효과적으로 관리하기 위해 동인도회사는 경험 많은 선장을 고용한 뒤 항해에 관한 모든 권한을 일임했는데 오늘날의 주식회사도 마찬가지입니다. 회사를 설립한 뒤 주주들은 대표이사를 선임하여 회사경영을 맡기는데 이를 소유와 경영의 분리라고 합니다.

2. 주식회사 설립 사례

이상 설명한 주식회사의 기본개념을 바탕으로 간단한 회사 설립 사례를 알아보겠습니다.

> **사례**
>
> (주)명지패션 인터넷 의류 쇼핑몰을 1월 1일 창업
> • 자금조달: 5명 주주 투자금 500,000원. 대한은행 대출 300,000원
> • 자금사용: 사무실 보증금 300,000원, 의류구입 400,000원, 여유자금 100,000원

먼저 회사를 설립하려면 자금이 필요하겠죠? 자금은 크게 회사의 주인인 주주가 투자하는 자기자본과 회사에 돈을 빌려주는 타인자본으로 구성됩니다. 사례에서는 5명의 주주가 투자한 50만 원, 대한은행에서 빌린 30만 원, 총 80만 원의 자금이 마련되었습니다. 이를 도표로 요약하면 다음과 같습니다.

〈자금조달 요약〉

1) 자금의 조달

조달된 자금을 법률적으로 따져보면 ㈜명지패션에 5명의 주주가 50만 원을 투자하고, 채권자 대한은행이 30만 원을 대여, 즉 빌려준 것입니다. ㈜명지패션은 열심히 돈을 벌어 나중에 대한은행에 원금과 이자를 갚고, 주주 5명에게는 원금과 이익금을 돌려줘야 합니다. 다만, ㈜명지패션은 돈을 벌면 주주보다는 채권자인 대한 은행에 원금과 이자를 먼저 갚아야 합니다. 왜냐하면 투자자는 채권자에게 원금과 이자를 갚은 뒤 남은 돈을 찾아가는 조건으로 투자를 한 것이기 때문입니다.

2) 자금의 운용

자, 이제 자금을 조달했으니 ㈜명지패션은 본격적인 인터넷쇼핑몰 사업을 시작해야겠죠? 먼저 ㈜명지패션은 김성공 씨를 대표이사로 선임하고 직원 1명을 채용한 뒤 동대문에 보증금 30만 원에 사무실을 빌렸습니다. 다음으로 판매할 의

주식회사 명지패션	
• 현금	10만 원
• 재고자산	40만 원
• 임차보증금	30만 원

류 40만 원어치를 구입하고 나머지 현금 10만 원은 회사 금고에 보관했는데 이를 도표로 요약하면 오른쪽과 같습니다.

3. 재무제표의 생성과정

[1단계] 회사 창업단계 재무상태표

자, 이상 과정을 거쳐 드디어 회사가 창업되었습니다. 그럼 창업된 ㈜명지패션의 재무상태표를 만들어 볼까요?

이미 설명한 바와 같이 재무상태란 기업이 보유한 총자산과 상환할 부채 현황 등을 말하는데 재무상태표는 아래와 같은 양식으로 작성하기로 이미 사회적으로 약속이 되어 있습니다.

〈재무상태표 양식〉

운용 중인 재산(자산)	타인자본(부채)
	자기자본(자본)

1) 자금의 조달

㈜명지패션을 창업하기 위해 은행에서 빌린 돈은 타인자본, 즉 부채 부분에 표시하고, 5명의 주주가 투자한 돈은 자기자본, 즉 자본에 표시하는 것입니다. 특히 자기자본보다 타인자본을 먼저 갚아야 하기 때문에 타인자본, 즉 부채가 더 위에 표시되는 것입니다.

2) 자금의 운용

그리고 회사가 조달한 자금으로 운용 중인 내역은 자산 쪽에 표시하되, 마지막으로 중요한 것은 자산은 왼쪽, 부채와 자본은 오른쪽에 표시하는 것이 재무상태표 작성의 가장 기본적인 원칙입니다. 이상 원칙을 적용하여 ㈜명지패션의 창업 단계의 재무상태표를 작성하면 다음과 같습니다.

3) 창업 단계의 재무상태표

〈창업 단계 재무상태표〉

㈜명지패션　　　　　　　　　　　　　　　　　　　　　　　　　　　　　201x.1.1

현　　　　금	100,000	차　입　금	300,000
재 고 자 산	400,000		
임 차 보 증 금	300,000	자　본　금	500,000
합　　　　계	800,000	합　　　계	800,000
자금운용		자금조달	

왼쪽의 자금운용 쪽은 좀 전의 〈자금운용 요약〉을 그대로 옮겨 적은 것이고 오른쪽의 자금조달 쪽은 좀 전의 〈자금조달 요약〉을 그대로 옮겨 적으면서 대한은행에서 빌린 돈을 차입금으로, 5명의 주주가 투자한 돈을 자본금으로 그 이름만 바꾸어 적었습니다.

[2단계] 경영성과를 표시하는 손익계산서

자, 이제 본격적으로 쇼핑몰 사업을 시작할 차례인데요. ㈜명지패션의 1년간 사업결과를 요약하면 다음과 같습니다.

영업결과 (1.1~12.31)	• 연간 판매액 (창업 시 구매한 재고자산 40만 원 중 35만 원어치 판매)	800,000원
	• 직원급여	100,000원
	• 사무실 월세	50,000원
	• 차입금이자	20,000원
	(*) 모든 거래는 현금거래라 가정	

1) 연간이익 계산

통상 회계에서는 연간 회사에 유입되는 것을 수익이라 부르며, 판매원가, 급여, 월세 등 각종 지출을 비용이라고 부릅니다. 이때 수익에서 비용을 차감하면 이익 또는 당기순이익이 계산되는데 이를 표로 표현하면 다음과 같습니다.

> 수입 – 비용 = 이익 또는 당기순이익

이상 영업결과를 요약하면 ㈜명지패션은 당기순이익 280,000원을 달성했는데 구체적인 계산내역은 다음과 같습니다.

> 800,000원(연간 판매액) – 350,000원(판매된 재고의 원가) – 100,000원(급여) – 50,000원(월세)
> – 20,000원(이자) = 280,000원(당기순이익)

2) 손익계산서의 표시

만약 회사의 영업결과를 이렇게 순이익 28만 원이라고만 표시하면 이를 이용하는 경영자, 채권자, 주주 등은 여기서 다양한 경영 관련 정보를 파악하기 어렵습니다.

이런 이유로 회사의 경영성과를 알려주는 손익계산서는 크게 [매출 관련] ⇒ [영업 및 판매 관리 관련] ⇒ [영업 이외 관련] ⇒ [당기순이익] 순서로 작성하는데 이를 이용하여 ㈜명지패션의 경영성과인 손익계산서를 작성하면 다음과 같습니다.

〈손익계산서〉

㈜명지패션   201×.1.1~12.31

매 출	800,000
매 출 원 가	(350,000)
매 출 총 이 익	450,000
급 여	(100,000)
임 차 료	(50,000)
영 업 이 익	300,000
이 자 비 용	(20,000)
당 기 순 이 익	280,000

(*)숫자 밑의 줄은 매출총이익, 영업이익, 당기순이익 등 각 단계별 구분을 위한 표시이며 괄호는 (−)표시임.

손익계산서를 이렇게 몇 단계로 나누어 표시하는 이유는 물건 판매에 원가는 얼마나 들어가서 마진이 얼마나 생겼고, 회사 관리에 급여, 임차료, 광고선전비 등은 얼마나 들었는지, 그리고 장사 결과 벌어들인 돈으로 차입금 이자 등은 얼마나 납부했는지 구분된 정보가 필요하기 때문입니다.

[3단계] 창업 1년 뒤 재무상태표

자, 이제 ㈜명지패션의 1년간 사업운영 결과 ㈜명지패션의 1년 뒤 재무상태표는 어떻게 변동되었을까요?

1) 변동 항목의 계산

이를 작성하기 위해서는 창업 이후 금액 변동이 생긴 항목에 대한 금액 계산이 먼저 이루어져야 하는데, 그 항목이 바로 현금과 재고자산입니다.

현금 항목은 판매대금이 입금되고 급여 등을 지급했기 때문에, 그리고 재고자산 항목은 판매가 이루어졌기 때문에 그 금액이 창업 초기에 비해 변동되었을 것입니다. 현금과 재고자산을 제외하면 임차보증금과 차입금, 자본금에 대해서는 거래를 한 적이 없기 때문에 그 금액이 창업 초기와 변동이 없습니다.

구체적으로 현금 잔고와 재고자산 잔고가 어떻게 변동되었는지는 여러분도 작성해 봤던 용돈기입장과 비슷한 다음과 같은 표를 작성해 보면 알 수 있습니다.

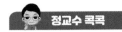

① 현금항목

〈현금〉

㈜명지패션   201×.1.1~12.31

날 짜	적 요	수 입	지 출	잔 액
201×. 1. 1	기 초 현 금			100,000
201×. ×. ×	매 출	800,000		900,000
201×. ×. ×	급 여		100,000	800,000
201×. ×. ×	임 차 료		50,000	750,000
201×. ×. ×	이 자 지 급		20,000	730,000
201×.12.31	기 말 현 금			730,000

회사 시작 단계에 현금이 10만 원 있었고, 매출로 80만 원의 현금이 입금되었습니다. 그리고 급여 10만 원, 임차료 5만 원, 이자 2만 원, 총 17만 원의 현금을 지급했습니다. 결국 기초현금 10만 원 + 입금 80만 원 - 출금 17만 원으로 기말현금은 73만 원입니다.

② 재고자산 항목

〈재고자산〉

㈜명지패션   201×.1.1~12.31

날 짜	적 요	수 입	지 출	잔 액
201×. 1. 1	기 초 재 고			400,000
201×. ×. ×	판 매		350,000	50,000
201×.12.31	기 말 재 고			50,000

기초에 있던 재고 40만 원 중 35만 원어치 판매가 되었기 때문에 기말의 재고는 5만 원입니다.

위 양식은 사회에서 흔히 사용되는 현금출납부, 가계부, 용돈기입장과 동일한 양식으로 기초 잔액에 당기에 수입된 금액은 더하고 지출된 금액은 차감해서 그 잔액을 구합니다. 계산 결과 ㈜명지패션의 201×.12.31 현금 잔액은 73만 원, 재고자산은 5만 원인데 이를 창업 1년 뒤 재무상태표에 표시하면 다음과 같습니다.

2) 창업 1년 뒤 재무상태표

〈1년 뒤 재무상태표〉

㈜명지패션   201×.12.31

현 금	730,000	차 입 금	300,000
재 고 자 산	50,000	자 본 금	500,000
임 차 보 증 금	300,000	이 익 잉 여 금	280,000
합 계	1,080,000	합 계	1,080,000
자금운용		자금조달	

다만, 자금조달 쪽의 자본금 아래쪽에 창업 단계에서는 없었던 이익잉여금이라는 항목이 추가되었는데, 이익잉여금이란 회사가 매년 운영 결과 발생한 이익을 모아 놓은 금액입니다. 이 사례에서는 ㈜명지패션이 1년간 영업을 했기 때문에 첫 1년차에 달성한 당기순이익 28만 원이 적혀 있는데 그 금액은 손익계산서의 당기순이익 금액과 일치합니다.

자, 지금까지 아주 간단한 회사 설립사례를 통해 재무상태표와 손익계산서가 만들어지는 과정을 알아봤습니다. 이제 마지막으로 재무상태표와 손익계산서의 관계에 관해 설명하겠습니다.

3) 재무상태표와 손익계산서의 관계

만약 ㈜명지패션의 2년차 당기순이익이 12만 원이라면 2년차 말에 작성된 재무상태표에는 이익잉여금이 얼마로 표시되어 있을까요? 정답은 40만 원입니다. 왜냐하면 1년차 당기순이익 28만 원에 2년차 당기 순이익 12만 원을 합치면 그 금액이 40만 원이기 때문입니다.

결국 당기순이익은 주주몫이므로 재무상태표의 이익잉여금으로 옮겨지게 되어 있습니다.

〈재무상태표와 손익계산서의 관계〉

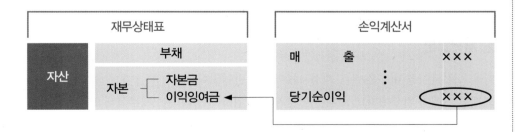

② 자산·부채·자본·수익·비용 개념

자, 그럼 이상 공부한 내용을 바탕으로 자산, 부채, 자본, 수익, 비용과 계정과목에 대해 구체적으로 정리해 보겠습니다.

◎ 핵심체크 콕

자산, 부채, 자본, 수익, 비용의 개념
- 자산: 기업에 지배되고 미래 경제적 효익 창출이 기대되는 자원
- 부채: 미래에 타인에게 갚아야 할 경제적 의무 (타인자본)
- 자본: 자산에서 부채를 차감한 잔액(주주가 청구권을 가지는 자기자본)
- 수익: 경영활동으로 획득한 자산의 유입이나 부채의 감소
- 비용: 수익 획득 위한 자산의 유출, 사용 또는 부채 증가

1. 자산·부채·자본·수익·비용 개념

구분		내용
재무상태	자산	과거 거래로 현재 기업에 지배되고 미래에 경제적 효익 창출이 기대되는 자원
	부채	기업이 미래에 타인에게 갚아야 할 경제적 의무(타인자본)
	자본	자산에서 부채를 차감한 잔액으로 주주가 청구권을 가짐.(자기자본) ⇒ 일명 순자산
경영성과	수익	경영활동으로 획득한 자산의 유입(또는 부채의 감소)
	비용	수익을 획득하기 위해 발생한 자산의 유출, 사용(또는 부채의 증가)

관련 내용이 전산회계 2급 시험에 어떻게 출제되는지 기출문제를 살펴보겠습니다.

이론기출 확인문제　　　　　　　　　　　　　　　| 전산회계 2급, 2019년, 86회 |

다음 중 자산, 부채, 자본에 대한 설명 중 틀린 것은?

① 자본은 기업실체의 자산총액에서 부채총액을 차감한 순자산을 말한다.
② 기업의 자금조달 방법에 따라 타인자본과 자기자본으로 구분하며, 부채는 자기자본에 해당한다.
③ 자산은 과거의 거래나 사건의 결과로서 현재 기업실체에 의해 지배되고 미래에 경제적 효익을 창출할 것으로 기대되는 자원을 말한다.
④ 자본은 기업실체의 자산에 대한 소유주의 잔여청구권이다.

|정답| ②
기업의 자금조달은 타인자본과 자기자본으로 구분되며 부채는 타인자본에 해당함.

2. 계정과목

다음으로 알아볼 내용은 바로 계정과목이라는 단어입니다.

회계상 거래가 발생했다면 회계는 이를 일목요연하게 정리하여 재무상태표와 손익계산서에 표시를 해야 하는데, 이를 위해서 각 거래가 발생할 때마다 거래별 이름을 정해야 합니다. 이렇게 각 거래별 이름이 바로 계정과목인데 예를 들어 설명하면 다음과 같습니다.

사례

㈜명지패션이 신입 직원이 사용할 책상, 컴퓨터, 프린터를 구입했다고 가정하겠습니다. 책상 1만 원, 컴퓨터 8만 원, 프린터 1만 원이라면 이를 재무상태표에 뭐라고 표시하면 좋을까요?

일반 상식으로는 있는 그대로 책상 1만 원, 컴퓨터 8만 원, 프린터 1만 원으로 해서 아래와 같이 표시하면 됩니다.

1) 상식적 표시

〈상식적 표시〉

자산	책 상	10,000	부채
	컴 퓨 터	80,000	
	프 린 터	10,000	자본

2) 회계적 표시

하지만 회사는 책상, 컴퓨터, 프린터 이외에도 복사기, 스피커, 빔프로젝터, 커피머신 등 표시할 항목들이 너무나 많기 때문에 재무상태표에 있는 그대로 이렇게 표시할 수가 없습니다. 이런 이유로 회계에서는 이러한 종류의 모든 자산들을 통틀어 '비품'이라 하여 다음과 같이 표시하고 있습니다.

〈회계적 표시〉

자산	비 품	100,000	부채
			자본

대신 이렇게 단순히 비품 10만 원이라고 표시하면 구체적으로 어떤 종류의 비품들이 있는지 알 수 없기 때문에 이 비품 10만 원이 어떤 항목들로 구성되는지 별도의 세부 내역표를 작성하고 있습니다. 이를 '비품명세서'라 표현하는데 전산회계 수험목적으로는 이 정도만 알면 충분합니다.

3) 계정과목의 개념

회계처리를 하기 위해서는 이렇게 각 거래마다 이름을 정해야 하는데 이를 '계정과목'이라고 하며 한자로는 計定科目, 영어로는 Title of account라고 표현합니다.

계정(計定, account)이란 회계적으로 구분해서 표시해야 할 개별 단위를 말하며, 과목(科目, title)이란 제목이란 뜻이므로, 이를 종합하면 **계정과목이란 자산, 부채, 자본, 수익, 비용의 변동을 기록하기 위해 회계거래 단위에 부여하는 구체적인 명칭**을 말합니다.

4) 계정과목 명칭 부여 방법

다음으로 알아볼 내용은 계정과목의 이름을 정하는 방식입니다.

위의 비품이라는 계정과목을 회사 회계담당자가 마음대로 이름을 정해서 사용할 수 있을까요? 예를 들면 '비품' 대신 '사무실 가구'라는 계정과목을 사용하는 겁니다.

이론적으로는 가능하지만 회사마다 모두 다른 용어를 사용한다면 회계정보 이용자에게 혼동을 줄 수 있기 때문에 **회사들은 통일된 계정과목을 공통으로 사용**하고 있으며 다음은 그 대표적인 사례입니다.

5) 주요 계정과목의 예시

다음은 회계에서 사용되는 계정과목 중 기초적인 내용을 정리한 것이며 아래 각 계정과목에 대해서는 추후 자세히 나오니 여기선 이 정도로 감만 잡으면 충분합니다.

〈주요 계정과목 예시〉

구 분		계정과목 예시
재무 상태표 계정	자 산	현금, 보통예금, 외상매출금, 받을어음, 상품, 제품, 토지, 건물, 기계장치, 비품, 소프트웨어, 임차보증금 등
	부 채	외상매입금, 지급어음, 단기차입금, 장기차입금 등
	자 본	자본금, 이익잉여금 등
손익 계산서 계정	수 익	매출, 이자수익, 배당금수익 등
	비 용	매출원가, 급여, 복리후생비, 기업업무추진비, 임차료, 광고선전비, 교육훈련비, 도서인쇄비 등

02 이론기출 공략하기
재무제표 생성과정과 자산·부채·자본·수익·비용 개념

난이도 ★★

01 다음 설명 중 잘못된 것은? [2020년, 92회]

① 자산은 과거의 거래나 사건의 결과로서 현재 기업실체에 의해 지배되고 미래에 경제적 효익을 창출할 것으로 기대되는 자원을 말한다.

② 기업의 자금조달방법에 따라 타인자본과 자기자본으로 구분된다. 부채는 자기자본에 해당되며, 타인으로부터 빌린 빚을 말한다.

③ 자본은 기업실체의 자산총액에서 부채총액을 차감한 잔여액 또는 순자산을 말한다.

④ 비용은 기업실체의 경영활동과 관련된 재화의 판매 또는 용역의 제공 등에 따라 발생하는 자산의 유출이나 사용 또는 부채의 증가이다.

난이도 ★★

02 다음 중 자산, 부채, 자본의 개념에 대한 설명으로 틀린 것은? [2021년, 97회 변형]

① 자산은 미래의 경제적 효익으로 미래 현금흐름 창출에 기여하는 잠재력을 말한다.

② 자본은 자산 총액에서 부채 총액을 차감한 잔여 액 또는 순자산으로서 자산에 대한 소유주의 잔여청구권이다.

③ 부채는 과거의 거래나 사건의 결과로 미래에 자원의 유입이 예상되는 의무이다.

④ 수익은 경영활동으로 획득한 자산의 유입 또는 부채의 감소이다.

난이도 ★★

03 자산, 부채, 자본에 대한 설명으로 적절하지 않은 것은? [2017년, 72회]

① 기업이 경영활동을 위하여 소유하고 있는 각종의 재화와 채권을 자산이라 한다.

② 기업이 장래에 타인에게 갚아야 할 채무를 부채라 한다.

③ 기업의 부채에서 자본을 차감한 것을 자산이라 한다.

④ 자산, 부채, 자본은 기업의 재무상태를 나타낸다.

◎ 정답 및 해설

01 ② 타인으로부터 빌린 부채는 타인자본임.

02 ③ 부채는 과거의 거래나 사건의 결과로 미래에 자원의 유출이 예상되는 의무임.

03 ③ (자산=부채+자본)으로 ③의 부채에서 자본을 차감한 것은 자산이 아님.

· 회계등식

(자산 = 부채 + 자본)의 개념을 좀 더 구체적으로 알아보는 단원으로 이론문제로 2회 시험마다 1문제 출제될 정도로 아주 중요한 내용임. 절대 암기하지 말고 원리를 이해해야 함.

1 회계등식의 기본개념

지금까지 공부한 내용을 바탕으로 이번 단원에서는 아주 중요한 회계등식의 개념에 대해 알아보겠습니다. 회계공부를 처음 시작하면 두세 번 큰 산을 만나면서 어려움을 느끼는데, 그 첫 번째 산이 바로 이 회계등식이니 절대 암기하지 말고 원리를 이해하면서 따라오시기 바랍니다.

회계등식을 이해하기 위해서는 앞에서 공부한 재무상태표의 생성과정에 대한 간단한 복습이 필요합니다. (주)명지패션은 주주 5명의 투자금 50만 원과 채권자 대한은행의 대여금 30만 원으로 총자금 80만 원을 조달한 뒤, 현금 10만 원, 재고자산 40만 원, 임차보증금 30만 원의 자산을 마련했는데, 이를 도표로 요약하면 다음과 같습니다.

〈표 1〉 창업 단계 재무상태표

자산	현 금	100,000	⇐	부채	차 입 금	300,000
	재 고 자 산	400,000		자본	자 본 금	500,000
	임차보증금	300,000				
합 계		800,000		합 계		800,000

자금운용	자금조달

1. 회계등식의 기본개념

〈표 1〉을 보면 알겠지만 ㈜명지패션은 조달된 자금 80만 원으로 자산을 마련했기 때문에 자금운용액과 자금조달액은 항상 같습니다. 결국 항상 아래와 같은 공식이 성립하는데 이를 회계등식 또는 대차평균의 원리라고 부릅니다.

회계등식 1	자 산 = 부 채 + 자 본

◎ 핵심체크 콕 콕
회계등식 1
자산 = 부채 + 자본

이 공식을 ㈜명지패션에 적용하면 [자산(80만 원) = 부채(30만 원) + 자본(50만 원)]입니다. 은행에서 빌린 자금 30만 원과 주주들의 투자금 50만 원, 총 80만 원의 조달된 자금으로 현금, 재고자산, 임차보증금 합계 80만 원을 마련했다는 뜻입니다.
이렇게 (자산 = 부채 + 자본)으로 표시되는 회계등식은 다음과 같이 몇 가지 다른 형태로 표현할 수 있습니다.

2. 회계등식의 변형

위의 공식을 변형해 보면 아래와 같이 표현할 수도 있습니다.

회계등식 2	자 산 − 부 채 = 자 본

◎ 핵심체크 콕 콕
회계등식 2
자산 − 부채 = 자본

즉, ㈜명지패션이 보유한 자산 80만 원을 팔아서 부채 30만 원을 갚으면 주주가 투자한 자본 50만 원이 남는데 [자산(80만 원) − 부채(30만 원) = 자본(50만 원)]입니다. 이렇게 남은 자본 50만 원을 어떤 사람들은 순자산이라고 부르기도 하는데, 회사가 보유 중인 자산에서 갚을 빚을 차감하고 남은 순수한 자산의 줄임말이라고 생각하면 됩니다.

2 거래 발생 후 회계등식의 유지

자, 이상 공부한 회계등식을 바탕으로 좀 더 확장된 내용을 공부해 보겠습니다. ㈜명지패션이 이 상태에서 은행으로부터 10만 원을 더 차입해서 금고에 넣었다면 회사의 자금조달과 운용, 즉 재무상태표는 어떻게 바뀔까요? 그러면 차입금이 10만 원 증가하고 동시에 금고의 현금도 10만 원 증가합니다.

〈표 2〉 차입 거래 후 재무상태표

거 래			은행에서 10만 원을 추가 차입해 금고에 예치			
자산	현 금	200,000 ~~100,000~~	⇐	부채	차 입 금	400,000 ~~300,000~~
	재 고 자 산 임 차 보 증 금	400,000 300,000		자본	자 본 금	500,000
	합 계	900,000 ~~800,000~~			합 계	900,000 ~~800,000~~
자금운용				자금조달		

〈표 2〉를 보면 차입거래 후 ㈜명지패션의 총 자금운용액 90만 원과 총 자금조달액 90만 원이 여전히 같아져 [자산(90만 원) = 부채(40만 원) + 자본(50만 원)]이라는 회계등식은 계속 유지됨을 알 수 있습니다.

③ 확장된 회계등식

이상 학습한 회계등식의 구성요소는 자산, 부채, 자본이지만 추가로 수익과 비용도 포함되어야 합니다. 왜냐하면 ㈜명지패션은 매년 영업을 통해 달성된 이익은 주주의 몫으로 자본 쪽에 이익 잉여금으로 쌓이기 때문인데, 이를 예를 들어 설명하면 다음과 같습니다.

1. 순이익 발생 후 재무상태표

1) 순이익 발생

1년간 영업결과 10만 원 순이익 달성(수익 30만 원 – 비용 20만 원)

앞에서 공부했던 것처럼 순이익은 [수익 - 비용]으로 계산되는데 ㈜명지패션이 1년간 10만 원의 순이익을 달성했다면 그만큼 ㈜명지패션의 현금도 늘어나게 됩니다.

2) 순이익 발생 후 재무상태표 변화

앞에서 설명한 바와 같이 회사가 벌어들인 순이익 10만 원은 향후 주주에게 이익금으로 분배되어야 할 돈이기 때문에 자본 쪽에 이익잉여금으로 쌓이게 되는데 이를 〈표 2〉의 재무상태표에 추가로 반영하면 순이익 반영 후 재무상태표는 아래와 같이 바뀝니다.

〈표 3〉당기순이익 반영 후 재무상태표

거 래		현금으로 벌어들인 당기순이익 10만 원 반영		
자산	현 금	300,000 ~~200,000~~	부채	차 입 금	400,000
	재 고 자 산	400,000	자본	자 본 금	500,000
	임 차 보 증 금	300,000		이 익 잉 여 금	100,000
	합 계	1,000,000 ~~900,000~~		합 계	1,000,000 ~~900,000~~
자금운용			자금조달		

⇐

3) 순이익 반영 후 회계등식

이를 이용해 회계등식을 확장해 보면 다음과 같습니다.

회계등식 3	자 산 = 부 채 + 기초자본 + 순이익

이 공식을 ㈜명지패션에 적용하면 [자산(100만 원) = 부채(40만 원) + 기초자본(50만 원) + 순이익(10만 원)]입니다. 즉, 회사가 장사한 결과 이익 10만 원이 발생했고 그만큼 현금 10만 원이 증가한 것입니다. 이익은 주주의 몫으로 이익잉여금으로 바뀌는데, 이익잉여금은 자본이고 현금은 자산이므로, 영업의 결과 자산과 자본이 동시에 10만 원 증가하는 것입니다.

4) 기말자본 = 기초자본 + (당기)순이익

여기서 용어 한 가지를 더 공부하면 바로 기초자본과 기말자본입니다. 기초자본이란 작년도에서 넘어온 자본이며 이 기초자본에 당기 중에 벌어들인 이익, 즉 당기순이익을 더하면 기말의 자본이 됩니다.
이를 (주)명지패션에 적용하면 [기초자본 50만 원 + 당기순이익 10만 원 = 기말자본 60만 원]입니다.

2. 확장된 회계등식

자, 여기서 회계등식을 한 번 더 확장해 보겠습니다.

핵심체크 콕콕
회계등식 3
자산 = 부채 + 기초자본 + 순이익
(기초자본 + 순이익 = 기말자본)

1) 수익·비용이 포함된 회계등식

연간 순이익 10만 원은 수익 30만 원에서 비용 20만 원을 차감해서 계산했기 때문에 회계등식은 다음과 같이 변경될 수 있습니다.

회계등식 4	자 산 = 부 채 + 기초자본 + 수 익 − 비 용 순 이 익

이 공식을 (주)명지패션에 적용하면 [자산(100만 원) = 부채(40만 원) + 기초자본(50만 원) + 수익(30만 원) – 비용(20만 원)]입니다.

회사에 이익이 생기면 이건 주주의 몫이기 때문에 "기초자본에 이익이 더해져 기말자본이 된다."라고 생각하면 됩니다. 항상 머릿속에 (순이익 = 수익 - 비용)을 염두에 두고 순이익 대신 (수익–비용)을 대입할 줄 알아야 합니다.

2) 수익·비용이 재배치된 회계등식

위의 회계등식을 마지막으로 한 번 더 변형해 우측의 비용을 좌측으로 옮겨 보면 다음과 같이 바뀝니다.

회계등식 5	자 산 + 비 용 = 부 채 + 기초자본 + 수 익

이 공식을 (주)명지패션에 적용하면 [자산(100만 원) + 비용(20만 원) = 부채(40만 원) + 기초자본(50만 원) + 수익(30만 원)]입니다.

마지막 이 공식이 좀 어렵기는 하지만 "회사가 부채, 자본, 수익으로 조달한 돈으로 회사의 자산을 마련하고 비용을 쓴다."라고 생각하면 됩니다.

자산, 비용		부채, 자본, 수익
자금운용	⇐	자금조달

이상 살펴본 회계등식 내용이 전산회계 2급 시험에 어떻게 출제되는지 유형별로 몇 문제 풀어보겠습니다. 출제빈도가 아주 높을 뿐 아니라 향후 전산회계 1급에도 출제가 되니 이해를 바탕으로 꼭 제대로 학습하시기 바랍니다.

이론기출 확인문제 | 전산회계 2급, 2020년, 90회 |

다음 등식 중 잘못된 것은?

① 기초부채 + 기초자본 = 기초자산
② 기말자산 − 기초자본 = 순손익
③ 총비용 + 순이익 = 총수익
④ 자산 + 비용 = 부채 + 자본 + 수익

|정답| ②
"기초자본 + 순이익 = 기말자본"이므로 "순이익 = 기말자본 − 기초자본"임.

이론기출 확인문제 | 전산회계 2급, 2019년, 86회 |

다음 중 회계등식으로 올바른 것은?

① 기말자산 + 총수익 = 기말부채 + 기초자본 + 총비용
② 기말자산 + 총수익 = 기말부채 + 기말자본 + 총비용
③ 기말자산 + 총비용 = 기말부채 + 기초자본 + 총수익
④ 기말자산 + 총비용 = 기말부채 + 기말자본 + 총수익

|정답| ③
"기초자본 = 기초자본 + 순이익"이며 "부채, 자본, 수익으로 조달한 돈으로 자산 마련하고 비용 사용"하므로 [기말자산 + 총비용 = 기말부채 + 기초자본 + 총수익]임.

이론기출 확인문제 | 전산회계 2급, 2021년, 96회 |

다음 제시된 자료에 의하여 제2기 기말자본금을 계산하면 얼마인가?(자본거래는 없음)

구분	기초자본금	기말자본금	총수익	총비용	순이익
1기	300,000원	( )	100,000원	( )	30,000원
2기	( )	( )	400,000원	330,000원	( )

① 200,000원　　② 330,000원　　③ 400,000원　　④ 500,000원

|정답| ③
기초자본금에 순이익을 계속 더해 나가면 기말자본금이 됨.
• 1기 기말자본금: 기초자본금 300,000원 + 1기 순이익 30,000원 = 330,000원
• 2기 기말자본금: 기초자본금 330,000원 + 2기 순이익 70,000원(수익 400,000원 − 330,000원) = 400,000원

정교수 콕콕

이상 공부한 회계등식 내용을 일목요연하게 도표로 정리하면 다음과 같습니다. 절대 암기하지 말고 "자산 = 부채 + 자본"이라는 기본개념을 바탕으로 이해를 통해 아래 공식들을 정리할 수 있어야 합니다.

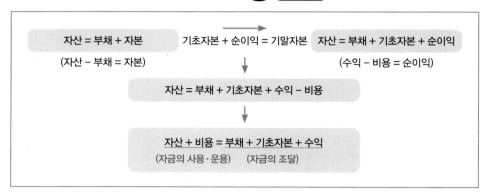

03

01 난이도 ★★ 필수

재무상태표 등식으로 옳은 것은? [2016년, 66회]

① 총비용 = 총수익 + 당기순이익

② 자산 = 부채 + 자본

③ 총수익 = 총비용 + 당기순손실

④ 기말자산 + 총비용 = 총수익 + 기말자본 + 기말부채

02 난이도 ★★ 필수

다음 중 빈칸에 들어갈 금액으로 옳은 것은? [2016년, 67회]

기 초	기 말			당기순이익
자 본	자 산	부 채	자 본	
100,000원	㉮	90,000원	㉯	10,000원

	㉮	㉯		㉮	㉯
①	180,000원	110,000원	②	180,000원	90,000원
③	200,000원	110,000원	④	200,000원	90,000원

03 난이도 ★★

다음 자료에 의하여 2기 기말자본금을 계산하면 얼마인가?(자본거래는 없음) [2019년, 82회]

구분	기초자본금	기말자본금	총수익	총비용	순이익
1기	20,000원	( )	40,000원	( )	10,000원
2기	( )	( )	60,000원	40,000원	( )

① 20,000원   ② 30,000원   ③ 40,000원   ④ 50,000원

04 다음 재무 자료에 대한 설명으로 옳지 않은 것은? [2021년, 95회]

> • 기초자산: 90,000원　　• 기초부채: 40,000원　　• 기말자산: 110,000원　　• 기말부채: 50,000원

① 기초자본은 50,000원이다.
② 당기순이익은 10,000원이다.
③ 당기 부채보다 자산이 더 많이 증가했다.
④ 기말자본은 50,000원이다.

05 다음 자료를 참고하여 기말자산을 바르게 계산한 것은? 단, 부채총액은 기초와 기말이 동일하며 주어진 자료만 고려한다. [2021년, 97회]

> • 1월 1일(기초): 자본총액 550,000원, 부채총액 800,000원
> • 12월 31일(기말): 수익총액 480,000원, 비용총액 720,000원

① 240,000원　　　　　　　　　　② 310,000원
③ 1,110,000원　　　　　　　　　　④ 1,350,000원

06 기초자본금 150,000원, 총수익 130,000원, 총비용 100,000원일 때, 회사의 기말자본금은 얼마인가? [2024년, 117회]

① 50,000원　　　　　　　　　　② 150,000원
③ 180,000원　　　　　　　　　　④ 230,000원

07 다음 자료에 의한 자본금의 추가 출자액은 얼마인가? [2016년, 66회]

기초자산	기초부채	기말자본	총수익	총비용
4,300,000원	2,000,000원	5,300,000원	1,000,000원	500,000원

① 2,000,000원　　　　　　　　　　② 2,500,000원
③ 3,000,000원　　　　　　　　　　④ 3,500,000원

01 ② "총수익 − 총비용 = 당기순이익"이므로 ①총비용 = 총수익 + 당기순손실, ③총수익 = 총비용 + 당기순이익, ④기말자산 + 총비용 = 기말부채 + 기초자본 + 총수익임.

02 ③
- 기말자본(⓵) = 기초자본(100,000) + 당기순이익(10,000)이므로 ⓵는 110,000원임.
- 기말자산(⑦) = 기말부채(90,000) + 기말자본(110,000)이므로 ⑦는 200,000원임.

03 ④ 기초자본금에 순이익을 계속 더해 나가면 기말자본금이 됨.
- 1기 기말자본금: 기초자본금 20,000 + 1기 순이익 10,000 = 30,000
- 2기 기말자본금: 기초자본금 30,000 + 2기 순이익 20,000(수익 60,000 - 40,000) = 50,000

04 ④ ① 기초자산(90,000) = 기초부채(40,000) + 기초자본(X)이므로 기초자본은 50,000원임.
② 기말자산(110,000) = 기말부채(50,000) + 기초자본(50,000) + 당기순이익(X)이므로 당기순이익은 10,000원임.
③ 부채는 40,000(기초) ⇒ 50,000(기말)로 10,000원 증가했고, 자산은 90,000(기초) ⇒ 110,000(기말)로 20,000원 증가함.
　 즉, 자산이 부채보다 더 많이 증가했음.
④ 기말자본 = 기초자본(50,000) + 당기순이익(10,000)이므로 기말자본은 60,000원임.

05 ③
- 당기순손실: 수익(480,000) − 비용(720,000) = 240,000
- 기말자본: 기초자본(550,000) − 당기순손실(240,000) = 310,000
- 기말자산: 기말부채(800,000, 부채는 기초와 기말 동일) + 기말자본(310,000) = 1,110,000

06 ③
- 당기순이익 : 총수익(130,000) − 총비용(100,000) = 30,000원
- 기말자본 = 기초자본금(150,000) + 당기순이익(30,000)이므로 기말자본은 180,000원임.

07 ②
- 기초자산(4,300,000) = 기초부채(2,000,000) + 기초자본(X)이므로 기초자본은 2,300,000원임.
- 기말자본(5,300,000) = 기초자본(2,300,000) + 총수익(1,000,000) − 총비용(500,000)이어야 하는데 우측이 2,800,000원이고 기말자본은 5,300,000원으로 2,500,000원 차이가 남. 즉, 주주가 추가로 출자한 금액임.

04 분개 1: 차변·대변과 복식회계의 개념

학습내용 · 차변·대변의 개념 · 복식회계 개념

출제경향 회계거래를 장부에 입력하는 방법인 분개를 배우는 단원으로 **복식회계의 개념이 아주 가끔 출제되고 있음.** 차변·대변의 개념은 따로 출제되지는 않지만 향후 학습을 위해 꼭 필요하니 외우지 말고 논리를 이해해야 함.

회계를 배우면서 몇 번의 고비를 넘겨야 하는데 그 하나가 바로 분개를 공부할 때입니다. 분개란 한자로 '分介'라고 쓰는데 分은 '나눈다', 介는 '끼워 넣다'라는 의미로 결국 **분개란 '회계거래를 장부에 나누어 끼워 넣다.'**라는 뜻입니다.

하지만 회계를 처음 공부하는 학생 입장에서는 이 정도 설명만으로는 도저히 분개가 무엇인지 감을 잡을 수가 없습니다. 자, 그럼 분개가 무엇인지 확실히 알아보겠습니다.

1 차변·대변의 개념과 복식회계

분개의 정확한 의미를 이해하기 위해서는 먼저 복식(復式)회계가 무엇인지부터 이해해야 합니다.

한자로 復은 '겹친다', 式은 '방법'이라는 뜻이므로 결국 복식회계란 '겹치는 방법으로 하는 회계라는 뜻'이며 영어로는 '두 번 기입한다'라는 뜻의 'double-entry'를 사용하고 있습니다. 즉, **복식회계**의 의미를 사전적인 뜻으로 정리해보면 **'장부에 기록할 때 이중으로 기입하는 기법'**입니다.

자, 이제 용어의 사전적 의미에 신경 쓰지 말고 지금까지 학습했던 재무상태표 기초지식을 떠올리면서 복식회계가 무엇인지 알아보겠습니다.

1. 차변·대변의 개념 이해

차변, 대변을 이해하기 위해서는 먼저 자금의 조달(부채, 자본)과 자금의 운용(자산)에 대한 개념이 다시 한번 필요합니다. 회사의 재무적 상태를 알려주는 재무상태표는 왼쪽에 자금의 운용, 오른쪽에 자금의 조달을 표시하기 때문에 다음 도표와 같이 요약됨을 여러 번 설명한 적이 있습니다.

〈재무상태표 구조〉

운용 중인 재산(자 산)	⇐	타인자본(부 채)
		자기자본(자 본)
자금운용(차 변)		자금조달(대 변)

하지만 기존과 달리 위에 지금까지 보지 못했던 두 개의 단어가 있음을 볼 수 있는데, 바로 차변(借邊)과 대변(貸邊)입니다.

1) 차변(借邊)

먼저 차변부터 알아보겠습니다.

차변은 한자로 借邊이라고 표현하는데 借는 '빌려오다', '꾸어오다', 邊은 '곁', '측면'이라는 의미를 갖습니다.

즉, 차변이란 돈을 빌려온 쪽을 말하는데, 결국 회사가 채권자와 주주로부터 자금을 조달받아 토지, 건물, 재고 자산 등의 자산을 마련하기 때문에 자산은 돈을 빌려온 쪽이라는 뜻입니다. 이런 이유로 영어로 차변은 '채무자'란 뜻의 Debit을 사용하고 있습니다.

이를 좀 다르게 표현하면 자산이란 주주와 채권자에게 돈을 빌려와 토지, 건물, 재고자산 등으로 운영 중인 쪽이라고 할 수도 있는데, 결국 회사가 보유 중인 자산이 차변입니다.

2) 대변(貸邊)

다음으로 대변입니다. 대변은 한자로 貸邊이라고 표현하는데 貸는 '빌려준다'라는 의미를 갖기 때문에 대변이란 돈을 빌려준 쪽을 말합니다. 회사가 자금을 운용할 수 있도록 자금을 대준 쪽은 채권자와 주주이므로 부채와 자본이 돈을 빌려준 쪽, 즉 대변이 되는 것입니다. 이런 이유로 영어로 대변은 '대여자'란 뜻의 Credit을 사용하고 있습니다.

이렇게 설명하면 가끔씩 아래와 같이 반문하는 학생들이 있습니다.

"자산이란 회사가 보유한 토지, 건물들을 말하는 건데 그게 왜 빌려온 거예요?"

어떻게 보면 일리가 있어 보이는 질문이지만 회사는 나중에 채권자에게는 차입원금과 이자를 갚아야 하고, 주주에게는 투자금과 이익금을 반환할 의무가 있기 때문에 회사가 보유한 자산은 모두 채권자 또는 주주로부터 빌려온 자금으로 마련했다고 해도 틀린 말이 아닙니다.

2. 복식회계

앞부분 회계등식에서 설명한 바와 같이 [자산 = 부채 + 자본]이라는 등식이 항상 성립하고, 방금 자산 쪽은 차변, 부채와 자본 쪽은 대변이라는 것도 공부했습니다. 결국 **차변과 대변은 항상 그 금액이 동일해야 하는데, 이를 '대차평균의 원리'**라고 부르기도 합니다. 따라서 회사에 회계거래가 발생하면 항상 차변과 대변에 동일한 금액이 표시되어야 하며, 거래가 반영된 후의 차변합계와 대변합계도 동일해야 합니다.

회계등식 설명할 때 이용했던 1월 1일 창업 단계의 ㈜명지패션의 재무상태표를 이용해 복식회계가 무엇인지 알아보겠습니다.

1) 창업단계 재무상태표

〈창업 단계 재무상태표〉

㈜명지패션   201x.1.1

현 금	100,000	차 입 금	300,000
재 고 자 산	400,000		
임 차 보 증 금	300,000	자 본 금	500,000
합 계	800,000	합 계	800,000

이 재무상태표는 회계등식 부분에서 설명했던 적이 있는 창업 단계의 ㈜명지패션 것인데, ㈜명지패션은 차입금 30만 원과 투자금 50만 원, 총 80만 원의 자금을 조달해 현금 10만 원, 재고자산 40만 원, 보증금 30만 원, 총 80만 원의 자산을 운용 중입니다.
따라서 자금운용 쪽인 차변 합계 80만 원과 자금조달 쪽인 대변 합계 80만 원이 동일한데 이를 "대차평균의 원리"라고 부릅니다.

2) 복식회계의 개념

이 상태에서 ㈜명지패션이 1월 10일에 은행에서 10만 원을 추가로 빌려와 금고에 넣었다면 ㈜명지패션의 재무상태표는 다음과 같이 바뀝니다.

〈차입 거래 후 재무상태표〉

㈜명지패션   201x.1.10

현 금	200,000 ~~100,000~~	차 입 금	400,000 ~~300,000~~
재 고 자 산	400,000	자 본 금	500,000
임 차 보 증 금	300,000		
합 계	900,000 ~~800,000~~	합 계	900,000 ~~800,000~~

창업 단계의 재무상태표와 비교해 보면 차입금이 30만 원에서 40만 원으로, 현금이 10만 원에서 20만 원으로 변동되었습니다. 이를 좀 더 어렵게 표현하면 차변인 자산 쪽이 10만 원 증가하고, 대변인 부채가 10만 원 증가한 것입니다. 차입 거래 후에도 차변합계와 대변합계는 모두 90만 원으로 동일합니다.

이렇게 **회사에 어떤 거래가 발생하면 차변과 대변에 동시에 기록하게 되는데, 이를 복식부기**라 부르며 복식부기를 통해 회계정보를 만드는 일련의 과정을 **복식회계**라 부릅니다. 사실 복식부기와 복식회계는 거의 동일한 뜻으로 사용되고 있습니다.

[참 고] 단식부기

> 가계부나 용돈기입장처럼 수입, 지출, 잔액만을 현금출납부 방식으로 기록하는 방식을 단식부기라 부르는데, **단식부기는 작성은 쉽지만 나중에 자산, 부채, 자본, 수익, 비용의 유기적인 관계의 파악이 어렵습니다.**

핵심체크

복식회계 개념과 장점
- 복식회계: 회계거래를 차변, 대변에 양쪽으로 장부에 기입 (거래의 이중성)하는 방식
- 장점: 자기검증 기능

3) 복식부기의 장점: 자기검증

그럼 회계는 거래를 기록할 때 왜 자금조달은 대변, 자금운용은 차변, 이렇게 복식으로 처리하고 있을까요? 그 이유는 바로 자기검증 기능 때문입니다.

① 실수에 의한 재무상태표

좀 전 사례에서 ㈜명지패션이 10만 원을 추가로 차입하여 금고에 넣는 거래가 발생하면 ㈜명지패션의 차입금과 현금이 모두 10만 원씩 증가하게 됩니다. 그런데 경리부서 직원이 실수로 현금 쪽 기재할 때 '0'을 한 개 빼먹고 1만 원을 기록했다면 어떻게 될까요? 기존 현금 10만 원에 1만 원을 더하면 현금이 11만 원이 되어 실수 후 재무상태표는 다음과 같이 작성될 겁니다.

〈실수 후 재무상태표〉

㈜명지패션   201x.1.10

현 금	110,000	차 입 금	400,000
재 고 자 산	400,000		
임 차 보 증 금	300,000	자 본 금	500,000
합 계	810,000	합 계	900,000

└──────── 차변과 대변 불일치 ────────┘

실수 후의 재무상태표를 보면 뭔가 이상한 부분이 있지 않나요? 차변 합계는 81만 원인데 대변 합계가 90만 원이죠?

② 복식부기의 자기검증 기능

차변과 대변, 양쪽으로 구분되어 있는 복식부기는 이렇게 **차변 또는 대변, 한쪽에 잘못된 숫자가 입력될 경우 차변과 대변의 합계가 불일치하기 때문에 이를 쉽게 잡아낼 수 있는데, 이를 복식부기의 자기검증기능**이라고 합니다.

다만, 차변과 대변에 동시에 잘못된 동일한 숫자를 넣거나 차변과 대변을 거꾸로 입력하거나 하면 아무리 복식부기라 하더라도 이를 잡아낼 수가 없기 때문에 **복식부기의 자기검증은 차변과 대변의 금액이 다를 때만 기능을 발휘**할 수 있습니다.

이상 공부한 복식회계의 내용이 전산회계 시험에 어떻게 출제되는지 문제를 풀어보겠습니다.

이론기출 확인문제 | 전산회계 2급, 2017년, 75회 |

다음 중 부기를 기록, 계산하는 방법에 따라 분류할 때 아래의 특징에 해당하는 부기로 옳은 것은?

> 일정한 원리나 원칙에 따라 현금이나 재화의 증감은 물론 손익의 발생을 조직적으로 기록, 계산하는 부기로 대차평균의 원리에 의하여 오류를 자동으로 검증하는 자기검증기능이 있다.

① 단식부기   ② 복식부기
③ 영리부기   ④ 비영리부기

|정답| ②
회계거래를 차변, 대변으로 나누어 이중으로 입력한 뒤 추후 차변에 입력 금액과 대변에 입력 금액이 일치하는지 맞춰 보는 방식이 복식부기(복식회계)임.

이론기출 확인문제 | 전산회계 1급, 2017년, 73회 |

다음은 복식회계에서 발견할 수 없는 오류를 나열한 것이다. 이에 해당하지 않는 것은?

① 동일한 금액을 차변과 대변에 반대로 전기(轉記)한 경우
② 차변과 대변의 전기를 동시에 누락한 경우
③ 차변과 대변에 틀린 금액을 똑같이 전기한 경우
④ 차변만 이중으로 전기한 경우

|정답| ④
차변만 이중으로 입력하면 차변과 대변이 달라져 복식부기에서 발견됨.

2 분개의 개념 (이해)

지금부터 본격적으로 오늘의 주제인 분개에 대해 알아보겠습니다.

분개는 한자로 分介, 영어로 journalizing인데 分介란 '장부에 나누어 끼워 넣다', journalizing은 '분개장에 적어 넣다' 또는 '장부에 적어 넣다'라는 뜻입니다. 즉, **분개란 회계적 거래를 장부에 적어 넣는 일종의 기법**인 것입니다. 그렇다면 어떤 방법으로 거래를 장부에 끼워 넣을까요?

1. 분개와 전표작성

이미 설명한 바와 같이 거래가 발생하면 회계는 자금의 운용 쪽을 차변으로, 자금의 조달 쪽을 대변으로 나누어 동시에 양쪽으로 처리합니다. **분개란 이렇게 발생한 거래를 차변과 대변으로 구분하여 일목요연하게 나누어 적는 회계기법**을 말합니다.

이를 위해 가장 먼저 할 일은 거래가 발생할 때마다 해당 거래를 차변과 대변으로 나눈 뒤, 거래에 대한 간단한 설명과 관련 증빙을 구비해 별도 보관하는 것인데 사례를 들어 설명하면 다음과 같습니다.

사례 1

20xx년 4월 5일, 복사기 1대를 10만 원에 현금 구입하다.					
20xx년 4월 5일					일련번호 xxx
차 변			대 변		
과 목	적 요	금 액	과 목	적 요	금 액
비 품	복사기구입	100,000	현 금	복사기구입	100,000

 정교수 콕콕

실무에서 만드는 위와 같은 요약표를 전표(傳票)라고 부르는데 **전표란 '거래의 내용을 전달하는 표'**라는 뜻으로 **거래가 발생할 때마다 이러한 전표가 계속 작성되어 일련번호 순으로 회사에 보관**됩니다.

이렇게 전표를 작성해 두면 나중에 쉽게 4월 5일 자에 10만 원짜리 복사기를 구입했고, 그때 현금 10만 원을 지급했음을 알 수 있습니다.

2. 분개의 표시방법

그런데 회계를 공부할 때는 분개를 매번 이러한 전표에 작성할 수 없기 때문에 다음과 같은 몇 가지 방법으로 표시하는 것이 보통입니다.

방법 1

(차 변) 비 품 100,000	(대 변) 현 금 100,000

방법 2

(차) 비 품 100,000	(대) 현 금 100,000

방법 3

비 품 100,000	/	현 금 100,000

가장 표준적인 것은 [방법 1] 또는 [방법 2]이지만 수업시간 또는 공부할 때 약식으로 많이 쓰는 방법은 [방법 3]입니다.

분개를 할 때 **한 가지 주의할 점은 거래가 발생하면 차변, 대변에 어떤 이름으로 적을지를 고민**해봐야 합니다. 즉, 어떤 "계정과목"을 써야 할지인데 지금은 회계를 공부하는 초반부이기 때문에 계정과목에 대해 너무 걱정할 필요 없습니다. 나중에 자세히 알아보겠습니다.

3. 분개를 쉽게 하는 요령

분개에 대해 이 정도 공부하면 분개를 알 듯하면서도 막상 분개를 작성하려면 쉽지 않기도 합니다. 자, 그럼 분개를 좀 더 쉽게 하는 방법에 대해 알아보겠습니다.
분개를 작성할 때는 계정과목을 확실히 아는 쪽부터 먼저 적고, 그 다음 모르는 쪽을 어떤 이름으로 적을지 고민하는 게 편리합니다. 다만, 이 과정에서 자산, 부채, 자본, 수익, 비용이 어떻게 변하는지 머릿속으로 따져보기만 하면 됩니다.

자, 그럼 좀 전 복사기 1대를 현금 10만 원에 구입한 사례를 이용해 단계별로 분개를 작성해 보겠습니다.

[1단계] 파악하기 쉬운 현금 10만 원부터 작성

(차 변) ○○○	100,000	(대 변) 현 금	100,000

지금까지 학습을 통해 자산은 왼쪽, 즉 차변에 적는다고 배웠습니다. 복사기 구입을 위해 지급한 현금 10만 원은 회사가 보유 중인 자산인데, 이를 지급했으니 자산이 감소한 것입니다.
그럼 어느 쪽에 현금 10만 원을 적어야 할까요? 현금 자산이 감소해야 하므로 정답은 대변입니다.

[2단계] 나머지 항목의 작성

(차 변) 비 품	100,000	(대 변) 현 금	100,000

구입한 복사기는 자산, 부채, 자본 중 어느 항목에 속할까요?
복사기 또한 일종의 재산이므로 복사기는 회사의 자산입니다. 10만 원짜리 복사기를 구입했기 때문에 회사의 자산 10만 원이 증가한 것입니다.
그렇다면 복사기를 어떤 이름으로 장부에 적는 것이 좋을까요? 이건 약간의 암기가 필요한데 통상 복사기, 컴퓨터, 책상 같이 회사에서 사용하는 각종 집기들을 비품이라고 부릅니다.

회계를 처음 공부할 때 특정 거래에 어떤 계정과목을 사용해야 할지가 어렵겠지만 처음 단계에서는 너무 고민할 필요 없습니다. 나중에 계정과목별로 자세히 공부하게 됩니다.

04 이론기출 공략하기

01 난이도 ★★
다음의 내용이 설명하는 것으로 옳은 것은? [2016년, 68회]

> 자산, 부채, 자본이 증감하는 거래에 있어 차변에 발생한 거래는 반드시 대변에도 같은 금액의 거래가 발생하여 이중으로 기입하게 된다.

① 거래의 이중성   ② 거래의 8요소
③ 대차평균의 원리   ④ 유동성배열법

02 난이도 ★
다음 내용과 관련 있는 회계 용어로 옳은 것은? [2018년, 78회]

> "복식부기에서는 모든 계정의 차변합계와 대변합계는 항상 일치하여 자기검증기능을 갖는다."

① 거래의 8요소   ② 거래의 이중성
③ 대차평균의 원리   ④ 수익, 비용 대응의 원리

03 난이도 ★★ 필수
다음 중 장부를 기록하는 방법에 대한 설명이 틀린 것은? [2020년, 90회]

① 부기는 기록, 계산하는 방법에 따라 단식부기와 복식부기로 분류된다.
② 복식부기는 일정한 원리나 원칙에 따라 현금이나 재화의 증감은 물론 손익의 발생을 조직적으로 계산하는 부기이다.
③ 복식부기는 대차평균의 원리에 의하여 오류를 자동으로 검증하는 자기검증기능이 있다.
④ 복식부기는 일정한 원리원칙 없이 재산의 증가 감소를 중심으로 기록하며 손익의 원인을 계산하지 않는 부기이다.

회계의 기본원리

정답 및 해설

01 ① 거래가 발생하면 차변과 대변으로 나누어 동시에 이중으로 처리하는 것이 거래의 이중성, 차변과 대변이 같은 금액이라는 개념이 대차평균의 원리임.

02 ③ 그림은 거래가 발생하면 차변과 대변으로 나누어 동시에 입력함에 따라 항상 차변과 대변이 같음을 보여주고 있음. 이를 대차평균의 원리(회계등식)라 부름.

03 ④ 가계부, 용돈기입장이 대표적인 단식부기로 일정한 원리원칙이 없이 재산의 증가 감소를 중심으로 기록하는 방법임.

분개 2: 거래의 8요소와 회계거래 결합관계

학습내용 · 거래의 8요소 · 회계거래 결합관계

출제경향 회계거래가 자산, 부채, 자본, 수익, 비용에 어떻게 영향을 미치는지 알아보는 단원으로 **이론문제로 거의 매번 출제될 정도로 아주 중요한 내용임. 절대 암기하지 말고 원리를 이해해야 함.**

1 분개연습 이해

자, 지금부터 교재 앞부분 재무제표의 생성과정에서 공부했던 회사 설립 사례를 이용해 좀 더 구체적인 분개연습을 해보겠습니다.

구 분	내 용	구 분	내 용
연습 1	주주로부터 50만 원을 출자받아 회사 설립	연습 5	상품 중 35만 원어치를 80만 원에 현금 판매
연습 2	은행에서 30만 원 차입해 금고에 보관	연습 6	직원 급여 10만 원 현금 지급
연습 3	사무실 빌리면서 보증금으로 30만 원 현금 지급	연습 7	사무실 월세 5만 원 현금 지급
연습 4	판매할 상품을 40만 원에 현금 구입	연습 8	은행 차입금에 대한 이자 2만 원 지급

위 8가지 연습문제를 좀 전 살펴본 분개를 쉽게 하는 방법에 따라 하나씩 분개 처리 해 보겠습니다.

[연습 1] 자산 ↑, 자본 ↑

주주로부터 50만 원을 출자받아 회사 설립하다.			
(차 변) 현 금	500,000	(대 변) 자본금	500,000

주주가 회사에 돈을 투자하면 회사는 주주에게 주식을 발행해 나눠 주는데 이렇게 주주가 회사에 투자한 돈을 '자본금'이라 부릅니다. 즉, 주주로부터 50만 원의 자금을 조달해 회사 현금자산으로 50만 원을 운용하게 되어 자산 50만 원, 자본 50만 원이 늘어나게 됩니다. 이걸 재무상태표에 표시하면 아래와 같습니다.

현금	500,000 ↑		
		자본금	500,000 ↑

[연습 2] 자산 ↑ , 부채 ↑

은행에서 30만 원 차입해 금고에 보관하다.			
(차 변) 현 금	300,000	(대 변) 차입금	300,000

은행에서 현금 30만 원을 차입하면 현금이 증가하는 대신 부채가 증가하는데, 은행에서 빌린 돈으로 증가한 부채에는 '차입금'이라는 계정과목을 사용합니다.

현금	300,000 ↑	차입금	300,000 ↑

[연습 3] 자산 ↑ , 자산 ↓

사무실 빌리면서 보증금으로 30만 원 현금 지급하다.			
(차 변) 임차보증금	300,000	(대 변) 현 금	300,000

사무실 보증금 30만 원을 현금으로 지급하면 현금은 감소하지만 나중에 사무실을 비울 때 건물주로부터 돌려받을 권리가 그만큼 증가합니다. 이런 권리를 '임차보증금'이라고 부르는데 눈에 보이지는 않지만 나중에 건물에서 나갈 때 30만 원을 받을 수 있기 때문에 임차보증금도 자산입니다.

현　　금	300,000 ↓		
:			
임차보증금	300,000 ↑		

[연습 4] 자산 ↑, 자산 ↓

판매할 상품을 40만 원에 현금 구입하다.			
(차 변) 상 품	400,000	(대 변) 현 금	400,000

판매할 상품을 현금 40만 원에 구입하면 현금이 감소하지만 그만큼 창고에 판매할 물건인 자산이 증가합니다. 이렇게 다른 사람이 만든 물건을 사다가 판매할 경우 '상품'이라는 계정과목을 사용합니다.

현 금 400,000 ↓	
:	
상 품 400,000 ↑	

지금까지 [연습 1]~[연습 4]는 자산, 부채, 자본의 변동을 가져오는 회계거래들인데 필자의 경험상 여기까지는 그래도 이해할 만합니다.

그런데 회계거래 중에는 수익, 비용에 영향을 미치는 것들도 있는데 그 내용이 조금 헷갈리는데 다음은 그 사례입니다.

[연습 5] 자산 ↑, 수익 ↑, 자본 ↑

상품 중 35만 원어치를 80만 원에 현금 판매하다.			
(차 변) 현 금	800,000	(대 변) 매 출	800,000

물건을 팔아 매출이 발생하면 그만큼 수익이 발생하고 회사에 현금이 들어왔기 때문에 자산이 증가하게 됩니다. 물건 판매에 대한 계정과목은 '매출'입니다.
그런데 여기서 한 가지 궁금한 점은 매출은 손익계산서에 표시가 되는 항목이고, 손익계산서에는 차변, 대변 구분이 없는데 왜 매출을 대변에 표시를 하는 걸까요? 필자 또한 처음 회계공부를 할 때 궁금해 했던 내용입니다.

이 내용을 정확히 이해하기 위해서는 손익계산서와 재무상태표의 관계를 정확히 알아야 하는데 좀 전 거래를 도표로 표시하면 다음과 같습니다.

현금 800,000 ↑			매 출 800,000 ↑
	이익잉여금 800,000 ↑	⇐	:
			당 기 순 이 익 800,000 ↑

위 사례에서 매출로 인해 80만 원의 당기순이익이 증가하면 80만 원의 회사 이익잉여금이 증가합니다. 이익잉여금은 주주 몫으로 이를 대변의 자본 쪽에 표시를 하므로 수익이 발생하면 대변에 표시하는 것입니다.

[참 고] 매출원가

> [연습 5] 80만 원 매출에서 35만 원어치 상품이 팔렸으니 이 35만 원을 매출원가로 처리하는 추가 분개를 해야 합니다. 단, 매출원가까지 설명하면 초심자들에게 너무 어렵기 때문에 일단 이 부분에서는 매출만 설명하고 매출원가는 나중에 다시 설명하겠습니다.

[연습 6] 자산 ↓, 비용 ↑, 자본 ↓

직원 급여 10만 원 현금 지급하다.	
(차 변) 급 여 100,000	(대 변) 현 금 100,000

직원 월급 10만 원을 현금으로 지급하면 회사 자산이 감소하면서 그만큼 비용이 발생합니다. 월급이라는 비용은 '급여'라는 계정과목을 사용하는데 이를 도표로 표시하면 다음과 같습니다.

현금 100,000 ↓			급 여 100,000 ↑
	이익잉여금 100,000 ↓	⇐	:
			당 기 순 이 익 100,000 ↓

사례와 같이 급여를 지급하면 회사의 자산이 줄어드는데 비용항목인 급여는 왜 차변에 표시를 하는 것일까요? 비용을 차변에 표시하는 이유는 수익을 대변에 표시하는 이유와 동일합니다.

사례에서 급여 10만 원을 지급하면 그만큼 당기순이익이 감소하고, 다시 이익잉여금이 10만 원 감소합니다. 주주의 몫인 이익잉여금은 대변에 표시해야 하는데 비용의 발생으로 그 몫이 감소했기 때문에 비용은 차변에 표시하는 것입니다.

[연습 7] 자산 ↓, 비용 ↑, 자본 ↓

사무실 월세 5만 원 현금 지급하다.			
(차 변) 임차료	50,000	(대 변) 현 금	50,000

사무실 월세 5만 원을 현금으로 지급하면 회사 자산이 감소하면서 그만큼 비용이 발생합니다. 사무실 월세라는 비용은 '임차료'라는 계정과목을 사용하는데 이를 도표로 표시하면 다음과 같습니다.

현금 50,000 ↓		⇐	임 차 료 50,000 ↑
	이익잉여금 50,000 ↓		: 당 기 순 이 익 50,000 ↓

이렇게 임차료를 지급해 비용이 발생하면 그만큼 당기순이익이 감소합니다. 당기순이익이 감소하면 그만큼 이익잉여금이 감소하고, 이익잉여금은 대변에 표시해야 하기 때문에 비용이 발생하면 차변에 표시하는 것입니다.

[연습 8] 자산 ↓, 비용 ↑, 자본 ↓

은행 차입금에 대한 이자 2만 원 지급하다.			
(차 변) 이자비용	20,000	(대 변) 현 금	20,000

은행에 차입금 이자 2만 원을 현금으로 지급하면 회사 자산이 감소하면서 그만큼 비용이 발생합니다. 은행이자라는 비용은 '이자비용'이라는 계정과목을 사용하는데 이를 도표로 표시하면 다음과 같습니다.

현금 20,000 ↓		⇐	이 자 비 용 20,000 ↑
	이익잉여금 20,000 ↓		: 당 기 순 이 익 20,000 ↓

이자가 지급되면 그만큼 비용이 발생해 당기순이익이 감소하고, 그만큼 이익잉여금이 줄어들기 때문에 이자비용은 차변에 표시하는 것입니다.

② 회계거래의 요약

자, 지금까지 차변, 대변과 복식회계의 개념, 그리고 분개에 대해서도 살펴보았습니다. 이상 공부한 내용을 정리해보겠습니다.

1. 거래의 8요소 이해 꼭 나와요!!!

회계거래가 발생하면 자산, 부채, 자본, 수익, 비용, 이렇게 5가지 항목에 영향을 미치는데 이를 도표로 요약하면 다음과 같습니다.

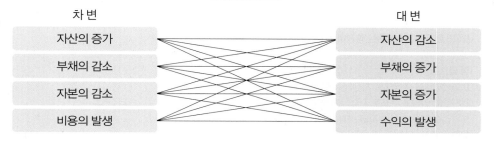

〈거래의 8요소〉

만약 회계거래가 발생해 **자산증가, 부채감소, 자본감소, 비용발생**이 생기면 이를 꼭 **차변에만 기재**해야 하며 **자산감소, 부채증가, 자본증가, 수익발생**이 생기면 이는 **꼭 대변에만 기재**해야 합니다. 예들 들어 현금으로 회사 부채를 상환했다면 줄어든 부채는 차변에, 줄어든 현금은 대변에 기재해야 합니다.

이렇게 차변에 4가지 거래, 그리고 대변에 4가지 거래가 있다 보니 이를 '거래의 8요소'라고 부르기도 하는데, 특별히 용어에 신경 쓸 필요는 없습니다. 다만, 자산의 증가·감소, 부채의 증가·감소, 자본의 증가·감소, 수익·비용의 발생을 논리적으로 따져서 차변 또는 대변 어느 쪽에 표시가 되는지 파악할 수는 있어야 합니다.

지금까지 공부한 복식회계, 차변·대변 분개의 개념이 어떤 식으로 출제되는지 문제를 풀어보겠습니다.

정교수 콕콕

🎯 핵심체크 콕 콕 콕

회계거래의 8요소
- 차변: 자산증가, 부채감소, 자본감소, 비용발생
- 대변: 자산감소, 부채증가, 자본증가, 수익발생

이론기출 확인문제

| 전산회계 **2급**, 2016년, 69회 |

결합관계에 대한 거래내용이 일치하는 것은?

거래의 8요소

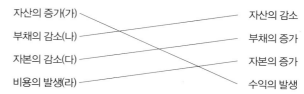

자산의 증가(가) ——————— 자산의 감소
부채의 감소(나) ——————— 부채의 증가
자본의 감소(다) ——————— 자본의 증가
비용의 발생(라) ——————— 수익의 발생

① (가) 외상 매입한 상품대금 150,000원을 현금으로 지급하다.
② (나) 발행한 어음이 만기가 되어 어음금액 500,000원을 수표 발행하여 지급하다.
③ (다) 개인기업의 기업주 부담의 재산세 100,000원을 현금으로 지급하다.
④ (라) 현금 300,000원을 출자하여 영업을 시작하다.

|정 답| ②
① 외상대금을 현금으로 지급: 부채(외상대금) 감소, 자산(현금) 감소
② 지급할 어음을 수표로 지급: 부채(어음대금) 감소, 자산(수표) 감소
③ 기업주 재산세 현금 지급: 자산(현금) 감소, 자본(출자금) 감소
④ 현금 출자: 자산(현금) 증가, 자본(자본금) 증가

이론기출 확인문제

| 전산회계 **2급**, 2019년, 79회 |

거래내용과 거래요소의 결합관계를 적절하게 나타내지 않은 것은?

거래내용	거래요소의 결합관계
① 대여금에 대한 이자를 현금으로 받다.	자산의 증가 – 자산의 감소
② 외상매입금을 약속어음으로 발행하여 지급하다.	부채의 감소 – 부채의 증가
③ 업무용 컴퓨터를 현금으로 매입하다.	자산의 증가 – 자산의 감소
④ 이번 달 전화요금이 보통예금에서 이체되다.	비용의 발생 – 자산의 감소

|정 답| ①
① 이자를 현금으로 수령: 현금(자산) 증가, 이자수익(수익) 발생
② 외상매입금을 약속어음 발행해 지급: 외상매입금(부채) 감소, 약속어음(부채) 증가
③ 컴퓨터를 현금으로 구입: 컴퓨터(자산) 증가, 현금(자산) 감소
④ 전화요금을 보통예금에서 지급: 전화요금(비용) 발생, 보통예금(자산) 감소

[참 고] 분개 시 (-) 처리

필자가 처음 분개를 공부할 때 왜 자산의 감소는 대변, 부채의 감소는 차변에 표시해야 하는지 궁금했었습니다. '그냥 자산의 감소를 차변에 (-), 부채의 감소는 대변에 (-) 처리를 하면 안 될까?' 하고 말이죠.

• 은행에서 30만 원 차입해 금고에 현금 보관

(차 변) 현　금　　300,000	(대 변) 차입금　　300,000

• 은행에 30만 원 차입금 현금 상환: 차변, 대변에서 (-) 처리

(차 변) 현　금　　(-) 300,000	(대 변) 차입금　　(-) 300,000

필자가 보기에는 위와 같이 감소 표시를 차변, 대변에 (-) 처리하는 게 훨씬 이해하기도 쉽고 논리적이라고 생각됐기 때문입니다. 그럼에도 불구하고 실무적으로나 회계교과서상으로나 이렇게 분개 시 (-) 처리를 하지 않습니다. 추정컨대 이는 수기로 종이에 회계처리를 하면서 증가를 (+), 감소를 (-)로 표시하는 과정에서 실수를 방지하기 위한 것입니다.

즉, 『(차변) 현금 (-) 300,000』을 표시하려다가 실수로 (-)를 빼먹고 『(차변) 현금 300,000』으로 표시할 수 있기 때문에 아예 현금 감소를 『(대변) 현금 300,000』으로 표시하는 겁니다. 이렇게 현금의 증가 300,000원을 차변에, 감소 300,000원을 대변에 표시할 경우 자연스럽게 그 증감이 아래와 같이 현금출납부처럼 표시되게 됩니다.

[현　금]

기초금액	증가금액	감소금액	기말잔액
	300,000	300,000	

2. 분개종류 : 교환거래와 손익거래 `암기` `어려우면 패스`

회계거래가 발생하면 이를 거래의 8요소를 이용해 거래를 구분하기도 하지만 이를 다음과 같이 교환거래, 수익거래, 혼합거래로 구분하기도 합니다. 그다지 중요한 내용은 아니지만 전산회계 2급 시험에 가끔씩 출제되니 교환거래와 손익거래가 무엇인지 암기가 필요합니다.

핵심체크 콕콕

분개 종류
• 교환거래: 재무상태에만 영향 미치는 거래
• 손익거래: 차변·대변 중 한쪽에 경영성과에만 영향 미치는 거래
• 혼합거래: 한쪽에 재무상태와 경영성과에 동시 영향 미치는 거래

구 분	내 용		
교환거래	재무상태(자산, 부채, 자본)에만 영향을 미치는 거래		
	예 현금을 출자받아 회사 설립하다.	(차) 현 금 ×××	(대) 자본금 ×××
손익거래	차변과 대변 중 한 쪽에 수익 또는 비용만 영향을 미치는 거래		
	예 직원 급여를 현금 지급하다.	(차) 급 여 ×××	(대) 현 금 ×××

(*) 혼합거래: 차변과 대변 중 한쪽에 재무상태(자산·부채·자본) 항목과 경영성과(수익·비용) 항목이 동시에 나타나는 거래.

예 정기예금이 만기가 되어 원금(100만원)과 이자(10만원)를 현금 수령한 거래

(차변) 현　금　　1,100,000원	(대변) 정기예금(자산)　1,000,000원
	이자수익(수익)　　100,000원

(*) 대변에 재무상태 항목(자산)과 경영성과 항목(수익)이 동시에 나타남.

교환거래와 손익거래가 어떻게 전산회계 2급 시험에 출제되는지 알아보겠습니다.

이론기출 확인문제 | **전산회계 2급**, 2021년, 98회 |

다음 중 거래의 결합관계 종류가 다른 하나는?

① 현금 100,000원을 당좌예금 계좌에 입금하다.
② 비품 50,000원을 구입하고, 대금은 외상으로 하다.
③ 단기차입금에 대한 이자 50,000원을 현금으로 지급하다.
④ 상품 100,000원을 구입하고, 그 대금과 운반비 5,000원은 나중에 지급하기로 하다.

|정 답| ③
①, ②, ④는 재무상태에만 영향을 미치는 교환거래, ③은 차변이 경영성과에만 영향을 미치는 손익거래임.

① (차) 당좌예금	100,000	(대) 현 금	100,000
② (차) 비 품	50,000	(대) 미 지 급 금	50,000
③ (차) 이자비용	50,000	(대) 현 금	50,000
④ (차) 상 품	105,000	(대) 외상매입금	105,000

3 분개 해석 연습

자, 지금까지는 분개, 거래의 8요소와 회계거래의 결합관계를 알아봤는데 이제 마지막으로 작성된 분개를 보고 어떤 거래가 발생했는지 추정하는 연습을 해보겠습니다. 전산회계 2급 시험에 이런 유형의 문제는 출제되지 않지만, 분개를 좀 더 피부에 와닿게 느끼기 위한 연습입니다.

[Question] 다음 분개를 이용하여 어떤 거래가 발생했는지 추정하시오.

번호	분개			
1	(차) 외 상 매 출 금	700,000	(대) 매 출	700,000
2	(차) 현 금	700,000	(대) 외 상 매 출 금	700,000
3	(차) 원 재 료	500,000	(대) 외 상 매 입 금	500,000
4	(차) 외 상 매 입 금	500,000	(대) 현 금	500,000
5	(차) 기 업 업 무 추 진 비	500,000	(대) 현 금	500,000
6	(차) 세 금 과 공 과	100,000	(대) 현 금	100,000
7	(차) 기 부 금	70,000	(대) 현 금	70,000
8	(차) 급 여	100,000	(대) 보 통 예 금	100,000
9	(차) 퇴 직 급 여	700,000	(대) 현 금 미 지 급 금	500,000 200,000

|Answer|

1. 외상으로 700,000원 매출
2. 외상매출금 700,000원을 현금으로 회수
3. 원재료 500,000을 외상으로 구입
4. 외상대금 500,000원을 현금으로 상환
5. 기업업무추진비 500,000원을 현금으로 지급
6. 공과금 100,000원을 현금으로 납부
7. 기부금 70,000원을 현금으로 지급
8. 급여 100,000원을 예금에서 지급
9. 퇴직금 700,000원 중 500,000원을 현금으로 지급하고 200,000원은 미지급

05 이론기출 공략하기

01 난이도 ★★
다음 중 거래 결합관계에서 성립할 수 없는 것은? [2021년, 95회]

① (차변) 부채의 증가 (대변) 부채의 감소
② (차변) 자산의 증가 (대변) 자본의 증가
③ (차변) 자산의 증가 (대변) 수익의 발생
④ (차변) 비용의 발생 (대변) 자산의 감소

02 난이도 ★
다음 계정과목 중 증가액이나 발생액이 대변에 나타나는 것은? [2017년, 73회]

① 받을어음 ② 차량운반구
③ 지급어음 ④ 기부금

03 난이도 ★★ 필수
다음 자료에서 거래의 8요소 중 차변요소와 대변요소의 구분으로 올바른 것은? [2021년, 95회]

가. 부채의 증가	나. 자본의 감소	다. 수익의 발생

① 가. 대변, 나. 대변, 다. 대변
② 가. 대변, 나. 대변, 다. 차변
③ 가. 차변, 나. 차변, 다. 대변
④ 가. 대변, 나. 차변, 다. 대변

04 난이도 ★★ 필수
다음과 같은 결합으로 이루어진 거래로 가장 옳은 것은? [2024년, 116회]

(차) 부채의 감소	(대) 자산의 감소

① 외상매입금 4,000,000원을 보통예금 계좌에서 지급한다.
② 사무실의 전기요금 300,000원을 현금으로 지급한다.
③ 거래처 대표의 자녀 결혼으로 100,000원의 화환을 보낸다.
④ 사무실에서 사용하던 냉장고를 200,000원에 처분한다.

05 난이도 ★★ 필수
다음 거래에 대한 결합관계를 바르게 나타낸 것은? [2017년, 74회]

> 단기차입금 200,000원을 현금으로 지급하다.

① 자산의 증가 – 자산의 감소
② 비용의 발생 – 자산의 감소
③ 부채의 감소 – 자산의 감소
④ 부채의 감소 – 부채의 증가

06 난이도 ★★★
다음 거래를 보고 거래요소의 결합관계로 옳은 것은? [2020년, 94회]

> 토지 100,000,000원을 구입하고 취득세 500,000원과 함께 당좌수표를 발행하여 지급하다.

① 자산의 증가 ↔ 자산의 감소
② 자산의 증가 ↔ 부채의 증가
③ 자산의 증가·비용의 발생 ↔ 자산의 감소
④ 자산의 증가·비용의 발생 ↔ 부채의 증가

07 난이도 ★★
다음과 같은 거래요소의 결합관계로 이루어지는 거래는? [2018년 81회]

> (차변) 자산의 증가   (대변) 자산의 감소

① 사회기부단체에 500,000원을 보통예금에서 계좌 이체하여 기부하다.
② 현금 100,000,000원을 출자하여 영업을 개시하다.
③ 사무실 임차보증금 5,000,000원을 당좌수표를 발행하여 지급하다.
④ 사무실에서 사용할 컴퓨터를 2,000,000원에 구매하고 신용카드로 결제하다.

08 난이도 ★★ 필수
다음 거래의 결합관계와 거래의 종류를 올바르게 표시한 것은? [2017년, 71회]

> 단기차입금 150,000원을 현금으로 지급하다.

	차변요소	대변요소	거래의 종류		차변요소	대변요소	거래의 종류
①	자산의 증가	부채의 증가	교환 거래	②	부채의 감소	자산의 감소	교환 거래
③	자본의 감소	자산의 감소	혼합 거래	④	비용의 발생	수익의 발생	손익 거래

09 다음과 같은 거래의 결합관계와 거래의 종류로 이루어진 거래는? [2015년, 64회]

거래의 결합관계	거래의 종류
(차변) 자산의 증가 (대변) 자산의 감소	교환거래

① 비품 1,000,000원을 구입하고 현금으로 지급하다.

② 국민은행으로부터 5,000,000원을 단기차입하다.

③ 현금 5,000,000원을 출자하여 상품매매업을 시작하다.

④ 상품을 2,000,000원을 외상으로 구입하다.

난이도 ★★ 필수

10 다음 중 혼합거래에 해당하는 것으로 옳은 것은? [2024년, 116회]

① 임대차 계약을 맺고, 당월 분 임대료 500,000원을 현금으로 받았다.

② 단기대여금 회수금액 300,000원과 그 이자 3,000원을 현금으로 받았다.

③ 단기차입금에 대한 이자 80,000원을 현금으로 지급하였다.

④ 상품 400,000원을 매입하고 대금 중 100,000원은 현금으로, 나머지 잔액은 외상으로 하였다.

01 ① 부채는 증가 시 대변, 감소 시 차변에 표시해야 함.

02 ③ 대변에는 자산감소, 부채증가, 자본증가, 수익발생을 기재함. ①②는 자산, ③은 부채, ④는 비용으로 ③지급어음이 대변에 표시됨.

03 ④ 부채의 증가: 대변, 자본의 감소: 차변, 수익의 발생: 대변

04 ① ① 외상매입금(부채) 감소, 보통예금(자산) 감소
② 전기요금(비용) 발생, 현금(자산) 감소
③ 기업업무추진비(비용) 발생, 현금 또는 보통예금(자산) 감소
④ 냉장고(자산) 감소, 현금 또는 보통예금(자산) 증가

05 ③ 차입금을 현금으로 갚으면 부채(차입금) 감소, 자산(현금) 감소

06 ① 토지대금 1천만 원과 토지 취득 시 납부해야 하는 취득세 50만 원이 모두 토지 취득금액으로 자산(토지) 10,500,000원 증가함. 당좌수표를 발행하면 당좌예금에서 돈이 빠져나가므로 자산(당좌예금)이 감소함. 즉, 자산(토지) 증가, 자산(보통예금) 감소

07 ③ ① 보통예금에서 기부금 지급: 자산(보통예금) 감소, 비용(기부금) 발생
② 현금 출자: 자산(현금) 증가, 자본(자본금) 증가
③ 임차보증금을 당좌수표 발행해 지급: 자산(임차보증금) 증가, 자산(당좌예금) 감소
④ 컴퓨터를 신용카드 결제해 구입: 자산(컴퓨터) 증가, 부채(미지급금) 증가

08 ② 차입금을 현금으로 지급: 부채(차입금) 감소, 자산(현금) 감소한 교환거래임.

09 ① ① 현금으로 비품 구입: 자산(비품) 증가, 자산(현금) 감소
② 은행에서 단기차입: 자산(현금 또는 예금) 증가, 부채(차입금) 증가
③ 현금 출자: 자산(현금)증가, 자본(출자금) 증가
④ 상품 외상 구입: 자산(상품) 증가, 부채(외상매입금) 증가

10 ② ① (차) 현 금(자산)　　　500,000원　　　(대) 임대료(수익)　　　500,000원 : 손익거래
② (차) 현 금(자산)　　　303,000원　　　(대) 단기대여금(자산)　300,000원 : 혼합거래
　　　　　　　　　　　　　　　　　　　　　　임대료(수익)　　　　3,000원
③ (차) 이자비용(비용)　 80,000원　　　(대) 현 금(자산)　　　　 80,000원 : 손익거래
④ (차) 상 품(자산)　　　400,000원　　　(대) 현 금(자산)　　　　100,000원 : 교환거래
　　　　　　　　　　　　　　　　　　　　　　외상매입금(부채)　300,0000원

회계책을 보면 재무제표는 "거래식별 → 분개 → 전기 → 수정 전 시산표 작성 → 기말 수정분개 → 수정 후 시산표 작성 → 재무제표 작성 순서로 이루어진다."라고 쓰여 있습니다.

이를 회계의 순환과정이라고 부르는데, 필자의 경험상 회계 초심자가 회계순환과정을 접하게 되면 또 한 번 회계공부의 고비를 겪게 됩니다.

자, 지금부터 회계순환과정을 차근차근 살펴보겠습니다. 회계순환과정이 이해되어야 회계가 어떻게 돌아가는지 감을 잡고 앞으로 세부 계정과목을 공부하기가 수월해집니다.

❶ 1단계: 거래 식별과 분개

회계의 순환과정이란 거래가 발생해서 최종적으로 재무제표가 만들어지는 전체적인 순서를 말하는데 이는 거래를 식별하고 이에 대한 분개를 작성하는 데서 시작합니다.

1. 거래 발생

[거래 1] 1월 1일: 주주로부터 자본금 500,000원 출자받아 금고에 예치하였다.
[거래 2] 1월 10일: 은행에서 300,000원을 차입하여 금고에 예치하였다.
[거래 3] 1월 15일: 사무실 책상을 300,000원에 현금지급으로 구입하였다.

실무에서는 분개를 거래 건마다 전표에 작성하는데 위 세 가지 거래에 대한 전표를 작성해 보겠습니다.

2. 전표 작성

회계의 기본원리

사례 1

1월 1일: 주주로부터 자본금 500,000원 출자받아 금고에 예치하였다.

〈전 표〉

1.1.　　　　　　　　　　　　　　　　　　　　　　　　　　　　　　일련번호: 01

차 변			대 변		
과 목	적 요	금 액	과 목	적 요	금 액
현금	자본금출자	500,000	자본금	자본금출자	500,000

전표의 차변에는 금고에 증가한 현금을 적고 대변에는 주주의 출자금인 자본금을 기재합니다. 그리고 이렇게 작성된 전표에 주주의 출자 관련 증빙서류를 더하면 완벽한 회계 서류가 되는 것입니다.

사례 2

1월 10일: 은행에서 300,000원을 차입하여 금고에 예치하였다.

〈전 표〉

1.10.　　　　　　　　　　　　　　　　　　　　　　　　　　　　　일련번호: 02

차 변			대 변		
과 목	적 요	금 액	과 목	적 요	금 액
현금	은행차입	300,000	차입금	은행차입	300,000

전표의 차변에는 금고에 증가한 현금을 적고 대변에는 차입금을 기재한 뒤, 차입 관련 서류를 증빙으로 첨부합니다.

사례 3

1월 15일: 사무실에서 사용할 책상을 300,000원에 현금으로 구입하였다.

〈전 표〉

1.15.   일련번호: 03

차 변			대 변		
과 목	적 요	금 액	과 목	적 요	금 액
비 품	복사기구입	300,000	현 금	복사기구입	300,000

전표의 차변에는 취득한 비품을 적고 대변에는 줄어든 현금을 기재한 뒤, 비품 취득 관련 서류를 증빙으로 첨부합니다.

3. 분개장 작성

이렇게 전표를 작성한 뒤 다음 단계는 분개장에 전표의 분개를 옮겨 적어야 합니다. 왜냐하면, 거래 건별로 전표만 작성한다면 나중에 어떤 거래가 발생했나를 확인하기 위해서는 전표를 하나씩 꺼내봐야 하는 불편함이 있기 때문입니다.

그래서 거래마다 전표가 작성되면 그 분개를 분개장에 요약·정리하는데, 이렇게 분개장이 작성되면 분개장만 쭉 읽어 내려가도 일자별로 어떤 거래가 발생했는지 금방 파악이 가능합니다. 다음은 좀 전 거래를 분개장에 옮긴 사례입니다.

〈분개장〉

월	일	번 호	적 요	차 변	대 변
1	1	01	자본금출자 (현 금) 　　　　　(자본금)	500,000	500,000
1	10	02	은행차입 (현 금) 　　　　　(차입금)	300,000	300,000
			：		

거래가 발생한 일자별로 분개만 요약된 걸 볼 수 있습니다. 분개장의 적요 부분을 보면 현금은 약간 왼쪽, 자본금과 차입금은 약간 오른쪽에 표시가 되어 있는데, 이는 차변과 대변을 구분하기 위한 것입니다.

이상 공부한 분개장이 전산회계 시험에 어떤 유형으로 출제되는지 확인해 보겠습니다. 다만, 거의 출제가 되지 않으니 시간 없으면 과감히 패스해도 합격에는 지장이 없습니다.

|이론기출 확인문제| | 전산회계 2급, 2018년, 79회 |

다음은 ○○상사의 분개장 일부이다. 10월 7일 '적요'란 (가)의 내용으로 가장 적절한 것은?

날짜		적 요		원 면	차 변	대 변
10	5	(현　금)		1	800,000	
			(자본금)	7		800,000
		현금 출자 개업				
	7	(상　품)		4	100,000	
			(현　금)	1		100,000
		(　　가　　)				

① 업무용 책상 구입　　　　　　② 판매용 컴퓨터 구입
③ 장기투자 목적 토지 구입　　　④ 대표자 개인용 승용차 구입

|정답| ②
상품이란 판매용으로 구입한 물품으로 판매용 컴퓨터 구입이 상품에 해당함.

❷ 2단계: 전기와 T계정

이렇게 분개장을 작성한 뒤 그다음 단계는 차변과 대변 금액을 각 계정별 장부에 옮겨 적어야 하는데 이를 전기라고 합니다. 轉은 '옮기다', 記는 '적다'이며 **계정별 장부**를 한 권의 책에 모아 작성하는 경우가 많다 보니 이를 '**총계정원장**'이라 부르기도 합니다.

다음은 다른 거래가 없다는 가정하에 좀 전 거래를 현금, 자본금, 차입금, 비품 계정원장에 옮겨 적은 사례입니다.

1. 현금 계정원장

회사 설립 당시 금고 잔고 0원에서 출발하여 출자금 50만 원과 은행 차입금 30만 원이 입금되었고 비품 구입에 30만 원이 출금되어, 이제 금고 현금잔액이 50만 원이 되었습니다. 현금 계정원장에서 차변과 대변이라는 용어가 어색하면 차변은 현금의 증가, 대변은 현금의 감소로 생각해도 상관없습니다. 현금출납부와 동일한 양식인데 다음은 해당 거래를 반영한 현금 계정원장입니다.

〈현금 계정원장〉

일 자	번 호	적 요	차 변	대 변	잔 액
1. 1	01	자본금출자	500,000		500,000
1. 10	02	은행차입	300,000		800,000
1. 15	03	비품구입		300,000	500,000
월 계			800,000	300,000	
누 계			800,000	300,000	

2. 자본금 계정원장

최초 0원이던 자본금이 1월 1일에 50만 원 출자로 잔액 50만 원이 되었습니다. 다만, 현금과 달리 자본금은 대변 항목이기 때문에 자본이 증가하면 대변, 감소하면 차변에 기입해야 합니다.

〈자본금 계정원장〉

일 자	번 호	적 요	차 변	대 변	잔 액
1. 1	01	자본금출자		500,000	500,000
월 계				500,000	
누 계				500,000	

3. 차입금 계정원장

최초 0원이던 차입금이 1월 10일에 30만 원 차입하여 잔액 30만 원이 되었습니다. 차입금은 부채 항목이므로 부채가 증가하면 대변, 감소하면 차변에 기입해야 합니다.

〈차입금 계정원장〉

일 자	번 호	적 요	차 변	대 변	잔 액
1. 10	02	은행차입		300,000	300,000
월 계				300,000	
누 계				300,000	

4. 비품 계정원장

최초 0원이던 비품이 1월 15일에 30만 원 구입하여 잔액 30만 원이 되었습니다. 비품은 자산 항목으로 자산이 증가하면 차변, 감소하면 대변에 기입해야 합니다.

〈비품 계정원장〉

일 자	번 호	적 요	차 변	대 변	잔 액
1. 15	03	복사기 구입	300,000		300,000
월 계			300,000		
누 계			300,000		

계정별 원장은 모든 계정에 대해 작성되기 때문에 계정별 원장에는 현금 원장, 예금 원장, 외상매출금 원장, 받을어음 원장, 비품 원장, 차입금 원장, 외상매입금 원장, 자본금 원장 등 여러 가지가 있는데 여기서는 이 정도로만 감을 잡으면 충분합니다.

자, 그럼 분개장, (총)계정원장이 전산회계 시험에 어떻게 출제되는지 기출문제를 풀어보 겠습니다. **자주 출제되는 내용이므로 꼭 이해하기 바랍니다.**

이론기출 확인문제 | 전산회계 2급, 2017년, 71회 |

다음 중 빈칸 안에 들어갈 (가), (나) 용어가 순서대로 되어 있는 것은?

> 발생한 거래 내역을 순서에 따라 장부에 분개하여 적는 장부를 (가)라 하고, 이러한 거래를 계정과목별로 기록, 계산, 요약하는 장부를 (나)라 한다.

	(가)	(나)		(가)	(나)
①	현금출납장	분개장	②	총계정원장	분개장
③	분개장	매출처원장	④	분개장	총계정원장

|정 답| ④
분개만 따로 정리한 장부는 분개장, 계정별 증가, 감소, 잔액을 표시한 장부는 (총)계정원장임.

이론기출 확인문제 | 전산회계 2급, 2020년, 92회 |

다음 거래 내용에서 기록되어야 할 보조부가 아닌 것은?

> 상품을 600,000원에 매출하고, 대금은 동점 발행 당좌수표로 회수하다.

① 매출장   ② 당좌예금출납장   ③ 현금출납장   ④ 상품재고장

|정 답| ②
상품이 팔리면서 현금을 받았으므로 상품재고장, 현금출납장, 매출장이 변동됨.(당좌수표는 곧장 현금처럼 쓸 수 있으므로 현금 계정을 사용함.) 당좌예금출납장은 변동되지 않음.

◎ 핵심체크 콕 콕

T계정 요약
- 증감표시
  차변(자산증가, 부채·자본감소, 비용발생),
  대변(자산감소, 부채·자본증가, 수익발생)
- 잔액표시
  차변(자산·비용), 대변(부채·자본·수익)

2. T계정: 총계정원장의 약식 표기

다음으로 알아볼 내용은 바로 'T계정'입니다.

회계처리 할 때 실무에서는 좀 전 설명한 계정별 원장이 사용되지만 회계공부 차원에서는 계정원장을 노트에 매번 표시하기가 어렵기 때문에 회계 공부차원에서는 다음의 "T계정"을 사용합니다.

T계정이란 거래가 발생하면 차변과 대변의 증가, 감소, 잔액을 한꺼번에 표시하는 T자 모양의 양식인데, T계정의 왼쪽에는 차변, 오른쪽에는 대변 거래를 적습니다.

자, 그럼 먼저 자산·부채 계정의 T계정부터 살펴보고 다음으로 수익·비용의 T계정을 살펴보겠습니다.

1) 자산·부채·자본의 T계정

좀 전에 만들어 봤던 현금, 자본금, 차입금의 계정별 원장을 T계정에 그대로 옮겨 적으면 다음과 같습니다.

① 현금 T계정

현금 T계정

1. 1	자 본 금	500,000	1. 15	비 품	300,000
1. 10	차 입 금	300,000			
⇨	차 변 잔 액	500,000			

가. 당기 증가분

1월 1일에 자본금 출자로 50만 원, 1월 10일에 은행 차입으로 30만 원, 총 80만 원의 현금이 회사 금고에 들어왔습니다. 현금은 자산이고 자산의 증가는 차변에 표시해야 하므로 T계정의 왼쪽, 즉 차변에 50만 원과 30만 원을 표시하면 총 80만 원이 입금 된 것을 알 수 있습니다.

T계정에 표시할 때는 먼저 날짜, 그 다음에 거래 내역, 마지막으로 금액을 표시합니다.

나. 당기 감소분

입금된 총 현금 80만 원에서 1월 15일, 비품 구입에 30만 원을 사용했습니다. 자산의 감소는 대변이므로 지출된 현금 30만 원을 T계정의 오른쪽, 즉 대변에 표시해야 합니다.

다. 잔액: 차변 표시

당기 출자와 차입으로 80만 원의 현금이 입금되고 그 중 30만 원을 비품 구입으로 사용했으므로 남은 현금은 50만 원입니다. **현금은 자산 항목이므로 그 잔액은 차변에 표시됩니다.**

② 자본금 T계정

자본금 T계정

	1.1	현　　　　　금	500,000
	⇨	대 변 잔 액	500,000

회사를 처음 설립할 때는 자본금이 없었다가 1.1 출자로 50만 원의 자본금이 생겼습니다. 자본의 증가는 대변에 표시해야 하므로 T계정의 오른쪽, 즉 대변에 50만 원을 표시하면 됩니다.

당기에 감소한 자본금이 없으므로 감소는 표시할 금액은 없고, 남은 기말자본금은 50만 원입니다. **자본금은 대변 항목이므로 그 잔액은 대변에 표시됩니다.**

③ 차입금 T계정

차입금 T계정

	1. 10	현　　　　　금	300,000
	⇨	대 변 잔 액	300,000

회사를 처음 설립할 때는 차입금이 없었다가 1.10 은행차입으로 30만 원의 차입금이 생겼습니다. 부채의 증가는 대변에 표시해야 하므로 T계정의 오른쪽, 즉 대변에 30만 원을 표시하면 됩니다.

당기에 감소한 차입금은 없으므로 감소는 표시할 금액은 없고, 남은 차입금은 30만 원입니다. **차입금은 대변 항목이므로 그 잔액은 대변에 표시됩니다.**

이상 공부한 자산, 부채, 자본의 T계정 내용이 전산회계시험에 어떻게 출제되는지 기출 문제를 풀어보겠습니다.

다음 중 계정잔액의 표시로 옳지 않은 것은?

① 예수금

100,000원

② 토지

100,000원

③ 보통예금

100,000원

④ 외상매입금

100,000원

|정답| ②
자산 잔액은 차변(T계정의 왼쪽), 부채·자본은 대변(T계정의 오른쪽)에 표시해야 함. 따라서 ①예수금, ④외상매입금은 부채이므로 잔액을 T계정의 오른쪽에 표시해야 하고, ②토지, ③보통예금은 자산이므로 잔액을 T계정의 왼쪽에 표시해야 함.

2) 수익·비용의 T계정

다음은 상품을 매출한 거래와 급여를 지급한 거래입니다. 즉, 수익과 비용 거래인데 이를 T계정에 표시해 보겠습니다.

	구 분	거 래
수익·비용 거래	1. 16	상품을 80만 원에 현금 판매하였다.
	1. 20	직원 급여 10만 원을 현금으로 지급하였다.

① 수익 T계정

상품매출 T계정

	1. 16	현 금 매 출	800,000
	⇨	대 변 잔 액	800,000

수익이 발생하면 그만큼 회사에 자금이 조달된 것이므로 매출 발생 80만 원은 대변에 적습니다. **상품매출과 같은 수익은 대변 항목이므로 그 잔액은 대변에 표시됩니다.**

② 비용 T계정

급여 T계정

1. 20	현 금 지 급	100,000	
⇨	대 변 잔 액	100,000	

비용이 발생하면 그만큼 회사에 자금이 사용된 것이므로 급여 지급 10만 원은 차변에 적습니다. 급여지급과 같은 비용은 차변 항목이므로 그 잔액은 차변에 표시됩니다.

3) T계정 요약

자산·비용계정		부채·자본·수익계정	
(차변)	(대변)	(차변)	(대변)
+	−	−	+

지금까지 살펴본 T계정을 요약하면 자산의 증가 거래는 차변, 감소 거래는 대변에 기록하고 그 잔액은 차변에 표시합니다. 그리고 부채·자본의 증가 거래는 대변, 감소 거래는 차변에 기록하고 그 잔액은 대변에 표시합니다. 또한 수익의 발생 거래는 대변, 비용의 발생 거래는 차변에 기록합니다.

T계정 관련 전산회계 기출문제를 추가로 풀어 보겠습니다. 종종 출제되는 내용이니 꼭 개념을 잡기 바랍니다.

이론기출 확인문제　　　　　　　　　　　| 전산회계 2급, 2021년, 97회 |

아래 분개의 내용을 계정별 원장에 전기한 것으로 가장 적절한 것은?

12월 1일: (차) 기업업무추진비 1,000,000　　　(대) 현 금 1,000,000

① 　　　　　　현 금

기업업무추진비 1,000,000원	

② 　　　　　　현 금

	기업업무추진비 1,000,000원

③ 　　　기업업무추진비

기업업무추진비 1,000,000원	

④ 　　　기업업무추진비

	현금 1,000,000원

|정답 ②

해당 분개는 기업업무추진비 100만 원을 현금으로 지급한 거래입니다. 즉 기업업무추진비(비용) 발생, 현금(자산) 감소임. 현금 감소는 T계정의 오른쪽, 비용 발생은 T계정 왼쪽에 표시해야 하며, 금액 바로 앞에는 거래의 발생 이유를 적어야 함. ③은 기업업무추진비 T계정 왼쪽의 "기업업무추진비 1,000,000원" → "현금 1,000,000원"을 고쳐야 함.

③ 3단계: 수정 전 시산표 작성

이상 학습내용을 정리하면 [거래 발생 → 분개 → 분개장에 전기 → 계정원장에 전기]입니다. 이렇게 각 계정별로 원장을 작성한 뒤 나중에 재무상태표, 손익계산서에 각 계정별 금액을 뽑아서 적어주면 재무제표가 완성됩니다.

하지만 이것만으로는 수많은 거래가 제대로 처리가 되었는지 검증하기가 어렵습니다. 그래서 고안된 방법이 바로 시산표(試算表) 작성입니다.

1. 시산표 개념

핵심체크 🎯

시산표
모든 계정과목이 제대로 전기되었는지 검증하는 표

시산표란 말 그대로 '시험 삼아 계산하는 표'로 **본격적으로 재무상태표와 손익계산서를 작성하기 전에 모든 계정과목을 차변과 대변에 그대로 모아 작성하여 각 계정원장의 금액이 맞는지 검증하는 표**입니다. 시산표에는 몇 가지 종류가 있는데 그 중 가장 많이 사용되는 합계잔액시산표를 알아보겠습니다.

2. 시산표 작성사례

다음은 교재 앞부분, 분개연습에서 살펴보았던 회사 설립 사례인데 이 거래들을 이용해 시산표를 작성해 보겠습니다.

번호	거 래 내 용	분 개
1	주주로부터 50만 원을 출자받아 회사 설립	(차) 현　　　금　500,000　(대) 자 본 금　500,000
2	은행에서 30만 원 차입해 금고에 보관	(차) 현　　　금　300,000　(대) 차 입 금　300,000
3	사무실 빌리면서 보증금으로 30만 원 현금 지급	(차) 임차보증금　300,000　(대) 현　　　금　300,000
4	판매할 상품을 40만 원에 현금 구입	(차) 상　　　품　400,000　(대) 현　　　금　400,000
5	상품 중 35만 원어치를 80만 원에 현금 판매	(차) 현　　　금　800,000　(대) 상품매출　800,000
6	직원 급여 10만 원 현금 지급	(차) 급　　　여　100,000　(대) 현　　　금　100,000
7	사무실 월세 5만 원 현금 지급	(차) 임 차 료　50,000　(대) 현　　　금　50,000
8	은행 차입금에 대한 이자 2만 원 현금 지급	(차) 이 자 비 용　20,000　(대) 현　　　금　20,000

시산표를 작성하기 전에 먼저 각 계정별로 증가한 금액과 감소한 금액을 집계해야 하는데, 위의 8건 거래로 각 계정별 증가, 감소, 잔액을 계산해 보겠습니다.

1) 현금 항목

제일 먼저 현금입니다. 제시된 8건의 거래 중 현금이 입금되거나 출금된 내용을 요약하면 다음과 같습니다.

구분	내 용	금 액
입금	500,000(출자금) + 300,000(차입금) + 800,000(매출)	1,600,000
출금	300,000(보증금) + 400,000(재고구입) + 100,000(급여) + 50,000(월세) + 20,000(이자)	(870,000)
잔액		730,000

현금의 총 증가액은 1,600,000원, 총 감소액은 870,000원이므로 현금잔액은 730,000원입니다.

2) 나머지 항목들

재고자산, 임차보증금, 차입금, 자본금, 매출, 급여, 임차료, 이자비용은 한 번씩만 발생을 했기 때문에, 자산·비용은 차변에, 부채·자본·수익은 대변에 그 금액을 그대로 적어주면 됩니다. 이를 요약하면 다음과 같습니다.

항 목	증 가	감 소	잔 액
자 본 금	500,000	–	500,000
차 입 금	300,000	–	300,000
임 차 보 증 금	300,000	–	300,000
상 품	400,000	–	400,000
상 품 매 출	800,000	–	800,000
급 여	100,000	–	100,000
임 차 료	50,000	–	50,000
이 자 비 용	20,000	–	20,000

이상 계정별로 정리한 내용을 이용해 시산표를 작성하면 다음과 같습니다.

〈수정 전 합계잔액시산표〉

차 변		계 정 과 목	대 변	
잔 액	합 계		합 계	잔 액
730,000	1,600,000	현　　　　　금	870,000	
400,000	400,000	상품(재고자산)		
300,000	300,000	임 차 보 증 금		
		차 　 입 　 금	300,000	300,000
		자 　 본 　 금	500,000	500,000
		상 품 매 출	800,000	800,000
100,000	100,000	급　　　　　여		
50,000	50,000	임 　 차 　 료		
20,000	20,000	이 자 비 용		
1,600,000	2,470,000		2,470,000	1,600,000

차변과 대변 일치

차변과 대변 일치

(*) 한 가지 주의할 점은 계정과목을 자산 → 부채 → 자본 → 수익 → 비용 순서로 나열하였는데, 이는 일종의 약속으로 자세한 내용은 나중에 재무제표 작성원칙에서 자세히 설명할 예정이니 여기선 적당히 감만 잡기 바랍니다.

시산표는 가운데 계정이름을 적고, 왼쪽에는 차변, 오른쪽에는 대변을 적습니다. 보통 합계와 잔액을 함께 표시하는데, 이렇게 합계와 잔액이 함께 표시된 시산표를 '합계잔액시산표'라고 부릅니다.

예를 들면 현금 항목의 총 증가액이 1,600,000원, 총 감소액이 870,000원, 잔액이 730,000원이므로 시산표 차변 합계는 1,600,000원, 대변 합계는 870,000원이고 잔액이 730,000원이 되는 것입니다. 다만, 현금은 자산이므로 잔액 730,000원은 차변에 표시합니다.

똑같은 논리로 부채와 자본은 대변에 증가와 잔액을 표시하고 수익은 대변, 비용은 차변에 표시합니다. 좀 전의 계정별 증가, 감소, 잔액을 합계잔액시산표의 숫자와 하나씩 맞춰 보기 바랍니다.

◎ 핵심체크

복식부기 자기검증
- 발견가능
  차변, 대변 중 한쪽만 전기 또는 금액 다르게 입력

- 발견 불가능
  차변, 대변에 동일한 틀린 금액 입력, 금액을 반대로 입력, 이중으로 두 번 입력, 분개 자체를 누락

만약 **각 계정별 금액이 잘못 집계되었다면 합계잔액시산표의 차변 금액과 대변 금액이 다르기 때문에 금방 실수를 알아낼 수 있는 자기검증기능이 있습니다.** 그래서 표의 이름이 '시험 삼아 만들어 보는 표', 시산표입니다.

다만 **차변과 대변에 잘못된 금액을 동일하게 입력을 하거나 분개를 아예 누락하는 실수를 할 경우에는 아무리 시산표라 하더라도 이를 발견할 수 없습니다.** 이를 요약하면 다음과 같습니다.

〈복식부기 자기검증 기능〉

발견 가능한 실수	발견 불가능한 실수
차변, 대변 중 한쪽에만 전기	• 차변, 대변 양편에 동일한 틀린 금액 입력 • 차변, 대변을 반대로 입력 • 차변, 대변에 이중으로 두 번 입력 • 분개 자체를 누락

자, 그럼 시산표가 전산회계 시험에 어떤 유형으로 출제되는지 기출문제를 몇 문제 풀어 보겠습니다.

이론기출 확인문제　　　　　　　　　　　　| 전산회계 2급, 2019년, 87회 |

다음 중 총계정원장의 기록이 오류가 있는지 여부를 파악하는 검증기능을 갖는 것은?

① 시산표　　　② 재무상태표　　　③ 분개장　　　④ 현금출납장

|정답| ①

이론기출 확인문제　　　　　　　　　　　　| 전산회계 2급, 2017년, 76회 |

청석상점의 총계정원장 전기 후 작성한 잔액시산표이다. 오류 수정 후 차변 합계 금액?

차 변	원면	계정과목	대 변
350,000	1	현　　　　금	
120,000	2	받 을 어 음	
80,000	3	선 급 금	
	4	상　　　품	150,000
	5	외 상 매 입 금	250,000
	6	미 지 급 금	130,000
200,000	7	자 본 금	
	8	상 품 매 출 이 익	120,000
80,000	9	이 자 수 익	
50,000	10	보 험 료	
30,000	11	여 비 교 통 비	
910,000			650,000

① 630,000　　　② 680,000　　　③ 780,000　　　④ 830,000

|정답| ③
자산·비용 잔액은 차변에 표시되어야 하고 부채·자본·수익 잔액은 대변에 표시되어야 함. 그런데 상기 잔액시산표는 상품(15만원)이 대변, 자본금(20만원)이 차변, 이자수익(80만원)이 차변에 표시되어 있음. 올바른 차변 합계는 다음과 같음.
• 차변합계: 현금(350,000) + 받을어음(120,000) + 선급금(80,000) + 상품(150,000) + 보험료(50,000) + 여비교통비(30,000) = 780,000원

④ 4단계: 기말수정분개

지금까지 시산표라는 복잡한 표를 공부했는데요. 좀 전 [3 단계]에서 작성된 합계잔액시산표는 완벽한 상태가 아닙니다. 왜냐하면 수정할 사항이 있기 때문입니다.

1. 매출원가 인식

좀 전 [3단계]의 수정 전 시산표를 보면 총매출이 80만 원입니다.

하지만 이러한 매출을 발생시키기 위해서는 창고에 보관 중인 재고자산이 구매자에게 판매되어 회사가 보유 중인 상품도 없어져야 하는데, 합계잔액시산표를 보면 상품 40만 원이 그대로 남아 있습니다. 즉, 다음과 같은 분개를 통해 매출 80만 원에 대한 매출원가를 추가 인식해야 합니다.

2. 기말수정분개

매출원가를 비용으로 추가로 인식하기 위해 다음과 같이 수정하는 분개를 기말에 추가해야 하는데 이를 기말수정분개라고 합니다. 보통 판매된 재고의 원가는 매출이 발생할 때마다 인식하기보다는 아래와 같이 월말 또는 회계연도 말에 한꺼번에 반영합니다.

(차 변) 매출원가	350,000	(대 변)상 품	350,000

장부에 그대로 남아 있던 40만 원에 구매한 재고자산인 상품 중 35만 원을 없애고 이 금액을 매출원가로 바꾸는 것인데, 이 **기말수정분개를 반영한 후 다시 한 번 합계잔액시산표를 만들어야 하는데, 이를 '수정 후 합계잔액시산표'라고 부릅니다.**

[참 고] 감가상각비

대표적인 기말 수정분개 사항에 감가상각비가 있는데 감가상각비란 비품, 기계장치와 같은 유형자산 취득 후 줄어드는 가치를 일정 기간 비용으로 배분하는 과정입니다.

크게 정액법과 정률법이 있는데, 정액법이란 매년 동일한 금액을 비용으로 처리하는 방법이고, 정률법은 매년 같은 비율을 비용으로 처리하는 방법입니다. 자세한 내용은 추후 자세히 공부하게 됩니다.

5 5단계: 수정 후 시산표

좀 전 설명한 매출원가 관련 기말 수정분개를 반영하면 재고자산은 400,000원 → 50,000원, 매출원가는 0원 → 350,000원으로 변경되어 다음과 같이 〈수정 후 합계잔액시산표〉가 작성됩니다.

〈수정 후 합계잔액시산표〉

차 변		계정과목	대 변	
잔 액	합 계		합 계	잔 액
730,000	1,600,000	현 금	870,000	
50,000	400,000	상 품 (재 고 자 산)	350,000	
300,000	300,000	임 차 보 증 금		
		차 입 금	300,000	300,000
		자 본 금	500,000	500,000
		상 품 매 출	800,000	800,000
350,000	350,000	매 출 원 가		
100,000	100,000	급 여		
50,000	50,000	임 차 료		
20,000	20,000	이 자 비 용		
1,600,000	2,820,000		2,820,000	1,600,000

차변과 대변 일치
차변과 대변 일치

기말 수정분개를 통해 판매되어 줄어든 재고자산 35만 원을 대변 합계에 적어주면 결국 재고자산 기말 잔액은 5만 원이 되고, 그만큼 매출원가 차변 합계액이 35만 원이 늘어나게 됩니다.

하지만 **기말 수정분개를 추가하더라도 합계잔액시산표의 차변과 대변의 합계는 여전히 같습니다.** 왜냐하면 재고자산의 차변금액 35만 원이 없어진 반면, 매출원가 차변금액이 35만 원 늘어났기 때문입니다.

6 6단계: 재무제표 작성

자, 지금까지는 결산의 예비절차였고 이제 본격적으로 수정 후 합계잔액시산표에서 손익계산서와 재무상태표 같은 재무제표를 뽑아내는 결산 본절차를 진행해야 하는데 그 과정을 표시하면 다음과 같습니다.

차 변		계정과목	대 변	
잔 액	합 계		합 계	잔 액
730,000	1,600,000	현 금	870,000	
50,000	400,000	상 품(재고자산)	350,000	
300,000	300,000	임 차 보 증 금		
		차 입 금	300,000	300,000
		자 본 금	500,000	500,000
		상 품 매 출	800,000	800,000
350,000	350,000	매 출 원 가		
100,000	100,000	급 여		
50,000	50,000	임 차 료		
20,000	20,000	이 자 비 용		
1,600,000	2,820,000		2,820,000	1,600,000

재무
상태표

손익
계산서

1. 손익계산서 작성

위 합계잔액시산표 중 아랫부분이 손익계산서 항목인데 잔액 부분만 뽑아내 순서대로 나열하면 다음과 같은 손익계산서가 만들어지는데, 당기순이익 280,000원이 산출됩니다.

〈손익계산서〉

㈜○○   20xx.1.1~12.31

매 출	800,000
매 출 원 가	(350,000)
급 여	(100,000)
임 차 료	(50,000)
이 자 비 용	(20,000)
당 기 순 이 익	280,000

2. 재무상태표 작성

위 수정 후 합계잔액시산표에서 아래 손익계산서 부분 전체를 없애고 이를 당기순이익 한 줄로 바꾸어 표시하면, 손익계산서 부분은 다음 도표와 같이 대변에 280,000원만 남게 됩니다.

~~350,000~~	~~350,000~~	상 품 매 출		~~800,000~~		~~800,000~~
~~100,000~~	~~100,000~~	매 출 원 가				280,000
~~50,000~~	~~50,000~~	급 여				당기순이익
~~20,000~~	~~20,000~~	임 차 료				
		이 자 비 용				

그런 다음 이 대변의 당기순이익 280,000원을 이익잉여금으로 단어를 바꾼 뒤, 합계잔액 시산표 윗부분인 재무상태표 부분 밑에 붙이면 아래와 같은 재무상태표가 완성됩니다.

〈재무상태표〉

㈜○○   20xx.12.31

현 금	730,000	차 입 금	300,000
상 품 (재 고 자 산)	50,000	자 본 금	500,000
임 차 보 증 금	300,000	이 익 잉 여 금	280,000
합 계	1,080,000	합 계	1,080,000

여기서 한 가지 주의할 점은 손익계산서의 매출, 매출원가, 급여 등의 수익, 비용 항목들은 결산이 모두 끝나면 당기순이익으로 바뀐 뒤 다시 이익잉여금으로 바뀝니다. 즉, 수익, 비용 항목들은 다음 연도로 넘어가지 않고 이익잉여금으로 바뀌어 모두 없어지게 되지만, 재무상태표의 자산, 부채, 자본 항목들은 잔액이 계속 누적되어 다음 연도로 이월되어 사용하게 됩니다.

한 가지 참고할 것은 수익, 비용 계정이 집합손익 계정에 집계된 뒤 마감되는데 전산회계 2급에서는 이 정도로만 알아도 충분합니다.

3. 재무제표 작성 순서

이상 공부한 재무제표의 작성순서를 요약하면 거래식별 → 분개 → 전기 → 수정 전 시산표 작성 → 기말 수정분개 → 수정 후 시산표 작성 → 손익계산서 작성 → 재무상태표 작성입니다. 여기서 다음 2가지는 꼭 기억하시기 바랍니다.

첫째, 기말 수정분개 후 수정 후 시산표가 작성된다. 즉, 수정 전 시산표 → 기말 수정분개 → 수정 후 시산표 순서로 작성된다.

둘째, 손익계산서가 먼저 작성되어 당기순이익이 확정된 후 재무상태표가 작성된다. 즉, 손익계산서 → 재무상태표 순서로 작성된다.

🎯 **핵심체크** 콕콕 콕

회계순환과정

거래식별 → 분개 → 전기 → 수정전 시산표 → 기말수정분개 → 수정후 시산표 → 재무제표

🎯 **핵심체크** 콕콕

손익계산서 작성순서

수익·비용계정 마감
↓
집합손익계정 마감
↓
손익계산서 작성

수익·비용계정은
차기로 이월되지 않음.

정교수 콕콕

◎ 핵심체크 콕콕

재무상태표 작성순서
자산·부채·차본계정 마감
↓
재무상태표 작성

자산·부채·자본계정은
차기로 이월됨.

◎ 핵심체크

결산절차
• 예비절차: 수정전 시산표 →
  기말수정분개 → 수정후 시
  산표
• 본절차: 총계정원장 마감

셋째, 분개장, 총계정원장이 재무제표 작성의 가장 중요한 기본이므로 이를 주요 장부라고 하며, 시산표 작성 과정(수정 전 시산표 → 기말 수정분개 → 수정 후 시산표)이 결산의 예비절차, 총계정원장을 마감하는 것을 결산의 본절차라고 부르기도 합니다. 다만, 결산의 예비절차, 본절차는 시험에 자주 출제되지는 않습니다.

이상 내용은 전산회계 시험에 자주 출제되는데 대표적인 문제를 풀어 보겠습니다.

이론기출 확인문제 | **전산회계 2급**, 2020년, 92회 |

다음 중 회계의 순환과정을 올바르게 나열한 것은?

| ㉠ 시산표 작성 | ㉡ 재무제표 작성 | ㉢ 거래의 발생 | ㉣ 총계정원장 기입 | ㉤ 분개장 기입 |

① ㉠ → ㉢ → ㉤ → ㉣ → ㉡　　　　② ㉢ → ㉤ → ㉣ → ㉠ → ㉡
③ ㉢ → ㉤ → ㉠ → ㉣ → ㉡　　　　④ ㉢ → ㉠ → ㉤ → ㉣ → ㉡

|정답| ②
회계순환과정은 「거래 → 분개장 → 총계정원장 → 시산표 → 재무제표」 순서임.

이론기출 확인문제 | **전산회계 2급**, 2018년, 79회 |

다음 중 결산마감 시 가장 먼저 마감되는 계정은?

① 선급비용　　　　② 선수수익　　　　③ 자본금　　　　④ 여비교통비

|정답| ④
수익·비용 계정을 마감해 당기순이익 확정 → 자산·부채·자본 계정 마감, ④ 여비교통비는 비용항목이지만 나머지는 자산·부채 항목임.

이론기출 확인문제 | **전산회계 2급**, 2021년, 98회 |

차기 회계연도로 잔액이 이월되지 않는 계정과목은?

① 이익잉여금　　　　② 소모품비　　　　③ 미지급비용　　　　④ 선수수익

|정답| ②
손익항목은 당기순이익 확정 후 모두 이익잉여금으로 대체되지만 자산·부채·자본 계정은 차기로 이월됨. ② 소모품비는 손익 항목이나 나머지는 자산·부채·자본 항목임.

06 이론기출 공략하기
재무제표 작성 순서: 회계순환과정

| 회계순환과정 순서 |

01 난이도 ★★ 필수
다음 자료는 회계의 순환과정의 일부이다. (가), (나), (다)에 들어갈 순환과정의 순서로 옳은 것은? [2024년, 115회]

> 거래 발생 → (가) → 전기 → 수정 전 시산표 작성 → (나) → 수정 후 시산표 작성 → (다) → 결산보고서 작성

	(가)	(나)	(다)
①	분개	각종 장부 마감	결산 정리 분개
②	분개	결산 정리 분개	각종 장부 마감
③	각종 장부 마감	분개	결산 정리 분개
④	결산 정리 분개	각종 장부 마감	분개

02 난이도 ★★ 필수
다음 중 회계의 순환 과정 순서로 올바른 것은?   [2019년, 84회]

> a. 분개   b. 시산표작성   c. 결산수정분개   d. 거래의 발생
> e. 총계정원장의 마감   f. 결산보고서 작성 절차   g. 전기(총계정원장)

① a→b→c→d→e→f→g   ② b→a→d→g→c→e→f
③ d→a→g→b→c→e→f   ④ d→a→g→c→b→f→e

03 난이도 ★★
다음 중 결산 절차 (가)에 해당하는 내용으로 옳은 것은?   [2020년, 92회]

① 시산표 작성   ② 분개장 마감
③ 총계정원장 마감   ④ 재무상태표 작성

04 난이도 ★★

다음 그림의 (가) 절차에 대한 설명으로 옳은 것만을 〈보기〉에서 있는 대로 고른 것은?　　　　　[2018년, 77회]

| 거 래 | → | 분 개 장 | (가) → | 총계정원장 |

| 보 기 | ㄱ. 분개장의 기입 내용을 해당 계정에 옮겨 적는 과정이다.
ㄴ. 전산회계에서는 자동 처리되므로 (가)의 과정이 생략된다.
ㄷ. (가)는 어느 계정, 어느 변에 얼마를 기입할 것인가를 결정하는 절차이다. |

① ㄱ　　　　　② ㄱ, ㄴ　　　　　③ ㄴ, ㄷ　　　　　④ ㄱ, ㄴ, ㄷ

05 난이도 ★★ 필수

다음 중 회계상의 모든 거래를 발생 순서대로 빠짐없이 기입하는 장부는?　　　　　[2017년, 71회]

① 분개장　　　　　② 매입처원장　　　　　③ 매출처원장　　　　　④ 현금출납장

06 난이도 ★★

다음의 계정과 분개장에 기록하는 방법의 묶음이 옳지 않은 것은?　　　　　[2018년, 77회]

① 외상매출금 계정: 증가할 때 차변에 기록　　　② 미수금 계정: 감소할 때 대변에 기록

③ 보험료 계정: 발생할 때 차변에 기록　　　　　④ 차입금 계정: 증가할 때 차변에 기록

| T계정 |

07 난이도 ★★ 필수

다음 중 계정의 잔액 표시가 올바른 것은?　　　　　[2024년, 115회]

① 선수금
2,000,000원 |

② 선급금
2,000,000원 |

③ 미수금
| 2,000,000원

④ 미지급금
| 2,000,000원

08 난이도 ★★ 필수
다음 중 계정의 증가, 감소, 발생, 소멸을 나타낸 것으로 잘못된 것은? [2019년, 87회]

①
외상매입금	
감소	증가

②
외상매출금	
감소	증가

③
차입금	
감소	증가

④
이자수익	
소멸	발생

09 난이도 ★★
다음 중 총계정원장의 잔액이 항상 대변에 나타나는 계정은? [2019년, 84회]

① 보통예금 ② 수수료비용 ③ 임대료 ④ 외상매출금

10 난이도 ★★
다음 중 계정잔액의 표시로 옳지 않은 것은? [2019년, 83회]

①
건물	
	100,000원

②
미지급금	
	100,000원

③
선수수익	
	100,000원

④
외상매입금	
	100,000원

11 난이도 ★★ 필수
다음 총계정원장에 대한 설명으로 옳지 않은 것은? [2025년, 118회]

자본금			
손익	80,000원	1/1	580,000원

① 기초자본금은 580,000원이다.
② 당기순이익 80,000원이 발생하였다.
③ 차기의 기초자본은 500,000원이다.
④ 마감 시 차기이월액은 500,000원이다.

| 시산표 |

12 난이도 ★

다음 중 총계정원장의 기록이 오류가 있는지 여부를 파악하는 검증기능을 갖는 것은? [2018년, 79회]

① 분개장   ② 재무상태표   ③ 시산표   ④ 원장

13 난이도 ★★

다음 합계잔액시산표에서 틀리게 작성된 계정과목은? [2015년, 63회]

차 변		계정과목	대 변	
잔 액(원)	합 계(원)		합 계(원)	잔 액(원)
10,000	250,000	현 금	240,000	
20,000	330,000	외 상 매 출 금	310,000	
10,000	120,000	외 상 매 입 금	110,000	
		자 본 금	180,000	180,000
250,000	250,000	광 고 선 전 비		
		이 자 수 익	110,000	110,000

① 현금   ② 외상매출금   ③ 외상매입금   ④ 이자수익

14 난이도 ★★

다음은 개인기업인 부산상점의 이월시산표 중 일부이다. 기초자본금은 400,000원이다. 부산상점의 기말자본금을 계산하면 얼마인가? [2025년, 119회]

이월 시산표

부산상점   2025년 12월 31일   (단위 : 원)

차변	계정과목	대변
⋮	⋮	⋮
80,000	이월상품	
10,000	선급보험료	
5,000	미수이자	
	자본금	500,000
XXX		XXX

① 80,000원   ② 420,000원   ③ 500,000원   ④ 580,000원

15 난이도 ★★

다음 계정 중 합계잔액시산표의 대변 잔액란에 표시될 수 없는 계정이 포함된 항목은? [2020년, 94회]

| (가) 미수수익 | (나) 이자수익 | (다) 자본금 | (라) 미지급임차료 |

① (가)　　　　　② (나)　　　　　③ (다)　　　　　④ (라)

16 난이도 ★ 필수

다음 중 시산표에서 발견할 수 있는 오류는 무엇인가? [2017년, 74회]

① 차변과 대변에 같이 틀린 금액으로 분개나 전기한 경우
② 금액은 동일하게 기입하였으나 차변과 대변 계정을 반대로 전기한 경우
③ 차변과 대변 어느 한쪽의 전기를 누락한 경우
④ 거래 전체의 분개나 전기가 누락된 경우

17 난이도 ★

다음 중 시산표 작성에서 발견할 수 있는 오류는? [2015년, 62회]

① 1,000,000원의 정기예금 계정과목을 정기적금 계정과목으로 사용한 경우
② 200,000원의 현금잔액이 부족한 현금과부족 계정과목을 잡손실 계정과목으로 대체하지 않은 경우
③ 출장여비로 판명된 150,000원의 가지급금 계정과목을 여비교통비 계정과목으로 대체하지 않은 경우
④ 대변에 기말대손충당금 100,000원을 설정하면서 차변에 대손상각비 10,000원으로 분개한 경우

| 재무제표 작성 |

18 난이도 ★★ 필수

다음 중 결산마감 시 가장 먼저 마감되는 계정은? [2018년, 79회]

① 선급비용　　　　② 선수수익　　　　③ 자본금　　　　④ 여비교통비

19 난이도 ★★ 필수

다음 중 결산 시 차기이월로 계정을 마감하는 계정과목에 해당하는 것은? [2024년, 115회]

① 이자수익　　　　② 임차료　　　　③ 통신비　　　　④ 미수금

20 난이도 ★★
다음 중 이월시산표에 기입할 수 있는 계정과목은? [2018년, 82회]

☐ ① 이자수익 ② 임차료 ③ 건물 ④ 매출원가

21 난이도 ★★★
결산의 본절차에 해당하는 것은? [2017년, 72회]

☐ ① 시산표 작성 ② 결산 수정분개 ③ 총계정원장 마감 ④ 재무상태표 작성

22 난이도 ★★★
다음 중 주요 장부로만 짝지어진 것은? [2016년, 67회]

☐ ① 총계정원장, 상품재고장 ② 분개장, 매입장
③ 매입장, 매출장 ④ 분개장, 총계정원장

23 난이도 ★★★
아래 거래의 기입이 필요한 보조부로 올바르게 묶인 것은? [2019년, 85회]

☐
> 방탕상사에 원가 500,000원의 상품을 600,000원에 판매하고, 대금 중 400,000원은 현금으로 받고, 잔액 200,000원은 약속어음으로 받았다.
> [a. 매입장 b. 매출장 c. 현금출납장 d. 매입처원장 e. 받을어음기입장]

① b, c, e ② a, c, e ③ c, d, e ④ a, b, e

🎯 정답 및 해설

01 ② 거래 발생 → 분개 → 분개장 → 총계정원장 → 시산표(수정 전 → 기말수정분개 → 수정 후) → 재무제표(손익계산서 → 재무상태표)

02 ③ 총계정원장을 마감한 뒤 결산보고서인 손익계산서와 재무상태표를 만듦.

03 ④ 결산 예비, 본절차를 통해 재무상태표와 손익계산서가 작성됨.

04 ② (가)는 분개장의 분개를 각 계정원장에 옮겨 적는 과정으로 KcLep 입력 시 분개만 입력하면 자동으로 완성됨. 어느 계정, 어느 변에 얼마를 기입하는 것은 분개임.

05 ①

06 ④ 자산의 증가, 비용의 발생은 차변, 부채·자본의 증가와 수익의 발생은 대변에 기재함. 차입금은 부채이므로 증가할 경우 대변에 기록함.

07 ② T계정 잔액 표시는 자산은 차변, 부채·자본은 대변에 표시됨.
 • 자산: ②선급금·③미수금, • 부채: ①선수금·④미지급금이므로 올바른 표시는 ②임.

08 ② ①외상매입금, ③차입금은 부채이므로 증가 시 대변, 감소 시 차변에 표시, ②외상매출금은 자산으로 증가 시 차변, 감소 시 대변에 표시, ④이자수익은 발생 시 대변, 감소 시 차변에 표시함.

09 ③ 잔액을 대변에 표시하는 항목은 부채, 자본, 수익임. 보기 중 ③임대료가 건물주가 받은 월세 수익임.

10 ① ①건물은 자산이므로 잔액을 차변에 표시함.

11 ② • 자본금 T계정은 증가 시 대변, 감소 시 차변에 표시함.
 • 차변에 손익 80,000원이므로 당기순손실 80,000원이 발생한 것임.
 • 기말자본금 : 기초자본금(580,000) − 당기순손실(80,000) = 500,000원임.

12 ③

13 ③ 외상매입금은 부채이므로 잔액을 대변에 표시해야 함.

14 ③ 자본금은 T계정 대변이 기말잔액이므로 기말자본금은 500,000원임.

15 ① 대변에는 부채, 자본, 수익이 표시됨. 미수수익은 못 받은 수익으로 자산항목임.

16 ③ 시산표에서 오류는 차변과 대변의 금액이 다르게 입력될 때만 찾을 수 있음.

17 ④ ④대변에 기말대손충당금 100,000원을 입력하면서 차변에 대손상각비 10,000원을 입력하면 차변과 대변금액이 달라 차이가 발생해 시산표에서 발견할 수 있음.

18 ④ 손익항목(수익, 비용 계정)이 가장 먼저 마감됨. ④여비교통비가 비용항목임.

19 ④ • 수익/비용 계정은 당기순이익으로 바뀐 뒤 이익잉여금으로 대체되어 차기로 이월하지 않음.
 • 차기로 이월되는 것은 자산으로 ④미수금이 자산임.

20 ③ 이월시산표에 기입한다는 뜻은 차기로 이월된다는 것임. 수익(①이자수익), 비용(②임차료, ④매출원가)은 차기로 이월되지 않음.

21 ③ 결산 예비절차(기말수정분개, 시산표 작성), 결산 본절차(총계정원장 마감)

22 ④ 주요 장부는 분개장, 총계정원장임.

23 ① 상품을 판매하고 일부는 현금, 나머지는 약속어음을 수령: 매출장, 상품재고장, 현금출납장, 받을어음기입장에 거래를 표시함.

07 재무제표 종류와 재무제표 작성 기본원칙

학습내용 · 재무제표 종류   · 재무제표 작성 기본원칙

출제경향 재무제표 종류와 재무제표 작성 기본원칙은 매회 1~2문제 출제될 정도로 출제 빈도가 아주 높은 부분임. 대부분의 문제가 재무상태표와 손익계산서의 기본 논리를 바탕으로 출제되므로 이해 위주로 학습할 것.

 **정교수 콕콕**

지금까지 학습한 회계순환과정을 통해 대표적인 재무제표인 재무상태표와 손익계산서가 작성되는 걸 학습했습니다. 재무제표(財務諸表)에서 '財務'의 국어사전적 의미는 '어떤 집안이나 국가의 살림을 맡은 청지기'를 뜻하는데, 결국 재무제표란 그 살림을 맡은 사람이 얼마나 살림을 잘했는지 알려주는 諸(여러 가지) 표를 말합니다.

1 기본 재무제표 종류

일반기업회계기준은 기본 재무제표로 **재무상태표, 손익계산서, 자본변동표, 현금흐름표와 주석을 규정**하고 있으며 재무제표 작성에 기본적인 몇 가지 원칙을 두고 있습니다. 전산회계 시험에 재무제표의 종류, 재무상태표와 손익계산서의 차이, 재무제표 작성원칙 등 관련 문제가 아주 자주 출제되고 있으니 꼭 제대로 학습해야 합니다.

◎ **핵심체크** 콕콕 콕

재무제표 종류
· 재무상태: 특정 시점의 자산·부채 자본 잔액
· 손익계산서: 일정기간 경영성과
· 자본변동표: 일정기간 자본 변동
· 현금흐름표: 일정기간 현금 변동
· 주석(주기는 재무제표 아님)

〈재무제표의 종류 5가지〉

종 류	내 용
재무상태표	특정 시점, 예를 들면 매년 12월 31일 자에 회사가 보유한 총 자산과 상환할 부채 현황 등을 알려주는 보고서
손익계산서	특정 기간, 예를 들면 1월 1일 ~ 12월 31일의 회사의 경영성과를 알려주는 보고서
자본변동표	자본금, 이익잉여금 등 자본항목이 기초에서 시작해서 당기 중에 얼마나 변동이 일어나 기말에 얼마의 잔액이 있는지 알려주는 보고서
현금흐름표	특정 기간에 회사에 현금이 얼마나 유입되고 유출되었는지 알려주는 보고서
주석	재무상태표, 손익계산서, 자본변동표, 현금흐름표의 각 계정과목에 대한 구체적인 세부 내역으로 통상 재무제표 도표 이후 맨 뒤에 설명형식으로 추가되는데 기업회계기준상 주석도 재무제표의 범위에 포함됨(예를 들면 차입금의 만기, 차입한 은행지점, 차입이자율, 만기일, 진행 중인 소송정보 등이 대표적인 주석사항임)

정교수 콕콕

[주기와 주석의 차이]

전산회계 시험에 가끔 출제되는 내용이 바로 주기와 주석의 차이입니다. 좀 전 설명한 것처럼 주석이란 재무상태표, 손익계산서, 자본변동표, 현금흐름표의 각 계정과목에 대한 구체적인 세부 내역으로 통상 재무제표 도표 이후 맨 뒤에 설명 형식으로 추가되는 내용입니다.

이에 반해 주기란 재무제표 본문에 재무제표 본래 내용 이외에 간단한 설명을 추가한 문구를 말하는데 대표적인 사례가 손익계산서의 당기순이익 밑에 주당순이익을 기재한 것입니다.

주의할 점은 주석은 기본 재무제표의 한 종류이지만 주기는 재무제표 안에 들어 있는 내용은 맞지만 기본 재무제표는 아니라는 것입니다.

다음은 주석과 주기의 사례를 표시한 것입니다.

왼쪽은 장기차입금의 세부내역을 알려주는 주석이고 오른쪽은 손익계산서에 포함되어 있는 주기인 1주당 순이익입니다.

주석 사례	주기 사례
(주석 15번) 장기차입금 ○○은행 ○○지점, 만기 5년, 차입이자율 5% 조건으로 차입하였으며, 담보로 본사 건물이 제공되었음.	손익계산서 매　출　××× : 당기순이익　××× (기본주당순이익 ×××)

자, 그럼 관련 내용이 전산회계 2급 시험에 어떻게 출제되었는지 알아보겠습니다.

이론기출 확인문제 | 전산회계 2급, 2020년, 94회 |

일반기업회계기준에 따른 재무제표가 아닌 것은?

① 주기 　　　　② 현금흐름표 　　　③ 재무상태표 　　　④ 자본변동표

|정답| ①
주석은 기본재무제표에 포함되지만 주기는 재무제표가 아님.

 정교수 콕콕

이론기출 확인문제 | 전산회계 2급, 2021년, 95회 |

다음 설명에 해당하는 재무제표로 옳은 것은?

이것은 일정 기간 동안 기업의 경영성과에 대한 정보를 제공하는 재무보고서이다.

① 자본변동표   ② 재무상태표   ③ 손익계산서   ④ 현금흐름표

|정답| ③
일정 기간의 기업 경영성과를 나타내는 재무제표는 손익계산서임.

◎ 핵심체크

재무제표 기본 표시
기업명, 보고기간
(재무상태표-보고기간 종료일, 손익계산서-회계기간),
금액단위, 당기·전기비교표시

◎ 핵심체크 콕콕콕

재무상태표 구조
- 자 산
  유동자산(당좌자산,
  재고자산), 비유동자산
  (투자자산, 유형자산,
  무형자산, 기타비유동자산)
- 부 채
  유동부채, 비유동부채
- 자 본
  자본금, 이익잉여금

② 재무상태표

재무상태표란 특정 시점의 기업의 재무상태를 알려주는 표로 예전에는 대차대조표라고 불리었는데, 제일 먼저 재무상태표의 구조부터 익혀야 합니다.

1. 재무상태표 기본구조

일단 재무상태표는 크게 자금의 운용 부분인 자산, 자금의 조달 부분인 부채와 자본으로 구성되는데, 그 외에도 아래와 같이 **회사명칭, 회계연도 기준일, 화폐단위**도 같이 표시를 해야 합니다.

〈재무상태표 기본구조〉

㈜oo   20××. 12. 31   단위: 원

| 자 산 | 유 동 자 산 | 당좌자산 재고자산 | 부 채 | 유동부채 비유동부채 |
| | 비유동 자 산 | 투자자산 유형자산 무형자산 기타비유동자산 | 자 본 | 자본금 ⋮ 이익잉여금 |

그럼 재무상태표의 구성 항목을 자산, 부채, 자본의 순서로 좀 더 세부적으로 알아보겠습니다.

1) 자 산

자산은 **1년 이내에 현금화가 가능한 유동자산**과 **1년 이후에 현금화가 가능한 비유동자산으로 구분**되는데, 유동(流動)이란 '흘러 움직인다'라는 뜻으로 회계에서는 유동·비유

동 구분 기준이 1년입니다.

유동자산에는 당좌자산과 재고자산이 있는데 당좌(當座)자산이란 어렵지 않게 현금화가 될 수 있는 보통예금, 외상매출금 같은 자산을 말하며, 재고자산은 판매 또는 생산을 목적으로 가지고 있는 물건을 말합니다.

비유동자산에는 투자용 주식과 같은 투자자산, 토지·건물과 같이 형체가 있는 유형자산, 소프트웨어와 같이 형체가 없는 무형자산, 마지막으로 임차보증금 같은 기타 비유동자산이 있습니다.

2) 부 채

부채 또한 1년 이내에 갚아야 하는 유동부채와 1년 이후에 상환해도 되는 비유동부채로 나뉘는데, 유동부채에는 단기차입금, 외상매입금 등이 있으며, 비유동부채에는 장기차입금 등이 있습니다.

3) 자 본

자본에는 여러 가지 항목이 있지만 가장 기본적인 것은 투자금에 해당하는 자본금과 매년 당기순이익이 쌓여 있는 이익잉여금이 있습니다. 그 이외에 자본거래에서 발생한 자본잉여금, 자본조정, 기타포괄손익누계액이 있는데 전산회계 2급 시험 차원에서는 자본금과 이익잉여금만 알면 충분합니다.

이상 재무상태표의 구조와 구성항목이 전산회계 시험에 어떻게 출제되는지 기출문제를 풀어보겠습니다.

이론기출 확인문제 | 전산회계 2급, 2016년, 67회 |

다음의 ㉮, ㉯, ㉰, ㉱에 들어갈 내용으로 알맞은 것은?

① ㉮ 당좌자산, ㉯ 투자자산　　　　② ㉮ 당좌자산, ㉯ 재고자산

③ ㉰ 재고자산, ㉱ 유형자산　　　　④ ㉰ 재고자산, ㉱ 투자자산

|정 답| ②
유동자산에는 ㉮ 당좌자산, ㉯ 재고자산이 있고, 비유동자산에는 ㉰ 투자자산, ㉱ 유형자산, 무형자산, 기타비유동자산이 있음.

2. 재무상태표 작성원칙

다음으로 재무상태표의 작성원칙에 대해 알아보겠습니다. 기업회계기준에서는 재무상태표 작성원칙을 다음과 같이 정하고 있습니다.

첫째, 1년을 기준으로 유동, 비유동으로 구분하여 표시합니다. 즉, 1년 이내에 현금화가 예상되는 당좌자산과 재고자산은 유동자산으로 분류하고, 1년 이후 현금화가 예상되는 투자자산, 유형자산, 무형자산 등은 비유동자산으로 분류하는 것입니다.

둘째, 자산은 현금화가 빨리 가능한 것, 즉 유동성이 큰 것부터 먼저 배열하고, 부채는 빨리 상환해야 할 것부터 배열합니다. 즉, 자산은 **당좌자산 → 재고자산 → 투자자산 → 유형자산 → 무형자산 → 기타 비유동자산 순서로 배열**하고, 부채는 **유동부채 → 비유동부채 순서로 배열**합니다. 이 유동성배열 순서가 전산회계 시험에 자주 출제되고 있습니다.

셋째, 자산과 부채를 상계하여 자본만 표시하는 것이 아니라 **자산과 부채를 총액으로 각각 표시**하여야 합니다.

넷째, 계정과목이 중요하지 않거나 그 기능이 유사한 항목은 통합하여 표시할 수 있습니다.

다음은 재무상태표 작성 원칙 관련 기출문제들입니다.

이론기출 확인문제 | **전산회계 2급**, 2021년, 96회 |

다음 중 재무상태표 작성에 관한 설명으로 옳지 않은 것은?

① 단기매매 목적으로 보유하는 자산은 유동자산으로 분류한다.
② 자산과 부채는 유동성이 낮은 항목부터 배열하는 것을 원칙으로 한다.
③ 자산과 부채는 원칙적으로 상계하여 표시하지 않는다.
④ 보고기간 종료일로부터 1년 이내에 상환되어야 하는 단기차입금 등의 부채는 유동부채로 분류한다.

|정답| ②
자산과 부채는 유동성이 큰 항목부터 먼저 배열함.

이론기출 확인문제 | 전산회계 2급, 2020년, 91회 |

다음 중 재무상태표에 포함되어야 하는 사항이 아닌 것은?

① 기업명   ② 금액단위   ③ 보고통화   ④ 회계기간

|정 답| ④
재무상태표는 일정 회계기간이 아닌 특정 시점의 자산, 부채, 자본 현황을 표시함. 회계기간은 손익계산서에 표시됨.

❸ 손익계산서

손익계산서는 일정 기간 동안 발생한 수익, 비용을 보고하는 표로 손익계산서 작성원칙이 전산회계 2급 시험에 주로 출제되고 있습니다. 먼저 손익계산서의 기본구조부터 알아 보겠습니다.

1. 손익계산서 기본구조

손익계산서는 일정 기간 동안 발생한 수익, 비용을 보고하는 표로 그 기본구조는 다음과 같은데 작성순서는 **매출총이익 → 영업이익 → 법인세차감전순이익 → 당기순이익**입니다. 그 외에도 아래와 같이 회사명칭, 회계기간, 화폐단위도 같이 표시를 해야 합니다.

 핵심체크

손익계산서 구조
매출 → 매출총이익 →
영업이익 → 법인세차감
순이익 → 당기순이익

〈손익계산서 기본구조〉

㈜○○	20××.1.1~20××.12.31	단위: 원
매 출	×××	
매 출 원 가	(×××)	
매 출 총 이 익	×××	
판 매 비 와 관 리 비	(×××)	
영 업 이 익	×××	
영 업 외 수 익	×××	
영 업 외 비 용	(×××)	
법 인 세 차 감 전 순 이 익 (*)	×××	
법 인 세 비 용 (*)	(×××)	
당 기 순 이 익	×××	

(*) 개인기업은 소득세차감전순이익, 소득세비용 용어 사용

손익계산서를 이렇게 여러 단계로 구분해 만드는 이유는 당기순이익을 어떤 이유에서 발생했는지 그 원인을 좀 더 자세히 알려주기 위해서입니다.

제일 먼저 판매된 매출에서 판매한 물건의 원가인 매출원가를 차감하면 매출총이익이 계산됩니다. 여기서 매출원가 이외에 영업과 회사 관리를 위한 추가 비용인 판매비관리비를 빼면 영업이익이 계산됩니다.

그 이외에 이자수령, 이자지급, 기부금 등과 같이 영업과 직접 관련이 없는 항목은 영업외수익과 영업외비용에 포함시키는데, 영업이익에 영업외수익을 더하고 영업외비용을 차감하면 법인세 납부 전 순이익, 즉 법인세차감전순이익이 계산됩니다.

마지막으로 법인세를 차감하면 회사가 달성한 당기순이익이 도출됩니다.

🎯 핵심체크 콕 콕

손익계산서 작성원칙
총액표시, 발생주의, 수익·비용 대응, 회계기간 1년 이내

2. 손익계산서 작성원칙

다음으로 살펴볼 내용은 손익계산서의 작성원칙인데 기업회계기준에서는 손익계산서 작성원칙으로 다음과 같이 정하고 있습니다.

첫째, 수익과 비용은 총액 보고를 원칙으로 합니다. 즉, 벌어들인 총금액인 수익과 사용한 총금액인 비용을 모두 표시해 주는 것입니다.

둘째, 수익과 비용은 현금을 수취하지 못했다 하더라도 수익창출 활동이 완료되는 경제적 사건이 발생하면 인식하여야 합니다. 이를 발생주의라 부르기도 하는데, 외상으로 물건을 판매했다 하더라도 매출, 매출원가를 인식하는 것이 그 대표적 사례입니다.

셋째, 수익이 발생하면 그에 대응하는 비용도 함께 인식하여야 합니다. 즉, 매출이 발생하면 매출원가도 같이 손익계산서에 표시해야 하는 것으로, 이를 수익·비용 대응의 원칙이라 부릅니다.

넷째, 1회계기간은 1년을 초과할 수 없습니다. 통상 회사의 회계기간은 설립 시 작성되는 정관에서 정하고 있는데, 우리나라 기업의 대부분은 1.1~12.31을 회계기간으로 하고 있습니다.

이상 알아본 손익계산서 관련 내용이 전산회계 시험에 어떻게 출제되는지 알아보겠습니다.

이론기출 확인문제

| 이론기출 확인문제 | | 전산회계 2급, 2020년, 88회 |

다음 중 일반 기업회계기준의 손익계산서 작성기준에 대한 설명으로 가장 잘못된 것은?

① 수익과 비용은 순액으로 기재함을 원칙으로 한다.
② 수익은 실현시기를 기준으로 인식한다.
③ 비용은 관련 수익이 인식된 기간에 인식한다.
④ 수익과 비용의 인식기준은 발생주의를 원칙으로 한다.

|정답| ①
수익, 비용은 순액이 아닌 총액으로 표시해야 함.

| 이론기출 확인문제 | | 전산회계 2급, 2020년, 90회 |

다음 중 손익계산서에 표시되는 항목으로 옳은 것은?

① 유동자산　　　　② 자본금　　　　③ 매출원가　　　　④ 비유동부채

|정답| ③
손익계산서에는 매출원가가 표시되고 유동자산, 자본금, 비유동부채는 재무상태표에 표시됨.

| 이론기출 확인문제 | | FAT 2급, 2015년, 10회 |

구분식 손익계산서를 작성할 때 순서로 옳은 것은?

① 매출총이익 → 법인세비용차감전이익 → 영업이익 → 당기순이익
② 영업이익 → 법인세비용차감전이익 → 매출총이익 → 당기순이익
③ 법인세비용차감전이익 → 매출총이익 → 영업이익 → 당기순이익
④ 매출총이익 → 영업이익 → 법인세비용차감전이익 → 당기순이익

|정답| ④
전산회계 2급에 자주 출제되지는 않지만 손익계산서 순서를 반드시 기억해야 함.

4 재무제표 작성의 기본가정: 회계공준

이상 설명한 재무제표를 작성하는 이유는 회사의 재무상태와 경영성과, 현금흐름 등의 정보를 작성하여 이를 정보이용자에게 전달함이 목적인데, 여기에는 세 가지 기본 가정이 깔려 있습니다.

 핵심체크 콕

회계공준
기업실체가정, 계속기업가정, 기간별 보고가정

첫째, 회계가 보고할 대상은 주주나 채권자로부터 독립된 별도의 특정 기업이라는 것인데 이를 **기업실체의 가정**이라고 합니다.

둘째, 보고 대상인 기업이 목적을 달성하기 위해 계속 존재한다는 가정인데, 이를 **계속기업의 가정**이라고 합니다. 회사가 곧 청산될 예정이라면 유동성 배열, 수익인식 등의 회계처리가 의미가 없기 때문입니다.

셋째, 기업의 경제활동을 일정기간 단위로 끊어서 보고해야 한다는 **기간별 보고의 가정**인데, 통상 1년 단위로 보고하고 있습니다.

이상 재무제표 작성 기본가정은 전산회계 2급에 거의 출제되지 않고 있지만 출제가능성이 충분히 있으므로 타 자격시험의 기출문제를 풀어 보겠습니다.

이론기출 확인문제 | FAT 2급, 2018년, 28회 |

기업실체의 존속기간을 일정한 기간 단위로 분할하여 각 기간별로 재무제표를 작성한다는 회계공준에 해당하는 것은?

① 기업실체의 가정   ② 계속기업의 가정

③ 기간별 보고의 가정   ④ 화폐가치 안정의 가정

| 정답| ③
기간별 보고에 대한 설명임.

---

⑤ 자산·부채·자본 계산문제

이상 일반기업회계기준에서 정한 기본재무제표 5가지와 그중 가장 중요한 재무상태표, 손익계산서에 대해 자세히 알아 봤습니다. 전산회계 2급 시험은 재무상태표의 기본 구조를 이용한 다음과 같은 계산문제를 가끔씩 출제하고 있습니다.

(자산 = 부채 + 자본)이라는 회계등식만 알면 쉽게 풀 수 있지만 아무래도 계산문제이다 보니 회계 초심자 분들이 어렵게 느끼고 있습니다. **시간이 없거나 어렵게 느껴지면 과감히 패스해도 전산회계 2급 시험 합격에는 지장이 없습니다.**

이론기출 확인문제 | **전산회계 2급**, 2019년, 87회 |

자산과 자본이 다음과 같을 때 부채총액은 얼마인가?

• 상품: 400,000원	• 건물: 500,000원
• 차량운반구: 150,000원	• 자본금: 500,000원

① 400,000원　　　② 550,000원　　　③ 650,000원　　　④ 900,000원

|정 답| ②
- 자산 합계: 상품 400,000 + 건물 500,000 + 차량운반구 150,000 = 1,050,000원
- 자본 합계: 자본금 500,000원
- 1,050,000(자산) = 부채 + 500,000(자본)이므로 부채는 550,000원임.

이론기출 확인문제 | **전산회계 2급**, 2019년, 88회 |

다음 자료는 12월 31일 현재 재무상태표의 각 계정의 잔액이다. 단기차입금은 얼마인가?

• 미수금: 550,000원	• 외상매출금: 250,000원	• 단기차입금:　?
• 미지급비용: 150,000원	• 선급금: 130,000원	• 자본금: 300,000원

① 540,000원　　　② 500,000원　　　③ 480,000원　　　④ 460,000원

|정 답| ③
- 자산 합계: 미수금 550,000 + 외상매출금 250,000 + 선급금 130,000 = 930,000원
- 자본 합계: 자본금 300,000원
- 930,000(자산) = 부채 + 300,000(자본)이므로 부채는 630,000원임.
- 부채 630,000 = 단기차입금 + 미지급비용 150,000이므로 단기차입금은 480,000원임.

| 재무제표 종류 |

난이도 ★★ 필수

01 다음은 재무제표의 종류에 대한 설명이다. 아래의 보기 중 (가), (나)에서 각각 설명하는 재무제표의 종류로 모두 옳은 것은? [2024년, 115회]

- (가) : 일정 시점 현재 기업이 보유하고 있는 자산, 부채, 자본에 대한 정보를 제공하는 재무보고서
- (나) : 일정 기간 동안 기업의 경영성과에 대한 정보를 제공하는 재무보고서

	(가)	(나)		(가)	(나)
①	재무상태표	손익계산서	②	잔액시산표	손익계산서
③	재무상태표	현금흐름표	④	잔액시산표	현금흐름표

난이도 ★

02 다음 중 일반기업회계기준에서 정하고 있는 재무제표가 아닌 것은? [2019년, 86회]

① 주석 ② 현금흐름표 ③ 자본변동표 ④ 합계잔액시산표

난이도 ★

03 다음 중 일정 시점 현재 기업이 보유하고 있는 경제적 자원인 자산과 경제적 의무인 부채, 그리고 자본에 대한 정보를 제공하는 재무보고서는 무엇인가? [2019년, 84회]

① 손익계산서 ② 자본변동표 ③ 재무상태표 ④ 현금흐름표

난이도 ★★ 필수

04 다음 중 일반기업회계기준상 재무제표에 해당하는 것으로만 구성된 것은? [2025년, 119회]

① 재무상태표, 시산표 ② 손익계산서, 시산표
③ 현금흐름표, 자본변동표 ④ 주석, 분개장

| 재무상태표 |

05 난이도 ★★ 필수
다음 중 재무상태표 작성에 관한 설명으로 옳지 않은 것은? [2021년, 96회]

① 단기매매 목적으로 보유하는 자산은 유동자산으로 분류한다.
② 자산과 부채는 유동성이 낮은 항목부터 배열하는 것을 원칙으로 한다.
③ 자산과 부채는 원칙적으로 상계하여 표시하지 않는다.
④ 보고기간 종료일로부터 1년 이내에 상환되어야 하는 단기차입금 등의 부채는 유동부채로 분류한다.

06 난이도 ★★ 필수
다음 중 재무상태표 작성의 기준이 아닌 것은? [2016년, 66회]

① 1년 기준 ② 총액주의
③ 유동성배열법 ④ 발생주의

07 난이도 ★★ 필수
다음 중 유동자산에 해당하지 않는 것은 무엇인가? [2021년, 96회]

① 보통예금 ② 임차보증금
③ 재고자산 ④ 단기매매증권

08 난이도 ★★
다음의 계정 중 성격이 다른 것은? [2021년, 96회]

① 미수금 ② 선수금
③ 차량운반구 ④ 당좌예금

09 난이도 ★★
다음 중 재무상태표에 표시되는 계정과목이 아닌 것은? [2019년, 87회]

① 기부금 ② 영업권
③ 개발비 ④ 자본금

10 다음 중 재무제표 구성요소 중 부채에 대한 설명이 틀린 것은? [2021년, 95회]

① 부채는 1년을 기준으로 유동부채와 비유동부채로 분류한다.

② 부채란 과거의 거래나 사건의 결과로 현재 기업실체가 부담하고 있고 미래에 자원의 유출 또는 사용이 예상되는 의무이다.

③ 단기차입금은 보고기간 종료일부터 1년 이내에 결제되어야 하므로 영업주기와 관계없이 유동부채로 분류한다.

④ 비유동부채 중에서 보고기간 종료일로부터 1년 이내에 자원의 유출이 예상되는 부분은 유동부채로 분류할 수 없다.

난이도 ★★ **필수**

11 다음은 유동자산의 분류이다. (ㄱ)에 해당하는 계정과목으로 적절한 것은? [2020년, 92회]

> 유동자산은 (ㄱ)과 재고자산으로 구성된다.

① 상품 ② 장기금융상품
③ 외상매출금 ④ 토지

난이도 ★★

12 다음 자료에서 유동성배열법에 의한 자산 계정의 배열 순서가 옳은 것은? [2020년, 88회]

> (가) 비품   (나) 상품   (다) 현금   (라) 영업권

① (다) – (나) – (가) – (라) ② (다) – (가) – (라) – (나)
③ (다) – (가) – (나) – (라) ④ (다) – (나) – (라) – (가)

난이도 ★★ **필수**

13 다음의 자료를 참고로 하여 재무상태표를 작성할 경우, 유동성 배열에 따라 두 번째로 나열해야 할 것으로 옳은 것은? [2024년, 117회]

> 현금, 산업재산권, 상품, 투자부동산, 기계장치

① 현금 ② 기계장치 ③ 상품 ④ 투자부동산

| 손익계산서 |

14 난이도 ★★ [필수]
다음 중 일반 기업회계기준의 손익계산서 작성기준에 대한 설명으로 가장 잘못된 것은?   [2020년, 88회]

① 수익과 비용은 순액으로 기재함을 원칙으로 한다.
② 수익은 실현시기를 기준으로 인식한다.
③ 비용은 관련 수익이 인식된 기간에 인식한다.
④ 수익과 비용의 인식기준은 발생주의를 원칙으로 한다.

15 난이도 ★★
다음 중 비용의 인식기준으로 맞는 것은?   [2017년, 76회]

① 총액주의   ② 수익·비용 대응의 원칙
③ 구분표시의 원칙   ④ 유동성배열법

16 난이도 ★
다음 중 손익계산서에 포함되어야 할 거래는 어떤 것인가?   [2019년, 85회]

① 거래처로부터 계약금을 현금수령하다.   ② 전기요금을 현금으로 지급하다.
③ 토지를 매입하고 당좌수표를 지급하다.   ④ 현금을 보통예금통장에 입금하다.

17 난이도 ★★ [필수]
다음 중 일정 기간 동안 기업의 경영성과에 대한 정보를 제공하는 재무보고서의 계정과목으로 옳지 않은 것은?
    [2024년, 117회]

① 임대료수입   ② 미지급비용
③ 잡손실   ④ 기부금

| 자산·부채·자본 계산 |

난이도 ★★ 필수

18 회사의 재산 상태가 다음과 같은 경우 자산의 총액을 계산하면 얼마인가?　　[2025년, 119회]

□

> • 자본금 : 200,000원　• 장기차입금 : 50,000원　• 예수금 : 100,000원　• 선수금 : 500,000원

① 550,000원　　　　　　　　　　　　② 600,000원

③ 700,000원　　　　　　　　　　　　④ 850,000원

난이도 ★★

19 다음에 주어진 자료에서 부채총액은 얼마인가?　　[2015년, 62회]

□

> • 현금: 20,000원　　　• 상품: 100,000원　　　• 보통예금: 200,000원
> • 비품: 50,000원　　　• 외상매출금: 100,000원　　• 자본금: 250,000원

① 120,000원　　　　　　　　　　　　② 130,000원

③ 220,000원　　　　　　　　　　　　④ 470,000원

난이도 ★★★

20 다음 자료는 2020년 12월 31일 현재 재무상태표의 각 계정의 잔액이다. 상품은 얼마인가?　　[2020년, 94회]

□

> • 개발비: 600,000원　　　• 받을어음: 450,000원　　　• 단기차입금: 400,000원
> • 미지급비용: 200,000원　• 선급금: 100,000원　　　　• 자본금: 500,000원
> • 단기대여금: 320,000원　• 외상매입금: 610,000원　　• 상품:　　?

① 240,000원　　　　　　　　　　　　② 340,000원

③ 480,000원　　　　　　　　　　　　④ 560,000원

🎯 정답 및 해설

01 ① 일정시점의 재무상태 나타내는 표(재무상태표), 일정기간의 경영성과 나타내는 표(손익계산서)

02 ④ 합계잔액시산표는 재무제표 작성 시 검증하는 표일뿐 기본재무제표는 재무상태표, 손익계산서, 자본변동표, 현금흐름표, 주석임.

03 ③

04 ③ 기업회계기준상 재무제표: 재무상태표, 손익계산서, 자본변동표, 현금흐름표, 주석

05 ② 재무상태표에 자산, 부채는 현금화가 빠른, 즉 유동성이 높은 항목부터 배열해야 함.

06 ④ 발생주의는 손익계산서 작성 기준임.

07 ② 임차보증금은 비유동자산임.

08 ② 선수금은 부채이고 나머지 미수금, 차량운반구, 당좌예금은 자산항목임.

09 ① 기부금은 손익계산서 중 영업외비용 항목임.

10 ④ 비유동부채 중 결산일(보고기간 종료일)로부터 1년 이내에 갚아야 할 부채는 유동부채로 분류해야 함.

11 ③ 유동자산은 당좌자산과 재고자산으로 분류됨. 보기 중 당좌자산은 외상매출금임.

12 ① 현금(당좌자산), 상품(재고자산), 비품(유형자산), 영업권(무형자산) 순으로 배열함.

13 ③ 당좌자산(현금) → 재고자산(상품) → 투자자산(투자부동산) → 유형자산(기계장치) → 무형자산(산업재산권) 순서임.

14 ① 수익과 비용은 총액으로 기재하는 것이 원칙임.

15 ② 손익계산서는 수익비용 원칙에 따라 수익을 인식하면 그에 대응하는 비용도 같이 인식해야 함.

16 ② ②이자지급은 손익거래로 손익계산서에 표시되고 나머지는 재무상태표에만 영향을 미침

17 ② 수익항목(①임대료수입), 비용항목(③잡손실, ④기부금), 부채항목(②미지급비용)으로 ②미지급비용이 재무상태표 항목임.

18 ④ · 부채 = 장기차입금(50,000) + 예수금(100,000) + 선수금(500,000) = 650,000원
  · 자산 : 부채(650,000) + 자본(200,000) = 850,000원

19 ③ · 자산 = 부채 + 자본
  · 자산 = 현금 20,000 + 상품 100,000 + 보통예금 200,000 + 비품 50,000 + 외상매출금 100,000 = 470,000원
  · (470,000 = 부채(X) + 자본 250,000)이므로 부채는 220,000원임.

20 ① · 자산 = 부채 + 자본
  · 자산 = 개발비 600,000 + 받을어음 450,000 + 선급금 100,000 + 단기대여금 320,000 + 상품(X)
  · 부채 = 단기차입금 400,000 + 미지급비용 200,000 + 외상매입금 610,000 = 1,210,000
  · 1,470,000 + 상품(X) = 자본금 500,000 + 1,210,000이므로 상품은 240,000원임.

KcLep
프로그램 배우기

· 회사정보 수정   · 거래처 등록   · 계정과목/적요 등록

기등록된 회사의 정보를 수정하는 문제가 매회 1문제(6점) 출제되며, 거래처등록과 계정과목 적요 등록 문제가 번갈아 매회 1문제(3점) 출제되고 있음. 총 9점이 출제되지만 아주 쉬운 내용이므로 반드시 맞혀야 함.

본 교재의 실습자료는 cafe.naver.com/eduacc의 「공지&DATA다운로드」에서 공지 에 있는 [콕콕정교수 전산회계 2급] 이론＋실무＋기출 실습데이터의 Data_Install_JH2.zip 파일을 다운받아 컴퓨터에 설치 후, 회사등록 클릭, F4 회사코드재생성 클릭 후 「장산문구」 선택

1 KcLep 프로그램 및 실습 데이터 설치

KcLep 프로그램은 한국세무사회자격시험 사이트(https://license.kacpta.or.kr)에 주기적으로 신버전이 무료업로드 되는데, 최신 버전으로 설치 후 프로그램을 실행하면 아래 화면이 나옵니다.

1. 급수/드라이브

종목 전산회계 2급 선택, 드라이브 C:\KcLepDB 그대로 둡니다.

2. 실습용 데이터 설치

회사 코드의 바로 우측 말풍선(💬)을 누르면 아무것도 보이지 않는데 이는 프로그램 설치 후 아무것도 입력하지 않았기 때문입니다. 전산회계 시험은 기입력된 회사 데이터에 특정 내용을 추가하거나 수정하는 방식으로 치뤄지기 때문에 앞으로의 KcLep 실습을 위해 실습용 데이터를 설치해야 합니다.

아래 절차에 따라 앞으로 KcLep 실습에 사용할 데이터를 설치해 보겠습니다.

> 본 교재의 실습자료는 cafe.naver.com/eduacc의 「공지&DATA다운로드」에서 [공지]에 있는 [콕콕정교수 전산회계 2급] 이론＋실무＋기출 실습데이터의 Data_Install_JH2.zip 파일을 다운받아 컴퓨터에 설치

3. 설치한 실습용 데이터 인식

설치된 실습용 데이터를 KcLep이 인식하도록 아래 절차를 따라 해주세요.

> KcLep 실행 → 「기초정보관리」 의 [회사등록] 메뉴 클릭 → 회사등록 메뉴 상단의 [F4 회사코드재생성] 버튼 클릭

(*) 보다 자세한 설치방법은 교재 맨 앞의 "KcLep & 실습데이터 설치" 부분 참고

4. KcLep 프로그램 실행

이상 데이터를 설치한 후 오늘의 실습대상인 「장산문구」를 선택하면 아래와 같이 KcLep 메인화면이 나타납니다.

정교수 콕콕

KcLep 프로그램 배우기

〈장산문구 메인화면〉

전산회계 2급 시험에 주로 출제되는 메뉴는 「전표입력」, 「기초정보관리」, 「장부관리」, 「결산/재무제표」, 「전기분재무제표」인데 앞으로 이 메뉴들을 하나씩 자세히 설명하겠습니다. 참고로 전산회계 시험차원에서 「자금관리」, 「데이터관리」는 전혀 볼 필요가 없습니다.

② 회사 등록 내용 수정

전산회계 2급 시험에 첫 번째로 출제되는 KcLep 문제는 기등록된 회사 내용 중 잘못된 내용을 수정 입력하는 것입니다. 설치한 실습용 데이터 중 「장산문구」 회사 데이터를 이용해 기등록된 회사의 내용을 수정해 볼 텐데 **똑같은 문제가 매회 1문제가 6점짜리로 출제되기 때문에 꼭 맞혀야 합니다.**

실무기출 확인문제 | **전산회계 2급**, 2021년, 98회 |

다음은 장산문구 사업자등록증이다. 회사등록메뉴에 입력된 내용을 검토 후 누락분 추가입력하고 잘못된 부분 정정하시오.(주소입력 시 우편번호는 입력하지 않아도 무방)

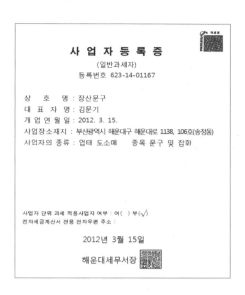

「장산문구」의 KcLep 메인화면에서 「회사등록」 메뉴를 클릭해 이미 등록된 회사 내용과 사업자등록증 내용을 비교해 보면 다음과 같이 3가지 내용이 KcLep에 잘못 입력된 걸 알 수 있습니다.

구 분	KcLep	사업자등록증
사업자등록번호	624-14-01166	623-14-01167
주 소	부산광역시 해운대구 중동 777	부산광역시 해운대구 해운대로 1138, 106호(송정동)
종 목	신발 의류 잡화	문구 및 잡화

이상 사업자등록증 내용을 KcLep에 올바르게 수정하고 나면 「장산문구」의 회사 등록내용이 다음과 같이 수정됩니다.

〈회사 등록내용 수정결과〉

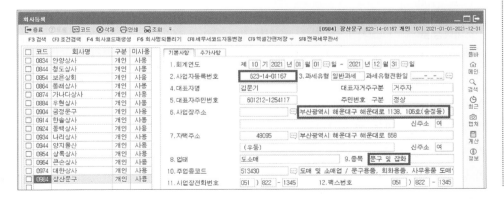

③ 거래처 등록

거래가 발생하면 어떤 거래처와 거래를 했는지 정보가 필요한데 이를 위해 KcLep은 분개를 입력할 때마다 거래처를 같이 입력해야 합니다. KcLep은 거래처를 크게 일반거래처, 금융기관, 신용카드사로 구분하여 거래처 정보를 입력하는데 그중 1문제가 번갈아 가면서 매회 출제됩니다.

[기초정보등록] 밑에 있는 [거래처등록]을 클릭하면 다음과 같은 창이 나타납니다.

〈거래처 등록 창〉

No		코드	거래처명	등록번호	유형
1	☐	00101	동해상사	622-06-67424	동시
2	☐	00102	제일상사	601-26-68818	동시
3	☐	00103	(주)루비	110-81-35557	동시
4	☐	00104	경남상사	602-06-47671	동시
5	☐	00105	재송문구	605-14-28853	동시
6	☐	00106	미디어상사	107-08-21127	동시
7	☐	00107	크린(주)	229-81-07016	동시
8	☐	00108	홍조상사	605-16-69902	동시
9	☐	01001	강남상사	612-06-96844	동시
10	☐	01002	국제상사	617-14-79807	동시
11	☐	01003	고속전자	601-30-67136	동시
12	☐	01004	월경상사	621-13-70924	동시

1. 사업자등록번호 [   ] 사업자등록상태조회
2. 주민 등록 번호 [   ] 주 민 기 재 분 [ ] 0:부 1:여
3. 대 표 자 성 명 [   ]
4. 업   종 업태 [   ]   종목 [   ]
5. 주   소 [ ][   ]
              [   ]

☑ ##### 상세 입력 안함 #####

6. 연   락   처 전화번호 [   )   -   ] 팩스번호 [   )   -   ]
7. 담당(부서)사원 [ ][   ] + 키 입력 시 신규 등록 가능

좌측 상단을 보면 [일반거래처] [금융기관] [신용카드] 메뉴가 보이며, 우측에는 거래처별로 입력해야 하는 정보창이 보입니다. 기출문제로 각각을 입력해 보겠습니다.

1. 일반거래처 등록

실무기출 확인문제	**전산회계 2급**, 2021년, 98회

신규거래처인 시티공업㈜와 조이력정공㈜를 거래처등록메뉴에 추가등록 하시오.
(단, 사업장 소재지 입력 시 우편번호 입력은 생략하고 직접 입력할 것)

시티공업㈜ (코드:3100)	• 대표자명: 이보람 • 사업자등록번호: 126-81-50039 • 거래처유형: 매입 • 사업장소재지: 경기도 구리시 체육관로 94 (교문동) • 업태/종목: 도매/금속광물
조이력정공㈜ (코드:4210)	• 대표자명: 안진홍 • 사업자등록번호: 130-86-00120 • 거래처유형: 매출 • 사업장소재지: 경기도 시흥시 마산로 104(조남동) • 업태/종목: 제조/금속가구

일반거래처 등록 창의 좌측에는 거래처 코드, 거래처명, 거래유형을 입력해야 하고, 우측 창에 사업자등록번호, 대표자명, 업태, 종목, 주소를 입력합니다. 유형이란 「장산문구」가 시티공업(주), 조이력정공(주)에 매출을 하는지, 매입을 하는지, 아니면 매출과 매입을 동시에 하는지 여부입니다.

전산회계 시험문제에서는 주어진 정보대로 입력하되 통상 우편번호는 입력하지 않습니다. [일반거래처] 탭을 클릭 후 관련 정보를 입력한 결과는 아래와 같습니다.

〈일반거래처 등록〉

| 회사코드 | 45 □ 03100 시티공업(주) | 126-81-50039 | 매입 |
| | 46 □ 04210 조이력정공(주) | 130-86-00120 | 매출 |

시티공업(주)	1. 사업자등록번호 126-81-50039 **NTS** 사업자등록상태조회 2. 주 민 등 록 번 호 _____-_____ 주 민 기 재 분 부 0:부 1:여 3. 대 표 자 성 명 이보람 4. 업 종 업태 도매 종목 금속광물 5. 주 소 ⋯ 경기도 구리시 체육관로 94 (교문동)
조이력정공(주)	1. 사업자등록번호 130-86-00120 **NTS** 사업자등록상태조회 2. 주 민 등 록 번 호 _____-_____ 주 민 기 재 분 부 0:부 1:여 3. 대 표 자 성 명 안진홍 4. 업 종 업태 제조 종목 금속가구 5. 주 소 ⋯ 경기도 시흥시 마산로 104 (조남동)

2. 금융기관 등록

실무기출 확인문제 | **전산회계 2급**, 2021년, 95회 |

다음 자료를 이용하여 [기초정보등록]의 [거래처등록]메뉴에서 거래처(금융기관)를 추가로 등록하시오.(단, 주어진 자료 외의 다른 항목은 입력할 필요 없음.)

|정답|

- 거래처코드: 99200
- 계좌번호: 2497-25-6699494
- 거래처명: 농협
- 계좌개설일: 2020-03-05
- 유형: 정기적금

[금융기관] 탭을 클릭 후 주어진 정보를 입력한 결과는 아래와 같습니다.

〈금융기관 등록〉

No	□	코드	거래처명	계좌번호	유형
1	□	98000	신한은행	120-850-456211	보통예금
2	□	98002	하나은행	8541-4215-4213	당좌예금
3	□	98003	농협은행	5478-4512-54231	보통예금
4	□	98004	기업은행	110-854-424444	보통예금
5	□	98005	한국은행	854-413145-6500	보통예금
6	■	99200	농협	2497-25-6699494	정기적금

1. 계 좌 번 호   2497-25-6699494
2. 계좌개설은행/지점   ⋯
3. 계 좌 개 설 일   2020-03-05 ⋯
4. 예금 종류 / 만기   예금종류

3. 신용카드 등록

| 실무기출 확인문제 | **전산회계 2급**, 2021년, 97회 |

다음 자료를 이용하여 [거래처등록] 메뉴에서 거래처(신용카드)를 추가로 등록하시오.
(단, 주어진 자료 외의 다른 항목은 입력할 필요 없음.)

|정답|

- 거래처코드: 99603
- 계좌번호: 1234-5678-9001-2341
- 거래처명: 국민카드
- 카드종류: 3.사업용카드
- 유형: 매입

[신용카드] 탭을 클릭 후 주어진 정보를 입력한 결과는 아래와 같습니다.

〈신용카드 등록〉

No		코드	거래처명	가맹점(카드)번호	유형
1	☐	99600	하나카드	8541-4512-4512-6218	매입
2	☐	99601	비씨카드	7845-4248-1254-5552	매입
3	☐	99602	국민카드	4625-5897-4211-5552	매입
4	☑	99603	국민카드	1234-5678-9001-2341	매입
5	☐				

1. 사업자등록번호   ___-__-_____
2. 가 맹 점 번 호
3. 카드번호(매입)   1234-5678-9001-2341
4. 카드종류(매입)   3 3.사업용카드

4 계정과목 · 적요 등

자, 이제 마지막으로 계정과목 및 적요 등록만 배우면 KcLep을 사용할 기본적인 준비가 끝납니다. 메인화면의 [기초정보등록] 밑의 [계정과목및적요등록]을 클릭하면 아래 화면이 나타납니다.

계정과목이란 각 회계거래마다 붙여질 거래의 이름인데 KcLep은 이미 계정과목 목록을 만들어 놨기 때문에 여러분은 이 중에서 가장 적당한 계정과목을 고르기만 하면 됩니다. 계정과목 및 적용 등록 메뉴는 [계정체계] [코드/계정과목] [세부코드]의 3단으로 구성 되어 있습니다.

〈계정과목 및 적요 등록 창〉

정교수 콕콕

1. 계정과목 찾기

특정 계정과목이 어디쯤 있는지 찾기 어려운 경우에는 「코드/계정과목」 부분에 마우스를 갖다 놓고 마우스 오른쪽 클릭 후 '찾기'를 눌러, 검색창에 계정과목 입력 후 원하는 계정과목이 나타날 때까지 '다음 찾기'를 눌러 찾으면 됩니다.

〈계정과목 검색창〉

2. 계정과목 신규 등록

KcLep에 이미 등록한 계정과목이 아닌 거래가 발생한다면 새로운 계정과목을 등록해야 하는데 다음 실무 기출문제를 통해 알아보겠습니다.

◎ 핵심체크

계정과목 찾기
오른쪽 마우스 클릭 후
'찾기' 클릭

KcLep 프로그램 배우기

◎ 핵심체크 콕콕

계정과목·적요 등록·수정
계정과목의 적요 등록 문제가
자주 출제됨.

실무기출 확인문제 | 전산회계 2급, 2013년, 57회 |

장산문구는 창고의 일부를 1년간 임차하기로 계약하고 1년분 임차료를 선급하고 있다. 계정과목 및 적요 등록 메뉴에서 유동자산항목에 다음을 추가 입력하시오.

|정 답|

코 드	계정코드	성 격	적 요
127	선급임차료	3. 일반	대체적요 1. 기간 미경과 임차료 계상

1) 코드확인

[계정체계]에서 재무상태표 맨 뒤의 당좌자산[0101-0145]를 클릭하면 [코스/계정과목] 부분에 당좌자산들이 자세히 나오는데, **코드 127번 자리에 '사용자설정계정과목'이라고 쓰여 있는 것이 보입니다.** 이는 KcLep에 없는 계정과목을 사용자가 등록할 수 있도록 준비된 메뉴인데 **신설되는 계정과목 이름은 우측 맨 위의 계정코드(명) 우측에 있는 '사용자설정계정과목'이라는 부분에 입력해야 합니다.**

2) 계정과목/적요 입력

맨 오른쪽 위 **계정코드명**을 클릭한 뒤 '**선급임차료**'라고 입력하고 성격에는 '**3. 일반**'을 클릭합니다. 그런 다음 마우스로 **대체적요 1번 밑의 빈칸**을 클릭한 뒤 '1' 입력 후 [Enter↵] 치고 '**기간 미경과 임차료 계상**'이라고 입력합니다. 띄어쓰기가 채점대상은 아닌 걸로 알려져 있기는 하지만 가능한 주어진 그대로 입력하는 게 좋습니다.

3) 입력결과: [127] 선급임차료

3. 적요 등록/수정

전산회계 2급 시험에 출제되는 유형 중 하나가 이미 등록된 계정과목의 적요를 수정 또는 추가하는 것인데 다음 기출문제를 통해 알아보겠습니다.

정교수 콕콕

| 실무기출 확인문제 | | | | 전산회계 2급, 2020년, 96회 |

장산문구의 여비교통비와 관련하여 다음의 적요를 등록하시오.

|정답|

코드	계정과목	적요구분	적요 등록 사항
812	여비교통비	현금적요	6. 거제도 판매 관련 출장비
812	여비교통비	현금적요	7. 분당 판매 관련 출장비

1) 계정과목 확인 후 적요 입력

이미 기존에 입력되어 있는 판매관리비(0801-0900) 중 812번의 '여비교통비' 계정과목을 찾아 주어진 적요 6, 7번을 추가 입력하면 됩니다.

812번의 **여비교통비를 클릭** 후 오른쪽의 현금적요 5번 밑의 빈칸을 클릭한 뒤 **'6' 입력 후** [Enter↵] 치고 **'거제도 판매 관련 출장비'라고 입력**, 6번 밑에 **'7' 입력 후** [Enter↵] 치고 **'분당 판매 관련 출장비'라고 입력**하면 됩니다.

2) 입력 결과: [812] 여비교통비

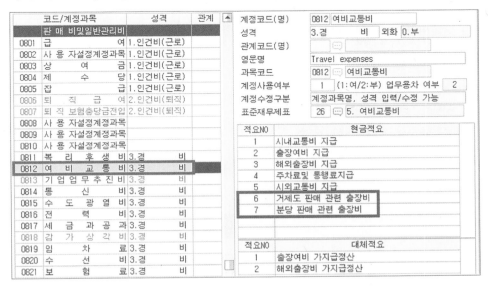

실무기출 공략하기

본 교재의 실습자료는 cafe.naver.com/eduacc의 「공지&DATA다운로드」에서 [공지]에 있는 [콕콕정교수 전산회계 2급] 이론+실무+기출 실습데이터의 Data_Install_JH2.zip 파일을 다운받아 컴퓨터에 설치 후, [회사등록] 클릭, [F4 회사코드재생성] 클릭 후 「안양상사」 선택

안양상사(회사코드: 0834) 관련 아래 내용을 전산세무회계 수험용 프로그램에 입력하여 다음 물음에 답하시오.

| 회사 등록 내용 수정 |

01 난이도 ★ 필수

다음은 안양상사의 사업자등록증이다. 회사등록메뉴에 입력된 내용을 검토하여 누락분은 추가입력하고 잘못된 부분은 정정하시오(주소 입력 시 우편번호는 입력하지 않아도 무방함). [2025년, 119회]

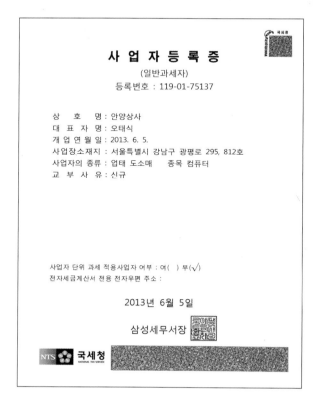

사 업 자 등 록 증

(일반과세자)

등록번호 : 119-01-75137

상 호 명 : 안양상사
대 표 자 명 : 오태식
개 업 연 월 일 : 2013. 6. 5.
사업장소재지 : 서울특별시 강남구 광평로 295, 812호
사업자의 종류 : 업태 도소매   종목 컴퓨터
교 부 사 유 : 신규

사업자 단위 과세 적용사업자 여부 : 여( ) 부(√)
전자세금계산서 전용 전자우편 주소 :

2013년 6월 5일

삼성세무서장

NTS 국세청

| 거래처 등록 |

01 난이도 ★ 필수

신규거래처인 에프디노㈜와 태양금속㈜를 거래처등록메뉴에 추가등록 하시오(단, 사업장 소재지 입력 시 우편번호 입력은 생략하고 직접 입력할 것).   [2025년, 119회]

에프디노㈜ (코드:01038)	• 대표자명: 김정은 • 사업자등록번호: 208-81-14446 • 거래처유형: 매입 • 사업장소재지: 경기도 안산시 상록구 예술광장1로 116(성포동) • 업태/종목: 도소매/문구
태양금속㈜ (코드:01039)	• 대표자명: 박서영 • 사업자등록번호: 220-81-51306 • 거래처유형: 매출 • 사업장소재지: 전라북도 완주군 이서면 낙산로 223 • 업태/종목: 도소매/건축자재

02 난이도 ★ 필수

다음 자료를 이용하여 [기초정보등록]의 [거래처등록] 메뉴에서 거래처(금융기관)을 추가로 등록하시오(단, 주어진 자료 외의 다른 항목은 입력할 필요 없음).   [2025년, 118회]

• 거래처코드: 98005 • 계좌번호: 8012-2256-1-258	• 거래처명: 신한은행 • 계좌개설일: 2019-02-05	• 유형: 보통예금

03 난이도 ★ 필수

다음 자료를 이용하여 [기초정보등록]의 [거래처등록] 메뉴에서 거래처(신용카드)를 추가로 등록하시오(단, 주어진 자료 외의 다른 항목은 입력할 필요 없음).   [2024년, 112회]

• 거래처코드: 99600 • 카드번호(매입): 7895-4512-2365-8541	• 거래처명: 신한카드 • 카드종류(매입): 사업용카드	• 유형: 매입

| 계정과목 및 적요 등록/수정 |

01 난이도 ★

안양상사는 매장 내에서 판매물품의 홍보를 위해 사용하는 광고선전용 전기요금에 대해 '전기요금' 계정을 등록하여 사용하고자 한다. 판매비와 관리비의 853.사용자설정계정과목을 수정하여 등록하시오(성격:3.경비).

[2014년, 60회]

02 난이도 ★ 필수

안양상사는 대한택배사와 1년 계약(배송료 월말 일괄지급)으로 상품을 배송하기로 한다. 다음을[824 운반비] 계정에 적요 등록하시오.

[2025년, 118회]

대체적요 4. 택배비 미지급

03 난이도 ★ 필수

당사는 여행자 보험료를 현금으로 지급하였다. 다음의 적요를 등록하시오.

[2024년, 115회]

코드	계정과목	적요 구분	적요 등록 사항
821	보험료	현금적요	7. 여행자 보험료 납부

04 난이도 ★

계정과목 및 적요등록 메뉴에서 다음 각 계정과목의 적요를 추가로 등록하시오.

[2018년, 79회]

계정과목	적요 종류	적요 번호	적요 내용
복리후생비	대체적요	3	부서별 회식
미지급금	대체적요	9	카드대금 계좌이체 결제

| 회사 등록 내용 수정 |

구 분	KcLep	사업자등록증
사업자등록번호	119-01-75133	119-01-75137
업 태	제조업	도소매
관할 세무서	강남	삼성

이상 사업자등록증 내용을 KcLep에 올바르게 수정하고 나면 「안양상사」의 회사 등록내용이 다음과 같이 수정됨.

```
1. 회계연도      제 [7] 기 [2019] 년 [01] 월 [01] 💬일 ~ [2019] 년 [12] 월 [31] 💬일

2. 사업자등록번호  [119-01-75137]  3. 과세유형 [일반과세] 과세유형전환일 [____-__-__] 💬

4. 대표자명       [오태식]                    대표자거주구분 [거주자]

5. 대표자주민번호  [790101-1858687]           주민번호  구분 [정상]

6. 사업장주소     [          ] 💬[서울특별시 강남구 광평로 295, 812호]
                 [(수서동)                                    ] 신주소 [여]

7. 자택주소       [          ] 💬[서울특별시 강남구 광평로 280]
                 [(수서동)                                    ] 신주소 [여]

8. 업태          [도소매          ]          9. 종목 [컴퓨터]

10. 주업종코드    [523531]        💬[소매 / 컴퓨터]

11. 사업장전화번호 [  ] ) [  ] - [  ]        12. 팩스번호 [  ] ) [  ] - [  ]

13. 자 택 전 화 번 호 [  ] ) [  ] - [  ]     14. 공동사업장여부 [          ]

15. 소득구분     [          ]               16. 중소기업여부 [여]

17. 개업연월일    [2013-06-05] 💬           18. 폐업연월일 [____-__-__] 💬

19. 사업장동코드  [1168011500]    💬[서울특별시 강남구 수서동]

20. 주소지동코드  [1168011500]    💬[서울특별시 강남구 수서동]

21. 사업장관할세무서 [120] 💬[삼성   ]      22. 주소지관할세무서 [120] 💬[삼성]
```

| 거래처 등록 |

01 일반거래처 등록: 에프디노(주), 태양금속(주)

회사코드							
	38	☐	01038	에프디노(주)	208-81-14446	매입	
	39	☐	01039	태양금속(주)	220-81-51306	매출	

에프디노(주)

1. 사업자등록번호　208-81-14446　🔲 사업자등록상태조회
2. 주민 등록 번호　_____-_____　　주 민 기 재 분 부 0:부 1:여
3. 대 표 자 성 명　김정은
4. 업　　　종　업태 도소매　　종목 문구
5. 주　　　소　　💬 경기도 안산시 상록구 예술광장1로 116(성포동)

태양금속(주)

1. 사업자등록번호　220-81-51306　🔲 사업자등록상태조회
2. 주민 등록 번호　_____-_____　　주 민 기 재 분 부 0:부 1:여
3. 대 표 자 성 명　박서영
4. 업　　　종　업태 도소매　　종목 건축자재
5. 주　　　소　　💬 전라북도 완주군 이서면 낙산로 223

02 금융기관 등록: 신한은행 보통예금 계좌

코드	거래처명	계좌번호	유형
98000	민국은행	123-456-7890	당좌예금
98001	산업은행	444-5555-6666-777	보통예금
98002	우리은행	540-854-123789	당좌예금
98003	하나은행	52-8456978-12543	당좌예금
98004	기업은행	1254788-95-745856	보통예금
98005	신한은행	8012-2256-1-258	보통예금

1. 계 좌 번 호　8012-2256-1-258
2. 계좌개설은행/지점　💬
3. 계 좌 개 설 일　2019-02-05 💬
4. 예금 종류 / 만기　예금종류 _____　　만기 ____-__-__ 💬

03 신용카드 등록: 신한카드

☐	코드	거래처명	가맹점(카드)번호	유형
☐	99601	현대카드	1458-8451-4512-4741	매입
☐	99602	비씨카드	4906-0302-3245-9958	매입
☐	99603	국민카드	1564874	매출
☐	99600	신한카드	7895-4512-2365-8541	매입
☐				

1. 사업자등록번호　___-__-_____
2. 가 맹 점 번 호
3. 카드번호(매입)　7895-4512-2365-8541
4. 카드종류(매입)　3 3.사업용카드

| 계정과목 및 적요 등록/수정 |

01 계정과목 등록

코드/계정과목		성격		관계	▲
0852	퇴직급여충당부채환입	4.기	타		
0853	전 기 요 금	3.경	비		

계정코드(명)　0853 전기요금
성격　　　　　3.경　　　비　　외화 0.부
관계코드(명)

02 대체 적요 등록

0824	운 반 비	3.경 비	
0825	교 육 훈 련 비	3.경 비	
0826	도 서 인 쇄 비	3.경 비	
0827	회 의 비	3.경 비	
0828	포 장 비	3.경 비	

적요NO	대체적요
1	운반비 미지급
2	상하차비 미지급
3	운반비지급시 어음발행
4	택배비 미지급

03 현금 적요 등록

0821	보 험 료	3.경 비	
0822	차 량 유 지 비	3.경 비	
0823	경 상 연 구 개 발 비	3.경 비	
0824	운 반 비	3.경 비	
0825	교 육 훈 련 비	3.경 비	
0826	도 서 인 쇄 비	3.경 비	
0827	회 의 비	3.경 비	
0828	포 장 비	3.경 비	

적요NO	현금적요
1	산재보험료 개산납부
2	자동차보험료 납부
3	화재보험료 납부
4	보증보험료 납부
5	산재보험료 정산납부
6	책임보험료 납부
7	여행자 보험료 납부

04 대체 적요 등록

- 복리후생비: 판매관리비 811번 클릭 후 입력

0811	복 리 후 생 비	3.경 비	
0812	여 비 교 통 비	3.경 비	
0813	기 업 업 무 추 진 비	3.경 비	
0814	통 신 비	3.경 비	

적요NO	대체적요
1	직원식당운영비 대체
2	직원회식대 미지급
3	부서별 회식

- 미지급금: 유동부채 253번 클릭 후 입력

0253	미 지 급 금	2.일 반	
0254	예 수 금	2.일 반	
0255	부 가 세 예 수 금	2.일 반	
0256	당 좌 차 월	1.차 입 금	
0257	가 수 금	5.가 수 금	
0258	예 수 보 증 금	2.일 반	
0259	선 수 금	2.일 반	
0260	단 기 차 입 금	1.차 입 금	

적요NO	대체적요
3	고정자산 매입시 미지급금 발생
4	제경비 관련 미지급금 발생
5	리스료 관련 미지급금 발생
6	지급임차료 관련 미지급금 발생
7	경비 미지급금발생
8	임차료 미지급금발생
9	카드대금 계좌이체 결제

KcLep 일반전표 입력법

학습내용 · 전표의 종류 · KcLep 일반전표 입력법

출제경향 KcLep 프로그램 메뉴 중 일반전표를 입력하는 법을 배우는 단원으로 별도로 시험에 출제되지는 않지만 앞으로 공부할 내용의 분개를 KcLep에 입력하기 위해 입력법을 학습하는 것임.

 정교수 콕콕

본 교재의 실습자료는 cafe.naver.com/eduacc의 「공지&DATA다운로드」에서 공지 에 있는 [콕콕정교수 전산회계 2급] 이론+실무+기출 실습데이터의 Data_Install_JH2.zip 파일을 다운받아 컴퓨터에 설치 후, 회사등록 클릭, F4 회사코드재생성 클릭 후 「장산문구」 선택

🎯 핵심체크

전표의 종류
· 입금전표: 현금이 입금되는 거래 입력
· 출금전표: 현금이 출금되는 거래 입력
· 대체전표: 현금의 입출금이 없거나 거래에 현금 이외 다른 거래가 함께 포함된 거래 입력

1 전표의 종류

실제 업무 현장에서는 거래가 발생하면 단순히 분개만 작성하는 것이 아니라 전표에 분개를 표시하는데, **전표의 종류에는 크게 입금전표, 출금전표, 대체전표가** 있습니다.

입금전표란 현금이 입금되는 거래를 표시하는 전표이고 출금전표란 현금이 인출되는 거래를 표시하는 전표이며, 대체전표는 현금의 입출금이 없거나 거래에 현금 이외 다른 거래가 함께 포함된 경우에 사용되는 전표입니다. 하나씩 알아보겠습니다.

전산회계 시험은 모든 거래를 대체전표로 입력하는 것이 간편하므로 대체전표 위주로 공부하면 됩니다.

1. 입금전표

입금전표는 현금이 입금되는 거래를 입력하는 전표입니다. 예를 들어 자본금 3,000만 원을 현금으로 출자받으면 아래 분개와 같이 현금이 차변에 표시됩니다.

(차) 현 금 30,000,000	(대) 자본금 30,000,000

그런데 현금이 입금되면 차변은 항상 「현금」이므로 굳이 차변과 대변을 모두 표시할 필요 없이 대변만 표시하면 된다는 논리로 다음과 같은 입금전표가 만들어집니다.

입금전표	
계정과목	자본금
적 요	금 액
출자금 수령	30,000,000

2. 출금전표

출금전표는 현금이 출금되는 거래를 입력하는 전표입니다. 예를 들어 임차보증금 3,000
만 원을 현금으로 지급하면 아래 분개와 같이 현금이 대변에 표시됩니다.

> (차) 임차보증금 30,000,000   (대) 현 금 30,000,000

그런데 현금이 출금되면 대변은 항상 「현금」이므로 굳이 차변과 대변을 모두 표시할 필
요 없이 차변만 표시하면 된다는 논리로 다음과 같은 출금전표가 만들어집니다.

출금전표	
계정과목	임차보증금
적 요	금 액
임차보증금 지급	30,000,000

3. 대체전표

대체전표는 현금의 입출금이 없거나 거래에 현금 이외 다른 거래가 함께 포함된 경우 거
래를 입력하는 전표입니다.

1) 현금의 수입과 지출이 없는 거래: 보통예금에 이자 10,000원 입금

대체전표					
차 변			대 변		
과 목	적 요	금 액	과 목	적 요	금 액
보통예금	이자수령	10,000	이자수익	보통예금이자	10,000

🎯 핵심체크

KcLep 분개 입력
특별한 언급이 없으면 대체전
표(차변 3번, 대변 4번)로 입력

이 거래의 분개는 아래와 같은데 차변, 대변 모두 현금거래가 없는 것을 알 수 있습니다.

(차) 보통예금 10,000	(대) 이자수익 10,000

2) 현금이 일부만 포함된 거래: 상품 1,000만 원 판매 후 현금 500만 원 수령, 나머지 500만 원은 2개월 뒤 수령하기로 함.

대체전표					
차 변			대 변		
과 목	적 요	금 액	과 목	적 요	금 액
현금	상품판매	5,000,000	매 출	상품판매	10,000,000
외상매출금	상품판매	5,000,000			

이 거래의 분개는 아래와 같은데 차변에 현금, 외상매출금이 동시에 발생한 것을 알 수 있습니다.

(차) 현 금 5,000,000 외상매출금 5,000,000	(대) 매 출 10,000,000

입금전표와 출금전표는 현금거래가 많고 수기로 회계처리를 하던 예전 시절에 고안된 양식인데 지금은 회계프로그램 사용으로 굳이 입금전표와 출금전표가 필요 없는 것이 현실입니다.

전산회계 시험 차원에서는 대체전표 입력으로도 충분하므로 특별한 언급이 없으면 모든 거래는 대체전표로 KcLep에 입력해도 됩니다. 위에서 공부한 입금전표, 출금전표, 대체전표의 종류를 묻는 문제가 아주 가끔 출제되는데 대표적인 문제는 아래와 같습니다.

3전표를 사용하는 회사에서 다음 각 거래에 대해서 작성하는 전표를 바르게 나타낸 것은?

① 상품을 매출하고 대금은 현금으로 받다.: 대체전표
② 상품을 매입하고 대금은 보통예금통장에서 계좌이체하다.: 대체전표
③ 직원의 회식비를 현금으로 지급하다.: 입금전표
④ 거래처 외상매출금을 거래처 당좌수표로 받다.: 대체전표

|정 답| ②

① (차) 현 금	×××	(대) 상품매출	×××	: 입금전표
② (차) 상 품	×××	(대) 보통예금	×××	: 대체전표
③ (차) 복리후생비	×××	(대) 현 금	×××	: 출금전표
④ (차) 현 금	×××	(대) 외상매출금	×××	: 입금전표

(*) 당좌수표는 당장 사용이 가능해 현금과 동일하므로 현금 계정과목 사용)

2 KcLep 전표 입력

KcLep을 실행한 뒤 지난번 입력했던 「장산문구」 또는 아무 회사나 클릭한 후 메인 메뉴 중 [전표등록] 밑에 있는 「일반전표입력」을 클릭하면 아래 화면이 열립니다.

〈일반전표 입력창〉

일반전표 입력창은 크게 상단의 정보 입력부분과 하단의 전표로 구분됩니다.

① 상단

월, 일, 계정과목, 거래처, 적요, 차변, 대변 금액 입력

② 하단

상단 부분에 거래를 입력하면 하단에 전표가 자동으로 생성

1. 입금전표 입력

자, 그럼 좀 전에 알아봤던 거래를 차례로 일반전표 창에 입력해 보겠습니다. 먼저 입금
전표입니다.

사례 1

1월 6일, 주주로부터 3,000만 원을 출자받아 금고에 보관하다.
(차) 현 금 30,000,000   (대) 자본금 30,000,000

1) 날 짜

일반전표 입력창의 맨 뒤 좌측 상단의 월, 일 칸에 1월 6일을 입력

2) 구 분

날짜 입력 후 Enter↵ 치면 컴퓨터 커서가 자동으로 구분 밑의 칸으로 이동되면서 화면
맨 밑에 아래 문구가 생기는데, 아래 중 하나를 선택해서 번호를 입력. 입금전표이므로
2번 클릭

> 구분을 입력하세요. 1.출금, 2.입금, 3.차변, 4.대변, 5.결산차변, 6.결산대변

◎ 핵심체크

계정과목, 거래처 조회
F2 눌러 검색

3) 계정과목 입력

구분 칸에 2번을 입력하면 자동으로 해당 칸에 '입금'이 자동 생성되며 커서는 바로 우측
계정과목으로 이동되는데 F2를 눌러 아래의 창이 뜨면 '자본금' 입력 후 조회되는 계정
과목 중 '자본금' 선택

입금전표는 현금이 입금된 거래이므로 차변에 현금은 입력할 필요 없이 대변 항목만 입력하면 됨.

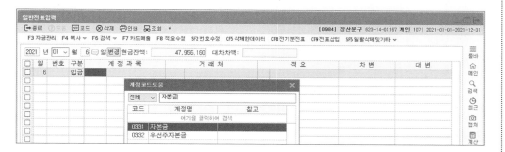

4) 거래처 입력

계정과목을 선택하면 커서가 자동으로 거래처 쪽으로 이동하는데 여기서 다시 F2 눌러 거래처 선택 창에서 거래처를 선택. 전산회계시험에서는 채권, 채무에 해당하는 계정과목에 대해서만 거래처를 등록해야 하는데 현금은 채권이 아니므로 거래처를 입력할 필요가 없음.

5) 적요 입력

F2 눌러 해당 적요를 고르든지 아니면 '자본금 수령'과 같이 적당한 내용을 입력하면 되는데, 전산회계시험 차원에서는 시험문제에서 적요 입력하라는 문구가 없는 한 특별히 입력할 필요 없음. 다만, 타계정으로 대체되는 경우에는 반드시 입력이 필요한데 자세한 내용은 추후 설명 예정.

6) 금액입력

계속 Enter↵ 를 치고 나면 자동으로 대변 부분으로 이동되며 여기에 30,000,000원을 입력해야 하는데 KcLep는 입력 편의상 키패드의 '+'를 누르면 '000'이 자동으로 입력됨.

7) 입금전표 입력 결과

위 절차대로 입력하고 나면 아래와 같은 입금전표가 완성됨.

〈입금전표 입력 결과〉

일반전표입력

[➡종료 ②도움 ㉐코드 ⊗삭제 🖶인쇄 ৯조회 ▾] [0984] 장산문구

F3 자금관리 F4 복사 ▾ F6 검색 ▾ F7 카드매출 F8 적요수정 SF2 번호수정 CF5 삭제한데이터 CF8 전기분전표 CF9 전표삽입 SF5 일괄

	2021	년	01 ▾	월	6	일 변경 현금잔액:	77,956,160	대차차액:		
□	일	번호	구분	계 정 과 목	거 래 처	적 요		차 변	대 변
□	6	00002	입금	0331 자본금				(현금)	30,000,000

2. 출금전표 입력

다음으로 출금전표입니다.

사례 2

2월 6일, 한국기업에 현금으로 임차보증금 3,000만 원을 지급하다.

(차) 임차보증금 30,000,000   (대) 현 금 30,000,000

1) 날 짜

일반전표 입력창의 맨 뒤 좌측 상단의 월, 일 칸에 2월 6일을 입력

2) 구 분

날짜 입력 후 Enter↵ 치면 컴퓨터 커서가 자동으로 구분 밑의 칸으로 이동되면서 화면 맨 밑에 아래 문구가 생기는데, 아래 중 하나를 선택해서 번호를 입력. **출금전표이므로 1번 클릭**

⌾ 구분을 입력하세요. 1.출금, 2.입금, 3.차변, 4.대변, 5.결산차변, 6.결산대변

3) 계정과목 입력

구분 칸에 1번을 입력하면 자동으로 해당 칸에 '출금'이 자동 생성되며 커서는 바로 우측 계정과목으로 이동되는데 F2 를 눌러 아래의 창이 뜨면 '보증금' 입력 후 조회되는 계정 과목 중 '임차보증금' 선택.
출금전표는 현금이 출금된 거래이므로 대변에 현금은 입력할 필요 없이 차변 항목만 입력하면 됨.

4) 거래처, 적요, 금액 입력

계정과목을 선택하면 커서가 자동으로 거래처 쪽으로 이동하는데 여기서 다시 F2 눌러 거래처 선택 창에서 아래와 같이 거래처 "한국기업" 선택. 전산회계 시험은 특별한 언급이 없는 한 적요 입력할 필요 없음.

계속 Enter⏎ 를 치고 나면 자동으로 대변 부분으로 이동되며 여기에 30,000,000원을 입력해야 하는데 KcLep는 입력 편의상 키패드의 '+'를 누르면 '000'이 자동으로 입력됨.

5) 출금전표 입력 결과

위 절차대로 입력하고 나면 아래와 같은 출금전표가 완성됨.

〈출금전표 입력 결과〉

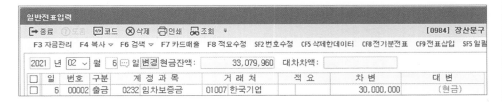

3. 대체전표 입력

자, 그럼 마지막으로 일반전표를 입력해 보겠습니다.

사례 3

4월 6일, 보통예금 계좌로 이자 1만 원을 수령하다.
(차) 보통예금 10,000   (대) 이자수익 10,000

---

1) 날 짜

일반전표 입력창의 맨 뒤 좌측 상단의 월, 일 칸에 4월 6일을 입력

2) 구 분

날짜 입력 후 Enter↵ 치면 컴퓨터 커서가 자동으로 구분 밑의 칸으로 이동되면서 화면 맨 밑에 아래 문구가 생기는데, 이번엔 **대체전표로 차변과 대변을 모두 입력해야 하므로 차변은 3번, 대변은 4번에 입력**

> 💬 구분을 입력하세요. 1.출금, 2.입금, 3.차변, 4.대변, 5.결산차변, 6.결산대변

3) 차변 입력

🎯 **핵심체크**

전산회계시험은 대체전표로 모든 거래 입력가능

구분 칸에 3번을 입력하면 자동으로 칸에 '차변'이 자동 생성되며 커서는 바로 우측 계정과목으로 이동되는데 F2 를 눌러 아래의 창이 뜨면 '보통' 입력 후 조회되는 **계정과목 중 '보통예금' 선택. 보통예금은 채권채무가 아니므로 거래처 입력할 필요 없으며 전산회계 시험은 특별한 언급이 없는 한 적요 입력할 필요 없음.**

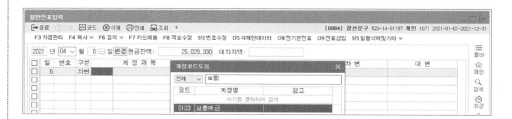

다음으로 거래처, 적요, 금액을 입력해야 하는데, 보통예금은 채권이 아니므로 거래처는 입력할 필요 없으며 적요 또한 입력할 필요 없음. 금액 10,000원 입력

4) 대변 입력

다음으로 대변을 입력해야 하는데 구분 칸에 4번을 입력하면 자동으로 칸에 '대변'이 자동 생성되며 커서는 바로 우측 계정과목으로 이동되는데 F2를 눌러 아래의 창이 뜨면 '이자' 입력 후 조회되는 계정과목 중 '이자수익' 선택. 이자수익은 채권채무가 아니므로 거래처 입력할 필요 없으며 전산회계 시험은 특별한 언급이 없는 한 적요 입력할 필요 없음.

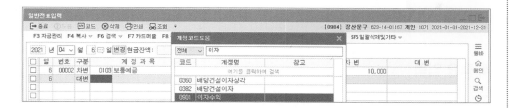

5) 대체전표 입력 결과

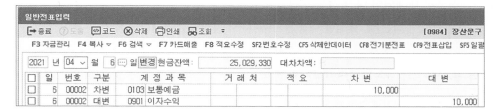

③ 일반전표 입력 시 주의할 사항 요약

1. 분개 삭제

잘못 입력한 분개는 일자 옆의 ☐ 클릭한 후 화면 맨 위의 ⊗삭제 버튼을 누르거나 F5 눌러 삭제

2. 차변·대변 불일치

차변 금액과 대변금액이 불일치하면 화면 중간에 빨간색으로 [차액:×××] 같은 문구가 나타나 검증기능으로 사용되므로 차변과 대변금액은 항상 같은 금액 입력해야 함.

◎ 핵심체크

입력된 분개 삭제
⊗삭제 또는 F5

3. 거래처 입력

전산회계시험에서는 아래와 같은 채권, 채무에 대한 거래처만 입력

채 권	외상매출금, 받을어음, 선급금, 미수금, 대여금, 임차보증금 등
채 무	외상매입금, 지급어음, 미지급금, 단기차입금, 장기차입금 선수금, 임대보증금 등

4. 적요 입력

전산회계시험에서 적요를 입력하라는 말이 없으면 입력하지 않되 타계정대체 경우만 제한적으로 입력합니다. 예를 들어 판매목적으로 보유 중이던 상품을 자선단체에 기부하면 판매가 아닌 다른 목적으로 사용되게 되는데 이를 타계정대체라고 부릅니다.

타계정으로 대체되어 나간 경우는 적요 8번, 타계정에서 대체되어 들어온 경우는 적요 9번을 입력해야 하는데, 자세한 내용은 추후 다시 설명하겠습니다.

[참 고] 제조원가 Vs 판매비와관리비 구분 입력

> KcLep 입력 시 공장과 같은 제조 현장에서 발생한 비용은 제조원가, 본사 · 영업부 · 관리부에서 발생한 비용은 판매비와관리비로 구분하여 입력해야 합니다. 제조원가는 코드번호 500번대, 판매비와관리비는 800번대에서 선택해야 합니다.
>
> 다만, 전산회계 1급 시험에서는 판매비와관리비와 제조원가의 차이를 묻는 문제가 자주 출제되지만 전산회계 2급 시험은 주로 상품매매업을 대상으로 하기 때문에 판매비와관리비, 즉 800번대로 입력하면 됩니다.

계정과목별
회계처리 - 자산

10 현금및현금성자산

학습내용 · 현금및현금성자산의 종류 · 단기금융상품 · 현금과부족

출제경향 거의 매회 1문제가 출제되는데 주로 현금및현금성자산의 종류를 묻는 문제가 2회 시험마다 1문제씩 출제되고 있음. 현금및현금성자산의 기본 개념 위주로 공부한 뒤 일부 내용을 암기해야 하며 현금과부족은 이론과 실무로 함께 가끔 출제되므로 개념을 꼭 알아야 함.

 정교수 콕콕

본 교재의 실습자료는 cafe.naver.com/eduacc의 「공지&DATA다운로드」에서 공지 에 있는 [콕콕정교수 전산회계 2급] 이론+실무+기출 실습데이터의 Data_Install_JH2.zip 파일을 다운받아 컴퓨터에 설치 후, 회사등록 클릭, F4 회사코드재생성 클릭 후 「장산문구」 선택

◎ 핵심체크

현금및현금성자산
현금, 요구불예금,
현금성자산

지금까지 회계의 기본적인 개념과 KcLep 프로그램의 기본적인 사용법을 알아봤습니다. 자, 그럼 지금부터 구체적인 계정과목을 공부할 차례인데 이번 단원에서는 자산의 가장 첫 번째 계정과목인 현금및현금성자산부터 알아보겠습니다.

❶ 현금및현금성자산

현금및현금성자산이라고 하면 지갑에 있는 지폐와 주머니의 동전만 떠올리겠지만 회계상으로는 **현금, 요구불예금, 현금성자산** 이렇게 3가지가 있습니다.

◎ 핵심체크 콕콕콕

현 금
· 통화: 지폐, 동전
· 통화대용증권:
  자기앞수표, 당좌수표,
  우편환증서,
  만기도래 약속어음,
  만기도래 채권이자표,
  배당금지급통지서

1. 현 금

현금은 지폐처럼 언제든지 물건 구매 등에 사용할 수 있는 유동성이 가장 높은 것으로 크게 **통화**와 **통화대용증권**으로 구분합니다.

통 화	지폐, 동전
통화대용증권	은행 발행 자기앞수표, 타인 발행한 수표(당좌수표), 우편환증서, 만기도래 타인발행 약속어음, 만기도래 채권이자표, 배당금지급통지서

1) 현금이 아닌 항목

> 우표·수입인지, 만기 미도래 타인발행 약속어음, 선일자수표

이 항목은 당장 지폐처럼 쓸 수 없으므로 회계상 현금이 아닙니다. 현금인지 아닌지 구분하는 기준은 당장 현금처럼 쓸 수 있느냐 여부입니다. 예를 들어 만기 미도래 약속어음은 당장 현금처럼 쓸 수 없어 현금이 아니지만, 만기도래 약속어음은 은행에 제시하면 당장 현금화가 되므로 현금입니다.

2) 용어해설

① 자기앞수표: 은행이 지급을 보증하면서 발행하는 수표로 현금처럼 사용되는데 10만 원권 자기앞수표가 대표적임. → 현금 ○
② (만기 미도래) 타인발행 약속어음: 약속어음은 만기일에 대금을 지급하겠다는 약정을 한 증서로 만기일 전까지는 현금처럼 쓸 수 없으므로 현금이 아님. → 현금 ×
③ 우편환증서: 우체국에 돈을 맡긴 뒤 우편환증서를 발행해 우편으로 보내 수령인이 이를 우체국에서 현금으로 바꾸는 제도→ 현금 ○
④ 채권이자표: 채권 주인이 이자를 받을 때 제시하는 표 → 현금 ○
⑤ 배당금 지급통지서: 배당금을 받을 때 제시하는 표 → 현금 ○
⑥ 선일자수표: 수표 발행 당시에는 잔고가 없지만, 나중에 입금될 날짜를 발행일로 하여 발행된 수표로 지금 당장 현금화가 되지 않아 현금이 아님. → 현금 ×

자, 그럼 현금 관련 이론 기출문제를 풀어 보겠습니다.

이론기출 확인문제　　　　　　　　　　　　　　**| 전산회계 2급**, 2020년, 92회 **|**

다음에서 설명하고 있는 자산에 해당하지 않는 것은?

> 1. 한국은행에서 발행된 지폐나 주화
> 2. 통화와 언제든지 교환할 수 있는 통화 대용 증권

① 자기앞수표　　　　② 우편환증서　　　　③ 배당금지급통지표　　　　④ 수입인지

|정답 ④
수입인지나 우표는 현금처럼 곧장 사용할 수 없으므로 통화 또는 통화 대용증권이 아님.

이론기출 확인문제 | 전산회계 2급, 2019년, 82회 |

다음 중 현금및현금성자산에 포함되지 않는 것은?

① 지폐   ② 자기앞수표   ③ 우편환   ④ 선일자수표

|정답| ④
선일자수표는 수표 발행 당시에는 통장잔고가 없어 당장 현금화가 안 되므로 현금및현금성자산이 아님.

핵심체크 콕콕

요구불예금
보통예금, 당좌예금

2. 요구불예금

요구불예금이란 예금주가 요구하면 특별한 손해 없이 현금처럼 쉽게 인출해 쓸 수 있는 상태의 예금을 말하는데 그 대표적 예는 다음과 같습니다. 단, 사용제한(담보 제공, 질권 설정)된 예금은 인출이 불가능하므로 현금성 자산이 아닌 장기성 금융상품입니다.

> 보통예금, 당좌예금

(*) 당좌예금: 당좌수표가 결제되는 통장으로 당좌수표 보유자가 이를 은행에 제시하면 당좌예금에서 대금이 지급됨.

| 주 의 | 당좌수표 수령 Vs 당좌수표 발행 |

당좌수표 수령	당좌수표 발행
타인이 발행한 당좌수표를 받으면 언제든 사용할 수 있으므로 현금 처리. 당좌수표 받으면 당좌예금에 입금하는 것이 아니라 그냥 금고에 보관하는 것임.	**당좌수표를 발행해 건네주면** 이를 받은 상대방이 은행에 당좌수표를 제시하고 내 당좌예금에서 돈을 받아감. 즉, **당좌예금 잔액이 감소함.**
차변에 현금 처리(현금 유입)	대변에 당좌예금 처리(당좌예금 감소)

핵심체크 콕콕

현금성자산
취득일로부터 만기가 3개월 이내인 금융상품

3. 현금성자산

현금성자산이란 현금, 요구불예금처럼 당장 현금처럼 사용하긴 어렵지만, 그 만기가 취득일로부터 3개월 이내로 큰 거래비용 없이 사용이 용이한 금융상품을 말합니다. 아래 금융상품들이 주요 현금성자산인데 전산회계 2급 시험에서는 금융상품의 이름을 구체적으로 알 필요는 없습니다.

> 양도성 예금증서(CD), 기업어음(CP), 어음관리계좌(CMA), 환매조건부채권(RP)

(*) 당좌거래개설보증금: 어음발행을 위해 은행에 두는 의무예치금으로 인출이 불가능하므로 현금성자산이 아닌 장기금융상품임.

[용어해설]

정교수 콕콕

① 양도성예금증서(CD): 은행이 정기예금을 자유롭게 거래할 수 있게 만든 무기명 증서

② 기업어음(CP): 회사가 자금차입을 위해 금융기관을 통해 발행한 어음인데 자유롭게 거래가 되어 현금화가 가능

③ 어음관리계좌(CMA): 증권회사가 고객이 맡긴 예금을 채권 등에 투자해 수익을 올리는 금융계좌인데 자유롭게 입출금이 가능

④ 환매조건부채권(RP): 증권회사가 일정 기간 뒤 다시 되 사주는 조건으로 발행한 채권으로 거래가 자유로움.

현금및현금성자산 관련 추가 이론 기출문제를 풀어 보겠습니다.

이론기출 확인문제 | 전산회계 2급, 2017년, 75회 |

아래의 자료를 토대로 재무상태표에 현금 및 현금성자산으로 합산되어 기록되는 금액은?

• 현금: 120,000원	• 선급금: 240,000원	• 외상매출금: 110,000원
• 보통예금: 150,000원	• 당좌예금: 180,000원	• 단기대여금: 100,000원

① 270,000원　　② 300,000원　　③ 450,000원　　④ 560,000원

|정 답| ③
- 선급금, 외상매출금, 단기대여금은 당장 쓸 수 있는 현금및현금성자산이 아님.
- 현금(120,000) + 보통예금(150,000) + 당좌예금(180,000) = 450,000원

이론기출 확인문제 | 전산회계 2급, 2019년, 85회 |

다음 중 회계상 현금으로 처리하는 것은?

(가) 타인발행수표	(나) 주식	(다) 가계수표
(라) 수입인지	(마) 약속어음	(바) 자기앞수표

① (가), (다), (바)　　② (가), (라), (마)　　③ (가), (나), (라)　　④ (가), (나), (다)

|정 답| ①
주식은 투자자산, 수입인지는 현금처럼 사용 불가, 약속어음은 만기가 되어야 현금화가 되므로 현금이 아님.

자, 그럼 다음으로 현금및현금성자산 관련 실무 기출문제를 풀어 보겠습니다.

실무기출 확인문제 | 전산회계 2급, 2019년, 85회 |

10월 11일, 상품 1,700,000원을 매입하고 대금은 당좌수표를 발행하여 지급하였다.

| 정 답 |

| 10. 11 | (차) 상 품 | 1,700,000 | (대) 당좌예금 | 1,700,000 |

일	번호	구분	계 정 과 목	거 래 처	적 요	차 변	대 변
11	00002	차변	0146 상품			1,700,000	
11	00002	대변	0102 당좌예금				1,700,000

| 정 답 |

(*) 일반전표 입력 클릭 → 10. 11 입력 → 차변에 상품 선택 후 1,700,000 입력 → 대변 당좌예금 선택, 1,700,000입력(**당좌수표를 발행하면 추후 당좌예금에서 돈이 빠져나가므로 대변에 당좌예금 처리**)

실무기출 확인문제 | 전산회계 2급, 2018년, 78회 변형 |

8월 5일, 쥬쥬상사에 상품을 6,000,000원에 판매하고 대금을 당좌수표로 받았다.

| 정 답 |

| 8. 5 | (차) 현 금 | 6,000,000 | (대) 상품매출 | 6,000,000 |

일	번호	구분	계 정 과 목	거 래 처	적 요	차 변	대 변
5	00001	차변	0101 현금			6,000,000	
5	00001	대변	0401 상품매출				6,000,000

(*) 일반전표 입력 클릭 → 8. 5 입력 → 차변에 현금 선택 후 6,000,000 입력 → 대변 상품매출 선택, 6,000,000입력(**당좌수표를 받으면 언제든 현금처럼 사용할 수 있으므로 차변에 현금 처리**)

② 단기금융상품

1. 개 념

단기금융상품이란 현금성자산보다는 현금화가 어려운 금융상품으로 **만기가 회계기간 말로부터 1년 이내인 것**을 말합니다. 회계기간 말 기준으로 1년 이내에 만기가 돌아오는 적금, 정기예금이 대표적 단기금융상품입니다.

2. 주의할 점

현금성 자산은 취득일을 기준으로 3개월 이내 현금화가 가능한 금융자산이고, 단기금융상품은 회계기간 말을 기준으로 1년 이내에 현금화가 가능한 금융자산입니다.

핵심체크
단기금융상품
회계기간말 기준 1년 이내 만기인 적금, 정기예금

핵심체크
현금성자산 Vs 단기금융상품
• 현금성자산: 취득일기준 3개월
• 단기금융상품: 회계기간말기준 3개월

③ 현금과부족

1. 개 념

현금과부족이란 현금 분실, 현금 지출 후 기록오류 등으로 **장부상 현금보다 금고 안의 현금이 많거나 적을 수가 있는데 이를 현금과부족**이라고 합니다. 회계기간 중에 현금과부족 처리했다가 기말에 그 원인을 찾아 처리합니다.

2. 회계처리

현금부족액 또는 현금잉여액이 발생하면 일단 '현금과부족'으로 처리한 뒤 나중에 그 원인을 밝힙니다.
즉, 부족한 현금의 원인이 밝혀지지 않으면 '잡손실(영업외비용)'로 처리하고, **남는 현금의 원인이 밝혀지지 않으면 '잡이익(영업외수익)' 처리**를 합니다.

현금과부족 내용은 전산회계 2급에 이론문제나 실무문제로 출제되는데 기출문제로 구체적인 내용을 알아보겠습니다.

◎ 핵심체크 콕콕

현금과부족
· 금고 현금이 장부상 현금보다 적거나 많을 때 쓰는 임시 계정
· 추후 원인이 밝혀지지 않으면 잡손실(부족한 경우) 또는 잡이익(남을 경우) 처리

계정과목별 회계처리 - 자산

| 실무기출 확인문제 | **전산회계 2급**, 2019년, 87회 변형 |

12월 14일, 현금 시재를 확인하던 중 실제 현금이 장부상 현금보다 10,000원 적은 것을 발견하였으나 그 원인을 파악할 수 없다.

|정 답|

| 12. 14 | (차) 현금과부족 | 10,000 | (대) 현 금 | 10,000 |

일	번호	구분	계 정 과 목	거 래 처	적 요	차 변	대 변
14	00001	차변	0141 현금과부족			10,000	
14	00001	대변	0101 현금				10,000

(*) 일반전표 입력 클릭 → 12. 14 입력 → 차변에 현금과부족 선택 후 10,000 입력 → 대변 현금 선택, 10,000입력
   (없어진 현금의 원인이 밝혀질 때까지 임시로 현금과부족이라는 자산 계정 사용)

이론기출 확인문제 | **전산회계 2급**, 2021년, 98회 |

아래의 결산회계처리가 재무상태표상 자산과 손익계산서에 미치는 영향으로 가장 적절한 것은?

> 결산과정에서 당초 현금과부족으로 처리했던 현금부족액 100만 원의 원인이 판명되지 않아서 잡손실 계정으로 처리하였다.

① 재무상태표상 자산 – 영향 없음, 손익계산서 – 영향 없음
② 재무상태표상 자산 – 영향 없음, 손익계산서 – 당기순이익 증가
③ 재무상태표상 자산 – 자산 증가, 손익계산서 – 당기순이익 증가
④ 재무상태표상 자산 – 자산 감소, 손익계산서 – 당기순이익 감소

|정 답| ④
- 당초 회계처리

  금고에 현금이 장부상 현금보다 100만 원이 부족하므로 일단 부족한 현금 100만 원을 없애고 임시로 현금과부족이라는 자산계정에 100만 원을 잡아둠.

(차) 현금과부족(임시계정)	1,000,000	(대) 현 금(자산)	1,000,000

- 기말결산 시점

  없어진 100만 원의 원인이 밝혀지지 않으면 이를 '잡손실'로 처리하고 임시로 잡아뒀던 현금과부족(임시 자산계정) 100만 원을 없애야 함.

(차) 잡손실(영업외비용)	1,000,000	(대) 현금과부족(임시계정)	1,000,000

- 잡손실(영업외비용) 처리 → 당기순이익 감소: 손익계산서
- 현금과부족(임시 자산) 감소: 재무상태표

10 현금및현금성자산
이론기출 공략하기

01 난이도 ★★ 필수

다음 자료에서 재무상태표상에 현금및현금성자산으로 통합표시되는 것으로 바르게 묶은 것은? [2025년, 119회]

> ㄱ. 경기은행 발행 자기앞수표 ㄴ. 취득 당시 만기가 3개월 이내인 채권
> ㄷ. 단기시세차익을 목적으로 구입한 주식 ㄹ. 취득 당시 만기가 6개월인 정기예금

① ㄱ, ㄴ ② ㄱ, ㄷ ③ ㄴ, ㄷ ④ ㄷ, ㄹ

02 난이도 ★★ 필수

다음 중 현금 및 현금성자산에 포함되는 것은? [2020년, 90회]

① 매출채권 ② 우표
③ 타인발행수표 ④ 선일자수표

03 난이도 ★★

다음 중 현금및현금성자산 항목에 해당되지 않는 것은? [2019년, 87회]

① 보통예금 ② 타인발행수표
③ 취득당시 만기가 5개월인 채권 ④ 배당금지급통지서

04 난이도 ★★ 필수

다음 자료에 의해 현금및현금성자산을 구하면 얼마인가? [2019년, 84회]

> • 당좌예금: 200,000원 • 우표: 100,000원
> • 만기도래한 사채이자표: 120,000원 • 배당금지급통지표: 300,000원

① 500,000원 ② 620,000원
③ 600,000원 ④ 420,000원

05 난이도 ★★

다음 중 현금성자산에 해당되는 것은? [2017년, 74회]

① 취득 당시 만기가 3개월 이내인 정기예금 ② 국고송금 통지서
③ 배당금 영수증 ④ 우편환증서

06 난이도 ★★

다음 중 분개 시 차변에 기입해야 하는 계정과목은?   [2020년, 88회]

☐
| 기중 현금시재액이 5,000원 부족한 것을 발견하였다. |

① 잡이익   ② 현금
③ 잡손실   ④ 현금과부족

07 난이도 ★★ 필수

현금과부족에 대한 설명으로 가장 옳은 것은?   [2018년, 80회]

☐
① 회계기간 중 현금의 실제잔액이 장부잔액보다 많은 경우에만 처리하는 계정과목이다.
② 회계기간 중 현금의 실제잔액이 장부잔액보다 적은 경우에만 처리하는 계정과목이다.
③ 기말결산 시 현금의 장부잔액과 실제잔액의 차이가 발생하는 경우 처리하는 계정과목이다.
④ 회계기간 중 현금의 장부잔액과 실제잔액의 차이가 발생하는 경우 처리하는 계정과목이다.

08 난이도 ★★ 필수

다음 중 분개 시 차변에 기입해야 하는 계정과목은?   [2017년, 74회]

☐
| 결산일까지 현금시재 부족액 5,000원의 원인이 밝혀지지 않았다. |

① 잡손실   ② 재해손실
③ 현금   ④ 현금과부족

09 난이도 ★★★ 필수

다음은 한국상점(회계기간 : 매년 1월 1일~12월 31일)의 현금 관련 자료이다. 아래의 (가)에 들어갈 계정과목으로 옳은 것은?   [2024년, 114회]

☐

- 01월 30일 : 장부상 현금 잔액 400,000원, 실제 현금 잔액 500,000원
- 12월 31일 : 결산 시까지 현금과부족 계정 잔액의 원인이 밝혀지지 않음.

현금과부족

7/1	이자수익	70,000원	1/30	현금	100,000원
	(가)	30,000원			
		100,000원			100,000원

① 잡손실   ② 잡이익   ③ 현금과부족   ④ 현금

10 난이도 ★★ 필수

다음 분개에 대한 설명으로 옳은 것은?

[2016년, 67회]

(차) 현금과부족	10,000원	(대) 현금	10,000원

① 현금과잉액의 원인이 밝혀진 경우

② 현금의 실제 잔액이 장부 잔액보다 많음을 발견한 경우

③ 현금부족분의 원인이 밝혀진 경우

④ 현금의 실제 잔액이 장부 잔액보다 부족함을 발견한 경우

🎯 정답 및 해설

01 ① 당장 현금화 할 수 없는 것은 현금및현금성자산이 아님. ③ 단기시세차익 목적 주식은 단기매매증권, ④ 취득 당시 만기 6개월 (3개월 초과) 정기예금은 기타 당좌자산임.

02 ③ ①매출채권은 외상대금을 받아야 현금화, ②우표는 현금처럼 사용 불가능, ③선일자수표는 수표 발행 당시에는 통장잔고가 없어 당장 현금화가 안 됨.

03 ③ 취득 당시 만기가 3개월 이내인 것만 현금성자산임.

04 ② 당좌예금(200,000) + 만기도래한사채이자표(120,000) + 배당금지급통지표(300,000) = 620,000

05 ① 현금및현금성자산에는 현금과 현금성자산이 있음. ①취득 당시 만기 3개월 이내가 현금성자산임. ②국고송금 통지서, ③배당금 영수증, ④우편환증서는 곧장 사용할 수 있는 현금임.

06 ④ 실제 현금이 부족할 경우 현금을 없애고 대신 현금과부족 처리

07 ④ 회계기간 중에 부족하거나 남는 현금을 현금과부족 처리 → 회계기간 말에 그 원인을 찾아 잡이익 또는 잡손실 처리

08 ① 부족한 현금잔액의 원인이 기말까지 원인이 밝혀지지 않으면 잡손실(영업외비용) 처리

09 ② 현금과부족 T계정의 차변에는 현금과부족이 줄어든 내역을 표시하고 대변에는 증가한 내역을 표시함. 결산 시까지 현금과부족의 원인이 밝혀지지 않은 거래는 아래와 같이 분개 처리됨.

(차) 현금과부족	30,000원	(대) 잡이익	30,000원

10 ④

본 교재의 실습자료는 cafe.naver.com/eduacc의 「공지&DATA다운로드」에서 공지 에 있는 [콕콕정교수 전산회계 2급] 이론+실무+기출 실습데이터의 Data_Install_JH2.zip 파일을 다운받아 컴퓨터에 설치 후, 회사등록 클릭, F4 회사코드재생성 클릭 후 「장산문구」 선택

장산문구(회사코드: 0984) 관련 아래 내용을 전산세무회계 수험용 프로그램에 입력하시오.

01 난이도 ★★ 필수
7월 24일, 성실상회에 상품을 매출하고 성실상회가 발행한 당좌수표 5,000,000원을 수령하였다. [2015년, 63회 변형]

02 난이도 ★★
7월 25일, 보관하고 있던 아모레상사가 발행한 당좌수표 5,000,000원을 당사 당좌예금 계좌에 예입하였다.
[2019년, 84회]

03 난이도 ★★ 필수
8월 24일, 우리전자에서 상품 2,000,000원을 매입하고, 대금 중 500,000원은 소유하고 있던 거래처 발행 당좌수표로 지급하고, 잔액은 당사가 당좌수표를 발행하여 지급하다. [2024년, 116회 변형]

04 난이도 ★★ 필수
7월 9일, 현금 시재를 확인하던 중 장부상 현금보다 실제현금이 80,000원 부족한 것을 발견하였으나 원인을 파악할 수 없으므로 임시계정으로 처리하다. [2017년, 71회]

05 난이도 ★★ 필수
7월 18일, 현금 시재를 확인하던 중 실제 현금이 장부상 현금보다 20,000원 많은 것을 발견하였으나 그 원인을 파악할 수 없다. [2024년, 112회]

정답 및 해설

01   수령한 당좌수표는 언제든 사용할 수 있으므로 현금 처리

7. 24		(차) 현 금		5,000,000		(대) 상품매출		5,000,000	

일	번호	구분	계 정 과 목	거 래 처	적 요	차 변	대 변
24	00001	차변	0101 현금			5,000,000	
24	00001	대변	0401 상품매출				5,000,000

02   당좌예금에 현금(수령한 당좌수표)을 입금하면 당좌예금 잔액이 늘어나고 보유중인 당좌수표(현금)가 줄어듦.

7. 25	(차) 당좌예금	5,000,000	(대) 현 금	5,000,000

일	번호	구분	계 정 과 목	거 래 처	적 요	차 변	대 변
25	00001	차변	0102 당좌예금			5,000,000	
25	00001	대변	0101 현금				5,000,000

03   보유 중인 당좌수표(현금) 50만 원을 지급하면 현금을 줄여주고, 당좌수표 150만 원을 발행해 주면 추후 당좌예금에서 돈이 빠져나가므로 당좌예금을 줄여야 함.

8. 24	(차) 상 품	2,000,000	(대) 현 금	500,000
			당좌예금	1,500,000

일	번호	구분	계 정 과 목	거 래 처	적 요	차 변	대 변
24	00004	차변	0146 상품			2,000,000	
24	00004	대변	0101 현금				500,000
24	00004	대변	0102 당좌예금				1,500,000

04   없어진 현금 8만 원의 원인을 찾을 때까지 일단 '현금과부족'이라는 임시 자산계정 처리하고 그만큼 현금을 줄여줌.

7. 9	(차) 현금과부족	80,000	(대) 현 금	80,000

일	번호	구분	계 정 과 목	거 래 처	적 요	차 변	대 변
9	00001	차변	0141 현금과부족			80,000	
9	00001	대변	0101 현금				80,000

05   장부보다 실제 현금이 많으므로 일단 현금 2만 원을 늘려주고 원인이 밝혀질 때까지 대변에 '현금과부족' 처리

7. 18	(차) 현 금	20,000	(대) 현금과부족	20,000

일	번호	구분	계 정 과 목	거 래 처	적 요	차 변	대 변
18	00001	차변	0101 현금			20,000	
18	00001	대변	0141 현금과부족				20,000

11 매출채권

이론 실무

학습내용 ・매출채권의 발생 ・매출채권의 회수

출제경향 이론 또는 실무문제로 매회 1~2문제 출제되는데 주로 매출채권의 발생과 회수 문제가 집중적으로 출제되고 있음. 어렵지 않은 내용이니 암기하지 말고 매출채권의 개념을 바탕으로 이해 위주 학습을 해야 함.

 정교수 콕콕

본 교재의 실습자료는 cafe.naver.com/eduacc의 「공지&DATA다운로드」에서 공지 에 있는 [콕콕정교수 전산회계 2급] 이론＋실무＋기출 실습데이터의 Data_Install_JH2.zip 파일을 다운받아 컴퓨터에 설치 후, 회사등록 클릭, F4 회사코드재생성 클릭 후 안양상사 선택

1 매출채권 발생

공부하는 학생들은 회사가 전액 현금을 받고 물건을 파는 것으로 알고 있겠지만 실제 실무에서는 물건을 매출하면 현금매출보다 외상매출이 훨씬 많습니다.

1. 매출채권 개념

그냥 **구두상 외상매출**을 했다면 '**외상매출금**', 어음을 받으면서 외상매출을 했다면 '**받을어음**'이라고 하는데 머지않아 곧 돈을 받을 수 있는 권리이기 때문에 회계에서는 이를 유동자산 중 당좌자산으로 처리하고 있습니다. 즉, **매출채권**에는 '**외상매출금**'과 '**받을어음**'이 있는 것입니다.

핵심체크 콕콕콕

매출채권
• 매출채권: 외상매출금, 받을어음
• 외상매출금: 구두상 외상매출하면서 받지 못한 금액
• 받을어음: 어음을 수령하면서 외상매출한 금액
• 거래처 입력: 외상매출금, 받을어음은 채권이므로 반드시 거래처 입력

2. 매출채권 발생

좀 전 설명한 것처럼 매출채권에는 외상매출금과 받을어음이 있는데 받을어음은 매출 시 아래와 같은 어음증서를 받습니다. 매출 시 이렇게 어음을 받아 두면 구두상 외상매출금보다 좀 더 신뢰성이 높아지게 된답니다.

약 속 어 음

(주)○○ 귀하 　　　　　　　　　　마가 2154121

금 ₩ 2,000,000

위의 금액을 귀하 또는 귀하의 지시인에게 이 약속어음과 상환하여 지급하겠습니다.

지급기일 2026. 9. 30.　　　　　　**발행일 2026. 8. 14.**
지 급 지 ○○은행　　　　　　　　발행지 주식회사 안양상사
지급장소 ○○지점　　　　　　　　주소 서울 서대문 명륜동 2번지
　　　　　　　　　　　　　　　　발행인 대표이사 ○○○ (인)

통상 은행이 어음용지를 회사에 지급하고 **회사는 외상으로 물건을 구입할 때 어음용지에 금액, 수령인, 발행일자, 만기일자 등을 기재해 어음을 발행하여 매입처에 교부합니다.** 대신 회사는 어음에 기재된 만기일 전에 어음금액이 지급될 수 있도록 당좌예금 계좌에 돈을 예치해야 하며 만약 어음 만기일에 지급할 예금이 없다면 부도가 발생합니다.

자, 그럼 매출채권의 발생이 전산회계 2급 시험에 어떻게 출제되는지 실무기출문제를 통해 알아보겠습니다.

실무기출 확인문제　　　　　　　　　　　　　　**| 전산회계 2급**, 2017년, 75회 |

5월 4일, 안양상사는 상품인 문구를 동보성문구에게 18,000,000원에 판매하고, 판매대금 중 60%는 동보성문구가 발행한 9개월 만기인 약속어음으로 받았으며, 나머지 판매대금은 8월 말에 받기로 하다.

|정답|

5. 4	(차) 받 을 어 음(동보성문구)	10,800,000	(대) 상품매출	18,000,000
	외상매출금(동보성문구)	7,200,000		

일	번호	구분	계 정 과 목	거 래 처	적 요	차 변	대 변
4	00003	차변	0110 받을어음	01027 동보성문구		10,800,000	
4	00003	차변	0108 외상매출금	01027 동보성문구		7,200,000	
4	00003	대변	0401 상품매출				18,000,000

(*) 일반전표 입력 클릭 → 5. 4 입력 → 차변에 받을어음, 거래처 동보성문구 선택 후 10,800,000 입력 → 차변에 외상매출금, 거래처 동보성문구 선택 후 7,200,000 입력 → 대변 상품매출 선택, 18,000,000 입력 (받을어음, 외상매출금은 돈을 받을 권리인 채권이므로 거래처 입력해야 함.)

---

② 외상매출금 회수

구두상 외상으로 물건을 팔아 '외상매출금'이 발생한 뒤 외상대금을 받으면 외상매출금이 없어지는데 이를 자주 출제되는 이론 및 실무기출문제를 통해 알아보겠습니다.

실무기출 확인문제

| 전산회계 2급, 2018년, 82회 |

8월 30일, 동보성문구의 외상매출금 7,200,000원이 하나은행 보통예금 계좌에 5,000,000원, 나머지는 기업은행 당좌예금 계좌에 입금되었다.

|정답|

8. 30	(차) 보통예금	5,000,000	(대) 외상매출금(동보성문구)	7,200,000
	당좌예금	2,200,000		

일	번호	구분	계정과목		거래처		적요	차변	대변
30	00002	대변	0108	외상매출금	01027	동보성문구			7,200,000
30	00002	차변	0103	보통예금				5,000,000	
30	00002	차변	0102	당좌예금				2,200,000	

(*) 일반전표 입력 클릭 → 8. 30 입력 → 차변에 보통예금 선택, 5,000,000 입력 → 차변에 당좌예금 선택, 2,200,000 입력 → 대변에 외상매출금, 거래처 동보성문구 선택, 7,200,000 입력(외상매출금은 돈을 받을 권리인 채권이므로 거래처 입력해야 함.)

이론기출 확인문제

| 전산회계 2급, 2020년, 92회 |

다음 자료에 의하여 당기 외상매출금 기말잔액을 계산한 금액은 얼마인가?

- 외상매출금 기초잔액: 500,000원
- 외상매출금 중 환입액: 30,000원
- 당기 외상매출액: 700,000원
- 외상매출금 당기 회수액: 300,000원

① 800,000원　　　② 870,000원　　　③ 900,000원　　　④ 930,000원

|정답| ②
- 기초잔액 500,000 + 당기 외상매출 700,000 − 당기 환입(취소) 30,000 − 당기 회수 300,000 = 기말잔액 870,000

핵심체크 콕

매출채권 T계정
- T계정 차변: 기초금액, 당기 매출채권 발생액
- T계정 대변: 당기 회수액, 당기환입(취소)액, 기말잔액

[참 고] T계정 표시

위의 외상매출금 흐름을 T계정에 표시하면 아래와 같습니다. 다만, **T계정 표시가 너무 어려우면 그냥 금액 흐름으로만 이해해도 전산회계 2급 합격에는 지장이 없습니다.**

외상매출금

기초잔액	500,000	당기 회수	300,000
당기 외상매출	700,000	당기 환입(취소)	30,000
		기말잔액	870,000
합계	1,200,000	합계	1,200,000

T계정에 표시할 때 **차변에는 기초잔액 50만 원과 당기 외상매출 발생액 70만 원을 표시**하므로 총 받아낼 외상매출금이 120만 원임을 알 수 있습니다. T계정의 **대변에는 총 외상매출금 120만 원 중 당기 회수된 30만 원과 취소된 3만 원을 표시**한 뒤, **회수하지 못한 나머지 87만 원은 기말잔액으로 표시**합니다.

가끔씩 전산회계 2급 시험에 T계정 관련 이론문제가 출제되는데 기출문제를 풀어 보겠습니다. 다시 말하지만 T계정을 이해하기 너무 어려우면 그냥 과감히 패스하세요.

이론기출 확인문제 | 전산회계 2급, 2019년, 85회 |

다음은 매출채권계정에 대한 설명이다. 당기에 매출액 중에서 현금으로 회수한 금액이 300,000원이라면 발생주의에 의한 당기매출액은 얼마인가?(매출거래는 모두 외상거래로 이루어짐.)

매출채권			
1/1 전기이월 200,000원			
	12/31 차기이월		240,000원

① 260,000원   ② 340,000원   ③ 440,000원   ④ 300,000원

|정답| ②
- 기초 외상매출금 + 당기 발생 외상매출금 − 당기 회수 외상매출금 = 기말 외상매출금
- 기초 200,000 + 당기 발생 외상매출금(x) − 당기 회수 300,000 = 기말 240,000, 당기 발생 외상매출금은 340,000원임.

❸ 받을어음 회수

물건을 외상으로 팔면서 어음증서를 받아 '받을어음'이 생기면 이 어음대금을 회수하는 데는 크게 3가지 방법이 있는데, 첫째, '받을어음 배서', 둘째 '받을어음 추심', 마지막으로 '받을어음 매각'이 있습니다.

1. 받을어음 배서

현금이 부족해 어음을 만기까지 기다리기 어려운 경우에는 이 어음을 다른 회사로 넘길 수 있는데 이를 "받을어음의 배서"라고 합니다.

이렇게 어음 뒷면에 회사 이름을 적고 싸인 또는 도장을 찍어 넘기면 어음 소유권이 이전되기 때문에 회사 자산에서 이를 없애야 합니다. 받을어음 배서 관련 실무기출문제를 풀어 보겠습니다.

실무기출 확인문제 | 전산회계 2급, 2020년, 91회 |

11월 21일, 여기봐문구에 지급할 외상매입금 3,500,000원을 상환하기 위해 매출거래처인 ㈜동요
상사로부터 받아 보관 중이던 약속어음 3,500,000원을 배서양도하였다.

| 정 답 |

| 11. 21 | (차) 외상매입금(여기봐문구) | 3,500,000 | (대) 받을어음((주)동요상사) | 3,500,000 |

일	번호	구분	계 정 과 목	거 래 처	적 요	차 변	대 변
21	00003	차변	0251 외상매입금	01033 여기봐환구		3,500,000	
21	00003	대변	0110 받을어음	01012 (주)동요상사			3,500,000

(*) 일반전표 입력 클릭 → 11. 21 입력 → 차변에 외상매입금, 거래처 여기봐문구 선택, 3,500,000 입력 → 대
변에 받을어음, 거래처 ㈜동요상사 선택, 3,500,000 입력(외상매입금은 돈을 갚을 채무, 받을어음은 돈을 받
을 채권이므로 거래처 입력해야 함.)

핵심체크 콕콕콕

받을어음 배서

배서하는 받을어음 거래처는
최초 어음발행 거래처 입력

[주 의] 어음배서 시 받을어음 거래처 입력

어음배서의 KcLep 입력 시 주의할 점은 바로 받을어음의 거래처 입력입니다. 사례에서 여기봐문
구에 대한 외상매입금을 상환하기 위해 (주)동요상사로터 받은 어음을 배서하였기 때문에 받을어음
에 대한 거래처는 여기봐문구가 아니라 받을어음을 발행한 (주)동요상사를 입력해야 합니다. 그래
야 현재 보유 중인 (주)동요상사에서 받은 어음이 재무제표에서 없어지게 됩니다.

핵심체크 콕콕콕

받을어음 추심

추심 시 비용은 수수료비용
(판매관리비)

2. 받을어음 추심

만기일까지 기다렸다가 어음용지에 기재된 은행에 가서 어음을 제시하고 어음 발행 회사
의 당좌예금 계좌에서 외상대금을 지급받는 것입니다. 이를 '받을어음 추심'이라고 부르
고 어음 추심 과정에서 은행에 약간의 추심 수수료를 지급하는데 이를 '판매비와관리비
의 수수료비용'으로 처리합니다. 받을어음 추심 관련 실무기출문제를 풀어 보겠습니다.

실무기출 확인문제 | 전산회계 2급, 2018년, 77회 |

8월 12일, 갈원상사의 받을어음 9,000,000원이 만기가 도래하여 거래은행에 추심 의뢰하였는바
추심료 30,000원을 차감한 잔액이 당사 보통예금계좌에 입금되었음을 통보받다.

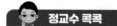

|정 답|

8. 12	(차) 보 통 예 금	8,970,000	(대) 받을어음(갈원상사)	9,000,000
	수수료비용(판매관리비)	30,000		

일	번호	구분	계 정 과 목	거 래 처	적 요	차 변	대 변
12	00001	차변	0831 수수료비용			30,000	
12	00001	차변	0103 보통예금			8,970,000	
12	00001	대변	0110 받을어음	01015 갈원상사			9,000,000

(*) 일반전표 입력 클릭 → 8. 12 입력 → 차변에 보통예금 선택, 8,970,000 입력 → 차변에 판매관리비 중 수수료비용 선택, 30,000 입력 → 대변에 받을어음, 거래처 갈원상사 선택, 9,000,000 입력(**받을어음은 돈을 받을 채권이므로 거래처 입력해야 함.**)

◎ 핵심체크 콕콕 콕

받을어음 매각
매각시 할인료는 매출채권
처분손실(영업외비용)

3. 받을어음 매각

통상 어음의 만기는 2~3개월 정도인데 현금이 부족해 어음 만기일까지 기다리기 어려운 회사는 이 어음을 은행에 팔고, 은행이 대신 만기일에 어음대금을 받을 수도 있는데 이를 '받을어음 매각'이라고 부릅니다. 받을어음을 은행에 팔면서 약간의 할인료를 은행에 지급하는데 이를 '매출채권처분손실'이라는 계정과목으로 처리합니다. 다만, 받을어음 처분이 일상적이지는 않기 때문에 매출채권처분손실은 영업외비용입니다. 자, 그럼 받을어음 매각 관련 실무기출문제를 풀어 보겠습니다.

실무기출 확인문제 | 전산회계 2급, 2019년, 88회 |

8월 16일, 우재산업에 상품을 매출하고 받은 약속어음 400,000원을 주거래 은행에서 할인받고 할인료 15,000원을 차감한 나머지 금액을 당좌 예입하다.(단, 관련 비용은 매출채권처분손실로 회계 처리할 것.)

|정 답|

8. 16	(차) 당 좌 예 금	385,000	(대) 받을어음(우재산업)	400,000
	매출채권처분손실(영업외비용)	15,000		

일	번호	구분	계 정 과 목	거 래 처	적 요	차 변	대 변
16	00002	차변	0956 매출채권처분손실			15,000	
16	00002	차변	0102 당좌예금			385,000	
16	00002	대변	0110 받을어음	01009 우재산업			400,000

(*) 일반전표 입력 클릭 → 8. 16 입력 → 차변에 당좌예금 선택, 385,000 입력 → 차변에 매출채권처분손실(영업외비용) 선택, 15,000 입력 → 대변에 받을어음, 거래처 우재산업 선택, 400,000 입력(**받을어음은 돈을 받을 채권이므로 거래처 입력해야 함.**)

④ 외화외상매출금 환산

지금까지 설명은 모두 국내에서 원화 거래를 가정한 것인데 수출기업은 외국 회사에 달러 같은 외화로 외상 거래를 할 수 있습니다. 이럴 경우 **변동되는 환율로 인해 지금까지와는 좀 다른 외화 환산문제가 발생**하는데 기출문제를 통해 자세히 알아보겠습니다.

| 이론기출 확인문제 | 전산회계 2급, 2020년, 91회 |

다음 거래와 관련이 있는 계정과목은?

> 기말 현재, 미국 본오전자의 외상매출금 $1,000에 대하여 외화평가를 하다.(10.1 상품매출 시 환율 1,300 원/$, 기말 평가 시 환율 1,000원/$)

① 외환차손　　　　　② 외화환산손실　　　　　③ 외환차익　　　　　④ 외화환산이익

1. 외화 외상매출금 발생

미국 본오상사와 거래를 할 때는 원화가 아닌 달러로 거래하기 때문에 환율에 따라 나중에 통장에 입금되는 원화 금액이 달라집니다. 기출문제를 보면 본오상사에 최초 외상매출을 할 때 못 받은 달러 외상매출금이 $1,000이고 환율이 달러당 1,300원이었기 때문에 원화 기준 외상매출금은 1,300,000원입니다. 그리고 10월 1일 매출 시 분개는 다음과 같습니다.

외상매출금: $1,000 × 1,300원 = 1,300,000원				
10. 1	(차) 외상매출금(본오상사)	1,300,000	(대) 상품매출	1,300,000

2. 기말 외화 외상매출금 외화 환산

해외에 외상매출(10월 1일) 후 기말(12. 31)에 달러당 환율이 1,000원으로 내려 1,300,000원이었던 외상매출금이 아래와 같이 1,000,000원으로 바뀝니다. 즉, **외상매출금이 300,000원 줄어들어 그만큼 손실이 발생한 것인데 외화환산 과정에서 발생한 손실이니 이를 '외화환산손실'이라고 부릅니다. 환율의 변동으로 인한 손실은 영업과 무관하므로 외화환산손실은 '영업외비용'**입니다.

외상매출금: $1,000 × 1,000원 = 1,000,000원				
12. 31	(차) 외화환산손실(영업외비용)	300,000	(대) 외상매출금(본오상사)	300,000

이상 내용으로 볼 때 91회 이론 기출문제의 정답은 "② 외화환산손실"입니다.

[참 고] 외화환산(손)익 Vs 외환차(손)익

이상 알아본 '외화환산손실'은 회계기간 말(12.31) 현재 '평가손실'인 데 반해 '외환차손'은 실제 외화 외상매출금을 받아 은행에서 '원화로 환전하면서 발생한 손실'입니다. 좀 전 기출문제를 약간 변형해 외화환산손실과 외환차손을 비교해 보겠습니다.

구 분	달러금액	환 율	원화금액	내 용
10월 1일	$ 1,000	1,300원/1$	1,300,000	외상 매출 발생
12월 31일	$ 1,000	1,000원/1$	1,000,000	기말 결산
다음 연도 1월 5일	$ 1,000	900원/1$	900,000	외화 수령 후 환전해 원화 수령

• 12월 31일: **외화환산손실 300,000원**(1,300,000 – 1,000,000)

외화 외상매출이 발생한 10월 1일 환율 1,300원이 기말 12월 31일에 1,000원으로 떨어져 300,000원의 손실이 발생. **외화 환산 과정에서 발생했으므로 '외화환산손실'**

• 다음 연도 1월 5일: 외환차손 100,000원(1,000,000 – 900,000)

다음 연도 1월 5일, 외화 외상매출금 $1,000를 받아 원화로 환산하여 원화를 수령했는데 환율이 100원 또 하락해 실제 수령 원화금액은 900,000원임. 전년 12월 31일 외상매출금이 1,000,000원이었는데 환전 과정에서 100,000원을 손해 봄. **외화 환전 과정에서 발생했으므로 '외환차손'**

정교수 콕콕

핵심체크 콕

외화 외상매출금

구 분		계정과목
환율 상승	기말	외화환산이익
	외화 입금	외환차익
환율 하락	기말	외화환산손실
	외화 입금	외환차손

계정과목별 회계처리 - 자산

난이도 ★★

01 다음 거래에서 표시될 수 없는 계정과목은?

[2020년, 92회]

> 11월 30일, 상품 1,100,000원을 지니상사에 외상으로 판매하고 운송비 140,000원을 국민은행 보통예금으로 지급하였다.

① 외상매출금
② 상품매출
③ 보통예금
④ 외상매입금

난이도 ★★ 필수

02 다음의 대화에서 박대리의 답변을 분개하는 경우 대변 계정과목으로 옳은 것은?

[2018년, 78회]

> 김부장: 박대리님. 매출처 대한상점에 대한 외상 대금은 받았습니까?
> 박대리: 네. 외상대금 100만 원이 당사 보통예금 계좌에 입금된 것을 확인하였습니다.

① 현금
② 보통예금
③ 외상매출금
④ 외상매입금

난이도 ★★★

03 다음은 외상매출금계정의 차변과 대변에 기록되는 내용을 표시한 것이다. 틀리게 표시하고 있는 항목은?

[2015년, 64회]

외상매출금	
기초재고액 매출액 회수액	환입 및 에누리액 대손액 기말재고액

① 매출액
② 회수액
③ 환입 및 에누리액
④ 대손액

04 난이도 ★ **필수**

다음 거래에서 동해상점의 분개로 옳은 것은? [2017년, 71회]

> 6/20 동해상점은 서해상점에 상품 50,000원을 매출하고 대금은 서해상점 발행의 약속어음(#15, 만기일 9/20)으로 받다.

① (차) 받을어음 50,000 (대) 매 출 50,000 ② (차) 지급어음 50,000 (대) 매 출 50,000

③ (차) 매 출 50,000 (대) 받을어음 50,000 ④ (차) 매 출 50,000 (대) 지급어음 50,000

05 난이도 ★★

다음 중 받을어음계정 차변에 기입하는 내용은? [2016년, 66회]

① 어음 대금 회수 ② 어음의 배서 양도

③ 어음의 부도 ④ 어음의 수취

06 난이도 ★★ **필수**

다음의 내용을 참고로 하여 받을어음 계정계좌의 대변에 기록하는 내용으로 모두 바르게 나열한 것은?

[2025년, 118회]

> 가. 어음의 할인   나. 어음의 배서   다. 어음의 발행   라. 어음의 만기

① 가, 라 ② 가, 나, 라

③ 가, 다, 라 ④ 가, 나, 다, 라

07 난이도 ★★

아래의 당기 외상매출금 자료를 이용하여 외상매출금 당기 수령액을 계산하면 얼마인가? [2018년, 81회]

> • 기초잔액: 4,000,000원   • 기말잔액: 2,000,000원
> • 외상매출액: 3,000,000원   • 외상매출액 중 매출취소액: 1,000,000원

① 3,000,000원 ② 4,000,000원

③ 5,000,000원 ④ 6,000,000원

08 다음의 자료를 이용하여 계산한 당기 중 외상으로 매출한 금액(에누리하기 전의 금액)은 얼마인가?[2025년, 114회]

- 외상매출금 기초잔액 : 400,000원
- 외상매출금 중 에누리액 : 100,000원
- 외상매출금 당기 회수액 : 600,000원
- 외상매출금 기말잔액 : 300,000원

① 300,000원
② 400,000원
③ 500,000원
④ 600,000원

09 다음 계정기입에 대한 설명으로 가장 옳은 것은?(단, 반드시 아래에 표시된 계정만으로 판단할 것)　　　[2019년, 84회]

받을어음			
	8/3	현금	500,000원

① 상품 500,000원을 현금으로 매입하다.
② 받을어음 500,000원을 현금으로 회수하다.
③ 지급어음 500,000원을 현금으로 지급하다.
④ 상품 500,000원을 매출하고 거래처발행 약속어음으로 받다.

10 다음 중 받을어음계정 대변에 기록되는 거래에 해당하는 것은?　　　[2019년, 83회]

① 상품 2,000,000원을 매출하고 매출처 발행 약속어음을 받다.
② 매입처에 발행한 약속어음 2,000,000원이 만기가 되어 현금으로 지급하다.
③ 외상매출금 2,000,000원을 매출처 발행 약속어음으로 받다.
④ 외상매입금 지급을 위하여 소지하고 있던 매출처 발행 약속어음 2,000,000원을 배서양도하여 외상매입금을 지급하다.

11 난이도 ★★ **필수**

다음 보기 내용에 맞는 올바른 회계처리는?

[2018년, 81회]

> 제품을 공급하고 받은 약속어음 550,000원을 주거래 국민은행에서 50,000원 할인비용을 차감한 후 보통예금계좌로 입금받았다.(매각거래로 처리할 것)

① (차) 보 통 예 금   500,000원   (대) 받을어음   550,000원
     매출채권처분손실   50,000원   50,000원

② (차) 보 통 예 금   500,000원   (대) 받을어음   500,000원
     매출채권처분손실   50,000원   현   금   50,000원

③ (차) 보 통 예 금   500,000원   (대) 받을어음   550,000원
     수 수 료 비 용   50,000원

④ (차) 보 통 예 금   500,000원   (대) 받을어음   500,000원

12 난이도 ★★

다음 그림에서 한국상사의 어음 할인에 대한 분개로 옳은 것은?(단, 어음 할인의 회계 처리는 매각거래로 한다)

[2017년, 73회]

	(차 변)		(대 변)	
①	당 좌 예 금 100,000원	받 을 어 음 100,000원		
②	받 을 어 음 100,000원	당 좌 예 금 100,000원		
③	당 좌 예 금 95,000원	받 을 어 음 100,000원		
	매출채권처분손실 5,000원			
④	받 을 어 음 100,000원	당 좌 예 금 95,000원		
		매출채권처분손실 5,000원		

01 ④ 상품매출 1,100,000원을 하면서 운반비 140,000원을 보통예금에서 지급해 운반비 발생했고 판매대금은 수령하지 못해 외상매출금 채권 발생. 외상매입금은 상품 등 구입 시 지급하지 못한 채무임. 해당 거래를 분개하면 다음과 같음

(차) 외상매출금	1,100,000	(대) 상품매출	1,100,000
운 반 비(판매관리비)	140,000	보통예금	140,000

02 ③ 외상매출금(채권) 100만 원을 회수해 보통예금 계좌에 입금됨. 이를 분개하면 (차) 보통예금 1,000,000 (대) 외상매출금 1,000,000임.

03 ② 외상매출금 T계정의 왼쪽에는 기초잔액, 당기 외상매출액이 표시되고, T계정 오른쪽에는 외상매출금 회수액, 외상매출 취소(환입), 그리고 기말잔액이 표시됨.

04 ① 매출하면서 받을어음을 수령한 거래임.

05 ④ 외상으로 매출하면서 받을어음을 받으면 차변에 표시하고 어음대금 회수, 배서양도, 부도가 발생하면 대변에 표시함.

06 ② • 받을어음의 대변에는 아래와 같이 받을어음이 감소하는 거래를 표시됨.
: 받을어음 할인, 받을어음 배서, 받을어음 만기 도래로 회수
• 어음을 발행하면 지급어음이 증가하므로 지급어음의 대변에 표시됨.

07 ② 외상매출금 회수액: 기초잔액 4,000,000 + 당기 외상매출액 3,000,000 - 당기 회수액(x) − 매출 취소액 1,000,000 = 기말잔액 2,000,000원이므로 당기 회수액은 4,000,000원임.

08 ④ • 외상매출금 기말잔액 = 기초잔액 + 당기 외상매출 - 외상매출 회수 - 외상매출 에누리
• 기말잔액(300,000) = 기초잔액(400,000) + 당기 외상매출(x) − 외상매출 회수(600,000) − 에누리(100,000) →
외상 매출액은 600,000원

09 ② 받을어음 T계정 대변에는 받을어음 회수액, 매출 취소액, 받을어음 배서양도, 기말잔액이 표시됨. 해당 거래는 8/3에 받을어음을 현금으로 회수한 것임.
① (차) 상   품 500,000   (대) 현   금 500,000   ② (차) 현   금 500,000   (대) 받을어음 500,000
③ (차) 지급어음 500,000   (대) 현   금 500,000   ④ (차) 받을어음 500,000   (대) 상품매출 500,000

10 ④ 받을어음 대변에는 받을어음 회수액, 매출 취소액, 받을어음 배서양도, 기말잔액이 표시됨.
① (차) 받을어음   2,000,000   (대) 상품매출   2,000,000
② (차) 지급어음   2,000,000   (대) 현금   2,000,000
③ (차) 받을어음   2,000,000   (대) 외상매출금   2,000,000
④ (차) 외상매입금   2,000,000   (대) 받을어음   2,000,000

11 ① 만기도래 전 받을어음을 매각하면서 지출한 할인비용은 '매출채권처분손실(영업외비용)' 처리하고 받을어음은 550,000원을 없애야 함.

12 ③ 한국상사가 갖고 있는 받을어음 100,000원짜리를 국민은행에 매각하고 할인료(매각손실) 5,000원을 뺀 나머지 95,000원을 당좌예금으로 받음. 이를 분개하면 다음과 같음.

(차) 당 좌 예 금	95,000	(대) 받을어음	100,000
매출채권처분손실(영업외비용)	5,000		

본 교재의 실습자료는 cafe.naver.com/eduacc의 「공지&DATA다운로드」에서 공지 에 있는 [콕콕정교수 전산회계 2급] 이론+실무+기출 실습데이터의 Data_Install_JH2.zip 파일을 다운받아 컴퓨터에 설치 후, 회사등록 클릭, F4 회사코드재생성 클릭 후 「청도상사」 선택

청도상사(회사코드: 0844) 관련 아래 내용을 전산세무회계 수험용 프로그램에 입력하시오.

난이도 ★

01 5월 13일, 안산상사에 다음의 거래명세표와 같이 상품을 판매하고 대금은 10일 후에 전액 받기로 하다.

[2021년, 99회]

권		호			거래명세표(거래용)				
20 21 년 5 월 13 일			공급자	등록번호	138-04-62548				
				상 호	청도상사		성명	최범락 ㊞	
안산상사 귀하				사업장소재지	경기 안양시 동안구 학의로 332				
아래와 같이 계산합니다.				업 태	도·소매		종목	전자제품	
합계금액		오십만 원정 (₩ 500,000)							
월일	품 목	규 격	수량	단 가	공급가액		세 액		
5월13일	상 품		100개	100,000원	1,000,000원				
	계		100개		1,000,000원				
전잔금				합 계		1,000,000원			
입 금		잔 금	1,000,000원		인수자	김학겸 ㊞			

난이도 ★

02 10월 10일, 라라전자에 판매용 상품을 3,500,000원에 판매하고 대금은 6개월 만기의 약속어음을 받았다.

[2018년, 78회]

03 난이도 ★★

8월 8일, 상품 2,000,000원을 수원상사에 판매하고 대금은 수원상사 발행 약속어음으로 받고 판매 시 발생한 운송비 50,000원은 현금으로 지급하였다. [2020년, 91회]

04 난이도 ★★ 필수

7월 3일, 허브상사에 상품을 판매하고 발급한 거래명세표이다. 대금 중 10,000,000원은 보통예금 계좌로 입금받고, 나머지는 외상으로 거래하였다. [2024년, 117회]

권		호		**거래명세표**(보관용)				
20 21 년 7 월 3 일			공급자	등록번호	138-04-62548			
허브상사 귀하				상 호	청도상사	성 명	최범락 ㉑	
				소재지	경기 안양시 동안구 학의로 332			
아래와 같이 계산합니다.				업 태	도소매	종목	전자부품	
금액			이천만 원정 (₩ 20,000,000)					
월일	품 목		규 격	수량	단 가	공 급 가 액	세 액	
7/3	GLOBAL2020			20	1,000,000	20,000,000		
계								
전잔금				합 계			20,000,000원	
입 금	10,000,000원		잔 금	10,000,000원		인수자	사은진 ㉑	

05 난이도 ★ 필수

10월 21일, 거래처 안산상사의 외상매출금을 현금으로 회수하고 다음의 입금표를 발행하다. [2024년, 113회]

No. 1					(공급자보관용)									
			입 금 표											
							안산상사 귀하							
공급자	사업자등록번호		138-04-62548											
	상 호		청도상사		성 명			최범락						
	사업장소재지		경기 안양시 동안구 학의로 332											
	업 태		도소매		종 목			전자부품						
작성일자		금 액							세 액					
년	월	일	공란수	억	천	백	십	만	천	백	일	천	백	십	만	천	백	일
21	10	21												
합계				억	천	백 1	십 0	만 0	천 0	백 0	십 0	일 0		
내용: 외상매출금 회수														
			위 금액을 영수함											
			영 수 자 (인)											

06 난이도 ★★

7월 27일, 허브상사의 외상매출금 5,000,000원이 보통예금 계좌에 2,500,000원, 나머지는 당좌예금 계좌에 입금되었다. [2021년, 97회]

07 난이도 ★★ 필수

9월 20일, 매출처 허브상사의 외상매출금 5,000,000원 중 4,500,000원은 약속어음(만기일 11월 20일)으로 받고 500,000원은 당사 보통예금계좌로 입금받다. [2024년, 118회]

08 난이도 ★★★

10월 13일, 마음전자의 외상매입금 5,000,000원을 결제하기 위해 매출처 일품컴퓨터에서 받아 보관 중인 약속어음 5,000,000원을 배서 양도하였다. [2023년, 111회]

09 난이도 ★★★ 필수

9월 6일, 강술상사의 외상매입금 1,700,000원을 지급하기 위하여, 국민전자로부터 받은 약속어음을 배서양도 하다. [2025년, 119회]

10 난이도 ★★★

7월 19일, 정수상회로부터 받은 받을어음 5,000,000원이 만기도래하여, 추심수수료 50,000원을 차감한 잔액을 보통예금으로 받다. [2015년, 64회]

11 난이도 ★★★

10월 17일, 추석 명절에 사용할 현금을 확보하기 위하여 라라전자 발행의 약속어음 3,000,000원을 은행에서 할인받고, 할인료 300,000원을 제외한 금액을 당좌예입하다(단, 매각거래임). [2019년, 83회]

12 난이도 ★★★ 필수

9월 9일, 마음전자에 상품을 매출하고 받은 약속어음 250,000원을 거래 은행에서 할인받고 할인료 20,000원을 차감한 나머지 금액은 당좌 예입하다(매각거래로 회계 처리할 것). [2024년, 116회]

01 외상매출금은 향후 돈을 받을 채권이므로 거래처 안산상사를 반드시 입력해야 함.

| 5. 13 | | (차) 외상매출금(안산상사) | | 1,000,000 | (대) 상품매출 | | 1,000,000 |

일	번호	구분	계 정 과 목	거 래 처	적 요	차 변	대 변
13	00001	차변	0108 외상매출금	00503 안산상사		1,000,000	
13	00001	대변	0401 상품매출				1,000,000

02 받을어음은 채권이므로 반드시 거래처 입력해야 함.

| 10. 10 | | (차) 받을어음(라라전자) | | 3,500,000 | (대) 상품매출 | | 3,500,000 |

일	번호	구분	계 정 과 목	거 래 처	적 요	차 변	대 변
10	00001	차변	0110 받을어음	00111 라라전자		3,500,000	
10	00001	대변	0401 상품매출				3,500,000

03 받을어음은 향후 돈을 받을 채권이므로 반드시 거래처를 입력해야 하며, 발생한 운반비는 판매관리비 처리

| 8. 8 | | (차) 받을어음(수원상사) | | 2,000,000 | (대) 상품매출 | | 2,000,000 |
| | | 운 반 비(판매관리비) | | 50,000 | 현 금 | | 50,000 |

일	번호	구분	계 정 과 목	거 래 처	적 요	차 변	대 변
8	00001	차변	0110 받을어음	00502 수원상사		2,000,000	
8	00001	대변	0401 상품매출				2,000,000
8	00002	차변	0824 운반비			50,000	
8	00002	대변	0101 현금				50,000

04 총 2,000만 원 중 보통예금에 입금된 금액은 10,000,000원, 구두상 외상매출금이 10,000,000원임. 외상매출금은 향후 돈을 받을 채권이므로 거래처를 반드시 입력해야 함.

| 7. 3 | | (차) 보 통 예 금 | | 10,000,000 | (대) 상품매출 | | 20,000,000 |
| | | 외상매출금(허브상사) | | 10,000,000 | | | |

일	번호	구분	계 정 과 목	거 래 처	적 요	차 변	대 변
3	00001	차변	0103 보통예금			10,000,000	
3	00001	차변	0108 외상매출금	00112 허브상사		10,000,000	
3	00001	대변	0401 상품매출				20,000,000

05 외상매출금 줄이고 현금을 늘림.

| 10. 21 | | (차) 현 금 | | 1,000,000 | (대) 외상매출금(안산상사) | | 1,000,000 |

일	번호	구분	계 정 과 목	거 래 처	적 요	차 변	대 변
21	00001	차변	0101 현금			1,000,000	
21	00001	대변	0108 외상매출금	00503 안산상사			1,000,000

06 허브상사의 외상매출금 500만 원 줄이고 보통예금과 당좌예금을 각각 250만 원씩 증가시킴.

	7. 27		(차) 보통예금		2,500,000		(대) 외상매출금(허브상사)	5,000,000
			당좌예금		2,500,000			

일	번호	구분	계 정 과 목	거 래 처	적 요	차 변	대 변
27	00001	차변	0103 보통예금			2,500,000	
27	00001	차변	0102 당좌예금			2,500,000	
27	00001	대변	0108 외상매출금	00112 허브상사			5,000,000

07 허브상사의 외상매출금 500만 원 줄이고 받을어음 450만 원, 보통예금 50만 원을 늘림. 받을어음과 외상매출금은 채권이므로 거래처 반드시 입력.

	9. 20		(차) 받을어음(허브상사)		4,500,000		(대) 외상매출금(허브상사)	5,000,000
			보통예금		500,000			

일	번호	구분	계 정 과 목	거 래 처	적 요	차 변	대 변
20	00003	차변	0110 받을어음	00112 허브상사		4,500,000	
20	00003	차변	0103 보통예금			500,000	
20	00003	대변	0108 외상매출금	00112 허브상사			5,000,000

08 마음전자의 외상매입금을 없애는 대신 보유중인 일품전자의 받을어음 없앰. 반드시 받을어음의 거래처를 청도상사가 아닌 최초 어음을 발행한 일품컴퓨터를 입력해야 함.

	10. 13		(차) 외상매입금(마음전자)	5,000,000		(대) 받을어음(일품컴퓨터)	5,000,000

일	번호	구분	계 정 과 목	거 래 처	적 요	차 변	대 변
13	00001	차변	0251 외상매입금	00106 마음전자		5,000,000	
13	00001	대변	0110 받을어음	00107 일품컴퓨터			5,000,000

09 강술상사의 외상매입금을 없애는 대신 보유중인 국민전자의 받을어음 없앰. 반드시 받을어음의 거래처를 청도상사가 아닌 최초 어음을 발행한 국민전자를 입력해야 함.

	9. 6		(차) 외상매입금(강술상사)	1,700,000		(대) 받을어음(국민전자)	1,700,000

일	번호	구분	계 정 과 목	거 래 처	적 요	차 변	대 변
6	00001	차변	0251 외상매입금	00219 강술상사		1,700,000	
6	00001	대변	0110 받을어음	00208 국민전자			1,700,000

10 추심수수료는 영업과 관련된 판매관리비 처리

	7. 19		(차) 보 통 예 금		4,950,000		(대) 받을어음(정수상회)	5,000,000
			수수료비용(판매관리비)		50,000			

일	번호	구분	계 정 과 목	거 래 처	적 요	차 변	대 변
19	00010	차변	0103 보통예금			4,950,000	
19	00010	차변	0831 수수료비용			50,000	
19	00010	대변	0110 받을어음	00114 정수상회			5,000,000

11 만기 전 매각해 할인한 어음의 할인 수수료는 매출채권처분손실(영업외비용) 처리

10. 17	(차)당 좌 예 금	2,700,000	(대) 받을어음(라라전자)	3,000,000
	매출채권처분손실(영업외비용)	300,000		

일	번호	구분	계 정 과 목	거 래 처	적 요	차 변	대 변
17	00002	차변	0102 당좌예금			2,700,000	
17	00002	차변	0956 매출채권처분손실			300,000	
17	00002	대변	0110 받을어음	00111 라라전자			3,000,000

12 만기 전 매각해 할인한 어음의 할인 수수료는 매출채권처분손실(영업외비용) 처리

9. 9	(차)당 좌 예 금	230,000	(대) 받을어음(마음전자)	250,000
	매출채권처분손실(영업외비용)	20,000		

일	번호	구분	계 정 과 목	거 래 처	적 요	차 변	대 변
9	00002	차변	0102 당좌예금			230,000	
9	00002	차변	0956 매출채권처분손실			20,000	
9	00002	대변	0110 받을어음	00106 마음전자			250,000

12 대손회계

학습내용 ·대손충당금 설정 ·대손발생 ·대손충당금 증감 계산

출제경향 이론, 실무문제로 모두 출제되고 있으며 특히 실무문제 중 기말결산문제로 자주 출제되어 매회 1~2회 시험마다 1문제씩 출제되고 있음. 다소 어려운 내용이지만 중요한 내용이므로 **절대 암기하지 말고 반드시 개념을 바탕으로 이해 위주의 학습**을 해야 함.

 정교수 콕콕

> 본 교재의 실습자료는 cafe.naver.com/eduacc의 「공지&DATA다운로드」에서 **공지** 에 있는 [콕콕정교수 전산회계 2급] 이론+실무+기출 실습데이터의 Data_Install_JH2.zip 파일을 다운받아 컴퓨터에 설치 후, **회사등록** 클릭, **F4 회사코드재생성** 클릭 후 대한상사 선택

1️⃣ 대손상각비 개념

거래처의 부도 발생 등으로 외상매출금을 회수하기 어려울 것으로 판단되면 거래처가 완전히 망하기 전이라 하더라도 미리 손실을 인식하는 것이 합리적입니다.

◉ 핵심체크

대손상각 대상
대손상각비는 외상매출금 등 채권에 대해서만 설정.

1. 대손상각비 의의

대손(貸損)이란 '외상매출금 등을 회수하지 못해 손해를 본다.'라는 뜻이고, 상각비(償却費)란 '자산의 가격을 줄여 간다.'라는 뜻입니다. 즉, **대손상각비란 외상매출금 같은 채권을 회수하지 못할 위험에 따라 그 채권의 가치를 줄이는 비용처리**라고 이해하면 됩니다. 다시 한번 강조하지만 **대손상각은 외상매출금, 받을어음, 대여금 등 채권에 대해서만 설정**하는 것이지 외상매입금, 차입금 같은 부채에는 설정하지 않습니다.

이론기출 확인문제 | **전산회계 2급**, 2017년, 71회 |

거래처의 파산 등으로 지급할 능력이 상실하여 채권을 회수할 수 없는 상태를 대손이라 한다. 다음 중 대손처리 대상이 아닌 것은?

① 외상매출금   ② 받을어음   ③ 단기대여금   ④ 선수금

|정답| ④
선수금은 매출 전에 미리 받은 돈으로 부채이므로 대손충당금 설정 대상이 아님.

2. 대손상각비 인식 시점

통상 대손상각비는 매 회계기간 말에 보유 중인 매출채권의 회수가능성을 평가하여 그 회수가능성이 낮다고 판단될 때 장부에 미리 반영하는데 이는 재무제표의 건전성을 위한 조치라고 생각하면 됩니다.

3. 대손상각비 인식 방법

대손상각비를 인식하기 위해서는 다음과 같이 매출채권의 회수가능성이 낮다고 판단되는 시점에 매출채권에서 직접 차감하거나 충당금을 설정하는 두 가지 방법이 가능합니다.

구 분	직접 차감	충당금 설정
회수가 의심되는 회계연도 말	차) 대손상각비 ××× 　　대) 외상매출금 ×××	차) 대손상각비 ××× 　　대) 대손충당금 ×××
실제 회수 불능 시	회계처리 없음	차) 대손충당금 ××× 　　대) 외상매출금 ×××

매출채권에서 직접 차감하는 방식은 회수가능성이 낮다고 판단되는 외상매출금을 회계 연도 말에 바로 없애 버리고 그만큼 대손상각비라는 비용을 인식하는 방법입니다. 다만, 실제 망하지 않았음에도 외상매출금을 장부에서 없애면 안 되기 때문에 고안된 방법이 바로 해당 외상매출금에 대해 대손충당금을 설정하는 것입니다.

❷ 회계연도말 대손충당금 설정

일반기업회계기준은 매출채권에서 회수 가능성이 낮은 매출채권을 직접 차감하지 않고 대신 대손충당금을 설정하는 것을 원칙으로 하고 있습니다.
사례를 통해 구체적으로 어떤 방식으로 대손충당금을 설정하는지 알아보겠습니다.

1. 대손충당금 설정

회계기간 말에 매출채권 중에서 회수가 어려울 것으로 판단되는 금액을 계산해야 하는데 거래처를 하나씩 평가하기 어렵기 때문에 **매출채권 총액의 1% 설정과 같이 대략적인 금액으로 대손충당금을 설정**합니다. 이론기출문제를 통해 구체적으로 알아보겠습니다.

이론기출 확인문제 | **전산회계 2급**, 2021년, 95회 |

다음 거래에 대한 기말 분개로 가장 옳은 것은?

> 12월 31일 결산 시 외상매출금 잔액 149,350,000원에 대해 1%의 대손을 예상하였다.
> 단, 당사는 보충법을 사용하고 있으며 기말 분개 전 대손충당금 잔액은 900,000원이 계상되어 있다.

① (차) 대손충당금   593,500원   (대) 대손상각비   593,500원
② (차) 대손상각비   593,500원   (대) 대손충당금   593,500원
③ (차) 대손상각비   593,500원   (대) 외상매출금   593,500원
④ (차) 대손상각비   600,000원   (대) 대손충당금   600,000원

---

1) 필요한 대손충당금 총액 계산

> - 결산일 대손예상액: 외상매출금 149,350,000원 × 대손율 1% =   1,493,500원
> - 대손충당금 잔액   (−) 900,000원
> - 추가로 필요한 대손충당금   593,500원

일단 결산일 현재 필요한 총 대손예상액, 즉 **필요한 대손충당금을 계산한 뒤 부족한 금액을 추가로 설정하는 방법을 보충법**이라고 부릅니다. 일반기업회계기준은 대손충당금에 대해 **보충법을 사용**하도록 규정하고 있습니다.

2) 회계처리

🎯 핵심체크 콕 콕 콕

대손충당금 추가 설정
(차) 대손상각비(판관비) ×××
    (대) 대손충당금(외상매출금) ×××

| 12. 31 | | (차) 대손상각비(판매관리비) | 593,500 | | (대) 대손충당금(외상매출금) | 593,500 |

일	번호	구분	계 정 과 목	거 래 처	적 요	차 변	대 변
31	00001	차변	0835 대손상각비			593,500	
31	00001	대변	0109 대손충당금				593,500

(*) 일반전표 입력 클릭 → 12. 31 입력 → 차변에 대손상각비(판매비와관리비) 선택, 593,500 입력 → 대변에 대손충당금(외상매출금) 선택, 593,500 입력(**대손상각비는 판매관리비에서 선택, 대손충당금은 여러 종류 중 외상매출금의 대손충당금 선택**)

한 가지 주의할 점은 대손상각비 계정과목은 판매관리비에서 선택해야 하며 대손충당금은 다음과 같이 외상매출금 계정과목에 대한 대손충당금(0109)을 선택해야 한다는 것입니다.

이상 내용을 고려할 때 **기출문제의 [정답]은 ②입니다.**

만약 필요한 대손충당금보다 대손충당금 잔액이 많을 경우에는 오히려 대손충당금을 환입, 즉 줄여야 하는데 이를 회계처리하면 다음과 같습니다. 다만, **대손충당금 환입이 어려우면 과감히 패스해도 전산회계 2급 합격에는 지장이 없습니다.**

12. 31	(차) 대손충당금(외상매출금)	×× ×	(대) 대손충당금환입	×× ×

2. 대손충당금 설정 후 재무제표의 변화

이렇게 회수가 의심되는 외상매출금 1,493,500원에 대해 대손상각비와 대손충당금을 회계처리하면 대한상사의 재무상태표와 손익계산서가 다음과 같이 바뀝니다.

〈재무상태표〉

	:	
외상매출금	149,350,000	
대손충당금	(−) 1,493,500	
	:	

〈손익계산서〉

	:	
판매비와관리비		
대 손 상 각 비	(−) 593,500	
	:	

차변 항목인 **대손상각비는 판매관리비의 비용으로 처리**되며 대변 항목인 대손충당금은 대변에 따로 있는 것보다 관련 항목인 외상매출금과 함께 있는 것이 보기가 좋으므로 차변으로 옮겨 외상매출금 밑에 (−)로 표시합니다. 즉, **대손충당금은 매출채권의 차감적 평가계정**입니다.

대손충당금 관련 이론 기출문제를 하나 더 풀어 보겠습니다.

이론기출 확인문제 | **전산회계 2급**, 2018년, 78회 |

다음 설명 중 옳은 것은?
① 대손상각비는 상품매입의 차감적 평가 계정이다.
② 대손충당금은 손익계산서에 표시된다.
③ 외상매입금에 대하여 대손충당금을 설정할 수 있다.
④ 대손충당금은 채권에 대한 차감적 평가계정이다.

|정 답| ④
대손충당금은 외상매출금, 받을어음 같은 매출채권 중 회수가 어려울 것으로 판단될 때 설정하는 것으로 채권의 차감 항목임. 또한 외상매입금 같은 부채에는 대손충당금 설정하지 않음.

③ 실제 대손 발생

회계기간 말에 매출채권 중에서 회수가 어려울 것으로 판단되는 금액을 대손충당금으로 설정한 뒤 다음 연도에 실제로 특정 업체가 파산해 그 업체의 매출채권을 받지 못하게 되면 어떻게 처리할까요? 실무기출문제를 통해 구체적으로 알아보겠습니다.

실무기출 확인문제 | **전산회계 2급**, 2021년, 97회 |

10월 1일, 송정상사의 파산으로 인하여 송정상사의 외상매출금 1,200,000원을 전액 대손처리하기로 하다. 10월 1일 현재 대손충당금 잔액은 900,000원이다.

기출문제와 같이 다음 연도 10월 1일, 실제로 **송정상사가 파산하여 외상매출금 1,200,000원을 받지 못하는 게 확실해지면** 아래와 같이 이미 설정해 준 대손충당금과 송정상사의 외상매출금을 같이 없애는 겁니다.

다만, 10월 1일 현재 대손충당금 잔액은 900,000원, 대손이 확정된 외상매출금은 1,200,000원이기 때문에 **부족한 대손충당금 300,000원을 추가로 대손상각비(판매관리비)로 인식**해야 합니다. 이를 요약하면 다음과 같습니다.

|정 답|

10. 1	(차) 대손충당금(외상매출금)	900,000	(대) 외상매출금(송정상사)	1,200,000
	대손상각비(판매관리비)	300,000		

일	번호	구분	계 정 과 목	거 래 처	적 요	차 변	대 변
1	00003	차변	0109 대손충당금			900,000	
1	00003	차변	0835 대손상각비			300,000	
1	00003	대변	0108 외상매출금	01028 송정상사			1,200,000

(*) 일반전표 입력 클릭 → 10. 1 입력 → 차변에 대손충당금(외상매출금) 선택, 900,000 입력 → 차변에 대손상각비(판매관리비) 선택, 300,000 입력 → 대변에 외상매출금(송정상사) 선택, 1,200,000 입력

이상 실제 대손 발생 시 회계처리를 요약하면 다음과 같습니다.

대손충당금 잔액 충분	(차) 대손충당금 ×××	(대) 매출채권 ×××
대손충당금 잔액 부족	(차) 대손충당금 ××× 대손상각비(판매관리비) ×××	(대) 매출채권 ×××

출제 확률이 높은 대손충당금 이론 기출문제를 한 문제 더 풀어 볼 텐데 **아래 문제는 꼭 풀 수 있어야 합니다.**

이론기출 확인문제 | **전산회계 2급**, 2020년, 90회 |

다음 자료를 토대로 당해연도 손익계산서에 보고할 대손상각비는 얼마인가?

- 1월 1일 현재 대손충당금 잔액은 150,000원이다.
- 7월 10일 거래처의 파산으로 매출채권 200,000원이 회수불능 되었다.
- 기말 매출채권 잔액 7,500,000원에 대해 1%의 대손을 설정하다.

① 25,000원   ② 75,000원   ③ 105,000원   ④ 125,000원

|정답| ④
- 7월 10일 대손충당금 부족액 추가 대손상각 처리: 200,000 − 150,000 = 50,000
- 12월 31일 기말 추가 설정: 7,500,000 × 1% = 75,000
- 총 대손상각비: 50,000 + 75,000 = 125,000

---

④ 대손 처리 후 매출채권 회수

가끔씩은 매출채권을 받을 수 없을 줄 알고 대손충당금과 상계처리 했는데 업체가 기사회생하여 매출채권을 갚기도 합니다. 이럴 경우에는 없앴던 대손충당금을 다음과 같이 부활시키면 됩니다. 다만, 이 내용은 난도가 높으니 **과감히 패스해도 전산회계 2급 합격에는 지장이 없습니다.**

(차) 현금 또는 당좌예금 ×××	(대) 대손충당금 ×××

이렇게 회계처리 하는 이유는 대손이 발생했을 때 해당 매출채권과 대손충당금을 없앴기 때문에 그만큼 대손충당금을 부활하는 것인데 이를 좀 더 구체적으로 표시하면 다음과 같습니다.

정교수 콕콕

🎯 **핵심체크** 콕콕 콕

대손 발생 시
- 기설정한 대손충당금과 매출채권 상계 처리. **부족한 대손충당금은 추가 대손상각비 처리**
- (차) 대손충당금 ×××
　　대손상각비 ×××
　　　　(대) 매출채권 ×××

🎯 **핵심체크**

대손처리한 매출채권 회수
(차) 현금 등 ×××
　　　(대) 대손충당금 ×××

대손 발생 취소	(차) 매 출 채 권	×××	(대) 대손충당금	×××
현금 회수	(차) 현　금	×××	(대) 매 출 채 권	×××

↓

일괄 표시	(차) 현　금	×××	(대) 대손충당금	×××

관련한 실무 기출문제를 풀어 보겠습니다.

실무기출 확인문제　　　　　　　　　　　　　　　| **전산회계 2급**, 2021년, 98회 |

7월 1일, 전기에 대손 처리한 드림전자의 외상매출금 중 100,000원이 당좌예금에 입금되었다.

|정답

7. 1	(차) 당좌예금	100,000	(대) 대손충당금(외상매출금)	100,000

일	번호	구분	계 정 과 목	거 래 처	적 요	차 변	대 변
1	00001	차변	0102 당좌예금			100,000	
1	00001	대변	0109 대손충당금				100,000

(*) 일반전표 입력 클릭 → 7. 1 입력 → 차변에 당좌예금 선택, 100,000 입력 → 대변에 대손충당금(외상매출금) 선택, 100,000 입력

---

5 기타의 대손상각비

마지막으로 알아볼 내용이 바로 기타의 대손상각비입니다.

외상매출금, 받을어음과 같은 매출채권이 회수되지 않을 것으로 예상될 때는 차변에 KcLep의 500번대 코드 '**대손상각비**' 계정과목을 사용해 '**판매비와관리비**'에 포함시킵니다.

하지만 **단기대여금, 미수금, 선급금**과 같이 영업과 무관한 기타 채권이 회수되지 않을 것으로 예상될 때는 다음과 같이 이를 KcLep의 900번대 코드 '**기타의대손상각비**'라는 계정과목으로 '**영업외비용**'에 포함시켜야 합니다.

기타 채권의 대손상각비	(차) 기타의대손상각비(영업외비용)　×××　(대) 대손충당금(미수금 등)　×××

◎ 핵심체크 🔴🔴

기타 채권 대손상각비
기타의대손상각비(영업외비용)

대손상각비(판매관리비)와 기타의 대손상각비(영업외비용)를 손익계산서에 표시하면 다음과 같습니다.

정교수 콕콕

〈손익계산서〉

판매비와 관리비	⋮
대손상각비	(×××)
영업이익	×××
	⋮
영업외비용	
기타의대손상각비	(×××)
	⋮

대손상각비 관련 복합 실무 기출문제를 풀어 보겠습니다.

실무기출 확인문제

| 전산회계 2급, 2021년, 97회 |

대한상사의 기말시점의 받을어음과 단기대여금 잔액에 대하여 1%의 대손충당금을 보충법으로 설정하시오. 기말시점 조회액(받을어음 잔액 34,700,000원, 대손충당금 잔액 150,000원, 단기대여금 잔액 5,000,000원, 대손충당금 잔액 0원)

|정 답| 대한상사의 12월 31일 자 받을어음, 단기대여금 잔액 조회

12. 31	(차) 대 손 상 각 비(판매관리비) 197,000	(대) 대손충당금(받을어음) 197,000
	기타의대손상각비(영업외비용) 50,000	대손충당금(단기대여금) 50,000

일	번호	구분	계 정 과 목	거 래 처	적 요	차 변	대 변
31	00002	차변	0835 대손상각비			197,000	
31	00002	대변	0111 대손충당금				197,000
31	00003	차변	0954 기타의대손상각비			50,000	
31	00003	대변	0115 대손충당금				50,000

- 받을어음: 34,700,000 × 1%(필요액) − 150,000(설정 전 잔액) = 197,000원
- 단기대여금: 5,000,000 × 1%(필요액) − 0(설정 전 잔액) = 50,000원
- 받을어음의 대손상각비는 800번대 판매관리비, 단기대여금의 대손상각비는 900번대의 기타의 대손상각비임.

01 난이도 ★★ 필수
다음 자료를 이용하여 기말 결산 시 인식해야 하는 대손상각비를 계산하면 얼마인가?　　　　[2025년, 118회]

> 당기 기말 매출채권 잔액은 10,000,000원이고, 기말 매출채권 잔액에 대하여 1%의 대손충당금을 설정하기로 한다. 한편 기말 결산 전의 대손충당금 잔액은 60,000원이다.

① 0원　　　　　　　　　　　　　　　　② 40,000원
③ 60,000원　　　　　　　　　　　　　　④ 100,000원

02 난이도 ★★ 필수
다음 거래에 대한 기말 분개로 가장 옳은 것은?　　　　[2018년, 80회]

> 12월 31일 결산 시 외상매출금 잔액 10,000,000원에 대해 1%의 대손을 예상하였다.
> (단, 당사는 보충법을 사용하고 있으며 기말 분개 전 대손충당금 잔액은 50,000원이 계상되어 있다.)

① (차) 대손충당금　　100,000원　　　(대) 대손상각비　　100,000원
② (차) 대손상각비　　 50,000원　　　(대) 대손충당금　　 50,000원
③ (차) 대손상각비　　100,000원　　　(대) 외상매출금　　100,000원
④ (차) 대손상각비　　100,000원　　　(대) 대손충당금　　100,000원

03 난이도 ★★ 필수
다음 자료를 참고로 적절한 회계처리는?　　　　[2020년, 92회]

> 4월 2일, 매출처 A사의 부도로 매출채권 2,000,000원이 회수불가능하여 대손처리하였다(대손충당금 잔액은 930,000원으로 확인됨).

① (차) 대손상각비　　2,000,000원　　　(대) 매출채권　　2,000,000원
② (차) 대손충당금　　 930,000원　　　(대) 매출채권　　2,000,000원
　　　 대손상각비　　1,070,000원
③ (차) 대손충당금　　 930,000원　　　(대) 매출채권　　 930,000원
④ (차) 대손상각비　　1,070,000원　　　(대) 매출채권　　1,070,000원

04 난이도 ★★★ [필수]
다음 중 외상매출금에 대한 계정기입의 설명으로 틀린 것은? [2020년, 94회]

		외상매출금			
2/11	상품매출	4,000,000원	3/5	받 을 어 음	500,000원
			5/11	대손충당금	700,000원
			6/2	보 통 예 금	1,000,000원

① 2/11 상품을 4,000,000원에 매출하고, 대금은 외상으로 하다.

② 3/5 상품을 500,000원에 매출하고, 대금은 거래처에서 발행한 어음으로 받다.

③ 5/11 거래처 부도로 외상매출금 700,000원에 대해 회수불능되어 대손처리하다.

④ 6/2 거래처 외상매출금 1,000,000원이 보통예금계좌에 입금되다.

05 난이도 ★★ [필수]
다음 자료를 토대로 당해연도 손익계산서에 보고할 대손상각비는 얼마인가? [2019년, 83회]

• 1월 1일 현재 대손충당금 잔액은 150,000원이다.
• 5월 10일 거래처의 파산으로 매출채권 200,000원이 회수불능 되었다.
• 기말 매출채권 잔액 7,500,000원에 대해 1%의 대손을 설정하다.

① 25,000원 ② 75,000원 ③ 105,000원 ④ 125,000원

06 난이도 ★★★
다음 계정 기입에 대한 설명으로 옳은 것만을 〈보기〉에서 있는 대로 고른 것은? [2018년, 79회]

		대손충당금			
3/15	외상매출금	100,000원	1/1	전 기 이 월	200,000원
			4/10	현 금	50,000원
			12/31	대손상각비	120,000원

보기	ㄱ. 당기 중 대손확정액은 50,000원이다. ㄴ. 재무상태표에 표시되는 대손충당금은 270,000원이다. ㄷ. 손익계산서에 표시되는 대손상각비는 120,000원이다.

① ㄱ, ㄴ ② ㄱ, ㄷ ③ ㄴ, ㄷ ④ ㄱ, ㄴ, ㄷ

07 난이도 ★★

다음 자료에서 당기 손익계산서에 보고되는 외상매출금의 대손상각비는 얼마인가?

[2015년, 64회]

> • 전기 말 외상매출금의 대손충당금은 30,000원이다.
> • 당기 중 외상매출금 20,000원을 회수 불능으로 대손 처리하다.
> • 당기 말 외상매출금 잔액 5,000,000원에 대해 1%의 대손을 설정하다.

① 20,000원   ② 30,000원

③ 40,000원   ④ 50,000원

08 난이도 ★★ 필수

대손충당금을 설정할 경우의 거래내용과 회계처리가 적절하지 않은 것은?

[2013년, 57회]

	거래내용	회계처리			
①	대손예상액 〉 대손충당금 잔액	(차) 대손상각비	×××	(대) 대손충당금	×××
②	대손예상액 = 대손충당금 잔액	(차) 대손상각비	×××	(대) 대손충당금	×××
③	대손예상액 〈 대손충당금 잔액	(차) 대손충당금	×××	(대) 대손충당금환입	×××
④	대손충당금 잔액이 없을 경우	(차) 대손상각비	×××	(대) 대손충당금	×××

◎ 정답 및 해설

01 ② • 필요한 대손충당금: 매출채권 잔액(10,000,000) × 1% = 100,000원
   • 대손충당금 잔액 : 60,000원   • 추가 설정액 : 100,000 - 60,000 = 40,000원

02 ② • 결산일 대손 필요액: 외상매출금 10,000,000원 × 대손율 1% = 100,000원
   • 대손충당금 추가 설정액: 필요액 100,000원 - 대손충당금 잔액 50,000원 = 50,000원

03 ② 부도 발생 시점의 대손충당금 잔액 930,000원, 회수불능 채권 2,000,000원. 부족한 충당금은 대손발생 시점에 아래와 추가로
   대손상각비(판매관리비) 처리

(차) 대손충당금	930,000	(대) 매출채권	2,000,000
대손상각비(판매관리비)	1,070,000		

04 ② 3/5 거래는 외상매출금 500,000원을 거래처 어음, 즉 받을어음을 받은 거래임.

05 ④ • 5월 10일 (대손충당금 부족액 추가 비용 처리): 200,000(대손발생액) - 150,000(대손충당금 잔액) = 50,000원, 대손충당금
   전액 사용
   • 기말 대손충당금 추가 설정액: 7,500,000원 × 1% = 75,000원
   • 총 대손상각비: 50,000 + 75,000 = 125,000원

06 ③ ㄱ: 당기 중 대손확정액은 3/15 차변의 100,000원임. 대손충당금 T계정의 대변에는 대손충당금 증가액, 차변에는 감소액을 표
   시함.
   ㄴ: 기초(전기이월) 대손충당금 200,000 + 이미 대손처리 한 업체에서 채권 회수 50,000 + 추가 설정 120,000 - 당기 대손발생
   100,000 = 270,000원. T계정 대변은 대손충당금의 증가액, 차변은 감소액이므로 대변합계에서 차변을 빼면 그 금액이 기
   말 잔액 270,000원임.

07 ③ • 당기 중 대손충당금 잔액: 기초 잔액 30,000 - 당기 대손발생 20,000 = 10,000원
   • 기말 대손충당금 필요액: 5,000,000원 × 1% = 50,000원
   • 추가 필요 대손충당금: 50,000 - 10,000 = 40,000원

08 ② 대손예상액 만큼 대손충당금이 이미 있다면 추가 대손충당금이 필요 없음. 즉, 회계처리 필요 없음.

12 실무기출 공략하기

본 교재의 실습자료는 cafe.naver.com/eduacc의 「공지&DATA다운로드」에서 [공지]에 있는 [콕콕정교수 전산회계 2급] 이론+실무+기출 실습데이터의 Data_Install_JH2.zip 파일을 다운받아 컴퓨터에 설치 후, [회사등록] 클릭, [F4 회사코드재생성] 클릭 후 「상지상사」 선택

상지상사(회사코드: 0804) 관련 아래 내용을 전산세무회계 수험용 프로그램에 입력하시오.

---

01 난이도 ★★ 필수

05월 13일, ㈜기쁨상사의 파산으로 인하여 외상매출금을 회수할 수 없게 되어 ㈜기쁨상사의 외상매출금 300,000 원 전액을 대손처리 하였다. 5월 13일 현재 외상매출금의 대손충당금 잔액은 700,000원이다. 　[2024년, 117회]

---

02 난이도 ★★ 필수

8월 20일, ㈜엔티상사의 파산으로 외상매출금 700,000원이 회수 불가능하게 되어 대손처리 하다(단, 대손충당금 잔액은 400,000원이다). 　[2018년, 77회]

---

03 난이도 ★★★

9월 3일, 경동상사의 파산으로 7월 30일에 대손처리 하였던 외상매출금 300,000원을 보통예금으로 회수하였다(7월 30일 자 전표입력을 참고하여 처리할 것). 　[2018년, 80회]

---

04 난이도 ★★★

10월 13일, 전기에 대손 처리하였던 나마상사의 외상매출금 2,000,000원이 회수되어 보통예금 계좌로 입금되었다. 　[2023년, 111회]

01 대손처리할 외상매출금은 300,000원, 대손충당금 잔액은 700,000원으로 대손충당금이 충분하므로 대손충당금과 상계 처리

5. 13	(차) 대손충당금(외상매출금) 300,000	(대) 외상매출금((주)기쁨상사) 300,000

일	번호	구분	계 정 과 목	거 래 처	적 요	차 변	대 변
13	00002	차변	0109 대손충당금			300,000	
13	00002	대변	0108 외상매출금	10013 기쁨상사(주)			300,000

02 대손처리 할 외상매출금은 720,000원, 대손충당금 잔액 400,000원이므로 대손충당금이 300,000원(700,000 - 400,000) 부족함. 부족액 300,000원을 추가로 대손상각비 처리

8. 20	(차) 대손충당금(109, 외상매출금) 400,000 대손상각비(판매관리비) 300,000	(대) 외상매출금((주)엔티상사) 700,000

일	번호	구분	계 정 과 목	거 래 처	적 요	차 변	대 변
20	00006	차변	0109 대손충당금			400,000	
20	00006	차변	0835 대손상각비			300,000	
20	00006	대변	0108 외상매출금	10029 (주)엔티상사			700,000

03 대손 처리한 외상매출금을 회수하면 없앴던 대손충당금(외상매출금)을 살려줘야 함.

9. 2	(차) 보통예금 300,000	(대) 대손충당금(109, 외상매출금) 300,000

일	번호	구분	계 정 과 목	거 래 처	적 요	차 변	대 변
2	00001	차변	0103 보통예금			300,000	
2	00001	대변	0109 대손충당금				300,000

04 대손 처리한 외상매출금을 회수하면 없앴던 대손충당금(외상매출금)을 살려줘야 함.

10. 13	(차) 보통예금 2,000,000	(대) 대손충당금(외상매출금) 2,000,000

일	번호	구분	계 정 과 목	거 래 처	적 요	차 변	대 변
13	00001	차변	0103 보통예금			2,000,000	
13	00001	대변	0109 대손충당금				2,000,000

13 유가증권

학습내용 ・단기매매증권 ・매도가능증권

출제경향 2~3회 시험마다 이론 또는 실무문제로 1문제 출제되고 있는데 단기매매증권이 주로 출제되고 있음. 절대 암기하지 말고 논리를 바탕으로 단기매매증권과 매도가능증권을 구별할 수 있어야 함.

정교수 콕콕

본 교재의 실습자료는 cafe.naver.com/eduacc의 「공지&DATA다운로드」에서 공지 에 있는 [콕콕정교수 전산회계 2급] 이론＋실무＋기출 실습데이터의 Data_Install_JH2.zip 파일을 다운받아 컴퓨터에 설치 후, 회사등록 클릭, F4 회사코드재생성 클릭 후 안양상사 선택

1 유가증권의 분류

유가증권(有價證券)이란 '재산적 가치가 있는 증서'인데 크게 지분증권인 '주식'과 채무증권인 '채권'이 있습니다. 전산회계 2급 차원에서는 주식 위주로 공부해도 합격에 지장이 없습니다. 주식이 자유롭게 매매가 가능한지, 그리고 단기간의 시세차익이 목적인지, 장기간 보유가 목적인지에 따라 다음과 같이 크게 단기매매증권과 매도가능증권으로 분류됩니다.

🎯 핵심체크 콕콕

유가증권 종류
• 단기매매증권: 기말 기준 1년 이내 처분 목적 주식, 채권(당좌자산)
• 매도가능증권: 1년 이후 처분 목적 주식, 채권(투자자산)

분류		내용
단기매매증권	당좌자산 (유동자산)	회계기간 말 기준 1년 이내 처분 예정인 단기시세차익 목적으로 취득한 시장성 있는 주식·채권. 단, 시장성이 없어지면 매도가능증권으로 분류해야 함.
매도가능증권	투자자산 (비유동자산)	회계기간 말 기준 1년 이후 처분 목적인 주식·채권

[참 고] 만기보유증권: 만기까지 보유하려고 취득한 채권은 투자자산 중 만기보유증권으로 분류함.

| 이론기출 확인문제 | 전산회계 2급, 2021년, 98회 |

다음 중 재무제표에 사용되는 계정과목에 대한 설명으로 가장 잘못된 것은?

① 현금: 통화(주화, 지폐), 타인발행수표, 우편환증서 등
② 매도가능증권: 시장성이 있는 유가증권으로서 단기간 내의 매매차익을 얻을 목적으로 취득하고, 매수와 매도가 적극적이고 빈번하게 이루어지는 주식, 국채, 공채, 사채
③ 미수금: 일반적인 상거래 외의 거래에서 발생된 채권
④ 상품: 판매를 목적으로 구입한 완제품

|정답| ②
시장성 있는 유가증권으로 단기시세차익 목적인 경우 단기매매증권으로 분류함.

❷ 단기매매증권

단기매매증권이란 취득 목적이 회계기간 말 기준 1년 이내인 시장성 있는 주식, 채권으로 취득, 보유, 처분 시 다음과 같이 처리합니다.

1. 단계별 처리

분류	내용
취득 시점	취득금액은 단기매매증권, **취득 시 수수료 등 거래비용은 영업외비용의 수수료비용** 처리
기말 시점	회계기간 말에 주식을 시가(공정가치)로 평가하여 **취득가액보다 상승하면 단기매매증권 평가이익, 하락하면 단기매매증권 평가손실** 처리하여 영업외손익에 포함시켜 **당기 손익으로 인식**
처분 시점	처분 직전 장부상 금액보다 **더 높게 처분하면 단기매매증권 처분이익, 낮게 처분하면 단기매매증권 처분손실**로 하여 영업외손익에 포함시켜 **당기손익으로 인식**

이상 단계별 내용을 기출문제를 통해 알아보겠습니다.

 핵심체크 콕콕

단기매매증권
- 취득비용: 수수료비용 (영업외비용)
- 평가손익: 단기매매증권 평가손익(영업외손익)
- 처분손익: 단기매매증권 처분손익(영업외손익)

| 이론기출 확인문제 | 전산회계 2급, 2017년, 70회 변형 |

단기매매증권에 관한 자료가 다음과 같은 경우 취득 시점, 기말결산 시점, 처분 시점의 회계처리를 하시오.

- 2025년 9월 25일, 주식 1,000주를 현금 6,000,000원으로 구입(1주당 액면 5,000원)하였으며 이때 거래수수료 100,000원을 현금으로 지급하였음.
- 2025년 12월 31일, 결산 시 주식 1,000주의 공정가액(시가) 6,500,000원
- 2026년 3월 3일, 주식 500주를 3,500,000원에 현금을 수령하고 처분하였음.

1) 주식 취득시점

2025. 9. 25	(차) 단기매매증권 6,000,000					(대) 현 금 6,100,000	
	수수료비용(영업외비용) 100,000						

일	번호	구분	계 정 과 목	거 래 처	적 요	차 변	대 변
25	00002	차변	0107 단기매매증권			6,000,000	
25	00002	차변	0984 수수료비용(유가증권)			100,000	
25	00002	대변	0101 현금				6,100,000

(*) 단기매매증권 취득 시 발생한 거래 수수료는 영업외비용의 '수수료비용' 처리

2) 기말시점: 시가평가

2025. 12. 31	(차) 단기매매증권 500,000					(대) 단기매매증권평가이익(영업외수익) 500,000	

일	번호	구분	계 정 과 목	거 래 처	적 요	차 변	대 변
31	00001	차변	0107 단기매매증권			500,000	
31	00001	대변	0905 단기매매증권평가이익				500,000

(*) 주식가격 상승: 6,000,000원 ⇒ 6,500,000원, 1주당 가격 6,500원(6,500,000÷1,000주), **단기매매증권 가격 상승분 500,000원은 영업외수익의 "단기매매증권평가이익" 처리**

3) 주식 처분시점

2026. 3. 3	(차) 현 금 3,500,000					(대) 단 기 매 매 증 권 3,250,000	
						단기매매증권처분이익(영업외수익) 250,000	

일	번호	구분	계 정 과 목	거 래 처	적 요	차 변	대 변
3	00002	차변	0101 현금			3,500,000	
3	00002	대변	0107 단기매매증권				3,250,000
3	00002	대변	0906 단기매매증권처분이익				250,000

(*) 처분한 500주의 전년도 말 장부금액: 500주 × 6,500원 = 3,250,000원이고 수령한 현금 3,500,000원 이므로 "단기매매증권 처분이익" 250,000원(3,500,000 − 3,250,000) 발생. 단기매매증권 처분이익은 영업외수익 처리

(*) **만약 유가증권 처분 시 수수료가 발생했다면 유가증권처분이익을 줄이거나 유가증권처분손실을 늘려야 함.** 예를 들어 3월 3일, 주식 500주를 3,500,000원에 처분하면서 수수료 100,000원을 현금으로 지급했다면 단기매매증권처분이익은 250,000원 ⇒ 150,000원으로 줄어듦.

2. 단기매매증권 평가이익 발생 시 재무제표 변화

〈재무상태표〉

〈손익계산서〉

:
단기매매증권 ××× ⇑
:

:
영업외수익
    단기매매증권평가이익 ××× ⇑
:

이론기출 확인문제 | 전산회계 2급, 2020년, 94회 |

무릉은 단기차익 목적으로 남양전자㈜ 주식 1,000주를 주당 60,000원에 매입했으며, 취득 시 거래수수료 5,000원이 발생하였다. 이에 대한 다음 설명 중 거리가 먼 것은?

① 취득 시 처리한 주식의 계정은 당좌자산에 속한다.
② 취득 시 발생한 거래수수료는 영업외비용에 속한다.
③ 취득한 주식은 단기매매증권 계정으로 처리한다.
④ 취득 시 처리한 주식 계정의 취득가액은 60,005,000원으로 계상된다.

|정 답| ④
단기매매증권 취득 시 발생한 수수료는 취득가액에 가산하는 것이 아니라 영업외비용으로 처리함.

3 매도가능증권

매도가능증권이란 회계기간 말 기준 1년 이후 처분할 목적인 주식, 채권으로 취득, 보유, 처분 시 다음과 같이 처리합니다. 다만, 전산회계 2급 차원에서는 매도가능증권은 취득 시점만 학습하고 기말시점과 처분시점은 전산회계 1급에서 공부하면 됩니다.

◉ 핵심체크

매도가능증권
- 취득비용: 취득원가 가산
- 평가손익: 기타포괄손익 누계(자본)
- 처분손익: 매도가능증권 처분손익(영업외손익)

분류	내 용
취득 시점	취득금액은 매도가능증권, **취득 시 수수료 등 취득원가에 가산**
기말 시점	회계기간 말에 주식을 평가하여 취득가액보다 상승하면 매도가능증권 평가이익, 하락하면 매도가능증권 평가손실 처리하되 자본의 한 종류인 기타포괄손익누계로 처리. 당기 손익에 포함하지 않음.
처분 시점	처분 직전 장부상 금액보다 더 높게 처분하면 매도가능증권 처분이익, 낮게 처분하면 매도가능증권 처분손실로 하여 영업외손익에 포함시켜 당기손익으로 인식

(*) 매도가능증권은 시세차익을 노린 단기투자가 아니므로, 공정가치(기말 주식가격)가 취득가격보다 상승 또는 하락할 때 이 상승, 하락 분을 영업외손익으로 인식하지 않고 자본의 한 구성인 기타포괄손익누계에 포함시키고 있는 것임.

4 자주 출제되는 유형: 주식 취득 수수료

전산회계 2급 시험에 가장 자주 출제되는 유형은 주식 취득 시 발생하는 수수료의 회계처리입니다. 동일한 주식이라도 단기매매증권으로 분류될 때와 매도가능증권으로 분류될 때 취득 시 발생한 수수료의 회계처리가 달라지는데 그 내용은 다음과 같습니다.

◉ 핵심체크

단기매매증권 Vs 매도가능증권 취득 비용
단기매매증권(당기비용), 매도가능증권(취득원가)

항 목	단기매매증권	매도가능증권
취득 수수료	당기 비용(영업외비용) 처리	취득원가에 가산

이론기출 확인문제 | 전산회계 2급, 2020년, 90회 |

다음 거래의 회계처리에 대한 설명으로 옳은 것은?

> 장기 보유 목적으로 ㈜문정의 주식(1주당 액면금액 1,000원) 100주를 액면금액으로 매입하고 수수료 10,000원과 함께 자기앞수표로 지급하다.

① 영업외비용이 10,000원 증가한다.　　② 투자자산이 110,000원 증가한다.
③ 만기보유증권이 110,000원 증가한다.　④ 유동자산이 10,000원 감소한다.

|정 답| ②
장기보유 목적의 매도가능증권 취득 시 발생한 수수료는 취득금액에 가산하며 매도가능증권은 투자자산임.

[참 고] 주식 취득 단계별 흐름 이해 및 T계정 표시

주식의 취득 ⇒ 기말 시가 평가 ⇒ 처분의 흐름을 T계정에 표시하는 문제가 가끔씩 출제되는데 기출문제를 통해 알아보겠습니다. 다만, 내용이 어려우면 과감히 패스해도 전산회계 2급 합격에는 지장이 없습니다.

이론기출 확인문제 | 전산회계 2급, 2018년, 77회 |

다음은 ㈜태평의 단기매매증권과 관련된 총계정원장의 일부이다. 이와 관련된 내용으로 옳지 않은 것은?

단기매매증권			
4/5 당좌예금	1,000,000원	7/24 보통예금	500,000원
		12/31 단기투자자산평가손실	100,000원

단기투자자산처분이익			
		7/24 보통예금	80,000원

단기투자자산평가손실			
12/31 단기매매증권	100,000원		

① 4월 5일 단기매매증권의 취득원가는 1,000,000원이다.
② 7월 24일에 매각한 단기매매증권의 처분 금액은 580,000원이다.
③ 12월 31일 단기매매증권의 기말 공정가액은 400,000원이다.
④ 12월 31일 결산 시 공정가치가 장부금액보다 상승하였다.

정교수 콕콕

|정답| ④

취득가액은 500,000원, 12월 31일 기말시가는 400,000원으로 결산 시 공정가치가 장부가액보다 100,000원 하락하였음.

· 4월 5일: 차변 – 당좌예금 1,000,000원

단기매매증권은 자산이므로 T계정의 차변 1,000,000원은 단기매매증권이 늘어난 거래입니다. 즉, **단기매매증권 1,000,000원어치를 당좌예금에서 이체하여 취득한 것입니다.**

· 7월 24일: 대변 – 보통예금 500,000원

단기매매증권은 자산이므로 T계정의 대변 500,000원은 단기매매증권이 줄어든 거래로 단기매매증권을 처분해 500,000원이 보통예금에 입금된 것입니다. **4월 5일 취득 총액이 1,000,000원이었고 처분금액이 500,000원이므로 나머지 잔액이 500,000원입니다.**
단, 바로 아래 단기투자자산 처분이익 T계정 대변에 80,000원을 보면 취득가액보다 80,000원 더 비싸게, **총 580,000원에 처분**한 것을 알 수 있습니다.

· 12월 31일: 대변 – 단기투자자산 평가손실 100,000원

단기매매증권은 자산이므로 T계정의 대변 100,000원은 단기매매증권이 줄어든 거래로 단기투자자산 평가손실이 100,000원이므로 취득 시점보다 가격이 100,000원 하락했습니다. **취득가액 500,000원, 평가손실 100,000원이므로 기말 시점 시가는 400,000원입니다.**

계정과목별 회계처리 - 자산

01 난이도 ★★ 필수
유가증권에 대한 설명이다. 옳은 것은? [전산회계 1급, 2014년, 61회 변형]

① 유가증권 중 채권은 취득한 후에 단기매매증권이나 매도가능증권 중의 하나로만 분류한다.

② 단기매매증권이 시장성을 상실한 경우에는 매도가능증권으로 분류하여야 한다.

③ 단기매매증권은 주로 장기간의 매매차익을 목적으로 취득한 유가증권이다.

④ 매도가능증권은 주로 단기간 내의 매매차익을 목적으로 취득한 유가증권이다.

02 난이도 ★
다음 중 당좌자산의 종류가 아닌 것은? [2016년, 69회]

① 선급금

② 미수수익

③ 선수수익

④ 단기매매증권

03 난이도 ★★ 필수
다음 중 단기금융상품에 대한 설명으로 가장 틀린 것은? [2019년, 83회 변형]

① 단기매매증권은 주로 단기간 내의 매매차익을 목적으로 취득한 유가증권으로서 매수와 매도가 적극적이고 빈번하게 이루어지는 것을 말한다.

② 단기금융상품은 만기가 1년 이내에 도래하는 금융상품으로 현금성자산이 아닌 것을 말한다.

③ 만기가 1년 이내에 도래하는 양도성예금증서, 종합자산관리계좌, 환매채는 단기금융상품이다.

④ 단기매매증권이 시장성이 상실되더라도 계속 단기매매증권으로 분류한다.

04 난이도 ★★ 필수

다음 빈칸 안에 들어갈 내용으로 알맞은 것은? [2018년, 78회]

구 분	항 목	재무제표
단기매매증권평가손익	영업외손익	(가)
선급비용	(나)	재무상태표

① (가)손익계산서 (나)유동자산
② (가)손익계산서 (나)유동부채
③ (가)재무상태표 (나)유동자산
④ (가)재무상태표 (나)유동부채

05 난이도 ★★

다음 빈칸 안에 들어갈 내용으로 알맞은 것은? [2016년, 66회]

구 분	계 정	재무제표
단기매매증권평가손익	(가)	손익계산서
선수수익	유동부채	(나)

① (가)영업외손익 (나) 손익계산서
② (가)판매비와관리비 (나)현금흐름표
③ (가)영업외손익 (나) 재무상태표
④ (가)판매비와관리비 (나)재무상태표

06 난이도 ★★ 필수

청석상점은 당해연도 10월 15일 단기시세차익을 목적으로 시장성 있는 ㈜대성의 주식을 600,000원(액면금액 5,000원, 100주)에 구입하고 수수료 10,000원과 함께 현금으로 지급하였다. 이 주식을 11월 20일 700,000원에 전량 매각하였을 경우 단기매매증권처분이익으로 계상될 금액은 얼마인가? [2017년, 75회]

① 90,000원　　　　　　　　　② 100,000원
③ 110,000원　　　　　　　　　④ 190,000원

07 다음 중 거래에 대한 분개가 올바른 것은?   [2016년, 68회]

① 상장회사인 광주상사의 주식을 단기매매차익 목적으로 500,000원에 매입하고 매입수수료 50,000원과 함께 현금으로 지급하였다.

(차) 단기매매증권	550,000	(대) 현 금	550,000

② 부산상사에서 차입한 단기차입금 500,000원이 만기가 되어 이자 50,000원과 함께 현금으로 지급하였다.

(차) 단기차입금	500,000	(대) 현 금	550,000
이 자 비 용	50,000		

③ 전주상사에 상품 500,000원을 외상으로 매출하고 운반비 50,000원을 당점이 현금으로 지급하였다.

(차) 외상매출금	550,000	(대) 매 출	500,000
		현 금	50,000

④ 대구상사에 상품 5,000,000원을 주문하고 계약금 500,000원을 현금으로 지급하였다.

(차) 선 수 금	500,000	(대) 현 금	500,000

🎯 정답 및 해설

01 ② ① 만기까지 보유할 목적의 채권은 만기보유증권으로 분류
③ 장기보유 목적 유가증권은 매도가능권으로 분류
④ 매도가능증권은 장기간 매매차익이 목적임.

02 ③ 선급금, 미수수익, 단기매매증권은 당좌자산이지만 선수수익(미리 받은 수익)은 유동부채임.

03 ④ 단기매매증권이 시장성이 상실되면 1년 이내 매각이 안 되므로 매도가능증권으로 분류해야 함.

04 ① 단기매매증권 평가손익은 손익계산서의 영업외손익으로 처리해야 하며, 선급비용은 재무상태표에 당좌자산으로 표시해야 함.

05 ③ 단기매매증권 평가손익은 손익계산서의 영업외손익으로 처리해야 하며, 선수수익(미리 받은 수익)은 재무상태표에 유동부채로 표시해야 함.

06 ② 10/15 취득원가 600,000원 ⇒ 11/20 처분금액 700,000원: 100,000원의 처분이익 발생, 취득 시 수수료 10,000원은 수수료비용(판관비) 처리함.

07 ② ① 단기매매증권 취득 수수료 50,000원은 취득가액에 가산하는 것이 아니라 수수료비용(판관비) 처리해야 함.
③ 외상매출 시 발생한 운반비는 외상매출금에 가산하는 것이 아니라 운반비(판매관리비) 처리해야함.
④ 상품 구입 시 지급한 계약금은 선급금(자산) 처리해야 함.

13 실무기출 공략하기

본 교재의 실습자료는 cafe.naver.com/eduacc의 「공지&DATA다운로드」에서 `공지` 에 있는 [콕콕정교수 전산회계 2급] 이론+실무+기출 실습데이터의 Data_Install_JH2.zip 파일을 다운받아 컴퓨터에 설치 후, `회사등록` 클릭, `F4 회사코드재생성` 클릭 후 「대한상사」 선택

대한상사(회사코드: 0974) 관련 아래 내용을 전산세무회계 수험용 프로그램에 입력하시오.

난이도 ★

01 8월 10일, 단기 운용목적으로 매수와 매도가 빈번하게 이루어지는 ㈜아이콘 발행주식 100주(1주당 액면 10,000원)를 1주당 12,000원에 구입하다. 대금은 보통예금에서 지급하였다. [2021년, 96회]

난이도 ★★ 필수

02 12월 22일, 단기 운용목적으로 ㈜동행 발행주식 1,000주(1주당 액면 5,000원)를 1주당 6,500원에 구입하다. 취득 시 수수료 110,000원을 포함한 대금은 보통예금에서 지급하다. [2020년, 92회]

난이도 ★★

03 12월 17일, 단기간의 매매차익을 얻을 목적으로 황수건설의 주식 100주(1주당 액면금액 20,000원)를 1주당 18,000원에 매입하고 대금은 수수료 100,000원을 포함하여 보통예금 계좌에서 이체하였다. [2020년, 91회]

난이도 ★★ 필수

04 기말 현재 대한상사가 단기매매차익을 목적으로 보유하고 있는 주식(100주, 1주당 취득원가 5,000원)의 기말현재 공정가치는 주당 7,000원이다. [2021년, 96회]

난이도 ★★★ 필수

05 11월 29일, 단기매매차익을 얻을 목적으로 보유하고 있는 ㈜진주의 주식 1,000주를 1주당 10,000원에 처분하고 대금은 수수료 등 120,000원을 차감한 금액이 국민은행 보통예금계좌에 입금되었다(단, ㈜진주의 주식 1주당 취득원가는 9,000원이다). [2020년, 94회]

06 난이도 ★★

☐ 12월 4일, 단기매매차익을 얻을 목적으로 보유하고 있는 ㈜사과의 주식 100주를 1주당 4,500원에 처분하고 대금은 수수료 등 10,000원을 차감한 금액이 보통예금계좌에 입금되었다(단, ㈜사과의 주식 1주당 취득원가는 5,000원이다).

[2019년, 87회 변형]

🎯 정답 및 해설

01 단기 투자목적 주식은 단기매매증권이며 취득가액은 100주 × 12,000원 = 1,200,000원임.

8. 10	(차) 단기매매증권	1,200,000	(대) 보통예금	1,200,000

02 단기매매증권 취득 시 수수료는 수수료비용(영업외비용) 처리. 취득가액은 1,000주 × 6,500원 = 6,500,000원임.

12. 22	(차) 단기매매증권 수 수 료 비 용(영업외비용)	6,500,000 110,000	(대) 보통예금	6,610,000

03 취득가액은 100주 × 18,000원 = 1,800,000원 이고 취득 수수료는 당기 비용 처리

12. 17	(차) 단기매매증권 수 수 료 비 용(영업외비용)	1,800,000 100,000	(대) 보통예금	1,900,000

04 1주당 취득 단가 5,000원 ⇒ 기말 1주당 단가 7,000원 (1주당 2,000원 상승), 2,000원 × 100주 = 200,000원의 단기매매증권 평가이익 발생. 단기매매증권 평가이익은 영업외수익 처리

12. 31	(차) 단기매매증권	200,000	(대) 단기매매증권평가이익(영업외수익)	200,000

05 현금수령액 9,880,000원(1,000주 × 10,000원 - 120,000원), 단기매매증권 처분액 9,000,000원(1,000주 × 9,000원) ⇒ 단기매매증권 처분이익 880,000원(9,880,000 - 9,000,000). 단기매매증권 처분이익은 영업외수익 처리. 처분 시 발생한 수수료는 단기매매증권처분이익에서 차감하여 계산

11. 29	(차) 보통예금	9,880,000	(대) 단 기 매 매 증 권 단기매매증권처분이익(영업외수익)	9,000,000 880,000

06 보통예금 입금액 440,000원(100주 × 4,500원 - 수수료 10,000), 단기매매증권 처분액 500,000원(100주 × 5,000원) ⇒ 단기매매증권처분손실 60,000원(440,000 - 500,000). 단기매매증권 처분손실은 영업외비용 처리. 처분 시 발생한 수수료 10,000원은 단기매매증권처분손실에 가산하여 계산함.

12. 4	(차) 보 통 예 금 단기매매증권처분손실(영업외비용)	440,000 60,000	(대) 단기매매증권	500,000

학습내용	·선급금 ·단기대여금 ·미수금 ·가지급금 ·선급비용 ·미수수익
출제경향	1~2회 시험마다 이론 또는 실무문제로 1문제씩 출제되고 있는데 기타당좌자산 각 계정과목별 차이를 확실히 구별하는 것이 중요함. 선급금, 단기대여금이 주로 출제되며 미수금, 선급비용, 가지급금은 가끔씩 출제되고 있음.

본 교재의 실습자료는 cafe.naver.com/eduacc의 「공지&DATA다운로드」에서 공지 에 있는 [콕콕정교수 전산회계 2급] 이론＋실무＋기출 실습데이터의 Data_Install_JH2.zip 파일을 다운받아 컴퓨터에 설치 후, 회사등록 클릭, F4 회사코드재생성 클릭 후 상록상사 선택

기타당좌자산은 현금, 매출채권, 유가증권과 같은 대표적인 당좌자산 이외의 짜잘한 당좌자산들로 선급금, 단기대여금, 미수금, 선급비용, 가지급금이 대표적입니다. **전산회계 2급에서는 주로 선급금, 단기대여금이 출제되는데 기타당좌자산 각 계정과목별 차이를 확실히 구별**할 줄만 알면 전산회계 2급 합격에 충분합니다.

기타당좌자산은 종류가 많기 때문에 단순 암기하지 말고 그 명칭의 뜻을 고려해 학습해야 합니다.

핵심체크

선급금
계약금, 선금 지급액

1 선급금

실무에서 상품, 원재료, 기계 등을 구입하거나 사무실 전세를 얻기 위해 선금 또는 계약금 명목으로 총 매입금액 또는 총 전세금의 10% 정도를 미리 지급하는 경우가 있는데, 이럴 때 사용하는 계정과목이 바로 선급금입니다. 기출문제를 통해 알아보겠습니다.

실무기출 확인문제　　　　　　　　　　　　　　　| 전산회계 **2급**, 2021년, 97회 |

7월 1일, 두창전자로부터 상품을 15,000,000원에 매입하기로 계약하고, 계약금 1,500,000원을 당사의 당좌예금 계좌에서 이체하다.

|정 답|

7. 1		(차) 선급금(두창전자)	1,500,000	(대) 당좌예금	1,500,000

일	번호	구분	계 정 과 목	거 래 처	적 요	차 변	대 변
1	00002	차변	0131 선급금	10027 두창전자		1,500,000	
1	00002	대변	0102 당좌예금				1,500,000

(*) 일반전표 입력 클릭 → 7. 1 입력 → 차변에 선급금, 거래처 두창전자 선택, 계약금 1,500,000 입력 → 대변에
당좌예금 선택, 1,500,000 입력(선급금은 채권이므로 반드시 거래처 입력)

선급금 관련 실무 기출문제를 하나 더 풀어 보겠습니다.

실무기출 확인문제
| 전산회계 2급, 2019년, 87회 |

12월 2일, 관리부에서 영업부 신입사원이 사용할 컴퓨터 5대를 주문하고 계약금으로 견적서 금액
의 10%를 보통예금계좌에서 이체하였다.

견 적 서

견적번호 : 서강-01112
아래와 같이 견적서를 발송
2019년 12월 2일

공급자	사업자번호	468-61-00115		
	상 호	서강상사	대 표 자	이강남(인)
	소 재 지	서울특별시 강남구 광평로 13		
	업 태	도소매	종 목	컴퓨터
	담 당 자	이강북	전화번호	1500-2587

품 명	규 격	수 량(개)	단 가(원)	금 액(원)	비 고
컴퓨터 100시리즈	I-7	5	3,000,000	15,000,000	
	이하여백				
합 계 금 액				15,000,000	

|정 답|

12. 2		(차) 선급금(서강상사)	1,500,000	(대) 보통예금	1,500,000

일	번호	구분	계 정 과 목	거 래 처	적 요	차 변	대 변
2	00002	차변	0131 선급금	10000 서강상사		1,500,000	
2	00002	대변	0103 보통예금				1,500,000

(*) 일반전표 입력 클릭 → 12. 2 입력 → 차변에 선급금 선택, 거래처 서강상사, 총금액 15,000,000원의 10%
인 1,500,000 입력 → 대변에 보통예금 선택, 1,500,000 입력(선급금은 채권이므로 거래처 반드시 입력)

[참 고] 선급금의 T계정 표시

전산회계 2급 시험에 계정별로 T계정을 해석하는 문제가 종종 출제되는데 기출문제를
통해 선급금 T계정을 알아보겠습니다.

이론기출 확인문제 | 전산회계 2급, 2016년, 68회 |

다음 선급금계정에서 10월 6일 거래의 설명으로 옳은 것은?

선급금		
10/6 현금	150,000	

① 상품을 주문하고 계약금을 지급하다.   ② 상품을 주문받고 계약금을 받다.
③ 상품을 매입하고 계약금을 차감하다.   ④ 상품을 매출하고 계약금을 차감하다.

|정 답| ①
선급금은 자산이므로 10/6 150,000원은 선급금이 증가한 것임. 거래내역이 "현금"이므로 선급금을 현금으로 지급한 거래임.

2 단기대여금

◎ 핵심체크

단기대여금
1년 이내 상환 조건으로
빌려준 돈

대여금이란 나중에 갚는 조건으로 돈을 빌려주는 것인데, 그중에서 회계기간 종료일 현재 1년 이내에 돌려받을 수 있는 돈을 단기대여금이라고 합니다. 1년 이후에 돌려받을 대여금은 장기대여금으로 비유동자산에 포함시킵니다. 기출문제를 통해 단기대여금이 생길 때와 단기대여금을 회수할 때 사례를 알아보겠습니다.

실무기출 확인문제 | 전산회계 2급, 2020년, 90회 |

10월 19일, 거래처 대전상사에 경영자금 100,000,000원을 보통예금에서 단기로 대여해 주면서 이체수수료 1,500원을 현금으로 지급하다.(단, 수수료는 수수료비용(금융비용)으로 회계 처리한다.)

|정 답|

10. 19	(차) 단기대여금(대전상사)	100,000,000	(대) 보통예금	100,000,000
	수수료비용(831 또는 984)	1,500	현 금	1,500

일	번호	구분	계 정 과 목	거 래 처	적 요	차 변	대 변
19	00002	차변	0114 단기대여금	10002 대전상사		100,000,000	
19	00002	대변	0103 보통예금				100,000,000
19	00003	차변	0831 수수료비용			1,500	
19	00003	대변	0101 현금				1,500

(*) 일반전표 입력 클릭 → 10. 19 입력 → 차변에 단기대여금 선택, 거래처 대전상사, 100,000,000원 입력 → 대변에 보통예금 선택, 100,000,000 입력 → **차변에 수수료비용(판매관리비, 831번) 1,500원 입력, 판매관리비 대신 영업외비용의 수수료비용(984번)을 입력해도 무방함.** → 대변에 현금 1,500원 입력

실무기출 확인문제 | 전산회계 2급, 2019년, 86회 |

11월 15일, 대전상사의 단기대여금 100,000,000원과 이자 1,000,000원이 당사 보통예금계좌에 입금되다.

|정답|

| 11. 15 | (차) 보통예금 101,000,000 | (대) 단기대여금(대전상사) 100,000,000 |
| | | 이 자 수 익(영업외수익) 1,000,000 |

일	번호	구분	계 정 과 목	거 래 처	적 요	차 변	대 변
15	00004	차변	0103 보통예금			101,000,000	
15	00004	대변	0114 단기대여금	10002 대전상사			100,000,000
15	00004	대변	0901 이자수익				1,000,000

(*) 일반전표 입력 클릭 → 11. 15 입력 → 차변에 보통예금 선택, 101,000,000원 입력 → 대변에 단기대여금, 거래처 대전상사 선택, 100,000,000 입력 → 대변에 이자수익(영업외수익) 선택, 1,000,000원 입력

③ 미수금

미수금이란 회사 본연의 상거래, 즉 상품, 제품의 매출이 아닌 다른 이유로 발생해 받지 못한 채권입니다. 그 대표적인 사례가 회사가 영업에서 사용하던 기계, 트럭을 팔면서 받지 못한 돈인데 자세한 내용은 다음과 같습니다.

실무기출 확인문제 | 전산회계 1급, 2013년, 56회 |

8월 12일, 업무용으로 사용하던 기계장치(장부금액 10,000,000원)를 10,000,000원에 마이전자에 처분하고, 대금은 마이전자가 발행한 어음(90일 만기)을 받았다.

|정답|

| 8. 12 | (차) 미수금(마이전자) 10,000,000 | (대) 기계장치 10,000,000 |

일	번호	구분	계 정 과 목	거 래 처	적 요	차 변	대 변
12	00003	차변	0120 미수금	10012 마이전자		10,000,000	
12	00003	대변	0206 기계장치				10,000,000

(*) 일반전표 입력 클릭 → 8. 12 입력 → 차변에 미수금, 거래처 마이전자 선택, 10,000,000원 입력 → 대변에 기계장치 선택, 10,000,000 입력

여기서 한 가지 주의할 점은 업무에 사용하던 기계장치를 팔고 마이전자의 어음을 받으면 이때 반드시 받을어음 계정이 아닌 미수금 계정을 사용해야 한다는 것입니다. 왜냐하면 받을어음은 상품, 제품 같이 본연의 영업활동에서 수령한 어음에만 사용하기 때문입니다.

정교수 콕콕

◎ 핵심체크

매출채권 Vs 미수금
· 매출채권: 상거래에서
  받지 못한 금액(외상매출금,
  받을어음)
· 미수금: 상거래 이외에서 받
  지 못한 금액

◎ 핵심체크 콕콕

가지급금
지급된 현금이 어디에 사용될
지 모를 때 사용하는 임시 계정

[주 의] 매출채권 Vs 미수금

전산회계 시험에서 **상품, 제품 등 상거래에서 못 받은 돈은 외상매출금 또는 받을어음, 상거래가 아닌 거래에서 못 받은 돈 또는 어음을 미수금으로 회계 처리**하는 문제가 종종 출제 됩니다. 따라서 상품, 제품이 아니라 **사용하던 기계장치, 건물 같은 걸 팔고 어음을 받았다 하더라도 반드시 받을어음이 아니라 미수금으로 처리**해야 함.

④ 가지급금

가끔 현금 또는 예금이 지급되었지만 정확히 어떤 명목으로 사용될지 알 수 없는 경우가 있는데 가지급금이란 이런 지출이 있을 때 사용하는 계정과목입니다.

일단 일시적으로 돈을 지급할 때 가지급금으로 처리했다가 나중에 그 사용내역이 확인되면 해당 계정과목으로 바꿔주는데, 가지급금 문제가 전산회계 2급 시험에 가끔씩 출제되기 때문에 그 개념을 꼭 알아야 합니다. 기출문제를 통해 가지급금이 발생할 때와 나중에 없어질 때 회계처리를 알아보겠습니다.

1. 가지급금의 발생

| 실무기출 확인문제 | | 전산회계 2급, 2018년, 78회 | |

12월 2일, 영업부사원 뽕사부 사원이 12월 2일부터 12월 7일까지 부산 출장을 위해 350,000원을 현금으로 지급하고 출장 후 정산하기로 하였다.(가지급금에 대한 거래처를 입력할 것)

|정답|

| 12. 2 | (차) 가지급금(뽕사부) | 350,000 | (대) 현 금 | 350,000 |

일	번호	구분	계 정 과 목	거 래 처	적 요	차 변	대 변
2	00003	차변	0134 가지급금	10045 뽕사부		350,000	
2	00003	대변	0101 현금				350,000

(*) 일반전표 입력 클릭 → 12. 2 입력 → 차변에 가지급금, 거래처 뽕사부 선택, 350,000원 입력 → 대변에 현금 선택, 350,000 입력

2. 가지급금 정산

| 실무기출 확인문제 | | 전산회계 2급, 2018년, 78회 | |

12월 8일, 영업부사원 뽕사부 사원이 12월 2일부터 12월 7일까지 부산 출장 시 지급받은 가지급금 350,000원에 대해 아래와 같이 사용하고 잔액은 현금으로 정산하다.(가지급금에 대한 거래처를 입력할 것)

| 왕복교통비 및 숙박비: 320,000원 |

|정답|

12. 8	(차) 여비교통비(판매관리비)	320,000	(대) 가지급금(뽕사부)	350,000
	현　금	30,000		

일	번호	구분	계 정 과 목	거 래 처	적 요	차 변	대 변
8	00001	차변	0812 여비교통비			320,000	
8	00001	차변	0101 현금			30,000	
8	00001	대변	0134 가지급금	10045 뽕사부			350,000

(*) 일반전표 입력 클릭 → 12. 8 입력 → 차변에 여비교통비(판매관리비) 선택, 320,000원 입력 → 차변에 현금 30,000원 입력 → 대변에 가지급금, 거래처 뽕사부 선택, 350,000 입력

5 선급비용

선급비용(先給費用)이란 미리 지급한 비용이란 뜻으로 그 대표적인 사례가 보험료입니다.

통상 자동차보험료는 1년 치, 화재보험료는 2~3년 치를 선납하는 경우가 많은데, 일반 기업회계기준은 이 중 당해 연도 해당 부분만 비용으로 처리하고 나머지는 회계연도 말에 '선급비용' 이라는 자산으로 처리하도록 하고 있습니다. 즉, 선급비용이란 미리 낸 비용 중 아직 비용화가 되지 않은 부분을 회사의 자산으로 처리하는 계정과목입니다.

이미 지급한 보험료가 왜 자산이냐고 물을 수 있지만 자동차보험을 중간에 해약하면 남은 기간에 대한 보험료를 돌려주기 때문에 회계연도 말에 남은 기간에 대한 보험료 또한 자산이 맞습니다.

다만, 선급비용의 구체적인 계산문제는 전산회계 2급에는 자주 출제가 되지 않기 때문에 내용이 너무 어려우면 과감히 포기해도 합격에는 지장이 없습니다. 기출문제를 통해 구체적인 선급비용을 계산해 보겠습니다.

◎ 핵심체크 ✽

선급비용(자산)
지급된 비용 중 기간이 남아 자산 처리한 금액

이론기출 확인문제		전산회계 2급, 2016년, 69회 변형

다음 거래를 회계 처리할 경우 회계기간 말 선급비용으로 계상되는 금액은?

• 11/1: 3개월분(당해연도 11월~다음연도 1월) 보험료 60,000원을 현금으로 지급하다.
• 12/31: 기말 결산에 보험료 선급분을 계상하다.

① 20,000원　　　② 30,000원　　　③ 40,000원　　　④ 60,000원

|정답| ①

1. 기간별 비용 구분

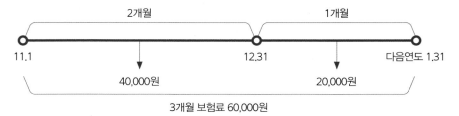

2. 선급비용 금액

전산회계 2급 시험 차원에서는 상기 도표의 3개월 치 보험료 60,000원 중 당해연도에 해당하는 2개월 치 부분과 내년도에 해당하는 1개월 치 부분만 구분할 줄만 알면 충분합니다. 일단 보험료를 지급할 때 전액 비용처리를 했다가 회계기간 말에 아직 기간이 경과하지 않은 부분을 자산처리 하는데 이를 회계처리하면 다음과 같습니다.

상기 사례에서는 당해연도 치 2개월, 총 40,000원은 이미 기간이 경과했으므로 "보험료"라는 이름으로 비용처리하고 내년도 치 1개월, 총 20,000원은 아직 기간이 경과하지 않았으므로 "선급비용"이라는 자산 처리를 하는 것입니다.

· 당해연도 11월 1일: 최초 보험료 지급 시 일단 전액을 비용(보험료) 처리

(차) 보험료(판매관리비)	60,000	(대) 현 금	60,000

· 당해연도 12월 31일: 미경과분을 자산(선급비용) 처리

(차) 선급비용(자산)	20,000	(대) 보험료(판매관리비)	20,000

[참 고] 선급비용의 또 다른 회계처리
좀 전 설명한 바와 같이 보험료와 같은 비용은 [최초 전액 비용(판매관리비) 처리] ⇒ [기말 결산 시 미경과분을 선급비용(자산) 처리합니다. 다만, 이런 방법 이외에 [최초 전액 선급비용(자산) 처리] ⇒ [기말 결산 시 이미 경과한 부분을 비용(판매관리비) 처리]하는 방법도 있습니다. 위 사례에 이 방법을 적용하면 회계처리는 다음과 같은데, 이는 전산회계 1급 수준의 내용이므로 어려우면 과감히 패스하세요.

· 당해연도 11월 1일: 전체 금액 선급비용(자산) 처리

(차) 선급비용(자산)	60,000	(대) 현 금	60,000

(*) 최초 보험료 지급 시 한 푼도 비용처리하지 않고 일단 모두 자산 처리

· 당해연도 12월 31일: 당해 해당 금액을 비용(판매관리비) 처리

(차) 보험료(판매관리비)	40,000	(대) 선급비용	40,000

(*) 기말 결산 시 당해 연도 부분을 비용(판매관리비) 처리

· 당해연도 보험료 비용으로 처리한 금액

구 분	최초 전액 비용 처리한 경우	최초 전액 자산 처리한 경우
최초 비용처리 금액	60,000원	–
비용 추가(취소) 금액	(–) 20,000원	40,000원
당해연도 최종 비용	40,000원	40,000원

어떤 방법을 따르든 당해연도 보험료 비용으로 처리한 금액은 40,000원입니다.

6 미수수익

미수수익(未收收益)이란 발생한 수익 중 아직 받지 못한 부분인데 전산회계 2급 시험에서는 자주 출제되지 않으므로 미수수익의 개념만 알면 충분합니다.
미수수익의 대표적 예가 바로 정기예금 이자인데 정기예금은 은행에 가입하면 만기시점에 원금과 전체 이자를 한꺼번에 받습니다. 그런데 회계는 매년 말, 즉 12월 31일을 기준으로 결산을 해야 하기 때문에 연말 기준으로 발생은 했지만 아직 받지 못한 이자를 미수수익으로 처리하는 것입니다.

🎯 핵심체크
미수수익
발생한 수익 중 받지 못한 금액

실무기출 확인문제　　　　　| 전산회계 2급, 2021년, 99회 |

결산일 현재 농협은행의 3년 만기 정기예금에 대한 이자수익 미수금액 중 당기 귀속분은 15,000원이다.

|정 답|

12. 31	(차) 미수수익(유동자산)	15,000	(대) 이자수익(영업외수익)	15,000

일	번호	구분	계 정 과 목	거 래 처	적 요	차 변	대 변
31	00002	차변	0116 미수수익			15,000	
31	00002	대변	0901 이자수익				15,000

(*) 일반전표 입력 클릭 → 12. 31 입력 → 차변에 미수수익 선택, 15,000원 입력 → 대변에 이자수익(영업외수익) 선택, 15,000 입력

난이도 ★

01 다음 중 손익계산서에 나타나는 계정과목이 아닌 것은? [2014년, 61회]

☐ ① 미수수익 ② 이자수익

③ 대손상각비 ④ 유형자산처분손실

난이도 ★ 필수

02 현금으로 지급되었으나 계정과목과 금액을 확정할 수 없을 때 일시적으로 처리하는 계정으로 올바른 것은?

☐ [2021년, 96회]

① 미수금 ② 외상매입금

③ 선급금 ④ 가지급금

난이도 ★★★

03 다음 선급금계정에서 4월 6일 거래의 설명으로 옳은 것은? [2013년, 57회]

☐

선급금				
4/6 현금	150,000	4/8 상품	150,000

① 상품을 주문하고 계약금을 지급하다.

② 상품을 주문받고 계약금을 받다.

③ 상품을 매입하고 계약금을 차감하다.

④ 상품을 매출하고 계약금을 차감하다.

04

난이도 ★★ 필수

다음 거래에 대한 결산 시 회계처리로 맞는 것은?   [2021년, 98회 변형]

> 당기 지급된 비용 중 차기로 이월되는 보험료 100,000원

① (차) 선급비용   100,000원   (대) 보험료   100,000원
② (차) 보험료   100,000원   (대) 선급비용   100,000원
③ (차) 미지급비용   100,000원   (대) 보험료   100,000원
④ (차) 보험료   100,000원   (대) 미지급비용 100,000원

05

난이도 ★★★ 필수

2013년 9월 1일 사무실 임차료 6개월분(2013.9.1.~2014.2.28.) 300,000원을 현금으로 지급하고 비용처리 한 경우, 12월 31일 결산 시 선급비용에 해당하는 금액은?   [2013년, 56회]

① 100,000원   ② 150,000원
③ 200,000원   ④ 250,000원

06

난이도 ★★★ 필수

수정 전 당기순이익 500,000원이 산출되었으나 기말에 이자 미수분 60,000원이 누락되었음을 확인하였다. 수정 후 당기순이익은 얼마인가?   [2020년, 94회 변형]

① 4400,000원   ② 500,000원
③ 560,000원   ④ 620,000원

07

난이도 ★★

결산 시 미수이자에 대한 분개를 누락한 경우 기말 재무제표에 어떤 영향을 미치는가?   [2021년, 95회]

① 비용이 과소 계상된다.   ② 부채가 과소 계상된다.
③ 자산이 과소 계상된다.   ④ 수익이 과대 계상된다.

08 난이도 ★★★

결산 결과 당기순이익 500,000원이 발생하였으나, 기말에 임대료 미수분 20,000원이 누락되었음을 확인하였다. 수정 후의 당기순이익은 얼마인가? [2018년, 80회 변형]

① 480,000원 ② 500,000원
③ 520,000원 ④ 540,000원

09 난이도 ★★★

고봉상사의 오류 수정 전 당기순이익은 500,000원이다. 아래의 오류사항을 수정 반영한 후 당기순이익을 계산한 금액으로 옳은 것은? [2014년, 58회 변형]

· 보험료 선급분 30,000원 계상 누락	· 임대료 미수분 50,000원 계상 누락

① 480,000원 ② 520,000원
③ 530,000원 ④ 580,000원

정답 및 해설

01 ① 미수수익은 자산계정이므로 손익계산서가 아닌 재무상태표에 표시됨.

02 ④ 가지급금에 대한 설명임.

03 ① 선급금은 자산으로 차변의 150,000원은 증가한 금액, 대변의 150,000원은 감소한 금액임. 이는 4/6일 선급금(계약금) 지급해 증가했다가 4/8 상품 구입할 때 선급금(계약금)이 없어지는 것임. 즉, 4/6은 상품 주문 시 선급금(계약금)을 지급한 거래임.

04 ① 당기에 지급된 비용 중 당기에 모두 소진되지 않아 차기로 이월되는 보험료는 선급비용 처리하고 그만큼 보험료(비용)을 줄여야 함.

05 ① 6개월 임차료 중 2013년 해당분은 4개월(2013년 9~12월), 2014년 해당분은 2개월(2014년 1월 ~ 2월) 치임. 지급한 임차료 300,000원 중 2014년에 해당하는 미경과분은 300,000원 × (2개월/6개월) = 100,000원 임.

06 ③ (차) 미수수익 60,000 (대) 이자수익 60,000, 이자 미수분은 수령은 하지 않았지만 이자수익으로 인식하고 미수수익을 자산으로 잡아야 함. 즉, 수정전 당기순이익 500,000 + 미인식 이자수익 60,000 = 560,000원이 올바른 당기순이익임.

07 ③ 결산 시 미수이자를 누락하면 (차)미수수익(자산) ××× (대) 이자수익(수익) ××× 분개가 누락되어 자산과 수익이 동시에 과소 계상됨.

08 ③ 수정 전 당기순이익 500,000 + 임대료 미수분 20,000원 = 520,000원이 수정 후 당기순이익임.

09 ④ 수정 전 당기순이익 500,000 + 보험료 선급분 30,000 누락(보험료 과대 계상) + 임대료 미수분 50,000 누락(임대수익 과소 계상) = 580,000원이 수정 후 당기순이익임.

14 기타당좌자산 실무기출 공략하기

본 교재의 실습자료는 cafe.naver.com/eduacc의 「공지&DATA다운로드」에서 공지 에 있는 [콕콕정교수 전산회계 2급] 이론＋실무＋기출 실습데이터의 Data_Install_JH2.zip 파일을 다운받아 컴퓨터에 설치 후, 회사등록 클릭, F4 회사코드재생성 클릭 후 「나리상사」 선택

나리상사(회사코드: 0934) 관련 아래 내용을 전산세무회계 수험용 프로그램에 입력하시오.

01 난이도 ★★ 필수
8월 2일, 사업장 이전을 위하여 새롭게 삼호패션(주)와 임대차계약을 맺고 계약금을 보통예금에서 지급하였다.
[2021년, 98회]

상가임대차계약서

임대개시일	2022. 09. 11.	임대종료일	2023. 09. 10.	
임대보증금	10,000,000원	월 임차료	500,000원	(매월 11일, 선불)

대금 지급조건			
구분	금액	지급일	비고
계약금	1,000,000원	계약일 당일	
잔금	9,000,000원	2022. 09. 11.	
계약일 : 2022. 08. 2.			

02 난이도 ★ 필수
10월 28일, 거래처 소문상사에서 상품 8,000,000원을 매입하기로 하고, 10%의 계약금을 당좌수표로 발행하여 지급하다.
[2024년, 114회]

03 난이도 ★★ 필수
7월 13일, 6개월 전 거래처 왕자상사에 대여하였던 대여금 700,000원과 그에 대한 이자 40,000원을 현금으로 받아 즉시 당좌예금에 입금하였다.
[2021년, 99회]

04

난이도 ★★

11월 21일, 거래처 왕자상사에 3월에 대여한 금액과 이자 100,000원까지 현금으로 회수하고 다음의 입금표를 발행하다.

[2018년, 78회]

No. 1													(공급자보관용)			
입 금 표																
													왕자상사 귀하			
공급자	사업자등록번호				135-27-40377											
	상 호		나리상사				성 명						나은혜(인)			
	사업장소재지				서울특별시 관악구 과천대로 951											
	업 태			도소매					종 목				문구			

작성일				금 액									세 액								
년	월	일	공란수	억	천	백	십	만	천	백	일	천	백	십	만	천	백	일		
18	11	21																		

합계	억	천	백	십	만	천	백	십	일
			3	1	0	0	0	0	0

내용: 대여금 및 이자 현금 입금

위 금액을 영수함

영 수 자   이 윤 주 (인)

05

난이도 ★★ **필수**

12월 9일, 영업부 평화정 대리의 12월 10일 광주 출장에 소요될 경비 지출을 위해 350,000원을 현금으로 지급하고 정확한 정산은 출장 종료 후 하기로 하였다(가지급금에 대한 거래처를 입력할 것).

[2013년, 55회]

06

난이도 ★★★

12월 12일, 출장을 마치고 돌아온 영업부 평화정 대리로부터 출장비 정산내역을 보고받고 부족액은 현금으로 추가지급 하였다.

[2018년, 80회]

여비정산서						
소 속	영업부	**직 위**	대리	**성 명**	평화정	
출장일정	일 시	2022년 12월 10일 ~ 2022년 12월 11일				
	출장지	광주 일원				
출장비	지급받은 금액	350,000원	지출한 금액	400,000원	잔액	△50,000원
지출내역	숙박비	200,000원	교통비		200,000원	
2022년 12월 12일						
정산인 성명 나영업 (인)						

난이도 ★★★

07 기말 결산 시 확인한 바에 의하면 당기에 현금으로 지급한 광고선전비 중 5,500,000원은 차기 광고제작을 위하여 선지급한 것이다. [2020년, 94회]

난이도 ★★★ **필수**

08 당해 연도 4월 1일에 본사영업부 운영차량에 대해 아래와 같이 보험에 가입하고 전액 당기비용으로 처리하였다. 기말 결산 시 분개를 하시오(단, 월할 계산하고, 음수로 입력하지 말 것). [2020년, 92회]

- 보험회사: ㈜만세보험
- 보험료납입액: 1,200,000원
- 보험적용기간: 당해연도 4월 1일 ~ 다음연도 3월 31일

난이도 ★★★

09 7월 1일에 1년 치 영업부 보증보험료(보험기간: 당해연도 7.1. ~ 다음연도 6.30.) 1,200,000원을 보통예금계좌에서 이체하면서 전액 비용계정인 보험료로 처리하였다. 기말수정분개를 하시오(단, 월할 계산할 것). [2021년, 96회]

난이도 ★★★

10 3월 1일에 12개월분 보험료(보험기간: 당해연도 3.1. ~ 다음연도 2.29.) 1,200,000원을 보통예금 계좌에서 이체하면서 전액 자산계정인 선급비용으로 처리하였다. 기말수정분개를 하시오(단, 월할 계산할 것). [2019년, 84회 변형]

난이도 ★★★

11 결산일 현재 보통예금에 대한 기간 경과 분 이자 100,000원을 계상하시오. [2018년, 82회]

◎ 정답 및 해설

01 전세계약 시 지급한 계약금은 선급금이며 서류에서 계약금은 1,000,000원임.(선급금은 채권이므로 거래처 입력)

8. 2	(차) 선급금(삼호패션(주))	1,000,000	(대) 보통예금	1,000,000

02 상품 구입 시 계약금은 선급금이며 선급금은 채권이므로 거래처 입력. 당좌수표를 발행하면 당좌예금이 줄어들므로 당좌예금을 대여금으로 줄여 줌.(계약금: 8,000,000×10%=800,000)

10. 28	(차) 선급금(소문상사)	800,000	(대) 당좌예금	800,000

03 왕자상사에 대한 단기대여금을 없애고 이자수익(영업외수익) 인식

7. 13	(차) 당좌예금	740,000	(대) 단기대여금(왕자상사)	700,000
			이 자 수 익(영업외수익)	40,000

04 왕자상사에 대한 단기대여금을 없애고 이자수익(영업외수익) 인식

11. 21	(차) 현금	3,100,000	(대) 단기대여금(왕자상사)	3,000,000
			이 자 수 익(영업외수익)	100,000

05 출장을 위해 지급한 현금은 아직 정확한 사용내역을 알 수 없으므로 가지급금 처리. 가지급금 또한 향후 돌려 받을 수 있는 채권이므로 수령한 직원을 거래처로 입력함.

12. 9	(차) 가지급금(평화정)	350,000	(대) 현 금	350,000

06 출장에 사용한 돈은 여비교통비(판매관리비) 처리하고 기존의 가지급금은 대변으로 기재해 없앰.

12. 12	(차) 여비교통비(판매관리비)	400,000	(대) 가지급금(평화정)	350,000
			현 금	50,000

07 아직 기한이 지나지 않은 비용은 선급비용 처리(특별한 언급이 없으면 선급비용은 거래처를 입력할 필요는 없음). 기간 미경과 부분까지 당초 모두 광고선전비 처리를 했으므로 대변에 광고선전비 5,500,000원을 줄여 줘야 함.

12. 31	(차) 선급비용	5,500,000	(대) 광고선전비(판매관리비)	5,500,000

08 미경과 기간 보험료는 300,000원(1,200,000원 × 3개월/12개월)이며 선급비용 처리함(선급비용은 특별한 언급 없으면 거래처를 입력할 필요 없음). 기간 미경과 부분까지 당초 모두 보험료 처리를 했으므로 대변에 보험료 300,000원을 줄여 줘야 함.

12. 31	(차) 선급비용	300,000	(대) 보험료(판매관리비)	300,000

09 미경과 기간 보험료는 600,000원(1,200,000원 × 6개월/12개월)이며 선급비용 처리(특별한 언급 없으면 거래처 입력할 필요 없음). 기간 미경과 부분까지 당초 모두 보험료 처리를 했으므로 대변에 보험료 600,000원을 줄여 줘야 함.

12. 31	(차) 선급비용	600,000	(대) 보험료(판매관리비)	600,000

10 보험료를 최초 지급하면서 일단 전액 자산(선급비용) 처리했다면 기말(12.31)에 당해 연도 해당 부분은 비용처리 해야 함. 당해 연도 해당 금액은 1,000,000원임. (1,200,000원 × 10개월/12개월)

12. 31	(차) 보험료(판매관리비)	1,000,000	(대) 선급비용	1,000,000

11 발생한 이자를 이자수익(영업외수익) 인식하되 해당 이자를 수령하지 못했으므로 미수수익(자산) 처리

12. 31	(차) 미수수익(유동자산)	100,000	(대) 이자수익(영업외수익)	100,000

• 재고자산 개념   • 재고자산 취득원가   • 재고자산 수량/단기 산정방법   • 재고자산 기말평가

매 시험마다 이론 또는 실무문제로 1문제씩 출제되고 있는데 주로 재고자산 취득원가, 단가 산정방법 문제가 출제되고 있음. 단가 산정 방법은 다소 난도가 있으므로 절대 암기하지 말고 논리를 바탕으로 학습해야 함.

본 교재의 실습자료는 cafe.naver.com/eduacc의 「공지&DATA다운로드」에서 공지 에 있는 [콕 콕정교수 전산회계 2급] 이론+실무+기출 실습데이터의 Data_Install_JH2.zip 파일을 다운받아 컴퓨터에 설치 후, 회사등록 클릭, F4 회사코드재생성 클릭 후 안양상사 선택

① 재고자산 개념

재고자산(在庫資産)이란 회사가 판매를 위해 보유하는 자산이나 판매를 목적으로 제조과정 중에 있는 자산으로 상품, 원재료, 재공품, 제품 등이 있습니다. 다만, 전산회계 2급 시험은 도소매 업종의 회사라는 가정에서 출제되므로 재고자산 중 상품만 알면 충분합니다.

1. 재고자산 종류

• 원재료: 물건의 제조를 위해 구입하는 원료, 재료, 부분품 등
• 상품: 판매를 목적으로 구입한 타인이 제조한 물품
• 제품: 원재료를 가공해 판매용으로 만든 물품
• 재공품: 공장에서 생산과정 중에 있는 물품

2. 재고자산 Vs 유형자산

◎ 핵심체크 콕콕

재고자산 Vs 유형자산
• 재고자산: 판매목적
• 유형자산: 업무에 사용목적

재고자산이 되기 위해서는 반드시 판매를 목적으로 보유해야 하므로 삼성전자가 판매를 목적으로 창고에 보유 중인 컴퓨터는 재고자산이지만, 본사 관리부에서 사용 중인 컴퓨터는 유형자산 중 비품입니다.

이론기출 확인문제 | 전산회계 2급, 2019년, 84회 |

다음 중 재고자산에 해당되는 것으로 올바르게 묶은 것은?

a. 사무실에서 사용하는 컴퓨터   b. 판매용 상품
c. 당사가 제조한 제품   d. 공장에서 사용하는 기계장치

① a, b   ② b, c   ③ c, d   ④ b, d

|정답| ②
판매용 상품(b), 당사가 제조한 제품(c)은 판매용으로 재고자산이지만 사무실에서 사용하는 컴퓨터(a), 공장에서 사용하는 기계장치(d)는 유형자산임.

❷ 재고자산 취득원가

재고자산 취득원가는 재고자산의 판매가능 상태가 되기까지 소요된 일체의 비용, 즉 본래 물건값에 각종 운송비용, 수입 시 통관비용 등을 포함시키고, 매입할인(외상대금 조기상환으로 인한 가격인하), 매입에누리(대량 구매, 하자 등으로 인한 가격인하), 매입환출(매입 반납) 금액은 차감하여 계산합니다.

재고자산 취득원가	매입가격 + 매입부대비용(운송료, 운송 관련 보험료, 통관수수료, 수입관세 등) − 매입할인 − 매입환출 − 매입에누리

※ KcLep은 매입환출과 매입에누리를 합쳐서 '매입환출과에누리'라는 계정과목을 사용하고 있으며 매입할인, 매입환출과에누리가 원재료에 대한 것인지, 상품에 대한 것인지 구별하여 입력하여야 함.

위 계산식의 의미는 '실제 재고자산 취득에 소요된 금액을 취득원가로 한다'라는 것인데, 관련 내용을 이론 및 실무 기출문제를 통해 좀 더 구체적으로 알아보겠습니다.

이론기출 확인문제 | 전산회계 2급, 2021년, 98회 |

재고자산과 관련된 지출 금액 중 취득원가에서 차감되는 것은?

① 매입운임   ② 매출운반비   ③ 매입할인   ④ 매입수수료비용

|정답| ③
매입할인은 상품을 외상으로 구매한 후 약속기일보다 빨리 외상대금을 상환함에 따라 할인받은 금액으로 취득원가에서 차감해야 함.

◎ 핵심체크 콕 콕

재고자산 취득원가
매입가격 + 매입부대비용 −
매입할인 − 매입환출 −
매입에누리

◎ 핵심체크

매입할인, 매입환출및에누리 KcLep 입력
상품(148), 원재료(155) 구별

실무기출 확인문제

| 전산회계 2급, 2019년, 87회 |

7월 15일, 상품 2,500,000원을 매입하고 대금은 전액 현금으로 지급하였으며 현금영수증을 다음과 같이 수취하였다.

부산상사		
131-11-67806		부산임
부산 강서구 가락대로 1021		TEL:557-4223
현금(지출증빙)		
구매일시 2021/07/15/15:26	거래번호 : 0127-0111	
상품명	수량	금액
전자제품	100	2,500,000원
	합 계	2,500,000원
	받은 금액	2,500,000원

|정 답|

7. 15	(차) 상 품	2,500,000	(대) 현 금	2,500,000

일	번호	구분	계 정 과 목	거 래 처	적 요	차 변	대 변
15	00002	차변	0146 상품			2,500,000	
15	00002	대변	0101 현금				2,500,000

(*) 일반전표 입력 클릭 → 7. 15 입력 → 차변에 상품 선택, 2,500,000 입력 → 대변에 현금 선택, 2,500,000 입력

❸ 기말 재고자산 금액 계산

재고자산금액은 수량과 단가를 곱해서 계산됩니다. 예를 들어 창고에 상품 100개가 있는 데, 1개당 금액이 1,000원이라면 총 재고자산금액은 100,000원(100개×1,000원)입니다. 즉, 재고자산의 수량과 단가를 알아야 재고금액을 계산할 수 있습니다.

전산회계 2급 시험에는 다음과 같이 재고자산 단가계산방법이 주로 출제되고 가끔씩 재고자산 수량 파악 방법도 출제되고 있습니다.

핵심체크 콕콕

재고자산 단가계산 방법
실지재고조사법, 계속기록법, 혼합법

1. 재고자산 수량 파악방법

회계기간 말에 재고자산이 몇 개나 남아있는지 파악하는 방법에는 실지재고조사법, 계속기록법, 그리고 혼합법이 있습니다.

1) 실지재고조사법

실지재고조사법은 회계기간 말에 창고에 들어가 직접 재고자산 수량을 세어 보는 방법으로 직접 수량을 세어 보기 전까지는 그 수량을 파악할 수 없고 도난당하거나 파손 등으로 없어진 재고자산을 정확히 파악할 수 없는 단점이 있습니다.

2) 계속기록법

실지재고조사법의 단점을 보완하기 위해 계속기록법은 다음과 같이 재고자산을 취득하고 판매할 때마다 장부에 기록해서 그 수량을 파악합니다.

일 자	적 요	입출고	기말재고자산
1월 1일	전기이월	100	100
1월 4일	매 입	200	300
5월 10일	매 출	(−)100	200
12월 5일	매 출	(−)150	50
12월 31일	차기이월		50

3) 혼합법

이렇게 재고자산을 매입 또는 매출할 때마다 그 수량을 기록하는 계속기록법을 사용하면 원하면 언제든지 그 수량을 파악할 수 있게 됩니다. 다만, 실무에서는 평소 계속기록법을 사용하다가 회계기간 말에 재고를 실제 조사하는 혼합법을 사용하고 있습니다.

2. 재고자산 수량 파악방법

자, 계속기록법, 실지재고조사법 또는 혼합법을 통해 재고자산의 수량을 파악했으면 다음으로 재고자산의 단가(1개당 가격)를 파악할 차례인데, 재고자산은 필요할 때 수시로 구입하고 구입할 때마다 가격이 다르기 때문에 다음과 같은 4가지 방법을 사용합니다.

1) 개별법

단어 뜻 그대로 재고자산을 구입할 때마다 가격을 파악해 각 재고자산에 꼬리표를 붙이는 방법입니다. 이론적으로 가장 정확한 방법이지만 실무상 적용하기에는 번거롭기 때문에 항공기, 선박과 같은 고가의 재고자산에만 제한적으로 사용되며 전산회계 시험에도 잘 출제되지 않습니다.

다음으로 선입선출법과 후입선출법, 그리고 평균법을 알아봐야 하는데 다음 기출문제를 통해 기말재고자산의 단가를 계산해 보겠습니다. 다만, 각 방법의 개념은 반드시 알아야 하지만 계산문제가 너무 어려우면 과감히 포기해도 전산회계 2급 시험 합격에는 지장이 없습니다.

정교수 콕콕

III 계정과목별 회계처리 - 자산

🎯 핵심체크 콕콕
재고자산 수량파악
개별법, 선입선출법, 후입선출법, (이동)평균법

이론기출 확인문제   **| 전산회계 2급**, 2019년, 85회 |

다음은 당사의 당기 재고자산과 관련된 자료이다. 원가흐름의 가정을 선입선출법을 적용한 경우와 총평균법을 적용한 경우의 기말재고자산 가액의 차이는 얼마인가?

구 분	수량	단가
기초재고(1월 1일)	10개	100원
매입(3월 10일)	20개	200원
매입(7월 25일)	30개	300원
매입(8월 20일)	40개	400원
매출(9월 15일)	30개	700원

① 3,000원   ② 4,000원   ③ 5,000원   ④ 6,000원

|정답| ②

선입선출법에 의한 기말재고는 25,000원, 총평균법에 의한 기말재고는 21,000원이므로 그 차이는 4,000원임.

2) 선입선출법

선입선출법은(先入先出法)은 '먼저 들어온 것(先入)이 먼저 팔린다(先出)'라는 가정에 따라 재고자산 단가를 계산하는데 좀 전 기출문제로 선입선출법의 기말재고자산 단가와 매출원가를 계산해 보겠습니다.

9. 15에 판매된 30개는 기초재고(1월 1일) 10개가 먼저 팔리고, 그다음에 3. 10에 매입한 재고가 20개 판매된 것입니다. 결국 **기말재고 70개는 7. 25에 구입한 단가 300원짜리 30개, 8. 20에 구입한 단가 400원짜리 40개가 남게 되어 기말재고액은 25,000원(30개 ×300원 + 40개×400원)**입니다.

기초재고 및 매입		판 매(선입선출)		기말재고
1.1 10개(개당 100원)	⇒	9.15 10개(개당 100원)	⇒	–
3.10 20개(개당 200원)	⇒	9.15 20개(개당 200원)	⇒	–
7.25 30개(개당 300원)			⇒	30개(개당 300원)
8.20 40개(개당 400원)			⇒	40개(개당 400원)
30,000원		5,000원		25,000원

(*) 매출원가: 10개 × 100원(1.1) + 20개 × 200원(3.10) = 5,000원
     기말재고: 30개 × 300원(7.25) + 40개 × 400원(8.20) = 25,000원

실무에서는 재고가 오래될수록 유행이 지나 가치가 하락할 수 있어, 먼저 구입한 재고를 먼저 판매하는 것이 일반적이기 때문에 **선입선출법이 실제 물류 흐름과 일치하는 현실적인 방법**입니다.

3) 후입선출법

후입선출법은(後入先出法)은 '나중에 들어온 것(後入)이 먼저 팔린다(先出)'라는 가정에 따라 재고자산 단가를 계산하는 방법인데 좀 전 기출문제로 후입선출법의 기말재고자산 단가와 매출원가를 계산해 보겠습니다.

기초재고 및 매입	판 매(후입선출)	기말재고
1.1 10개(개당 100원)		⇒ 10개(개당 100원)
3.10 20개(개당 200원)		⇒ 20개(개당 200원)
7.25 30개(개당 300원)		⇒ 30개(개당 300원)
8.20 40개(개당 400원) ⇒	9.15 30개(개당 400원) ⇒	10개(개당 400원)
30,000원	12,000원	18,000원

(*) 매출원가: 30개 × 400원(8.20) = 12,000원

　　기말재고: 10개 × 100원(1.1) + 20개 × 200원(3.10) + 30개 × 300원(7.25) + 10개 × 400원(8.20) = 18,000원

9. 15에 판매된 30개는 8.20에 매입한 40개 중 30개입니다. 결국 **기말재고 70개는 1.1 기초재고 단가 100원짜리 10개, 3.10에 구입한 단가 200원짜리 20개, 7.25에 구입한 단가 300원짜리 30개, 8.20에 구입한 단가 400원짜리 10개가 남게 되어 기말재고액은 18,000원(10개×100원 + 20개×200원 + 30개×300원 + 10개×400원)**입니다.
후입선출법은 실제 물류 흐름과 일치하지 않은 비현실적인 방법입니다.

4) 총평균법

총평균법은 연간 구입한 재고의 평균으로 기말재고자산 가격을 계산하는 방법인데, 좀 전 기출문제를 통해 기말재고자산과 매출원가를 계산하면 다음과 같습니다.

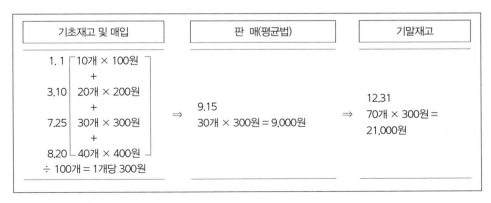

(*) 매출원가: 30개 × 300원(평균단가) = 9,000원

평균법은 연간 전체 평균으로 재고자산 단가를 계산하기 때문에 평균단가는 1개당 300원[(10개 × 100원 + 20개 × 200원 + 30개 × 300원 + 40개 × 400원)/100개]이며 기말재고액은 21,000원(70개 × 평균단가 300원), 매출원가는 9,000원(30개 × 평균단가 300원)입니다.

사례는 아주 단순한 물량의 흐름이지만 실제로는 매입과 매출이 빈번하기 때문에 **매입과 매출이 일어날 때마다 평균단가 계산하는 방식을 이동평균법**이라고 하는데, **평균법은 기본적인 개념만 이해해도 전산회계 2급 합격에는 지장이 없습니다.**

3. 기말재고자산 금액 계산 요약

이상 공부한 내용을 표로 정리하면 다음과 같습니다.

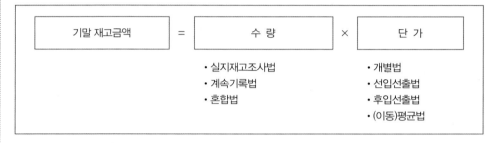

기말재고자산 금액 계산 관련 이론 기출문제를 풀어보겠습니다. **전산회계 2급 시험에 출제가능성이 높으므로 꼭 기본원리를 바탕으로 학습하시기 바랍니다.**

이론기출 확인문제 | 전산회계 2급, 2016년, 67회 |

다음 중 재고자산의 수량결정방법으로 맞는 것은?

① 실지재고조사법　　　② 선입선출법　　　③ 총평균법　　　④ 이동평균법

|정답| ①
재고자산 수량 결정방법에는 실지재고조사법, 계속기록법, 혼합법이 있음.

이론기출 확인문제		전산회계 2급, 2020년, 97회

재고자산의 단위원가 결정방법에 해당하지 않는 것은?

① 개별법   ② 이동평균법   ③ 선입선출법   ④ 생산량비례법

|정답| ④

재고자산 단가 결정방법에는 개별법, 선입선출법, 후입선출법, (이동)평균법이 있으며 생산량비례법은 유형자산 감가상각 방법임.

4. 재고자산 단가 계산방법과 매출원가의 관계

이상 기출문제를 보면 물가 상승으로 취득단가가 100원(1.1) ⇒ 200원(3.10) ⇒ 300원(7.25) ⇒ 400원(8.20)으로 지속적으로 오르는 걸 볼 수 있습니다. 물가 상승 시 선입선출법, 후입선출법, 총평균법의 매출원가와 기말재고자산 금액을 정리하면 아래와 같습니다.

구 분	판매가능액 (기초재고 + 당기매입)	총배분액		
		매출원가	기말재고자산	계
선입선출법	30,000원	5,000원	25,000원	30,000원
후입선출법	30,000원	12,000원	18,000원	30,000원
평 균 법	30,000원	9,000원	21,000원	30,000원

(*) 매출원가: 후입선출법(12,000원) 〉 평균법(9,000원) 〉 선입선출법(5,000원)
　　기말재고: 선입선출법(25,000원) 〉 평균법(21,000원) 〉 후입선출법(18,000원)

◎ 핵심체크 🔖

물가 상승 시 비교
- 매출원가: 후입선출법 〉 평균법 〉 선입선출법
- 기말재고: 선입선출법 〉 평균법 〉 후입선출법

1) 물가 상승 시

물가가 올라 취득단가가 상승할 때 선입선출법은 먼저 싸게 구입한 것이 먼저 팔린다는 가정이고, 후입선출법은 나중에 비싸게 구입한 것이 먼저 팔린다는 가정이기 때문에 매출원가는 후입선출법이 가장 높고, 기말재고자산은 선입선출법이 가장 높습니다.

2) 물가 하락 시

물가가 하락해 취득단가가 하락한다면 선입선출법은 먼저 비싸게 구입한 것이 먼저 팔린다는 가정이고, 후입선출법은 나중에 싸게 구입한 것이 먼저 팔린다는 가정이기 때문에 매출원가는 선입선출법이 가장 높고, 기말재고자산은 후입선출법이 가장 높습니다.

물가 상승 또는 하락할 때 재고자산 단가 계산방법별 매출원가 또는 기말재고금액을 비교하는 문제가 이론문제로 종종 출제됩니다. 이 내용은 절대 암기하지 말고 원리를 바탕으로 학습하되 내용이 이해하기 너무 어려우면 과감히 포기해도 전산회계 2급 시험 합격에는 문제없습니다.

이론기출 확인문제 | 전산회계 **2급**, 2021년, 95회 |

물가가 지속적으로 하락하는 경우에 재고자산의 수량이 일정하게 유지된다면 매출원가가 가장 작게 나타나는 재고자산 평가방법은?

① 개별법　　　　② 총평균법　　　　③ 선입선출법　　　　④ 후입선출법

|정답| ④
물가가 지속적으로 하락할 때 매출원가가 가장 작으려면 나중에 싸게 구입한 재고를 먼저 팔아야 함. 즉, 후입선출법이 매출원가가 가장 낮음.

---

4 기말 재고자산 평가

지금까지 공부한 내용대로 파악된 기말재고자산은 장부상 금액인데 실제 가치보다 장부상 금액이 작을 수 있는데 그 이유에는 두 가지가 있습니다. 도난, 분실 등으로 인해 수량·물량이 없어지는 재고자산 감모손실과 유행이 지나는 등의 이유로 그 가격이 떨어지는 재고자산 평가손실이 있습니다.

◎ 핵심체크

재고평가 종류 구분
• 감모손실: 수량 감소
• 평가손실: 가격 하락

구 분	내 용
재고자산 감모손실	도난, 분실 등으로 인해 수량이 없어진 경우
재고자산 평가손실	유행이 지나는 등 이유로 가치가 하락한 경우

다만, 전산회계 2급 시험에 거의 출제되지 않으니 재고자산 감모손실과 평가손실의 차이만 알면 충분합니다.

15 재고자산
이론기출 공략하기

01 난이도 ★ 필수
다음 자료에서 설명하는 자산은? [2017년, 76회]

> 정상적인 영업과정에서 판매를 위하여 보유하거나 생산과정에 있는 자산 및 생산 또는 서비스 제공과정에 투입될 상품이나 원재료의 형태로 존재하는 자산

① 재고자산
② 현금및현금성자산
③ 유형자산
④ 무형자산

02 난이도 ★★ 필수
다음 중 정상적인 영업 과정에서 판매를 목적으로 보유하는 재고자산에 대한 예시로 옳은 것은? [2024년, 116회]

① 홍보 목적 전단지
② 접대 목적 선물세트
③ 제품과 상품
④ 기부 목적 쌀

03 난이도 ★★
다음의 재고자산에 대한 설명 중 틀린 것은? [2018년, 80회]

① 판매를 목적으로 보유하는 자산은 재고자산에 해당한다.
② 재고자산은 유동자산에 속하는 자산이다.
③ 재고자산은 취득원가를 장부금액으로 한다. 다만, 시가가 취득원가보다 낮은 경우에는 시가를 장부금액으로 한다.
④ 재고자산을 판매하기 위하여 발생하는 비용도 재고자산의 취득원가에 포함된다.

04 난이도 ★
다음 중 재고자산의 매입원가에 가산하는 항목에 해당하지 않는 것은? [2020년, 91회]

① 매입운임
② 매입보험료
③ 매입하역료
④ 매입할인

05 난이도 ★★ 필수

다음의 자료를 이용하여 재고자산의 취득원가를 계산하면 얼마인가? [2024년, 117회]

- 재고의 매입원가 : 10,000원
- 재고수입 시 발생한 통관 비용 : 5,000원
- 판매장소 임차료 : 3,000원

① 10,000원 ② 13,000원 ③ 15,000원 ④ 18,000원

06 난이도 ★★

다음의 자료에 기초하여 상품의 취득원가를 계산하면 얼마인가? [2016년, 68회]

- 매입상품 수량: 100개
- 매입단가: 3,000원
- 매입운반비: 8,000원
- 매입수수료: 2,000원
- 매입 후 판매 시까지 발생한 창고보관료: 5,000원

① 300,000원 ② 308,000원 ③ 310,000원 ④ 315,000원

07 난이도 ★★★

다음 중 계정기입의 설명으로 옳은 것은? [2019년, 85회]

	상품	
현 금	400,000원	

① 상품을 400,000원 매출하고, 대금은 약속어음으로 받다.
② 상품을 400,000원 매출하고, 대금은 동점발행 수표로 받다.
③ 상품을 400,000원 매입하고, 대금은 현금으로 지급하다.
④ 상품을 400,000원 매입하고, 대금은 외상으로 하다.

08 난이도 ★★ 필수

다음 중 재고자산의 평가방법으로 적절하지 않은 것은? [2025년, 118회]

① 개별법 ② 후입선출법 ③ 총평균법 ④ 정액법

09 난이도 ★★ 필수

다음 중 재고자산의 단위원가(단가)를 결정하는 방법에 속하지 않는 것은? [2016년, 66회]

① 개별법   ② 선입선출법   ③ 가중평균법   ④ 연수합계법

10 난이도 ★★★

다음 자료를 이용하여 8월 31일 현재 월말 상품재고액을 선입선출법에 의해 계산하면 얼마인가? [2019년, 87회]

> A상품에 대한 거래 내역(단, 월초 A상품 재고는 없다)
> • 8월 2일 매입 800개 550원/개   • 8월 20일 매입 350개 540원/개   • 8월 25일 매출 900개 750원/개

① 110,000원   ② 135,000원
③ 187,500원   ④ 189,000원

11 난이도 ★★★

㈜서울의 12월 매입과 매출자료이다. 선입선출법에 의한 12월 말 재고자산과 매출원가는 얼마인가? [2018년, 77회]

일자	내역	입고		출고
		수량	단가	수량
12월 1일	월초재고	100개	300원	
12월 10일	매입	200개	400원	
12월 18일	매출			150개
12월 27일	매입	100개	500원	

	기말재고자산	매출원가		기말재고자산	매출원가
①	110,000원	50,000원	②	80,000원	50,000원
③	60,000원	110,000원	④	50,000원	110,000원

12 난이도 ★★★ 필수

다음 중 재고자산의 단가결정방법 중 선입선출법에 대한 설명으로 적절하지 않은 것은? [2019년, 83회]

① 물가상승 시 기말재고자산이 과소평가된다.   ② 물량흐름과 원가흐름이 대체적으로 일치한다.
③ 기말재고자산이 현행원가에 가깝게 표시된다.   ④ 물가 상승 시 이익이 과대 계상된다.

난이도 ★★★

13 다음은 영동기업의 당기 재고자산에 관련된 자료이다. 영동기업은 당해 연도 8월 중에 600개의 재고자산을 판매하였다. 영동기업이 원가흐름의 가정을 후입선출법으로 적용할 경우 당기의 매출원가와 기말재고자산의 가액은?

[2017년, 75회 변형]

	수량	매입단가
기초재고(1월 1일)	50개	500원
매입(5월 10일)	200개	600원
매입(6월 25일)	300개	650원
매입(7월 15일)	250개	800원

	기말재고자산	매출원가		기말재고자산	매출원가
①	160,000원	380,000원	②	115,000원	425,000원
③	425,000원	115,000원	④	380,000원	160,000원

난이도 ★★★ 필수

14 다음 중 아래의 자료에서 설명하는 특징을 가진 재고자산의 단가 결정방법으로 옳은 것은? [2024년, 114회]

- 실제 재고자산의 물량 흐름과 괴리가 발생하는 경우가 많다.
- 일반적으로 기말재고액이 과소 계상되는 특징이 있다.

① 개별법　　　② 가중평균법　　　③ 선입선출법　　　④ 후입선출법

난이도 ★★★ 필수

15 재고자산의 단가결정 방법 중 계속해서 물가가 상승하는 상황에서 기말재고 금액이 큰 것부터 순서대로 나열한 것은? 단, 기초재고와 기말재고는 동일하다고 가정한다. [2025년, 119회]

① 이동평균법 – 선입선출법 – 후입선출법　　② 선입선출법 – 이동평균법 – 후입선출법
③ 후입선출법 – 이동평균법 – 선입선출법　　④ 선입선출법 – 후입선출법 – 이동평균법

난이도 ★★ 필수

16 상품을 보관하는 과정에서 파손, 마모, 도난, 분실 등으로 인하여 실제재고수량이 장부상의 재고수량보다 적은 경우에 발생하는 손실을 처리하기 위한 계정과목으로 적절한 것은? [2019년, 85회]

① 대손상각비　　　　　　　② 재고자산감모손실
③ 재해손실　　　　　　　　④ 잡손실

01 ① 판매를 위해 보유 중인 상품 등은 재고자산임.

02 ③ 판매목적 제품, 상품이 재고자산임.

03 ④ 재고자산을 판매하기 위하여 발생하는 비용은 취득원가에 포함하지 않고 판매관리비로 처리함.

04 ④ 재고자산 매입 부대비용(매입운임, 매입보험료, 매입하역료)은 취득원가에 가산하지만 매입할인, 매입에누리, 매입환출은 취득원가에서 차감함.

05 ③ • 재고자산 취득원가: 매입가격(10,000) + 취득 소요 부대비용(5,000) = 15,000원
　　　• 판매장소 임차료는 취득 후 판매에 발생한 판매관리비임.

06 ③ 취득원가: 매입금액 300,000원(3,000원×100개) + 매입부대비용 10,000원(매입 운반비 8,000원 + 매입수수료 2,000원) = 310,000원임. 매입 후 판매 시 까지 발생한 창고수수료는 수수료비용(판매관리비)임.

07 ③ 상품은 자산이므로 차변 400,000원 증가는 상품을 현금으로 매입한 것임.

08 ④ 재고자산 평가방법은 선입선출법, 후입선출법, 평균법이 있음. 정액법은 감가상각 방법임.

09 ④ 재고자산 원가계산 방법은 개별법, 선입선출법, 후입선출법, 평균법이 있으며 연수합계법은 유형자산 감가상각 방법임.

10 ② 선입선출법은 먼저 매입한 것이 먼저 팔리므로 8.25에 팔린 900개는 [800개(8.2) + 100개(8.20)]이므로 기말재고는 8.25 구입한 250개가 남은 것임. 기말재고는 135,000(250개×540원)원임.

11 ① 선입선출법은 먼저 매입한 것이 먼저 팔린다는 가정이므로
　　　• 매출원가(12. 18 매출 150개): 100개×300원(12.1) + 50개×400원(12.10) = 50,000원
　　　• 기말재고: 150개×400원(12.10) + 100개×500원(12.27) = 110,000원

12 ① 물가 상승 시 선입선출법을 적용하면 처음 싸게 취득한 재고자산을 먼저 팔았으므로 기말에 남은 재고자산은 비싸게 취득한 것이 남게 됨. 즉, 선입선출법을 적용하면 기말재고자산이 과대평가됨.

13 ② 후입선출법은 나중에 매입한 것이 먼저 팔린다는 가정이므로
　　　• 매출원가(8월 중 매출 600개): 250개×800원(7.15) + 300개×650원(6.25) + 50개×600원 = 425,000원
　　　• 기말재고: 50개×500원(1.1) + 150개×600원(5.10) = 115,000원

14 ④ 물가가 상승 상황에서 연말에 비싸게 구입한 것이 먼저 팔리고, 연초에 싸게 구입한 것이 남으면 기말재고자산이 과소 평가됨.
　　　→ 이는 실제 재고흐름과 다른 후입선출법에 대한 설명임.

15 ② • 선입선출법: 물가 상승 상황에서 연초에 싸게 구입한 것이 먼저 팔리고, 연말에 구입한 것이 남으면 기말재고자산이 과대 평가됨.
　　　• 후입선출법: 물가 상승 상황에서 연말에 비싸게 구입한 것이 먼저 팔리고, 연초에 싸게 구입한 것이 남으면 기말재고자산이 과소 평가됨.
　　　• 평균법: 평균법은 연간 취득단가를 평균해 계산하므로 선입선출법과 후입선출법의 중간임.

16 ② 상품이 파손, 도난 등으로 수량이 없어지면 재고자산 감모손실로 처리함.

본 교재의 실습자료는 cafe.naver.com/eduacc의 「공지&DATA다운로드」에서 공지 에 있는 [콕콕정교수 전산회계 2급] 이론＋실무＋기출 실습데이터의 Data_Install_JH2.zip 파일을 다운받아 컴퓨터에 설치 후, 회사등록 클릭, F4 회사코드재생성 클릭 후 「안양상사」 선택

안양상사(회사코드: 0834) 관련 아래 내용을 전산세무회계 수험용 프로그램에 입력하시오.

난이도 ★ 필수

01 9월 16일, 판매할 상품을 거래처 한국상사에서 구입하고 현대카드(신용카드)로 결제하였다(계정과목은 외상매입금 계정을 사용하시오).　　　　　　　　　　　　　　　　　　　　　　　　　　　　　　　　　　　[2025년, 119회]

```
          카드매출전표
---------------------------
카드종류  :  현대카드
카드번호  :  5856-4512-20**-9965
거래일시  :  2021.9.16.  09:30:51
거래유형  :  신용승인
금     액  :  15,000,000원
결제방법  :  일시불
은행확인  :  국민은행
---------------------------
가맹점명  :  한국상사
```

난이도 ★

02 7월 21일, 상품(100개, 개당 10,000원)을 양촌상사로부터 외상으로 매입하고, 운반비 50,000원은 현금으로 지급하였다.
[2020년, 90회]

난이도 ★★ 필수

03 12월 13일, 미래상사에서 상품 3,000,000원을 매입하고, 대금 중 500,000원은 소유하고 있던 거래처 발행 당좌수표로 지급하고, 잔액은 당사가 당좌수표를 발행하여 지급하다. 단, 매입운임 20,000원은 현금으로 지급하다.
[2024년, 116회]

01 판매용 상품 취득금액을 상품으로 계상. 상거래(상품) 외상매입이므로 외상매입금 계정 선택하고 채무이므로 지급처 현대카드 입력

9. 16	(차) 상 품	15,000,000	(대) 외상매입금(현대카드)	15,000,000

02 상품가액은 1,000,000원(100개×10,000원)이며 상품 취득 시 운반비는 취득원가에 가산함.

7. 21	(차) 상 품	1,050,000	(대) 외상매입금(양촌상사)	1,000,000
			현　　금	50,000

03 보유하고 있던 당좌수표는 '현금' 계정과목 사용하며 당좌수표 발행해 지급하면 당좌예금이 감소함. 상품 취득 시 매입운임 20,000원은 상품 취득원가에 가산함.

12. 13	(차) 상 품	3,020,000	(대) 현　　금	520,000
			당좌예금	2,500,000

학습내용
출제경향

• 장기금융상품   • 장기투자증권   • 장기대여금   • 투자부동산

투자자산은 전산회계 2급 시험에 거의 출제되지 않으며 다른 계정과목과 복합하여 가끔 출제되는 중요도가 낮은 내용임. 각 투자자산의 개념 정도만 알면 충분함.

본 교재의 실습자료는 cafe.naver.com/eduacc의 「공지&DATA다운로드」에서 [공지]에 있는 [콕콕정교수 전산회계 2급] 이론+실무+기출 실습데이터의 Data_Install_JH2.zip 파일을 다운받아 컴퓨터에 설치 후, [회사등록] 클릭, [F4 회사코드재생성] 클릭 후 상록상사 선택

투자자산이란 회계 연도 말 기준으로 1년 이상 장기투자를 목적으로 취득한 자산으로 다음과 같은 종류가 있습니다. 다만, 전산회계 2급 시험 차원에서는 장기금융상품, 매도가능증권, 만기보유증권, 장기대여금, 투자부동산의 개념만 알면 충분합니다.

1 장기금융상품

장기금융상품이란 금융기관에 예치한 금융상품 중 회계기간 말 기준으로 1년 이후 만기가 도래하는 것을 말하는데 대표적인 장기금융상품은 다음과 같습니다.

> 장기성예금, 특정현금과예금(담보제공 예금, 당좌개설보증금)

1. 장기성예금

회계기간 말 기준으로 만기가 1년 이후 도래하는 정기예금, 정기적금, 펀드 등 기타 금융상품을 말하는데 KcLep은 장기성 정기예금, 정기적금과 같은 금융상품에 대해 '장기성예금' 계정과목을 사용하고 있습니다.

◎ 핵심체크

장기성 예금
회계기간 말 기준 만기 1년 이후 도래하는 정기예금, 정기적금 등

2. 특정현금과예금

특정현금과예금이란 소유주인 회사가 마음대로 인출할 수 없는 금융상품을 말하는데 대표적인 사례는 은행 차입 시 담보로 제공한 예금과 어음수표 발행을 위한 당좌예금 계좌 개설 시 예치하는 당좌개설보증금이 있습니다. 다만, 특정현금과예금은 전산회계 2급에 출제되지 않으니 과감히 패스해도 상관없습니다.

2 장기투자증권

단기매매증권은 1년 이내 단기투자목적의 유동자산, 매도가능증권과 만기보유증권은 1년 이상 장기투자목적의 비유동자산이라고 공부한 바 있습니다. 매도가능증권과 만기보유증권이 1년 이상 투자할 목적이기 때문에 장기투자증권이라고 합니다. 전산회계 2급 시험 차원에서는 유가증권의 장단기만 구분할 줄 알면 충분합니다.

3 장기대여금

회계기간 말(통상 12월 31일) 기준으로 1년 이후 회수되는 대여금을 장기대여금이라고 합니다.

4 투자부동산

1) 개 념
투자부동산이란 시세차익이나 임대료를 받기 위해 취득한 토지, 건물 등 부동산을 말합니다. 주의할 점은 회사 업무에 사용하기 위해 취득한 부동산은 투자부동산이 아니라 유형자산으로 분류해야 합니다.

2) 투자부동산 취득 시 수수료
부동산을 취득할 때는 취득세, 부동산 중개수수료 등의 비용이 발생하는데 이는 모두 부동산 취득을 위한 것이므로 부동산 취득원가에 포함하여야 합니다. 출제 가능성이 높으니 꼭 기억하세요.

🎯 **핵심체크**

장기투자증권
만기보유증권, 매도가능증권

🎯 **핵심체크**

장기대여금
회계기간 말 기준 1년 이후
회수 조건 대여금

🎯 **핵심체크** 콕

부동산의 분류
• 유형자산: 업무에 사용 목적
• 투자자산: 시세차익, 임대 목적
• 재고자산: 부동산 매매회사의
  판매용

3) 투자부동산 감가상각

회사 업무에 사용되는 건물 같은 유형자산은 감가상각을 통해 비용처리를 하지만 **투자부동산은 투자목적이기 때문에 감가상각을 하지 않습니다.**

투자자산 관련 이론 및 실무 기출문제를 풀어 보겠습니다.

이론기출 확인문제 | **전산회계 2급**, 2019년, 87회 |

정상적인 영업과정에서 판매할 목적으로 자산을 취득하면 (Ⓐ)으로, 시세차익을 목적으로 자산을 취득하면 (Ⓑ)으로 처리한다.

	Ⓐ	Ⓑ		Ⓐ	Ⓑ
①	투자자산	유형자산	②	재고자산	투자자산
③	무형자산	당좌자산	④	유형자산	비유동자산

|정답| ②
판매 목적으로 보유하는 자산은 재고자산, 시세차익을 목적으로 보유하는 자산은 투자자산임.

실무기출 확인문제 | **전산회계 2급**, 2021년, 96회 변형 |

12월 9일, ㈜부동산나라에서 투자목적으로 건물을 70,000,000원에 매입하고 전액 현금으로 지급하였다. 건물 매입에 따른 취득세 770,000원도 현금으로 납부하다.(하나의 전표로 회계처리 하시오.)

|정답|

12. 9	(차) 투자부동산	70,770,000	(대) 현 금	70,770,000

일	번호	구분	계 정 과 목	거 래 처	적 요	차 변	대 변
9	00009	차변	0183 투자부동산			70,770,000	
9	00009	대변	0101 현금				70,770,000

(*) 일반전표 입력 클릭 → 12. 9 입력 → 차변에 투자부동산 선택, 70,770,000원 입력, **취득세 770,000원도 투자부동산 취득원가에 가산해야 함.** → 대변에 현금 선택, 70,770,000원 입력

16 투자자산 이론기출 공략하기

01 난이도 ★ 필수

다음 중 유형자산에 해당하지 않는 것은? [2021년, 99회]

① 본사 사옥으로 사용하기 위한 현재 완공 전의 건설중인자산

② 공장에서 사용하는 기계장치

③ 사무실에서 사용하는 비품

④ 투자 목적으로 구입한 건물

02 난이도 ★

다음 중 재무상태표상 당좌자산에 속하는 계정과목이 아닌 것은? [2019년, 86회]

① 받을어음　　　② 투자부동산　　　③ 보통예금　　　④ 현금

03 난이도 ★

다음의 계정과목 중 당좌자산에 해당되지 않는 것은? [2015년, 63회]

① 당좌예금　　　② 외상매출금　　　③ 보통예금　　　④ 장기성예금

04 난이도 ★

다음 거래의 회계처리에 대한 설명으로 옳은 것은? [2020년, 90회]

> 장기 보유 목적으로 ㈜문정의 주식(1주당 액면금액 1,000원) 100주를 액면금액으로 매입하고 수수료 10,000원과 함께 자기앞수표로 지급하다.

① 영업외비용이 10,000원 증가한다.　　　② 투자자산이 110,000원 증가한다.

③ 만기보유증권이 110,000원 증가한다.　　　④ 유동자산이 10,000원 감소한다.

난이도 ★ **필수**

05 다음 설명의 (Ⓐ), (Ⓑ)의 내용으로 옳은 것은?

[2018년, 81회]

정상적인 영업과정에서 판매할 목적으로 자산을 취득하면 (Ⓐ)으로, 시세차익을 목적으로 자산을 취득하면 (Ⓑ)으로 처리한다.

	Ⓐ	Ⓑ
①	투자자산	유형자산
③	무형자산	당좌자산

	Ⓐ	Ⓑ
②	재고자산	투자자산
④	유형자산	비유동자산

정답 및 해설

01 ④ 투자 목적으로 구입한 건물(④)은 투자부동산(투자자산)이며 업무에 사용하는 건설중인자산(①), 공장 기계장치(②), 사무실 비품(③)은 유형자산임.

02 ② 투자부동산은 투자자산이며 받을어음, 보통예금, 현금은 당좌자산임.

03 ④ 장기성예금은 투자자산임.

04 ② 장기 보유 목적 주식은 매도가능증권이며 취득 수수료(10,000원)는 취득원가에 가산함. 즉, 매도가능증권 취득금액은 본래 금액 100,000원(100주×1,000원) + 취득 수수료 10,000원 = 110,000원임.

05 ② 판매용 자산은 재고자산, 시세차익 목적 자산은 투자자산임.

16 실무기출 공략하기

본 교재의 실습자료는 cafe.naver.com/eduacc의 「공지&DATA다운로드」에서 [공지]에 있는 [콕콕정교수 전산회계 2급] 이론+실무+기출 실습데이터의 Data_Install_JH2.zip 파일을 다운받아 컴퓨터에 설치 후, [회사등록] 클릭, [F4 회사코드재생성] 클릭 후 「상록상사」선택

상록상사(회사코드 : 0954) 관련 아래 내용을 전산세무회계 수험용 프로그램에 입력하시오.

난이도 ★★

01 8월 11일, 우정상사에 2년 후 회수예정으로 30,000,000원을 대여하고 이자를 미리 2,000,000원을 공제하고 나머지 금액을 보통예금계좌에서 이체하다(단, 미리 받은 이자는 전액 당기 수익으로 처리함). [2017년, 75회]

난이도 ★★

02 8월 2일, 보통예금에서 5,000,000원을 정기예금으로 이체하였으며, 이때 보통예금에서 700원의 송금수수료가 인출되었다. [전산회계 1급 2009년, 40회]

난이도 ★★ 필수

03 8월 5일, 이서희 씨로부터 장기투자 목적으로 토지를 취득하면서 7,000,000원을 당좌수표를 발행하여 지급하였다. 또한 이전 등기 하면서 취득세 150,000원을 현금으로 지급하였다. [전산회계 1급 2012년, 51회 변형]

🎯 정답 및 해설

01   2년 후 회수 예정이므로 장기대여금이며 대여금은 채권이므로 거래처 입력해야 함.

8. 11	(차) 장기대여금(우정상사)	30,000,000	(대) 보통예금	28,000,000
			이자수익(영업외수익)	2,000,000

02   송금수수료는 수수료비용(판매관리비)임.

8. 2	(차) 장기성예금	5,000,000	(대) 보통예금	5,000,700
	수수료비용(판매관리비)	700		

03   토지 취득 시 취득세와 같은 부대비용은 토지원가에 가산함.

8. 5	(차) 투자부동산	7,150,000	(대) 당좌예금	7,000,000
			현 금	150,000

17 유형자산의 취득

학습내용　·유형자산 개념　·유형자산 취득원가　·자본적 지출/수익적 지출

출제경향　1~2회 시험마다 이론 또는 실무문제로 1문제씩 출제되고 있는데 주로 유형자산의 개념/종류, 유형자산 취득원가, 취득 후 자본적 지출 관련 문제가 번갈아 가며 출제되고 있음.

> 본 교재의 실습자료는 cafe.naver.com/eduacc의 「공지&DATA다운로드」에서 공지 에 있는 [콕콕정교수 전산회계 2급] 이론+실무+기출 실습데이터의 Data_Install_JH2.zip 파일을 다운받아 컴퓨터에 설치 후, 회사등록 클릭, F4 회사코드재생성 클릭 후 청도상사 선택

1 유형자산 개념과 종류

유형자산이란 물리적 형태가 있는 것으로 회사 본연의 제조 및 영업활동에 사용할 목적으로 그 사용기간이 1년을 넘는 자산을 말합니다.

1. 유형자산 종류

유형자산의 종류는 한자를 바탕으로 그 용어가 정해졌는데 시험장에서 용어가 떠오르지 않으면 KcLep에 등록된 계정과목을 조회해서 입력하도록 하세요.

> 토지, 건물, 구축물, 기계장치, 차량운반구, 공구와기구, 비품, 건설중인자산

(*) 구축물(담장, 정원설비 등 건물 이외 구조물), 공구와기구(절단공구, 압력계 등), 비품(책상, 컴퓨터 등)

2. 건설중인자산

🎯 핵심체크

건설중인자산
공사중인 건물에 사용하는
임시 계정과목
⇒ 완공 시 건물로 대체

건물 완공에는 상당한 시간이 걸리기 때문에 **건축을 위해 지출된 재료비, 인건비, 각종 경비를 처리할 계정과목**이 필요한데, 이것이 바로 '건설중인자산'입니다. 건설중인자산은 다음과 같이 최종적으로 공사가 완료되면 건물 계정으로 대체되는데 전산회계 2급 차원에서는 개념만 알면 충분합니다.

> 공사비 발생시점(건설중인자산) ➡ 건물 완공시점(건물)

이론기출 확인문제 | 전산회계 **2급**, 2020년, 97회 |

다음과 같은 비유동자산들의 특징을 틀리게 설명한 것은?

> • 토지   • 건물   • 비품   • 차량운반구   • 기계장치   • 구축물

① 보고기간 종료일로부터 1년 이상 장기간 사용가능한 자산
② 판매 목적의 자산
③ 물리적 형태가 있는 자산
④ 타인에 대한 임대 또는 자체적으로 사용할 목적의 자산

|정답| ② 상품, 제품과 같은 판매 목적 자산은 재고자산임.

② 유형자산 취득원가

유형자산 취득원가는 유형자산을 정상 가동할 때까지 소요된 일체의 비용, 즉 본래 유형자산 가격에 취득세, 부동산 중개수수료, 운송비용, 설치비, 시운전비 등을 포함시켜야 하는데 이를 요약하면 다음과 같습니다.

유형자산 취득원가	취득가격·건설비용 + 매입 부대비용(취득세, 부동산 중개수수료, 운송비용, 설치비, 시운전비 등)

(*) 재산세: 취득세는 취득 시 납부하는 세금으로 취득원가에 가산해야 하지만 **재산세는 보유 시 납부하는 세금으로 판매관리비 중 '세금과공과'로 당기 비용임.**

전산회계 2급 시험에서 유형자산의 취득원가를 묻는 문제가 이론문제와 실무문제로 자주 출제되니 개념을 꼭 잡아야 합니다.

◎ 핵심체크 콕콕

유형자산 취득원가
취득가격(건설비용)
+ 취득 부대비용(취득세, 부동산 중개수수료, 운송비용, 설치비, 시운전비 등)

이론기출 확인문제 | 전산회계 **2급**, 2021년, 95회 |

다음의 유형자산과 관련된 지출금액 중 유형자산의 취득원가에 포함할 수 없는 것은?

① 취득 시 발생한 설치비
② 사용가능 후에 발생하는 소액 수선비
③ 유형자산을 본래 의도하는 방식으로 가동하는 데 필요한 시운전비
④ 유형자산을 본래 의도하는 장소로 이동하기 위한 운반비

|정답| ②
사용 가능 시점까지 발생한 비용만 취득원가에 가산되며 그 이후 비용은 당기비용(제조원가 또는 판매관리비) 처리해야 함.

실무기출 확인문제 | 전산회계 2급, 2017년, 75회 |

7월 10일, 청도상사는 기존 건물이 좁아서 새로운 건물을 구입하여 이전하기로 하였다. 건물 취득 시 취득가액은 50,000,000원이며, 건물에 대한 취득세 550,000원과 중개수수료 800,000원을 지급하였다. 건물구입 및 취득과 관련한 부대비용의 지출은 전액 보통예금으로 이체하였다.

|정답|

7. 10		(차) 건　　물		51,350,000		(대) 보통예금		51,350,000

일	번호	구분	계 정 과 목	거 래 처	적 요	차 변	대 변
10	00011	차변	0202 건물			51,350,000	
10	00011	대변	0103 보통예금				51,350,000

(*) 일반전표 입력 클릭 → 7. 10 입력 → 차변에 건물 선택, 51,350,000 입력, **취득세 550,000원과 중개수수료 800,000원도 건물 취득원가에 가산해야 함.** → 대변에 보통예금 선택, 51,350,000원 입력

③ 유형자산 취득 후 후속원가

건물, 기계장치, 차량운반구 등 유형자산은 사용하다 보면 주기적인 수선이 필요한데 이 수선은 크게 수익적 지출과 자본적 지출로 구분됩니다.

1. 수익적 지출

수익적 지출은 당초 성능의 회복이나 유지를 위한 지출로 대표적인 사례가 **건물이나 벽의 페인트 칠, 파손된 유리의 교체, 기계장치의 벨트 교체, 차량운반구의 타이어 교체** 등입니다.
이러한 수익적 지출은 당기 비용으로 처리하여야 하는데, KcLep 입력할 시 공장에서 발생한 비용은 제조원가 중 수선비, 본사에서 발생한 비용은 판매비와관리비 중 수선비를 선택해야 합니다.

2. 자본적 지출

자본적 지출은 유형자산의 증설, 개량, 대체, 구조 변경과 같이 일시적인 수선이 아닌 향후 수년간 그 가치가 유지되는 수선입니다. 대표적인 자본적 지출에는 **엘리베이터 설치, 고가의 냉난방 장치 설치, 빌딩의 피난시설 설치, 증설·확장, 사용용도 변경** 등이 있으며 자본적 지출은 일단 유형자산에 가산한 뒤 사용기간에 걸쳐 감가상각을 통해 비용처리 합니다.

전산회계 2급 시험에 수익적 지출과 자본적 지출을 구분하는 문제가 이론 및 실무로 자주 출제되니 꼭 원리를 바탕으로 학습하시기 바랍니다.

다음은 대표적인 기출문제입니다.

이론기출 확인문제 | 전산회계 2급, 2020년, 92회 |

유형자산의 취득 또는 완성 후의 지출이 유형자산으로 인식되기 위한 조건을 충족한 자본적 지출로 처리해야 하는 경우가 아닌 것은?

① 내용연수 연장 ② 상당한 원가절감
③ 생산능력 증대 ④ 수선유지를 위한 지출

|정 답| ④

수선유지를 위한 지출은 수익적 지출로 당기 비용 처리해야 함.

실무기출 확인문제 | 전산회계 2급, 2018년, 81회 |

8월 10일, 관리부 소속 건물의 외벽에 피난 시설을 설치하면서 설치비 10,000,000원을 하나은행 보통예금으로 지급하고, 외벽 도장공사비 2,000,000원은 현금으로 지급하였다.(단, 피난시설 설치비는 자본적 지출, 도장공사는 수익적 지출로 처리함.)

|정 답|

| 8. 10 | (차) 건　물 | 10,000,000 | (대) 보통예금 | 10,000,000 |
| | 수선비(판매관리비) | 2,000,000 | 현　금 | 2,000,000 |

일	번호	구분	계 정 과 목	거 래 처	적 요	차 변	대 변
10	00002	차변	0202 건물			10,000,000	
10	00002	대변	0103 보통예금				10,000,000
10	00003	차변	0820 수선비			2,000,000	
10	00003	대변	0101 현금				2,000,000

(*) 일반전표 입력 클릭 → 8. 10 입력 → **피난시설 설치비는 자본적 지출(자산 처리), 외벽 도장공사비는 수익적 지출(비용) 처리** → 차변에 건물, 10,000,000원 입력 → 대변에 보통예금, 10,000,000원 입력 → 차변에 수선비(판매관리비), 2,000,000원 입력, **관리부 소속 건물 수선이므로 판매관리비(800번대) 선택** → 대변에 현금, 2,000,000원 입력

01 난이도 ★ **필수**
자산의 분류 중 다음 설명에 해당하는 자산 계정으로 옳은 것은? [2016년, 66회]

> 구체적인 형태가 있는 자산으로 판매목적이 아닌 영업활동에 장기간 사용하기 위하여 소유하는 자산

① 비품　　　　　② 상품　　　　　③ 투자부동산　　　　　④ 산업재산권

02 난이도 ★★ **필수**
다음 중 유형자산으로 분류하기 위한 조건으로 가장 옳지 않은 것은? [2025년, 118회]

① 1년을 초과하여 사용할 것이 예상되어야 한다.
② 타인에 대한 임대 또는 자체적으로 사용할 목적으로 보유하고 있어야 한다.
③ 물리적인 실체가 있어야 한다.
④ 판매 목적으로 보유해야 한다.

03 난이도 ★
다음 중 재무상태표상 유동자산에 속하는 계정과목이 아닌 것은? [2017년, 76회]

① 받을어음　　　　　② 기계장치　　　　　③ 단기대여금　　　　　④ 외상매출금

04 난이도 ★
다음 중 유형자산으로 분류할 수 없는 것은? [2020년, 92회]

① 전화기 생산업체가 보유하고 있는 조립용 기계장치　　② 생수업체가 사용하고 있는 운반용 차량운반구
③ 핸드폰 판매회사가 사용하는 영업장 건물　　　　　　④ 자동차판매회사가 보유하고 있는 판매용 승용자동차

05 난이도 ★
재화의 생산, 용역의 제공, 타인에 대한 임대 또는 자체적으로 사용할 목적으로 보유하는 물리적 형체가 있는 자산
으로서, 1년을 초과하여 사용할 것이 예상되는 자산은? [2020년, 88회]

① 건설중인 자산　　　② 상품　　　　　③ 투자부동산　　　　　④ 산업재산권

06 난이도 ★★ 필수

다음 중 일반적으로 유형자산의 취득원가에 포함시킬 수 없는 것은? [2024년, 115회]

① 설치비
② 취득세
③ 취득 시 발생한 운송비
④ 보유 중에 발생한 수선유지비

07 난이도 ★★ 필수

다음의 자료를 이용하여 유형자산의 취득원가를 계산하면 얼마인가? [2024년, 117회]

- 취득세 : 50,000원
- 유형자산 매입대금 : 1,500,000원
- 재산세 : 30,000원
- 사용 중에 발생된 수익적 지출 : 20,000원

① 1,500,000원　　　② 1,550,000원　　　③ 1,570,000원　　　④ 1,580,000원

08 난이도 ★★

다음 자료에 의하여 토지의 취득가액을 구하시오. [2016년, 66회]

- 토지 취득대금: 15,000,000원　　• 토지 취득세: 1,000,000원　　• 토지 재산세: 500,000원

① 13,000,000원　　　② 13,500,000원　　　③ 16,000,000원　　　④ 16,500,000원

09 난이도 ★★ 필수

다음 내역 중 차량운반구계정 차변에 기입할 수 있는 내용으로 옳은 것은? [2017년, 72회]

ㄱ. 차량 구입 시 취득세 지급
ㄴ. 차량 구입 후 자동차세 지급
ㄷ. 차량 구입 후 자본적 지출 지급
ㄹ. 차량 구입 시 자동차 보험료 지급

① ㄱ, ㄷ　　　② ㄱ, ㄴ　　　③ ㄴ, ㄷ　　　④ ㄷ, ㄹ

10 난이도 ★★

다음 거래와 관련된 설명으로 옳은 것은? [2018년, 79회]

업무용 승용차를 30,000,000원에 구입하고 대금 중 20,000,000원은 보통예금에서 이체하였으며 10,000,000원은 신용카드(일시불)로 계산하였다. 승용차 구입관련 취득세 2,000,000원은 현금으로 지급하였다.

① 비용발생인 세금과공과금으로 계상되는 금액은 2,000,000원이다.
② 부채증가인 미지급금으로 계상되는 금액은 20,000,000원이다.
③ 자산증가인 보통예금으로 계상되는 금액은 10,000,000원이다.
④ 자산증가인 차량운반구로 계상되는 금액은 32,000,000원이다.

11 난이도 ★★ 필수

다음 공문에 나타난 거래를 회계처리 할 때 차변 계정과목과 금액으로 옳은 것은?　　　[2017년, 76회]

도담상사

제목 : 회사 별관 신축 건립 보고

가. 별관 신축 관련
  1) 토지 30,000,000원(제비용 1,000,000원 포함)을 취득.
  2) 사무실 업무용 컴퓨터, TV 등 2,000,000원(제비용 10만원 포함)구입.
~~~~~~~~~~~~~~~~~~~~~~~~~~~~~~~~~~~~~~이하생략

---

① 토지 30,000,000원, 비품 2,000,000원
② 토지 31,000,000원, 비품 2,000,000원
③ 토지 29,000,000원, 비품 1,900,000원
④ 토지 30,000,000원, 비품 1,900,000원

12 난이도 ★★ 필수

다음은 자본적 지출과 수익적 지출의 예시이다. 각 빈칸에 들어갈 말로 바르게 짝지어진 것은?　　[2024년, 116회]

• 태풍에 파손된 유리 창문을 교체한 것은 (㉠)적 지출
• 자동차 엔진오일의 교체는 (㉡)적 지출

① ㉠ 자본, ㉡ 수익
② ㉠ 자본, ㉡ 자본
③ ㉠ 수익, ㉡ 자본
④ ㉠ 수익, ㉡ 수익

13 난이도 ★★ 필수

다음의 내용과 관련하여 재무상태표와 손익계산서에 미치는 영향으로 옳은 것은?　　[2024년, 117회]

건물 내부 조명기구 교체 비용을 수익적 지출로 처리하여야 하나, 자본적 지출로 처리하였다.

① 자산의 과소계상
② 비용의 과대계상
③ 수익의 과대계상
④ 당기순이익의 과대계상

14 난이도 ★★★

다음 중 유형자산 취득 후 수익적 지출을 자본적 지출로 처리한 경우 자산, 비용, 당기순이익에 미치는 영향으로 바르게 표시한 것은?　　[2019년 83회]

① (자산): 과대계상, (비용): 과소계상, (당기순이익): 과대계상
② (자산): 과소계상, (비용): 과소계상, (당기순이익): 과대계상
③ (자산): 과소계상, (비용): 과대계상, (당기순이익): 과소계상
④ (자산): 과대계상, (비용): 과소계상, (당기순이익): 과소계상

01 ① 유형자산에 대한 설명으로 '비품'이 유형자산에 해당함.

02 ④ 판매 목적 보유하면 재고자산임.

03 ② 기계장치는 비유동자산 중 유형자산임.

04 ④ 자동차 판매회사의 판매용 승용차는 재고자산(상품)임.

05 ① 건설중인자산(①)은 유형자산, 상품(②)은 재고자산, 투자부동산(③)은 투자자산, 산업재산권(④)은 무형자산임.

06 ④ 유형자산 취득원가는 취득가액에 취득 부대비용(취득세, 취득 시 운송비 등)을 가산함. 보유 중 발생한 수선유지비는 판매관리
비 또는 제조원가임.

07 ② • 취득원가: 매입대금(1,500,000) + 취득세(50,000) = 1,550,000원
• 재산세와 사용중 수익적 지출은 당기 비용으로 처리함.

08 ③ 취득세는 토지 취득 시 세금으로 토지 취득원가에 가산하지만 재산세는 보유 시 세금으로 "세금과공과"(당기 비용) 처리함. 토
지 취득가액은 15,000,000원(토지 취득대금) + 1,000,000원(취득세) = 16,000,000원임.

09 ① 차량운반구 계정 차변에 기입되기 위해서는 취득원가 처리되어 함. 취득원가에 가산되는 항목은 취득세(ㄱ), 자본적 지출(ㄷ)
이며 자동차세(ㄴ)와 보험료(ㄹ)는 당기 비용 처리해야 함.

10 ④ ① 승용차 구입 시 취득세는 "세금과공과"(당기 비용)가 아니라 취득원가에 가산해야 함.
② 취득 대금 20,000,000원 중 미지급한 10,000,000원만 부채로 계상해야 함.
③ 보통예금에서 승용차 취득대금 10,000,000원을 지급했으므로 보통예금은 감소함.
④ 승용차 가액은 30,000,000원(취득가액) + 2,000,000원(취득세), 총 32,000,000원임.

11 ① 토지 취득가액은 30,000,000원, 비품 취득가액은 2,000,000원임. 유형자산(토지, 비품) 취득 시 취득부대비용은 취득원가에 가
산해야 함.

12 ④ 파손된 유리 교체와 자동차 엔진오일 교체는 모두 원상회복의 수익적 지출로 당기비용임.

13 ④ • 조명기구 교체비용(수익적 지출: 당기비용)을 자본적지출(자산)으로 처리
• 비용 과소계상, 자산 과대계상 → 당기순이익 과대계상, 자본 과대계상

14 ① 수익적 지출(비용)을 자본적 지출(자산)로 처리하면 비용이 실제보다 적게 계상되어 이익은 늘어나고 자산은 실제 보다 과대
계상됨.

17 실무기출 공략하기

본 교재의 실습자료는 cafe.naver.com/eduacc의 「공지&DATA다운로드」에서 공지 에 있는 [콕콕정교수 전산회계 2급] 이론+실무+기출 실습데이터의 Data_Install_JH2.zip 파일을 다운받아 컴퓨터에 설치 후, 회사등록 클릭, F4 회사코드재생성 클릭 후 「상지상사」 선택

상지상사(회사코드: 0804) 관련 아래 내용을 전산세무회계 수험용 프로그램에 입력하시오.

01 난이도 ★★
10월 10일, 본사 사옥으로 사용하기 위해 건물을 취득하면서 대금 200,000,000원을 보통예금에서 이체하였고, 그와 관련한 취득세 6,000,000원을 현금으로 납부하였다.   [2020년, 94회]

02 난이도 ★★ 필수
11월 14일, 시작상사에서 판매용 컴퓨터 10,000,000원과 업무용 컴퓨터 2,000,000원을 매입하였다. 대금은 당사가 발행한 약속어음 2매(10,000,000원 1매, 2,000,000원 1매)로 지급하였다(단, 하나의 분개로 입력할 것).   [2019년, 88회]

03 난이도 ★★ 필수
11월 28일, 회사의 차량을 15,000,000원에 취득하고 취득세 450,000원 및 기타매입부대비용 150,000원을 보통예금에서 이체하다.   [2024년, 115회]

04 난이도 ★★ 필수
09월 25일, ㈜다바꿔에서 사무용 비품인 컴퓨터 및 주변기기를 8,000,000원에 구입하였다. 미리 지급한 계약금 1,000,000원을 제외한 나머지 잔금 7,000,000원은 당좌수표를 발행하여 결제하였다. 단, 하나의 전표로 입력할 것.   [2025년, 119회]

05 난이도 ★★

9월 12일, 본사 건물에 엘리베이터를 설치하고 13,000,000원을 코스코빌딩(주)에 2개월 후에 지급하기로 하다(건물에 대한 자본적지출로 회계처리). [2020년, 92회]

06 난이도 ★★

9월 25일, 승합차 등록비용 205,000원을 자동차등록 대행업체인 예스카에 현금으로 지급하였다. [2020년, 92회]

영수증		발행일			2020.9.25.
		받는이	상지상사		귀하
공급자					
상 호	예스카		대표자	김센타	(인)
받은금액					205,000원
날짜	품목	수량	단가		금액
9/25	차량등록비용				150,000원
	번호판구입외				55,000원
합 계				₩	205,000원

07 난이도 ★★ 필수

8월 12일, 주차장으로 사용할 토지를 20,000,000원에 준선상사로부터 매입하고 대금은 당좌수표를 발행하여 지급하다. 토지 취득 시 취득세 920,000원은 현금으로 지급하였다. [2020년, 90회]

08 난이도 ★★ 필수

9월 25일, 신규로 구입한 승용차의 취득세를 국민은행에 현금으로 납부하였다. [2024년, 114회]

경기도		차량 취득세 (전액)		납부(납입) 서	납세자보관용 영수증	
납세자		상지상사				
과세 내역	차번	21로 2011	년식	2018	과 세 표 준 액	
	목적	신규등록(일반등록)	특례	세율특례없음		45,000,000
	차종	승용자동차	세율	70/1000		
세목		납 부 세 액	납부할 세액 합계		전용계좌로도 편리하게 납부!!	
취 득 세		2,150,000			대구은행	021-08-3703795
가산세		0	2,150,000원		신한은행	661-53-21533
지방교육세		0			기업은행	123-59-33333
농어촌특별세		0	신고납부기한		국민은행	624-24-0142-911
합계세액		2,150,000	2018.9.30. 까지			

09 난이도 ★★ 필수

7월 16일, 판매부서 건물의 엘리베이터 설치비 30,000,000원과 외벽 방수공사비 5,000,000원을 보통예금으로 지급하다(단, 엘리베이터 설치비는 건물의 자본적 지출, 외벽 방수공사비는 수익적 지출로 처리함).

[2024년, 112회 변형]

🎯 정답 및 해설

01 건물 취득 시 취득세는 건물 취득원가에 가산해야 함.

10. 10	(차) 건 물	206,000,000	(대) 보통예금	200,000,000
			현 금	6,000,000

02 판매용 컴퓨터는 상품(10,000,000원), 업무에 사용할 컴퓨터는 비품(2,000,000원) 처리. 상품 매입 시 외상은 외상매입금(구두상 외상) 또는 지급어음(어음 발행으로 외상) 처리하고 비품 외상 구입은 구두상 외상이든 어음 발행하면서 외상이든 미지급금 처리. 지급어음과 미지급금은 모두 채무이므로 거래처 입력해야 함.

11. 14	(차) 상 품	10,000,000	(대) 지급어음(시작상사)	10,000,000
	비 품	2,000,000	미지급금(시작상사)	2,000,000

03 차량 취득 시 발생한 취득세, 기타 부대비용은 모두 취득원가에 가산해야 함.

11. 28	(차) 차량운반구	15,600,000	(대) 보통예금	15,600,000

04 컴퓨터 및 주변기기는 비품 계정과목 선택. 미리 지급한 계약금은 선급금으로 처리되어 있으므로 대변에 선급금 없앰. 또한 당좌수표 발행하면 당좌예금에서 인출되므로 대변에 당좌예금 선택.

09. 25	(차) 비 품	8,000,000	(대) 선급금((주)다바꿔)	1,000,000
			당좌예금	7,000,000

05 엘리베이터 설치는 자본적 지출로 자산인 건물로 처리해야 함. 유형자산 취득 시 외상금액은 미지급금 처리하고 거래처 입력해야 함.

9. 12	(차) 건 물	13,000,000	(대) 미지급금(코스코빌딩(주))	13,000,000

06 자동차 등록비용은 취득 부대비용이므로 취득원가에 가산해야 함.

9. 25	(차) 차량운반구	205,000	(대) 현 금	205,000

07 토지 취득세는 취득원가에 가산해야 함. 당좌수표를 발행하면 당좌예금에서 금액이 빠져나가므로 대변에 당좌예금을 줄여야 함.

8. 12	(차) 토　지	20,920,000	(대) 당좌예금	20,000,000
			현　금	920,000

08 차량 취득세는 취득원가에 가산해야 함.

9. 25	(차) 차량운반구	2,150,000	(대) 현　금	2,150,000

09 엘리베이터 설치비 30,000,000원은 자본적 지출(자산, 건물에 가산), 외벽 방수공사비 5,000,000원은 수익적 지출(당기 비용, 판매부서용 건물이므로 판매관리비 중 수선비) 처리해야 함.

7. 16	(차) 건　물	30,000,000	(대) 보통예금	35,000,000
	수선비(판매관리비)	5,000,000		

감가상각비

이론 실무

학습내용
· 감가상각 개념과 방법 · 정액법 · 정률법

출제경향
1~2회 시험마다 이론 또는 실무문제로 1문제씩 출제되고 있으며 주로 감가상각의 개념과 정액법에 의한 감가상각 계산문제가 출제되고 있음.

 정교수 콕콕

본 교재의 실습자료는 cafe.naver.com/eduacc의 「공지&DATA다운로드」에서 공지 에 있는 [콕콕정교수 전산회계 2급] 이론+실무+기출 실습데이터의 Data_Install_JH2.zip 파일을 다운받아 컴퓨터에 설치 후, 회사등록 클릭, F4 회사코드재생성 클릭 후 청도상사 선택

핵심체크

감가상각비 개념
· 유형자산 취득원가를 일정기간 비용으로 인식하는 과정
· 토지, 건설중인자산, 투자부동산은 감가상각하지 않음.

① 감가상각비 개념

건물, 기계장치, 차량운반구 등은 시간이 지남에 따라 소모되므로 유형자산은 취득 후 줄어드는 경제적 가치를 비용으로 인식해야 합니다.

예를 들어 2,000만 원짜리 트럭을 구입해 업무에 사용하면 시간이 지날수록 마모되어 결국 트럭을 폐차하게 되는데, 만약 트럭의 사용기간을 10년이라고 가정하면 취득금액이 2,000만 원이므로 매년 200만 원씩 소모되는 겁니다.

이렇게 소모되는 금액을 감가되어 없어지는 비용, 즉, 감가상각(減價償却)이라고 하는데 **감가상각**이란 수익과 비용의 적절한 대응을 위해 **유형자산 취득원가를 일정 기간 합리적인 방법으로 배분하여 비용으로 인식하는 과정**입니다.

한 가지 주의할 점은 **토지**는 닳아 없어지지 않기 때문에, 그리고 **건설중인자산**은 아직 완공이 되지 않았고 **투자부동산**은 사용을 위한 것이 아니라 투자용이므로 **감가상각하지 않습니다.** 관련한 이론기출 문제를 풀어 보겠습니다.

이론기출 확인문제		전산회계 2급, 2021년, 97회	

다음 중 감가상각을 하지 않는 유형자산은?

① 건물   ② 비품   ③ 기계장치   ④ 건설중인자산

|정답| ④
토지, 건설중인자산, 투자부동산은 감가상각 하지 않음.

② 감가상각비 회계처리 방법

감가상각비를 인식하는 방법은 다음과 같이 유형자산에서 직접 차감해서 없애거나 유형자산의 차감적 평가계정을 설정하는 두 가지 방법이 있습니다. 예를 들어 차량을 2,000만 원에 취득한 후 첫 1년 차에 200만 원의 감가상각비가 발생했다 가정할 때 두 가지 방법에 따라 회계처리하고 재무제표에 표시하면 다음과 같습니다.

구 분	직접 차감	차감적 평가계정
회계 처리	차) 감가상각비　 2,000,000 　 대) 차량운반구　　 2,000,000	차) 감가상각비　 2,000,000 　 대) 감가상각누계액　　 2,000,000
재무상태표 표 시	차량운반구　 18,000,000	차 량 운 반 구　 20,000,000 감가상각누계액　 (−)2,000,000

1. 직접 차감

이 방법은 감가상각비 2,000,000만 원을 차량 취득가액 20,000,000원에서 직접 차감하는 방법으로 차량잔액은 18,000,000원이 됩니다. 즉, 손익계산서에는 감가상각비 2,000,000원이 비용처리 되고 재무상태표에서는 차량 잔액 18,000,000원이 표시됩니다.

2. 차감적 평가계정

이 방법은 감가상각비 2,000,000만 원을 차량운반구에서 직접 차감하지 않고 "감가상각누계액"이라는 이름으로 차량운반구에서 차감하는 방법입니다. 즉, 손익계산서에는 감가상각비 2,000,000원이 비용처리 되고 재무상태표에서는 차량 총액 20,000,000원, 감가상각누계액(감가상각 되어 쌓인 금액) 2,000,000원이 표시되어 결국 차량 잔액 18,000,000원임을 알 수 있습니다.

위 두 방법 모두 사용가능하지만 감가상각비를 차량운반구에서 직접 차감하는 것보다 차감적 평가계정인 감가상각누계액을 설정하는 것이 더 많은 정보를 제공하므로 일반기업회계기준은 감가상각누계액을 설정하도록 규정하고 있습니다.

❸ 감가상각비/감가상각누계액 KcLep 입력 시 주의할 사항

감가상각비와 감가상각누계액을 KcLep에 입력할 때는 다음 두 가지를 반드시 주의해야 합니다.

1. 유형자산 종류별 감가상각누계액 입력

🎯 **핵심체크** 🐵 🐵

감가상각 KcLep 입력
- 감가상각누계액 종류:
  건물, 기계장치 등
- 제조원가(518)
  Vs 판매관리비(818)

유형자산에는 건물, 비품 등 여러 가지 종류가 있으므로 감가상각누계액 입력 시 반드시 해당 유형자산의 감가상각누계액을 선택해야 합니다. 예를 들어 차량에 대한 감가상각누계액은 아래와 같이 차량운반구용 감가상각누계액(209번)을 선택해야 합니다.

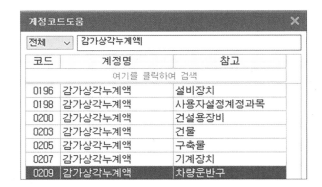

2. 제조원가 Vs 판매비와관리비

감가상각비를 KcLep에 입력할 때 공장에서 발생한 감가상각비는 KcLep 코드 500번대 제조원가, 본사의 영업/관리부서에서 발생한 감가상각비는 KcLep 코드 800번대 판매비와관리비로 처리해야 합니다.

예를 들어 동일한 트럭의 감가상각비라 하더라도 공장에서 사용되는 트럭의 감가상각비는 제조원가의 감가상각비, 영업/관리부서에서 사용되는 트럭의 감가상각비라면 판매비관리비의 감가상각비로 입력해야 합니다.
전산회계 2급은 주로 도소매업을 가정해 출제되므로 주로 KcLep 입력 시 500번대 판매관리비로 입력하면 됩니다.

정교수 콕콕

12월 31일 당기의 감가상각비를 다음과 같이 회계처리 하시오.

> • 영업부서 차량운반구: 1,000,000원 • 제조부서 차량운반구: 3,000,000원

정답

영업부는 판매비와관리비의 감가상각비(코드 818번), 제조부 감가상각비는 제조원가의 감가상각비(코드 518번)를 선택해야 하며, 감가상각누계액은 차량운반부(코드 209)를 선택해야 함.

| 12. 31 | (차) 감가상각비(판매관리비) 1,000,000 (대) 감가상각누계액(차량운반구) 4,000,000 |
| | 감가상각비(제조원가) 3,000,000 |

일	번호	구분	계 정 과 목	거 래 처	적 요	차 변	대 변
31	00001	차변	0818 감가상각비			1,000,000	
31	00001	차변	0518 감가상각비			3,000,000	
31	00001	대변	0209 감가상각누계액				4,000,000

(*) 일반전표 입력 클릭 → 12. 31 입력 → 차변, 판매관리비의 감가상각비(818) 선택, 1,000,000원 입력 → 차변, 제조원가 중 감가상각비(518) 선택 3,000,000 입력 → 대변, 감가상각누계액 중 차량운반구(209) 선택, 4,000,000원 입력

❹ 감가상각 방법

감가상각 방법에는 **정액법, 정률법, 연수합계법, 생산량비례법, 이중체감법,** 이렇게 **5가지** 방법이 있는데 그 중 가장 많이 사용되는 방법은 정액법과 정률법입니다. **감가상각 방법이 선택되면** 소멸형태가 바뀌지 않는 한 **매년 계속 적용**해야 합니다.

전산회계 2급 시험 차원에서는 **정액법 계산문제가 주로 출제**되고 있으며 아주 가끔 정률법 계산문제가 출제되고 있습니다. 정률법이 너무 어려우면 과감히 포기해도 전산회계 2급 합격에는 지장이 없습니다. 또한 **연수합계법, 생산량비례법, 이중체감법은** 자세한 내용은 알 필요 없고 감가상각 방법의 한 종류라는 것만 알면 충분합니다.

1. 정액법

1) 개 념

정액법이란 유형자산의 **(취득원가 - 잔존가치)**가 매년 동일한 금액이 감가상각 된다는 가정하에 계산하는 가장 단순한 방법으로 다음과 같이 계산됩니다. 매년 같은 정도로 경제적 가치가 소멸하는 경우에 적합한 방법입니다.

핵심체크

감가상각 방법
• 정액법, 정률법, 연수합계법, 생산량비례법, 이중체감법
• 한 번 선택된 감가상각방법은 계속 적용

핵심체크

정액법
• (취득원가-잔존가치) ÷내용연수
• 감가상각비 매년 동일

정액법 감가상각비	(취득원가 − 잔존가치) ÷ 내용연수

(*) 내용연수(유형자산의 예상 사용 기간), 잔존가치(내용연수 끝나는 시점의 유형자산 예상 처분가액)

2) 계산방법

기출문제를 통해 정액법의 구체적인 감가상각비를 계산해 보겠습니다.

이론기출 확인문제	**| 전산회계 2급**, 2021년, 99회 변형 **|**

12월 31일, 영업부에서 사용하기 위하여 당해연도 1월 1일에 취득한 차량운반구의 감가상각비를 계상하다.

> 취득원가 8,000,000원, 잔존가액 800,000원, 내용연수 3년, 정액법

|정 답| 매년 2,400,000원씩 감가상각

구 분	연도별 감가상각비		감가상각 누계액	기 말 장부가액
1차 연도	(8,000,000 − 800,000) ÷ 3년 = 2,400,000	매년 동일	2,400,000	5,600,000
2차 연도	2,400,000		4,800,000	3,200,000
3차 연도	2,400,000		7,200,000	800,000

 **핵심체크**

정률법
- (미상각잔액)×상각률
- 감가상각비 매년 감소

[주 의] 연중에 취득 시 정액법 감가상각비: 월할 상각

만약 상기 문제에서 차량운반구를 **5월 1일에 취득**했다면 1차 연도에 2,400,000원 중 **5월 1일 ~ 12월 31일, 즉 8개월 치만 감가상각**을 해야 합니다. 이를 **월할 상각**이라고 하는데 계산하면 다음과 같습니다.

8개월 치 월할 계산	2,400,000원(1년 치) × [8개월 ÷ 12개월] = 1,600,000원

3) 재무상태표 표시

좀 전 계산했던 감가상각비 연간 금액 2,400,000원을 매년 처리하면 다음과 같이 재무상태표가 변합니다.

1년 차 말	
:	
차량운반구	8,000,000
감가상각누계액	(−)2,400,000
:	

⇒

3년 차 말	
:	
차량운반구	8,000,000
감가상각누계액	(−)7,200,000
:	

2. 정률법

1) 개 념

정률법이란 유형자산의 **내용연수 동안 동일한 율(%)로 상각**된다는 가정의 방법으로 **미상각 잔액에 정률법 상각률을 곱해 감가상각비를 계산**합니다.

정률법을 사용하기 위해서는 매년 상각할 율(%), 즉 감가상각률이 필요한데 전산회계 시험에서는 이 상각률을 문제에서 제시하여 주고 있으므로 **미상각잔액에 그냥 상각률을 곱하기만 하면 됩니다.**

정률법 감가상각비	(취득원가 − 감가상각누계액) × 감가상각률
	미상각잔액(기초장부가액)

미상각 잔액이란 아직 감가상각 하지 않은 금액으로 최초에는 취득가액입니다. 그러다가 1년차 감가상각을 하고 나면 [취득가액 − 1년차 감가상각비]가 미상각 잔액이 됩니다. 한 가지 주의할 점은 정률법 감가상각이 끝나면 잔존가치만 남게 되는데, 그 이유는 정률법 감가상각률이 그렇게 되도록 정해지기 때문입니다. 즉, **정률법으로 감가상각 할 때는 잔존가치는 무시하고 그냥 미상각잔액에 감가상각률을 곱하기만 하면 됩니다.**

2) 계산방법

다음 사례를 통해 정률법에 의한 감가상각비를 계산할 텐데 그 내용이 꽤 복잡하니 **어려우면 과감히 패스해도 전산회계 2급 시험 합격에 전혀 지장이 없습니다.**

이론기출 확인문제 | **전산회계 2급**, 2021년, 99회 변형 |

12월 31일, 영업부에서 사용하기 위하여 당해연도 1월 1일에 취득한 차량운반구의 감가상각비를 정률법에 의해 계산하시오.

- 취득원가 8,000,000원   · 잔존가액 800,000원   · 내용연수 3년   · 정률법 상각률: 53.58%

정답		감가상각 누계액	기 말 장부가액

구 분	연도별 감가상각비		감가상각 누 계 액	기 말 장부가액
1차 연도	8,000,000 × 53.58% = 4,286,400	매년 감소	4,286,400	3,713,600
2차 연도	3,713,600 × 53.58% = 1,989,746		6,276,146	1,723,854
3차 연도	1,723,854 × 53.58% = 923,854		7,200,000	800,000

① 1차 연도 감가상각비: 4,286,400원

1차 연도 감가상각비는 취득가액 8,000,000원에 53.58%를 곱해 계산하면 4,286,400원입니다. 1차 연도에 주의할 점은 (취득가액 - 잔존가치)에 상각률을 곱하면 안 되고 반드시 취득가액 8,000,000원에 상각률을 곱해야 한다는 것입니다. 왜냐하면 상각률 53.58%는 취득가액에 곱해야 맨 마지막에 잔존가치가 남도록 계산되었기 때문입니다.

② 2차 연도 감가상각비: 1,989,746원

2차 연도 감가상각비는 이미 상각된 4,289,400원을 차감한 미상각 잔액 3,713,600원에 감가상각률 53.58%를 곱해 1,989,746원으로 계산합니다.

③ 3차 연도 감가상각비: 923,854원

3차 연도 감가상각비는 이미 상각된 2년치 감가상각비 6,276,146원을 차감한 미상각 잔액 1,723,854원에 감가상각률 53.58%를 곱해 923,854원으로 계산합니다. (단, 소수점 차이로 단수 조정했음.)

정률법으로 감가상각하면 1차 연도 감가상각비가 제일 크고 연도가 지날수록 감가상각비가 줄어들게 됩니다.

3) 재무상태표 표시

좀 전 계산했던 정률법 감가상각비를 매년 처리하면 다음과 같이 재무상태표가 변합니다.

1년차 말		
:		
차량운반구	8,000,000	
감가상각누계액	(-)4,286,400	
:		

⇨

3년차 말		
:		
차량운반구	8,000,000	
감가상각누계액	(-)7,200,000	
:		

3. 나머지 감가상각 방법

좀 전 알아본 정액법, 정률법 이외에 감가상각 방법에는 연수합계법, 생산량비례법, 이중체감법이 있습니다. 다만, 전산회계 2급 시험 차원에서는 아래 방법들은 그 개념만 알면 충분합니다.

정교수 콕콕

1) 연수합계법

연수합계법이란 내용연수의 합, 즉 (1+2+3+⋯+n)을 이용해 연도별 감가상각비를 계산하는 것인데 이는 다음과 같이 표현할 수 있습니다.

연수합계법 감가상각비	(취득원가 − 잔존가치) × (각 연도별 잔여내용연수/내용연수의 합)

만약 내용연수가 3년이라면 내용연수 합은 6(1+2+3)이고 1년차는 50%(3/6), 2년차는 33.33%(2/6), 3년차는 16.67%(1/6)만큼 감가상각해 나가는 방식입니다. 감가상각비 금액을 비교하면 1년차 금액이 제일 크고 점차 감가상각비가 줄어들게 됩니다.

2) 생산량비례법

생산량비례법은 해당 유형자산을 통해 총 얼마나 생산할 수 있는지를 예상한 뒤 매년 생산량만큼 감가상각하는 방법입니다. 특정 유형자산으로 얼마나 생산 가능한지 예측이 쉽지 않기 때문에 잘 사용되지 않는 방법입니다.

3) 이중체감법

이중체감법은 정률법과 유사하게 감가상각을 하되 상각률을 정액법 상각률의 2배로 하는 방법입니다. 정률법과 비슷하기 때문에 감가상각비 금액을 비교하면 1년차 금액이 제일 크고 점차 감가상각비가 줄어들게 됩니다.

5 정액법 Vs 정률법

이상 공부한 정액법과 정률법의 특성을 확실히 알아보기 위해 두 방법을 그래프에 표시해 보면 다음과 같습니다. 다만, 아래 내용이 헷갈리면 과감히 패스해도 전산회계 2급 시험 합격에는 전혀 지장이 없습니다.

1. 연간 감가상각비

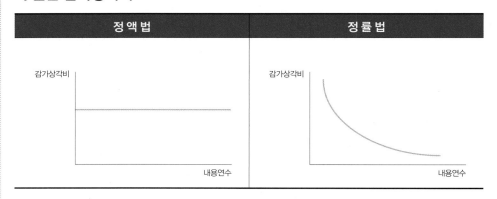

정액법은 매년 감가상각비가 동일하게 때문에 내용연수가 지남에 따라 위와 같이 직선, 즉 동일하게 표시가 됩니다. 반면 정률법은 1년차 감가상각비가 가장 크고 점차 상각액이 줄어들기 때문에 위와 같이 하향하는 포물선 모양으로 표시됩니다.

2. 감가상각비 누적액

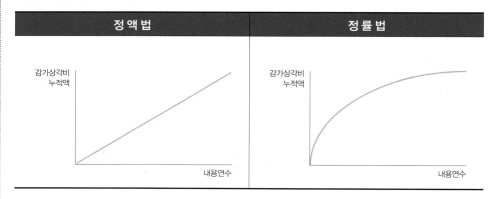

정액법은 매년 동일한 감가상각비가 누적되기 때문에 최초 0원에서 시작해 우상향 직선 모양으로 누적액이 생깁니다. 반면 정률법은 첫 연도 감가상각비가 제일 크고 매년 감가상각비가 줄어들기 때문에 누적액은 우상향 하는 포물선 모양으로 표시됩니다.

18 감가상각비 이론기출 공략하기

01 난이도 ★ 필수
유형자산에 대한 감가상각을 하는 가장 중요한 목적으로 맞는 것은?　　　　　　　[전산회계 1급, 2012년, 53회]

① 유형자산의 정확한 가치평가 목적

② 사용가능한 연수를 매년마다 확인하기 위해서

③ 현재 판매할 경우 예상되는 현금흐름을 측정할 목적으로

④ 자산의 취득원가를 체계적인 방법으로 기간배분하기 위해서

02 난이도 ★★ 필수
다음 중 원칙적으로 감가상각을 하지 않는 유형자산은?　　　　　　　　　　　　　　　[2024년, 115회]

① 기계장치　　　　　② 차량운반구　　　　　③ 건설중인자산　　　　　④ 건물

03 난이도 ★
유형자산의 종류 중 감가상각을 하지 않는 것만 모은 것은?　　　　　　　　　　　　　[2016년, 68회]

① 토지, 건물　　　　② 토지, 건설중인자산　　③ 건물, 차량운반구　　④ 건물, 구축물

04 난이도 ★
유형자산을 정액법에 의해 감가상각을 하는 경우 필요한 항목이 아닌 것은?　　　　　[2016년, 67회]

① 취득원가　　　　　② 잔존가치　　　　　③ 내용연수　　　　　④ 미상각잔액

05 난이도 ★★ 필수
다음 중 유형자산의 감가상각비를 산출하는 기본 요소에 해당하지 않는 것은?　　　　[2025년, 118회]

① 내용연수　　　　　② 취득원가　　　　　③ 잔존가치　　　　　④ 처분가액

06 난이도 ★★ 필수
다음 자료에 의하여 당해연도 손익계산서에 계상될 감가상각비는 얼마인가?　　　　　[2020년, 92회]

- 기계장치 취득원가: 11,000,000원　　　• 취득시기: 당해연도 1월 1일　　　• 잔존가치: 1,000,000원
- 내용연수: 5년　　　　　　　　　　　　• 감가상각방법: 정액법

① 2,000,000원　　　② 2,200,000원　　　③ 4,510,000원　　　④ 4,961,000원

07 난이도 ★★★ 필수

당해연도 10월 1일에 구입한 영업용 차량(단, 취득원가 25,000,000원, 잔존가액 1,000,000원, 내용연수 10년, 결산 연 1회)에 대한 당해연도 12월 31일 결산 시 정액법으로 계산한 감가상각비는 얼마인가?　　[2020년, 92회]

① 600,000원
② 625,000원
③ 1,875,000원
④ 2,400,000원

08 난이도 ★★

다음 자료에 의해 정액법으로 계산할 경우, 2022년 12월 31일 결산 이후 기계장치 장부가액은 얼마인가?　　[2019년, 86회]

- 기계장치 취득원가: 20,000,000원 　 • 취득 시기: 2020년 1월 1일 　 • 잔존 가치: 2,000,000원
- 내용 연수: 5년 　 • 전기말 감가상각누계액: 7,200,000원

① 3,600,000원
② 4,000,000원
③ 9,200,000원
④ 10,800,000원

09 난이도 ★★★

다음 자료에서 2022년 12월 31일 결산 후 재무제표와 관련된 내용으로 옳은 것은?　　[2018년, 78회]

2021년 1월 1일 차량운반구 10,000,000원에 취득, 정률법 상각, 내용연수 5년, 상각률 40%

① 손익계산서에 표시되는 감가상각비는 4,000,000원이다.
② 재무상태표에 표시되는 감가상각누계액은 6,400,000원이다.
③ 상각 후 차량운반구의 미상각잔액은 6,000,000원이다.
④ 상각 후 차량운반구의 미상각잔액은 2,400,000원이다.

10 난이도 ★★★

다음은 건물과 관련된 자료이다. 2022. 12. 31. 건물의 감가상각비는 얼마인가?　　[2016년, 69회]

- 취득일: 2021. 1. 1. 　 • 취득가액: 8,000,000원 　 • 취득세: 500,000원 　 • 상각률: 10%(정률법)

① 560,000원
② 688,500원
③ 765,000원
④ 850,000원

11 난이도 ★★

내용연수 경과에 따른 감가상각비 변화를 나타낸 그래프와 관련 없는 감가상각방법은?　　　　　　　　[2021년, 96회]

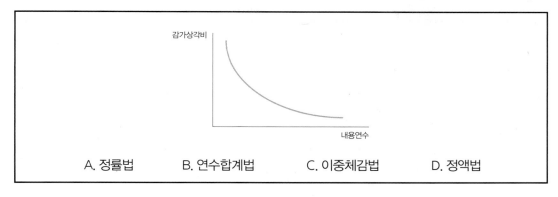

A. 정률법　　　　B. 연수합계법　　　　C. 이중체감법　　　　D. 정액법

① A, B, C, D　　　　　　　　　② B, C, D

③ C, D　　　　　　　　　　　　④ D

12 난이도 ★★ 필수

다음의 감가상각 방법 중 내용연수 동안 감가상각액이 매 기간 감소하는 방법이 아닌 것은?　　　[2025년, 119회]

① 정률법　　　　　　　　　② 정액법

③ 이중체감법　　　　　　　④ 연수합계법

13 난이도 ★★★ 필수

다음은 감가상각 누계액의 변화추이에 따른 감가상각방법을 나타낸 그래프이다. (가)와 (나)에 대한 설명으로 옳은 것을 모두 고른 것은?　　　　　　　　[2019년, 84회]

ㄱ. (가)는 자산의 예상조업도 혹은 생산량에 근거하여 감가상각액을 인식하는 방법이다.
ㄴ. (가)는 자산의 내용연수 동안 일정액의 감가상각액을 인식하는 방법이다.
ㄷ. (나)는 자산의 내용연수 동안 감가상각액이 매 기간 감소하는 방법이다.

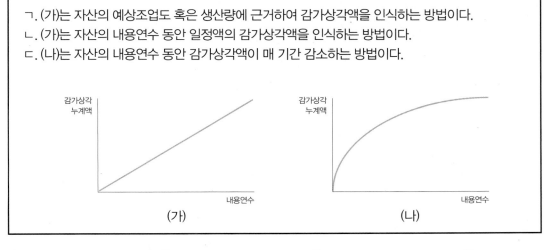

① ㄱ　　　　② ㄴ　　　　③ ㄱ, ㄴ　　　　④ ㄴ, ㄷ

01 ④ 감가상각의 목적은 유형자산의 취득원가를 매년 체계적으로 비용처리 하기 위한 것임.

02 ③ 토지, 투자부동산, 건설중인자산은 감가상각 하지 않음.

03 ② 유형자산 중 토지, 건설중인자산, 투자부동산은 감가상각 하지 않음.

04 ④ 정액법은 (취득원가 - 잔존가치) ÷ 내용연수로 계산하고, 정률법은 (미상각잔액 × 상각률)로 계산하므로 정액법은 미상각잔액이 필요 없음.

05 ④ 감가상각 계산 시 필수 요소는 취득가액, 내용연수, 잔존가치, 상각률임. 처분가액은 감가상각비 계산과 관련 없음.

06 ① (취득가액 11,000,000원 - 잔존가치 1,000,000원) / 내용연수 5년 = 2,000,000원

07 ① [(25,000,000 - 1,000,000) ÷ 10년] × (3개월/12개월) = 600,000원(10~12월, 3개월)

08 ③ • 정액법 1년 감가상각비: (20,000,000 - 2,000,000) ÷ 5년 = 3,600,000원
　　　• 3년 치(2020~2022년) 감가상각비: 3,300,000 × 3년 = 10,800,000원
　　　• 2022. 12. 31 장부가액: 취득가액 20,000,000 - 10,800,000 = 9,200,000원

09 ② • 2021년 감가상각비: 10,000,000원 × 40% = 4,000,000원
　　　• 2022년 감가상각비: (10,000,000 - 4,000,000) × 40% = 2,400,000원
　　　• 2022년 12월 31일 감가상각비 누계액: 4,000,000 + 2,400,000 = 6,400,000원
　　　• 2022년 12월 31일 차량운반구 미상각잔액: 10,000,000 - 6,400,000 = 3,600,000원임.

10 ③ • 건물 취득가액: 8,000,000 + 500,000 = 8,500,000원. 취득세는 취득원가에 가산함.
　　　• 2021년 정률법 감가상각비: 8,500,000 × 10% = 850,000
　　　• 2022년 정률법 감가상각비: (8,500,000 - 850,000) × 10% = 765,000

11 ④ 정액법(D)은 매년 감가상각비가 동일하지만 정률법(A), 연수합계법(B), 이중체감법(C)는 1차 연도 감가상각비가 제일 크고 점차 감가상각비가 줄어듦. 문제에서 제시된 그래프는 시간이 지날수록 연간 감가상각비가 점차 줄어들므로 A, B, C에 대한 설명임.

12 ② 정액법은 매 기간 상각액이 동일함.

13 ④ • (ㄱ)은 생산량비례법, (ㄴ)은 정액법, (ㄷ)은 정률법, 연수합계법, 이중체감법에 대한 설명임.
　　　• (가)는 감가상각누계액 매년 동일하게 늘어나므로 매년 감가상각비가 동일하게 증가하는 정액법임. (나)는 감가상각누계액 매년 증가액이 점점 줄어드는 구조. 즉, 매년 감가상각비가 감소하는 정률법, 연수합계법, 이중체감법임.

18 감가상각비
실무기출 공략하기

본 교재의 실습자료는 cafe.naver.com/eduacc의 「공지&DATA다운로드」에서 [공지]에 있는 [콕콕정교수 전산회계 2급] 이론＋실무＋기출 실습데이터의 Data_Install_JH2.zip 파일을 다운받아 컴퓨터에 설치 후, [회사등록] 클릭, [F4 회사코드재생성] 클릭 후 「상지상사」 선택

상지상사(회사코드: 0804) 관련 아래 내용을 전산세무회계 수험용 프로그램에 입력하시오.

난이도 ★★ [필수]
01 당기 본사 영업부서의 감가상각비는 차량운반구 930,000원, 건물 2,500,000원이다. 12월 31일, 결산일자로 입력하시오.
[2021년, 95회]

난이도 ★★
02 결산일에 영업부에서 사용하기 위하여 작년도 5월 초에 취득한 비품의 당기 분 감가상각비를 계상하다(취득원가 8,000,000원, 잔존가액 2,000,000원, 내용연수 5년, 정액법).
[2021년, 99회]

◎ 정답 및 해설

01 영업부서 차량운반구, 건물 감가상각비이므로 판매관리비 처리

12. 31	(차) 감가상각비(판매관리비)	3,430,000	(대) 감가상각누계액(차량운반구)	930,000
			감가상각누계액(건물)	2,500,000

02 당해 연도 감가상각비: (8,000,000 - 2,000,000) ÷ 5년 = 1,200,000원, 영업부 용도이므로 판매관리비

12. 31	(차) 감가상각비(판매관리비)	1,200,000	(대) 감가상각누계액(비품)	1,200,000

(*) 참고: 전년도 감가상각비: (8,000,000 - 2,000,000) ÷ 5년 × (8개월/12개월) = 800,000원(5~12月, 8개월)

학습내용 · 유형자산처분손익 · 유형자산 폐기

출제경향 유형자산 처분 시 발생하는 손실 또는 이익을 계산하는 문제가 3~4회 시험마다 이론 또는 실무문제로 1문제씩 출제되고 있음. 다소 복잡할 수 있으니 절대 암기하지 말고 이해를 바탕으로 학습해야 함.

> 본 교재의 실습자료는 cafe.naver.com/eduacc의 「공지&DATA다운로드」에서 공지 에 있는 [콕콕정교수 전산회계 2급] 이론+실무+기출 실습데이터의 Data_Install_JH2.zip 파일을 다운받아 컴퓨터에 설치 후, 회사등록 클릭, F4 회사코드재생성 클릭 후 청도상사 선택

사용하던 유형자산을 매각하게 되면 매각금액과 처분시점의 유형자산 잔존가액과 차이가 발생하는데 이를 유형자산 처분손익이라고 부릅니다.

다소 어려운 내용이긴 하지만 차분히 학습하면 충분히 이해할 수 있으니 <mark>절대 암기하지 말고 이해를 바탕으로 공부</mark>하되 <mark>반드시 감가상각비, 감가상각누계액 개념을 익힌 다음 학습</mark>해야 합니다.

1 유형자산 처분

핵심체크

유형자산 처분손익
· 처분가액 > 장부가액: 유형자산처분이익(영업외수익)
· 처분가액 < 장부가액: 유형자산처분손실(영업외손실)

이미 학습한 것처럼 유형자산은 매년 감가상각을 한 후 이를 감가상각누계액으로 처리해 누적 관리를 합니다. 즉, <mark>유형자산 취득가액에서 그동안 감가상각누계액을 뺀 후 이를 "장부가액"</mark>이라고 부릅니다.

유형자산 <mark>장부가액보다 비싸게 팔면 "유형자산처분이익", 장부가액보다 싸게 팔면 "유형자산처분손실"</mark>이라고 부르는데, 유형자산 처분이 회사의 본연의 영업활동이 아니기 때문에 유형자산처분손익은 영업외수익/비용 처리합니다.

가끔씩 유형자산 처분 시 비용이 발생하기도 하는데 이 <mark>처분비용은 별도 비용처리 하지 않고 유형자산처분손실에 추가하거나 유형자산처분이익에서 차감해 처리</mark>해야 합니다.

기출문제를 통해 유형자산처분손익을 자세히 알아보겠습니다.

1. 유형자산처분이익: 처분가액 〉 장부가액

실무기출 확인문제 | 전산회계 2급, 2020년, 91회 |

11월 27일, 당사는 보유하고 있던 차량운반구(취득원가 8,000,000원, 감가상각누계액 2,000,000원)를 영동상사에 7,000,000원에 매각하고 대금을 자기앞수표로 지급받았다.

1) 유형자산 처분이익 계산: 1,000,000원

매각금액 7,000,000원 − 장부가액 6,000,000원 = 1,000,000원

(*) 장부가액: 8,000,000(취득가액) − 2,000,000(감가상각누계액) = 6,000,000원

2) 회계처리

11. 27	(차) 현 금	7,000,000	(대) 차 량 운 반 구	8,000,000
	감가상각누계액(차량운반구)	2,000,000	유형자산처분이익(영업외수익)	1,000,000

일	번호	구분	계 정 과 목	거 래 처	적 요	차 변	대 변
27	00006	차변	0101 현금			7,000,000	
27	00006	대변	0208 차량운반구				8,000,000
27	00006	차변	0209 감가상각누계액			2,000,000	
27	00006	대변	0914 유형자산처분이익				1,000,000

(*) 일반전표 입력 클릭 → 11. 27 입력 → 차변에 현금 선택, **자기앞수표는 현금 처리**, 7,000,000원 입력 → 대변에 차량운반구 취득가액 8,000,000원 입력 → 차변에 감가상각누계액(차량운반구) 2,000,000원 입력 → 대변에 **유형자산처분이익(영업외수익) 1,000,000원 입력**

2. 유형자산처분손실: 처분가액 〈 장부가액

실무기출 확인문제 | 전산회계 2급, 2020년, 88회 |

12월 22일, 사용 중인 업무용 승용차를 거제물산에 5,000,000원에 처분하고 대금은 1개월 후에 받기로 하였다. 업무용 승용차의 취득원가는 9,000,000원이고 처분 시까지 계상한 감가상각누계액은 3,500,000원이다.

1) 유형자산 처분손실 계산: 500,000원

매각금액 5,000,000원 − 장부가액 5,500,000원 = 500,000원

(*) 장부가액: 9,000,000(취득가액) − 3,500,000(감가상각누계액) = 5,500,000원

2) 회계처리

12. 22	(차) 미 수 금(거제물산) 5,000,000	(대) 차량운반구 9,000,000
	감 가 상 각 누 계 액(차량운반구) 3,500,000	
	유형자산처분손실(영업외비용) 500,000	

일	번호	구분	계 정 과 목	거 래 처	적 요	차 변	대 변
22	00001	차변	0120 미수금	00214 거제물산		5,000,000	
22	00001	대변	0208 차량운반구				9,000,000
22	00001	차변	0209 감가상각누계액			3,500,000	
22	00001	차변	0970 유형자산처분손실			500,000	

(*) 일반전표 입력 클릭 → 12. 22 입력 → 차변에 미수금 선택, 거래처 거제물산, 5,000,000원 입력, **상거래 이외에서 받지 못한 금액은 미수금 처리** → 대변에 차량운반구 취득가액 9,000,000원 입력 → 차변에 감가상각누계액(차량운반구) 3,500,000원 입력 → **차변에 유형자산처분손실(영업외비용) 500,000원 입력**

[주 의] 미수금

> 회사가 영업에서 사용하던 기계, 트럭을 팔면서 받지 못한 돈은 상거래 이외에서 발생했으므로 외상매출금이 아니라 반드시 미수금 계정과목을 사용해야 함.

3. 유형자산처분손익 추가 연습하기

이상 공부한 내용을 점검하기 위해 이론 기출문제를 좀 더 풀어 보겠습니다.

이론기출 확인문제 | 전산회계 2급, 2020년, 91회 |

다음은 사용하던 업무용 차량의 처분과 관련된 자료이다. 가장 거리가 먼 것은?

> • 취득가액: 25,000,000원   • 감가상각누계액: 14,000,000원
> • 매각대금: 10,000,000원   • 매각대금결제: 전액 외상

① 이 차량의 장부가액은 25,000,000원이다.
② 매각대금 10,000,000원의 처리계정은 미수금이다.
③ 감가상각누계액 14,000,000원은 이전에 비용처리 되었다.
④ 이 차량의 매각으로 1,000,000원의 유형자산처분손실이 발생했다.

|정 답| ①
① 차량 장부가액: 25,000,000(취득가액) − 14,000,000(감가상각누계액) = 11,000,000원
② 유형자산 매각 시 못 받은 돈은 미수금 처리
③ 감가상각누계액은 지금까지 매년 감가상각비 처리한 금액의 합계임.
④ 유형자산 처분손실: 10,000,000(매각액) − 11,000,000(장부가액) = (−)1,000,000원

| 이론기출 확인문제 | 전산회계 2급, 2020년, 94회 |

다음은 비품 처분과 관련된 자료이다. 비품의 처분가액은 얼마인가?

> • 취득가액: 1,000,000원   • 감가상각누계액: 300,000원   • 유형자산처분손실: 300,000원

① 400,000원   ② 700,000원
③ 1,000,000원   ④ 1,300,000원

|정답| ①
• 장부가액: 1,000,000(취득가액) − 300,000(감가상각누계액) = 700,000원
• 유형자산 처분손실: 처분가액(x) − 700,000원(장부가액) = (−)300,000원
• 처분가액: 400,000원

② 유형자산 폐기

유형자산을 폐기하면 처분과 달리 돈을 받지 않고 그냥 버리기 때문에 폐기 시점의 잔존 장부가액(취득가액 − 감가상각누계액)이 그냥 없어져 이를 비용으로 처리해야 합니다. 단, KcLep은 유형자산폐기손실이라는 계정과목을 사용하지 않고 유형자산처분손실 계정과목을 같이 사용합니다. 단, 유형자산 폐기는 지금까지 전산회계 2급에 거의 출제되지 않았으니 참고만 하세요.

 핵심체크

유형자산 폐기
잔존 장부가액(취득가액 − 감가상각누계액) + 폐기비용
→ 유형자산처분손실

01 난이도 ★ 필수
다음 중 손익계산서상의 판매비와 일반관리비에 속하지 않는 항목은? [2021년, 98회]

① 영업사원 여비교통비
② 영업사원 급여
③ 영업용승용차 감가상각비
④ 영업용승용차 처분손실

02 난이도 ★★ 필수
아래의 거래내용과 관련이 없는 계정과목은? [2021년, 96회]

> 업무에 사용 중인 토지를 20,000,000원(취득가액은 10,000,000원)에 처분하였다. 대금 중 5,000,000원은 보통예금으로 이체받고, 나머지는 만기가 3개월 후인 어음으로 받았다.

① 보통예금
② 감가상각누계액
③ 미수금
④ 유형자산처분이익

03 난이도 ★★★ 필수
다음의 자료를 바탕으로 유형자산 처분손익을 계산하면 얼마인가? [2024년, 116회]

> • 취득가액 : 10,000,000원   • 처분 시까지의 감가상각누계액 : 8,000,000원
> • 처분가액 : 5,000,000원

① 처분이익 2,000,000원
② 처분이익 3,000,000원
③ 처분손실 3,000,000원
④ 처분손실 5,000,000원

04 난이도 ★★★ 필수
다음은 건물 처분과 관련된 자료이다. 건물의 처분가액은 얼마인가? [2018년, 79회]

> • 취득가액: 100,000,000원 • 감가상각누계액: 50,000,000원 • 유형자산처분이익: 40,000,000원

① 10,000,000원
② 80,000,000원
③ 90,000,000원
④ 100,000,000원

05

난이도 ★★★

다음은 한국제조가 당기 중 처분한 기계장치 관련 자료이다. 기계장치의 취득가액은 얼마인가?　[2024년, 115회]

* 유형자산처분이익 : 7,000,000원　* 처분가액 : 12,000,000원　* 감가상각누계액 : 5,000,000원

① 7,000,000원

② 8,000,000원

③ 9,000,000원

④ 10,000,000원

06

난이도 ★★★

다음은 희망산업의 비품처분과 관련된 자료이다. 주어진 자료만으로 계산하면 비품 취득가액은 얼마인가?

[2017년, 71회]

재 무 상 태 표
2016. 6. 30현재

희망산업　　　　　　　　　　　　　　　　　　　　　　　　　　　(단위:원)

계 정 과 목	금	액
:		
비 　 품	(가)	
감가상각누계액	1,000,000	×××

* 처분가액 : 1,200,000원　　* 유형자산처분이익 : 100,000원

① 2,000,000원

② 2,100,000원

③ 2,200,000원

④ 2,300,000원

🎯 정답 및 해설

01　④　유형자산처분손실은 영업외비용에 속한다.

02　②　토지는 감가상각하지 않으므로 감가상각누계액은 계상되지 않는다.

03　②　* 장부가액: 취득가액(10,000,000) − 처분 시까지 감가상각누계액(8,000,000) = 2,000,000
　　　　* 처분이익: 처분가액(5,000,000) − 장부가액(2,000,000) = 3,000,000원

04　③　처분가액(x) − (취득가액 100,000,000 - 감가상각누계액 50,000,000) = 40,000,000원이므로 처분가액은 90,000,000원임.

05　④　* 처분이익(7,000,000) = 처분가액(12,000,000) − 장부가액(x)에서 장부가액은 5,000,000원임.
　　　　* 장부가액(5,000,000) = 취득가액(x) − 처분 시까지 감가상각누계액(5,000,000)에서 취득가액은 10,000,000원

06　②　유형자산처분이익(100,000) = 처분가액(1,200,000) − [취득가액(x) − 감가상각누계액 1,000,000], 따라서 취득가액은 2,100,000원임.

19 실무기출 공략하기

본 교재의 실습자료는 cafe.naver.com/eduacc의 「공지&DATA다운로드」에서 [공지]에 있는 [콕콕정교수 전산회계 2급] 이론＋실무＋기출 실습데이터의 Data_Install_JH2.zip 파일을 다운받아 컴퓨터에 설치 후, [회사등록] 클릭, [F4 회사코드재생성] 클릭 후 아래 회사를 선택하여 입력 할 것

■ 가나다상사(회사코드: 0874) 관련 아래 내용을 전산세무회계 수험용 프로그램에 입력하시오.

난이도 ★★ [필수]

01 7월 23일, 당점은 보유하고 있던 차량운반구(취득가액 7,000,000원, 감가상각누계액 2,500,000원)를 현민상사에 5,000,000원에 매각하고 대금은 1주일 후 받기로 하다.　　　　　　　　　　　　　　　[2024년, 115회 변형]

난이도 ★★

02 10월 25일, 미도상사에 업무용 차량운반구를 5,000,000원에 처분하고(취득원가 12,000,000원, 감가상각누계액 4,000,000원), 대금 중 3,000,000원은 동점발행 당좌수표로 받고, 잔액은 1개월 후에 받기로 하다.　　　[2015년, 64회]

난이도 ★★ [필수]

03 8월 20일, 사용 중인 업무용 컴퓨터 1대(취득가액 2,000,000원, 처분 시까지 감가상각누계액 1,800,000원)를 ㈜애플에 100,000원에 처분하고 대금은 월말에 받기로 하다.　　　　　　　　　　　　　　[2018년, 77회]

■ 보은상회(회사코드: 0854) 관련 아래 내용을 전산세무회계 수험용 프로그램에 입력하시오.

난이도 ★★

04 9월 7일, 당사는 보유하고 있던 토지(취득원가 30,000,000원)를 ㈜메모리빌딩에 50,000,000원에 매각하고 대금 중 10,000,000원은 당좌수표로 지급받았으며, 나머지는 다음 달 10일 수령하기로 하였다.　　　[2019년, 85회]

정답 및 해설

01 유형자산 처분 시 받지 못한 금액 5,000,000원은 미수금 처리

7. 23	(차) 미　수　금(현민상사)	5,000,000	(대) 차 량 운 반 구	7,000,000
	감가상각누계액(209, 차량운반구)	2,500,000	유형자산처분이익(영업외수익)	500,000

(*) 유형자산처분이익: 처분금액 5,000,000 - 장부가액(7,000,000 - 2,500,000) = 500,000원

02 수령한 당좌수표 3,000,000원은 현금, 유형자산 처분 시 받지 못한 금액 2,000,000원은 미수금 처리

10. 25	(차) 현　　　　금	3,000,000	(대) 차량운반구	12,000,000
	미　수　금(미도상사)	2,000,000		
	감 가 상 각 누 계 액(209, 차량운반구)	4,000,000		
	유형자산처분손실(영업외비용)	3,000,000		

(*) 유형자산처분손실: 처분금액 5,000,000 - 장부가액(12,000,000 - 4,000,000) = 3,000,000원

03 유형자산 처분 시 받지 못한 금액 100,000원은 미수금 처리

8. 20	(차) 미　수　금((주)애플)	100,000	(대) 비 품	2,000,000
	감 가 상 각 누 계 액(213, 비품)	1,800,000		
	유형자산처분손실(영업외비용)	100,000		

(*) 유형자산처분손실: 처분금액 100,000 - 장부가액(2,000,000 - 1,800,000) = 100,000원

04 수령한 당좌수표 10,000,000원은 현금, 유형자산 처분 시 받지 못한 금액 40,000,000원은 미수금 처리

9. 7	(차) 현 금	10,000,000	(대) 토　　　　지	30,000,000
	미수금((주)메모리빌딩)	40,000,000	유형자산처분이익(영업외수익)	20,000,000

(*) 유형자산처분이익: 처분금액(50,000,000) - 장부가액(30,000,000) = 20,000,000

20 무형자산·기타 비유동자산

학습내용
출제경향

·무형자산 개념   ·무형자산 종류   ·기타비유동자산

이론 및 실무문제로 3~4회 시험마다 1문제 출제되고 있는데 무형자산은 주로 **무형자산의 종류**가 출제되고 있으며 기타비유동자산은 **임차보증금**이 출제되고 있음. 무형자산은 이론 문제로, 임차보증금은 실무문제로 출제되고 있음.

회사를 운영하는 데 필요한 자산에는 차량운반구, 기계장치와 같이 형체가 있는 것도 있지만 특허권 같이 형체가 없는 것도 있습니다. 예를 들면 삼성전자는 갤럭시 휴대폰 제작에 필요한 여러 가지 발명 특허를 국내외 특허청에 등록해 이를 통해 휴대폰을 만들고 있습니다.

① 무형자산의 요건

🎯 핵심체크

무형자산 요건
식별 가능, 독점적,
미래 경제효익

일반기업회계기준은 아래와 같은 요건을 정해 이를 모두 갖춘 경우에만 자산가치를 인정해 이를 무형자산으로 인정하고 있습니다.

① **식별 가능**해야 한다.
② **무형자산을 독점적으로 통제**할 수 있어야 한다.
③ **미래 경제적 효익이 존재**해야 한다.

삼성전자는 특허 등록을 위한 기술을 개발하기 위해 연구원 급여, 실험용 재료, 건물 임차료 등 엄청난 비용을 쓰는데 이를 당장 비용처리 하는 것이 아니라 **일단 특허권이라는 무형자산으로 계상했다가 나중에 감가상각을 통해 비용처리** 합니다.

이렇게 특허권이라는 무형자산을 계상하기 위해서는 금액을 ① 식별 가능해야 하고, ② 특허 등록을 통해 삼성전자가 독점적으로 사용할 수 있을 뿐 아니라, ③ 향후 이 특허권을 이용해 휴대폰 매출을 발생시킬 수 있어야 합니다.

2 무형자산 종류

주요 무형자산의 종류는 다음과 같은데 전산회계 2급 시험에는 **특허권, 상표권, 실용신안권, 소프트웨어** 정도가 주로 출제되고 있습니다.

구 분	내 용
산업재산권	**특허권**(특허법에 의하여 발명을 독점적으로 이용할 수 있는 권리), **상표권**(등록된 상표를 독점적으로 사용할 권리), **실용신안권**(기존 물품의 구조를 개량해 유용성을 높인 권리)
소프트웨어	컴퓨터 프로그램 일체
개 발 비	신제품이나 신기술을 개발하면서 발생한 비용으로 무형자산의 요건을 갖춘 것 **(명칭이 개발비이지만 비용이 아니라 자산임.)**
영 업 권	특정 기업을 인수, 합병할 때 그 가치를 인정해 장부상 금액보다 더 지급한 금액(타인으로부터 구입한 것만 인정됨.)
광 업 권	광물을 채굴할 수 있는 권리
어 업 권	해수면을 독점적으로 사용해 어업에 사용할 권리
라이선스	타 기업의 산업재산권을 사용료 지급 후 이용하는 권리
프랜차이즈	가맹점이 체인본부의 상호 등을 이용하는 권리

기출문제를 통해 무형자산의 종류를 묻는 문제를 풀어보겠습니다.

이론기출 확인문제 | **전산회계 2급**, 2020년, 90회 |

다음 내용을 모두 포함하는 계정과목은 무엇인가?

- 기업의 영업활동에 장기간 사용되며, 기업이 통제하고 있다.
- 물리적 형체가 없으나 식별가능하다.
- 미래의 경제적 효익이 있다.

① 실용신안권   ② 선수금   ③ 기계장치   ④ 재고자산

|정 답| ①
주어진 요건 3가지는 모두 무형자산의 인식요건임. 보기 중 무형자산은 ①실용신안권임.

❸ 무형자산 상각

1. 개 념

무형자산의 상각은 법령에서 따로 정한 경우를 제외하고는 무형자산이 사용 가능한 때부터 20년 이내 기간 합리적인 방법을 이용하여 상각하되 특별한 경우를 제외하고는 잔존가치를 0으로 합니다. 다만, 합리적인 상각방법을 정할 수 없는 경우에는 통상 정액법으로 감가상각하고 있습니다. **무형자산 상각은 전산회계 2급 시험에 거의 출제가 되지 않으니 개념만 익히면 충분합니다.**

2. 상각방법

유형자산 감가상각은 감가상각누계액이라는 차감적 평가계정을 사용하지만, **무형자산 상각은 다음과 같이 해당 판매비와관리비의 무형자산상각비로 하여 무형자산을 직접 차감**하는게 일반적입니다.

무형자산 상각	(차) 무형자산상각비(판매관리비) ××× (대) 무형자산 ×××

❹ 기타 비유동자산

1년 이후 현금화가 가능한 비유동자산 중 투자자산, 유형자산, 무형자산이 아닌 것을 말하는데, 여기에는 임차보증금, 장기미수금 등이 있습니다. 전산회계 2급 수험목적으로는 임차보증금만 알면 충분합니다.

1. 임차보증금

임차보증금이란 부동산 등을 빌리면서 보증금으로 맡긴 돈으로 대표적인 것이 바로 전세보증금입니다. 통상 부동산 빌릴 때는 최소 1년 이상으로 빌리므로 임차보증금은 비유동자산입니다.

[주 의] 임차보증금 Vs 임대보증금 Vs 임차권리금

임차보증금과 유사한 용어로 임대보증금과 임차권리금이 있는데 임차보증금, 임대보증금, 임차권리금의 차이를 명확히 구분할 수 있어야 합니다.

- 임차보증금: 부동산을 빌리면서 세입자가 맡긴 전세보증금으로 향후 수령할 비유동자산
- 임대보증금: 건물주로서 세입자로부터 받은 전세보증금으로 향후 돌려줄 비유동부채
- 임차권리금: 가게, 상가 등을 인수하면서 지급한 권리금으로 무형자산

임차보증금 관련 이론기출문제를 풀어 보겠습니다.

이론기출 확인문제 | 전산회계 2급, 2016년, 69회 |

임대인과 아래와 같이 사무실 임대차 계약서를 작성하였다. 임차인이 전세보증금 지급시 분개할 계정과목으로 올바른 것은?

(사무실)임대차계약서	□ 임대인용 ■ 임차인용 □ 중개인보관용

임대인과 임차인 쌍방은 아래 표시 부동산에 관하여 다음 계약 내용과 같이 합의하여 임대차 계약을 체결한다.

부동산의 표시	소재지	경기도 성남시 분당구 금곡로 289-1				
	구 조	건물	용도	상가	면적	200m²

계약내용 제1조 위 부동산의 임대차계약에 있어 아래와 같이 전세보증금을 지불하기로 한다.

전세보증금	금 삼억원 (300,000,000원)
계 약 금	금 삼천만원 (30,000,000원)

① 임차권리금 　　② 임대보증금 　　③ 건설중인자산 　　④ 임차보증금

|정답| ④
부동산을 빌리면서 지급한 전세보증금은 임차보증금임.

---

2. 장기미수금

미수금이란 회사 본연의 상거래, 즉 상품, 제품의 매출이 아닌 다른 이유에서 발생한 받지 못한 채권입니다. 그 대표적인 사례가 회사가 영업에서 사용하던 차량운반구를 팔아 받지 못한 돈인데, 장기미수금이란 회계기간 말 기준으로 1년 이후 회수가 예상되는 미수금을 말합니다.

01 난이도 ★★

물리적 실체가 없지만 미래의 경제적 효익을 갖는 비화폐성자산과 관련한 계정으로 올바른 것은? [2021년, 97회]

① 기계장치   ② 특허권

③ 급여   ④ 지급임차료

02 난이도 ★★ 필수

다음 내용을 모두 포함하는 계정과목에 해당하는 것은? [2018년, 77회]

- 기업의 영업활동에 장기간 사용되며, 기업이 통제하고 있다.
- 물리적 형체가 없으나 식별가능하다.
- 미래의 경제적 효익이 있다.

① 유가증권   ② 미수금

③ 특허권   ④ 상품권

03 난이도 ★★ 필수

다음의 내용이 설명하는 것으로 옳은 것은? [2024년, 117회]

재화의 생산, 용역의 제공, 타인에 대한 임대, 관리에 사용할 목적으로 기업이 보유하고 있으며, 물리적 실체는 없지만 식별할 수 있고, 통제하고 있으며, 미래 경제적 효익이 있는 비화폐성자산을 말한다.

① 유형자산   ② 투자자산

③ 무형자산   ④ 유동부채

🎯 **정답 및 해설**

01 ② 무형자산에 대한 설명이며, 특허권이 무형자산임.

02 ③ 무형자산에 대한 설명이며, 특허권이 무형자산임.

03 ③ 물리적 실체 없는 자산은 무형자산임.

20 무형자산·기타 비유동자산
실무기출 공략하기

본 교재의 실습자료는 cafe.naver.com/eduacc의 「공지&DATA다운로드」에서 [공지]에 있는 [콕콕정교수 전산회계 2급] 이론＋실무＋기출 실습데이터의 Data_Install_JH2.zip 파일을 다운받아 컴퓨터에 설치 후, [회사등록] 클릭, [F4 회사코드재생성] 클릭 후 「상지상사」 선택

상지상사(회사코드 : 0804) 관련 아래 내용을 전산세무회계 수험용 프로그램에 입력하시오.

01 난이도 ★★ **필수**

08월 21일, 창고가 필요하여 다음과 같이 임대차계약을 체결하고 임차보증금을 보통예금 계좌에서 이체하여 지급하였다(단, 보증금의 거래처를 기재할 것). [2023년, 111회]

부동산 월세 계약서

본 부동산에 대하여 임대인과 임차인 쌍방은 다음과 같이 합의하여 임대차계약을 체결한다.
1. **부동산의 표시** : 부산광역시 동래구 금강로73번길 6 (온천동)
2. **계약내용**

   제 1 조 위 부동산의 임대차계약에 있어 임차인은 보증금 및 차임을 아래와 같이 지불하기로 한다.

보증금	일금 이천만원 원정 (₩ 20,000,000원) (보증금은 2023년 8월 31일에 지급하기로 한다.)
차 임	일금 삼십만원 원정 (₩ 300,000원)은 익월 10일에 지불한다.

   (갑) 임대인 : 더케이빌딩 대표 최수원 (인)
   (을) 임차인 : 상지상사 대표 정상호 (인)

02 난이도 ★★ **필수**

7월 13일, 새로운 회계 프로그램을 솔루션상사에서 구입하고, 소프트웨어 구입비용 3,000,000원은 한 달 후에 지급하기로 하였다.(무형자산으로 처리하고, 고정자산 등록은 생략한다.) [2020년, 94회]

03 난이도 ★★

11월 18일, 상품 홍보관을 개설하기 위해 점포를 보증금 10,000,000원에 코스코빌딩(주)로부터 임차하고, 대금은 현금으로 지급하다. [2019년, 85회]

04 11월 5일, 1개월간 주방가구용품을 판매하기 위한 대형마트용 진열대를 임차하면서 룰라상점에 보증금 300,000원과 1개월분 임차료(당기 비용으로 계상할 것) 100,000원을 보통예금계좌에서 이체하다. [2018년, 77회]

정답 및 해설

01 세입자로 지급한 전세보증금은 임차보증금 계정과목 선택하고 거래처인 삼호패션 입력

08. 21	(차) 임차보증금(더케이빌딩)	20,000,000	(대) 보통예금	20,000,000

02 상거래 이외에서 외상 매입은 미지급금 선택

7. 13	(차) 소프트웨어	3,000,000	(대) 미지급금(솔루션상사)	3,000,000

03 세입자로서 지급한 보증금은 임차보증금 선택

11. 18	(차변) 임차보증금(코스코빌딩(주))	10,000,000	(대변) 현금	10,000,000

04 세입자로서 지급한 보증금은 임차보증금 선택

11. 5	(차) 임차보증금(룰라상점)	300,000	(대) 보통예금	400,000
	임 차 료(판매관리비)	100,000		

계정과목별 회계처리 -
부채와 자본

유동부채

학습내용	· 매입채무 · 미지급금 · 예수금 · 선수수익 · 미지급비용 · 단기차입금 · 선수금 · 가수금 등
출제경향	이론 및 실무문제로 매 시험마다 2문제 전후 출제되고 있음. 매입채무, 미지급금, 예수금, 미지급비용 등이 번갈아 출제되는데 비교적 쉬운 편이며 각 계정과목의 개념 위주로 학습해야 함.

본 교재의 실습자료는 cafe.naver.com/eduacc의 「공지&DATA다운로드」에서 공지 에 있는 [콕콕정교수 전산회계 2급] 이론+실무+기출 실습데이터의 Data_Install_JH2.zip 파일을 다운받아 컴퓨터에 설치 후, 회사등록 클릭, F4 회사코드재생성 클릭 후 대한상사 선택

부채란 과거 거래로 인해 기업의 경제적 가치 유출이 예상되는 의무로 현재 기업이 부담하고 있는 것을 말합니다. 그중 유동부채란 회계기간 말, 즉 보고기간 종료일로부터 1년 이내에 상환되어야 할 부채를 말하며, 그 종류로는 외상매입금, 지급어음, 미지급금, 예수금, 선수수익, 미지급비용, 단기차입금, 선수금, 가수금 등이 있습니다.

이론 및 실무문제로 매 시험마다 2문제 전후 출제될 만큼 출제빈도가 높으므로 각 유동부채의 개념 위주로 확실히 학습해야 하는데, 특히 이론문제보다는 실무문제로 더 자주 출제되니 KcLep에 분개까지 확실히 입력할 수 있어야 합니다.

1 매입채무: 외상매입금, 지급어음

매입채무란 회사 본연의 영업활동(상거래)을 위해 원재료, 상품을 외상으로 구입하면서 발생한 것으로 외상매입금, 지급어음이 이에 해당합니다.

1. 외상매입금

외상매입금이란 회사가 원재료, 상품을 구두상 외상으로 구입하면서 갚아야 할 빚입니다. 통상 외상매입금은 3개월 안에 갚기 때문에 회계기간 말 기준으로 1년 이내에 상환할 유동부채로 분류하며 KcLep 입력 시에는 채무이므로 반드시 거래처를 입력해야 합니다.

🎯 핵심체크 🔖

매입채무
외상매입금, 지급어음

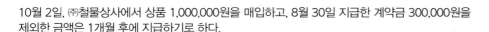

실무기출 확인문제 | 전산회계 2급, 2020년, 97회 |

10월 2일, ㈜철물상사에서 상품 1,000,000원을 매입하고, 8월 30일 지급한 계약금 300,000원을 제외한 금액은 1개월 후에 지급하기로 하다.

|정답|

| 10. 2 | (차) 상 품 | 1,000,000 | (대) 선 급 금((주)철물상사) | 300,000 |
| | | | 외상매입금((주)철물상사) | 700,000 |

일	번호	구분	계 정 과 목	거 래 처	적 요	차 변	대 변
2	00001	차변	0146 상품			1,000,000	
2	00001	대변	0131 선급금	01030 (주)철물상사			300,000
2	00001	대변	0251 외상매입금	01030 (주)철물상사			700,000

(*) 일반전표 입력 클릭 → 10. 2 입력 → 차변에 상품 선택, 1,000,000원 입력 → 대변에 선급금, 거래처 ㈜철물상사 선택, 300,000원 입력(계약금으로 선지급한 금액은 선급금으로 기입력되어 있음.) → 대변에 외상매입금, 거래처 ㈜철물상사 선택, 700,000원 입력

2. 지급어음

지급어음이란 원재료, 상품을 어음을 발행해 주면서 외상으로 구입하면서 갚아야 할 빚인데, 지급어음의 만기가 통상 1~3개월이므로 유동부채로 분류됩니다. 지급어음은 어음용지에 수기로 기재해 발행하기도 하고 인터넷뱅킹 시스템에 전산입력으로 발행할 수도 있는데 이를 전자어음이라고 부릅니다. 지급어음 또한 채무이므로 KcLep 입력 시 반드시 거래처를 입력해야 합니다. 받을어음의 반대가 지급어음이라 생각하면 이해하기 편합니다.

이론기출 확인문제 | 전산회계 2급, 2020년, 92회 |

판매용 TV 10대(@1,000,000원)를 구입하면서 어음을 발행(3개월 후 지급조건)하여 교부하였을 경우, 올바른 분개(계정과목)는?

① (차) 비 품 10,000,000원　(대) 지급어음 10,000,000원
② (차) 비 품 10,000,000원　(대) 미지급금 10,000,000원
③ (차) 상 품 10,000,000원　(대) 지급어음 10,000,000원
④ (차) 상 품 10,000,000원　(대) 미지급금 10,000,000원

|정답| ③
판매용 TV를 구입하면 이를 상품 처리하고 이때 발행한 어음은 지급어음임.

③ 미지급금

미지급금은 영업활동(상거래) 이외 거래에서 발생한 빚으로 회계기간 말 기준 1년 이내에 갚아야 합니다. 대표적인 사례가 공장에서 사용할 기계장치를 구입하거나 각종 비용을 지출하면서 지급하지 못한 채무입니다. 미지급금 또한 채무이므로 KcLep 입력 시 반드시 거래처를 입력해야 합니다.

주의할 점은 기계장치 등 상거래 이외 활동에서 발생한 외상은 구두상 외상이든, 어음 발행 외상이든, 그리고 신용카드 결제를 통한 외상이든 모두 미지급 계정과목을 사용해야 합니다. 이론 및 실무문제로 자주 출제되니 꼭 주의해야 합니다.

이론기출 확인문제 | 전산회계 2급, 2021년, 98회 |

아래의 거래내용과 가장 관련이 없는 계정과목은?

> 업무에 사용하기 위하여 업무용 노트북을 1,500,000원(배송비 2,500원 별도)에 구매하고 현금으로 택배기사에게 지급한 배송비를 제외한 나머지를 비씨카드로 결제하였다.

① 비품 ② 현금 ③ 복리후생비 ④ 미지급금

|정답| ③
업무용에 사용할 노트북(비품)을 구입하면서 카드로 결제한 부채는 미지급금 처리. 해당 거래에서 복리후생비는 사용되지 않음.

(차) 비 품	1,502,500	(대) 미지급금(비씨카드)	1,500,000
		현 금	2,500

실무기출 확인문제 | 전산회계 2급, 2021년, 100회 |

7월 6일, 중문상사에 광고전단지를 제작하고 제작대금 3,300,000원은 어음(만기일 당해 12.31)을 발행하여 지급하다.

|정답|

7. 6	(차) 광고선전비(판매관리비)	3,300,000	(대) 미지급금(중문상사)	3,300,000

일	번호	구분	계 정 과 목	거 래 처	적 요	차 변	대 변 ▽
6	00001	차변	0833 광고선전비			3,300,000	
6	00001	대변	0253 미지급금	00107 중문상사			3,300,000

(*) 일반전표 입력 클릭 → 7.6 입력 → 차변에 광고선전비 선택(광고전단지 용도이므로 판매관리비), 3,300,000원 입력 → 대변에 미지급금(상품 매입 등 상거래 이외의 비용 지출이므로 미지급금 선택), 거래처 중문상사 선택, 3,300,000원 입력

4 예수금

1) 개념

예수금(豫收金)이란 정상적인 영업활동(상거래) 이외 거래로 인해 일시적으로 미리 받아 둔 돈을 말하는데, 종업원에게 급여를 지급할 때 종업원이 내야 할 소득세, 국민연금, 건강보험료를 회사가 국가 대신 원천징수 했다가 납부하는 것이 대표적 사례입니다.

2) 4대보험 제도

근로자는 관련 법률에 따라 국민연금, 건강보험, 고용보험, 산재보험에 의무 가입하고 매월 급여의 일정액을 관련 공단에 납부해야 합니다.

단, 확실한 징수를 위해 회사가 월급 지급 시 미리 원천징수했다가 다음 달 10일에 근로자 대신 공단에 납부하고 있습니다. 관련 법률은 4대 보험료 납부액의 50%는 회사가, 나머지 50%는 근로자가 부담하도록 규정하고 있습니다. 예수금을 원천징수했다가 다음 달 10일 납부할 때까지 처리를 기출문제를 통해 알아보겠습니다.

① 예수금 원천징수

| 실무기출 확인문제 | | 전산회계 2급, 2020년, 93회 |

9월 30일, 영업사원 김창원의 9월 급여를 다음과 같이 당사 보통예금통장에서 이체하였다.

나리상사 9월 급여내역			
이 름	김창원	지 급 일	9월 30일
기본급여	3,800,000원	소 득 세	111,000원
직책수당	200,000원	지방소득세	11,100원
상 여 금		고용보험	20,450원
특별수당		국민연금	122,000원
차량유지		건강보험	66,000원
급 여 계	4,000,000원	공제합계	330,550원
노고에 감사드립니다.		지급총액	3,669,450원

정답

9. 30	(차) 급여(판매관리비)	4,000,000	(대) 예 수 금	330,550
			보통예금	3,669,450

일	번호	구분	계 정 과 목	거 래 처	적 요	차 변	대 변
30	00008	차변	0801 급여			4,000,000	
30	00008	대변	0254 예수금				330,550
30	00008	대변	0103 보통예금				3,669,450

(*) 일반전표 입력 클릭 → 9. 30 입력 → 차변에 급여(영업사원이므로 판매관리비 선택), 4,000,000원 입력 → 대변에 예수금, 330,550원 입력 → 대변에 보통예금, 3,669,450원 입력

실무기출 확인문제 | **전산회계 2급**, 2020년, 88회 |

10월 10일, 영업사원 김창원의 급여 지급 시 공제한 소득세 및 국민연금 등 330,550원과 회사 부담분 국민연금 122,000원을 보통예금에서 지급하다.(회사 부담분 국민연금은 세금과공과로 처리한다.)

|정답|

10. 10	(차) 예 수 금	330,550	(대) 보통예금	452,550
	세금과공과(판매관리비)	122,000		

일	번호	구분	계 정 과 목	거 래 처	적 요	차 변	대 변
10	00001	차변	0254 예수금			330,550	
10	00001	차변	0817 세금과공과			122,000	
10	00001	대변	0103 보통예금				452,550

(*) 일반전표 입력 클릭 → 10. 10 입력 → 차변에 예수금 선택, 330,550원 입력 → 차변에 회사가 추가로 납부하는 국민연금을 세금과공과(판매관리비) 선택, 122,000원 입력 → 대변에 보통예금, 452,550원 입력

5 선수금

선수금(先受金)이란 정상적인 영업활동(상거래)에서 상품, 제품을 판매하기 전에 계약금 명목으로 미리 수령한 돈을 말하는데, 선급금의 반대 개념이라고 생각하면 됩니다.

실무기출 확인문제 | **전산회계 2급**, 2020년, 88회 |

9월 5일, 머스전자에 상품을 10,000,000원에 판매하기로 계약하고, 계약금 2,000,000원을 당사 보통예금 계좌로 이체받다.

|정답|

9. 5	(차) 보통예금	2,000,000	(대) 선수금(머스전자)	2,000,000

일	번호	구분	계 정 과 목	거 래 처	적 요	차 변	대 변
5	00002	차변	0103 보통예금			2,000,000	
5	00002	대변	0259 선수금	00103 머스전자			2,000,000

(*) 일반전표 입력 클릭 → 9. 5 입력 → 차변에 보통예금, 2,000,000원 입력 → 대변에 선수금, 거래처 머스전자 선택, 2,000,000원 입력

6 단기차입금

단기차입금은 회사 운영자금 등이 부족해 금융기관 또는 개인으로부터 빌려온 돈 중 회계기간 말을 기준으로 1년 이내에 갚아야 할 차입금을 말합니다. 단기차입금에는 당좌예금 잔고가 없어도 은행과 약정을 맺고 일정 한도까지 돈을 인출하여 발생한 당좌차월도 포함됩니다.

실무기출 확인문제 | 전산회계 **2급**, 2021년, 100회 |

11월 25일, 하나은행으로부터 6개월 후 상환조건으로 20,000,000원을 차입하고, 보통예금 계좌로 입금받다.

| 정답 |

| 11. 25 | (차) 보통예금 | 20,000,000 | (대) 단기차입금(하나은행) | 20,000,000 |

일	번호	구분	계 정 과 목	거 래 처	적 요	차 변	대 변
25	00001	차변	0103 보통예금			20,000,000	
25	00001	대변	0260 단기차입금	98003 하나은행			20,000,000

(*) 일반전표 입력 클릭 → 11. 25 입력 → 차변에 보통예금, 20,000,000원 입력 → 대변에 단기차입금(1년 이내에 상환해야 하므로 단기차입금 선택), 거래처 하나은행, 20,000,000원 입력

[참 고] 당좌차월

> 당좌차월은 일종의 마이너스 통장으로 은행 잔고가 없어도 약정 한도까지 인출이 가능한 당좌예금 계좌를 말합니다. 당좌차월은 곧 갚아야 하므로 회계상으로 단기차입금으로 분류합니다.

7 미지급비용

미지급비용이란 이미 발생한 관리비, 보험료, 복리후생비, 기업업무추진비, 관리비 등의 각종 비용 중 지급을 하지 못한 부분을 말합니다. 용어상 주의할 점은 미지급금은 건물, 기계장치 등을 상거래 이외의 활동에 미지급한 금액을 말하며, 미지급비용은 그중 특별히 비용 관련 미지급액을 말합니다.

실무기출 확인문제 | 전산회계 **2급**, 2021년, 98회 |

9월 3일, 영업부 직원들의 단합을 위해 은하수 식당에서 회식을 하고, 회식비 110,000원을 농협카드로 결제하였다.

정교수 콕콕

🎯 핵심체크

단기차입금·당좌차월
회계기말 기준으로 1년 이내 갚아야 할 차입금

🎯 핵심체크 콕콕

미지급비용
- 지급하지 못한 관리비 등 각종 비용
- 비용의 카드사용액은 미지급금 처리해도 됨.

|정답

| 9.3 | (차) 복리후생비(판매관리비) | 110,000 | (대) 미지급비용(농협카드) | 110,000 |

일	번호	구분	계 정 과 목	거 래 처	적 요	차 변	대 변
3	00002	차변	0811 복리후생비			110,000	
3	00002	대변	0262 미지급비용	99600 농협카드			110,000

(*) 일반전표 입력 클릭 → 9.3 입력 → 차변에 복리후생비(영업부 직원 회식이므로 판매관리비) 선택, 110,000원 입력
→ 대변에 미지급비용, 거래처 농협카드 선택, 110,000원 입력

비용을 지출하면서 신용카드로 결제하면 대금이 통상 월말 등 지정된 카드 결제일에 대금이 지급되므로 카드가 사용될 때는 대금이 지급되지 않습니다. 따라서 이를 미지급 비용처리 하는데 여기서 두 가지 주의할 사항이 있습니다.

① 미지급비용 대신 미지급금 계정과목 사용

신용카드로 비용뿐 아니라 비품 등 유형자산도 구입하기 때문에 실제 실무에서는 신용카드 사용액 모두를 미지급금 처리를 합니다. 이런 이유로 전산회계 2급 시험에서 비용지출을 위한 카드 사용액을 미지급비용 대신 미지급금으로 입력해도 정답으로 처리하고 있습니다.

② 신용카드 사용 시 거래처 입력

위 거래에서 영업부 직원 회식 후 카드 사용은 은하수 식당에서 이루어졌지만 나중에 대금지급은 은하수 식당이 아닌 농협카드로 이루지기 때문에 카드 사용에 따른 미지급금 또는 미지급비용의 거래처는 반드시 "농협카드"를 입력해야 합니다.

8 선수수익

◎ 핵심체크
선수수익
월세 선수령 등 미리 받은 수익

선수수익이란 발생하지 않은 수익을 미리 받은 금액인데 그 대표적인 예가 월세를 미리 받은 경우입니다. 평택 미군기지의 미군은 2년짜리 월세 계약을 하면서 2년 치 월세를 입주 시점에 모두 선납하는데 이러면 집주인은 미리 받은 월세를 선수수익으로 처리했다가 나중에 월세 기간이 지난 부분에 대해서만 임대수익으로 대체하는 것입니다.
선수수익은 전산회계 2급 시험에는 거의 출제되지 않으므로 선수수익이 유동부채인 것만 기억하면 충분합니다. 자세한 내용은 나중에 수익비용 이연 부분에서 공부할 예정입니다.

⑨ 가수금

가수금(假受金)이란 현금 등을 받았으나 수령의 이유를 모를 때 일단 임시(假)로 사용하는 계정과목으로 현금 등 수령의 이유가 밝혀지면 그때 해당 계정으로 대체되는데 가지급금의 반대 개념입니다. 전산회계 2급에 자주 출제되지 않으니 가수금의 개념만 알면 충분합니다.

🎯 핵심체크

가수금
이유를 모르는 현금수령 시
사용하는 임시계정

① 가수금 발생

| 실무기출 확인문제 | 전산회계 2급, 2019년, 85회 |

8월 2일, 보통예금 계좌에 2,000,000원이 입금되었으나, 입금자명이 불분명하여 그 내역을 확인할 수 없다.

|정 답|

| 8.2 | (차) 보통예금 | 2,000,000 | (대) 가수금 | 2,000,000 |

일	번호	구분	계 정 과 목	거 래 처	적 요	차 변	대 변
2	00001	차변	0103 보통예금			2,000,000	
2	00001	대변	0257 가수금				2,000,000

(*) 일반전표 입력 클릭 → 8.2 입력 → 차변에 보통예금 선택, 2,000,000원 입력 → 대변에 가수금 선택, 2,000,000 입력

② 가수금 정리

| 실무기출 확인문제 | 전산회계 2급, 2021년, 100회 |

8월 20일, 가수금 8월 2일 입금된 알 수 없었던 것으로 가수금 처리하였으나 거래처 함덕상사로부터 회수한 외상 대금으로 판명되었다.(가수금 거래처는 입력하지 않아도 무방함.)

|정 답|

| 8. 20 | (차) 가수금 | 2,000,000 | (대) 외상매출금(함덕상사) | 2,000,000 |

일	번호	구분	계 정 과 목	거 래 처	적 요	차 변	대 변
20	00001	차변	0257 가수금			2,000,000	
20	00001	대변	0108 외상매출금	01001 함덕상사			2,000,000

(*) 일반전표 입력 클릭 → 8. 20 입력 → 차변에 가수금 선택, 2,000,000원 입력 → 대변에 외상매출금, 거래처 함덕상사 선택, 2,000,000 입력

난이도 ★★ 필수

01 다음은 부채에 대한 설명이다. 가장 옳지 않은 것은? [2019년, 87회]

① 외상매입금은 일반적 상거래에서 발생하는 채무이다.

② 선수금은 상품을 주문받고 대금의 일부를 계약금으로 수취하였을 때 처리하는 계정과목이다.

③ 가지급금은 미래에 특정한 사건에 의해 외부로 지출하여야 할 금액을 기업이 급여 등을 지급 시 종업원 등으로부터 미리 받아 일시적으로 보관하는 금액을 처리하는 계정과목에 해당한다.

④ 가수금은 현금의 수입이 발생하였으나 처리할 계정과목이나 금액이 확정되지 않은 경우 계정과목이나 금액이 확정될 때까지 일시적으로 처리하는 계정과목이다.

난이도 ★ 필수

02 다음 계정과목 중 재무제표상 분류기준 항목이 다른 것은? [2024년, 116회]

① 예수금   ② 미지급비용

③ 선급비용   ④ 선수금

난이도 ★ 필수

03 다음 중 유동부채 계정과목만 짝지어진 것은? [2020년, 88회]

① 미수금, 선수금, 외상매입금, 받을어음   ② 미지급금, 선수금, 외상매입금, 지급어음

③ 미수금, 선급금, 외상매출금, 받을어음   ④ 미지급금, 선급금, 외상매출금, 지급어음

난이도 ★★ 필수

04 다음은 당기 말 부채계정 잔액의 일부이다. 재무상태표상 매입채무는 얼마인가? [2024년, 117회]

- 미지급임차료 : 30,000원
- 선수금 : 40,000원
- 단기차입금 : 20,000원
- 지급어음 : 60,000원
- 외상매입금 : 10,000원
- 가수금 : 40,000원

① 30,000원   ② 50,000원

③ 60,000원   ④ 70,000원

05 난이도 ★ 필수

다음 중 매출채권(A)과 매입채무(B)로 옳게 짝지어진 것은?　　　　　　　　　　　　　　[2017년, 74회]

① (A) 단기대여금 (B) 지급어음　　　　　　② (A) 받을어음 (B) 외상매입금

③ (A) 지급어음 (B) 단기차입금　　　　　　④ (A) 받을어음 (B) 단기차입금

06 난이도 ★★ 필수

다음 자료에서 부채 금액은 얼마인가?　　　　　　　　　　　　　　　　　　　　　[2021년, 98회]

- 외상매입금: 3,000,000원　　• 미지급비용: 700,000원　　• 선수금: 1,000,000원
- 단기차입금: 2,000,000원　　• 임차보증금: 1,000,000원　　• 예수금: 300,000원

① 8,000,000원　　　　　　　　　　　　② 7,000,000원

③ 6,700,000원　　　　　　　　　　　　④ 6,300,000원

07 난이도 ★★ 필수

다음 자료에 의하여 당기 외상매입금 지급액을 계산하면 얼마인가?　　　　　　　　[2018년, 78회]

- 외상매입금 기초잔액: 600,000원　　• 당기의 외상매입액: 3,200,000원
- 외상매입금 기말잔액: 400,000원

① 3,400,000원　　　　　　　　　　　　② 3,200,000원

③ 2,600,000원　　　　　　　　　　　　④ 600,000원

08 난이도 ★★★

다음은 외상매입금 거래처원장이다. 9월 외상매입금 지급액으로 옳은 것은?　　　　[2016년, 66회]

금성상회		하성상회	
	9/01 전월이월　40,000원		9/01 전월이월　90,000원
9/30 차월이월　100,000원	9/18 매　입　960,000원	9/30 차월이월　200,000원	9/15 매　입　710,000원

① 1,400,000원　　　　　　　　　　　　② 1,500,000원

③ 1,600,000원　　　　　　　　　　　　④ 1,700,000원

09

난이도 ★★

다음 중 지급어음계정의 차변에 기입되는 거래는?

[2017년, 75회]

① 상품 1,000,000원을 매입하고 약속어음을 발행하여 지급하다.

② 상품 3,000,000원을 매입하고 소지하고 있던 약속어음을 배서양도하다.

③ 외상매입금 5,000,000원을 약속어음을 발행하여 지급하다.

④ 당점 발행의 약속어음 6,000,000원이 만기가 되어 현금으로 지급하다.

10

난이도 ★★ 필수

다음 거래에서 대변에 외상매입금계정으로 회계처리 할 수 있는 것은?

[2015년, 64회]

① 업무용 컴퓨터를 구입하고 대금을 외상으로 한 경우

② 부동산매매업자가 판매용 토지를 매입하고 대금을 월말에 지급하기로 한 경우

③ 영업부 복사기를 구입하고 대금을 월말에 지급하기로 한 경우

④ 상품을 매입하고 대금은 약속어음을 발행하여 지급한 경우

11

난이도 ★★ 필수

전자부품을 도소매하는 회사의 경우, 다음의 계정과목들 중 (   )에 들어올 수 없는 항목은?

[2020년, 90회]

(차) 차량운반구	20,000,000원	(대) ( )	20,000,000원

① 현금

② 미지급금

③ 보통예금

④ 외상매입금

12

난이도 ★★ 필수

다음 거래를 분개할 경우 (가), (나)의 계정과목이 올바르게 짝지어진 것은?

[2019년, 87회]

우현상사는 거래처에서 컴퓨터 10대(@800,000)를 8,000,000원에 매입하고 당사 발행 약속어음으로 지급하였다.(단, 5대는 판매용, 5대는 영업부의 업무용으로 구입함)

(차변) 상 품	4,000,000원	(대변) (가)	4,000,000원
(차변) 비 품	4,000,000원	(대변) (나)	4,000,000원

① (가) - 지급어음, (나) - 지급어음

② (가) - 미지급금, (나) – 미지급금

③ (가) - 미지급금, (나) - 지급어음

④ (가) - 지급어음, (나) – 미지급금

13 난이도 ★★ [필수]

상품 매출에 대한 계약을 하고 계약금 100,000원을 받아 아래와 같이 회계처리 할 때, 다음 빈칸에 들어갈 계정과목으로 가장 옳은 것은? [2024년, 115회]

(차) 현 금 100,000원	(대) ( ) 100,000원

① 선수금   ② 선급금
③ 상품매출   ④ 외상매출금

14 난이도 ★★★

상품매출에 대한 계약금을 거래처로부터 현금으로 받고 대변에 "상품매출"계정으로 분개하였다. 이로 인해 재무상태표와 손익계산서에 미치는 영향으로 옳은 것은? [2021년, 97회]

① 자산이 과소 계상되고, 수익이 과소 계상된다.
② 자산이 과대 계상되고, 수익이 과소 계상된다.
③ 부채가 과대 계상되고, 수익이 과대 계상된다.
④ 부채가 과소 계상되고, 수익이 과대 계상된다.

15 난이도 ★★★

회계기말까지 미지급한 이자비용이 결산 시 장부에 반영되지 않았을 때 나타나는 현상으로 옳은 것은?

[2018년, 78회]

① 자산의 과대평가와 비용의 과대평가   ② 부채의 과대평가와 비용의 과소평가
③ 자산의 과소평가와 비용의 과대평가   ④ 부채의 과소평가와 비용의 과소평가

16 난이도 ★★

당좌차월계약을 맺은 후 당좌예금잔액을 초과하여 발행한 수표금액을 회계 처리하는 계정과목으로 가장 적절한 것은? [2017년, 72회]

① 현금   ② 미지급금
③ 지급어음   ④ 단기차입금

17 다음은 급여명세표의 일부이다. 공제 내역의 (가) 내용을 예수금 계정으로 회계 처리하는 경우 (가)의 내용으로 적절하지 않은 것은? [2018년, 77회]

성　　명: 김세무　　직급(호봉): ×××　　실수령액: 2,120,000원			
급여 내역		공제 내역	
기본급	1,900,000	(가)	180,000
○○수당	100,000		
○○수당	200,000		
○○수당	100,000		
급여 계	2,300,000	공제 계	180,000

① 소득세　　　　　　　　　　　　　　② 상여금

③ 국민연금　　　　　　　　　　　　　④ 건강보험료

18 종업원급여를 다음과 같이 지급한 경우 예수금으로 회계처리될 합계금액은 얼마인가? [2025년, 118회]

단위: 원

급여	국민연금	건강보험	소득세 및 지방소득세	공제 합계	차인지급액
3,000,000	135,000	120,000	93,000	348,000	2,652,000

① 2,652,000원　　　　② 255,000원　　　　③ 93,000원　　　　④ 348,000원

19 다음 9/20일 계정 기입에 대한 설명으로 옳은 것은? [2016년, 69회]

가 수 금	(단위: 원)
9/20 선 수 금 200,000	9/10 현 금 200,000

① 원인 불명의 송금수표 200,000원이 선수금으로 밝혀지다.

② 상품을 매입하기로 하고 계약금 200,000을 현금 지급하다.

③ 업무용 비품을 매각하고 그 대금 200,000을 현금으로 받다.

④ 상품을 매출하기로 하고 현금 200,000원을 계약금으로 받다.

01 ③ ③은 예수금에 대한 설명임. 가지급금은 임시로 지급한 금액임.

02 ③ ①예수금, ②미지급비용, ④선수금은 모두 유동부채이고 ③선급비용은 자산임. 선급비용의 대표적 사례는 자동차 보험료로 자동차 보험은 가입 시 1년치를 선납함. 회계기간 말 기준으로 미경과 보험료는 해약시 돌려 받을 수 있어 선급비용은 유동자산임.

03 ② 미수금, 받을어음, 선급금, 외상매출금은 자산항목임.

04 ④ 매입채무는 외상매입금(10,000) + 지급어음(60,000) = 70,000원임.

05 ② 매출채권(외상매출금, 받을어음), 매입채무(외상매입금, 지급어음)

06 ② 임차보증금은 자산이며 나머지 항목이 부채임. 3,000,000 + 700,000 + 1,000,000 + 2,000,000 + 300,000원 = 7,000,000원.

07 ① 기초잔액 600,000 + 당기외상매입액 3,200,000 - 기말잔액 400,000 = 외상매입금 당기지급액 3,400,000

08 ② · 금성상회 지급액: 기초 40,000 + 당기 외상매입 960,000 - 기말 100,000 = 900,000
· 하성상회 지급액: 기초 90,000 + 당기 외상매입 710,000 - 기말 200,000 = 600,000
· 총 지급액: 900,000 + 600,000 = 1,500,000

09 ④ 지급어음 차변에 기입되면 지급어음이 감소해야 함. 보기 중 지급어음이 감소하는 거래는 ④임. ①,③은 어음이 발행되어 지급어음이 증가한 거래이고 ②은 받을어음을 배서양도한 거래로 지급어음과는 관계없음.

10 ② 상거래(원재료, 상품 등) 외상 구입은 외상매입금, 업무에 사용하기 위한 외상구입은 미지급금 처리. ②판매용 토지 외상구입은 상거래에서 외상구입이므로 외상매입금 처리. ④상품 매입시 어음발행하면 지급어음 처리

11 ④ 전자제품 도소매이므로 차량운반구는 회사 업무에 사용할 목적이며 이때 외상구입은 미지급금 처리해야 하므로 ④외상매입금은 선택할 수 없음.

12 ④ 어음 발행 중 판매용(상품) 부분은 지급어음, 업무에 사용(비품) 부분은 미지급금 처리

13 ① 상품 매출을 위한 계약금을 미리 받으면 이는 선수금(유동부채)임.

14 ④ 선수금(유동부채)을 매출(수익)로 처리하면 수익 과대 계상, 부채 과소 계상됨.

15 ④ 미지급 이자비용을 장부에 계상하지 않으면 비용 과소계상, 부채 과소 계상됨.

16 ④ 당좌차월은 ④단기차입금 성격임.

17 ② 급여명세표의 (가)는 예수금임. 예수금은 ①소득세, ③국민연금, ④건강보험료 원천징수임.

18 ④ 급여 지급 시 예수금은 종업원이 납부할 세금과 4대보험료를 미리 뗀 금액임. 국민연금(135,000) + 건강보험(120,000) + 소득세·지방소득세(93,000) = 348,000원이 예수금임.

19 ① · 9/10 거래: 현금 200,000원을 가수금으로 받음.
· 9/20 거래: 가수금이 선수금인 것으로 밝혀져 선수금으로 바꾸어 줌.

21 실무기출 공략하기

본 교재의 실습자료는 cafe.naver.com/eduacc의 「공지&DATA다운로드」에서 공지 에 있는 [콕콕정교수 전산회계 2급] 이론+실무+기출 실습데이터의 Data_Install_JH2.zip 파일을 다운받아 컴퓨터에 설치 후, 회사등록 클릭, F4 회사코드재생성 클릭 후 「우현상사」 선택

우현상사(회사코드: 0884) 관련 아래 내용을 전산세무회계 수험용 프로그램에 입력하시오.

난이도 ★ 필수

01 8월 16일, 판매용 복사기 구입과 관련하여 ㈜청림전자에게 지급하지 못한 외상매입금 중 1,000,000원을 다른 거래처가 발행한 당좌수표로 지급하다.   [2024년, 117회]

난이도 ★

02 8월 21일, 당사는 거래처 가나상사로부터 상품 10개(1개당 10,000원)를 매입하고, 그 대금은 당사발행 어음으로 지급하였다.   [2019년, 85회]

난이도 ★

03 11월 15일, 가나상사에 상품매입 대금으로 발행해 준 약속어음 100,000원이 만기가 되어 당사 당좌예금 계좌에서 지급하다.   [2016년, 66회]

난이도 ★★

04 10월 2일, 신비상사에서 상품 3,000,000원을 매입하면서, 강서상사로부터 매출대금으로 받아 보관 중인 약속어음 2,000,000원을 배서양도 하고, 잔액은 당사 발행 약속어음으로 지급하다.   [2016년, 70회]

05 난이도 ★★ 필수

9월 25일, 영업사원 김진희의 9월 급여를 다음과 같이 당사 보통예금통장에서 이체하다.　　　　[2024년, 116회]

우현상사　9월 급여내역			(단위 : 원)
이　　름	김진희	지 급 일	**9월 25일**
기본급	1,800,000원	소 득 세	88,000원
직책수당		지방소득세	8,800원
상 여 금		고용보험	20,200원
특별수당		국민연금	81,000원
차량유지		건강보험	54,000원
급 여 계	1,800,000원	공제합계	252,000원
노고에 감사드립니다.		지급총액	1,548,000원

06 난이도 ★★ 필수

10월 10일, 영업부 직원의 고용보험료 220,000원을 보통예금 계좌에서 납부하였다. 납부한 금액 중 100,000원은 직원부담분이고, 나머지는 회사부담분으로 직원부담분은 직원의 8월 귀속 급여에서 공제한 상태이다(단, 하나의 전표로 처리하고 회사부담분은 복리후생비 계정으로 처리할 것).　　　　[2024년, 113회]

07 난이도 ★

12월 27일, 새마을금고로부터 내년도 12월 20일 상환하기로 하고, 30,000,000원을 차입하여 보통예금에 입금하였다.　　　　[2020년, 93회]

08 난이도 ★

12월 21일, 우리은행에서 7월 1일 차입한 단기차입금 10,000,000원에 대하여 상환기일이 도래하여 이자 300,000원과 함께 전액 보통예금 계좌에서 이체하였다.　　　　[2017년, 76회]

09 난이도 ★★ 필수

7월 5일, 다산전자에 상품을 6,000,000원에 판매하기로 계약하고, 계약금(판매금액의 10%)을 현금으로 받다.　　　　[2024년, 116회]

10 난이도 ★★ **필수**

11월 22일, 다산전자에 상품 6,000,000원을 판매하고, 대금은 7월 5일 수령한 계약금 600,000원을 차감한 잔액 중 600,000원은 보통예금으로 이체받고 잔액은 외상으로 하다.

[2025년, 119회]

11 난이도 ★★

8월 31일, 우현상사는 소유한 창고를 파파스상사에 임대하는 임대차계약을 아래와 같이 체결하여 임대보증금의 10%를 계약일에 파파스상사가 발행한 당좌수표로 받고 잔금은 임대를 개시하는 다음 해 1월 1일에 받기로 하였다.

[2018년, 81회]

부동산 임대차 계약서					■월세 □전세		
임대인과 임차인 쌍방은 표기 부동산에 관하여 다음 계약 내용과 같이 임대차계약을 체결한다.							
1. 부동산의 표시							
소재지		경기도 수원시 영통구 선원로 71 B13					
토 지	지 목	대지			면 적	572㎡	
건 물	구 조	창고	용 도	사업용	면 적	176㎡	
임대할부분		전체			면 적	572㎡	
2. 계약내용							
제1조 (목적)위 부동산의 임대차에 한하여 임대인과 임차인은 합의에 의하여 임차보증금 및 차임을 아래와 같이 지불하기로 한다.							
보증금	金	300,000,000 원정					
계약금	金	30,000,000원정은 계약시에 지불하고 영수함 영수자( )				(인)	
중도금	金	원정은		년 월 일에지불하며			
잔 금	金	270,000,000 원정은		2019 년 1 월 1일에 지불한다.			
차 임	金	5,000,000 원정은		매월 25 일 (후불)에 지불한다.			

12 난이도 ★★ **필수**

09월 02일, 상품 운반용 중고 화물차를 7,000,000원에 구매하면서 전액 비씨카드로 결제하고, 취득세 300,000원은 보통예금 계좌에서 이체하였다.

[2024년, 112회]

13 난이도 ★★

10월 20일, 판매용 문서 세단기 5,000,000원(5대분)과 업무용 문서 세단기 1,000,000원(1대)를 ㈜청림전자에서 구입하고, 대금은 이번 달 30일에 모두 지급하기로 하였다.(하나의 전표로 회계 처리할 것)

[2020년, 90회]

난이도 ★★ 필수

14 07월 13일, 다음과 같이 용산컴퓨터에서 사무직 직원 전산교육을 진행하고 교육훈련비 대금 중 500,000원은 보통예금 계좌에서 이체하여 지급하고 잔액은 외상으로 하였다. 단, 원천징수세액은 고려하지 않는다.   [2025년, 116회]

권		호			거래명세표(거래용)							
2024년 12월 15일												
하늘상사 귀하			공급자	사업자등록번호		109-02-*****						
				상 호		용산컴퓨터	성 명		정태영 ㉑			
				사업장소재지		서울특별시 용산구 신정중앙로 86						
아래와 같이 계산합니다.				업 태		서비스	종 목		컨설팅,강의			
합계금액					일백만 원정 (₩ 1,000,000)							
월 일	품 목			규 격	수 량		단 가		공 급 대 가			
07월 13일	전산교육				1		1,000,000원		1,000,000원			
	계								1,000,000원			
전잔금	없음				합		계		1,000,000원			
입 금	500,000원		잔 금		500,000원							

난이도 ★★ 필수

15 10월 15일, 현대카드사의 청구에 의해 회사의 월별 카드이용대금 7,500,000원이 당사 보통예금에서 인출되었다.
     [2018년, 78회]

난이도 ★★

16 10월 10일, 당사 보통예금통장에 50,000원이 입금되었으나 그 내역을 알 수 없다.   [2017년, 74회]

01 다른 거래처가 발행한 당좌수표는 당장 사용이 가능하므로 현금임. 이 당좌수표를 지급했으므로 현금을 대변에 처리해야 함.

8. 16	(차) 외상매입금((주)청림전자)	1,000,000	(대) 현 금	1,000,000

02 상품 구입하면서 발생한 어음은 지급어음 처리

8. 21	(차) 상 품	100,000	(대) 지급어음(가나상사)	100,000

03 발행한 지급어음 만기 상환

11. 15	(차) 지급어음(가나상사)	100,000	(대) 당좌예금	100,000

04 받을어음 거래처는 강서상사, 지급어음 거래처는 신비상사를 입력해야 함.

10. 2	(차) 상 품	3,000,000	(대) 받을어음(강서상사)	2,000,000
			지급어음(신비상사)	1,000,000

05 원천징수한 공제합계 252,000원을 예수금 처리, 영업사원이므로 판매관리비에서 급여 선택

9. 25	(차) 급여(판매관리비)	1,800,000	(대) 예 수 금	252,000
			보통예금	1,548,000

06 영업부 직원 부담분 10만원은 이미 원천징수해 보유중인데 이는 예수금이며 회사가 부담한 12만원은 복리후생비(판매관리비) 처리

10. 10	(차) 예수금	100,000	(대) 보통예금	220,000
	복리후생비(판매관리비)	120,000		

07 회계기간 말 기준으로 1년 이내 상환할 차입금이므로 단기차입금 선택

12. 27	(차) 보통예금	30,000,000	(대) 단기차입금(새마을금고)	30,000,000

08 단기차입금 줄여주고 30만 원을 이자비용 처리

12. 21	(차) 단기차입금(우리은행)	10,000,000	(대) 보통예금	10,300,000
	이 자 비 용(영업외비용)	300,000		

09 상품 판매 계약금 수령은 선수금 처리. 600,000원(6,000,000 × 10%)

7. 5	(차) 현 금	600,000	(대) 선수금(다산전자)	600,000

10 상품 판매대금 6,000,000원 중 계약금 600,000원은 이미 선수금으로 처리되어 있으므로 상계처리. 나머지 5,400,000원 중 600,000원은 보통예금으로 수령. 나머지 4,800,000원은 외상매출금 처리

11. 22	(차) 선 수 금(다산전자)	600,000	(대) 상품매출	6,000,000
	보 통 예 금	600,000		
	외상매출금(다산전자)	4,800,000		

11 계약금 수령액 30,000,000을 선수금 처리. 당좌수표는 현금처럼 사용가능하므로 현금 처리

8. 31	(차) 현 금	30,000,000	(대) 선수금(파파스상사)	30,000,000

12 취득세는 취득 부대비용으로 취득가액에 가산해야 하며 상거래 이외 외상금액은 미지급금 계정과목 사용. 향후 대금은 비씨카드에 지급하므로 거래처는 비씨카드 선택

09. 02	(차) 차량운반구	7,300,000	(대) 미지급금(비씨카드)	7,000,000
			보통예금	300,000

13 판매용 세단기 구입 외상액 5,000,000원은 외상매입금, 업무용 세단기 구입 외상액 1,000,000원은 미지급금 처리

10. 20	(차) 상 품	5,000,000	(대) 외상매입금((주)청림전자)	5,000,000
	비 품	1,000,000	미 지 급 금((주)청림전자)	1,000,000

14 사무직원 교육비용은 교육훈련비(판매관리비) 계정과목 사용하며 상거래 이외의 외상금액은 미지급금 계정과목 사용

07. 13	(차) 교육훈련비(판매관리비)	1,000,000	(대) 보통예금	500,000
			미지급금(용산컴퓨터)	500,000

(*) 미지급금 대신 미지급비용 계정과목 사용 가능

15 통상 카드대금은 일괄적으로 미지급금으로 계상되므로 미지급금에서 상계처리

10. 15	(차) 미지급금(현대카드)	7,500,000	(대) 보통예금	7,500,000

16 원인을 모르는 입금은 일단 가수금 처리

10. 10	(차) 보통예금	50,000	(대) 가수금	50,000

학습내용 ·장기차입금 ·임대보증금

출제경향 이론 및 실무문제로 2~3회 시험마다 1문제 정도 출제되고 있는데 비유동자산의 종류만 구별할 줄 알면 쉽게 풀 수 있음. 각 **비유동부채** 계정과목별로 개념 위주 학습을 하면 **충분함.**

 정교수 콕콕

> 본 교재의 실습자료는 cafe.naver.com/eduacc의 「공지&DATA다운로드」에서 공지 에 있는 [콕콕정교수 전산회계 2급] 이론+실무+기출 실습데이터의 Data_Install_JH2.zip 파일을 다운받아 컴퓨터에 설치 후, 회사등록 클릭, F4 회사코드재생성 클릭 후 대한상사 선택

비유동부채란 회계기간 말 기준으로 1년 이후에 상환해야 하는 부채이며 그 종류로는 장기차입금, 임대보증금, 퇴직급여충당부채, 사채가 있습니다. 다만, **퇴직급여충당부채, 사채는 전산회계 2급 시험 범위를 넘어서니 장기차입금, 임대보증금만 공부하면 충분합니다.**

1 장기차입금

◎ 핵심체크

장기차입금
회계기말 기준으로 1년 이후 갚아야 할 차입금

장기차입금은 은행 등 금융기관에서 빌린 돈 중 **회계기간 말을 기준으로 1년 이후에 갚아야 할 차입금**을 말합니다.

| **실무기출 확인문제** | | | **| 전산회계 2급**, 2021년, 98회 **|** |

7월 25일 기업 운영자금을 확보하기 위해서 10,000,000원을 하나은행으로부터 2년 후 상환조건으로 차입하고 차입금은 보통예금 계좌로 이체 받았다.(이자지급일: 매월 말일, 이자율: 연 6%)

|정답

7. 25	(차) 보통예금	10,000,000	(대) 장기차입금(하나은행)	10,000,000

일	번호	구분	계 정 과 목	거 래 처	적 요	차 변	대 변
25	00004	차변	0103 보통예금			10,000,000	
25	00004	대변	0293 장기차입금	98003 하나은행			10,000,000

(*) 일반전표 입력 클릭 → 7. 25 입력 → 차변에 "보통예금" 선택, 10,000,000원 입력 → 대변에 "장기차입금", 거래처 하나은행 선택, 10,000,000원 입력

[참 고] 유동성장기부채

유동성장기부채란 장기차입금 중 회계기간 말 기준으로 1년 이내 만기가 도래하는 장기차입금을 유동부채로 바꾸는 계정과목입니다.

예를 들어 20X1년 7월 1일, 3년 뒤인 20X4년 6월 30일 상환하는 조건으로 1억 원을 은행에서 차입했다면, 20X3년 12월 31일 기준으로 상환일이 6개월밖에 남지 않았기 때문에 이를 단기차입으로 변경해야 합니다. 단, 처음부터 단기차입금인 것과 구별하기 위해 '유동성 장기부채'라는 계정과목을 사용하는 것입니다.

전산회계 2급 시험에는 거의 출제되지 않으니 참고만 하면 됩니다.

❷ 임대보증금

임대보증금이란 건물주가 세입자로부터 받은 전세보증금을 말하는데 통상 건물주가 받은 보증금은 1년 이후 상환하기 때문에 임대보증금은 비유동부채입니다. 한 가지 주의할 점은 임차보증금은 세입자가 건물주에 맡겨 둔 전세보증금으로 기타비유동자산입니다.

◎ 핵심체크

임대보증금
건물주가 세입자로부터 받은 전세보증금

| 실무기출 확인문제 | | 전산회계 2급, 2020년, 90회 |

10월 5일, 대한상사는 소유한 창고를 머스전자에 임대하기로 하고 임대보증금의 잔금을 머스전자가 발행한 당좌수표로 받다.(단, 계약금은 계약서 작성일인 7월 15일에 현금으로 이미 받았으며 별도의 영수증을 발행하여 주었다.)

부동산 임대차 계약서　　　　　■월세 □전세

임대인과 임차인 쌍방은 표기 부동산에 대해 다음 계약 내용과 같이 임대차계약을 체결한다.

1. 부동산의 표시

소재지	부산광역시 금정구 금샘로323(구서동)					
토 지	지 목	대지			면 적	3,242㎡
건 물	구 조	창고	용 도	사업용	면 적	1,530㎡
임대할부분	전체				면 적	3,242㎡

2.계약내용

제1조(목적) 위 부동산의 임대차에 한하여 임대인과 임차인은 합의에 의하여 임차보증금 및 차임을 아래와 같이 지불하기로 한다.

보증금	金　　10,000,000원정		
계약금	金　　500,000원정은 계약시에 지불하고 영수함 영수자(　　)		(인)
중도금	金　　　　원정은　　　　년　　월　　일에 지불하며		
잔 금	金　　9,500,000원정은　　20X1 년 10월 5일에 지불한다.		
차 임	金　　800,000원정은　　매월 20일(후불)에 지급한다.		

제2조(존속기간) 임대인은 위 부동산을 임대차 목적대로 사용할 수 있는 상태로 20X1년 10월 5일 까지 임차인에게 인도하며 임대차기간은 인도일로부터 2년간으로 한다.

|정답|

| 10. 5 | (차) 현 금 | 9,500,000 | (대) 임대보증금(머스전자) | 10,000,000 |
| | 선수금(머스전자) | 500,000 | | |

일	번호	구분	계 정 과 목	거 래 처	적 요	차 변	대 변
5	00001	차변	0101 현금			9,500,000	
5	00001	차변	0259 선수금	00103 머스전자		500,000	
5	00001	대변	0294 임대보증금	00103 머스전자			10,000,000

(*) 일반전표 입력 클릭 → 10. 5 입력 → 차변에 현금 선택(당좌수표는 현금처럼 즉시 사용 가능하므로 "현금" 계정과목 사용), 9,500,000원 입력 → 차변에 "선수금" 500,000원, 거래처 머스전자 입력(**기존에 미리 받아둔 계약금 500,000 원이 이미 선수금으로 계상**되어 있으므로 이를 없애야 함.) → 대변에 "임대보증금", 거래처에 세입자인 머스전자 선택, (계약금＋잔금) 전체 금액 10,000,000원 입력

③ 기타 비유동부채

이상 공부한 장기차입금, 임대보증금 이외에 추가로 학습해야 할 비유동부채가 바로 퇴직급여충당금, 사채입니다. 다만, 퇴직급여충당금, 사채의 구체적 회계처리는 전산회계 2급 시험에 출제되지 않으니 그 개념만 알면 충분합니다.

1. 퇴직급여충당부채

1) 퇴직금 개념

◎ 핵심체크

퇴직급여충당부채
퇴직금 지급을 위해 적립해 둔 금액

근로자가 1년 근무할 때마다 회사는 근로기준법에 따라 1개월 치 월급을 퇴직금으로 모아 두었다가 해당 직원이 퇴직할 때 퇴직금으로 지급해야 합니다. 예를 들어 영업부서에서 10년을 근무한 홍길동 씨가 퇴직한다면 회사는 10개월 치 월급을 퇴직금으로 지급해야 합니다.

사 례	퇴직 시점 월급 500만 원, 근속기간 10년
	총 퇴직금 5,000만 원(500만 원×10개월)

2) 퇴직급여충당부채 적립

① 퇴직급여충당부채 개념

이렇게 지급되는 퇴직금은 퇴직할 때 한꺼번에 비용처리 하는 것보다는 근속기간 중 매년 500만 원씩 비용처리 하는 것이 논리적입니다. 즉, 1년 근속마다 500만 원의 퇴직금이 발생하면 다음과 같이 일단 '퇴직급여'라는 계정과목으로 비용처리하고, 이 금액은 홍길동 씨가 퇴직할 때 지급할 회사의 빚이기 때문에, 이를 '퇴직급여충당부채'라는 부채로 회계처리 합니다.

매년 퇴직금 발생 시	(차) 퇴직급여	5,000,000	(대) 퇴직급여충당부채	5,000,000

② 재무제표 표시

홍길동 씨는 영업부서에 근무하고 있으므로 퇴직급여라는 비용은 판매비와관리비에서 골라야 하며 퇴직급여충당금은 통상 1년 이후에 지급하므로 비유동부채로 처리하는데, 1년치 퇴직금 발생 후 이를 재무제표에 표시하면 다음과 같습니다.

〈재무상태표〉	〈손익계산서〉
:	판매비와관리비
퇴직급여충당부채 5,000,000	:
:	퇴직급여 (5,000,000)
	:

2. 사 채

1) 사채 개념

사채(社債)란 회사가 일반 대중에게 자금을 조달하려고 집단적으로 발행하는 채권으로 회사채라고 부르기도 하는데 다음은 그 사례입니다. 이 채권은 3년 만기로 20×1년 12월 31일에 발행되어 매년 연 5% 이자를 지급하다가 20×3년 12월 31일이 되면 채권의 액면금액 1억 원을 되돌려 주는 조건입니다.

정교수 콕콕

🎯 핵심체크

사 채
자금 조달 목적으로
집단적으로 발행하는 채권

주식회사 명지패션 제 1회 社債券

- 액면금액: 100,000,000원
- 발 행 일: 20×1년 1월 1일
- 만 기 일: 20×3년 12월 31일
- 이 자 율: 연 5%

(주)명지패션 대표이사 김명지

보통 사채는 만기가 길기 때문에 비유동부채로 분류하는데 전산회계 2급 시험 차원에서는 사채가 비유동부채라는 것만 알면 충분합니다.

2) 사채 발행 시 회계처리

사채가 발행되어 회사 보통예금 통장으로 1억 원이 입금되었을 때 회계처리는 다음과 같습니다.

사채 발생 시	(차) 보통예금	100,000,000	(대) 사 채	100,000,000

3) 재무제표 표시

사채 발행을 재무제표에 표시하면 다음과 같습니다.

보 통 예 금	100,000,000	사 채	100,000,000

이론기출 확인문제 | 전산회계 2급, 2016년, 67회 변형 |

아래 내용의 (가)에 해당하는 계정과목으로 옳지 않은 것은?

> 부채는 1년을 기준으로 유동부채와 (가)로 분류된다.

① 선 수 금　　　② 사 채　　　③ 퇴직급여충당부채　　　④ 임대보증금

|정 답| ①
부채는 1년을 기준으로 유동부채와 비유동부채로 구분하는데, ①선수금은 계약금 같이 미리 받아 둔 돈으로 유동부채임.

22 비유동부채
이론기출 공략하기

01 난이도 ★★ 필수
다음 중 재무상태표상 비유동부채에 해당하는 것으로만 구성된 것은? [2025년, 119회]

① 선수금, 외상매입금
② 예수금, 장기차입금
③ 임대보증금, 유동성장기부채
④ 장기차입금, 퇴직급여충당부채

02 난이도 ★
다음 계정과목 중 성격(소속구분)이 다른 하나는? [2020년, 92회]

① 매입채무
② 미지급금
③ 장기차입금
④ 유동성장기부채

03 난이도 ★
다음 중 재무상태표에 사용되는 계정과목과 그 예시로 가장 적절하지 않은 것은? [2021년, 95회]

① 현금 및 현금성 자산 - 통화 및 타인발행수표 등 통화대용증권
② 선급금 - 상품이나 원재료를 구입조건으로 미리 지급하는 계약금
③ 임대보증금 - 추후 임대인으로부터 반환받아야 하는 전세 또는 월세보증금
④ 미지급비용 - 당기에 귀속되는 비용 중 약정기일이 도래하지 않아 지급하지 못한 비용

04 난이도 ★★ 필수
다음 자료에서 비유동부채 금액은? [2017년, 74회]

- 외상매입금: 6,000,000원
- 미지급비용: 1,000,000원
- 장기차입금: 2,000,000원
- 퇴직급여충당부채: 5,000,000원

① 5,000,000원
② 7,000,000원
③ 8,000,000원
④ 11,000,000원

05 다음 중 비유동부채에 해당하지 않는 것은? [2025년, 118회]

☐ ① 장기차입금

② 퇴직급여충당부채

③ 미지급비용

④ 장기외상매입금

난이도 ★★★

06 다음 중 재무상태표에서 해당 자산이나 부채의 차감적인 평가항목들로 짝지어진 것을 고르시오. [2024년, 117회]

☐

• 대손충당금 • 감가상각누계액 • 미지급금 • 퇴직급여충당부채 • 선수금

① 대손충당금, 선수금

② 감가상각누계액, 퇴직급여충당부채

③ 미지급금, 선수금

④ 대손충당금, 감가상각누계액

01 ④ 선수금, 외상매입금, 예수금, 유동성장기부채는 1년 이내 상환해야 할 유동부채이지만 ④장기차입금, 퇴직급여충당부채는 1년 이후 상환할 비유동부채임.

02 ③ ③장기차입금은 비유동부채이고, 나머지는 유동부채이다.

03 ③ 임차인으로 건물주에게 지급한 보증금은 임차보증금임. 건물주가 세입자에게 받은 돈이 임대보증금임.

04 ② 2,000,000원(장기차입금) + 5,000,000원(퇴직급여충당부채) = 7,000,000원

05 ③ 미지급비용은 1년 이내 갚아야 할 유동부채임.

06 ④ 차감적 평가항목의 대표적인 사례가 감가상각누계액으로 다음과 같이 표시됨.
- 기계장치   ×××
- 감가상각누계액   (×××)
- 장부가액   ×××

이러한 차감적 평가항목에는 감가상각누계액, 대손충당금이 대표적인 경우이며 퇴직급여충당부채는 지급할 퇴직금을 누적한 금액으로 차감계정은 아님.

본 교재의 실습자료는 cafe.naver.com/eduacc의 「공지&DATA다운로드」에서 [공지]에 있는 [콕콕정교수 전산회계 2급] 이론+실무+기출 실습데이터의 Data_Install_JH2.zip 파일을 다운받아 컴퓨터에 설치 후, [회사등록] 클릭, [F4 회사코드재생성] 클릭 후 「우현상사」 선택

우현상사(회사코드: 0884) 관련 아래 내용을 전산세무회계 수험용 프로그램에 입력하시오.

01 난이도 ★ [필수]
7월 2일, 2년 후에 상환할 목적으로 농협은행에서 50,000,000원을 차입하여 보통예금에 입금하였다.

[2025년, 118회]

02 난이도 ★★
10월 1일, 사업확장을 위한 자금조달목적의 차입금 10,000,000원이 새마을금고에서 보통예금에 입금되었다. (상환예정일: 2년 뒤 4월 30일, 이자지급일: 매월 말일, 이자율: 연 6%)

[2018년, 78회]

03 난이도 ★★
10월 12일, 수익증대를 위하여 사무실을 2년간 보석상사에 임대하기로 계약하고, 보증금 2,000,000원과 1개월분 임대료 300,000원을 보통예금으로 이체받다.(임대료 수령액은 전액 수익 처리할 것)

[2016년, 65회 변형]

04 난이도 ★★ [필수]
12월 06일, 우리은행의 장기차입금 원금 상환 및 이자와 관련된 보통예금 출금액 1,000,000원의 상세 내역은 다음과 같다(단, 하나의 전표로 입력할 것).

[2024년, 117회]

거래일자	거래내용	이자종류	거래금액 (원금＋이자)(원)	원금(원)	이자(원)	대출잔액 (원)	이율
2024.12.05.	대출금 상환		1,000,000	800,000	0	19,200,000	0%
2024.12.05.		약정이자	0	0	200,000	0	2.63%

정답 및 해설

01 회계기말 기준 1년 이후 상환하므로 장기차입금 처리

7. 2	(차) 보통예금	50,000,000	(대) 장기차입금 (농협은행)	50,000,000

02 회계기말 기준 1년 이후 상환하므로 장기차입금 처리

10. 1	(차) 보통예금	10,000,000	(대) 장기차입금 (새마을금고)	10,000,000

03 세입자로부터 수령한 보증금은 "임대보증금" 처리, 수익은 "임대료" 계정과목 사용

10. 12	(차) 보통예금	2,300,000	(대) 임대보증금(보석상사)	2,000,000
			임 대 료(영업외수익)	300,000

04 장기차입금 원금 800,000원, 이자비용 200,000원임. 장기차입금은 거래처 우리은행 입력

12. 06	(차) 장기차입금(우리은행)	800,000	(대) 보통예금	1,000,000
	이자비용(영업외비용)	200,000		

| 23 | **자본** | |

학습내용 · 자본금 · 인출금

출제경향 이론 및 실무문제로 2~3회 시험마다 1문제 정도 출제되고 있는데 사업주가 출자한 출자금의 개념만 명확히 알면 충분히 풀 수 있을 정도의 문제가 출제되고 있음.

본 교재의 실습자료는 cafe.naver.com/eduacc의 「공지&DATA다운로드」에서 [공지]에 있는 [콕콕정교수 전산회계 2급] 이론＋실무＋기출 실습데이터의 Data_Install_JH2.zip 파일을 다운받아 컴퓨터에 설치 후, [회사등록] 클릭, [F4 회사코드재생성] 클릭 후 금정문구 선택

자본이란 기업의 소유자 몫으로 자산에서 부채를 차감하여 계산할 수 있습니다. 그런데 전산회계 2급은 개인기업을 전제로 자본 부분 시험문제가 출제되기 때문에 먼저 개인기업과 법인기업의 차이를 알아야 합니다.

① 개인기업 Vs 법인기업

개인기업은 사업주가 세무서에 간단한 사업자등록만으로 만들 수 있지만 법인은 주주를 모집한 다음 주식회사를 설립해야 합니다. 즉, 개인기업은 사업주 자신이 대표자이자 사업의 주체이지만 법인기업은 사업의 주체는 법인이지만 실제 행위는 법인에 고용된 임직원이 수행하고 나중에 이익이 주주에게 분배됩니다.

이런 이유로 개인기업과 법인기업은 다음과 같은 차이가 있습니다.

구 분	개인기업	법인기업
설립절차	사업자등록	주식회사 설립등기(주주에게 주식 발행)
이윤배분	발생과 동시에 사업주 소유 (마음대로 사용 가능)	일단 회사에 적립된 후 배당 절차를 통해 주주에게 분배
납부세금	사업소득세	법인세(법인이 납부) → 배당소득세(주주가 납부)

② 개인기업의 자본 관리

전산회계 2급 시험은 자본 부분은 개인기업을 전제로 시험문제가 출제되기 때문에 **개인기업**, 즉 개인사업자 입장에서 자본을 이해해야 합니다. 위 표에서 설명한 것처럼 법인기업은 배당 또는 출자금 반환 절차를 통해서만 주주에게 회사 돈이 분배되지만, **개인기업은 돈을 언제든지 인출해 사용이 가능**합니다.

이런 이유로 개인기업의 자본은 크게 자본금과 인출금으로 구분됩니다.

1. 자본금

자본금은 개인기업을 만들 때 출자한 돈 또는 설립 이후 추가로 출자한 돈을 말합니다. 또한 개인기업 경영으로 **당기순이익이 발생하면** 이 또한 개인기업의 사업주 몫이기 때문에 **자본금을 추가로 늘려야** 합니다. 반대로 **당기순손실이 발생하면** 사업주 몫이 줄어들었기 때문에 **자본금을 줄여야** 합니다.

2. 인출금

인출금은 개인기업 사업주가 회사에서 돈을 빼 쓸 때 사용하는 임시계정입니다. 회계기간 중에 사업주가 돈을 뺄 때마다 일단 인출금에 쌓아 두었다가 **회계기간 말에 인출해 쓴 만큼 자본금을 줄여 줘야** 합니다.

이상 알아본 개인기업의 자본금과 인출금을 기출문제를 통해 좀 더 구체적으로 확인해 보겠습니다.

자본금
개인기업 출자금 - 인출액 + 당기순이익 - 당기순손실

인출금
사업주가 출자 금액을 인출할 때 사용하는 임시 계정

이론기출 확인문제 | 전산회계 **2급**, 2020년, 92회 |

다음 자료에서 개인기업의 12월 31일 현재 자본금은 얼마인가?

- 1월 1일: 현금 51,000,000원을 출자하여 영업을 개시하였다.
- 9월 15일: 사업주가 개인사용을 목적으로 1,910,000원을 현금 인출하였다.
- 12월 31일: 기말 결산 시 사업주가 인출한 금액을 자본금계정으로 대체하였다.
- 12월 31일: 기말 결산 시 당기순이익 6,200,000원이다.

① 49,090,000원　　② 51,000,000원　　③ 55,290,000원　　④ 57,200,000원

|정답| ③

12.31 자본금	51,000,000(1.1 출자금) - 1,910,000(9.15 인출금) + 6,200,000(당기순이익) = 55,290,000

자본금 관련 분개
- 출자 시
  (차)현금 등 ××× (대)자본금×××
- 인출 시
  (차)인출금 ××× (대)현금 등 ×××
- 당기순이익 발생
  (차)손익 ××× (대)자본금 ×××
- 당기순손실 발생
  (차)자본금 ××× (대)손익 ×××

1) 1월 1일: 현금 51,000,000원 출자

1. 1			(차) 현 금	51,000,000		(대) 자본금		51,000,000

일	번호	구분	계 정 과 목	거 래 처	적 요	차 변	대 변
1	00008	차변	0101 현금			51,000,000	
1	00008	대변	0331 자본금				51,000,000

(*) 일반전표 입력 클릭 → 1.1 입력 → 차변에 "현금" 선택, 51,000,000원 입력 → 대변에 "자본금" 선택, 51,000,000원 입력. **출자금은 "자본금" 계정과목 사용**

2) 9월 15일: 사업주 개인사용 목적 1,910,000원 현금 인출

9. 15			(차) 인출금	1,910,000		(대) 현 금		1,910,000

일	번호	구분	계 정 과 목	거 래 처	적 요	차 변	대 변
15	00010	차변	0338 인출금			1,910,000	
15	00010	대변	0101 현금				1,910,000

(*) 일반전표 입력 클릭 → 9. 15 입력 → 차변에 "인출금" 선택, 1,910,000원 입력. **회계기간 중 회사 돈을 빼내면 자본금을 곧장 줄이지 않고 "인출금"이라는 임시 계정 사용 후 기말에 정리** → 대변에 "현금" 선택, 1,9100,000원 입력

3) 12월 31일: 인출금 1,910,000원 정리

12. 31			(차) 자본금	1,910,000		(대) 인출금		1,910,000

일	번호	구분	계 정 과 목	거 래 처	적 요	차 변	대 변
31	00001	차변	0331 자본금			1,910,000	
31	00001	대변	0338 인출금				1,910,000

(*) 일반전표 입력 클릭 → 12. 31 입력 → 차변에 "자본금" 선택, 1,910,000원 입력. → 대변에 "인출금" 선택, 1,9100,000원 입력. **인출금은 회계기간 중 사용되는 임시계정임.**

4) 12월 31일: 당기순이익 6,200,000원을 자본금으로 대체

12. 31			(차) 손익	6,200,000		(대) 자본금		6,200,000

일	번호	구분	계 정 과 목	거 래 처	적 요	차 변	대 변
31	00001	차변	0400 손익			6,200,000	
31	00001	대변	0331 자본금				6,200,000

(*) 일반전표 입력 클릭 → 12. 31 입력 → 차변에 "집합손익" 선택, **KcLep은 "손익" 계정과목 사용.** 6,200,000원 입력 → 대변에 "자본금" 선택, 6,200,000원 입력. **당기순이익이 사업주 몫이므로 그만큼 자본금 증가시킴.**

③ 자본의 T계정 표시

아주 가끔씩 자본 거래를 T계정에 표시하는 문제가 출제되기도 하는데 좀 전에 풀었던 기출문제를 T계정에 표시해 보겠습니다. 다만, T계정 어렵게 느껴지면 과감히 패스해도 전산회계 2급 시험 합격에는 전혀 지장이 없습니다.

			자본금				
9.15	인 출 금	1,910,000		1.1	출	자	51,000,000
12.31	차 기 이 월	55,290,000		12.31	손	익	6,200,000

[참 고] 법인의 이익잉여금

개인기업은 주주가 따로 없기 때문에 개인 기업주가 벌어들인 당기순이익을 자본금에 모두 합쳐 관리하지만, 법인은 주주로 따로 있기 때문에 법인이 벌어들인 이익을 일단 이익잉여금에 누적해 관리합니다.
즉, 개인기업은 자본에 자본금만 있고, 법인기업은 자본금과 이익잉여금이 있게 됩니다.

난이도 ★ 필수
01 다음 중 결산 재무상태표에 표시할 수 없는 계정과목은 무엇인가? [2024년, 116회]

① 단기차입금　　　　　　　　　　　② 인출금
③ 임차보증금　　　　　　　　　　　④ 선급비용

난이도 ★★ 필수
02 다음 자료에서 개인기업의 12월 31일 현재 자본금은 얼마인가? [2019년, 86회]

- 1월 1일, 현금 5,000,000원을 출자하여 영업을 개시하였다.
- 10월 5일, 사업주가 개인사용을 목적으로 1,500,000원을 인출하였다.
- 12월 31일, 기말 결산 시 사업주가 인출한 금액을 자본금계정으로 대체하였다.
- 12월 31일, 기말 결산 시 당기순이익 5,000,000원이다.

① 10,000,000원　　　　　　　　　　② 8,500,000원
③ 6,500,000원　　　　　　　　　　　④ 5,000,000원

난이도 ★★★ 필수
03 개인기업인 신나라상사의 기초자본금이 200,000원일 때, 다음 자료를 통해 알 수 있는 당기순이익은 얼마인가? [2024년, 116회]

- 기업 경영주의 소득세를 납부 : 50,000원　　　· 추가 출자금 : 40,000원
- 기말자본금 : 350,000원

① 150,000원　　　　　　　　　　　② 160,000원
③ 210,000원　　　　　　　　　　　④ 290,000원

난이도 ★★★

04 다음과 같은 자료에서 당기의 추가출자액은 얼마인가? [2020년, 90회]

> • 기초자본금: 10,000,000원   • 기업주의 자본인출액: 4,000,000원
> • 기말자본금: 10,000,000원   • 당기순이익: 2,000,000원

① 2,000,000원   ② 4,000,000원
③ 6,000,000원   ④ 10,000,000원

난이도 ★★ 필수

05 다음 거래를 회계처리 시 차변 계정과목으로 옳은 것은? [2020년, 92회]

> 기업주가 매출처로부터 외상매출금 1,000,000원을 현금으로 회수하여 개인적 용도로 사용하다.

① 보통예금   ② 인출금
③ 단기차입금   ④ 외상매출금

난이도 ★★

06 다음 중 자본금계정이 차변에 나타나는 것은? [2020년, 91회]

① 현금 5,000,000원을 출자하여 영업을 개시하다.
② 기중에 현금 5,000,000원 추가출자하다.
③ 기말 결산 시 인출금 3,000,000원을 정리하다.
④ 기말 결산 시 당기순이익 300,000원을 자본금계정으로 대체하다.

난이도 ★★ 필수

07 다음 중 인출금 계정에 대한 설명으로 옳은 것은? [2018년, 81회]

① 임시계정으로 개인기업의 자본금 계정에 대한 평가계정이다.
② 임시계정으로 외상매출금에 대한 평가계정이다.
③ 법인기업에서 사용하는 결산정리 분개이다.
④ 결산 시 재무상태표에 필수적으로 기재할 계정이다.

08 난이도 ★★ 필수
다음 중 개인기업의 자본금계정에서 처리되는 항목이 아닌 것은?　　　　　　　　　　　　[2017년, 75회]

☐　① 원시출자액　　　　　　　　　　　　　　　② 인출액

　　③ 당기순손익　　　　　　　　　　　　　　　④ 이익잉여금

09 난이도 ★★ 필수
인출금계정을 사용하는 거래가 아닌 것은?　　　　　　　　　　　　　　　　　　　　[2014년, 58회]

☐　① 기업주 개인의 소득세납부

　　② 기업주 자녀의 입학기념으로 기업의 상품을 지급

　　③ 기업주 본인의 생명보험료 납부

　　④ 사업과 관련된 건물재산세 납부

10 난이도 ★★★
다음과 같은 자본금계정의 설명으로 올바른 것은?　　　　　　　　　　　　　　　[2015년, 62회]

☐

자 본 금	
12/31 인 출 금　1,000,000원	1/1 전기이월　5,000,000원
12/31 손　　익　1,000,000원	
12/31 차기이월　3,000,000원	

　① 기초자본금은 3,000,000원이다.

　② 기업주가 1,000,000원의 추가출자를 하였다.

　③ 당기순손실이 1,000,000원이다.

　④ 기말자본금이 5,000,000원이다.

🎯 정답 및 해설

01 ② 인출금은 회계연도 말에 자본금으로 모두 대체되므로 재무상태표에 표시될 수 없음.

02 ② 기초 출자금(5,000,000) − 개인용도 인출(1,500,000) + 당기순이익(5,000,000) = 8,500,000원

03 ② 기말자본금(350,000) = 기초자본금(200,000) + 추가 출자(40,000) − 경영주 소득세 납부(50,000) + 당기순이익(χ)이므로 당기순이익은 160,000원임.

04 ① 기초 자본금(10,000,000) − 인출금(4,000,000) + 추가 출자(x) + 당기순이익(2,000,000) = 기말자본금(10,000,000). 따라서 추가 출자액은 2,000,000원

05 ② 기업주의 개인용도 인출 시 "인출금" 계정과목 사용.
(차) 인출금 1,000,000 (대) 외상매출금 1,000,000

06 ③ 자본금 계정이 차변에 나타나려면 자본금이 감소해야 함. ③기말 결산 시 인출금을 정리하면 (차) 자본금 3,000,000 (대) 인출금 3,000,000으로 회계처리 함.

07 ① 인출금은 개인기업의 자본금을 조정하는 임시계정임.

08 ④ 이익잉여금은 법인기업에 사용하는 계정과목임.

09 ④ 인출금은 사업주의 개인 용도 사용액에 사용함. ④사업 관련 재산세는 비용 처리 대상임.

10 ③ ③손익이 차변에 표시되면 이는 당기순손실이 발생한 것임. ①기초자본금은 5,000,000원, ②추가 출자가 아니라 사업주의 개인용도 인출임. ④기말자본금은 3,000,000원임.

23 실무기출 공략하기

본 교재의 실습자료는 cafe.naver.com/eduacc의 「공지&DATA다운로드」에서 [공지]에 있는 [콕콕정교수 전산회계 2급] 이론+실무+기출 실습데이터의 Data_Install_JH2.zip 파일을 다운받아 컴퓨터에 설치 후, [회사등록] 클릭, [F4 회사코드재생성] 클릭 후 「동백상사」 선택

동백상사(회사코드: 0924) 관련 아래 내용을 전산세무회계 수험용 프로그램에 입력하시오.

난이도 ★★ **필수**

01 7월 28일, 대표자 개인의 거주용 주택으로 임대차계약을 하고 임차보증금 5,000,000원을 현금으로 지급하였다.

[2024년, 117회]

난이도 ★★ **필수**

02 9월 11일, 사업주가 가정에서 사용할 목적으로 컴퓨터를 신한카드로 1,000,000원에 구입하였다. [2023년, 111회]

난이도 ★★

03 11월 15일, 사업주 개인용도로 사용하기 위해 신형카메라 690,000원을 구매하고, 사업용 신용카드(현대카드)로 결제하였다.

[2019년, 83회]

난이도 ★★

04 12월 30일, 영업용 트럭의 자동차세 100,000원과 사장 개인 승용차의 자동차세 60,000원을 현금으로 납부하다. (단, 기업주의 개인적 지출은 인출금 계정으로 처리함)

[2013년, 56회]

정답 및 해설

01 개인사업주 개인용도 사용액은 인출금 처리

7. 28	(차) 인출금	5,000,000	(대) 현 금	5,000,000

02 개인사업주 개인용도 사용액은 인출금 처리. 카드 사용이므로 미지급금 처리

9. 11	(차) 인출금	1,000,000	(대) 미지급금(신한카드)	1,000,000

03 개인사업주 개인용도 사용액은 인출금 처리. 카드 사용이므로 미지급금 처리

11. 15	(차) 인출금	690,000	(대) 미지급금(현대카드)	690,000

04 개인사업주 개인용도 자동차세는 인출금 처리. 회사의 자동차세는 세금과공과(판매관리비) 처리

12. 30	(차) 세금과공과(판매관리비)	100,000	(대) 현 금	160,000
	인 출 금	60,000		

계정과목별 회계처리 -
수익, 비용

매출, 매출원가

· 손익계산서 구조   · 매출액 계산   · 매출원가 계산

이론 및 실무문제로 매 시험마다 1~2문제 전후 출제되고 있음. 매출총이익 ⇒ 영업이익 ⇒ 당기순이익으로 이어지는 **손익계산서의 구조**를 익힌 뒤 매출, 매출원가 계산 문제까지 풀 수 있을 정도로 **학습**해야 함. 단, 암기하지 말고 **이해를 바탕으로 학습**해야 함.

 정교수 콕콕

본 교재의 실습자료는 cafe.naver.com/eduacc의 「공지&DATA다운로드」에서 공지 에 있는 [콕콕정교수 전산회계 2급] 이론+실무+기출 실습데이터의 Data_Install_JH2.zip 파일을 다운받아 컴퓨터에 설치 후, 회사등록 클릭, F4 회사코드재생성 클릭 후 금정문구 선택

 핵심체크 콕콕 콕

손익계산서 구조
· 매출총이익 = 매출 – 매출원가
· 영업이익 = 매출총이익 – 판매비와관리비
· 당기순이익 = 영업이익 + 영업외수익 – 영업외비용 – 법인세비용

1 손익계산서 구조

다음은 앞부분 재무제표 종류 및 작성원칙에서 공부했던 손익계산서의 기본 구조입니다. **손익계산서는 매출총이익 → 영업이익 → 법인세차감전순이익 → 당기순이익 순서로 작성**되는데, 이 **순서를 꼭 기억**하기 바랍니다.

〈손익계산서〉

(주)○○   20××.1.1~12.31   단위:원

매 출	×××
매 출 원 가	(×××)
매 출 총 이 익	×××
판 매 비 와 관 리 비	(×××)
영 업 이 익	×××
영 업 외 수 익	×××
영 업 외 비 용	(×××)
법 인 세 차 감 전 순 이 익(*)	×××
법 인 세 비 용(*)	(×××)
당 기 순 이 익	×××

· **매출총이익**

매출 – 매출원가

· **영업이익**

매출총이익 – 판매비와관리비

· **당기순이익**

영업이익 + 영업외수익 – 영업외비용 – 법인세비용

(*) 개인기업은 소득세차감전순이익, 소득세비용 용어 사용

기업회계기준이 이렇게 손익계산서를 [매출총이익 ⇒ 영업이익 ⇒ 법인세차감전순이익 ⇒ 당기순이익] 순서로 표시하는 이유는 주주, 채권자 등 외부정보 이용자에게 보다 많은 정보를 제공하기 위함입니다.

전산회계시험에서 '다음 자료를 이용하여 매출총이익을 계산하시오' 또는 '다음 자료를 이용하여 영업이익을 계산하시오' 같은 문제가 종종 출제되기 때문에 매출총이익, 영업이익 계산순서를 반드시 기억하기 바랍니다.

② 수익(매출) 인식 기준

매출에는 크게 재화(물건)의 공급과 용역(서비스)의 제공이 있는데 일반기업회계기준에서 정한 각각의 수익인식 시기는 다음과 같습니다.

1. 재화의 공급: 재화의 인도시점

재화가 매출되어 구매자 손에 재화가 넘겨지면 매출 계약의 모든 임무가 종료되어 관련한 매출금액, 매출원가가 확정됩니다. 또한 판매자는 더 이상 재화를 관리, 통제할 수 없고 재화의 관리 위험이 모두 구매자에게 이전됩니다. 다음은 기업회계기준이 정한 재화 공급에 대한 수익인식 기준입니다.

◎ 핵심체크

수익인식 시기
· 재화: 인도시점
· 용역: 진행기준

재 화 의 수 익 인식기준	· 재화의 소유에 따른 위험이 구매자에게 이전된다. · 판매자는 판매한 재화에 대하여 소유권이 있을 때 수준의 관리나 통제를 할 수 없다. · 수익금액을 신뢰성 있게 측정할 수 있어야 한다. · 경제적 효익의 유입 가능성이 매우 높다. · 거래의 원가와 비용을 신뢰성 있게 측정할 수 있다.

◎ 핵심체크

재화 수익인식 기준
· 재화소유위험이 구매자에게 이전
· 수익금액과 원가 측정 가능

2. 용역 공급: 진행률에 따라 인식

용역이란 서비스라는 뜻으로 용역은 수년에 걸쳐 장기간 제공되기도 하는데 그 대표적 사례가 건설 공사용역입니다. 이런 이유로 용역의 공급은 제공되는 진행 정도(진행률)에 따라 수익을 인식하는데, 이를 진행기준 수익인식이라고 부릅니다.

이상 공부한 재화, 용역의 수익인식 관련 내용의 기출문제를 풀어 보겠습니다.

이론기출 확인문제　　　　　　　　　　　　　　　　　　　　　| 전산회계 2급, 2019년, 82회 |

다음은 용역의 제공에 대한 수익인식기준이다. 틀린 것은?

① 경제적 효익의 유입 가능성이 매우 높아야 한다.
② 거래전체의 수익금액을 신뢰성 있게 측정할 수 있어야 한다.
③ 진행률을 신뢰성 있게 측정할 수 있어야 한다.
④ 수익을 인식하기 위해서 투입하여야 할 원가를 신뢰성 있게 측정할 필요는 없다.

|정답| ④ 수익을 인식하기 위해서는 관련한 매출원가도 같이 인식해야 함.

❸ 매출액 계산

전산회계 2급 시험에 출제되는 매출 관련 문제는 크게 두 가지로 구분됩니다. **첫째, 상품 매출을 KcLep에 입력하는 실무 문제**이고 **둘째, 매출액을 계산하는 이론 문제**입니다. 각각 내용을 기출문제로 알아보겠습니다.

1. 상품 매출의 KcLep 입력

실무기출 확인문제　　　　　　　　　　　　　　　　　　　| 전산회계 2급, 2022년, 100회 |

9월 25일, 일중상사에 상품 10개(1개당 650,000원)를 판매하고, 판매대금 중 1,000,000원은 현금으로 받고, 잔액은 동점 발행 약속어음으로 받다.

|정답|

9. 25	(차) 현　　금	1,000,000	(대) 상품매출	6,500,000
	받을어음(일중상사)	5,500,000		

일	번호	구분	계 정 과 목	거 래 처	적 요	차 변	대 변
25	00004	차변	0101 현금			1,000,000	
25	00004	차변	0110 받을어음	10029 일중상사		5,500,000	
25	00004	대변	0401 상품매출				6,500,000

(*) 상품 매출액: 10개 × 650,000원 = 6,500,000원,
　　일반전표 입력 클릭 → 9. 25 입력 → 차변에 현금 선택, 1,000,000원 입력 → 차변에 받을어음, 거래처 일중상사 선택, 5,500,000원 입력 → 대변에 상품매출 선택, 6,500,000원 입력

2. 매출액 계산

이렇게 상품매출이 이루어진 이후 세 가지 원인으로 매출액이 줄어들 수 있는데, **첫째 매출할인**, **둘째 매출에누리**이고, **셋째 매출환입**이 있습니다. 매출할인, 매출에누리, 매출환입 개념을 학습한 뒤 관련한 이론 기출문제를 풀어 보겠습니다.

1) 매출할인

매출할인이란 외상 판매한 매출채권을 조기에 회수하면서 외상대금 일부를 깎아 주는 것을 말합니다. 매출할인이 발생하면 그만큼 매출이 줄어들기 때문에 KcLep에 매출할인을 입력하면 그 금액만큼 매출에서 차감되어 표시됩니다. 한 가지 주의할 점은 KcLep 입력 시 상품매출에 대한 매출할인(403번)인지 제품매출에 대한 매출할인(406번)인지 구별해서 입력해야 합니다.

핵심체크

매출할인
- 매출채권 조기 회수로 깎아 주는 금액으로 매출에서 차감
- KcLep에 상품매출할인, 제품매출할인 구별 입력

실무기출 확인문제 | 전산회계 2급, 2020년, 92회 |

11월 19일, 거래처 ㈜티제이문구의 상품매출에 대한 외상대금 3,000,000원을 회수하면서 약정기일보다 빠르게 회수하여 2%를 할인해 주고, 대금은 보통예금 계좌로 입금받다.

|정 답|

11. 19	(차) 매출할인(403) 60,000 보통예금 2,940,000	(대) 외상매출금(㈜티제이문구) 3,000,000

일	번호	구분	계 정 과 목	거 래 처	적 요	차 변	대 변
19	00001	차변	0403 매출할인			60,000	
19	00001	차변	0103 보통예금			2,940,000	
19	00001	대변	0108 외상매출금	10039 (주)티제이문구			3,000,000

(*) 매출할인액: 3,000,000 × 2% = 60,000원,
일반전표 입력 클릭 → 11. 19 입력 → 차변에 상품매출에 대한 매출할인(403) 선택, 60,000원 입력 → 차변에 보통예금 선택, 2,940,000원 입력 → 대변에 외상매출금, 거래처 ㈜티제이문구 선택, 3,000,000원 입력

2) 매출환입및에누리

매출환입이란 매출한 상품, 제품에 결함이 있거나 규격이 맞지 않는 등의 물품하자로 반품되는 경우이고, 매출에누리란 상품, 제품의 결함, 하자로 물건 값을 깎아 주는 것을 말합니다. 다만, KcLep은 매출환입과 에누리를 합쳐서 '매출환입및에누리'라는 계정과목을 사용하며, 상품에 대한 것은 402번, 제품에 대한 것은 405번을 입력해야 합니다.

핵심체크

매출환입및에누리
- 물품의 하자로 반품되거나 물건값을 깎아 주는 금액으로 매출에서 차감
- KcLep에 상품매출환입및에누리, 제품매출환입및에누리 구별 입력

실무기출 확인문제 | 전산회계 2급, 2020년, 90회 |

12월 12일, ㈜티제이문구에 외상으로 매출한 상품 중 불량품 200,000원이 반품되어 오다. 반품액은 외상매출금과 상계하기로 하였다.

| 정답 |

| 12. 12 | (차) 매출환입및에누리(402) | 200,000 | (대) 외상매출금(㈜티제이문구) | 200,000 |

일	번호	구분	계 정 과 목	거 래 처	적 요	차 변	대 변
12	00001	차변	0402 매출환입및에누리			200,000	
12	00001	대변	0108 외상매출금	10039 (주)티제이문구			200,000

(*) KcLep은 매출환입, 매출에누리를 합쳐 "매출환입및에누리" 계정과목 사용

일반전표 입력 클릭 → 12. 12 입력 → 차변에 상품매출에 대한 매출환입및에누리(402) 선택, 200,000원
입력 → 대변에 외상매출금, 거래처 ㈜티제이문구 선택, 200,000원 입력

아래 이론 기출문제를 통해 이상 알아본 매출할인, 매입환출및에누리 관련 계산문제도 추가로 풀어보겠습니다.

이론기출 확인문제　　　　　　　　　　　| 전산회계 2급, 2019년, 85회 |

다음 자료에 의해 순매출액을 구하면 얼마인가?

• 총매출액: 2,000,000원	• 매출할인: 200,000원	• 매출에누리: 100,000원
• 매입환출: 50,000원	• 매출환입: 300,000원	

① 1,950,000원　　　② 1,550,000원　　　③ 1,500,000원　　　④ 1,400,000

| 정답 | ④

순매출액: 총매출액(2,000,000) - 매출할인(200,000) - 매출에누리(100,000) - 매출환입(300,000) = 1,400,000원

---

4 매출원가 계산

매출원가란 판매된 상품의 구입원가로 매출에 대응되는 비용입니다. **매출원가를 이해하기 위해서는 다음과 같은 재고흐름에 대한 이해가 먼저 필요**한데, 전산회계 2급 시험에 **이론 계산문제로 종종 출제**되고 있습니다.

1. 매출원가 계산 과정

다음은 재고자산이 판매되는 과정입니다. 회계기간이 1월 1일부터 12월 31일이라면 1월 1일, 창고에 있는 기초재고로 판매를 시작해서 중간에 부족한 재고를 추가를 매입하여 판매합니다. 그리고 12월 31일 창고에 기말재고가 남게 됩니다.

이를 그림으로 표시하면 다음과 같습니다.

🎯 핵심체크 콕콕

매출원가
기초재고 + 당기 매입 -
기말재고

〈재고자산의 원가배분과정〉

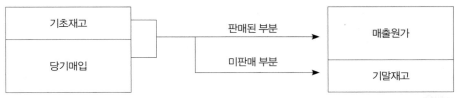

[기초재고 + 당기 매입] 중 판매된 부분은 매출원가이고 미판매된 부분은 기말재고가 되는 것인데, 매출원가를 식으로 표현하면 다음과 같습니다.

매출원가	기초재고액 + 당기매입액 − 기말재고액

이상 알아본 내용을 이론기출 문제로 확인해 보겠습니다.

이론기출 확인문제 | 전산회계 2급, 2019년, 86회 변형 |

다음 자료에 기초한 장보고회사의 매출원가는 얼마인가?

- 기초상품: 100개(@2,000) ・당기상품매입: 900개(@3,000) ・기말상품: 200개(@3,000)

|정답| 2,300,000원
기초 재고 200,000원(100개×2,000원) + 당기 매입 2,700,000원(900개×3,000원) − 600,000원(200개×3,000원) = 2,300,000원

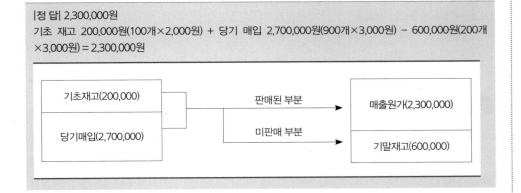

---

2. 매출원가 차감 항목: 매입할인, 매입환출및에누리

상품 같은 재고를 매입한 후 매입할인, 매입에누리 또는 매입환출로 인해 당기 매입액이 줄어들게 되는데 매출할인, 매출에누리, 매출환입의 반대 개념입니다.

🎯 핵심체크 🔖

매출원가 차감항목
매입할인, 매입환출및에누리

1) 매입할인

매입할인이란 외상으로 구입한 매입채무를 조기에 갚으면서 외상대금 일부를 탕감받는 것을 말합니다. 매입할인이 발생하면 그만큼 매입이 줄어들기 때문에 KcLep에 매입할인을 입력하면 그 금액만큼 당기 매입액에서 차감되어 표시됩니다.

2) 매입환출및에누리

매입환출이란 매입한 상품, 원재료에 결함이 있거나 규격이 맞지 않는 등의 물품하자로 반품하는 경우이고, 매입에누리란 상품, 원재료의 결함, 하자로 물건 값을 덜 갚는 것을 말합니다. 다만, KcLep은 매입환출과 에누리를 합쳐서 '매입환출및에누리'라는 계정과목을 사용합니다.

이론기출 확인문제 | **전산회계 2급**, 2020년, 88회 |

다음 자료에 의하여 매출원가를 구하면 얼마인가?

• 기초상품재고액: 900,000원	• 당기총매입액: 2,000,000원	• 기말상품재고액: 300,000원
• 상품매입시운반비: 50,000원	• 매입환출및에누리: 100,000원	• 매입할인: 50,000원

① 2,300,000원   ② 2,400,000원   ③ 2,500,000원   ④ 2,600,000원

|정답| ③
- 당기 순매입액: 당기 총매입(2,000,000) + 상품매입시 운반비(50,000) – 매입환출및에누리(100,000) – 매입할인(50,000) = 1,900,000원
- 매출원가: 기초상품재고(900,000) + 당기 매입(1,900,000) – 기말상품재고(300,000) = 2,500,000원

---

5 매출총이익 계산

이상 공부한 매출, 매출원가 내용을 바탕으로 다음과 같은 복합 계산문제가 종종 출제되는데, 순매출액 계산 → 순매입액 계산 → 매출원가 계산 → 매출총이익 계산 순서로 계산해야 합니다.

단, 아래와 같은 복합 계산문제가 출제될 경우 계산 시간이 상당히 소요되기 때문에 다른 문제를 먼저 푼 뒤 가장 나중에 푸는 것이 좋습니다.

다음 자료에 의해 매출총이익을 계산하면 얼마인가?

- 기초상품재고액: 6,000,000원
- 기말상품재고액: 3,100,000원
- 매입제비용(매입 시 운반비): 250,000원
- 당기상품매출액: 16,000,000원
- 당기상품매입액: 7,100,000원
- 매출에누리: 750,000원
- 매입에누리 및 매입할인액: 660,000원

① 5,660,000원 ② 6,000,000원 ③ 6,410,000원 ④ 6,800,000

|정답| ①
- 순매출액: 상품매출액(16,000,000) − 매출에누리(750,000) = 15,250,000
- 순매입액: 당기 상품매입(7,100,000) + 매입 제비용(250,000) − 매입에누리및매입할인액(660,000) = 6,690,000
- 매출원가: 기초상품(6,000,000) + 당기 순매입(6,690,000) − 기말상품(3,100,000) = 9,590,000
- 매출총이익: 매출액(15,250,000) − 매출원가(9,590,000) = 5,660,000원

[일반 내용]

01 난이도 ★★ 필수
다음 일반 기업회계기준의 손익계산서 작성기준에 대한 설명 중 가장 잘못된 설명은?　　　　[2018년, 77회]

☐　① 수익은 실현시기를 기준으로 계상한다.
　　② 수익과 비용은 순액으로 기재함을 원칙으로 한다.
　　③ 비용은 관련 수익이 인식된 기간에 인식한다.
　　④ 수익과 비용의 인식기준은 발생주의를 원칙으로 한다.

02 난이도 ★★ 필수
다음의 계산식 중 옳지 않은 것은?　　　　[2024년, 117회]

☐　① 매출액 – 매출원가 = 매출총이익
　　② 영업이익 – 영업외비용 – 영업외수익 = 법인세비용차감전순이익
　　③ 매출총이익 – 판매비와관리비 = 영업이익
　　④ 법인세비용차감전순이익 – 법인세비용 = 당기순이익

[매출 관련]

03 난이도 ★★
회사의 매출과 관련한 다음의 분개에서 (　) 안에 들어올 수 없는 항목은?　　　　[2021년, 95회]

☐

(차) (　　) 10,000원	(대) 상품매출 10,000원

　① 현금　　　　　② 예수금　　　　　③ 당좌예금　　　　　④ 외상매출금

04 난이도 ★★ 필수
다음의 설명과 관련한 계정과목으로 옳은 것은? [2017년, 74회]

> (가) 상품 매출대금을 조기에 수취함에 따라 대금의 일부를 깎아 주는 것
> (나) 매출한 상품에 결함이 있어 상품을 회수하는 것

① (가) 매출할인 (나) 매출환입 ② (가) 매출환입 (나) 매출할인
③ (가) 매출할인 (나) 매출에누리 ④ (가) 매출에누리 (나) 매출환입

05 난이도 ★★ 필수
다음의 자료를 이용하여 순매출액을 계산하면 얼마인가? [2024년, 116회]

> • 당기 상품 매출액 : 300,000원   • 상품매출과 관련된 부대비용 : 5,000원
> • 상품매출 환입액 : 10,000원

① 290,000원   ② 295,000원   ③ 305,000원   ④ 319,000원

06 난이도 ★★★
다음 중 외상대금의 조기회수로 인한 매출할인을 당기 총매출액에서 차감하지 않고 영업외비용으로 처리하였을
경우 손익계산서상 매출총이익과 당기순이익에 미치는 영향으로 옳은 것은? [2020년, 90회]

	매출총이익	당기순이익		매출총이익	당기순이익
①	과소계상	과대계상	②	과소계상	불 변
③	과대계상	불 변	④	과대계상	과소계상

[매출원가 관련]

07 난이도 ★ 필수
아래의 설명에서 (   )안의 적절한 단어는 무엇인가? [2021년, 97회]

> (   )는 제품, 상품 등의 매출액에 대응되는 원가로서 판매된 제품이나 상품 등에 대한 제조원가 또는 매입원
> 가이다. (   )의 산출과정은 손익계산서 본문에 표시하거나 주석으로 기재한다.

① 판매촉진비   ② 매출원가   ③ 판매비와관리비   ④ 광고선전비

08 난이도 ★★ 필수

다음 중 매출원가의 계산에 영향을 미치지 않는 것은?

[2021년, 99회]

① 상품 매입운반비
② 매출환입 및 에누리
③ 매입환출 및 에누리
④ 당기 상품 외상 매입액

09 난이도 ★★ 필수

다음의 설명과 관련한 계정과목은?

[2019년, 86회]

상품 매입대금을 조기에 지급함에 따라 약정한 일정 대금을 할인받는 것

① 매입할인
② 매입환출
③ 매출채권처분손실
④ 매입에누리

10 난이도 ★★★ 필수

다음 자료를 이용하여 상품의 매출원가를 계산하면 얼마인가?

[2021년, 100회]

• 상품 전기이월액 350,000원
• 당기매입액 770,000원
• 매출채권 500,000원
• 매출액 1,200,000원
• 기말재고액 370,000원
• 매입채무 300,000원

① 700,000원
② 750,000원
③ 830,000원
④ 900,000원

11 난이도 ★★★ 필수

다음 자료에 의하여 상품의 당기 총매입액은 얼마인가?

[2021년, 96회]

• 기초상품재고액: 80,000원
• 기말상품재고액: 45,000원
• 당기매출원가: 160,000원
• 매입에누리: 20,000원

① 145,000원
② 120,000원
③ 115,000원
④ 110,000원

12 다음 자료를 활용하여 기초상품재고액을 바르게 계산한 것은?(단, 주어진 자료만 고려한다)   [2020년, 91회]

- 매출원가: 540,000원
- 총매출액: 1,000,000원
- 총매입액: 550,000원
- 매출에누리: 100,000원
- 매입할인: 50,000원
- 기말상품재고액: 120,000원

① 100,000원

② 160,000원

③ 500,000원

④ 900,000원

13 다음 중 외상매입금을 조기 지급함에 따라 매입할인을 받고 이를 영업외수익으로 회계처리 하였을 경우 손익계산서에 미치는 영향으로 옳지 않은 것은?   [2022년, 100회]

① 매출원가 과대계상

② 매출총이익 과소계상

③ 영업이익 과소계상

④ 당기순이익 과소계상

14 기말재고자산을 과소 평가한 경우 나타나는 현상으로 옳은 것은?   [2020년, 92회]

	매출원가	당기순이익		매출원가	당기순이익
①	과대계상	과대계상	②	과대계상	과소계상
③	과소계상	과대계상	④	과소계상	과소계상

15 다음 중 기말재고자산을 과대평가하였을 때 나타나는 현상으로 옳은 것은?   [2017년, 75회]

① 매출원가: 과소, 당기순이익: 과대

② 매출원가: 과대, 당기순이익: 과소

③ 매출원가: 과대, 당기순이익: 과대

④ 매출원가: 과소, 당기순이익: 과소

[매출총이익 관련]

16 난이도 ★★ 필수

다음 자료를 이용하여 당기 매출총이익을 구한 것으로 옳은 것은? [2025년, 118회]

- 당기상품 순매출액 : 6,700,000원
- 당기상품 총매입액 : 5,000,000원
- 기초상품재고액 : 150,000원
- 기말상품재고액 : 500,000원

① 1,700,000원
② 2,050,000원
③ 2,200,000원
④ 2,350,000원

17 난이도 ★★★ 필수

다음 자료를 이용하여 매출총이익을 계산하면 얼마인가? [2021년, 97회]

- 매출액: 100,000,000원
- 매출원가: 70,000,000원
- 매출환입: 1,500,000원
- 급여: 1,500,000원
- 매출에누리: 1,500,000원
- 기업업무추진비: 3,000,000원

① 24,500,000원
② 27,000,000원
③ 28,500,000원
④ 30,000,000원

18 난이도 ★★★

다음 자료에 기초한 장보고회사의 매출원가와 매출총이익은 얼마인가?(단 재고의 흐름은 선입선출법을 적용하고 있다.) [2019년, 86회]

- 기초상품: 100개(@2,000)
- 당기상품매입: 900개(@3,000)
- 당기상품판매: 800개(@4,000)

	매출원가	매출총이익		매출원가	매출총이익
①	1,600,000원	1,600,000원	②	2,300,000원	900,000원
③	2,400,000원	800,000원	④	2,400,000원	0원

01 ② 수익과 비용은 총액으로 기재함을 원칙으로 함. (총액주의)

02 ③ 영업이익 + 영업외수익 - 영업외비용 = 법인세차감전순이익

03 ② 상품매출이 발생하면 ①현금을 수령하든지, ③당좌예금에 입금받든지, ④외상으로 매출함. 예수금은 부채계정으로 상품매출과 관련 없음.

04 ① 매출할인(외상매출금 조기회수에 따라 깎아 주는 금액), 매출환입(물품의 하자로 물품을 회수한 금액)

05 ① • 순매출액: 상품매출액(300,000) - 상품매출 환입액(10,000) = 290,000원
　　　• 상품매출 관련 부대비용은 지급수수료 등 판매관리비 처리함.

06 ③ (매출총이익 = 매출 - 매출원가)이므로 매출할인을 매출에서 차감하면 그만큼 매출총이익이 줄어들게 되는데 이를 영업외비용 처리하면 매출총이익이 줄어들지 않아 과대계상됨. 다만, 매출할인을 매출에서 줄이든 영업외비용으로 처리하든 당기순이익은 동일함.

07 ② 매출원가에 대한 설명임.

08 ② 매출환입 및 에누리는 매출에서 차감하는 항목으로 매출원가와는 상관없음.

09 ① 매입할인에 대한 설명임.

10 ② 매출원가: 기초재고(350,000) + 당기매입(770,000) - 기말재고(370,000) = 750,000

11 ① • 매출원가(160,000) = 기초재고(80,000) + 당기매입(x) - 기말재고(45,000)이므로 당기매입은 125,000
　　　• 당기 순매입(125,000) = 당기 총매입(x) - 매입에누리(20,000)에서 당기 총매입액은 145,000

12 ② 매출원가(540,000) = 기초재고(x) + 당기매입(550,000 - 50,000) - 기말재고(120,000)이므로 기초재고는 160,000

13 ④ 매입할인이 발생하면 당기 매입에서 차감해야 하므로 매출원가를 감소시켜야 함. 그런데 이를 영업외수익으로 처리하면 매출원가가 과대계상되며 그만큼 매출총이익, 영업이익도 과소계상 됨. 다만, 가장 마지막 단계로 계산되는 당기순이익은 변함이 없음.

14 ② 기초상품재고액 + 당기매입액 - 기말상품재고액(⇩) = 매출원가(⇧). 기말재고를 실제보다 작게 넣으면 그만큼 매출원가가 많아지게 되어 결국 매출총이익, 영업이익, 당기순이익이 작아짐.

15 ① 기초상품재고액 + 당기매입액 - 기말상품재고액(⇧) = 매출원가(⇩). 기말재고를 실제보다 크게 넣으면 그만큼 매출원가가 작아지게 되어 결국 매출총이익, 영업이익, 당기순이익이 커짐.

16 ② • 매출원가: 기초상품재고(150,000) + 당기 상품 총매입액(5,000,000) - 기말상품재고(500,000) = 4,650,000원
　　　• 매출총이익: 순매출액(6,700,000) - 매출원가(4,650,000) = 2,050,000원

17 ② • 순매출: 총매출(100,000,000) - 매출환입(1,500,000) - 매출에누리(1,500,000) = 97,000,000
　　　• 매출총이익: 순매출(97,000,000) - 매출원가(70,000,000) = 27,000,000

18 ② • 선입선출법에 의한 매출원가는 먼저 구입한 것이 먼저 팔림. ⇨ 100개 × 2,000 + 700개 × 3,000 = 2,300,000
　　　• 매출총이익: 매출(800개 × 4,000원) - 매출원가(2,300,000) = 900,000

24 실무기출 공략하기

본 교재의 실습자료는 cafe.naver.com/eduacc의 「공지&DATA다운로드」에서 [공지]에 있는 [콕콕정교수 전산회계 2급] 이론+실무+기출 실습데이터의 Data_Install_JH2.zip 파일을 다운받아 컴퓨터에 설치 후, [회사등록] 클릭, [F4 회사코드재생성] 클릭 후 「금정문구」 선택

금정문구(회사코드: 0904) 관련 아래 내용을 전산세무회계 수험용 프로그램에 입력하시오.

난이도 ★★
01 7월 6일, (주)하이문구에 상품을 판매하고 발급한 거래명세표이다. 대금 중 10,000,000원은 보통예금 계좌로 입금받고, 나머지는 외상으로 거래하였다. [2025년, 118회]

권		호		거래명세표(보관용)					
20 20 년 7 월 6 일			공급자	등록번호	624-01-14363				
㈜하이문구 귀하				상 호	금정문구	성명	심유혁	㉑	
				사업장 소재지	부산 금정구 금샘로 229번길 25				
아래와 같이 계산합니다.				업 태	도소매	종목	장난감		
합계			이천만 원정 (₩ 20,000,000)						
월일	품 목		규 격	수량	단 가	공 급 가 액		세 액	
7/6	GLOBAL2020			20	1,000,000	20,000,000			
	계								
전잔금				합 계				20,000,000원	
입 금	10,000,000원		잔 금	10,000,000원		인수자	사은진	㉑	

난이도 ★★ 필수
02 09월 05일, 동남상사에 상품 3,000,000원을 판매하고 사전에 받은 계약금 600,000원을 제외한 잔액이 보통예금으로 입금되었다. 단, 계약금은 선수금으로 처리했으며, 하나의 전표로 회계처리 할 것 [2025년, 119회]

난이도 ★★ 필수
03 08월 24일, 효원전자에 상품을 판매하고 판매대금 35,000,000원 중 12,000,000원은 당좌예금 계좌로 입금되었고, 잔액은 효원전가가 발행한 약속어음으로 받았다. [2024년, 112회]

04 난이도 ★★

10월 9일, ㈜티제이문구에 외상으로 매출한 상품 중 불량품 500,000원이 반품되어 오다. 반품액은 외상매출금과 상계하기로 하였다.
[2018년, 81회]

05 난이도 ★★

8월 12일, 거래처 ㈜지구상사의 상품매출에 대한 외상대금 1,500,000원을 회수하면서 약정기일보다 빠르게 회수하여 1%를 할인해 주고, 대금은 보통예금 계좌로 입금받다.
[2018년, 79회]

🎯 정답 및 해설

01 상품 매출 시 받지 못한 10,000,000원을 외상매출금 처리. 거래처 ㈜하이문구 입력

7. 6	(차) 보 통 예 금	10,000,000	(대) 상품매출	20,000,000
	외상매출금((주)하이문구)	10,000,000		

02 사전에 받은 예약금은 선수금(유동부채)로 계상되어 있으므로 차변에 이를 없애야 함.

09. 05	(차) 선수금(동남상사)	600,000	(대) 상품매출	3,000,000
	보통예금	2,400,000		

03 수령한 약속어음 23,000원은 받을어음 계정과목 선택

08. 24	(차) 당좌예금	12,000,000	(대) 상품매출	35,000,000
	받을어음(효원전자)	23,00,000		

04 물품의 하자로 반품되면 이를 매출환입및에누리 처리

10. 9	(차) 매출환입및에누리(402, 상품매출)	500,000	(대) 외상매출금((주)티제이문구)	500,000

(*) 단, 상품매출을 차변에 입력해 상품매출을 줄여도 정답임. (차) 상품매출 500,000 (대) 외상매출금((주)티제이문구) 500,000

05 외상매출금을 조기에 회수받으면서 대금을 깎아 주면 매출할인 처리. 1,500,000 × 1% = 15,000

8. 12	(차) 매출할인(403, 상품매출)	15,000	(대) 외상매출금((주)지구상사)	1,500,000
	보통예금	1,485,000		

판매비 및 일반관리비: 판매관리비

• 복리후생비 • 여비교통비 • 기업업무추진비 • 세금과공과 • 도서인쇄비 • 광고선전비 • 소모품비 • 통신비 • 수선비

이론 및 실무문제로 매 시험마다 3문제 전후 출제되고 있음. 공부량 대비 출제 빈도가 아주 높은 중요한 부분으로 특정 지출이 어떤 종류의 판매관리비인지 구별만 할 수 있으면 충분함.

정교수 콕콕

본 교재의 실습자료는 cafe.naver.com/eduacc의 「공지&DATA다운로드」에서 공지 에 있는 [콕콕정교수 전산회계 2급] 이론+실무+기출 실습데이터의 Data_Install_JH2.zip 파일을 다운받아 컴퓨터에 설치 후, 회사등록 클릭, F4 회사코드재생성 클릭 후 가나다상사 선택

◎ 핵심체크

제조원가 Vs 판관비
• 제조원가: 제조부, 연구 개발부서, 500번대 코드
• 판관비: 본사, 영업부, 800번 대 코드

1️⃣ 판매관리비 개념

판매비 및 일반관리비란 회사 영업과 관리에 필요한 각종 비용 중 매출원가에 포함되지 않는 각종 영업비용을 말하는데 줄여서 '판매관리비' 또는 '판관비'라고 부르기도 합니다. 전산회계 2급은 도소매업을 전제로 출제되므로 비용에 대한 특별한 언급이 없으면 KcLep 입력 시 800번대, 판매관리비로 입력하면 됩니다.

판매관리비는 비교적 내용도 쉽고 공부량도 적은 반면 출제빈도가 매우 높으므로 전산회계 2급 합격을 위해서는 출제되는 문제를 모두 맞혀야 합니다.

2️⃣ 판매관리비 계정과목 선택 요령

1. 단어 검색

예를 들어, '영업부 출장용 승용차량의 자동차세 260,000원을 현금으로 납부하다.'라는 정보가 주어지면 제일 먼저 자동차세에 대한 계정과목이 무엇인지 결정해야 합니다. 그런데 그 계정과목이 구체적으로 떠오르지 않으면 전표의 계정과목 부분에 다음과 같이 F2를 눌러 자동차세를 대표할 만한 용어, 즉 '자동차세', '세금'과 같은 단어를 여러 개 입력하여 그중 제일 적합한 계정과목을 고르면 됩니다.

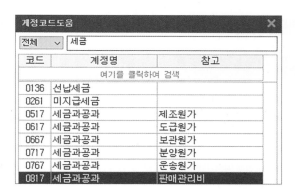

2. 계정과목 및 적요등록 검색

계정과목을 고르는 또 다른 방법은 KcLep의 [계정과목및적요등록] 메뉴에 등록되어 있는 아래 표를 보고 고르는 방법입니다.

'영업부 출장용 승용차량의 자동차세 260,000원을 현금으로 납부하다'라는 정보가 주어지면 [계정체계]의 [판매관리비] 메뉴를 클릭하면 아래와 같이 '801번 급여'부터 판매관리비가 나타납니다. 자동차세는 세금의 일종이므로 그중 가장 적합한 계정과목인 '817번 세금과공과'를 선택하면 됩니다.

계 정 체 계		코드/계정과목	성격	관계
		판 매 비 및 일 반 관 리 비		
당 좌 자 산 : 0101-0145	0801	급 여	1.인건비(근로)	
재 고 자 산 : 0146-0175	0802	사 용 자 설 정 계 정 과 목	1.인건비(근로)	
투 자 자 산 : 0176-0194	0803	상 여 금	1.인건비(근로)	
유 형 자 산 : 0195-0217	0804	제 수 당	1.인건비(근로)	
무 형 자 산 : 0218-0230	0805	잡 급	1.인건비(근로)	
기 타 비 유 동 자 산 : 0231-0250	0806	퇴 직 급 여	2.인건비(퇴직)	
유 동 부 채 : 0251-0290	0807	퇴 직 보 험 충 당 금 전 입	2.인건비(퇴직)	
비 유 동 부 채 : 0291-0330	0808	사 용 자 설 정 계 정 과 목		
자 본 금 : 0331-0340	0809	사 용 자 설 정 계 정 과 목		
자 본 잉 여 금 : 0341-0350	0810	사 용 자 설 정 계 정 과 목		
자 본 조 정 : 0381-0391	0811	복 리 후 생 비	3.경 비	
기 타 포 괄 손 익 : 0392-0399	0812	여 비 교 통 비	3.경 비	
이 익 잉 여 금 : 0351-0380	0813	기 업 업 무 추 진 비	3.경 비	
	0814	통 신 비	3.경 비	
매 출 : 0401-0430	0815	수 도 광 열 비	3.경 비	
매 출 원 가 : 0451-0470	0816	전 력 비	3.경 비	
제 조 원 가 : 0501-0600	0817	세 금 과 공 과	3.경 비	
도 급 원 가 : 0601-0650	0818	감 가 상 각 비	3.경 비	
보 관 원 가 : 0651-0700	0819	지 급 임 차 료	3.경 비	
분 양 원 가 : 0701-0750	0820	수 선 비	3.경 비	
운 송 원 가 : 0751-0800	0821	보 험 료	3.경 비	
판 매 관 리 비 : 0801-0900				
영 업 외 수 익 : 0901-0950				
영 업 외 비 용 : 0951-0997				

주요 판매관리비
- 복리후생비: 임직원 복지 위한 회식비, 경조사비, 피복비 등
- 기업업무추진비: 거래처 선물, 경조사비 등
- 세금과공과: 재산세, 자동차세, 교통위반 과태료 등
- 도서인쇄비: 명함, 책 구입
- 여비교통비: 국내외 출장비 등

③ 주요 판매관리비

계정과목	지출 내용
급 여	임직원에게 근로의 대가로 지급되는 인건비
상여금	임직원에게 근로의 대가로 지급되는 보너스
잡 급	일용직 근로자에게 지급하는 일당
퇴직급여	근로기준법에 따라 1년 이상 근무한 임직원이 퇴직할 때 지급할 퇴직금 중 당해 연도 발생한 금액
복리후생비	**임직원** 복지를 위한 **회식비, 경조사비**, 피복비, 회사부담 건강보험료, 직원용 식당운영비 등
여비교통비	시내교통비, 국내외 출장비, 주차료, 통행료 등
기업업무추진비	회사 업무와 관련하여 거래처 접대를 위한 비용. **거래처를 위한 경조사비는 기업업무추진비임.**
통 신 비	유무선 전화료, 우편료, 팩스비용, 인터넷비용 등
수도광열비	상하수도요금, 도시가스요금, 난방용 유류비 등
전 력 비	한전에 납부하는 전기요금
세금과공과	자동차세, 재산세, 교통위반 과태료, 협회·조합비, 회사부담 국민연금 등
감가상각비	유형자산의 당해 연도 원가 배분액
임 차 료	임차한 부동산, 집기비품에 지급되는 매월 사용료. (사무실 임차료, 복사기 임차료, 리스료 등)
수 선 비	건물수선비, 공기구 수선비, 비품 수선비 등
보 험 료	산재보험료, 자동차보험료, 화재보험료 등
차량유지비	차량유류비, 차량수리비, 주차비, 검사비 등
경상연구개발비	개발단계의 비용 중 자산성이 없는 비용으로 연구원 급여, 시험재료비, 외주연구개발비 등
운 반 비	상하차비, 택배비, 배달비 등
교육훈련비	초청 강사료, 위탁교육훈련비, 해외연수비 등
도서인쇄비	**명함제작비**, 참고서적 구입비, 신문구독비 등
사무용품비	사무실에서 사용되는 각종 문구, 복사지 등
소모품비	소모성자재, 소모성공구나 소모성비품 등
수수료비용	기장 및 세무자문료, 인터넷뱅킹수수료 등
광고선전비	광고선전물 제작비용, 신문·TV 등 광고료, 홍보용 달력 제작 등
대손상각비	회수가 불확실한 매출채권(외상매출금, 받을어음)의 대손추산액 중 당해 연도 보충액. **매출채권이 아닌 미수금, 선급금 등에 대한 대손추산액은 영업외비용의 '기타의대손상각비' 사용**
무형자산상각비	영업권, 개발비, 특허권 등 무형자산의 상각비
잡 비	이상 열거한 비용에 포함시키기 어려운 잡다한 항목

4 이론 기출문제

1. 판매관리비 종류 구분

이론기출 확인문제 | 전산회계 2급, 2022년, 100회 |

다음 중 손익계산서상 계정과목에 대한 설명으로 가장 적절하지 않은 것은?

① 통신비: 업무에 관련되는 전화요금, 휴대폰요금, 인터넷요금, 등기우편요금 등
② 수도광열비: 업무와 관련된 가스요금, 전기요금, 수도요금, 난방비
③ 기업업무추진비: 상품 등의 판매촉진을 위하여 불특정다수인에게 선전하는 데에 소요되는 비용
④ 임차료: 업무와 관련된 토지, 건물, 기계장치, 차량운반구 등을 빌리고 지급하는 사용료

|정답| ③
판매촉진을 위해 지출한 비용은 "광고선전비"이며 기업업무추진비는 특정 거래처 접대를 위한 비용임.

2. 판매관리비 계산

이론기출 확인문제 | 전산회계 2급, 2021년, 95회 |

다음 자료에 의하여 판매비와 관리비를 계산하면 얼마인가?

• 이자비용: 110,000원	• 복리후생비: 120,000원	• 통 신 비: 80,000원
• 개 발 비: 220,000원	• 임 차 료: 210,000원	• 기 부 금: 100,000원

① 410,000원   ② 630,000원   ③ 730,000원   ④ 840,000원

|정답| ①
복리후생비(120,000) + 통신비(80,000) + 임차료(210,000) = 410,000원(이자비용, 기부금은 영업외비용이며 개발비는 비용이 아닌 자산임.)

 정교수 콕콕

⑤ 실무 기출문제

1. 세금과공과 납부

| 실무기출 확인문제 | | 전산회계 2급, 2022년, 100회 |

10월 30일, 영업부 출장용 승용차량의 자동차세 260,000원을 현금으로 납부하다.

|정답|

| 10. 30 | (차) 세금과공과(판매관리비) | 260,000 | (대) 현 금 | 260,000 |

일	번호	구분	계정과목	거래처	적요	차변	대변
30	00002	차변	0817 세금과공과			260,000	
30	00002	대변	0101 현금				260,000

(*) 일반전표 입력 클릭 → 10. 30 입력 → 차변에 세금과공과(판매관리비) 선택, 260,000원 입력 → 대변에 현금 선택, 260,000원 입력

2. 기업업무추진비 지출

| 실무기출 확인문제 | | 전산회계 2급, 2022년, 100회 |

10월 28일, 매출처의 신규 매장 개업식을 위하여 정원꽃집에서 화환을 주문하면서 대금은 현금으로 지급하고 아래와 같은 현금영수증을 수령하다.

현 금 영 수 증 (지 출 증 빙 용)

현금영수증가맹점명		정원꽃집	
품명	생화	승인번호	54897
거래일시	2021.10.28	취소일자	

단위	백		천		원
금액 AMOUNT	1 5	0	0 0 0	
부가세 V.A.T				
합계 TOTAL	1 5	0	0 0 0	

|정답|

| 10. 28 | (차) 기업업무추진비(판매관리비) | 150,000 | (대) 현 금 | 150,000 |

일	번호	구분	계정과목	거래처	적요	차변	대변
28	00001	차변	0813 기업업무추진비			150,000	
28	00001	대변	0101 현금				150,000

(*) 일반전표 입력 클릭 → 10. 28 입력 → 차변에 기업업무추진비(판매관리비) 선택, 150,000원 입력 → 대변에 현금 선택, 150,000원 입력

3. 광고선전비 지출

| 실무기출 확인문제 | | 전산회계 2급, 2022년, 100회 |

7월 8일, 오케이더유통에서 광고전단지를 제작하고, 제작대금 3,300,000원은 어음(만기일 3개월 뒤)을 발행하여 지급하다.

| 정답 |

| 7. 8 | (차) 광고선전비(판매관리비) 3,300,000 (대) 미지급금(오케이더유통) 3,300,000 |

일	번호	구분	계 정 과 목	거 래 처	적 요	차 변	대 변
8	00002	차변	0833 광고선전비			3,300,000	
8	00002	대변	0253 미지급금	00215 오케이더유통			3,300,000

(*) 일반전표 입력 클릭 → 7. 8 입력 → 차변에 광고선전비(판매관리비) 선택, 3,300,000입력 → 대변에 미지급금, 거래처 오케이더유통 선택, 3,300,000원 입력(상거래 이외로 어음을 발행하면 미지급금 처리)

4. 여비교통비 지출

| 실무기출 확인문제 | | 전산회계 2급, 2021년, 99회 |

12월 9일, 지난 12월 5일 출장 갔던 영업부 직원 최지방이 출장에서 돌아와 출장비를 정산하였다. 제출한 여비 정산서는 다음과 같고, 초과하여 지출한 금액 70,000원은 당좌수표를 발행하여 지급하였다. 미리 출장비로 지급했던 금액은 가지급금으로 처리하였고, 거래처는 입력하지 마시오.

소 속	영업부		직 위	사 원	성 명	최지방
출 장	일 시	12.5 ~ 12.7				
일 정	출장지	부산광역시 동래구 충렬대로 128길 22				
출장비	지급액	400,000원	실제 사용액	470,000원	추가 지급액	70,000원
내 역	숙박비	350,000원	식 비	70,000원	교 통 비	50,000원

| 정답 |

| 12. 9 | (차) 여비교통비(판매관리비) 470,000 (대) 가지급금 400,000
 현 금 70,000 |

일	번호	구분	계 정 과 목	거 래 처	적 요	차 변	대 변
9	00001	차변	0812 여비교통비			470,000	
9	00001	대변	0134 가지급금				400,000
9	00001	대변	0101 현금				70,000

(*) 일반전표 입력 클릭 → 12. 9 입력 → 차변에 여비교통비(판매관리비) 선택, 470,000원 입력 → 대변에 가지급금 선택, 400,000원 입력 → 대변에 현금 추가지급액 70,000원 입력

 정교수 콕콕

5. 도서인쇄비 지출

| **실무기출 확인문제** | | **| 전산회계 2급**, 2020년, 94회 **|** |

8월 26일, 영업부 신입직원의 명함을 가나다마트에서 인쇄하고, 대금 550,000원은 3개월 만기 어음을 발행하여 지급하였다.

|정 답|

8. 26	(차) 도서인쇄비(판매관리비)	550,000	(대) 미지급금(가나다마트)	550,000

일	번호	구분	계 정 과 목	거 래 처	적 요	차 변	대 변
26	00002	차변	0826 도서인쇄비			550,000	
26	00002	대변	0253 미지급금	00224 가나다마트			550,000

(*) 일반전표 입력 클릭 → 8. 26 입력 → 차변에 도서인쇄비(판매관리비) 선택, 550,000입력 → 대변에 미지급금, 거래처 가나다마트 선택, 550,000원 입력(**상거래 이외로 어음을 발행하면 미지급금 처리**)

6. 복리후생비 지출

| **실무기출 확인문제** | | **| 전산회계 2급**, 2021년, 98회 **|** |

9월 8일, 영업부 직원들의 단합을 위해 은하수 식당에서 회식을 하고, 회식비를 아래와 같이 국민 카드로 결제하다.

카드종류	국민카드	
회원번호	4625-5897-4211-5552	
승인일	2021/09/08 14:56:28	
일시불	금액	100,000
	세금	10,000
	합계	110,000
대표자	김정용	
사업자등록번호	107-25-44563	
가맹점명	은하수식당	

|정 답|

9. 8	(차) 복리후생비(판매관리비)	110,000	(대) 미지급금(국민카드)	110,000

일	번호	구분	계 정 과 목	거 래 처	적 요	차 변	대 변
8	00002	차변	0811 복리후생비			110,000	
8	00002	대변	0253 미지급금	99601 국민카드			110,000

(*) 일반전표 입력 클릭 → 9. 8 입력 → 차변에 복리후생비(판매관리비) 선택, 110,000입력 → 대변에 미지급금 (상거래 이외로 지급할 금액은 모두 미지급금 처리. 단, 미지급비용 처리해도 정답 처리됨.), 거래처 국민카드 선택, 110,000원 입력(**국민카드에 카드대금을 지급하므로 미지급금 거래처 국민카드 선택**)

01 난이도 ★ **필수**
다음의 자료가 설명하는 내용의 개념으로 올바른 것은? [2025년, 119회]

> (   )(은) 제품, 상품, 용역 등의 판매활동과 기업의 관리활동에서 발생하는 비용으로서 매출원가에 속하지 아니하는 모든 영업비용을 포함한다.

① 매출원가 ② 영업외비용
③ 판매비와관리비 ④ 매출액

02 난이도 ★
다음의 각종 세금에 대한 회계처리 중 계정과목을 잘못 적용한 것은? [2020년, 94회]

① 사업용 차량에 대한 자동차세: 세금과공과금 계정
② 보유 중인 건물에 대한 재산세: 세금과공과금 계정
③ 보유 중인 토지에 대한 종합부동산세: 세금과공과금 계정
④ 종업원 급여 지급시 원천징수한 소득세: 세금과공과금 계정

03 난이도 ★ **필수**
다음 중 세금과공과 계정으로 처리할 수 없는 것은? [2020년, 92회]

① 적십자 회비 ② 회사 소유 건물에 대한 재산세
③ 업무용 승용차에 대한 자동차세 ④ 건물 구입 시 지급한 취득세

04 난이도 ★ **필수**
다음 중 판매비와관리비에 해당하는 것을 모두 고른 것은? [2024년, 115회]

| 가. 이자비용 | 나. 유형자산처분손실 | 다. 복리후생비 | 라. 소모품비 |

① 가, 나 ② 가, 다
③ 나, 다 ④ 다, 라

난이도 ★★

05 다음 중 비용으로 회계 처리할 수 있는 것은?

[2017년, 75회]

① 차량운반구 취득에 따른 취득세

② 토지 구입 시 지급한 중개수수료

③ 상품 구입 시 지급한 매입 제비용

④ 상품 매출 시 발생한 운반비

난이도 ★ 필수

06 다음은 회사 직원들이 식사한 후에 법인카드로 결제하고 받은 신용카드매출전표이다. 이 전표를 회계처리 할 때 차변에 기재할 계정과목으로 옳은 것은?

[2016년, 68회]

신용카드매출전표	
카드발급처	국민마스타
카드번호	000125015200
날짜	2016/10/9

매장명	힘찬설렁탕	
대표자	금액	50,000
이힘찬	세액	5,000
사업자번호	합계	55,000
승인번호 020154142		

① 기업업무추진비

② 미지급금

③ 세금과공과

④ 복리후생비

난이도 ★ 필수

07 다음은 소매업을 영위하는 회사에서 단합목적으로 회사직원들과 함께 식사하고 받은 현금영수증이다. 이를 회계처리 할 경우 차변에 기재될 계정과목으로 옳은 것은?

[2025년, 118회]

현 금 영 수 증		
가맹점명 :	장충동왕족발 대표자 :	이종호
사업자번호 :	120-25-42321 전화번호 :	031-945-3521
주소 :	경기도 파주시 광탄면	
거래유형 :		지출증빙
거래종류 :		승인거래
식별번호 :		525-12-10425
거래일시 :		2024/06/18
공급가액 :		90,909원
부가세 :		9,091원
합계 :		100,000원

① 기업업무추진비

② 복리후생비

③ 원재료

④ 외주가공비

난이도 ★★ 필수

08 ㉠ 회사 전화 통신비와 ㉡ 사업주 자택의 전화 통신비를 회사의 보통예금통장에서 자동이체결제 하였을 경우 분개의 차변 계정과목으로 가장 적절한 것은? [2015년, 63회]

① ㉠: 통신비, ㉡: 보통예금

② ㉠: 보통예금, ㉡: 통신비

③ ㉠: 통신비, ㉡: 인출금

④ ㉠: 인출금, ㉡: 통신비

난이도 ★★

09 다음 자료를 기초로 판매비와 일반관리비를 계산하면 얼마인가? [2018년, 81회]

> • 기부금: 400,000원　• 급여: 1,500,000원　• 복리후생비: 600,000원　• 이자비용: 120,000원

① 2,020,000원

② 2,100,000원

③ 2,500,000원

④ 2,620,000원

난이도 ★★ 필수

10 다음 지출내역서에서 8월의 판매비와관리비 금액으로 옳은 것은? [2018년, 78회]

(8월) 지출내역서　　　　　　　　(단위:원)

일자	적요	금액	신용카드	현금	비고
8/5	종업원 회식비용	200,000	100,000	100,000	
8/11	차입금 이자 지급	50,000		50,000	
8/16	수재의연금 기부	30,000		30,000	
8/20	거래처 선물 대금	100,000	100,000		
8/30	8월분 영업부 전기요금	20,000		20,000	

① 220,000원

② 320,000원

③ 350,000원

④ 400,000원

난이도 ★★★ 필수

11 다음 자료에 따라 영업이익을 계산한 것으로 옳은 것은? [2019년, 85회]

> • 매출액: 5,000,000원　　• 매출원가: 2,000,000원　　• 기업업무추진비: 300,000원
> • 유형자산 처분손실: 100,000원　• 복리후생비: 200,000원　　• 이자비용: 100,000원

① 2,300,000원

② 2,400,000원

③ 2,500,000원

④ 2,800,000원

12 상품매매업을 영위하는 부산상사의 영업이익은? [2016년, 68회]

☐

• 매출액: 120,000원	• 매출원가: 55,000원	• 급 여: 10,000원
• 임차료: 5,000원	• 이자비용: 10,000원	• 기부금: 5,000원

① 35,000원   ② 45,000원

③ 50,000원   ④ 55,000원

난이도 ★★

13 회사의 영업이익을 증가시키는 요인으로 맞는 것은? [2016년, 67회]

☐ ① 전화 요금을 줄인다.   ② 자본금을 인출한다.

③ 자본을 추가 출자한다.   ④ 차입금에 대한 이자를 줄인다.

난이도 ★

14 다음의 거래 중 당기순이익을 감소시키는 거래로 옳은 것은? [2025년, 119회]

☐ ① 기말에 대손충당금 잔액이 부족하여 추가로 300,000원을 설정하였다.

② 상품의 대량 구매로 인하여 500,000원을 할인받았다.

③ 단기매매증권을 처분하여 500,000원의 처분이익이 발생하였다.

④ 장부가액이 1,000원인 기계장치의 화재로 인하여 보험금 300,000원을 수령하였다.

01 ③ 상품 등 판매활동과 기업활동에서 발생한 비용 중 매출원가에 속하지 아니하는 비용은 판매관리비임.

02 ④ 종업원 급여 원천징수 소득세는 부채인 예수금임.

03 ④ 유형자산 취득 관련 취득세는 취득원가에 가산해야 함.

04 ④ 다.복리후생비, 라.소모품비는 판매관리비이지만 가.이자비용, 나.유형자산처분손실은 영업외비용임.

05 ④ ④상품 매출 시 발생한 운반비는 판매관리비인 비용임. ①취득세, ②토지 취득 중개수수료, ③상품 구입 시 제비용은 모두 취득원가에 가산 항목임.

06 ④ 직원들을 위한 식사비용은 복리후생비임.

07 ② 회사 직원 단합목적 식사비용은 복리후생비임.

08 ③ 회사를 위한 통신비는 판매관리비 처리하고 사업주 개인 통신비는 출자한 자본금의 인출임.

09 ② 급여(1,500,000) + 복리후생비(600,000) = 2,100,000임. 기부금, 이자비용은 영업외비용임.

10 ② 회식비용(복리후생비) 200,000 + 거래처 선물(기업업무추진비) 100,000 + 전기요금(전력비) 20,000 = 320,000, 이자비용과 기부금은 영업외비용임.

11 ③ 영업이익: 매출액(5,000,000) - 매출원가(2,000,000) - 판매관리비관비(기업업무추진비 300,000 + 복리후생비 200,000) = 2,500,000, 유형자산처분손실, 이자비용은 영업외비용임.

12 ③ 영업이익: 매출액(120,000) - 매출원가(55,000) - 판매관리비관비(급여 10,000 + 임차료 5,000) = 50,000, 이자비용, 기부금은 영업외비용임.

13 ① ①전화요금(통신비)을 줄이면 판매관리비가 줄어들어 영업이익이 증가함. ②자본금 인출하면 자본이 줄어듦. ③자본을 출자하면 자본금이 증가함. ④이자(영업외비용)를 줄이면 법인세차감전순이익이 증가함.

14 ① ① 대손상각비 추가 설정 → 판매관리비 증가하여 당기순이익 감소
② 상품 대량구매로 매입할인 받으면 매입가액 감소 → 매출원가 감소하여 당기순이익 증가
③ 단기매매증권 처분하여 처분이익 발생 → 영업외수익 발생하여 당기순이익 증가
④ 장부가액 보다 더 많은 화재보험금 수령 → 영업외수익 발생하여 당기순이익 증가

본 교재의 실습자료는 cafe.naver.com/eduacc의 「공지&DATA다운로드」에서 공지 에 있는 [콕콕정교수 전산회계 2급] 이론+실무+기출 실습데이터의 Data_Install_JH2.zip 파일을 다운받아 컴퓨터에 설치 후, 회사등록 클릭, F4 회사코드재생성 클릭 후 「가나다상사」 선택

가나다상사(회사코드: 0874) 관련 아래 내용을 전산세무회계 수험용 프로그램에 입력하시오.

난이도 ★★

01 10월 2일, 영업부에서 사용할 문구류(사무용품비)를 북부서점에서 구매하고 일부는 현금으로 결제하고 나머지 금액은 신용카드(국민카드)로 결제하였다.   [2021년, 99회]

영수증			
북부서점		130-47-5****	
품목	수량	단가	금액
문구류	3		120,000
합계금액			**120,000**
결제 구분		금액	
현금		30,000	
신용카드등		90,000	
받은 금액		120,000	

난이도 ★★

02 4월 2일, 영업부사원 최영업으로부터 3월 27일부터 3월 28일까지 대전 출장 시 지급받은 300,000원(지급 시 가지급금으로 회계처리 하였고 거래처 입력은 생략한다.)의 출장비용에 대하여 다음과 같이 출장비 사용 내역을 보고받고 차액은 현금으로 지급하다.   [2024년, 117회 변형]

〈출장비 사용 내역서〉 교통비: 50,000원   숙박비: 100,000원   식사비: 160,000원

03 11월 15일, 당사 상품을 구매한 고객에게 한진퀵서비스를 통해 상품을 퀵으로 보냈다. 상품 운송비용은 현금으로 지급하고 영수증을 수취하였다. [2024년, 117회 변형]

영수증				
공급자	상　호	한진퀵서비스	대표자	김세무
	사업장 소재지	경기도 부천시		
	업　태	서비스 운수	종목	퀵, 운송사업
작성년월일		공급가액 총액		인수자
2021년 11월 15일		25,000 원		홍길동

난이도 ★★

04 9월 23일, 당사의 장부기장을 의뢰하고 있는 세무법인에 당월분 기장수수료 300,000원을 보통예금계좌에서 인터넷뱅킹으로 이체하여 지급하다. [2020년, 94회]

난이도 ★★

05 10월 9일, 당사 영업부 건물의 수리 및 설치 관련해서 다음과 같이 지출하고 대금은 보통예금에서 지급하였다. (엘리베이터 설치는 건물 계정을, 화장실 타일 수선은 수선비 계정을 사용하시오.) [2021년, 97회]

1권	10호	거래명세표(보관용)					
20 21 년 10 월 09 일		공급자	등록번호	101-23-33351			
대한상사　귀하			상　호	가나다상사	성 명	가나다	㊞
			사업장 소재지	서울특별시 강남구 광평로51길 22			
			업　태	건설업	종목	인테리어	
합계금액		일백오십일만 원정 (₩　1,510,000　)					
월일	품　　목	규 격	수 량	단 가	공 급 가 액	세 액	
10/9	엘리베이터 설치			1,500,000원	1,500,000원		
10/9	화장실 타일 수선			10,000원	10,000원		
전잔금			합　　계			1,510,000원	

난이도 ★★

06 12월 4일, 매출거래처의 야유회 지원을 위해 경품 2,000,000원을 구매하고 사업용카드(현대카드)로 결제하였다. [2025년, 118회 변형]

07 난이도 ★★

11월 15일, 영업부 직원용 유니폼을 600,000원에 삼호패션㈜에서 제작하고 국민카드로 결제하였다.

[2020년, 93회]

```
              카드매출전표
-------------------------------------------
카드종류 : 국민카드
거래일시 : 11.15.15:07:18
거래유형 : 신용승인
매    출 : 600,000원
부 가 세 :
합    계 : 600,000원
결제방법 : 일시불
-------------------------------------------
          가맹점명 : 삼호패션(주)
```

08 난이도 ★★

7월 30일, 영업부에서 구독한 신문대금(정기구독료)를 현금으로 지급하였다.(도서인쇄비로 처리할 것)

[2020년, 93회]

```
              영 수 증

          가나다상사 귀하

        월구독료   15,000원
      위 금액을 7월분 구독료로 영수함.

             2020.07.30.

              희망일보
```

09 난이도 ★★

12월 10일, 11월분 영업부 직원의 건강보험료 250,000원(회사 부담분 125,000원 본인 부담분 예수액 125,000원)을 현금으로 납부하였다. (회사 부담분은 복리후생비로 처리하며, 하나의 전표로 입력할 것)   [2025년, 118회]

10 난이도 ★★

8월 5일, 판매 매장에서 일하는 판매직원들과 식사를 하고, 다음과 같은 현금영수증을 받다.　[2023년, 110회 변형]

```
                    연산식당
                 현금(지출증빙)
구매  2017/08/05/21:30    거래번호 : 0829-0197
          상품명          수량          금액
           정식            3        45,000원
      합   계                      45,000원
```

11 난이도 ★★

7월 3일, 창고에서 상품의 적재를 위해 고용한 일용직 근로자에게 일당 150,000원을 현금으로 지급하였다.

[2024년, 114회 변형]

12 난이도 ★★

11월 21일, 신입사원들에게 지급할 소모품을 구입하고 다음과 같은 전표를 받았다.(비용 처리할 것) [2020년, 91회]

```
            카드매출전표
            (공급받는자용)
----------------------------------
카드종류 : 국민카드
회원번호 : ****-****-****-6553
거래일시 : 2021.11.21. 13:20:26
거래유형 : 신용승인
매    출 : 153,000원
부 가 세 :        0원
합    계 : 153,000원
결제방법 : 일시불
----------------------------------
가맹점명 : 동산문구
```

13 난이도 ★★

9월 30일, 대전상사와 체결한 광고대행계약과 관련하여 9월 30일 잔금 900,000원을 보통예금 계좌에서 이체하였다. 계약금 300,000원은 계약일인 8월 30일에 지급하고 선급금으로 회계처리 하였다.　[2025년, 118회 변형]

난이도 ★★

14 9월 2일, 영업부서의 영업용 휴대폰 이용요금 영수증을 수령하고 납부해야 할 총 금액을 현금으로 지급하다.

[2019년, 88회]

휴대폰서비스이용요금	50,730원
기본료	47,000원
국내이용료	23,500원
데이터이용료	4,400원
할인 및 조정	-24,170원
기타금액	8,320원
당월청구요금	59,050원
미납요금	0원
납부하실 총 금액	59,050원

난이도 ★★

15 9월 26일, 영업부 건물 화재보험료(당해 연도 9월 26일 ～ 당해 연도 12월 31일 귀속분) 150,000원을 현금으로 납부하였다.

[2019년, 86회]

난이도 ★★

16 12월 26일, 업무용 차량에 대한 제2기분 자동차세를 사업용카드(현대카드)로 납부하고 다음과 같은 영수증을 수령하였다.)

[2025년, 119회 변형]

2019 년분 자동차세 세액 신고납부서

주 소	가나다 서울특별시 강남구 밤고개로1길 10				
과세대상	17바 1234 (비영업용, 1998cc)	구 분	자동차세	지방교육세	납부할 세액 합계
		당초산출세액	198,700	자동차세액 ×30%	258,310 원
과세기간	2019.07.01. ~2019.12.31.	선납공제액(10%)			
		요일제감면액(5%)			
		납부할세액	198,700	59,610	
	위의 금액을 영수합니다. 2019년 12 월 26일				

17 난이도 ★★

9월 10일, 업무용 차량의 주유비를 현금으로 결제하고 현금영수증을 수취하였다. [2018년, 82회]

18 난이도 ★★

12월 31일, 영업부 사무실에 대한 12월분(기간: 12/1~12/31) 임차료 250,000원을 보통예금계좌에서 이체하여 지급하다. [2024년, 114회 변형]

19 난이도 ★★

8월 5일, 7월분 영업부 사무실의 인터넷요금 50,000원과 수도요금 30,000원을 보통예금에서 이체하였다. [2019년, 86회]

20 난이도 ★★

7월 9일, 영업부 직원의 업무 관련 교육을 위해 학원수강료를 현금으로 결제하고 현금영수증을 수령하다. [2025년, 119회 변형]

```
                (주)인재개발원
     114-81-80641              남재안
  서울 송파구 문정동 101-2 TEL:3289-8085
                현금(지출증빙)
  구매 2018/07/09/14:06   거래번호 : 0026-0107
     상품명          수량          금액
        교육비                    250,000
     합   계                      250,000
  받은금액                        250,000
```

01 사용될 문구류는 사무용품비, 영업부에 쓰이므로 판매관리비 선택. 상품매입 등 상거래 이외 미지급이므로 90,000원은 미지급금 선택. 미지급금은 카드사에 지급하므로 거래처는 국민카드 선택

10. 2	(차) 사무용품비(829, 판매관리비)	120,000	(대) 현　금	30,000
			미지급금(국민카드)	90,000

(*) 미지급금 대신 미지급비용 처리해도 정답 처리됨

02 영업부 출장비는 판매관리비의 여비교통비 선택

4. 2	(차) 여비교통비(812, 판매관리비)	310,000	(대) 가지급금	300,000
			현　금	10,000

03 상품 퀵서비스 비용은 운반비(판매관리비) 처리

11. 15	(차) 운반비(824, 판매관리비)	25,000	(대) 현　금	25,000

04 장부기장 비용은 수수료비용 처리

9. 23	(차) 수수료비용(831, 판매관리비)	300,000	(대) 보통예금	300,000

05 자본적 지출(엘리베이터 설치) 1,500,000원은 건물 취득원가에 가산, 수익적 지출(타일수선) 10,000원은 수선비(판매관리비) 처리

10. 9	(차) 건　물	1,500,000	(대) 보통예금	1,510,000
	수선비(820, 판매관리비)	10,000		

06 매출거래처 야유회 지원 비용은 기업업무추진비임. 상품매입 등 상거래 이외 미지급이므로 2,000,000원은 미지급금 선택. 미지급금은 카드사에 지급하므로 거래처는 현대카드 선택

12. 4	(차) 기업업무추진비(813, 판매관리비)	2,000,000	(대) 미지급금(현대카드)	2,000,000

(*) 미지급금 대신 미지급비용 처리해도 정답 처리됨.

07 영업부 직원 유니폼 비용은 복리후생비임. 상품매입 등 상거래 이외 미지급이므로 600,000원은 미지급금 선택. 미지급금은 카드사에 지급하므로 거래처는 국민카드 선택

11. 15	(차) 복리후생비(811, 판매관리비)	600,000	(대) 미지급금(국민카드)	600,000

(*) 미지급금 대신 미지급비용 처리해도 정답 처리됨.

08 영업부 신문 구독대금은 도서인쇄비(판매관리비) 처리

7. 30	(차) 도서인쇄비(826, 판매관리비)	15,000	(대) 현　금	15,000

09 11월에 원천징수한 직원 부담분 건강보험료 125,000원은 이미 예수금으로 처리되어 있음. 예수금 125,000원을 차변에 없애고 회사가 추가로 납부한 125,000원은 복리후생비 처리. 영업부 직원이므로 판매관리비 계정선택.

12. 10	(차) 복리후생비(811, 판매관리비)	125,000	(대) 현　금	250,000
	예　수　금	125,000		

10 판매 직원 식사비용은 복리후생비(판매관리비) 처리

8. 5	(차) 복리후생비(811, 판매관리비)	45,000	(대) 현　금	45,000

11 일용직(아르바이트) 급여는 잡급 처리

7. 3	(차) 잡급(805, 판매관리비)	150,000	(대) 현　금	150,000

12 사무실에서 사용할 소모품 구입은 소모품비 처리. 상품매입 등 상거래 이외 미지급이므로 153,000원은 미지급금 선택. 미지급금은 카드사에 지급하므로 거래처는 국민카드 선택

11. 21	(차) 소모품비(830, 판매관리비)	153,000	(대) 미지급금(국민카드)	153,000

(*) 소모품비 대신 사무용품비(829) 사용해도 정답 처리됨.

13 계약금 300,000원, 잔금 900,000원, 총 1,200,000원을 광고선전비 처리

9. 30	(차) 광고선전비(833, 판매관리비)	1,200,000	(대) 선　급　금(대전상사) 　　　보통예금	300,000 900,000

14 영업부 휴대폰 비용은 통신비 처리

9. 2	(차) 통신비(814, 판매관리비)	59,050	(대) 현　금	59,050

15 당해 연도 해당분의 보험료 납부액은 보험료 처리

9. 26	(차) 보험료(821, 판매관리비)	150,000	(대) 현　금	150,000

16 업무용 차량의 자동차세는 세금과공과 처리. 상품매입 등 상거래 이외 미지급이므로 258,310원은 미지급금 선택. 미지급금은 카드사에 지급하므로 거래처는 현대카드 선택

12. 26	(차) 세금과공과(817, 판매관리비)	258,310	(대) 미지급금(현대카드)	258,310

(*) 미지급금 대신 미지급비용 처리해도 정답 처리됨.

17 업무용 차량 주유비는 차량유지비 처리

9. 10	(차) 차량유지비(822, 판매관리비)	50,000	(대) 현　금	50,000

18 영업부 사무실 월세는 임차료 처리

12. 31	(차) 임차료(819, 판매관리비)	250,000	(대) 보통예금	250,000

19 영업부 사무실 인터넷 요금 50,000원은 통신비, 수도요금 30,000원은 수도광열비 처리

8. 5	(차) 통　신　비(814, 판매관리비) 　　　수도광열비(815, 판매관리비)	50,000 30,000	(대) 보통예금	80,000

20 영업부 직원의 교육비는 교육훈련비 처리

7. 9	(차) 교육훈련비(825, 판매관리비)	250,000	(대) 현　금	250,000

26 영업외수익·영업외비용

학습내용 · 이자수익 · 이자비용 · 기부금

출제경향 이론 및 실무문제로 매 시험마다 1~2문제 출제되고 있음. 공부량 대비 출제 빈도가 아주 높은 중요한 부분으로 **특정 거래가 어떤 종류의 영업외수익, 영업외비용인지 구별만** 할 수 있으면 충분함.

본 교재의 실습자료는 cafe.naver.com/eduacc의 「공지&DATA다운로드」에서 공지 에 있는 [콕콕정교수 전산회계 2급] 이론+실무+기출 실습데이터의 Data_Install_JH2.zip 파일을 다운받아 컴퓨터에 설치 후, 회사등록 클릭, F4 회사코드재생성 클릭 후 가나다상사 선택

영업외손익이란 회사의 주된 영업활동이 아닌 부분에서 발생한 수익과 비용을 말하는데 대표적인 사례가 이자수익입니다. 제조, 도소매 등이 주업종인 회사는 제품, 상품 등을 판매하여 돈을 벌고 있는데, **이러한 영업외수익인 이자수익은 영업에서 벌어들인 것이 아니어서 이를 별도로 표시**하는 것입니다.

대표적인 영업외수익과 영업외비용은 다음과 같습니다.

1 영업외수익

🎯 **핵심체크** 콕콕콕

주요 영업외수익
- 이자수익: 예적금 이자 수령액
- 배당금수익: 배당금 수령액
- 임대료: 월세 수령액
- 잡이익: 기타 이익

계정과목	구체적 지출
이 자 수 익	은행 예적금 이자 수령액
배 당 금 수 익	보유중인 주식에서 수령한 배당금
임 대 료	빌려준 부동산에서 받은 월세
단기매매증권평가이익	단기매매증권의 회계기간 말 공정가격(시가)이 취득가액보다 상승하여 발생한 평가이익
단기매매증권처분이익	단기매매증권을 처분하여 장부금액보다 더 많이 수령한 금액
외화 환산이익	달러 등 외화의 회계기간 말 환율이 외화를 처음 취득했을 때보다 오른 경우 그 상승 금액
외 환 차 익	달러 등 외화를 실제 은행에서 환전하여 원화를 수령할 때 환율 상승으로 장부가액보다 더 수령한 금액
유형자산처분이익	토지, 건물 등 유형자산을 처분할 때 장부가액보다 높게 처분하여 더 수령한 금액

계정과목	구체적 지출
자 산 수 증 이 익	외부에서 무상으로 토지 등을 기증받아 생긴 이익
채 무 면 제 이 익	외상매입금, 차입금 등 부채를 탕감받아 생긴 이익
보 험 차 익	화재보험에 가입 후 화재로 인해 소실된 자산 금액보다 더 많은 보험금을 수령하여 발생한 차익
잡 이 익	위 항목에 해당하지 않으면서 중요하지 않은 수익

② 영업외비용

계정과목	구체적 지출
이 자 비 용	차입금, 당좌차월, 사채 등으로부터 발생한 이자 지급액
외화환산손실	달러 등 외화의 회계기간 말 환율이 외화를 처음 취득했을 때보다 내린 경우 하락 금액
외 환 차 손	달러 등 외화를 실제 은행에서 환전하여 원화를 수령할 때 환율 하락으로 장부가액보다 덜 수령한 금액
기 부 금	국가, 복지기관 등에 업무와 관계없이 무상으로 기증한 금액
기타의대손상각비	회수가 불확실한 미수금, 선급금 등 상거래 이외 채권에 대한 대손추산액 중 당해 연도 추가 설정액
매출채권처분손실	외상매출금, 받을어음을 금융기관 등에 할인하여 처분하면서 수수료 지급 등으로 장부가액보다 덜 수령한 금액
단기매매증권평가손실	단기매매증권의 회계기간 말 공정가격(시가)이 취득가액보다 하락하여 발생한 평가손실
단기매매증권처분손실	단기매매증권을 처분하여 장부금액보다 더 적게 수령한 금액
재고자산감모손실	재고자산의 수량, 물량이 감소하여 손해 본 금액 중 원가성이 없는 금액
재 해 손 실	화재, 홍수, 지진 등 불가항력적 사고로 손실 당한 금액
유형자산처분손실	토지, 건물 등 유형자산을 처분할 때 장부가액보다 낮게 처분하여 덜 수령한 금액
잡 손 실	위 항목에 해당하지 않으면서 중요하지 않은 비용

[참 고] 상품의 타계정대체

삼성전자가 에어컨 100대 만들었는데 그중 1대는 고아원에 기부하고 나머지 99대만 판매했다고 가정하겠습니다. 이럴 경우 99대만 매출원가 처리하고, 1대는 기부금으로 처리하는 것이 논리적입니다. 이렇게 기부된 에어컨 1대를 매출원가 계정과목에서 기부금 계정과목으로 보내야 하는데 특정 계정과목을 다른 계정과목으로 옮기는 것을 '타계정대체'라고 합니다.

주요 영업외비용
- 이자비용: 차입금 이자 지급액
- 기부금: 무상 기증액
- 잡손실: 기타 비용

다만, 주의할 점은 재고자산으로 있던 에어컨을 기부금으로 대체할 때 '타계정으로 옮긴다'는 메모가 필요합니다. 제품이 없어지는 이유가 판매가 아닌 다른 이유라는 것을 표시하기 위함인데 일반전표 입력 시 적요 중 '8번. 타계정으로 대체액 손익계산서 반영분'을 선택하면 됩니다.

전산회계 2급 시험에서는 거의 출제가 되지 않으니 참고만 하시면 되는데 기출문제를 통해 확인하겠습니다.

실무기출 확인문제 | **전산회계 2급**, 2016년, 66회 |

9월 12일, 창고에 보관 중이던 상품 5,000,000원을 고아원에 기부하였다.

|정답|

9. 12	(차) 기부금(영업외비용)	5,000,000	(대) 상 품	5,000,000
			(적요8. 타계정으로 대체액 손익계산서 반영분)	

일	번호	구분	계 정 과 목	거 래 처	적 요	차 변	대 변
12	00001	차변	0953 기부금			5,000,000	
12	00001	대변	0146 상품		8 타계정으로 대체액 손익계산서 반영분		5,000,000

(*) 일반전표 입력 클릭 → 9. 12 입력 → 차변에 기부금(영업외비용) 선택, 5,000,000원 입력 → 대변에 상품 선택, 적요 8. 타계정으로 대체액 손익계산서 반영분 선택, 5,000,000원 입력

이상 알아본 영업외손익 내용으로 주요 이론 및 실무 기출문제를 알아보겠습니다.

❸ 이론 기출문제

1. 영업외손익 구분

이론기출 확인문제 | **전산회계 2급**, 2021년, 96회 |

손익계산서상의 계정과목 중 영업외비용에 해당하는 항목은?

① 급여   ② 복리후생비   ③ 이자비용   ④ 기업업무추진비

|정답| ③
①급여, ②복리후생비, ④기업업무추진비는 판매관리비임.

2. 계정과목 구분

| 이론기출 확인문제 | **전산회계 2급**, 2019년, 86회 |

다음 중 연결이 바르지 않은 것은?

① 신입사원 명함인쇄비용 – 복리후생비
② 거래처 직원과의 식사비용 – 기업업무추진비
③ 직원들에 대한 컴퓨터 교육에 대한 강사비 지출 – 교육훈련비
④ 단기차입금에 대한 이자 지급 – 이자비용

|정답| ①
신입사원 명함인쇄비용은 "도서인쇄비" 계정과목 사용

3. 판매관리비와 영업외비용 구분

| 이론기출 확인문제 | **전산회계 2급**, 2021년, 99회 |

다음 중 손익계산서의 영업이익에 영향을 미치는 것은?

① 단기매매증권을 장부가액보다 낮게 처분하여 발생한 손실 금액
② 차입금에 대한 이자 지급 금액
③ 판매촉진 목적으로 광고, 홍보, 선전 등을 위하여 지급한 금액
④ 유형자산을 장부가액보다 낮은 가격으로 처분하여 발생한 손실 금액

|정답| ③
(매출총이익 – 판매관리비 = 영업이익)이므로 판매관리인 항목을 고르면 됨. ①단기매매증권처분손실, ②이자비용, ④유형자산처분손실은 영업외비용이며 ③광고선전비가 판매관리비임.

4. 영업외손익 계산

| 이론기출 확인문제 | **전산회계 2급**, 2020년, 92회 |

다음 자료에 의하여 영업외비용을 계산하면 얼마인가?

| • 이자비용: 100,000원 | • 복리후생비: 120,000원 | • 통신비: 150,000원 |
| • 잡손실: 170,000원 | • 임차료: 210,000원 | • 기부금: 110,000원 |

① 270,000원 ② 380,000원 ③ 480,000원 ④ 650,000원

|정답| ②
이자비용(100,000) + 잡손실(170,000) + 기부금(110,000) = 380,000원. 복리후생비, 통신비, 임차료는 판매관리비임.

④ 실무 기출문제

1. 기부금 지급

실무기출 확인문제 | 전산회계 2급, 2021년, 96회 |

12월 12일, 코로나로 인한 치료 지원을 위하여 현금 5,000,000원을 한국복지협의회에 기부하였다.

|정답|

12. 12		(차) 기부금(영업외비용)	5,000,000	(대) 현 금	5,000,000

일	번호	구분	계 정 과 목	거 래 처	적 요	차 변	대 변
12	00003	차변	0953 기부금			5,000,000	
12	00003	대변	0101 현금				5,000,000

(*) 일반전표 입력 클릭 → 12. 12 입력 → 차변에 기부금(영업외비용) 선택, 5,000,000원 입력 → 대변에 현금 선택, 5,000,000원 입력

2. 이자 수령

실무기출 확인문제 | 전산회계 2급, 2021년, 96회 |

8월 9일, ㈜애플의 단기대여금(대여기간: 6.1~9.30)에 대한 이자 200,000원이 당사의 보통예금 계좌에 입금됨을 확인하고 회계처리하다.

|정답|

8. 9		(차) 보통예금	200,000	(대) 이자수익(영업외수익)	200,000

일	번호	구분	계 정 과 목	거 래 처	적 요	차 변	대 변
9	00002	차변	0103 보통예금			200,000	
9	00002	대변	0901 이자수익				200,000

(*) 일반전표 입력 클릭 → 8. 9 입력 → 차변에 보통예금 선택, 200,000원 입력 → 대변에 이자수익(영업외수익) 선택, 200,000원 입력

3. 이자 지급

실무기출 확인문제 | 전산회계 2급, 2016년, 70회 |

10월 29일, 하나은행의 장기차입금에 대한 이자 50,000원이 당사의 보통예금 계좌에서 자동이체됨을 확인하고 회계처리하다.

|정 답|

| 10. 29 | (차) 이자비용(영업외비용) | 50,000 | (대) 보통예금 | 50,000 |

일	번호	구분	계 정 과 목	거 래 처	적 요	차 변	대 변
29	00001	차변	0951 이자비용			50,000	
29	00001	대변	0103 보통예금				50,000

(*) 일반전표 입력 클릭 → 10. 29 입력 → 차변에 이자비용(영업외비용) 선택, 50,000원 입력 → 대변에 보통예금 선택, 50,000원 입력

⑤ 판매관리비와 영업외비용 구분 요령

전산회계 시험에 종종 특정 비용이 판매관리비인지 영업외비용인지 묻는 문제가 이론 문제로 출제됩니다. 만약 문제를 보고 곧장 그 구분이 되지 않는다면 아래 KcLep의 [계 정과목및적요등록] 메뉴에 등록되어 있는 [판매관리비]와 [영업외비용]을 눈으로 보면서 분류하면 간단합니다.

판매관리비			영업외비용		
0801 급 여	1.인건비(근로)		0951 이 자 비 용	1.지 급 이 자	
0802 사 용 자 설 정 계 정 과 목	1.인건비(근로)		0952 외 환 차 손	2.일 반	
0803 상 여 금	1.인건비(근로)		0953 기 부 금	2.일 반	
0804 제 수 당	1.인건비(근로)		0954 기 타 의 대 손 상 각 비	2.일 반	
0805 잡 급	1.인건비(근로)		0955 외 화 환 산 손 실	2.일 반	
0806 퇴 직 급 여	2.인건비(퇴직)		0956 매 출 채 권 처 분 손 실	2.일 반	
0807 퇴 직 보 험 충 당 금 전 입	2.인건비(퇴직)		0957 단 기 매 매 증 권 평 가 손 실	2.일 반	
0808 사 용 자 설 정 계 정 과 목			0958 단 기 매 매 증 권 처 분 손 실	2.일 반	
0809 사 용 자 설 정 계 정 과 목			0959 재 고 자 산 감 모 손 실	2.일 반	
0810 사 용 자 설 정 계 정 과 목			0960 재 고 자 산 평 가 손 실	2.일 반	
0811 복 리 후 생 비	3.경 비		0961 재 해 손 실	2.일 반	
0812 여 비 교 통 비	3.경 비		0962 전 기 오 류 수 정 손 실	2.일 반	
0813 기 업 업 무 추 진 비	3.경 비		0963 투 자 증 권 손 상 차 손	2.일 반	
0814 통 신 비	3.경 비		0964 지 분 법 손 실	2.일 반	
0815 수 도 광 열 비	3.경 비		0965 사 용 자 설 정 계 정 과 목	2.일 반	
0816 전 력 비	3.경 비		0966 사 용 자 설 정 계 정 과 목	2.일 반	
0817 세 금 과 공 과	3.경 비		0967 회 사 채 이 자	1.지 급 이 자	
0818 감 가 상 각 비	3.경 비		0968 사 채 상 환 손 실	2.일 반	
0819 지 급 임 차 료	3.경 비		0969 보 상 비	2.일 반	
0820 수 선 비	3.경 비		0970 유 형 자 산 처 분 손 실	2.일 반	
0821 보 험 료	3.경 비		0971 매 도 가 능 증 권 처 분 손 실	2.일 반	
0822 차 량 유 지 비	3.경 비		0972 중 소 투 자 준 비 금 전 입	5.준 비 금 전 입	
0823 경 상 연 구 개 발 비	3.경 비		0973 연 구 개 발 준 비 금 전 입	5.준 비 금 전 입	
0824 운 반 비	3.경 비		0974 해 외 개 척 준 비 금 전 입	5.준 비 금 전 입	
0825 교 육 훈 련 비	3.경 비		0975 지 방 이 전 준 비 금 전 입	5.준 비 금 전 입	
0826 도 서 인 쇄 비	3.경 비		0976 수 출 손 실 준 비 금 전 입	5.준 비 금 전 입	
0827 회 의 비	3.경 비				

01 난이도 ★
다음 중 그 성격이 다른 계정과목은 무엇인가? [2022년, 100회]

① 이자비용
② 외환차손
③ 감가상각비
④ 기타의대손상각비

02 난이도 ★★ 필수
다음 중 거래의 결과로 인식할 비용의 분류가 나머지와 다른 것은? [2024년, 114회]

① 영업부 사원의 당월분 급여 2,000,000원을 현금으로 지급하다.
② 화재로 인하여 창고에 보관하던 상품 500,000원이 소실되다.
③ 영업부 사무실 건물에 대한 월세 200,000원을 현금으로 지급하다.
④ 종업원의 단합을 위해 체육대회행사비 50,000원을 현금으로 지급하다.

03 난이도 ★
다음 중 회사의 당기순이익을 증가시키는 거래는? [2021년, 95회]

① 회사 화장실의 거울이 파손되어 교체하였다.
② 직원의 경조사가 발생하여 경조사비를 지급하였다.
③ 명절이 되어 선물세트를 구입하여 거래처에 나누어 주었다.
④ 회사의 보통예금에 결산이자가 발생하여 입금되었다.

04 난이도 ★★ 필수
다음 중 영업외비용에 해당하는 것들로 연결된 것으로 옳은 것은? [2025년, 118회]

가. 잡급	나. 이자비용	다. 보험료	라. 외환차손

① 가, 나
② 나, 다
③ 나, 라
④ 다, 라

05 난이도 ★

다음 중 영업외비용에 대하여 말한 내용은?   [2018년, 81회]

> A: 오늘은 사무실 전기료 납부 마지막일이네!
> B: 오늘 은행에 이자를 갚는 날인데!
> C: 오늘은 종업원들에게 월급을 지급하는 날이구나!
> D: 과장님 시내출장을 가시는데 여비를 드려야겠네!

① A   ② B   ③ C   ④ D

06 난이도 ★

다음 중 상기업의 손익계산서에서 영업외비용으로 분류하여야 하는 거래는?   [2018년, 80회]

① 관리부 소모품 구입비   ② 영업부 직원의 출장비
③ 상품 운반용 차량 감가상각비   ④ 공장 건물 처분 손실

07 난이도 ★

다음 중 영업외비용 계정과목으로만 짝지어진 것은?   [2017년, 75회]

① 재해손실, 잡손실   ② 가지급금, 가수금
③ 대손상각비, 가수금   ④ 기업업무추진비, 잡손실

08 난이도 ★

다음 중 영업외수익에 해당하지 않는 것은?   [2017년, 71회]

① 기부금   ② 이자수익
③ 배당금수익   ④ 임대료

09 난이도 ★★ 필수

다음 중 영업외비용과 판매비와관리비로 짝지어진 것은?   [2016년, 66회]

① 개발비: 재해손실   ② 기부금: 수도광열비
③ 임대료: 이자비용   ④ 대손상각비: 감가상각비

10 영업외수익에 해당하는 내용으로 옳은 것은? [2015년, 64회]

☐

① 택시회사의 택시요금 수입액

② 가구점의 학생용 책상 판매액

③ 완구점의 곰돌이 인형 판매액

④ 전자제품 판매상사의 건물 일부 임대 수입액

난이도 ★★

11 결산 시 이자 100,000원을 현금으로 지급한 건의 회계처리가 누락된 경우 재무제표에 미치는 영향으로 옳은 것

☐ 은? [2018년, 80회]

① 비용의 과소계상 ② 자산의 과소계상

③ 당기순이익의 과소계상 ④ 부채의 과소계상

난이도 ★★★

12 다음 자료를 이용하여 당기순이익을 계산하면 얼마인가? [2019년, 83회]

☐

| • 매출액: 10,000,000원 | • 매출원가: 5,000,000원 | • 직원급여: 1,500,000원 |
| • 이자비용: 100,000원 | • 기업업무추진비: 200,000원 | |

① 5,000,000원 ② 3,500,000원

③ 3,300,000원 ④ 3,200,000원

난이도 ★★★

13 다음 주어진 자료에 의하여 당기순이익을 계산하면 얼마인가? [2017년, 75회]

☐

| • 매출총이익: 300,000원 | • 대손상각비: 50,000원 |
| • 기부금: 70,000원 | • 이자수익: 30,000원 |

① 120,000원 ② 150,000원

③ 210,000원 ④ 260,000원

정답 및 해설

01 ③ ③감가상각비는 판매비와관리비, ①이자비용, ②외환차손, ④기타의 대손상각비는 영업외비용임.

02 ② ① 급여 지급(판매관리비) ② 화재손실(영업외비용) ③ 월세(판매관리비) ④ 체육대회 행사비(복리후생비)

03 ④ ①수선비, ②복리후생비, ③기업업무추진비는 모두 비용으로 당기순이익을 감소시키며 ④이자수익은 영업외수익으로 당기순이익을 증가시킴.

04 ③ 영업·관리에 필요한 비용인 판매관리비(가.잡급, 다.보험료), 영업외비용(나.이자비용, 라.외환차손)

05 ② A(전력비), C(급여), D(여비교통비)는 판매관리비, B(이자비용)은 영업외비용임.

06 ④ ①소모품비, ②여비교통비, ③감가상각비는 판매관리비, ④공장건물 처분손실(유형자산처분손실)은 영업외비용임.

07 ① 재해손실, 잡손실은 영업외비용. 가지급금은 유동자산, 가수금은 유동부채, 대손상각비·기업업무추진비는 판매관리비임.

08 ① 기부금은 영업외비용임.

09 ② 판매관리비(수도광열비, 대손상각비, 감가상각비), 영업외비용(재해손실, 기부금, 이자비용), 영업외수익(임대료), 무형자산(개발비)

10 ④ ①택시회사 요금 수입, ②가구점의 가구 판매, ③완구점의 인형 판매는 본연의 수입이므로 매출, ④전자제품 판매회사의 임대료 수입은 영업외수익임.

11 ① 이자(이자비용)를 현금(자산)으로 지급한 거래를 누락하면 비용 과소계상(당기순이익 과대계상), 자산 과대계상되며 부채와는 상관없음.

12 ④ 당기순이익: 매출액(10,000,000) - 매출원가(5,000,000) - 판매비와관리비(직원급여 1,500,000 + 기업업무추진비 200,000) - 영업외비용(이자비용 100,000) = 3,200,000

13 ③ 당기순이익: 매출총이익(300,000) - 판매관리비(대손상각비 50,000) + 영업외수익(이자수익 30,000) - 영업외비용(기부금 70,000) = 210,000

본 교재의 실습자료는 cafe.naver.com/eduacc의 「공지&DATA다운로드」에서 [공지]에 있는 [콕콕정교수 전산회계 2급] 이론+실무+ 기출 실습데이터의 Data_Install_JH2.zip 파일을 다운받아 컴퓨터에 설치 후, [회사등록] 클릭, [F4 회사코드재생성] 클릭 후 「가나다상사」선택

가나다상사(회사코드: 0874) 관련 아래 내용을 전산세무회계 수험용 프로그램에 입력하시오.

01 난이도 ★★
07월 14일, 수개월 전 거래처 ㈜애플에 대여하였던 대여금 3,000,000원과 그에 대한 이자 100,000원을 현금으로 받아 즉시 당좌예금에 입금하였다. [2021년, 99회]

02 난이도 ★★ 필수
07월 30일, 경상남도 하동군청에 수해 복구 기부금으로 100,000원을 보통예금에서 이체하여 기부하였다.
[2025년, 118회]

03 난이도 ★★
8월 13일, 당사는 태풍으로 피해를 입은 수재민을 돕기 위해 인근 KTBC 방송사에 아래와 같이 현금으로 지급하다. [2017년, 76회]

영수증			등록번호	101-23-33351		
			상 호	가나다상사	대 표	가나다
발행일	2017.8.13	거래번호	모집처	KTBC 방송		
			등록번호	123-23-43251	소재지	
년 월 일	품명		수량	단가	금액	비고
2017.8.13	불우이웃돕기성금				300,000원	

04 난이도 ★★ 필수
08월 10일, 하나은행으로부터 차입한 금액에 대한 이자 900,000원을 보통예금 계좌에서 지급하였다.
[2024년, 116회]

05 난이도 ★★★
10월 21일, 상품인 전자제품 1,200,000원(원가)을 서울시청에 기증하였다.(관련된 적요 입력할 것) [2021년, 99회]

06 난이도 ★★
10월 3일, 거래처 뉴랜드로부터 외상매입금 1,500,000원의 지급을 면제받았다. [2018년, 80회]

07 9월 23일, 보유 중인 ㈜소랜토의 주식에 대하여 배당금이 확정되어 1,500,000원을 보통예금계좌로 받았다. 다음의 증명서류를 근거로 적절한 회계처리를 하시오.(단, 별도의 거래처등록은 하지 않는다.) [2016년, 68회]

(정기) 배당금 지급통지서

__(주)소랜토__ 의 배당금 지급내역을 아래와 같이 통지합니다.

■ 주주명 : 가나다사　　　　　　■ 주주번호 : 12551*********

· 현금배당 및 세금내역

종 류	소유주식수	배당일수	현금배당률	A.배당금액	B.원천징수세액	
보통주	100	365	50%		소득세	
우선주				1,500,000	지방소득세	
지급기간		2016. 9. 23			총세액	

08 결산일에 현금의 실제가액이 장부가액보다 50,000원 많음을 발견하였다. 그 원인은 알 수 없다. [2021년, 98회]

🎯 정답 및 해설

01 수개월 전 대여는 단기대여금이며 이자수령액은 이자수익 처리

7. 14	(차) 당좌예금	3,100,000	(대) 단기대여금((주)애플)	3,000,000
			이 자 수 익(901, 영업외수익)	100,000

02 무상 기부액은 기부금 처리

7. 30	(차) 기부금(953, 영업외비용)	100,000	(대) 현　금	100,000

03 무상 기부액은 기부금 처리

8. 13	(차) 기부금(953, 영업외비용)	300,000	(대) 현　금	300,000

04 이자비용(영업외비용) 계정과목 선택

08. 10	(차) 이자비용(951, 영업외비용)	900,000	(대) 보통예금	900,000

05 판매되어 매출원가로 바뀔 상품을 기부했으므로 매출원가에서 기부금으로 계정을 바꾸어줘야 하므로 적요를 입력해야 함.

10. 21	(차) 기부금(953, 영업외비용)	1,200,000	(대) 상　품	1,200,000
			(적요 8.타계정으로 대체액 손익계산서 반영분)	

06 갚아야 할 외상매입금을 면제받으면 채무면제이익 처리

10. 3	(차) 외상매입금(뉴랜드)	1,500,000	(대) 채무면제이익(918, 영업외수익)	1,500,000

07 배당금 수령액은 '배당금수익' 처리

9. 23	(차) 보통예금	1,500,000	(대) 배당금수익(903, 영업외수익)	1,500,000

08 원인을 알 수 없는 수익이 발생하면 잡이익(영업외수익) 처리. 결산일이므로 12.31 입력

12. 31	(차) 현　금	50,000	(대) 잡이익(930, 영업외수익)	50,000

수익·비용의 이연

• 수익의 이연 • 비용의 이연

주로 이론문제로 3~4회 시험마다 1문제 정도 출제되고 있는데 **수익·비용의 이연** 개념을 명확히 알고 있으면 충분히 풀 수 있음. 내용이 다소 어려울 수 있으니 **반드시 이해를 바탕으로 학습**해야 함.

이연이라는 단어의 국어 사전적 뜻은 "시일을 뒤로 미룬다"라는 뜻인데 이를 수익과 비용의 이연에 적용하면 그 뜻은 다음과 같습니다.

구 분	내 용
수익의 이연	수익을 지불 받았으나 아직 수익을 인식할 때가 되지 않아 뒤로 미룬다.
비용의 이연	비용을 지불했으나 아직 비용을 인식할 때가 되지 않아 뒤로 미룬다.

마치 말장난같이 느껴지겠지만 이연이라는 개념을 회계 차원에서 알아보겠습니다. 다만, 수익비용 이연의 내용이 너무 어렵게 느껴지면 과감히 포기해도 전산회계 2급 시험 합격에는 지장이 없습니다.

1 수익의 이연

회계 차원에서 **수익을 인식하기 위해서는 일정 요건을 갖추어야** 합니다. 예를 들어 월세, 즉 임대수익을 인식하기 위해서는 임대 계약서에 따라 임대기간이 경과해야 하는데 월세 기간이 경과하지도 않았는데 돈부터 먼저 받는 경우가 있습니다.

다음 기출문제를 통해 수익 이연의 구체적인 내용을 알아보겠습니다.

이론기출 확인문제 | 전산회계 2급, 2018년, 81회 |

다음 내용을 참고하여 20X1년 12월 31일 기말에 부채로 계상될 금액은 얼마인가?(월할 계산 적용함.)

> • 대한상사는 당해연도 8월 1일에 ㈜서울로부터 1년분 임대료 4,200,000원을 선수하고 전액 수익으로 처리하였다.(임대료는 보통예금에 입금되었음.)
> • 대한상사의 회계기간은 1월 1일~12월 31일이다.

① 1,750,000원 ② 2,100,000원 ③ 2,450,000원 ④ 4,200,000원

1. 임대료의 기간별 구분

대한상사가 8월 1일에 수령한 임대료 4,200,000원은 1년 치이기 때문에 이를 기간별로 구분해 보면 다음과 같습니다. (1개월 월세: 4,200,000원 ÷ 12개월 = 350,000원)

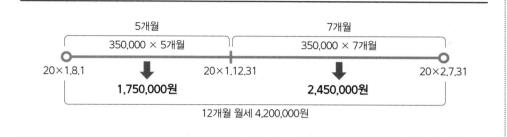

2. 수익의 이연: 선수수익

한 달 치 월세가 350,000원이므로 20X1년의 임대수익은 1,750,000원(5개월 치)이고 **나머지 2,450,000원(7개월 치)은 다음 연도인 20X2년도의 임대수익**입니다. 이를 분개하면 다음과 같습니다.

핵심체크

수익의 이연(선수수익)
기수령한 금액 중 수익 인식할 때가 되지 않아 다음 연도로 미룬 수익 금액

(차) 보통예금	4,200,000	(대) 임 대 료(904, 영업외수익)	1,750,000
		선수수익((주)서울)	2,450,000

이렇게 **이미 돈을 수령한 수익 중 아직 수익으로 인식할 때가 되지 않아 수익 인식을 다음 연도로 미루는 걸 수익의 이연**이라고 부릅니다. 이미 돈을 수령했는데 아직 때가 되지 않았기 때문에 이를 미리 받은 수익, 선수수익으로 처리합니다.

즉, **유동부채인 선수수익이 바로 수익의 이연**입니다. → 기출문제의 정답은 ③입니다.

2 비용의 이연

비용으로 인식하기 위해서는 일정 요건을 갖추어야 합니다. 예를 들어 보험료를 비용으로 인식하기 위해서는 보험계약에 따라 보험의 혜택을 받는 기간이 경과해야 하는데 보통 화재보험이나 자동차 보험은 가입할 때 몇 개월 치 또는 1년 치 보험료를 미리 선납해야 합니다.

다음 기출문제를 통해 비용 이연의 구체적인 내용을 알아보겠습니다.

이론기출 확인문제 | **전산회계 2급**, 2016년, 69회 |

다음 거래를 회계처리한 후 보험료 계정의 (가)에 들어갈 금액으로 옳은 것은?

거 래	• 11/ 1: 영업부서의 3개월분(20X1년 11월 ~ 20X2년 1월) 보험료 60,000원을 현금으로 지급하다. • 12/31: 기말 결산에 보험료 선급분을 계상하다.
보험료 계정	보 험 료 11/1 ( ) ×××　　　　12/31 ( ) (가) 　　　　　　　　　　　　　12/31 손 익　×××

① 20,000원　　　　② 30,000원　　　　③ 40,000원　　　　④ 60,000원

1. 보험료의 기간별 구분

11월 1일에 지급한 보험료 60,000원은 3개월 치이기 때문에 이를 기간별로 구분해 보면 다음과 같습니다. (1개월 보험료: 60,000원 ÷ 3개월 = 20,000원)

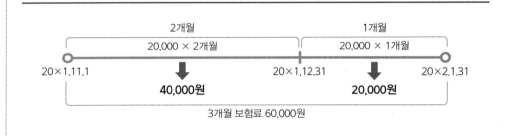

2. 비용의 이연: 선급비용

한 달 치 보험료가 20,000원이므로 20X1년의 보험료는 40,000원(2개월 치)이고 **나머지 20,000원(1개월 치)은 20X2년도의 보험료**입니다. 이를 분개하면 다음과 같습니다.

(차) 보 험 료(821, 판매관리비)　　40,000	(대) 현 금　　60,000
선급비용(자산)　　　　　　　20,000	

이렇게 **이미 돈을 지급한 비용 중 아직 비용으로 인식할 때가 되지 않아 비용 인식을 다음 연도로 미루는 걸 비용의 이연**이라고 부릅니다.

이미 돈을 지급했는데 아직 때가 되지 않았기 때문에 이를 미리 지급한 비용, 선급비용으로 처리합니다. 즉, 유동자산인 선급비용이 바로 비용의 이연입니다.

보험료는 비용항목이므로 T계정의 차변에는 11/1에는 지급한 보험료 60,000원을 적어야 하고, T계정 대변 12/31(가)에는 이연되는 20,000원을 적어야 합니다. 그러면 나머지 20,000원이 당해 연도 비용이 되는 것입니다. 따라서 기출문제의 정답은 ①입니다.

❸ 기타 참고할 사항: 미수수익, 미지급비용

수익의 이연은 이미 받은 수익 중 아직 때가 되지 않아 수익으로 인식하지 못하고 이를 다음 연도로 미루는 것이었습니다. 그리고 비용의 이연은 이미 지급한 비용 중 아직 비용으로 인식할 때가 되지 않아 비용 인식을 다음 연도로 미루는 것이었습니다.

그런데 수익 요건을 충족해 돈을 받았어야 하는데 수익을 받지 못하거나 비용을 지급할 때가 되었지만 지급하지 못한 경우도 있습니다. 다음 기출문제로 자세히 알아보겠습니다.

이론기출 확인문제	전산회계 2급, 2020년, 94회

수정 전 당기순이익 500,000원이 산출되었으나 다음과 같은 사항이 누락되었음을 확인하였다. 수정 후 당기순이익은 얼마인가?

• 이자 미수분: 60,000원	• 영업부서 임차료 미지급분: 80,000원

① 360,000원   ② 480,000원   ③ 500,000원   ④ 520,000원

1. 기발생한 수익 중 받지 못한 금액: 미수수익(자산)

기출문제를 보면 이자 미수분 60,000원이 있는데 이는 이자수익이 발생했지만 아직 이자를 받지 못한 것으로 다음과 같이 "미수수익"이라는 유동자산으로 회계처리 합니다. 즉, 미수수익은 이미 발생한 수익입니다.

(차) 미수수익(자산)	60,000	(대) 이자수익(901, 영업외수익)	60,000

2. 기발생한 비용 중 지급하지 못한 금액: 미지급비용(부채)

기출문제를 보면 **임차료(월세) 미지급분 80,000원**이 있는데 이는 월세를 지급해야 하는데 아직 월세를 지급하지 못한 것으로 다음과 같이 **"미지급비용"이라는 유동부채로 회계처리** 합니다. 즉, 미지급비용은 이미 발생한 비용입니다.

(차) 임차료(819, 판매관리비)	80,000	(대) 미지급비용(부채)	80,000

기출문제에서 수정 전 당기순이익이 500,000원인데 이자수익(영업외수익) 60,000원과 임차료(판매관리비) 80,000원이 누락되었으므로 수정 후 당기순이익은 480,000원으로 정답은 ②입니다.

> 수정 전 당기순이익 500,000 + 이자수익 누락 60,000(영업외수익) − 임차료 누락 80,000(판매관리비)
> → 수정 후 당기순이익 480,000원

이상 학습한 수익·비용의 이연 내용을 기출문제로 다시 한번 확인해 보겠습니다.

이론기출 확인문제 | 전산회계 2급, 2019년, 85회 |

다음 (가)와 (나)에 해당하는 계정과목을 〈보기〉에서 바르게 짝지은 것은?

	수익의 이연	(가)
손익의 이연		
	비용의 이연	(나)

〈보기〉
ㄱ. 미수수익   ㄴ. 미지급비용   ㄷ. 선급비용   ㄹ. 선수수익

	(가)	(나)			(가)	(나)
①	ㄱ	ㄴ		②	ㄴ	ㄱ
③	ㄷ	ㄹ		④	ㄹ	ㄷ

|정 답| ④
- 수익 이연: 받은 수익 중 아직 때가 되지 않아 수익으로 인식하지 못한 금액 → 선수수익
- 비용 이연: 지급한 비용 중 아직 때가 되지 않아 비용으로 인식하지 않은 금액 → 선급비용
- **미수수익**은 이미 발생한 수익 중 받지 못한 금액, **미지급비용**은 이미 발생한 비용 중 아직 지급하지 못한 금액으로 **이연과는 관계가 없음.**

01 난이도 ★★★
손익에 관한 결산정리 중 수익의 이연에 해당하는 계정과목은? [2017년, 75회]

① 선급보험료　　　② 미수이자　　　③ 미지급비용　　　④ 선수수익

02 난이도 ★★★ 필수
다음 중 손익의 이연을 처리하기 위해 사용하는 계정과목을 모두 고른 것은? [2024년, 114회]

| 가. 선급비용 | 나. 선수수익 | 다. 대손충당금 | 라. 잡손실 |

① 가, 나　　　② 가, 다　　　③ 나, 다　　　④ 다, 라

03 난이도 ★★★
다음 기말 결산정리사항 중 "수익과 비용의 발생"에 해당하는 것으로 짝지어진 것은? [2017년, 74회]

① 임대료 선수분 계상 및 임차료 선급분 계상　　　② 임대료 선수분 계상 및 임차료 미지급분 계상
③ 임대료 미수분 계상 및 임차료 선급분 계상　　　④ 임대료 미수분 계상 및 임차료 미지급분 계상

04 난이도 ★★★
선수수익으로 계상한 임대수익에 대하여 기말 결산을 수행하지 않았다. 이로 인한 영향으로 옳은 것은? [2019년, 84회]

① 비용의 과대계상　　　② 자산의 과소계상
③ 부채의 과소계상　　　④ 수익의 과소계상

05 난이도 ★★★ 필수
기간 경과 분 이자수익이 당기에 입금되지 않았다. 기말 결산 시 해당 내용을 회계처리 하지 않았을 때 당기 재무제표에 미치는 영향으로 가장 옳은 것은? [2024년, 116회]

① 자산의 과소계상　　　② 부채의 과대계상
③ 수익의 과대계상　　　④ 비용의 과소계상

V 계정과목별 회계처리 – 수익, 비용

06 난이도 ★★

결산 결과 당기순이익 500,000원이 발생하였으나, 기말 정리 사항이 다음과 같이 누락되었다. 수정 후의 당기순이익은 얼마인가?　　　　　　　　　　　　　　　　　　　　　　　　　　　　　　　[2018년, 80회]

> • 임대료 미수분 20,000원을 계상하지 않았다.
> • 단기차입금에 대한 이자미지급액 15,000원을 계상하지 않았다.

① 465,000원　　　　　　　　　　　　　② 495,000원
③ 505,000원　　　　　　　　　　　　　④ 535,000원

07 난이도 ★★★

다음 중 아래의 빈칸에 각각 들어갈 내용으로 적합한 것은?　　　　　　　　　　　　　[2021년, 99회]

> 선급비용이 (가)되어 있다면 당기순이익은 과대 계상된다.
> 미수수익이 (나)되어 있다면 당기순이익은 과대 계상된다.

　　　(가)　　　(나)　　　　　　　　　　　　　　(가)　　　(나)
① 과대계상　과소계상　　　　　　　② 과소계상　과소계상
③ 과소계상　과대계상　　　　　　　④ 과대계상　과대계상

08 난이도 ★★★

우진상사의 기말 재무상태표에 계상되어 있는 미지급된 보험료는 10,000원이며(기초 미지급된 보험료는 없음), 당기 발생되어 기말 손익계산서에 계상되어 있는 보험료가 40,000원일 때 당기에 지급한 보험료는 얼마인가?　　　　　　　　　　　　　　　　　　　　　　　　　　[2020년, 91회]

① 12,000원　　　　　　　　　　　　　② 20,000원
③ 30,000원　　　　　　　　　　　　　④ 40,000원

🎯 정답 및 해설

01 ④ 수익의 이연이란 '기수령한 금액 중 수익 인식할 때가 되지 않아 다음 연도로 미룬 수익 금액'임. 즉, 부채인 선수수익이 수익의 이연에 해당함.

02 ① • 수익의 이연: 수익을 지불받았으나 아직 인식 시기가 되지 않아 뒤로 미룸. → 선수수익
   • 비용의 이연: 비용을 지불하였으나 아직 인식 시기가 되지 않아 뒤로 미룸. → 선급비용

03 ④ "임대료 미수분"은 임대기간이 지나 임대료를 받을 요건을 충족했지만 아직 받지 못한 금액이며 "임차료 미지급분"은 임대기간이 지나 임차료를 지급했어야 했는데 지급하지 못한 금액임. 즉, "임대료 미수분", "임차료 미지급분"은 모두 이미 발생한 항목임.

04 ④ 임대수익을 계상하지 않고 모두 선수수익을 계상하면 선수수익(부채)이 과대계상 되고 수익이 과소계상 됨. ①비용, ②자산과는 무관함.

05 ① • 기간경과분 이자가 당기에 입금되지 않으면 다음 분개를 해야 함.

(차) 미수수익(자산) ×××　　　　(대) 이자수익(수익) ×××

   • 상기 거래 미인식 시 : 자산 과소 계상, 수익 과소계상

06 ③ • 임대료 미수분 누락액 20,000원을 수정하면 그만큼 이자수익 20,000원 증가, 누락한 미지급 이자 15,000원 수정하면 그만큼 이자비용 15,000원이 증가함.
   • 수정후 당기순이익: 수정전 당기순이익(500,000) + 임대료 미수분(20,000) − 이자 미지급액(15,000) = 505,000

07 ④ • 당기순이익이 과대 계상되기 위해서는 비용이 과소 계상되어야 하므로 선급비용이 과대 계상되어야 함.
   • 당기순이익이 과대 계상되기 위해서는 수익이 과대 계상되어야 하므로 미수수익이 과대 계상되어야 함.

08 ③ 당기 발생 보험료가 40,000원인데 그중 미지급된 보험료가 10,000원이면 지급된 보험료는 30,000원임.

결산정리 및 오류수정

오류수정

학습내용 · 계정과목 잘못 선택 · 자본적 지출 Vs 수익적 지출 · 유형자산 취득 부대비용 · 기업업무추진비 Vs 복리후생비 · 대표이사 개인적 지출

출제경향 실무문제로 매 시험마다 2문제 출제되고 있음. 따로 공부하는 것이 아니라 그동안 공부한 내용을 바탕으로 잘못 입력된 분개를 고칠 수만 있으면 충분함.

> 본 교재의 실습자료는 cafe.naver.com/eduacc의 「공지&DATA다운로드」에서 [공지]에 있는 [콕 콕정교수 전산회계 2급] 이론+실무+기출 실습데이터의 Data_Install_JH2.zip 파일을 다운받아 컴퓨터에 설치 후, [회사등록] 클릭, [F4 회사코드재생성] 클릭 후 큰손상사 선택

전산회계 2급 시험에서 틀린 분개를 맞게 고치는 오류수정 문제는 매년 두 문제가 꼭 출제되고 있는데, 오류수정 문제는 따로 공부한다기보다는 그동안 공부한 내용을 바탕으로 그 유형을 익히는 것이 좋습니다.

오류수정의 주요 출제 유형을 구분하면 다음과 같습니다.

[유형 1] 계정과목을 잘못 선택 또는 일부 계정과목 누락
[유형 2] 자본적 지출을 수익적 지출로 잘못 입력
[유형 3] 유형자산, 재고자산 취득 부대비용을 취득원가에 가산하지 않고 당기 비용으로 잘못 처리
[유형 4] 기업업무추진비를 복리후생비로 또는 복리후생비를 기업업무추진비로 잘못 입력
[유형 5] 대표자의 개인적 지출을 회사 거래로 잘못 입력
[유형 6] 보유중인 타인 발행 당좌수표를 건네면서 당좌예금에서 차감 처리

---

❶ 계정과목을 잘못 입력·일부 계정과목 누락

실무기출 확인문제 | 전산회계 2급, 2021년, 98회 |

9월 20일, 거래처 ㈜하나컴퓨터로부터 상품매출 계약금으로 당좌수표 5,000,000원을 받은 회계 처리는 실제로는 ㈜하나컴퓨터의 외상매출금 5,000,000원이 ㈜하나컴퓨터가 발행한 당좌수표로 회수되었던 것으로 확인된다.

[1단계] 해당 날짜 전표 조회

KcLep을 실행하여 9월 20일자 일반전표를 조회하면 다음과 같이 잘못 처리된 분개가 보입니다.

일	번호	구분	계정과목	거래처	적요	차변	대변
20	00003	차변	0101 현금			5,000,000	
20	00003	대변	0259 선수금	00208 (주)하나컴퓨터			5,000,000

[2단계] 오류 판단

수령한 당좌수표 5,000,000원을 계약금, 즉 선수금으로 처리하면 안 되고 이를 외상매출금 회수로 처리해야 하므로 선수금 ⇒ 외상매출금으로 계정과목 변경해야 합니다.

[3단계] 일반전표 수정

일	번호	구분	계정과목	거래처	적요	차변	대변
20	00003	차변	0101 현금	외상매출금		5,000,000	
20	00003	대변	0259 선수금	00208 (주)하나컴퓨터			5,000,000

↓

일	번호	구분	계정과목	거래처	적요	차변	대변
20	00003	차변	0101 현금			5,000,000	
20	00003	대변	0108 외상매출금	00208 (주)하나컴퓨터			5,000,000

② 자본적 지출을 수익적 지출로 잘못 입력

실무기출 확인문제 | 전산회계 2급, 2021년, 98회 |

11월 16일, 본사 건물 엘리베이터 설치대금 30,000,000원을 현금으로 지급하면서, 자본적 지출로 처리해야 할 것을 수익적 지출로 잘못 처리하였다.

|정답|

일	번호	구분	계정과목	거래처	적요	차변	대변
16	00001	차변	0820 수선비	건물		30,000,000	
16	00001	대변	0101 현금				30,000,000

↓

일	번호	구분	계정과목	거래처	적요	차변	대변
16	00001	차변	0202 건물			30,000,000	
16	00001	대변	0101 현금				30,000,000

(*) 엘리베이터 설치는 비용이 아니라 건물에 가산해야 하는 자본적 지출이므로 수선비(판매관리비) ⇒ 건물로 계정과목 변경

정교수 콕콕

VI 결산정리 및 오류수정

3 유형자산, 재고자산 취득 부대비용을 당기 비용으로 잘못 처리

| 실무기출 확인문제 | 전산회계 2급, 2019년, 86회 |

7월 28일, 업무용 차량을 구입하면서 현금으로 지불한 취득세 100,000원을 세금과공과로 회계 처리하였다.

|정답|

일	번호	구분	계 정 과 목	거 래 처	적 요	차 변	대 변
28	00003	차변	0817 세금과공과	→ 차량운반구		100,000	
28	00003	대변	0101 현금				100,000

일	번호	구분	계 정 과 목	거 래 처	적 요	차 변	대 변
28	00003	차변	0208 차량운반구			100,000	
28	00003	대변	0101 현금				100,000

(*) 유형자산 취득 부대비용(취득세, 등록비용 등)은 취득원가에 가산해야 하므로 세금과공과 ⇒ 차량운반구로 계정과목 변경

4 기업업무추진비를 복리후생비로 또는 복리후생비를 기업업무추진비로 잘못 입력

| 실무기출 확인문제 | 전산회계 2급, 2018년, 80회 |

12월 21일, 영업부 직원에게 경조사비로 지급한 200,000원이 기업업무추진비 계정으로 처리되어 있음을 확인하였다.

|정답|

일	번호	구분	계 정 과 목	거 래 처	적 요	차 변	대 변
21	00004	차변	0813 기업업무추진비	→ 복리후생비		200,000	
21	00004	대변	0102 당좌예금				200,000

일	번호	구분	계 정 과 목	거 래 처	적 요	차 변	대 변
21	00004	차변	0811 복리후생비			200,000	
21	00004	대변	0102 당좌예금				200,000

(*) 영업부 직원 경조사비는 복리후생비이므로 기업업무추진비(판매관리비) ⇒ 복리후생비(판매관리비)로 계정과목 변경

5 대표자의 개인적 지출을 회사 거래로 잘못 입력

| 실무기출 확인문제 | 전산회계 2급, 2021년, 96회 |

8월 25일, 대표자 개인소유의 차량에 대한 취득세 3,250,000원을 회사 보통예금에서 계좌이체 하였으나 세금과공과 및 당좌예금 계정과목으로 회계처리 하였다.

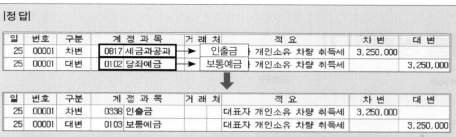

| 정 답 |

일	번호	구분	계 정 과 목	거 래 처	적 요	차 변	대 변
25	00001	차변	0817 세금과공과	→ 인출금	개인소유 차량 취득세	3,250,000	
25	00001	대변	0102 당좌예금	→ 보통예금	개인소유 차량 취득세		3,250,000

일	번호	구분	계 정 과 목	거 래 처	적 요	차 변	대 변
25	00001	차변	0338 인출금		대표자 개인소유 차량 취득세	3,250,000	
25	00001	대변	0103 보통예금		대표자 개인소유 차량 취득세		3,250,000

(*) 대표자의 개인적 지출은 회사 비용이 아니므로 인출금으로 처리해야 하므로 **세금과공과(판매관리비)** ⇒ **인출금**으로 계정과목 변경 또한 보통예금 계좌에서 이체 했으므로 당좌예금 → 보통예금으로 변경.

⑥ 보유중인 타인 발행 당좌수표를 건네면서 당좌예금에서 차감 처리

실무기출 확인문제 | **전산회계 2급**, 2022년, 100회 |

12월 1일, 단아상사에서 상품 1,650,000원을 구입하면서 대금은 소지하고 있던 달님전자 발행 당좌수표로 지급하였으나 당점의 당좌수표를 발행하여 지급한 것으로 잘못 회계 처리하였다.

| 정 답 |

일	번호	구분	계 정 과 목	거 래 처	적 요	차 변	대 변
1	00001	차변	0146 상품			1,650,000	
1	00001	대변	0102 당좌예금	→ 현금			1,650,000

일	번호	구분	계 정 과 목	거 래 처	적 요	차 변	대 변
1	00001	차변	0146 상품			1,650,000	
1	00001	대변	0101 현금				1,650,000

(*) 타인이 발행한 당좌수표는 즉시 사용이 가능하므로 현금 계정과목임. 즉, 보유하던 현금을 지급한 것이므로 **당좌예금 ⇒ 현금**으로 계정과목 변경

⑦ 기타 참고사항

실무기출 확인문제 | **전산회계 2급**, 2022년, 100회 |

12월 10일, 당사는 거래처인 강원기기에 상품 2,000,000원을 판매하기로 계약하였다.

| 정 답
단순한 상품의 판매계약은 회계상 거래가 아니므로 해당 분개를 삭제해야 함. 날짜 옆의 체크 박스를 선택한 후 삭제 버튼 클릭

	일	번호	구분	계 정 과 목	거 래 처	적 요	차 변	대 변
☑	10	00001	차변	0108 외상매출금	00106 강원기기		2,000,000	
☑	10	00001	대변	0401 상품매출				2,000,000

전표 삭제

VI 결산정리 및 오류수정

본 교재의 실습자료는 cafe.naver.com/eduacc의 「공지&DATA다운로드」에서 공지 에 있는 [콕콕정교수 전산회계 2급] 이론+실무+기출 실습데이터의 Data_Install_JH2.zip 파일을 다운받아 컴퓨터에 설치 후, 회사등록 클릭, F4 회사코드재생성 클릭 후 아래에 제시된 회사를 선택하여 문제를 푸시오.

일반전표에 입력된 내용 중 다음과 같은 오류가 발견되었다. 입력된 내용을 확인하여 정정하시오.

[1] 바른메디컬(회사코드:1184)를 선택하시오. (2025년 118회)

01 난이도 ★★ 필수
09월 05일, 차량운반구를 구입하면서 취득세 500,000원을 보통예금에서 계좌이체하고 세금과공과로 회계처리 하였다.

02 난이도 ★★ 필수
10월 13일. 경북상사에 현금 1,000,000원을 지급하고 전액 외상매입금을 지급한 것으로 처리하였으나, 금일 현재 경북상사에 대한 외상매입금 잔액(700,000원)을 초과한 금액은 선급금으로 확인되었다.

[2] 상록상사(회사코드: 0954)를 선택하시오. (2021년 95회)

01 난이도 ★★ 필수
9월 29일, 당사가 현금으로 지급한 운반비 100,000원은 상품매출에 따른 운반비가 아니라 상품매입에 따른 운반비로 판명되었다.

02 난이도 ★★
12월 5일, 통장에서 출금된 500,000원은 내용이 확인되지 않아 가지급금으로 처리하였으나, 성진상사에 대한 외상매입대금을 지급한 것으로 확인되었다.

[3] 양지물산(회사코드 : 0944)를 선택하시오. (2020년 94회)

01 난이도 ★★ [필수]

9월 2일, 서울시청에 현금으로 기부한 500,000원이 세금과공과(판)로 회계처리 되어 있음이 밝혀졌다.

☐

02 난이도 ★

☐ 11월 2일, 비품 400,000원을 외상으로 매입한 거래처는 은주상점이나 강원상점으로 잘못 입력되어 있음을 확인하다.

[4] 나리상사(회사코드 : 0934)를 선택하시오. (2023년 111회 변경)

01 난이도 ★★★ [필수]

☐ 11월 9일, 매입거래처 장미상사에 보통예금으로 이체하여 지급된 외상매입금 320,000원이 담당직원의 실수로 상품계정으로 입력되어 있음을 확인하였다.

02 난이도 ★★ [필수]

☐ 11월 12일, 신용카드로 결제한 저녁식사비(350,000원)는 거래처 직원들이 아닌 영업부 판매담당 직원들을 위한 지출이다.

전자서명전표

카드종류	비씨카드
회원번호	4906-0302-3245-9952
거래일자	2020/11/12 13:52:46
일시불	금액 350,000원
	봉사료 0원
	합계 350,000원
대표자	이학주
사업자등록번호	117-09-52793
가맹점명	평화정
가맹점주소	경기 구리시 경춘로 20

[5] 한솔상사(회사코드: 0914)를 선택하시오. (2024년 117회 변형)

01 난이도 ★★ 필수
8월 20일, 장전문구로부터 받은 600,000원은 외상매출금의 회수가 아니라, 상품매출 계약금을 자기앞수표로 받은 것이다.

02 난이도 ★★ 필수
11월 4일, 서울상사로부터 상품 3,000,000원을 매입하고, 선지급한 계약금을 제외한 잔금 2,700,000원을 보통예금 계좌에서 이체하였으나, 담당 직원은 선지급한 계약금 300,000원을 회계처리에서 누락하였다.

[6] 금정문구(회사코드: 0904)를 선택하시오. (2020년 90회)

01 난이도 ★★ 필수
8월 11일, 거래처 남산문구로부터 입금된 2,970,000원은 외상매출금 3,000,000원 전액이 입금된 것이 아니라, 약정기일보다 빠르게 외상매출금이 회수되어 외상매출금의 1%를 할인한 후의 금액을 보통예금 계좌로 입금받은 것이다.

02 난이도 ★★
11월 29일, 임차료 300,000원을 보통예금 계좌에서 지급한 것으로 회계처리 한 거래는, 실제로 보통예금 계좌로 임대료(904) 300,000원을 받은 것이다.

[7] 가나다상사(회사코드: 0874)를 선택하시오. (2025년 119회 변형)

01 난이도 ★★ 필수
11월 30일, 아현상사의 외상대금을 결제하기 위해 보통예금 계좌에서 이체한 금액 1,000,000원에는 송금수수료 12,000원이 포함되어 있다.

02 난이도 ★★ 필수
12월 10일, 직원 급여 지급 시 징수한 소득세 10,000원을 현금 납부하고 세금과공과금으로 처리하였다.

[8] 청도상사(회사코드: 0844)를 선택하시오. (2020년 84회)

난이도 ★★

01 11월 15일, 당사가 지급한 운반비 200,000원은 상품매입에 따른 운반비가 아니라 상품매출에 따른 운반비로 판명되다.

난이도 ★★ 필수

02 11월 30일, 다음과 같은 거래명세표를 수령하고 복리후생비로 회계 처리하였으며, 대금은 보통예금계좌에서 지급하였다. (단, 비용으로 처리할 것)

권	호	거래명세표 (보관용)					
20 19 년 11 월 30 일		공급자	등록번호	123-03-85375			
청도상사 귀하			상 호	좋은문구	성명	정좋은 ㉑	
			사업장 소재지	경기 의정부시 의정로 77(의정부동)			
아래와 같이 계산합니다.			업 태	도·소매업	종목	문구류	
합계금액		이십만 원정 (₩ 200,000)					
월일	품 목	규 격	수량	단 가	공 급 가 액	세 액	
11/30	A4 용지		10	20,000원	200,000원		
	계						
입 금	200,000원		**합 계**	200,000원			

정답 및 해설

[1] 바른메디컬(회사코드:1184)를 선택하시오.

01 차량운반구 취득 시 납부하는 취득세는 취득원가에 가산해야 함.

수정 전	(차) 세금과공과(판매관리비)	500,000	(대) 보통예금	500,000
수정 후	(차) 차량운반구	500,000	(대) 보통예금	500,000

02

수정 전	(차) 외상매입금(경북상사)	1,000,000	(대) 현 금	1,000,000
수정 후	(차) 외상매입금(경북상사)	700,000	(대) 현 금	1,000,000
	선급금(경북상사)	300,000		

[2] 상록상사(회사코드: 0954)를 선택하시오.

01   상품 매입에 따른 운송비는 상품 취득원가에 가산해야 함. 운반비 ⇒ 상품

수정 전	(차) 운반비(824, 판매관리비)	100,000	(대) 현 금	100,000
수정 후	(차) 상 품	100,000	(대) 현 금	100,000

02   가지급금을 외상매입금 회수로 수정. 가지급금 ⇒ 외상매입금

수정 전	(차) 가 지 급 금	500,000	(대) 보통예금	500,000
수정 후	(차) 외상매입금(성진상사)	500,000	(대) 보통예금	500,000

[3] 양지물산(회사코드: 0944)를 선택하시오.

01   세금과공과를 기부금으로 수정해야 함. 세금과공과 ⇒ 기부금

수정 전	(차) 세금과공과(817, 판매관리비)	500,000	(대) 현 금	500,000
수정 후	(차) 기 부 금(953, 영업외비용)	500,000	(대) 현 금	500,000

02   미지급금 거래처 수정. 강원상점 ⇒ 은주상점

수정 전	(차) 비 품	400,000	(대) 미지급금(강원상점)	400,000
수정 후	(차) 비 품	400,000	(대) 미지급금(은주상점)	400,000

[4] 나리상사(회사코드: 0934)를 선택하시오.

01   외상매입금 지급을 상품으로 처리했으므로 상품 ⇒ 외상매입금(장미상사) 수정

수정 전	(차) 상 품	320,000	(대) 보통예금	320,000
수정 후	(차) 외상매입금(장미상사)	320,000	(대) 보통예금	320,000

02   거래처 식사비용이 아니라 영업부 직원 식비이므로 복리후생비로 처리해야 함. 기업업무추진비 ⇒ 복리후생비

수정 전	(차) 기업업무추진비(813, 판매관리비)	350,000	(대) 미지급금(비씨카드)	350,000
수정 후	(차) 복리후생비(811, 판매관리비)	350,000	(대) 미지급금(비씨카드)	350,000

[5] 한솔상사(회사코드: 0914)를 선택하시오.

01   선수금 수령을 외상매출금 회수로 처리했으므로 외상매출금 ⇒ 선수금으로 수정

수정 전	(차) 현 금	600,000	(대) 외상매출금(장전문구)	600,000
수정 후	(차) 현 금	600,000	(대) 선 수 금(장전문구)	600,000

02 누락한 선급금 300,000원을 추가로 반영해야 함. 상품 2,700,000원 ⇒ 3,000,000원, 대변에 선급금 300,000원 추가

수정 전	(차) 상 품	2,700,000	(대) 보통예금	2,700,000
수정 후	(차) 상 품	3,000,000	(대) 보통예금 선 급 금(서울상사)	2,700,000 300,000

[6] 금정문구(회사코드: 0904)를 선택하시오.

01 누락한 매출할인 30,000원을 차변에 추가하고 외상매출금을 2,970,000원 ⇒ 3,000,000원 수정

수정 전	(차) 보통예금	2,970,000	(대) 외상매출금(남산문구)	2,970,000
수정 후	(차) 보통예금 매출할인(403, 상품매출)	2,970,000 30,000	(대) 외상매출금(남산문구)	3,000,000

02 분개를 다시 입력

수정 전	(차) 임 차 료(819, 판매관리비)	300,000	(대) 보통예금	300,000
수정 후	(차) 보통예금	300,000	(대) 임 대 료(904, 영업외수익)	300,000

[7] 가나다상사(회사코드: 0874)를 선택하시오.

01 송금수수료 12,000원 추가하고 그만큼 외상매입금을 줄여야 함.

수정 전	(차) 외상매입금(아현상사)	1,000,000	(대) 보통예금	1,000,000
수정 후	(차) 외상매입금(아현상사) 수수료비용(831, 판매관리비)	988,000 12,000	(대) 보통예금	1,000,000

02 원천징수한 예수금을 납부했으므로 세금과공과 ⇒ 예수금

수정 전	(차) 세금과공과(817, 판매관리비)	10,000	(대) 현 금	10,000
수정 후	(차) 예 수 금	10,000	(대) 현 금	10,000

[8] 청도상사(회사코드: 0844)를 선택하시오.

01 상품 취득원가에 가산한 운송비를 줄여야 함. 상품 ⇒ 운반비

수정 전	(차) 상 품	200,000	(대) 현 금	200,000
수정 후	(차) 운반비(824, 판매관리비)	200,000	(대) 현 금	200,000

02 거래명세표를 보면 복리후생비가 아니라 사무용품을 구입한 것임. 복리후생비 ⇒ 사무용품비

수정 전	(차) 복리후생비(811, 판매관리비)	200,000	(대) 보통예금	200,000
수정 후	(차) 사무용품비(829, 판매관리비)	200,000	(대) 보통예금	200,000

(*) 사무용품비 대신 소모품비 계정과목 사용해도 무방함.

기말 결산정리

학습내용
출제경향

· 매출원가 · 대손충당금 · 감가상각비 · 인출금 · 소모품 · 선급비용/미지급비용 · 선수수익/미수수익 · 외화환산손익

실무문제로 매 시험마다 4문제 출제되고 있음. 따로 공부하는 것이 아니라 그동안 공부한 내용 중 기말(12.31)에 수정·정리할 감가상각비 등을 입력하는 내용임. **어렵지 않은 내용이니 반드시 맞혀야 함.**

본 교재의 실습자료는 cafe.naver.com/eduacc의 「공지&DATA다운로드」에서 [공지]에 있는 [콕콕정교수 전산회계 2급] 이론+실무+기출 실습데이터의 Data_Install_JH2.zip 파일을 다운받아 컴퓨터에 설치 후, [회사등록] 클릭, [F4 회사코드재생성] 클릭 후 한솔상사 선택

1 기말결산의 개념

제품 판매 후 매출원가는 제품 판매 시마다 인식하는 것보다 필요할 때, 예를 들면 회계기간 말에 한꺼번에 인식하는 게 효율적입니다. 이렇게 **회계기간 종료시점인 12. 31에 제대로 된 금액을 계산하는 절차를 기말결산**이라고 부릅니다.

매출원가 인식, 감가상각 인식, 외화환산 인식, 선급·미지급 재계산 등이 대표적인 기말결산인데, 전산회계 2급 시험은 KcLep에 해당 결산내용을 결산일인 12.31 자로 입력하는 형태로 문제가 출제되고 있습니다.

2 KcLep 기말결산 방법: 자동분개, 수동분개

KcLep은 기말결산을 입력하는 데 다음 2가지 방법이 있는데, 자동분개와 수동분개에 대해 자세히 알아보겠습니다.

구 분	기말결산 항목
자동분개	매출원가, 감가상각비, 대손충당금
수동분개	인출금, 소모품, 선급비용/미지급비용, 선수수익/미수수익, 외화환산손익, 잡이익/잡손실 등

③ 기말결산 자동분개

정교수 콕콕

KcLep에 분개를 입력하지 않고 일정 숫자만 입력한 뒤 확인 버튼을 누르면 KcLep이 자동으로 분개를 만들어 주는데, 이를 자동분개라 부릅니다. 전산회계 2급 시험에 자주 출제되는 자동분개를 기출문제를 통해 하나씩 알아보겠습니다.

1. 매출원가 기말 결산

실무기출 확인문제	| 전산회계 **2급**, 2021년, 98회 |

결산일 현재 기말 상품재고액은 8,500,000원이다.(단, 전표입력에서 구분으로 '5.결산차변, 6.결산대변'을 사용하여 입력할 것)

1) 매출원가 계산방법

매출원가는 다음과 같이 계산된다고 이미 공부했는데, 전산회계 2급 기말 결산문제는 KcLep에서 기초재고액와 당기 매입액을 조회한 뒤 주어진 기말재고액을 이용해 매출원가를 계산할 수 있습니다.

매출원가	기초 재고액　+　당기 매입액　-　기말 재고액

2) 매출원가 수동분개

보유하고 있는 상품이 판매되면 그만큼 매출원가를 인식하고 판매된 상품을 없애야 하므로 이를 회계처리 하면 다음과 같습니다.

〈매출원가 인식 결산분개〉

12. 31	(차) 상품매출원가　　×××　　　　(대) 상 품　　×××

다만, 보유 중인 상품을 매출원가로 바꿔 주는 매출원가 인식 분개가 어렵기 때문에 KcLep은 기말재고자산만 입력하면 자동으로 분개가 작성되도록 설계되어 있습니다.

VI
결산정리 및 오류수정

3) KcLep 자동분개 입력

KcLep를 열어 한솔상사를 선택한 뒤 메인화면 맨 우측 위 [결산/재무제표] 메뉴 바로 밑의 [결산자료입력] 메뉴를 클릭하고 기간을 1월~12월로 입력하면 다음 화면이 나타납니다.

〈매출원가 자동분개 입력창〉

±	코드	과 목	결산분개금액	결산전금액	결산반영금액	결산후금액
		1. 매출액		505,230,000		505,230,000
	0401	상품매출		505,230,000		505,230,000
		2. 매출원가		174,548,600		174,548,600
	0451	상품매출원가				174,548,600
	0146	① 기초 상품 재고액		80,000,000		80,000,000
	0146	② 당기 상품 매입액		94,548,600		94,548,600
	0146	⑩ 기말 상품 재고액				

기 간 2020 년 01 월 ~ 2020 년 12 월

조회된 창을 보면 결산 전 금액의 ①기초 상품 재고액 80,000,000원, ②당기 상품 매입액 94,548,600원을 볼 수 있고, 문제에 "결산일 현재 기말 상품재고액은 8,500,000원"이라고 주어져 있으므로 당기 매출원가는 다음과 같습니다.

매출원가	기초 재고(80,000,000) + 당기 매입액(94,548,600) − 기말 재고액(8,500,000) = 166,048,600원

KcLep에 기초 재고액과 당기 매입액은 이미 입력되어 있으므로 **결산자료 입력창의 ⑩기말 상품재고액 우측**☐☐☐☐☐☐ **빈칸에 기말상품 금액을 입력하면 [매출원가 인식 결산분개]가 자동으로 작성됩니다. 단, 기말 상품금액을 입력한 뒤 화면 맨 위에 있는** `F3 전표추가` **메뉴를 반드시 클릭**해야 합니다.

결산입력 창의 기말 상품 재고액에 8,500,000원을 입력하고 `F3 전표추가` 를 클릭하면 다음과 같이 **상품 매출원가가 174,548,600원 ⇒ 166,048,600원으로 변경**되는 것을 볼 수 있습니다.

〈수정된 매출원가〉

±	코드	과 목	결산분개금액	결산전금액	결산반영금액	결산후금액
		2. 매출원가	166,048,600	174,548,600		166,048,600
	0451	상품매출원가	166,048,600			166,048,600
	0146	① 기초 상품 재고액		80,000,000		80,000,000
	0146	② 당기 상품 매입액		94,548,600		94,548,600
	0146	⑩ 기말 상품 재고액			8,500,000	8,500,000

기 간 2020 년 01 월 ~ 2020 년 12 월   자동 결산분개 완료

혹시라도 기말 상품을 잘못 입력 후 `F3 전표추가` 를 눌렀다면 올바른 금액을 입력하고 다시 `F3 전표추가` 를 누르면 매출원가가 자동으로 수정이 됩니다.

4) 매출원가 기말결산 수동분개 확인

위와 같이 자동으로 매출원가를 인식시키고 난 다음 12. 31 자 일반전표를 조회해 보면 다음과 같이 '결차, 결대'가 이용되어 결산분개가 자동으로 입력된 것을 확인할 수 있습니다.

기 간 2020 년 01 ∨ 월 ~ 2020 년 12 ∨ 월				
± 코드	과 목	결산분개금액	결산전금액	결산반영금액	결산후금액
	1. 매출액		505,230,000		505,230,000

수동분개로 매출원가를 인식하려면 계산기로 매출원가를 계산해야 하지만 자동분개를 이용하면 KcLep이 자동으로 매출원가를 계산해 주니 훨씬 간단합니다. 즉, 매출원가 기말 결산은 꼭 자동분개를 이용하기 바랍니다.

2. 대손충당금 기말 결산

실무기출 확인문제 | 전산회계 2급, 2021년, 99회 |

외상매출금과 받을어음의 기말잔액에 대하여 1%의 대손충당금을 보충법으로 설정하다.

1) 대손상각비 개념

대손상각비는 회계연도 말에 예상되는 대손금액을 대손충당금으로 설정해야 하는데 기존 대손충당금 잔액이 부족하다면 추가로 설정해야 하고, 기존 잔액이 너무 많다면 오히려 환입해야 합니다. 통상 전산회계 2급은 추가 설정문제만 출제되고 있습니다.

2) 대손상각비 자동분개 입력

KcLep 「결산자료입력창」 중 '4.판매비와관리비' 중 '5)대손상각' 우측 ☐☐☐☐ 빈칸에 대손상각비 보충액을 외상매출금, 받을어음 부분에 구분하여 입력한 뒤 F3 전표추가 메뉴를 클릭하면 [대손상각비 기말결산 분개]가 자동으로 만들어집니다.

3) 기존 대손충당금 조회

대손상각비를 입력하려면 먼저 12월 31일 현재 재무상태표에서 외상매출금, 받을어음과 각 대손충당금의 잔액이 얼마인지 조회해야 합니다. 한솔상사의 [결산및재무제표] 밑의 [재무상태표] 클릭 ⇒ 12월 입력하면 다음 자료가 나타납니다.

〈한솔상사 매출채권/대손충당금〉

과 목	제 6(당)기 2020년1월1일 ~ 2020년12월31일 금액		제 5(전)기 2019년1월1일 ~ 2019년12월31일 금액	
외상매출금	313,630,000		50,000,000	
대손충당금	500,000	313,130,000	500,000	49,500,000
받을어음	62,200,000		30,000,000	
대손충당금	300,000	61,900,000	300,000	29,700,000

4) 추가 입력할 대손상각비 계산

당기에 추가할 대손상각비를 계산하면 다음과 같습니다.

항 목	외상매출금	받을어음
매출채권 금액	313,630,000	62,200,000
대손충당금 필요액(1%)(①)	3,136,300	622,000
대손충당금 잔액(②)	500,000	300,000
추가 설정액(①-②)	2,636,300	322,000

5) 대손상각비 자동분개 입력

이제 KcLep「결산자료입력창」에 아래와 같이 대손상각비 금액만 입력하면 기말 결산분개가 자동으로 만들어집니다. 단, 주의할 점은 2,636,300원은 외상매출금 대손상각비 부분에, 322,000원은 받을어음 부분에 입력해야 하고, 마지막엔 **반드시 화면 맨 위** `F3 전표추가` 메뉴를 클릭해야 합니다.

기 간 2020 년 01 ∨ 월 ~ 2020 년 12 ∨ 월	자동 결산분개 완료				
±	코드	과 목	결산분개금액	결산전금액	결산반영금액	결산후금액
	0835	5). 대손상각	2,958,300		2,958,300	2,958,300
	0108	외상매출금			2,636,300	2,636,300
	0110	받을어음			322,000	322,000

[참고 1] 대손상각비 약식 자동입력

아래 [결산자료 입력창] 상단의 약식 메뉴를 이용하면 훨씬 편리하게 대손상각비 기말결산을 할 수 있습니다. F8 대손상각 클릭 ⇒ 대손율 1% 입력 ⇒ [결산반영] 클릭

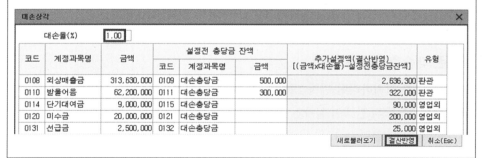

[참고 2] 대손충당금 환입

> 가끔씩은 기존 대손충당금이 너무 많아 오히려 환급해야 하는 경우도 있는데, 이럴 경우 KcLep은 「결산자료입력창」에 (−)를 입력하도록 설계되어 있지 않기 때문에 일반전표 입력창에 다음과 같이 대손충당금을 환입하는 결산분개를 입력해야 합니다.

> (차) 대손충당금 ×××   (대) 대손충당금환입(영업외수익) ×××

3. 감가상각비 기말 결산

실무기출 확인문제	전산회계 2급, 2022년, 100회

당기분 영업부 비품에 대한 감가상각비는 560,000원이며, 영업용차량의 감가상각비는 310,000원이다.

1) 감가상각비 개념

감가상각이란 수익과 비용의 적절한 대응을 위해서 유형자산의 취득원가를 일정 기간 합리적이고 체계적인 방법으로 배분하여 비용을 인식하는 과정으로 감가상각비가 발생하면 감가상각누계액을 설정하여 해당 유형자산에서 차감하여 표시됩니다.

2) 감가상각비 자동분개 입력

KcLep「결산자료입력창」중 '4.판매비와관리비' 중 '4)감가상각비' 우측 [   ] 빈칸에 건물, 차량운반구, 비품 등 유형자산 종류를 구분하여 입력한 뒤 F3 전표추가 메뉴를 클릭하면 [감가상각비 기말결산 분개]가 자동으로 만들어집니다.

3) 감가상각비 자동분개 입력

이제 KcLep「결산자료입력창」에 아래와 같이 차량운반구 감가상각비 310,000원, 비품 감가상각비 560,000원을 입력한 뒤 화면 맨 위 F3 전표추가 메뉴를 클릭하면 자동으로 기말 결산분개가 완성됩니다.

기 간 2020 년 01 월 ~ 2020 년 12 월	자동 결산분개 완료				
±	코드	과 목	결산분개금액	결산전금액	결산반영금액	결산후금액
	0818	4). 감가상각비		300,000	870,000	1,170,000
	0202	건물				
	0208	차량운반구			310,000	310,000
	0212	비품			560,000	560,000

④ 기말결산 수동분개

지금까지는 KcLep 결산입력 창에 숫자를 입력하고 F3 전표추가 를 클릭하면 자동으로 결산분개가 이루어졌습니다. 그러나 **아래 결산 항목들은 자동분개 입력이 안 되므로 결산일인 12.31자 일반전표로 입력해야 합니다.** 전산회계 2급 시험에 자주 출제되는 수동분개를 기출문제를 통해 하나씩 알아보겠습니다.

1. 인출금 정리

실무기출 확인문제	| **전산회계 2급**, 2022년, 100회 |

결산일 현재 인출금 계정을 자본금으로 대체하시오.

1) 인출금 개념

인출금이란 개인기업 사업주가 회사에서 돈을 빼 쓸 때 사용하는 임시계정으로 **회계기간 중에 사업주가 돈을 뺄 때마다 일단 인출금에 쌓아두었다가 기말 결산 시 자본금을 줄여줘야 합니다.** 시험문제에서 인출금 잔액이 주어지기도 하는데, 상기 기출문제와 같이 재무상태표에서 조회해야 하는 경우도 있습니다.

2) 인출금 조회

한솔상사의 12월 말 재무상태표를 조회하면 다음과 같이 **자본금 밑에 인출금이 (−)로 표시**된 것을 볼 수 있습니다.

〈한솔상사 인출금〉

과　　목	제 6(당)기 2020년1월1일 ~ 2020년12월31일 금액	제 5(전)기 2019년1월1일 ~ 2019년12월31일 금액
Ⅰ.자본금	631,940,080	234,200,000
자본금	632,598,080	234,200,000
인출금	-658,000	

3) 인출금 기말결산 수동분개 입력

12. 31	(차) 자본금	658,000	(대) 인출금	658,000

일	번호	구분	계 정 과 목	거 래 처	적 요	차 변	대 변
31	00001	차변	0331 자본금			658,000	
31	00001	대변	0338 인출금				658,000

(*) 일반전표 입력 클릭 → 12. 31 입력 → 차변에 자본금 선택, 658,000원 입력 → 대변에 인출금 선택, 658,000원 입력. **인출금에 쌓여 있는 금액만큼 자본금을 줄여 줘야 함.**

2. 소모품 정산

실무기출 확인문제		전산회계 2급, 2022년, 100회	

결산일 현재 본사 영업부에서 사용하지 않고 남은 소모품이 300,000원이 있다.(구입 시 전액 비용으로 처리하였다.)

1) 소모품 미사용액

소모품을 구입 시 전액 비용처리 했지만 기말 현재 남은 소모품이 300,000원이라면 그만큼 비용을 줄이고 이를 자산으로 인식해야 합니다. 즉, 소모품비(비용) 300,000원 ⬇, 소모품(자산) 300,000원 ⬆

2) 소모품(자산) 인식

12. 31	(차) 소모품(122, 자산)	300,000	(대) 소모품비(판매관리비)	300,000

일	번호	구분	계 정 과 목	거 래 처	적 요	차 변	대 변
31	00003	차변	0122 소모품			300,000	
31	00003	대변	0830 소모품비				300,000

(*) 일반전표 입력 클릭 → 12. 31 입력 → 차변에 소모품(자산), 300,000원 입력 → 대변에 소모품비(판매관리비), 300,000원 입력

3. 선급비용 정산

실무기출 확인문제		전산회계 2급, 2021년, 96회	

당해 연도 7월 1일에 1년 치 영업부 보증보험료(보험기간: 당해 연도 7.1 ~ 다음 연도 6.30) 1,200,000원을 보통예금계좌에서 이체하면서 전액 비용계정인 보험료로 처리하였다. 기말수정분개를 하시오.(단, 월할 계산할 것)

1) 미경과 보험료 계산

7.1에 1년 치 보험료 1,200,000원을 지급하면서 이를 전액 비용처리 했으므로 12.31에는 아래 미경과 보험료 6개월 치 만큼 비용을 줄이고 자산으로 처리해야 합니다. KcLep은 미경과 보험료, 즉 선급보험료를 '선급비용' 계정과목으로 사용합니다.

미경과 보험료	100,000원(1개월 치) × 6개월 = 600,000원

(*) 1개월 치: 1,200,000 ÷ 12개월 = 100,000원

2) 선급비용(자산) 인식

12. 31	(차) 선급비용(133, 자산) 600,000	(대) 보험료(821, 판매관리비) 600,000

일	번호	구분	계 정 과 목	거 래 처	적 요	차 변	대 변
31	00003	차변	0133 선급비용			600,000	
31	00003	대변	0821 보험료				600,000

(*) 일반전표 입력 클릭 → 12. 31 입력 → 차변에 선급비용(자산), 600,000원 입력 → 대변에 보험료(판매관리비), 600,000원 입력

4. 선수수익 정산

실무기출 확인문제	전산회계 2급, 2022년, 100회

당해 연도 7월 1일에 1년 치 주차장 임대료 4,800,000원을 일시에 수령하여 전액 선수수익으로 처리하였다.(단, 월할 계산하고, 음수로 입력하지 말 것)

1) 임대료 경과분 계산

7.1에 1년 치 월세 4,800,000원을 수령하면서 이를 전액 부채(선수수익) 처리했으므로 12.31에는 아래 경과한 월세 6개월 치만큼 부채를 줄이고 수익으로 인식해야 합니다. KcLep은 경과한 월세를 '임대료(영업외수익)' 계정과목으로 사용합니다.

경과한 월세	400,000원(1개월 치) × 6개월 = 2,400,000원

(*) 1개월 치: 4,800,000 ÷ 12개월 = 400,000원

2) 임대료(수익) 인식

12. 31	(차) 선수수익(263, 부채) 2,400,000	(대) 임대료(904, 영업외수익) 2,400,000

일	번호	구분	계 정 과 목	거 래 처	적 요	차 변	대 변
31	00003	차변	0263 선수수익			2,400,000	
31	00003	대변	0904 임대료				2,400,000

(*) 일반전표 입력 클릭 → 12. 31 입력 → 차변에 선수수익(부채), 2,400,000원 입력 → 대변에 임대료(영업외수익), 2,400,000원 입력

5. 미지급비용 인식

| 실무기출 확인문제 | **전산회계 2급**, 2021년, 99회 |

결산일 현재 반송은행의 단기차입금에 대한 이자비용 미지급액 중 당기 귀속분은 400,000원이다.

|정 답|

| 12. 31 | (차) 이자비용(951, 영업외비용) | 400,000 | (대) 미지급비용(262, 부채) | 400,000 |

일	번호	구분	계 정 과 목	거 래 처	적 요	차 변	대 변
31	00001	차변	0951 이자비용			400,000	
31	00001	대변	0262 미지급비용				400,000

(*) 일반전표 입력 클릭 → 12. 31 입력 → 차변에 이자비용(영업외비용), 400,000원 입력 → 대변에 미지급비용 (부채), 400,000원 입력

6. 미수수익 인식

| 실무기출 확인문제 | **전산회계 2급**, 2021년, 99회 |

결산일 현재 농협은행의 3년 만기 정기예금에 대한 이자수익 미수금액 중 당기 귀속분은 15,000 원이다.

|정 답|

| 12. 31 | (차) 미수수익(116, 자산) | 15,000 | (대) 이자수익(901, 영업외수익) | 15,000 |

일	번호	구분	계 정 과 목	거 래 처	적 요	차 변	대 변
31	00001	차변	0116 미수수익			15,000	
31	00001	대변	0901 이자수익				15,000

(*) 일반전표 입력 클릭 → 12. 31 입력 → 차변에 미수수익(자산), 15,000원 입력 → 대변에 이자수익(영업외수 익), 15,000원 입력

7. 외화환산손익 인식

| 실무기출 확인문제 | **전산회계 2급**, 2022년, 100회 |

기중에 미국 ABCtech Corp.에 판매한 외상매출금 11,500,000원(미화 $10,000)의 결산일 현재 적용환율이 미화 1$당 1,200원이다. 기업회계기준에 따라 외화환산손익을 인식한다.

1) 외화환산 개념

외화환산손익이란 외화로 자산, 부채를 보유할 경우 환율변동에 따른 손익을 말합니다. 예를 들어 외상으로 수출했는데 환율이 수출일 1$당 1,150원 ⇒ 기말 1,200원으로 상승하면 환율상승으로 받아 낼 외상매출금이 늘어나는데, 이를 「외화환산이익」으로 처리해야 합니다. 반대로 환율이 떨어져 받아 낼 외상매출금이 줄어들면, 이를 「외화환산손실」로 처리합니다.

2) 외화환산이익 계산: 환율상승 1,150원/1$ → 1,200원/1$

외상매출금 $10,000 × (1,200원 − 1,150원) = 500,000원

(*) 매출 시 환율: 11,500,000원 ÷ $ 10,000 = 1,150원/1$

3) 외화환산손익 인식

12. 31	(차) 외상매출금(미국 ABCtech Corp) 500,000	(대) 외화환산이익(910, 영업외수익) 500,000

일	번호	구분	계 정 과 목	거 래 처	적 요	차 변	대 변
31	00001	차변	0108 외상매출금	00222 미국 ABCtech Corp.		500,000	
31	00001	대변	0910 외화환산이익				500,000

(*) 일반전표 입력 클릭 → 12. 31 입력 → 차변에 외상매출금, 거래처 미국 ABCtech Corp 선택, 500,000원 입력 → 대변에 외화환산이익(영업외수익), 500,000원 입력

8. 잡이익 · 잡손실 인식

실무기출 확인문제	전산회계 2급, 2021년, 98회

결산일에 현금의 실제가액이 장부가액보다 50,000원 많음을 발견하였다. 그 원인은 알 수 없다.

|정답

12. 31	(차) 현 금 50,000	(대) 잡이익(930, 영업외수익) 50,000

일	번호	구분	계 정 과 목	거 래 처	적 요	차 변	대 변
31	00003	차변	0101 현금			50,000	
31	00003	대변	0930 잡이익				50,000

(*) 일반전표 입력 클릭 → 12. 31 입력 → 차변에 현금, 50,000원 입력 → 대변에 잡이익(영업외수익), 50,000원 입력(원인을 알 수 없는 현금 잉여액은 영업외수익의 잡이익 처리)

기말 결산정리

실무기출 공략하기

본 교재의 실습자료는 cafe.naver.com/eduacc의 「공지&DATA다운로드」에서 [공지]에 있는 [콕콕정교수 전산회계 2급] 이론+실무+기출 실습데이터의 Data_Install_JH2.zip 파일을 다운받아 컴퓨터에 설치 후, [회사등록] 클릭, [F4 회사코드재생성] 클릭 후 「장산문구」 선택

장산문구(회사코드: 0984)에 다음 결산정리사항을 입력하여 결산을 완료하시오.

01 난이도 ★★ [필수]
당기 본사 영업부서의 감가상각비는 건물 930,000원, 차량운반구 2,500,000원이다. [2024년, 115회]

02 난이도 ★★
영업부에서 사용하기 위하여 전년도 5월 초에 취득한 비품의 당기분 감가상각비를 계상하다. (취득원가 8,000,000원, 잔존가액 2,000,000원, 내용연수 5년, 정액법) [2024년, 117회 변형]

03 난이도 ★★ [필수]
당기 기말 상품 재고액은 2,780,000원이다. [2024년, 116회]

04 난이도 ★★ [필수]
기말 매출채권(외상매출금, 받을어음)잔액에 대하여 1%의 대손충당금을 보충법으로 설정하다. [2025년, 119회]

05 난이도 ★★
단기대여금 잔액에 대하여 1%의 대손충당금을 보충법으로 설정하시오. [2021년, 97회]

06 난이도 ★★ [필수]
결산일 현재 인출금 계정을 자본금으로 대체하시오. [2022년, 100회]

07 난이도 ★★ 필수
하나은행의 장기차입금에 대한 12월분 이자 120,000원은 차기 1월 2일에 지급할 예정이다.(거래처입력은 생략한다.)
[2024년, 116회 변형]

08 난이도 ★★ 필수
결산일 현재 보통예금에 대한 기간 경과분 발생이자는 15,000원이다.
[2025년, 119회]

09 난이도 ★★
12월분 영업부 직원의 급여 2,500,000원이 미지급되었다.
[2024년, 117회 변형]

10 난이도 ★★★
3월 2일에 12개월분 마케팅부서 사무실 임차료(임차기간: 당해 연도 3.2. ~ 다음 연도 3.1.) 24,000,000원을 보통예금 계좌에서 이체하면서 전액 자산계정인 선급비용으로 처리하였다. 기말수정분개를 하시오.(단, 월할 계산할 것)
[2024년, 118회 변형]

11 난이도 ★★
당기분 무형자산에 대한 감가상각비는 실용신안권 500,000원, 소프트웨어 700,000원이다.
[2021년, 95회]

12 난이도 ★★
당기에 현금으로 지급한 광고선전비 중 5,500,000원은 차기 광고제작을 위하여 선지급한 것이다.
[2020년, 94회]

13 난이도 ★★
결산일 현재 단기대여금에 대한 이자수익 중 기간 미경과분이 300,000원이다.
[2020년, 93회]

14 난이도 ★★ 필수
판매부문의 소모품 구입 시 비용으로 처리한 금액 중 기말 현재 미사용한 금액은 150,000원이다.
[2024년, 118회]

15 난이도 ★★★ 필수

당해 연도 4월 1일에 본사영업부 운영차량에 대해 아래와 같이 보험에 가입하고 전액 당기비용으로 처리하였다. 기말수정분개를 하시오.(단, 월할 계산하고, 음수로 입력하지 말 것)   [2025년, 119회 변형]

- 보험회사: ㈜만세보험
- 보험료 납입액: 1,200,000원
- 보험적용기간: 당해 연도 4월 1일 ~ 다음 연도 3월 31일

16 난이도 ★★

결산일 현재 장부에 계상되지 않은 당기분 임대료(영업외수익)는 500,000원이다.   [2020년, 92회]

17 난이도 ★★★

7월 1일 우리은행으로부터 10,000,000원을 연이자율 6%로 12개월간 차입(차입기간: 당해 연도 7.1 ~ 다음 연도 6.30)하고, 이자는 12개월 후 차입금 상환 시 일시에 지급하기로 하였다. 월할 계산하여 결산분개 하시오. [2020년, 88회]

18 난이도 ★★★ 필수

기말 외상매출금 중에는 미국 텔레(주)의 외상매출금 12,500,000원(미화 $10,000)이 포함되어 있으며, 결산일 환율에 의해 평가하고 있다. 결산일 현재의 적용환율은 미화 1$당 1,100원이다.   [2024년, 113회 변형]

19 난이도 ★★ 필수

기말합계잔액시산표의 가지급금 잔액 중 500,000원은 거래처 영진상사에 대한 외상매입금 상환액으로 확인되었으며 나머지 금액은 영업부의 출장경비로 판명되었다.   [2020년, 88회]

20 난이도 ★★

기말 합계잔액시산표의 가수금 잔액은 거래처 동진상사에 대한 외상대금 회수액으로 판명되다.   [2023년, 110회 변형]

21 난이도 ★★ 필수

결산일 현재 장부상 현금 잔액이 현금 실제액보다 30,000원 적은 것으로 확인되었으나, 그 원인은 밝혀지지 않았다.   [2025년, 119회 변형]

VI 결산정리 및 오류수정

● 1~2번. [결산자료입력] 창을 1월~12월로 조회 후 판매관리비의 감가상각비 입력 칸에 건물, 차량운반구, 비품 감가상각비를 입력 후 F3 전표추가 클릭

- 건물 감가상각비 930,000원
- 차량 감가상각비 2,500,000원
- 비품 감가상각비 1,200,000원 [(8,000,000 - 2,000,000) ÷ 5년 = 1,200,000]

기 간 2021 년 01 월 ~ 2021 년 12 월	자동 결산분개 완료				
±	코드	과 목	결산분개금액	결산전금액	결산반영금액	결산후금액
	0818	4). 감가상각비			4,630,000	4,630,000
	0202	건물			930,000	930,000
	0208	차량운반구			2,500,000	2,500,000
	0212	비품			1,200,000	1,200,000

단, 아래 12. 31자 일반전표로 입력해도 상관없음.

01 수동 기말결산분개

12. 31	(차) 감가상각비(판매관리비)	3,430,0000	(대) 감가상각누계액(건물)	930,000
			감가상각누계액(차량운반구)	2,500,000

02 수동 기말결산분개

12. 31	(차) 감가상각비(판매관리비)	1,200,0000	(대) 감가상각누계액(비품)	1,200,000

03 [결산자료입력] 창을 1월~12월로 조회 후 기말 상품재고액 칸에 2,780,000원 입력 후 F3 전표추가 클릭하면 매출원가가 122,883,400원으로 변경됨.

기 간 2021 년 01 월 ~ 2021 년 12 월	자동 결산분개 완료				
±	코드	과 목	결산분개금액	결산전금액	결산반영금액	결산후금액
	0451	상품매출원가	122,883,400			122,883,400
	0146	① 기초 상품 재고액		16,000,000		16,000,000
	0146	② 당기 상품 매입액		109,663,400		109,663,400
	0146	⑩ 기말 상품 재고액			2,780,000	2,780,000

단, 아래 12. 31자 일반전표로 입력해도 상관없음.

12. 31	(결차) 상품매출원가	122,883,400	(결대) 상 품	122,883,400

04 [결산자료입력] 창을 1월~12월로 조회 후 판매관리비의 외상매출금 대손상각비 칸에 548,500원, 받을어음 대손상각비 칸에 259,000원을 입력 후 F3 전표추가 클릭

기 간	2021 년 01 월 ~ 2021 년 12 월	자동 결산분개 완료			

±	코드	과 목	결산분개금액	결산전금액	결산반영금액	결산후금액
	0835	5). 대손상각	807,500		807,500	807,500
	0108	외상매출금			548,500	548,500
	0110	받을어음			259,000	259,000

항 목	외상매출금	받을어음
매출채권 금액	84,850,000	33,900,000
대손충당금 필요액(1%)(①)	848,500	339,000
대손충당금 잔액(②)	300,000	80,000
추가 설정액(①-②)	548,500	259,000

(*) 외상매출금, 받을어음 채권 잔액, 대손충당금 잔액은 장산문구 12월 말 재무상태표에서 조회

[대손상각비 간편 입력법]
결산입력창의 [F8 대손상각] 클릭 후 대손율 1% 입력 후 [결산반영] 클릭

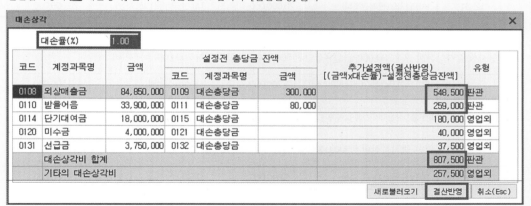

단, 아래 12. 31자 일반전표로 입력해도 상관없음.

12. 31	(차) 대손상각비(판매관리비)	807,500	(대) 대손충당금(외상매출금)	548,500
			대손충당금(받을어음)	259,000

05 [결산자료입력] 창을 1월~12월로 조회 후 7.영업외비용의 2)기타의대손상각비 칸에 180,000원을 입력 후 F3 전표추가 클릭.
(단기대여금 18,000,000 × 1% = 180,000원, 단기대여금은 장산문구 12월 말 재무상태표 조회)

코드	과 목	결산분개금액	결산전금액	결산반영금액	결산후금액
0954	2). 기타의대손상각			180,000	180,000
0114	단기대여금			180,000	180,000

단, 아래 12. 31자 일반전표로 입력해도 상관없음.

12. 31	(차) 기타의대손상각비(영업외비용)	180,000	(대) 대손충당금(단기대여금)	180,000

06 장산문구 12월 말 재무상태표 조회하면 인출금이 1,000,000원이며 이를 자본금으로 대체

12. 31	(차) 자본금	1,000,000	(대) 인출금	1,000,000

07 지급하지 못한 이자 120,000원을 미지급비용(부채)으로 인식

12. 31	(차) 이자비용(영업외비용)	120,000	(대) 미지급비용(262, 부채)	120,000

08 수령하지 못한 이자 15,000원을 미수수익(자산)으로 인식

12. 31	(차) 미수수익(116, 자산)	15,000	(대) 이자수익(영업외수익)	15,000

09 급여 미지급액을 미지급비용(부채)로 인식

12. 31	(차) 급 여(판매관리비)	2,500,000	(대) 미지급비용(262, 부채)	2,500,000

10 임차료 지급 시 전액 자산(선급비용)처리 했으므로 당해 연도 기간 경과분, 10개월 치(3월~12월)을 비용(임차료) 처리해야 함.

12. 31	(차) 임차료(판매관리비)	20,000,000	(대) 선급비용(133, 자산)	20,000,000

(*) 기간 경과분: [24,000,000 ÷ 12개월] × 10개월 = 20,000,000

11 무형자산 감가상각비 총 1,200,000원(실용실안권 500,000 + 소프트웨어 700,000) 비용처리

12. 31	(차) 무형자산상각비(판매관리비)	1,200,000	(대) 실용실안권	500,000
			소프트웨어	700,000

(*) [결산자료입력] 창의 무형자산상각비 칸에 입력 후 F3 전표추가 클릭해도 상관없음.

12 기간이 경과하지 않은 광고선전비 5,500,000원을 선급비용(자산) 대체

12. 31	(차) 선급비용(133, 자산)	5,500,000	(대) 광고선전비(판매관리비)	5,500,000

13 기간 미경과 이자수익 300,000원을 선수수익(부채)로 대체

12. 31	(차) 이자수익(영업외수익)	300,000	(대) 선수수익(263, 부채)	300,000

14 소모품 구입 시 전액 비용 처리한 금액 중 미사용한 150,000원을 소모품(자산)으로 대체

12. 31	(차) 소모품(173, 자산)	150,000	(대) 소모품비(판매관리비)	150,000

15 보험료 지급 시 전액 비용처리 했으므로 미경과 보험료 3개월 치(다음 연도 1~3월)를 선급비용으로 대체

12. 31	(차) 선급비용(133, 자산)	300,000	(대) 보험료(판매관리비)	300,000

(*) 미경과 보험료: [1,200,000원 ÷ 12개월] × 3개월 = 300,000원

16 받지 못한 임대료를 미수수익(자산)으로 처리

12. 31	(차) 미수수익(166, 자산)	500,000	(대) 임대료(영업외수익)	500,000

17 6개월(7.1~12.31) 치 미지급한 이자를 미지급비용(부채) 처리하고 그만큼 이자비용(영업외비용) 처리

12. 31	(차) 이자비용(951, 영업외비용)	300,000	(대) 미지급비용(262, 부채)	300,000

(*) 6개월 치 이자: 10,000,000원 × 6% × (6개월/12개월) = 300,000원

18 미국 텔레(주)에 외상 매출 시 환율 1$당 1,250원 ⇒ 1,100원으로 하락. 외화환산손실 발생(외상 매출 시 환율: 12,500,000원 ÷ $10,000 = 1,250원)

12. 31	(차) 외화환산손실(영업외비용)	1,500,000	(대) 외상매출금(텔레(주))	1,500,000

(*) 외화환산손실: $10,000 × (1,250 − 1,100) = 1,500,000원

19 가지급금 700,000원 중 500,000원은 외상매입금에서 줄여주고 나머지는 여비교통비 처리

12. 31	(차) 외상매입금(영진상사)	500,000	(대) 가지급금	700,000
	여비교통비(판매관리비)	200,000		

(*) 장산문구 12월 재무상태표 또는 합계잔액시산표를 조회하면 가지급금이 700,000원임.

20 가수금 550,000원과 외상매출금을 상계처리

12. 31	(차) 가수금	550,000	(대) 외상매출금(동진상사)	550,000

(*) 장산문구 12월 재무상태표 또는 합계잔액시산표를 조회하면 가수금이 550,000원임.

21 실제보다 부족한 현금액을 잡손실 처리

12. 31	(차) 잡손실(영업외손실)	30,000	(대) 현 금	30,000

학습내용 ・거래처별 초기 이월금액 수정 ・전기 재무상태표 수정 ・전기 손익계산서 수정

출제경향 전기분 재무제표 수정은 다음 내용으로 매년 2문제, 총 9점이 출제되는데 그 내용이 어렵지 않으니 꼭 맞혀야 함.
・거래처별 초기이월 수정: 거래처의 잘못 입력된 잔액을 수정
・전기 재무상태표/손익계산서 수정: 전기 재무상태표 또는 전기 손익계산서에 잘못 입력된 금액을 수정

 정교수 콕콕

본 교재의 실습자료는 cafe.naver.com/eduacc의 「공지&DATA다운로드」에서 공지 에 있는 [콕콕정교수 전산회계 2급] 이론+실무+기출 실습데이터의 Data_Install_JH2.zip 파일을 다운받아 컴퓨터에 설치 후, 회사등록 클릭, F4 회사코드재생성 클릭 후 장산문구, 대한상사 및 나리상사 차례로 선택

전기분 재무제표 수정이란 작년도에서 넘어온 기초재무제표 중 잘못된 부분을 수정하는 것을 말하는데, KcLep 프로그램은 메인화면 왼쪽 [전기분재무제표] 메뉴를 이용해 전년도의 잘못된 부분을 수정할 수 있습니다. 다음은 KcLep의 [전기분재무제표] 메뉴입니다.

전기분재무제표
전기분재무상태표
전기분손익계산서
거래처별초기이월
마감후이월

전산회계 2급 시험에서는 유형 1(거래처별 초기이월 수정), 유형 2(전기분 재무상태표 수정), 유형 3(전기분 손익계산서 기본 수정), 유형 4(전기분 손익계산서 매출원가 수정), 이렇게 4가지 유형이 출제됩니다.

유형 1~3은 아주 쉬우니 꼭 맞혀야 하고 유형 4는 살짝 난도가 있기는 하지만 **매출원가의 기본내용만 알면 충분히 풀 수 있습니다.** 각각의 내용을 기출문제를 통해 알아보겠습니다.

1 유형 1: 거래처별 초기 이월금액 수정

실무기출 확인문제	장산문구		전산회계 2급, 2021년, 98회	

장산문구의 거래처별 초기이월 채권과 채무잔액은 다음과 같다. 자료에 맞게 추가입력이나 정정 및 삭제하시오.

계정과목	거래처	잔액	계
단기대여금	석동상사	1,500,000원	10,000,000원
	충남상회	5,000,000원	
	남서상사	3,500,000원	
단기차입금	기업은행	10,000,000원	22,000,000원
	하나은행	2,000,000원	
	영광상사	10,000,000원	

장산문구의 [전기분재무제표] 밑의 [거래처별초기이월] 메뉴를 클릭하면 장산문구의 초기 이월된 거래처별 잔액을 조회할 수 있는데, 단기대여금과 단기차입금을 차례로 조회하여 문제에서 주어진 정보와 다른 부분을 찾아 수정하면 됩니다.

1. 단기대여금

코드	계정과목	재무상태표금액
0102	당좌예금	15,000,000
0103	보통예금	1,500,000
0108	외상매출금	25,000,000
0110	받을어음	8,000,000
0114	단기대여금	10,000,000
0120	미수금	4,000,000
0131	선급금	3,000,000
0251	외상매입금	20,000,000
0252	지급어음	8,000,000
0253	미지급금	8,000,000
0260	단기차입금	22,000,000

코드	거래처	금액
01017	석동상사	1,500,000
01018	충남상회	5,000,000
01026	김형상사	3,500,000

↓

코드	거래처	금액
01017	석동상사	1,500,000
01018	충남상회	5,000,000
01019	남서상사	3,500,000

"F2 를 눌러
김형상사 ⇒ 남서상사로 수정"

◎ 핵심체크 콕 콕 콕

거래처별 초기이월 수정
전기분 거래처별 초기이월 내역 조회하여 계정과목의 거래처, 금액 수정

VI
결산정리 및 오류수정

2. 단기차입금

코드	계정과목	재무상태표금액
0102	당좌예금	15,000,000
0103	보통예금	1,500,000
0108	외상매출금	25,000,000
0110	받을어음	8,000,000
0114	단기대여금	10,000,000
0120	미수금	4,000,000
0131	선급금	3,000,000
0251	외상매입금	20,000,000
0252	지급어음	8,000,000
0253	미지급금	8,000,000
0260	단기차입금	22,000,000

코드	거래처	금액
01022	영광상사	1,000,000
98002	하나은행	2,000,000
98004	기업은행	10,000,000

"영광상사 잔액을
1,000,000원 ⇒ 10,000,000원으로 수정"

코드	거래처	금액
01022	영광상사	10,000,000
98002	하나은행	2,000,000
98004	기업은행	10,000,000

2 유형 2: 전기 재무상태표 수정

실무기출 확인문제	장산문구		전산회계 2급, 2021년, 98회	

다음은 장산문구의 전기분 재무상태표이다. 입력되어 있는 자료를 검토하여 오류 부분은 정정하고 누락된 부분은 추가 입력하시오.

재 무 상 태 표

회사명 : 장산문구   제9기 2020. 12. 31.   (단위 : 원)

과 목	금 액		과 목	금 액
현 금		30,000,000	외 상 매 입 금	20,000,000
당 좌 예 금		15,000,000	지 급 어 음	11,000,000
보 통 예 금		10,000,000	미 지 급 금	8,000,000
외 상 매 출 금	25,000,000		단 기 차 입 금	22,000,000
대 손 충 당 금	300,000	24,700,000	장 기 차 입 금	30,000,000
받 을 어 음	8,000,000		자 본 금	73,920,000
대 손 충 당 금	80,000	7,920,000	(당기순이익 :	
단 기 대 여 금		10,000,000	10,000,000원)	
미 수 금		4,000,000		
선 급 금		3,000,000		
상 품		16,000,000		
건 물	35,000,000			
감 가 상 각 누 계 액	1,500,000	33,500,000		
차 량 운 반 구	7,000,000			
감 가 상 각 누 계 액	2,500,000	4,500,000		
비 품	7,000,000			
감 가 상 각 누 계 액	700,000	6,300,000		
자산총계		164,920,000	부채 및 자본총계	164,920,000

장산문구의 [전기분재무제표] 밑의 [전기분재무상태표] 메뉴를 클릭하면 장산문구의 전기분 재무상태표를 조회할 수 있는데, **시험문제에서 주어진 계정과목과 조회된 계정과목을 하나씩 비교해 가면서 다른 부분을 찾아 수정**하면 됩니다. 먼저 전기분재무상태표를 조회한 뒤 어떤 항목이 차이가 나는지 찾아보겠습니다.

정교수 콕콕

1. 전기분 재무상태표 조회

자산			부채 및 자본		
코드	계정과목	금액	코드	계정과목	금액
0101	현금	30,000,000	0251	외상매입금	20,000,000
0102	당좌예금	15,000,000	0252	지급어음	8,000,000
0103	보통예금	1,500,000	0253	미지급금	8,000,000
0108	외상매출금	25,000,000	0260	단기차입금	22,000,000
0109	대손충당금	300,000	0293	장기차입금	30,000,000
0110	받을어음	8,000,000	0331	자본금	73,920,000
0111	대손충당금	80,000			
0114	단기대여금	10,000,000			
0120	미수금	4,000,000			
0131	선급금	3,000,000			
0146	상품	16,000,000			
0202	건물	35,000,000			
0208	차량운반구	7,000,000			
0209	감가상각누계액	2,500,000			
0212	비품	7,000,000			
0213	감가상각누계액	700,000			
차 변 합 계		157,920,000	대 변 합 계		161,920,000

(*) 차변과 대변합계가 달라 대차차액 4,000,000원 발생

2. 차이 내역

KcLep에서 조회된 금액과 시험문제에서 주어진 재무상태표의 올바른 금액을 하나씩 비교하면 다음과 같은 차이를 알 수 있습니다.

구 분	조회된 금액	올바른 금액
보통예금	1,500,000	10,000,000
건물 감가상각누계액	–	1,500,000
지급어음	8,000,000	11,000,000

3. 수정된 재무상태표

보통예금 1,500,000원 ⇒ 10,000,000원, 지급어음 8,000,000원 ⇒ 11,000,000원으로 수

정하고 자산 부분에 커서를 둔 뒤 F2 를 눌러 **건물 감가상각누계액(203) 1,500,000원**을 **추가로 입력**해 만들고 나면 다음과 같이 수정된 재무상태표를 볼 수 있습니다.

자산				부채 및 자본		
코드	계정과목	금액		코드	계정과목	금액
0101	현금	30,000,000		0251	외상매입금	20,000,000
0102	당좌예금	15,000,000		0252	지급어음	11,000,000
0103	보통예금	10,000,000		0253	미지급금	8,000,000
0108	외상매출금	25,000,000		0260	단기차입금	22,000,000
0109	대손충당금	300,000		0293	장기차입금	30,000,000
0110	받을어음	8,000,000		0331	자본금	73,920,000
0111	대손충당금	80,000				
0114	단기대여금	10,000,000				
0120	미수금	4,000,000				
0131	선급금	3,000,000				
0146	상품	16,000,000				
0202	건물	35,000,000				
0208	차량운반구	7,000,000				
0209	감가상각누계액	2,500,000				
0212	비품	7,000,000				
0213	감가상각누계액	700,000				
0203	감가상각누계액	1,500,000				
차 변 합 계		**164,920,000**		**대 변 합 계**		**164,920,000**

(*) 차변과 대변합계가 같아져 대차차액이 없어짐을 알 수 있음.

❸ 유형 3: 전기 손익계산서 기본 수정

실무기출 확인문제	대한상사	전산회계 2급, 2021년, 97회

다음은 대한상사의 전기분손익계산서이다. 입력되어 있는 자료를 검토하여 오류부분을 정정하고 누락된 부분을 추가 입력하시오.

손 익 계 산 서

회사명 : 대한상사   제9기 2020.1.1. ~ 2020.12.31.   (단위 : 원)

과 목	금 액	과 목	금 액
I 매 출 액	**35,000,000**	차 량 유 지 비	200,000
상 품 매 출	35,000,000	소 모 품 비	130,000
II 매 출 원 가	**10,000,000**	광 고 선 전 비	160,000
상품매출원가	**10,000,000**	**V 영 업 이 익**	**19,190,000**
기초상품재고액	3,000,000	**VI 영 업 외 수 익**	**450,000**
당기상품매입액	11,000,000	이 자 수 익	300,000
기말상품재고액	4,000,000	임 대 료	150,000
III 매 출 총 이 익	**25,000,000**	**VII 영 업 외 비 용**	**9,800,000**
IV 판매비와관리비	**5,810,000**	이 자 비 용	9,800,000
급 여	3,200,000	**VIII 소득세차감전순이익**	
복 리 후 생 비	2,000,000	**IX 소 득 세 등**	**0**
여 비 교 통 비	120,000	**X 당 기 순 이 익**	**9,840,000**

1. 전기분 손익계산서 조회

코드	계정과목	금액
0401	상품매출	20,000,000
0451	상품매출원가	10,000,000
0801	급여	3,200,000
0811	복리후생비	2,000,000
0822	차량유지비	200,000
0830	소모품비	130,000
0833	광고선전비	850,000
0901	이자수익	300,000
0904	임대료	150,000
0951	이자비용	9,800,000

1. 매출	20,000,000
2. 매출원가	10,000,000
3. 매출총이익(1-2)	10,000,000
4. 판매비와관리비	6,380,000
5. 영업이익(3-4)	3,620,000
6. 영업외수익	450,000
7. 영업외비용	9,800,000
8. 소득세비용차감전순이익(5+6-7)	-5,730,000
9. 소득세비용	
10. 당기순이익(8-9)	-5,730,000

2. 차이 내역

KcLep에서 조회된 금액과 시험문제에서 주어진 손익계산서를 하나씩 비교하면 다음과 같은 차이를 알 수 있습니다.

구 분	조회된 금액	올바른 금액
상품매출	20,000,000	35,000,000
여비교통비	–	120,000
광고선전비	850,000	160,000

3. 수정된 손익계산서

이상 찾아낸 차이를 손익계산서에 하나씩 제대로 수정하고 나면 「조회된 당기순이익 (-)5,730,000원」⇒「올바른 9,840,000원」으로 수정된 것을 확인할 수 있습니다.

코드	계정과목	금액
0401	상품매출	35,000,000
0451	상품매출원가	10,000,000
0801	급여	3,200,000
0811	복리후생비	2,000,000
0822	차량유지비	200,000
0830	소모품비	130,000
0833	광고선전비	160,000
0901	이자수익	300,000
0904	임대료	150,000
0951	이자비용	9,800,000
0812	여비교통비	120,000

1. 매출	35,000,000
2. 매출원가	10,000,000
3. 매출총이익(1-2)	25,000,000
4. 판매비와관리비	5,810,000
5. 영업이익(3-4)	19,190,000
6. 영업외수익	450,000
7. 영업외비용	9,800,000
8. 소득세비용차감전순이익(5+6-7)	9,840,000
9. 소득세비용	
10. 당기순이익(8-9)	9,840,000

정교수 콕콕

◎ 핵심체크 콕콕콕

전기분 매출원가 수정

전기분 기말 상품재고액 수정
→기타 판매관리비 항목 수정

④ 유형 4: 전기 손익계산서 매출원가 수정

「유형 4」를 풀기 위해서는 매출원가 계산 과정을 알고 있어야 하는데, 혹시 이 내용이 너무 어렵다면 과감히 패스해도 전산회계 2급 합격에 지장이 없습니다. 기출문제를 통해 자세히 알아보겠습니다.

실무기출 확인문제	나라상사	| 전산회계 **2급**, 2020년, 93회 |

다음은 나리상사의 전기분 손익계산서이다. 입력되어 있는 자료를 검토하여 오류부분은 정정하고 누락된 부분은 추가 입력하시오.

손 익 계 산 서

회사명 : 나리상사 제8기 2019.1.1. ~ 2019.12.31. (단위 : 원)

과 목	금 액	과 목	금 액
I 매 출 액	200,000,000	차 량 유 지 비	2,200,000
상 품 매 출	200,000,000	소 모 품 비	3,130,000
II 매 출 원 가	160,000,000	광 고 선 전 비	2,380,000
상품매출원가	160,000,000	V 영 업 이 익	14,350,000
기초상품재고액	11,000,000	VI 영 업 외 수 익	3,550,000
당기상품매입액	170,000,000	이 자 수 익	1,100,000
기말상품재고액	21,000,000	임 대 료	2,450,000
III 매 출 총 이 익	25,000,000	VII 영 업 외 비 용	1,100,000
IV 판매비와관리비	25,650,000	이 자 비 용	1,100,000
급 여	13,200,000	VIII 소득세차감전순이익	
복 리 후 생 비	1,500,000	IX 소 득 세 등	0
여 비 교 통 비	3,240,000	X 당 기 순 이 익	16,800,000

1. 전기분 손익계산서 조회

코드	계정과목	금액
0401	상품매출	200,000,000
0451	상품매출원가	161,000,000
0801	급여	13,200,000
0811	복리후생비	1,500,000
0812	여비교통비	2,240,000
0822	차량유지비	2,200,000
0830	소모품비	3,130,000
0901	이자수익	1,100,000
0904	임대료	2,450,000
0951	이자비용	1,100,000

1.매출	200,000,000
2.매출원가	161,000,000
3.매출총이익(1-2)	39,000,000
4.판매비와관리비	22,270,000
5.영업이익(3-4)	16,730,000
6.영업외수익	3,550,000
7.영업외비용	1,100,000
8.소득세비용차감전순이익(5+6-7)	19,180,000
9.소득세비용	
10.당기순이익(8-9)	19,180,000

2. 차이 내역

KcLep에서 조회된 금액과 시험문제에서 주어진 손익계산서를 하나씩 비교하면 다음과
같은 차이를 알 수 있습니다.

구 분	조회된 금액	올바른 금액
상품매출원가	161,000,000	160,000,000
여비교통비	2,240,000	3,240,000
광고선전비	–	2,380,000

3. 매출원가 수정

이미 학습한 바와 같이 매출원가는 다음과 같이 계산됩니다.

매출원가	기초 재고액 + 당기 매입액 – 기말 재고액

KcLep에서 손익계산서의 「0451 상품매출원가」 부분을 클릭하면 아래와 같이 매출원가
의 계산내역을 조회해 볼 수 있습니다.

매출원가	
기 초 상 품 재 고 액	11,000,000
당 기 상 품 매 입 액 +	170,000,000
매 입 환 출 및 에 누 리 –	
매 입 할 인 –	
타 계 정 에 서 대 체 액 +	
타 계 정 으 로 대 체 액 –	
관 세 환 급 금 –	
상 품 평 가 손 실 +	
상 품 평 가 손 실 환 입 –	
기 말 상 품 재 고 액 –	20,000,000
매 출 원 가 =	161,000,000

구 분	조회된 금액	올바른 금액
기초 상품재고액	11,000,000	11,000,000
당기 상품매입액	170,000,000	170,000,000
기말상품 재고액	(–) 20,000,000	(–) 21,000,000
매 출 원 가	161,000,000	160,000,000

KcLep 매출원가 계산창에서 기말 상품재고액 20,000,000원을 21,000,000원으로 수정하면 좋겠지만 **KcLep 프로그램은 재무상태표에 입력된 기말 상품 금액을 손익계산서에서 끌어가 매출원가를 계산하도록 설계되어 있습니다.** [전기분재무상태표]에 기말 상품 금액을 「20,000,000원」⇒「21,000,000원」으로 수정 입력하면 [전기분 재무상태표]가 다음과 같이 바뀝니다.

〈기말 상품 수정된 전기분 재무상태표〉

자산			부채 및 자본		
코드	계정과목	금액	코드	계정과목	금액
0101	현금	2,500,000	0251	외상매입금	9,500,000
0102	당좌예금	18,000,000	0252	지급어음	18,020,000
0103	보통예금	9,500,000	0253	미지급금	500,000
0108	외상매출금	12,000,000	0259	선수금	20,000,000
0109	대손충당금	550,000	0331	자본금	97,930,000
0110	받을어음	15,000,000			
0111	대손충당금	500,000			
0114	단기대여금	8,500,000			
0120	미수금	2,000,000			
0146	상품	21,000,000			
0202	건물	25,000,000			
0203	감가상각누계액	2,500,000			
0208	차량운반구	40,000,000			
0209	감가상각누계액	4,000,000			
차 변 합 계		145,950,000	대 변 합 계		145,950,000

이렇게 재무상태표의 기말 상품금액을 「21,000,000원」으로 수정하면 매출원가가 자동으로 다시 계산되는데, 다음은 수정된 매출원가 계산내역입니다.

〈수정된 매출원가 계산내역〉

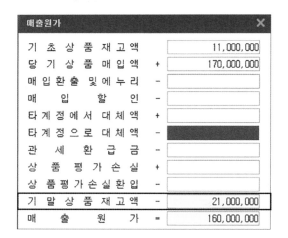

4. 수정된 손익계산서

이렇게 매출원가 수정 후 여비교통비를 「2,240,000원」⇒「3,240,000원」, 광고선전비를 「0원」⇒「2,380,000원」으로 수정하면 손익계산서가 다음과 같이 변경되어 당기순이익이 「16,800,000원」으로 변경됩니다.

코드	계정과목	금액
0401	상품매출	200,000,000
0451	상품매출원가	160,000,000
0801	급여	13,200,000
0811	복리후생비	1,500,000
0812	여비교통비	3,240,000
0822	차량유지비	2,200,000
0830	소모품비	3,130,000
0901	이자수익	1,100,000
0904	임대료	2,450,000
0951	이자비용	1,100,000
0833	광고선전비	2,380,000

항목	금액
1.매출	200,000,000
2.매출원가	160,000,000
3.매출총이익(1-2)	40,000,000
4.판매비와관리비	25,650,000
5.영업이익(3-4)	14,350,000
6.영업외수익	3,550,000
7.영업외비용	1,100,000
8.소득세비용차감전순이익(5+6-7)	16,800,000
9.소득세비용	
10.당기순이익(8-9)	16,800,000

본 교재의 실습자료는 cafe.naver.com/eduacc의 「공지&DATA다운로드」에서 [공지]에 있는 [콕콕정교수 전산회계 2급] 이론+실무+기출 실습데이터의 Data_Install_JH2.zip 파일을 다운받아 컴퓨터에 설치 후, [회사등록] 클릭, [F4 회사코드재생성] 클릭 후 아래에 제시된 회사를 선택하여 문제를 푸시오.

아래 회사의 자료를 이용하여 요구사항을 KcLep에 입력하시오.

[1] 큰손상사(회사코드: 0964)를 선택하시오.

01 큰손상사의 거래처별 초기이월 채권과 채무잔액은 다음과 같다. 주어진 자료를 검토하여 잘못된 부분을 정정하거나 추가 입력하시오. 필수   [2024년, 118회]

계정과목	거래처	잔액	계
받을어음	믿음컴퓨터	4,500,000원	9,000,000원
	금호상사	2,000,000원	
	소망사무	2,500,000원	
미지급금	푸른가구	2,400,000원	3,700,000원
	삼성카드	1,300,000원	

02 다음은 큰손상사의 전기분 재무상태표이다. 입력되어 있는 자료를 검토하여 오류부분은 정정하고 누락된 부분은 추가 입력하시오. 필수   [2025년, 119회]

재 무 상 태 표

회사명 : 큰손상사   제11기 2020. 12. 31. 현재   (단위 : 원)

과 목	금 액		과 목	금 액
현 금		10,000,000	외 상 매 입 금	8,000,000
당 좌 예 금		3,000,000	지 급 어 음	6,500,000
보 통 예 금		10,500,000	미 지 급 금	3,700,000
외 상 매 출 금	5,400,000		예 수 금	700,000
대 손 충 당 금	100,000	5,300,000	단 기 차 입 금	10,000,000
받 을 어 음	9,000,000		자 본 금	49,950,000
대 손 충 당 금	50,000	8,950,000		
미 수 금		4,500,000		
상 품		12,000,000		
차 량 운 반 구	22,000,000			
감 가 상 각 누 계 액	12,000,000	10,000,000		
비 품	7,000,000			
감 가 상 각 누 계 액	2,400,000	4,600,000		
임 차 보 증 금		10,000,000		
자산총계		78,850,000	부채와 자본총계	78,850,000

[2] 우현상사(회사코드: 0884)를 선택하시오.

01 우현상사의 거래처별 초기이월 채권과 채무잔액은 다음과 같다. 주어진 자료를 검토하여 잘못된 부분을 정정하거나 추가 입력하시오. 필수

계정과목	거래처	잔액	계
외상매출금	용산컴퓨터	10,000,000원	80,000,000원
	보석상사	35,000,000원	
	다이아상사	5,000,000원	
	강서상사	30,000,000원	
지급어음	관악컴퓨터	18,000,000원	25,000,000원
	엠케이컴퓨터	7,000,000원	

02 다음은 우현상사의 전기분손익계산서이다. 입력되어 있는 자료를 검토하여 오류부분은 정정하고 누락된 부분은 추가 입력하시오. 필수   [2024년, 118회]

손 익 계 산 서

회사명 : 우현상사   제7기 2018.1.1. ~ 2018.12.31.   (단위 : 원)

과 목	금 액	과 목	금 액
I 매 출 액	25,000,000	차 량 유 지 비	200,000
상 품 매 출	25,000,000	소 모 품 비	130,000
II 매 출 원 가	10,000,000	광 고 선 전 비	380,000
상 품 매 출 원 가	10,000,000	V 영 업 이 익	8,850,000
기초상품재고액	3,000,000	VI 영 업 외 수 익	550,000
당기상품매입액	11,000,000	이 자 수 익	100,000
기말상품재고액	4,000,000	임 대 료	450,000
III 매 출 총 이 익	15,000,000	VII 영 업 외 비 용	200,000
IV 판매비와관리비	6,150,000	이 자 비 용	200,000
급 여	3,200,000	VIII 소득세차감전순이익	
복 리 후 생 비	2,000,000	IX 소 득 세 등	0
여 비 교 통 비	240,000	X 당 기 순 이 익	9,200,000

[3] 동래상사(회사코드: 0864)를 선택하시오.

01 다음은 동래상사의 전기분 손익계산서이다. 입력되어 있는 자료를 검토하여 오류부분을 정정하고 누락된 부분을 추가 입력하시오.

손 익 계 산 서

회사명 : 동래상사　　　　　제8기 2018.1.1 ~ 2018.12.31.　　　　　(단위 : 원)

과　　목	금　　액	과　　목	금　　액
I 매　출　액	100,000,000	차 량 유 지 비	100,000
상 품 매 출	100,000,000	소 모 품 비	200,000
II 매 출 원 가	80,000,000	잡　　　　　비	300,000
상 품 매 출 원 가	80,000,000	**V 영 업 이 익**	4,800,000
기초상품재고액	10,000,000	**VI 영 업 외 수 익**	200,000
당기상품매입액	90,000,000	이 자 수 익	200,000
기말상품재고액	20,000,000	**VII 영 업 외 비 용**	360,000
III 매 출 총 이 익	20,000,000	유형자산처분손실	360,000
IV 판매비와관리비	15,200,000	**VIII 소득세차감전순이익**	4,640,000
급　　　　　여	10,000,000	**IX 소 득 세 등**	0
복 리 후 생 비	4,000,000	**X 당 기 순 이 익**	4,640,000
여 비 교 통 비	600,000		

[1] 큰손상사(회사코드: 0964)를 선택하시오.

01
- 받을어음(110) 계정에 금호상사 2,000,000원 추가입력
- 미지급금(253) 계정의 푸른가구 1,400,000원 ⇒ 2,400,000원으로 수정

02
- 받을어음에 대한 대손충당금 누락됨 → 대손충당금(111) 50,000원 추가 입력
- 차량운반구에 대한 감가상각누계액(209) 6,000,000원 ⇒ 12,000,000원으로 수정
- 단기차입금 11,000,000원 ⇒ 10,000,000원으로 수정

[2] 우현상사(회사코드: 0884)를 선택하시오.

01
- 외상매출금(108) 계정에 용산컴퓨터 10,000,000원 추가 입력
- 지급어음(252) 계정의 관악컴퓨터 15,000,000원 ⇒ 18,000,000원으로 수정

02
- 전기분 재무상태표의 기말상품재고액 3,000,000원을 4,000,000원으로 수정 후 전기분손익계산서 확인
- 전기분손익계산서의 복리후생비 1,000,000원 ⇒ 2,000,000원으로 수정
- 전기분손익계산서의 소모품비 130,000원 추가 입력

[3] 동래상사(회사코드: 0864)를 선택하시오.

01
- 전기분재무상태표의 기말상품 재고액 10,000,000원을 20,000,000원으로 수정 후 전기분손익계산서 조회
- 전기분손익계산서의 급여를 15,000,000원 ⇒ 10,000,000원으로 수정
- 전기분손익계산서의 이자수익 100,000원 ⇒ 200,000원으로 수정

학습내용 · 재무상태표 · 월계표 · 총계정원장 · 계정별원장 · 거래처원장

출제경향 실무문제로 매 시험마다 3문제, 총 10점이 출제되고 있는 아주 중요한 부분임. 각 장부별로 어떤 정보가 포함되어 있는지 파악한 뒤 시험문제에서 정보가 주어지면 어떤 장부를 조회할지 판단하는 것이 가장 중요함.

 정교수 콕콕

본 교재의 실습자료는 cafe.naver.com/eduacc의 「공지&DATA다운로드」에서 공지 에 있는 [콕콕정교수 전산회계 2급] 이론+실무+기출 실습데이터의 Data_Install_JH2.zip 파일을 다운받아 컴퓨터에 설치 후, 회사등록 클릭, F4 회사코드재생성 클릭 후 큰산상사 선택

KcLep 프로그램에 일반전표만 입력하면 분개장, 합계잔액시산표, 재무제표뿐만 아니라 계정별원장, 거래처별원장 등 여러 가지 정보가 자동으로 작성됩니다. KcLep은 아래 메뉴를 통해 장부를 조회할 수 있습니다.

장부관리	결산/재무제표
거래처원장 거래처별계정과목별원장 계정별원장 현금출납장 일계표(월계표) 분개장 총계정원장	결산자료입력 합계잔액시산표 재무상태표 손익계산서

전산회계 2급 시험에서 자주 출제되는 장부조회 주요 유형은 다음과 같습니다.

구 분	장부명 및 조회 내용		출제빈도
유 형 1	**재무상태표**	특정 일자의 자산, 부채 계정과목 잔액 조회	**빈 번**
유 형 2	손익계산서	일정 기간의 상품 매출액 조회	가 끔
유 형 3	합계잔액시산표	모든 계정과목의 차변과 대변의 합계와 잔액을 그대로 모아 작성된 표	–
유 형 4	**일계표(월계표)**	매일의 거래금액 또는 **월간 거래금액을 계정과목별로 차변, 대변을 구분하여 표시**한 표	**빈 번**
유 형 5	**총계정원장**	계정별로 일별, 월별로 발생한 **차변, 대변 금액의 합계를 기록**한 장부	**빈 번**

구 분		장부명 및 조회 내용	출제빈도
유형 6	계정별원장	계정별로 일별, 월별 거래내역, 거래 건수 등 자세한 거래 내역을 기록한 장부	가 끔
유형 7	거래처원장	거래처별로 특정 계정과목의 매월 발생한 차변, 대변 금액의 합계, 그리고 잔액을 기록한 장부	빈 번

1 재무상태표 조회

재무상태표는 KcLep 프로그램 메인화면 우측 위 [결산/재무제표] 밑의 [재무상태표]를 클릭한 후 특정 '월'을 입력하면 월말 기준 금액을 조회할 수 있는데, 1년 치를 조회하고 싶으면 12월을 입력하면 됩니다. 전산회계 2급 시험에서는 재무상태표상 계정과목의 잔액을 조회하는 문제가 주로 출제되고 있으며 출제빈도가 높습니다.

◎ 핵심체크 콕 콕

재무상태표 조회
특정 월말 계정의 잔액,
전기 대비 증감액, 두 계정 간
차이 조회

1. 계정과목 조회 1: 계정과목 잔액 조회

> 5월 31일 현재 유동자산 잔액은 얼마인가? (2021년, 97회)

|정 답| 383,368,920원
- [결산/재무제표] 클릭 → [재무상태표] 클릭 → **5월 입력**
- 5월 말 현재 유동자산 잔액은 383,368,920원임.

과 목	제 7(당)기 2021년1월1일 ~ 2021년5월31일 금액	제 6(전)기 2020년1월1일 ~ 2020년12월31일 금액
자산		
Ⅰ.유동자산	383,368,920	207,900,000
① 당좌자산	342,920,920	206,100,000
현금	23,443,920	30,000,000
보통예금	89,177,000	50,000,000
정기예금	10,000,000	10,000,000

2. 계정과목 조회 2: 계정과목의 전기 대비 증감액

> 1월 말의 보통예금 장부가액은 전기 말과 대비하여 얼마나 증가하였나? (2021년, 97회)

|정 답| 20,900,000원
- [결산/재무제표] 클릭 → [재무상태표] 클릭 → **1월 입력**
- 1월 말 현재 보통예금 전기 50,000,000원 ⇒ 당기 70,900,000원, 증가액 20,900,000원(70,900,000원 − 50,000,000원)

과 목	제 7(당)기 2021년1월1일 ~ 2021년1월31일 금액	제 6(전)기 2020년1월1일 ~ 2020년12월31일 금액
자산		
Ⅰ.유동자산	231,182,210	207,900,000
① 당좌자산	229,382,210	206,100,000
현금	32,082,210	30,000,000
보통예금	70,900,000	50,000,000

VI 결산정리 및 오류수정

3. 계정과목 조회 3: 두 계정과목의 차이

> 5월 말 현재 유동자산에서 유동부채를 차감한 금액은 얼마인가? (2021년, 94회)

|정 답| 218,930,920원
- [결산/재무제표] 클릭 → [재무상태표] 클릭 → **5월 입력**
- 5월 말 현재 유동자산 383,368,920원, 유동부채 164,438,000원, 차이금액 218,930,920원(383,368,920원 − 164,438,000원)

과 목	제 7(당)기 2021년1월1일 ~ 2021년5월31일 금액	제 6(전)기 2020년1월1일 ~ 2020년12월31일 금액
자산		
Ⅰ.유동자산	383,368,920	207,900,000
Ⅰ.유동부채	164,438,000	120,000,000

📌 핵심체크

손익계산서 조회
1월부터 특정 월말까지 상품매출 조회

② 손익계산서 조회

손익계산서는 [결산/재무제표] 밑의 [손익계산서]를 클릭한 후 조회기간의 마지막 '월'을 입력하여 조회할 수 있는데, 전산회계 2급 시험에는 **상품 매출액을 조회하는 문제가 아주 가끔씩 출제**되고 있습니다.

> 당기 6월 말 현재 상품 매출액은 전기 말과 비교하여 얼마나 증가 또는 감소하였는가?
> (2021년, 98회)

|정 답| 감소 64,840,000원
- [결산/재무제표] 클릭 → [손익계산서] 클릭 → **6월 입력**
- 6월 말 현재 전기 상품 매출액 300,000,000원 ⇒ 당기 상품 매출액 235,160,000원, 감소액은 64,840,000원임.(235,160,000원 − 300,000,00원)

과 목	제 7(당)기 2021년1월1일 ~ 2021년6월30일 금액		제 6(전)기 2020년1월1일 ~ 2020년12월31일 금액	
Ⅰ.매출액		235,160,000		300,000,000
상품매출	235,160,000		300,000,000	

③ 합계잔액시산표

합계잔액시산표란 본격적으로 재무상태표와 손익계산서를 작성하기 전에 모든 계정과목별로 차변과 대변의 합계와 잔액을 그대로 모아 작성된 표로 각 계정원장의 금액이 맞는지 검증하는 표로 T계정 모양입니다.

KcLep 메인화면 우측 위 [결산/재무제표] 밑의 [합계잔액시산표]를 클릭한 후 기간을 입력하면 조회할 수 있는데, 합계잔액시산표에는 [관리용]과 [제출용]이 있습니다. 관리용으로만 조회하면 충분한데 큰손상사의 12월 31일 기준 〈합계잔액시산표〉 조회 화면은 다음과 같습니다. **전산회계 2급 시험에는 거의 출제가 되지 않으니 참고만** 하세요.

〈합계잔액시산표〉

기간　2021년　12▾월　31일💬

관리용　제출용　표준용

차　　변		계정과목	대　　변	
잔액	합계		합계	잔액
962,602,080	1,353,142,000	1.유　동　자　산	391,439,920	900,000
866,804,080	1,257,344,000	〈당　좌　자　산〉	391,439,920	900,000
16,469,580	209,322,000	현　　　　　금	192,852,420	
279,830,000	319,000,000	당　좌　예　금	39,170,000	
111,574,500	202,012,000	보　통　예　금	90,437,500	
10,000,000	10,000,000	정　기　예　금		
357,130,000	413,010,000	외　상　매　출　금	55,880,000	
		대　손　충　당　금	550,000	550,000
52,200,000	64,200,000	받　을　어　음	12,000,000	
		대　손　충　당　금	350,000	350,000

한 가지 참고할 사항은 **재무상태표는 월말 기준으로만 잔액이 조회되지만 합계잔액시산표는 일자별로도 잔액 조회가 가능**하다는 점입니다.

④ 일계표(월계표)

「일계표」는 매일의 거래금액을, 「월계표」는 월간 거래금액을 계정과목별로 차변, 대변을 구분하여 표시하는 장부인데, [장부관리] 밑의 [일계표(월계표)]를 클릭한 후, [일계표/월계표] 탭을 눌러 조회합니다.

전산회계시험에는 주로 [월계표]가 출제되고 있으며 출제 빈도가 높은데 다음은 큰산상사의 5.1~5.31 [월계표]의 일부 화면입니다.

〈월계표〉

조회기간 : 2021년 5월 01일💬 ~ 2021년 5월 31일💬

차　　변			계정과목	대　　변		
계	대체	현금		현금	대체	계
9,100,000	8,600,000	500,000	1.유　동　자　산		19,550,000	19,550,000
8,600,000	8,600,000		〈당　좌　자　산〉		19,550,000	19,550,000
			보　통　예　금		19,550,000	19,550,000
8,600,000	8,600,000		외　상　매　출　금			
500,000		500,000	〈재　고　자　산〉			
500,000		500,000	상　　　　　품			
14,550,000	14,550,000		2.비　유　동　자　산			

월계표는 거래 중에서 **현금 입출금으로 이루어진 부분 금액은 [현금]칸에 집계하고**, 나머지 거래금액은 [대체]란에 구분하여 표시하고 있습니다. **전산회계 시험에서는 주로 '특정 월, 특정 계정과목의 현금으로 인한 발생액은 얼마인가?** 또는 특정 계정과목의 월간 발생금액은 얼마인가?'라는 형태로 출제되고 있습니다.

정교수 콕콕

🎯 핵심체크 콕콕콕

월계표 조회
특정 계정과목의 특정 기간 동안 월간 총지출액
또는 현금지출액 조회
(판매관리비 전체 금액 또한 조회할 수 있음.)

1. 월계표 조회 1 : 판매관리비 항목 중 현금 지출 금액

1월 ~ 5월 기업업무추진비 지출액 중 현금으로 지출한 금액은 얼마인가? (2022년, 100회)

| 정 답 | 3,750,000원

조회기간 : 2021 년 01 월 ~ 2021 년 05 월

차 변			계정과목	대 변		
계	대체	현금		현금	대체	계
658,000		658,000	5.자　본　금			
658,000		658,000	인　출　금			
			6.매　　　출	60,000,000	112,860,000	172,860,000
			상　품　매　출	60,000,000	112,860,000	172,860,000
44,471,080	5,345,000	39,126,080	7.판매 비및일반관리비			
19,850,000	110,000	19,740,000	급　　　여			
3,103,520		3,103,520	복　리　후　생　비			
956,850		956,850	여　비　교　통　비			
3,850,000	100,000	3,750,000	기　업　업　무　추　진　비			
665,950		665,950	통　신　비			

(*) [일계표(월계표)] 클릭 ⇒ 조회기간 1월 ~ 5월 입력 ⇒ **기업업무추진비는 비용으로 그 지출이 차변에 표시되므로**
스크롤바 쭉 내려 **기업업무추진비 차변 중 현금으로 지출한 금액 3,750,000원** 선택

2. 월계표 조회 2 : 특정 계정과목의 월간 발생 금액

4월부터 6월까지의 상품매출액은 얼마인가? (2021년, 99회)

| 정 답 | 144,900,000원

조회기간 : 2021 년 04 월 ~ 2021 년 06 월

차 변			계정과목	대 변		
계	대체	현금		현금	대체	계
			선　수　금	450,000		450,000
658,000		658,000	4.자　본　금			
658,000		658,000	인　출　금			
			5.매　　　출	13,500,000	131,400,000	144,900,000
			상　품　매　출	13,500,000	131,400,000	144,900,000

(*) [일계표(월계표)] 클릭 ⇒ 조회기간 4월 ~ 6월 입력 ⇒ 스크롤바 쭉 내려 상품매출 대변의 합계 144,900,000원이
상품매출액임. 손익계산서는 1월부터만 조회 가능하지만 월계표는 기중 기간으로도 조회할 수 있음.

3. 월계표 조회 3: 판매관리비 총액이 가장 많이 발생한 월 조회

> 2분기(4월 ~ 6월) 중 판매비와관리비가 가장 많은 월과 가장 적은 월의 차이는 얼마인가?
> (2019년, 86회)

월계표는 계정과목의 월별 금액뿐 아니라 **판매관리비 총액 또한 조회**할 수 있기 때문에 월계표를 4월, 5월, 6월, 각각 조회하여 그중 **가장 큰 월과 작은 월을 찾아 그 금액을 빼면 됩니다.**

〈판매관리비 월별 금액 조회〉

		차 변		계정과목	대 변		
	계	대체	현금		현금	대체	계
4월	4,973,050	245,000	4,728,050	5.판 매 비및일반관리비			

		차 변		계정과목	대 변		
	계	대체	현금		현금	대체	계
5월	13,246,260	5,000,000	8,246,260	6.판 매 비및일반관리비			

		차 변		계정과목	대 변		
	계	대체	현금		현금	대체	계
6월	8,989,700		8,989,700	4.판 매 비및일반관리비			

↓

| 정 답 | 가장 큰 월 13,246,260원(5월) – 가장 작은 월 4,973,050원(4월) = 8,273,210원

5 총계정원장

총계정원장은 계정별로 일별, 월별로 발생한 차변, 대변 금액의 합계를 기록한 장부입니다. [장부관리] 밑의 [총계정원장] 클릭한 후 기간을 입력하고, 계정과목 입력란에 조회하고 싶은 계정과목을 입력하면 됩니다. [월별/일별] 탭을 통해 월별, 일별로 번갈아 조회할 수도 있는데, 전산회계 2급 시험에는 특정 계정과목을 [월별] 조회 후 금액이 가장 큰 월을 고르는 문제가 주로 출제되고 있습니다.

1. 총계정원장 조회 1: 특정 계정과목이 가장 적게 또는 크게 발생한 월과 금액

> 상반기(1월~6월) 중 현금의 지출이 가장 많은 달은 몇 월이며, 그 금액은 얼마인가?
> (2019년, 86회)

| 정 답 | 1월, 29,177,790원

총계정원장 조회
- 특정 계정과목의 월별 전체적 발생액 조회
- '가장 큰 월'이라는 질문으로 주로 출제됨.

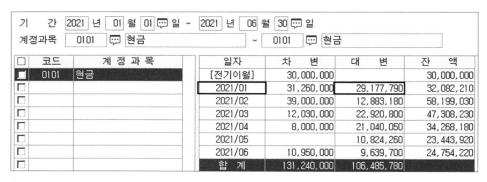

(*) [총계정원장] 클릭하여 기간을 1.1~6.30 입력한 후 계정과목을 「현금」 선택. **현금 지출은 대변이므로 대변 금액이 가장 큰 월은 1월, 29,177,790원임.**

2. 총계정원장 조회 2: 비용의 가장 큰 월과 작은 월의 차이 금액 계산

> 1월부터 6월까지의 판매비와관리비 중 건물관리비 지출액이 가장 많은 월의 금액과 가장 적은 월의 금액의 차액은 얼마인가? (2022년, 100회)

|정답| 250,000원

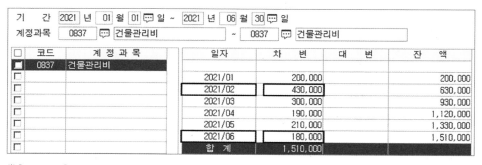

(*) [총계정원장] 클릭하여 기간을 1.1~6.30 입력한 후 계정과목 「건물관리비」 선택. **지출이 가장 많은 월은 2월, 430,000원, 지출이 가장 적은 월은 6월, 180,000원**으로 그 **차이는 250,000원**임. (430,000원 − 180,000원)

6 계정별원장

🎯 핵심체크 🔑

계정별 원장
특정 계정과목의 일별
거래내역, 거래 건수, 금액 등
조회

계정별원장은 총계정원장에 비해 좀 더 자세한 내역을 조회할 수 있는 장부입니다. 즉, 특정 계정과목의 월별 전체적인 현황 조회는 총계정원장에서, 일별 거래내역, 거래 건수, 금액 등 자세한 내역은 계정별원장에서 조회를 하는 것입니다. 전산회계 2급 시험에도 종종 출제되고 있습니다.

1. 계정별원장 조회 1: 특정 기간의 거래 발생 건수, 금액

> 6월 중에 발생한 상품매출은 몇 건이며, 총 금액은 얼마인가? (2020년, 88회)

|정 답| 6건, 62,300,000원

기 간	2021 년 6 월 1 💬 일 ~ 2021 년 6 월 30 💬 일						
계정과목	0401 💬 상품매출 ~ 0401 💬 상품매출						

☐	코드	계 정 과 목	일자	적 요	코드	거 래 처	차 변	대 변	잔 액
☐	0401	상품매출		[전 월 이 월]				172,860,000	172,860,000
☐			06-08	국내 일반매출				2,500,000	175,360,000
☐			06-15	국내 일반매출	00108	신세계상사		1,500,000	176,860,000
☐			06-15					25,800,000	202,660,000
☐			06-21	국내 일반매출	00110	푸른상사		10,000,000	212,660,000
☐			06-25	상품매출				20,000,000	232,660,000
☐			06-30	상품 외상매출				2,500,000	235,160,000
☐				[월 계]				62,300,000	
☐				[누 계]				235,160,000	

(*) [계정별원장] 클릭하여 기간을 6.1~6.30 입력한 후 계정과목 「상품매출」 선택하면 위와 같이 나타남. **상품매출은 대변에 표시되는데 6.8일 1건, 6.15일 2건, 6.21일 1건, 6.25일 1건, 6.30일 1건, 총 6건**의 매출이 발생했고 **6월의 월계(월합계) 총 매출액은 62,300,000원임.**

2. 계정별원장 조회 2: 특정 기간의 판매 가능한 상품 금액

> 상반기(1월~6월)의 판매 가능한 상품액은 얼마인가? (2022년, 100회)

|정 답| 70,248,000원

기 간	2021 년 1 월 1 💬 일 ~ 2021 년 6 월 30 💬 일						
계정과목	0146 💬 상품 ~ 0146 💬 상품						

☐	코드	계 정 과 목	일자	적 요	코드	거 래 처	차 변	대 변	잔 액
☐	0146	상품		[전 기 이 월]			1,800,000		1,800,000
☐			02-05	상품 현금매입	00102	명문상사	5,000,000		6,800,000
☐			02-28	상품 외상매입			3,700,000		10,500,000
☐				[월 계]			8,700,000		
☐				[누 계]			10,500,000		
☐			03-05	상품외상매입			2,348,000		12,848,000
☐			03-25	상품외상매입	00214	황금전자	4,500,000		17,348,000
☐				[월 계]			6,848,000		
☐				[누 계]			17,348,000		
☐			04-02	상품현금매입	00200	뉴코아상사	12,600,000		29,948,000
☐			04-14	상품 외상매입	00214	황금전자	2,000,000		31,948,000
☐			04-30	상품어음매입	00214	황금전자	8,000,000		39,948,000
☐				[월 계]			22,600,000		
☐				[누 계]			39,948,000		
☐			05-05	상품현금매입	00214	황금전자	500,000		40,448,000
☐				[월 계]			500,000		
☐				[누 계]			40,448,000		
☐			06-02	상품외상매입	00102	명문상사	1,000,000		41,448,000
☐			06-10	상품 현금매입			600,000		42,048,000
☐			06-15				3,000,000		45,048,000
☐			06-24	상품외상매입			9,000,000		54,048,000
☐			06-30	상품어음 매입			8,500,000		62,548,000
☐			06-30	상품외상매입			7,700,000		70,248,000
☐				[월 계]			29,800,000		
☐				[누 계]			70,248,000		

(*) [계정별원장] 클릭하여 기간을 1.1~6.30 입력한 후 계정과목 「상품」 입력 후 조회하면 위와 같이 나타남.
기초상품(전기 이월) 1,800,000원이며 당기 상품매입액은 2월 8,700,000원, 3월 6,848,000원, 4월 22,600,000원, 5월 500,000원, 6월 29,800,000원으로 총 68,448,000원임.
1월~ 6월의 판매 가능 상품액은 「기초상품 1,800,000원」+ 「당기 총매입 68,448,000원」=「70,248,000원」으로 계정별원장 조회의 맨 마지막 누계액임.

◎ 핵심체크

거래처원장

거래처별 특정 계정과목의 월별 발생액과 잔액 조회. 문제에 거래처가 나오면 무조건 거래처원장 조회

7 거래처원장

거래처원장은 거래처별로 특정 계정과목의 매월 발생한 차변, 대변 금액의 합계액과 잔액을 기록한 장부인데, [장부관리] 밑의 [거래처원장] 클릭한 후 기간, 계정과목, 거래처를 입력하면 됩니다.

단, 계정과목과 거래처는 1개만 조회할 수도 있고, 여러 개를 동시에 할 수도 있는데, 전산회계 2급 시험에서는 특정 거래처의 특정 계정과목 조회 문제가 주로 출제되고 있습니다. 문제에 「거래처」 정보가 나오면 무조건 거래처원장을 조회하면 됩니다.

1. 거래처원장 조회 1: 특정 거래처의 계정과목 잔액 조회

> 5월 31일 현재 매입처 승리상사의 외상매입금 잔액은 얼마인가? (2021년, 98회)

| 정 답 | 21,128,000원

| 기 간 | 2021 년 5 월 31 일 ~ 2021 년 5 월 31 일 계정과목 0251 외상매입금 |
| 거래처분류 | ~ 거래처 00101 디어상사 ~ 99602 비씨카드 |

□	코드	거 래 처	등록번호	대표자명	전일이월	차 변	대 변	잔 액
□	00102	명문상사	812-08-00845		5,000,000			5,000,000
□	00203	승리상사	417-09-67764		21,128,000			21,128,000
□	00208	(주)장터	208-81-21501		30,000,000			30,000,000
□	00209	신대상사	486-17-00901		3,700,000			3,700,000
□	00214	황금전자	807-25-00665		11,500,000			11,500,000

(*) [거래처원장] 클릭하여 기간을 5.31~5.31 입력한 후 계정과목 「외상매입금」 선택 후 거래처는 그냥 Enter↵ 를 쳐서 모든 거래처를 조회하면 위와 같이 나타남. 그중 승리상사의 기말 잔액은 21,128,000원임.

2. 거래처원장 조회 2: 특정 계정과목이 금액이 가장 큰 거래처와 금액

> 4월 말 외상매출금 잔액이 가장 많은 거래처 상호와 금액은 얼마인가? (2021년, 98회)

|정 답| 세븐상사, 54,400,000원

기 간	2021 년 4 월 30 일 ~ 2021 년 4 월 30 일		계정과목	0108 외상매출금				
거래처분류	~		거 래 처	00101 디어상사		~	99602 비씨카드	

□	코드	거 래 처	등록번호	대표자명	전일이월	차 변	대 변	잔 액
□	00109	천둥상점	844-11-00177		20,500,000			20,500,000
□	00112	(주)행운전자	128-86-26184		35,000,000			35,000,000
□	00202	강서상사	594-56-00292		600,000			600,000
□	00203	승리상사	417-09-67764		5,000,000			5,000,000
□	00204	춘심상사	120-09-64276		23,000,000			23,000,000
□	00213	(주)표선전자	256-85-00328			5,000,000		5,000,000
□	00219	세븐상사	416-16-84303		54,400,000			54,400,000

(*) [거래처원장] 클릭하여 기간을 4월 말(4.30~4.30)로 입력한 후 계정과목을 「외상매출금」 선택. 거래처는 그냥 Enter↵ 를 쳐서 모든 거래처를 조회하면 위와 같이 나타남. 가장 금액이 많은 거래처는 세븐상사이며 기말 잔액은 54,400,000원임.

본 교재의 실습자료는 cafe.naver.com/eduacc의 「공지&DATA다운로드」에서 `공지` 에 있는 [콕콕정교수 전산회계 2급] 이론＋실무＋기출 실습데이터의 Data_Install_JH2.zip 파일을 다운받아 컴퓨터에 설치 후, `회사등록` 클릭, `F4 회사코드재생성` 클릭 후 「양지물산」 선택

양지물산(회사코드: 0944) 관련 아래 내용을 전산세무회계 수험용 프로그램에 조회하시오.

01
난이도 ★
6월 30일 현재 유동부채의 금액은 얼마인가? [2024년, 115회 변형]

☐

02
난이도 ★ `필수`
8월 말 현재 지급어음은 전기 말과 대비하여 얼마나 증가하였는가? [2024년, 117회 변형]

☐

03
난이도 ★
6월 30일 현재 보통예금 잔액은 총 얼마인가? [2020년, 93회]

☐

04
난이도 ★
5월 말 현재 비품의 장부가액은 얼마인가? [2020년, 90회]

☐

05
난이도 ★ `필수`
1월 초부터 6월 말까지의 상품 매출액 합계액은 얼마인가? [2015년, 63회]

☐

06
난이도 ★★ `필수`
상반기(1월~6월) 중에 발생한 이자비용 중 현금지급액은 얼마인가? [2024년, 117회 변형]

☐

07 난이도 ★★

3월 중 현금으로 지급한 판매비와관리비 중 복리후생비는 얼마인가? [2025년, 119회]

□

08 난이도 ★★ 필수

상반기(1월 1일 ~ 6월 30일) 판매비와 관리비 항목 중에서 거래금액이 가장 큰 계정과목 코드와 금액을 입력하시오. [2019년, 84회]

□

09 난이도 ★★

10월~12월의 판매비와일반관리비 항목 중 현금으로 가장 많이 지출한 계정과목코드 및 그 금액은 얼마인가? [2016년, 65회]

□

10 난이도 ★★

1월부터 6월까지의 보통예금에서 출금된 금액은 총 얼마인가? [2021년, 99회]

□

11 난이도 ★★

4월의 당좌수표 발행액은 얼마인가? [2015년, 63회]

□

12 난이도 ★★ 필수

3월의 외상매출금 입금액은 얼마인가? [2024년, 114회 변형]

□

13 난이도 ★★ 필수

1월부터 6월까지의 판매비와관리비 중 기업업무추진비 지출액이 가장 많은 월의 금액과 가장 적은 월의 금액을 합산하면 얼마인가? [2024년, 116회 변형]

□

14 난이도 ★

6월(6월 1일~6월 30일) 중 대여금에 대한 이자수익은 얼마인가? [2016년, 70회]

□

15 난이도 ★★ 필수

상반기(1월~6월) 중 통신비(판매관리비)가 가장 많이 발생한 달의 금액은 얼마인가? [2024년, 116회 변형]

□

16 난이도 ★★

상반기(1월~6월) 중 상품 매입액이 가장 많은 달은 몇 월이며, 그 금액은 얼마인가?　　　　　　[2021년, 94회]

☐

17 난이도 ★★★ 필수

2~3월 중에 발생한 상품구입 총구입건수와 총구입대금은 얼마인가?　　　　　　[2019년, 85회]

☐

18 난이도 ★★★

1분기(1월~3월) 중 상품매입액과 기초상품재고액을 합한 판매 가능한 상품액은 얼마인가?　　　　　　[2020년, 90회]

☐

19 난이도 ★★ 필수

6월 30일 현재 매출처 민주상사의 외상매출금 잔액은 얼마인가?　　　　　　[2024년, 117회 변형]

☐

20 난이도 ★★

4월 말 현재 거래처 순천상사의 외상매입금 잔액은 얼마인가?　　　　　　[2023년, 111회 변형]

☐

21 난이도 ★★ 필수

4월 말 받을어음 잔액이 가장 많은 거래처 상호와 금액은 얼마인가?　　　　　　[2021년, 98회]

☐

22 난이도 ★★ 필수

4월 중 상품 외상매출 거래 금액이 가장 큰 거래처의 코드번호와 금액은?　　　　　　[2025년, 119회]

☐

23 난이도 ★★

4월~6월에 장미상사에 발행한 지급어음 금액은 총 얼마인가?　　　　　　[2024년, 113회 변형]

☐

24 난이도 ★★★

매월 1일에서 말일까지의 제일신용카드 사용액이 다음 달 25일에 보통예금으로 자동이체 되고 있다. 6월 25일 결제하여야 할 제일카드대금은 얼마인가?　　　　　　[2018년, 77회]

☐

01 6월 말 현재 유동부채 잔액은 132,655,000원
: [결산/재무제표] 클릭 → [재무상태표] 클릭 → 6월 입력

02 전기 대비 지급어음 증가액 11,803,000원
: [결산/재무제표] 클릭 → [재무상태표] 클릭 → 8월 입력, 전기 지급어음 20,000,000 → 당기 지급어음 31,803,000원(31,803,000-20,000,000=11,803,000원)

03 6월 말 현재 보통예금 잔액은 44,959,000원
: [결산/재무제표] 클릭 → [재무상태표] 클릭 → 6월 입력

04 5월 말 현재 비품 장부가액은 21,350,000원임. (비품 총액 22,350,000 - 감가상각누계액 1,000,000)
: [결산/재무제표] 클릭 → [재무상태표] 클릭 → 5월 입력

05 1월~6월 까지 상품매출액은 166,080,000원임.
: [결산/재무제표] 클릭 → [손익계산서] 클릭 → 6월 입력

06 현금으로 지출한 이자비용은 570,000원

일계표	월계표						

조회기간 : 2020 년 1 월 01 일 ~ 2020 년 6 월 30 일

차 변			계정과목	대 변		
계	대체	현금		현금	대체	계
570,000		570,000	7.영 업 외 비 용			
570,000		570,000	이 자 비 용			

(*) [장부관리] 클릭 → [일계표(월계표)] 클릭 → **기간 1.1~6.30 입력**

07 현금으로 지출한 복리후생비는 474,050원

일계표	월계표						

조회기간 : 2020 년 3 월 01 일 ~ 2020 년 3 월 31 일

차 변			계정과목	대 변		
계	대체	현금		현금	대체	계
9,542,730	3,191,000	6,351,730	4.판 매 비및일반관리비			
1,000,000	1,000,000		급 여			
580,050	106,000	474,050	복 리 후 생 비			

(*) [장부관리] 클릭 → [일계표(월계표)] 클릭 → **기간 3.1~3.31 입력**

08 급여 14,000,000원, 계정과목 코드 801

| 일계표 | 월계표 | | | | | | |

조회기간 : 2020 년 1 월 01 일 ~ 2020 년 6 월 30 일

차 변			계정과목	대 변		
계	대체	현금		현금	대체	계
			상 품 매 출	59,000,000	107,080,000	166,080,000
44,850,350	5,914,000	38,936,350	5.판 매 비및일반관리비			
14,000,000	1,000,000	13,000,000	급　　　　여			
3,396,810	821,000	2,575,810	복 리 후 생 비			
1,019,550	55,000	964,550	여 비 교 통 비			
9,168,000	390,000	8,778,000	접　　대　　비			
939,500	300,000	639,500	통　신　비			
527,000	285,000	242,000	수 도 광 열 비			
130,900		130,900	세 금 과 공 과			
1,000,000		1,000,000	임　차　료			
1,513,900		1,513,900	수　선　비			
4,184,830	1,500,000	2,684,830	차 량 유 지 비			
160,000		160,000	운　반　비			
400,000	400,000		도 서 인 쇄 비			
1,899,860	1,163,000	736,860	소 모 품 비			
1,010,000		1,010,000	수 수 료 비 용			
5,500,000		5,500,000	광 고 선 전 비			

(*) [장부관리] 클릭 → [일계표(월계표)] 클릭 → **기간 1.1~6.30 입력**, 계정코드는 [기초정보관리] → [계정과목및적요등록]에서 조회

09 복리후생비 1,717,000원, 계정과목 코드 811

| 일계표 | 월계표 | | | | | | |

조회기간 : 2020 년 10 월 01 일 ~ 2020 년 12 월 31 일

차 변			계정과목	대 변		
계	대체	현금		현금	대체	계
18,776,620	13,030,000	5,746,620	5.판 매 비및일반관리비			
9,000,000	9,000,000		급　　　　여			
1,767,000	50,000	1,717,000	복 리 후 생 비			
45,000		45,000	여 비 교 통 비			
1,690,000	900,000	790,000	접　　대　　비			
148,300	80,000	68,300	통　신　비			
276,500		276,500	수 도 광 열 비			
983,150		983,150	세 금 과 공 과			
500,000		500,000	임　차　료			
3,000,000	3,000,000		보　험　료			
576,500		576,500	차 량 유 지 비			
251,650		251,650	운　반　비			
338,520		338,520	소 모 품 비			
200,000		200,000	수 수 료 비 용			

(*) [장부관리] 클릭 → [일계표(월계표)] 클릭 → **기간 10.1~12.31 입력**, 계정코드는 [기초정보관리] → [계정과목및적요등록]에서 조회

10 1.1~6.30 보통예금 출금액 30,241,000원

기　간	2020 년	01 월	01 💬 일	~	2020 년	06 월	30 💬 일		
계정과목	0103 💬	보통예금		~	0103 💬	보통예금			

□	코드	계 정 과 목		일자	차　변	대　변	잔　액
■	0103	보통예금		[전기이월]	30,000,000		30,000,000
□				2020/01			30,000,000
□				2020/02	4,500,000		34,500,000
□				2020/03	39,700,000	4,000,000	70,200,000
□				2020/04		20,875,000	49,325,000
□				2020/05		366,000	48,959,000
□				2020/06	1,000,000	5,000,000	44,959,000
□				합　계	75,200,000	**30,241,000**	

(*) [장부관리] 클릭 → [총계정원장] 클릭 → **기간 1.1~6.30, 계정과목 보통예금 입력**, 보통예금 출금은 대변에 표시되므로 4,000,000 + 20,875,000 + 366,000 + 5,000,000 = 30,241,000원

11 4월 당좌수표 발행액 2,000,000원

기　간	2020 년	04 월	01 💬 일	~	2020 년	04 월	30 💬 일		
계정과목	0102 💬	당좌예금		~	0102 💬	당좌예금			

□	코드	계 정 과 목		일자	차　변	대　변	잔　액
■	0102	당좌예금		[전월이월]	8,000,000		8,000,000
□				2020/04		2,000,000	6,000,000
□				합　계	8,000,000	**2,000,000**	

(*) [장부관리] 클릭 → [총계정원장] 클릭 → **기간 4.1~4.30, 계정과목 당좌예금 입력**, 당좌수표를 발행하면 당좌예금에서 빠져나가므로 대변금액 2,000,000원이 당좌수표 발행액임.

12 3월 외상매출금 입금액 4,000,000원

기　간	2020 년	03 월	01 💬 일	~	2020 년	03 월	31 💬 일		
계정과목	0108 💬	외상매출금		~	0108 💬	외상매출금			

□	코드	계 정 과 목		일자	차　변	대　변	잔　액
■	0108	외상매출금		[전월이월]	65,220,000		65,220,000
□				2020/03	8,000,000	4,000,000	69,220,000
□				합　계	73,220,000	**4,000,000**	

(*) [장부관리] 클릭 → [총계정원장] 클릭 → **기간 3.1~3.31, 계정과목 외상매출금 입력**, 외상매출금 대변 금액이 입금액임.

13 4,990,000원

| 기 간 | 2020 년 01 월 01 일 ~ 2020 년 06 월 30 일 | | | | |
| 계정과목 | 0813 기업업무추진비 | | ~ 0813 접대비 | | |

□	코드	계 정 과 목	일자	차 변	대 변	잔 액
■	0813	기업업무추진비				
□			2020/01	600,000		600,000
□			2020/02	1,648,000		2,248,000
□			2020/03	4,800,000		7,048,000
□			2020/04	190,000		7,238,000
□			2020/05	1,130,000		8,368,000
□			2020/06	800,000		9,168,000

(*) [장부관리] 클릭 → [총계정원장] 클릭 → **기간 1.1~6.30, 계정과목 기업업무추진비(판매관리비) 입력**, 가장 큰 월 4,800,000원(3월) + 가장 작은 월 190,000 원(6월) = 4,990,000원

14 950,000원

| 기 간 | 2020 년 06 월 01 일 ~ 2020 년 06 월 30 일 | | | | |
| 계정과목 | 0901 이자수익 | | ~ 0901 이자수익 | | |

□	코드	계 정 과 목	일자	차 변	대 변	잔 액
■	0901	이자수익	[전월이월]			
□			2020/06		950,000	950,000

(*) [장부관리] 클릭 → [총계정원장] 클릭 → **기간 6.1~6.30, 계정과목 이자수익 입력**

15 1월, 386,500원

| 기 간 | 2020 년 01 월 01 일 ~ 2020 년 06 월 30 일 | | | | |
| 계정과목 | 0814 통신비 | | ~ 0814 통신비 | | |

□	코드	계 정 과 목	일자	차 변	대 변	잔 액
■	0814	통신비				
□			2020/01	386,500		386,500
□			2020/02	140,000		526,500
□			2020/03	300,000		826,500
□			2020/04	73,000		899,500
□			2020/05			899,500
□			2020/06	40,000		939,500

(*) [장부관리] 클릭 → [총계정원장] 클릭 → **기간 1.1~6.30, 계정과목 통신비(판매관리비) 입력**

16 3월, 13,860,000원

| 기 간 | 2020 년 01 월 01 일 ~ 2020 년 06 월 30 일 | | | | |
| 계정과목 | 0146 상품 | | ~ 0146 상품 | | |

□	코드	계 정 과 목	일자	차 변	대 변	잔 액
■	0146	상품	[전기이월]	80,000,000		80,000,000
□			2020/01	3,700,000		83,700,000
□			2020/02	8,103,000		91,803,000
□			2020/03	13,860,000		105,663,000
□			2020/04	4,000,000		109,663,000
□			2020/05	2,800,000		112,463,000
□			2020/06	9,460,000		121,923,000

(*) [장부관리] 클릭 → [총계정원장] 클릭 → **기간 1.1~6.30, 계정과목 상품 입력**

17　7건, 21,963,000원

기 간 2020 년 2 월 1 일 ~ 2020 년 3 월 31 일
계정과목 0146 상품 ~ 0146 상품

☐ 코드	계 정 과 목	일자	적 요	코드	거 래 처	차 변	대 변	잔 액
■ 0146	상품		[전 월 이 월]			83,700,000		83,700,000
☐		02-10	상품 어음지급			1,000,000		84,700,000
☐		02-20	상품외상매입			2,000,000		86,700,000
☐		02-22	상품어음 매입			5,103,000		91,803,000
☐			[월　　계]			8,103,000		
☐			[누　　계]			91,803,000		
☐		03-01	상품외상매입			3,300,000		95,103,000
☐		03-02	상품외상매입			4,060,000		99,163,000
☐		03-14	상품 현금매입			2,000,000		101,163,000
☐		03-26	상품외상매입			4,500,000		105,663,000
☐			[월　　계]			13,860,000		
☐			[누　　계]			105,663,000		

(*) [장부관리] 클릭 → [계정별원장] 클릭 → **기간 2.1~3.31, 계정과목 상품 입력. 2월 3건, 8,103,000 + 3월 4건 13,860,000원 = 7건, 21,963,000원**

18　105,663,000원

기 간 2020 년 1 월 1 일 ~ 2020 년 3 월 31 일
계정과목 0146 상품 ~ 0146 상품

☐ 코드	계 정 과 목	일자	적 요	차 변	대 변	잔 액
■ 0146	상품		[전 기 이 월]	80,000,000		80,000,000
☐		01-26	상품 현금매입	3,700,000		83,700,000
☐			[월　　계]	3,700,000		
☐			[누　　계]	83,700,000		
☐		02-10	상품 어음지급	1,000,000		84,700,000
☐		02-20	상품외상매입	2,000,000		86,700,000
☐		02-22	상품어음 매입	5,103,000		91,803,000
☐			[월　　계]	8,103,000		
☐			[누　　계]	91,803,000		
☐		03-01	상품외상매입	3,300,000		95,103,000
☐		03-02	상품외상매입	4,060,000		99,163,000
☐		03-14	상품 현금매입	2,000,000		101,163,000
☐		03-26	상품외상매입	4,500,000		105,663,000
☐			[월　　계]	13,860,000		
☐			[누　　계]	105,663,000		

(*) [장부관리] 클릭 → [계정별원장] 클릭 → **기간 1.1~3.31, 계정과목 상품 입력. 기초 상품 80,000,000 + 1월 매입 3,700,000 + 2월 매입 8,103,000 + 3월 매입 13,860,000 = 105,663,000원**

19　20,000,000원

기 간 2020 년 6 월 30 일 ~ 2020 년 6 월 30 일　계정과목 0108 외상매출금
거래처분류 　 ~ 　 거 래 처 01016 민주상사 ~ 01016 민주상사

☐ 코드	거 래 처	등록번호	대표자명	전일이월	차 변	대 변	잔 액
☐ 01016	민주상사	214-31-05006		20,000,000			20,000,000

(*) [장부관리] 클릭 → [거래처원장] 클릭 → **기간 6.30~6.30, 계정과목 외상매출금, 거래처 민주상사 입력**

20 3,300,000원

기 간	2020 년 4 월 30 일 ~ 2020 년 4 월 30 일	계정과목	0251 외상매입금		
거래처분류	~	거 래 처	02005 순천상사	~	02005 순천상사

	코드	거 래 처	등록번호	대표자명	전일이월	차 변	대 변	잔 액
☐	02005	순천상사	227-03-97343		3,300,000			3,300,000

(*) [장부관리] 클릭 → [거래처원장] 클릭 → **기간 4.30~4.30, 계정과목 외상매입금, 거래처 순천상사 입력**

21 지파이브상사, 31,000,000원

기 간	2020 년 4 월 30 일 ~ 2020 년 4 월 30 일	계정과목	0110 받을어음		
거래처분류	~	거 래 처	01001 (주)트리상사	~	99602 비씨카드

	코드	거 래 처	등록번호	대표자명	전일이월	차 변	대 변	잔 액
☐	01005	(주)노란상사	220-87-77410		2,000,000			2,000,000
☐	02006	서울시스템(주)	501-87-00668		500,000			500,000
☐	02110	지파이브상사	227-02-32794		31,000,000			31,000,000

(*) [장부관리] 클릭 → [거래처원장] 클릭 → **기간 4.30~4.30, 계정과목 받을어음 입력**

22 02110, 15,000,000원

기 간	2020 년 4 월 1 일 ~ 2020 년 4 월 30 일	계정과목	0108 외상매출금		
거래처분류	~	거 래 처	01001 (주)트리상사	~	99602 비씨카드

	코드	거 래 처	등록번호	대표자명	전월이월	차 변	대 변	잔 액
☐	01001	(주)트리상사	117-81-33400		6,500,000			6,500,000
☐	01011	진영상회	659-34-00132		10,000,000	5,000,000		15,000,000
☐	01012	(주)별주부상사	138-81-04241		3,000,000	2,500,000	1,000,000	4,500,000
☐	01016	민주상사	214-31-05006		20,000,000			20,000,000
☐	01017	동산상사	221-20-24062		19,720,000			19,720,000
☐	02001	내림상사	635-71-00107		4,600,000			4,600,000
☐	02005	순천상사	227-03-97343		3,500,000			3,500,000
☐	02100	장미상사	368-76-00110		5,500,000	5,000,000		10,500,000
☐	02110	지파이브상사	227-02-32794			15,000,000	3,600,000	11,400,000
☐	02120	로이상사	324-32-00402			700,000		700,000

(*) [장부관리] 클릭 → [거래처원장] 클릭 → **기간 4.1~4.30, 계정과목 외상매출금 입력. 상품 외상 매출 시 외상매출금 차변에 표시됨.** 지파이브상사(코드 02110) 외상 매출 금액이 15,000,000원으로 가장 큼.

23 5,200,000원

기 간	2020 년 4 월 1 일 ~ 2020 년 6 월 30 일	계정과목	0252 지급어음		
거래처분류	~	거 래 처	02100 장미상사	~	02100 장미상사

	코드	거 래 처	등록번호	대표자명	전월이월	차 변	대 변	잔 액
☐	02100	장미상사	368-76-00110		10,103,000	2,000,000	5,200,000	13,303,000

(*) [장부관리] 클릭 → [거래처원장] 클릭 → **기간 4.1~6.30, 계정과목 지급어음, 거래처 장미상사 입력. 지급어음 발행 금액은 지급어음 대변에 표시됨.**

24 797,000원

	코드	거 래 처	등록번호	대표자명	전일이월	차 변	대 변	잔 액
기 간	2020 년 5 월 31 일 ~ 2020 년 5 월 31 일			계정과목 0253 미지급금				
거래처분류	~		거 래 처 01001 (주)트리상사		~ 99602 비씨카드			
☐	02001	내림상사	635-71-00107		400,000			400,000
☐	99600	제일카드	4850-4512-7845-111		797,000			797,000

(*) [장부관리] 클릭 → [거래처원장] 클릭 → 6월 25일 결제될 카드대금은 5월말까지 사용된 금액이므로 5월 말 자로 조회해야 함, 기간 **5.31~5.31 조회 →** 카
드사에 지급할 금액은 미지급금이므로 계정과목 미지급금 입력

기출문제 풀이 요령

1. 시험장 상황: 시험시간 60분

1) Tax.exe 시험 데이터 설치

시험 당일 감독관으로부터 시험지와 함께 USB를 지급받습니다. 지급받은 USB를 컴퓨터에 꽂아 그 안에 있는 'Tax.exe' 파일을 클릭하면 다음 화면이 나타나는데, 여기에 본인의 수험번호, 성명, 문제유형(A형 또는 B형)을 입력한 후, 감독관이 칠판에 적어 주는 '감독관 확인번호'를 입력합니다.

2) KcLep 메인 화면에 정답 입력 후 답안저장

이렇게 입력하면 다음과 같이 [이론문제 답안작성], [답안저장] 버튼이 추가된 KcLep 메인 프로그램 화면이 나타나는데, 이론 15문제는 [이론문제 답안작성] 버튼을 클릭한 후 입력하면 되며, 실무문제는 KcLep 프로그램에 입력한 후 [답안저장] 버튼을 클릭하면 됩니다.

2. 문제 푸는 순서: 실무문제 ⇒ 이론문제

실력이 충분한 학생이라면 시험 당일에 이론, 실무 중 어느 것을 먼저 풀든지 상관없습니다. 하지만 **실무문제 배점이 훨씬 높고 단순 입력으로 더 쉽기 때문에 이론문제보다는 실무문제를 먼저 푸는 것이 좋습니다.**

1) 전산회계2급 시험 문제구조

이론문제(30점)			실무문제(70점)		
구분	출제비중		구분	출제비중	
회계 기본개념	4문제	8점	회사 등록정보 수정	1문제	6점
자 산	4문제	8점	전기분 재무제표 수정	1문제	6점
부 채	3문제	6점	기초정보 관리	2문제	6점
자 본	1문제	2점	일반전표 입력	8문제	24점
수익·비용	3문제	6점	오류수정	2문제	6점
			기말 결산정리	4문제	12점
			장부조회	3문제	10점
계	15문제	30점	계	21문제	70점
최소 20점 이상 획득 필요			최소 50점 이상 획득 필요		

2) 이론문제 푸는 요령

이론문제는 총 15문제 중 10문제는 어느 정도 공부하면 풀 수 있는 중급/하급 수준의 문제가 출제되지만, 5문제 정도는 살짝 난도가 있는 문제가 출제되고 있습니다. **합격을 위해서는 이론 30점 중 최소 20점은 받아야 합니다.**
워낙 범위가 넓기 때문에 차변, 대변의 기본원리를 이해한 뒤, 각 계정과목별로 이해 위주로 공부하고 암기가 필요한 항목은 별도로 표시 또는 정리를 해 두었다가 시험 직전에 체크하고 시험장에 가시기 바랍니다.

3) 실무문제 푸는 요령

실무문제는 매년 7가지 유형이 반복적으로 출제되기 때문에 어느 정도 공부를 마쳤으면 **최소 5~10회분 이상 기출문제를 풀면서 이 유형을 몸에 익혀야 합니다.**

[유형 1] 회사 등록정보 수정 (1문제, 6점)

등록된 회사 정보 중 잘못 입력된 사업자번호, 주소, 업태 등을 찾아 이를 수정 → 꼭 맞혀야 함.

[유형 2] 전기분 재무제표 수정 (1문제, 6점)

전기분 재무상태표 또는 손익계산서 중 잘못 입력된 계정과목을 수정 → 꼭 맞혀야 함.

(*) 전기분 매출원가를 수정하는 문제는 다소 난도가 있음.

[유형 3] 기초정보 관리 (2문제, 6점)

거래처별 초기이월 수정, 계정과목 또는 적요 등록·수정, 거래처 등록 → 모두 맞혀야 함.

[유형 4] 일반전표 입력 (8문제, 24점)

자산, 부채, 자본 전반에 걸쳐 출제되기 때문에 암기보다는 충실한 기초 공부를 통해 이해를 위주로 한 공부가 필요
→ 최소 6문제 이상 맞혀야 함.

[유형 5] 오류수정 (2문제, 6점)

잘못 입력된 일반전표를 수정 → 최소 1문제 이상 맞혀야 함.

[유형 6] 기말 결산정리 (4문제, 12점)

자동분개(매출원가, 대손상각비, 감가상각비)와 수동분개(선급비용, 미수수익, 외화환산손익 등)가 출제되는데
수동분개는 무조건 결산일인 12월 31일로 입력해야 함. → 최소 2문제 이상 맞혀야 함.

[유형 7] 장부조회 (3문제, 10점)

재무상태표, 거래처원장, 계정별원장, 일계표·월계표, 총계정원장 등 조회 → 최소 2문제 이상 맞혀야 함.

마지막으로 한 가지 더 주의할 점은 전산회계시험의 이론문제와 실무문제는 별개의 내용이 아니라 [회계원리 이론] 내용이 [일반전표 입력], [오류수정], [결산정리]로 이어지기 때문에 이론과 실무를 연계한 학습이 필요합니다.

이 론 시 험

다음 문제를 보고 알맞은 것을 골라 이론문제 답안작성 메뉴에 입력하시오. (객관식 문항당 2점)

—— 〈 기 본 전 제 〉 ——
문제에서 한국채택국제회계기준을 적용하도록 하는 전제조건이 없는 경우, 일반기업회계기준을 적용한다.

1. 다음 중 일반기업회계기준상 재무제표에 해당하는 것으로만 구성된 것은?

① 재무상태표, 시산표
② 손익계산서, 시산표
③ 현금흐름표, 자본변동표
④ 주석, 분개장

2. 상품매출에 대한 계약금을 거래처로부터 현금으로 받고 '(차) 현금 ×××/ (대) 상품매출 ×××'로 회계처리 하였다. 이로 인해 재무상태표에 미치는 영향으로 옳은 것은?

① 자산이 과소계상 된다.
② 자산이 과대계상 된다.
③ 부채가 과대계상 된다.
④ 부채가 과소계상 된다.

3. 다음 자료에서 재무상태표상에 현금및현금성자산으로 통합표시되는 것으로 바르게 묶은 것은?

ㄱ. 경기은행 발행 자기앞수표	ㄴ. 취득 당시 만기가 3개월 이내인 채권
ㄷ. 단기시세차익을 목적으로 구입한 주식	ㄹ. 취득 당시 만기가 6개월인 정기예금

① ㄱ, ㄴ
② ㄱ, ㄷ
③ ㄴ, ㄷ
④ ㄷ, ㄹ

4. 회사의 재산 상태가 다음과 같은 경우 자산의 총액을 계산하면 얼마인가?

・자본금 : 200,000원	・장기차입금 : 50,000원	・예수금 : 100,000원	・선수금 : 500,000원

① 55,000원   ② 600,000원   ③ 700,000원   ④ 850,000원

5. 재고자산의 단가결정 방법 중 계속해서 물가가 상승하는 상황에서 기말재고 금액이 큰 것부터 순서대로 나열한 것은? 단, 기초재고와 기말재고는 동일하다고 가정한다.

① 이동평균법 – 선입선출법 – 후입선출법   ② 선입선출법 – 이동평균법 – 후입선출법
③ 후입선출법 – 이동평균법 – 선입선출법   ④ 선입선출법 – 후입선출법 – 이동평균법

6. 다음의 선급금 계정에서 5월 4일 거래에 대한 설명으로 옳은 것은?

선수금					
5/4	현 금	100,000	6/6	상 품	100,000

① 상품을 주문하고 계약금을 지급하였다.   ② 상품을 주문받고 계약금을 받았다.
③ 상품을 매입하고 계약금을 차감하였다.   ④ 상품을 매출하고 계약금을 차감하였다.

7. 다음의 감가상각 방법 중 내용연수 동안 감가상각액이 매 기간 감소하는 방법이 아닌 것은?

① 정률법   ② 정액법   ③ 이중체감법   ④ 연수합계법

8. 다음은 2025년 1월 1일 유형자산 처분에 대한 거래이다. 거래 이후 유형자산처분손익 금액을 계산하면 얼마인가? 단, 제시된 자료 외의 것은 고려하지 않는다.

・업무용 트럭을 9,000,000원에 처분하고, 대금은 자기앞수표로 받았다.
・단, 업무용 트럭의 취득원가는 10,000,000원, 장부금액은 6,800,000원이다.

① 유형자산 처분이익 1,000,000원   ② 유형자산 처분이익 2,200,000원
③ 유형자산 처분손실 1,000,000원   ④ 유형자산 처분손실 2,200,000원

9. 다음 중 아래의 회계처리에 대한 설명으로 가장 적절한 것은?

(차) 상 품	20,000,000원	(대) 외상매입금	20,000,000원

① 상품을 구입하고 현금 20,000,000원을 수령하였다.

② 상품을 구입하고 대금 20,000,000원을 다음 달에 지급하기로 하였다.

③ 지난달에 구매한 상품에 대한 대금 20,000,000원을 지급하였다.

④ 지난달에 구매한 상품을 환불하여 현금 20,000,000원을 수령하였다.

10. 다음 중 재무상태표상 비유동부채에 해당하는 것으로만 구성된 것은?

① 선수금, 외상매입금   ② 예수금, 장기차입금

③ 임대보증금, 유동성장기부채   ④ 장기차입금, 퇴직급여충당부채

11. 다음은 개인기업인 부산상점의 이월시산표 중 일부이다. 기초자본금은 400,000원이다. 부산상점의 기말 자본금을 계산하면 얼마인가?

이월 시산표

부산상점   2025년 12월 31일   (단위 : 원)

차변	계정과목	대변
:	:	:
80,000	이월상품	
10,000	선급보험료	
5,000	미수이자	
	자본금	500,000
XXX		XXX

① 80,000원   ② 420,000원   ③ 500,000원   ④ 580,000원

12. 다음의 자료를 이용하여 당기순이익을 계산하면 얼마인가?

• 기초자본 : 300,000원	• 판매비와관리비 : 110,000원
• 매출총이익 : 250,000원	• 기말자본 : 460,000원

① 140,000원   ② 160,000원   ③ 410,000원   ④ 510,000원

13. 다음 중 결산 시 손익 계정으로 마감하는 계정과목에 해당하지 않는 것은?

① 이자수익   ② 임차료   ③ 접대비   ④ 미수금

14. 다음의 자료가 설명하는 내용의 개념으로 올바른 것은?

( )(은) 제품, 상품, 용역 등의 판매활동과 기업의 관리활동에서 발생하는 비용으로서 매출원가에 속하지 아니하는 모든 영업비용을 포함한다.

① 매출원가   ② 영업외비용   ③ 판매비와관리비   ④ 매출액

15 다음의 거래 중 당기순이익을 감소시키는 거래로 옳은 것은?

① 기말에 대손충당금 잔액이 부족하여 추가로 300,000원을 설정하였다.

② 상품의 대량 구매로 인하여 500,000원을 할인받았다.

③ 단기매매증권을 처분하여 500,000원의 처분이익이 발생하였다.

④ 장부가액이 1,000원인 기계장치의 화재로 인하여 보험금 300,000원을 수령하였다.

실 무 시 험

순천상사(회사코드 : 1194)는 신발을 판매하는 개인기업으로 당기(제11기)의 회계기간은 2025.1.1.~2025.12.31.이다. 전산세무회계 수험용 프로그램을 이용하여 다음 물음에 답하시오.

───────〈 기 본 전 제 〉───────

· 문제에서 한국채택국제회계기준을 적용하도록 하는 전제조건이 없는 경우, 일반기업회계기준을 적용하여 회계처리 한다.

· 문제의 풀이와 답안작성은 제시된 문제의 순서대로 진행한다.

문제1　다음은 순천상사의 사업자등록증이다. 회사등록메뉴에 입력된 내용을 검토하여 누락 분은 추가 입력하고 잘못된 부분은 정정하시오. 단, 주소 입력 시 우편번호는 입력하지 않아도 무방함. (6점)

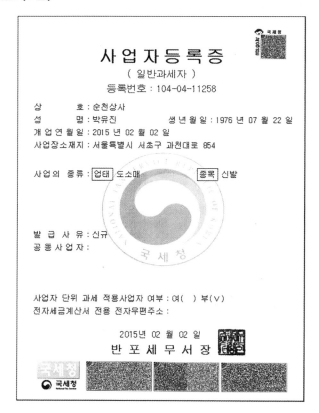

다음은 순천상사의 전기분 재무상태표이다. 입력되어 있는 자료를 검토하여 오류 부분은 정정하고 누락된 부분은 추가 입력하시오. (6점)

재무상태표

회사명 : 순천상사   제10기 2024.12.31. 현재   (단위 : 원)

과 목	금	액	과 목	금	액
현 금		20,000,000	외 상 매 입 금		55,400,000
당 좌 예 금		45,000,000	지 급 어 음		20,000,000
보 통 예 금		53,000,000	미 지 급 금		18,500,000
외 상 매 출 금	30,000,000		단 기 차 입 금		45,000,000
대 손 충 당 금	300,000	29,700,000	장 기 차 입 금		116,350,000
받 을 어 음	65,000,000		자 본 금		202,550,000
대 손 충 당 금	650,000	64,350,000	(당기순이익 :		
상 품		3,000,000	46,600,000)		
장 기 대 여 금		15,000,000			
토 지		100,000,000			
차 량 운 반 구	64,500,000				
감 가 상 각 누 계 액	10,750,000	53,750,000			
비 품	29,500,000				
감 가 상 각 누 계 액	6,000,000	23,500,000			
임 차 보 증 금		50,500,000			
자 산 총 계		457,800,000	부채와자본총계		457,800,000

문제3 다음 자료를 이용하여 입력하시오. (6점)

[1] 신규거래처인 서울스포츠를 [거래처등록] 메뉴에 추가 등록하시오. (3점)

거래처코드	03095
거래처명	서울스포츠
유형	동시
사업자등록번호	414-03-53425
대표자성명	진선미
업태	도소매
종목	스포츠용품

[2] 순천상사의 거래처별 초기이월 자료는 다음과 같다. 주어진 자료를 검토하여 잘못된 부분은 정정하고, 누락된 부분은 추가하여 입력하시오. (3점)

거래처	거래처	잔액
외상매출금	바리상사	30,000,000원
지급어음	차이나상사	20,000,000원
미지급금	다름상사	18,500,000원

[일반전표입력] 메뉴를 이용하여 다음의 거래 자료를 입력하시오. (24점)

───── 〈 입력 시 유의사항 〉 ─────

• 적요의 입력은 생략한다.
• 부가가치세는 고려하지 않는다.
• 채권·채무와 관련된 거래는 별도의 요구가 없는 한 반드시 기등록된 거래처코드를 선택하는 방법으로 거래처명을 입력한다.
• 회계처리 시 계정과목은 별도의 제시가 없는 한 등록된 계정과목 중 가장 적절한 과목으로 한다.

[1] 07월 16일 평화상사에 상품 3,000,000원을 판매하고 사전에 받은 계약금 600,000원을 제외한 잔액이 보통예금으로 입금되었다. 단, 계약금은 선수금으로 처리했으며, 하나의 전표로 회계처리 할 것. (3점)

[2] 08월 15일 주민세 사업소분 62,500원을 보통예금 계좌에서 이체하였다. (3점)

[3] 08월 31일 서비스교육학원 시너스를 통해 영업부 직원들을 대상으로 고객응대방법에 대한 교육을 실시하고 1,000,000원을 보통예금 계좌에서 지급하였다. (3점)

[4] 09월 24일 도호상사에서 사무용 비품인 컴퓨터 및 주변기기를 8,000,000원에 구입하였다. 미리 지급한 계약금 1,000,000원을 제외한 나머지 잔금 7,000,000원은 당좌수표를 발행하여 결제하였다. 단, 하나의 전표로 입력할 것. (3점)

[5] 10월 03일 상품을 수입하면서 아래와 같이 관세를 현금으로 납부하였다. 단, 상품계정으로 처리하시오. (3점)

납부영수증서[납부자용]				File No. : 사업자과세 B/L No. : 202510031	
회계구분	관세 일반회계			납부기한	2025년 10월 18일
회계연도	2025			발행일자	2025년 10월 03일
수입징수관 계좌번호	110288	납부자 번호	0128 010-22-28-8-32301-1	납기내 금액	7,560,000원
※ 수납기관에서는 위의 굵은 선 안의 내용을 즉시 전산입력하여 수입징수관에 EDI방식으로 통지될 수 있도록 하시기 바랍니다.				납기후 금액	
수입신고번호	42801-22-A80100Q		수입징수관서	인천세관	
납부자	성명	박유진	상호	순천상사	
	주소	서울특별시 서초구 과천대로 854			
2025년 10월 03일 수입징수관 인천세관					

[6] 10월 28일 거래처 동문상사 외상매입금 10,000,000원을 상환하기 위해, 보관중이던 제주상사 발행의 약속어음을 배서양도 하였다. (3점)

[7] 11월 27일 다음의 급여명세표에 따라 영업직원 장지우의 11월 급여를 당사 보통예금 계좌에서 사원통장으로 자동 이체하였다. (3점)

2025년 11월 급여 내역			
이름	장지우	지급일	11월 27일
기본급여	1,800,000원	소득세	28,520원
직책수당	300,000원	지방소득세	2,850원
급식비	150,000원	국민연금	102,600원
차량유지	120,000원	건강보험	91,280원
교육지원	180,000원	고용보험	18,240원
급여 계	2,550,000원	공제 합계	243,490원
노고에 감사드립니다.		지급총액	2,306,510원

[8] 12월 28일 본사 영업부에서 사용하는 업무용 자동차의 엔진 오일을 교환하고 신용카드로 결제하였다. (3점)

```
                    이용해주셔서 감사합니다.
            교환/환불은 영수증을 지참하여 일주일 이내 가능합니다.
                                            하나카드
        카드종류          신용카드
        카드번호          1313-5200-7100-1207
        거래일자          2025.12.28.15:35:45
        일시불/할부        일시불
        승인번호          98421149
        승인금액                           880,000원
        가맹점정보
        가맹점명          성남오토스
        사업자등록번호      204-11-76694
        가맹점번호         00990218110
        대표자명          이은샘
        전화번호          031-828-8624
```

문제5

[일반전표입력] 메뉴에 입력된 내용 중 다음의 오류가 발견되었다. 입력된 내용을 검토하고 수정 또는 삭제, 추가 입력하여 올바르게 정정하시오. (6점)

─── 〈 입력 시 유의사항 〉 ───

- 적요의 입력은 생략한다.
- 부가가치세는 고려하지 않는다.
- 채권·채무와 관련된 거래는 별도의 요구가 없는 한 반드시 기등록된 거래처코드를 선택하는 방법으로 거래처명을 입력한다.
- 회계처리 시 계정과목은 별도의 제시가 없는 한 등록된 계정과목 중 가장 적절한 과목으로 한다.

[1] 08월 29일 아현상사에 외상대금을 결제하기 위해 보통예금 계좌에서 이체한 금액 1,001,000원에는 송금수수료 1,000원이 포함되어 있다. (3점)

[2] 11월 25일 보통예금 계좌에 입금된 6,000,000원은 임대료가 아닌 세트상사로부터 수령한 임대보증금으로 확인되었다. (3점)

문제6   다음의 결산정리사항을 입력하여 결산을 완료하시오. (12점)

─────────────── 〈 입력 시 유의사항 〉 ───────────────

• 적요의 입력은 생략한다.
• 부가가치세는 고려하지 않는다.
• 채권·채무와 관련된 거래는 별도의 요구가 없는 한 반드시 기등록된 거래처코드를 선택하는 방법으로 거래처명을 입력한다.
• 회계처리 시 계정과목은 별도의 제시가 없는 한 등록된 계정과목 중 가장 적절한 과목으로 한다.

[1] 결산일 현재 예금에 대한 기간경과분 발생이자는 150,000원이다. (3점)

[2] 본사 건물의 1년분(2025.07.01.~2026.06.30.) 화재보험료 1,200,000원을 현금으로 지급하면서 전액 보험료로 처리하였다. 단, 월할 계산할 것. (3점)

[3] 결산일 현재 장부상 현금 잔액이 현금 실제액보다 50,000원 많은 것으로 확인되었으나, 그 원인은 밝혀지지 않았다. (3점)

[4] 매출채권(외상매출금 및 받을어음) 잔액에 대해서만 1%의 대손충당금을 보충법으로 설정하기로 하였다. (3점)

다음 사항을 조회하여 알맞은 답안을 이론문제 답안작성 메뉴에 입력하시오. (10점)

[1] 3월 중 판매비및일반관리비에서 현금으로 지급한 복리후생비는 얼마인가? (3점)

[2] 4월 말 현재 외상매출금 잔액이 가장 많은 거래처명과 금액은 얼마인가? (3점)

[3] 2분기(2025.4.1.~2025.6.30.) 기간 중 보통예금 입금액과 출금액의 차액은 얼마인가? 단, 전월이월은 제외한 월 금액으로 조회하고 차액은 양수로 입력할 것. (4점)

이론과 실무문제의 답을 모두 입력한 후 답안저장 (USB로 저장) 을 클릭하여 저장하고, USB메모리를 제출하시기 바랍니다.

이 론 시 험

다음 문제를 보고 알맞은 것을 골라 이론문제 답안작성 **메뉴에 입력하시오. (객관식 문항당 2점)**

───── 〈 기 본 전 제 〉 ─────

문제에서 한국채택국제회계기준을 적용하도록 하는 전제조건이 없는 경우, 일반기업회계기준을 적용한다.

1. 다음 중 수익의 예상에 해당하는 계정과목으로 옳은 것은?

① 미수수익　　　② 미지급비용　　　③ 선수수익　　　④ 선급비용

2. 다음 총계정원장에 대한 설명으로 옳지 않은 것은?

		자본금	
손익	80,000원	1/1	580,000원

① 기초자본금은 580,000원이다.　　　② 당기순이익 80,000원이 발생하였다.
③ 차기의 기초자본은 500,000원이다.　　　④ 마감 시 차기이월액은 500,000원이다.

3. 다음의 내용을 참고로 하여 받을어음 계정계좌의 대변에 기록하는 내용으로 모두 바르게 나열한 것은?

가. 어음의 할인	나. 어음의 배서	다. 어음의 발행	라. 어음의 만기

① 가, 라　　　② 가, 나, 라　　　③ 가, 다, 라　　　④ 가, 나, 다, 라

4. 다음 중 재고자산의 평가방법으로 적절하지 않은 것은?

① 개별법　　　② 후입선출법　　　③ 총평균법　　　④ 정액법

5. 다음 자료를 이용하여 기말 결산 시 인식해야 하는 대손상각비를 계산하면 얼마인가?

> • 당기 기말 매출채권 잔액은 10,000,000원이고, 기말 매출채권 잔액에 대하여 1%의 대손충당금을 설정하기로
>   한다. 한편 기말 결산 전의 대손충당금 잔액은 60,000원이다.

① 0원   ② 40,000원   ③ 60,000원   ④ 100,000원

6. 다음 중 영업외비용에 해당하는 것들로 연결된 것으로 옳은 것은?

가. 잡급	나. 이자비용	다. 보험료	라. 외환차손

① 가, 나   ② 나, 다   ③ 나, 라   ④ 다, 라

7. 다음의 부채 중 재무상태표에 계상될 수 없는 부채는?

① 선수수익   ② 미지급법인세   ③ 가수금   ④ 예수금

8. 다음 중 회계의 순환과정의 순서로 옳지 않은 것은?

① 분개 → 전기   ② 수정 후 시산표 작성 → 각종 장부 마감
③ 결산정리분개 → 수정 전 시산표 작성   ④ 각종 장부 마감 → 결산보고서 작성

9. 다음 중 비유동부채에 해당하지 않는 것은?

① 장기차입금   ② 퇴직급여충당부채   ③ 미지급비용   ④ 장기외상매입금

10. 다음 중 회계상 거래에 해당하는 것은?

① 기계장치를 10억원에 취득하기로 계약을 체결하였다.
② 상품(장부가액 100,000원)이 화재로 인해 소실되었다.
③ 월 2백만원의 지급조건으로 직원을 채용하고 근로계약서를 작성하였다.
④ 차량운반구를 1억원에 매입하기로 하고 계약을 체결하였다.

11. 다음 중 유형자산으로 분류하기 위한 조건으로 가장 옳지 않은 것은?

① 1년을 초과하여 사용할 것이 예상되어야 한다.

② 타인에 대한 임대 또는 자체적으로 사용할 목적으로 보유하고 있어야 한다.

③ 물리적인 실체가 있어야 한다.

④ 판매 목적으로 보유해야 한다.

12. 다음 중 유형자산의 감가상각비를 산출하는 기본 요소에 해당하지 않는 것은?

① 내용연수   ② 취득원가   ③ 잔존가치   ④ 처분가액

13. 다음은 소매업을 영위하는 회사에서 단합목적으로 회사직원들과 함께 식사하고 받은 현금영수증이다. 이를 회계처리할 경우 차변에 기재될 계정과목으로 옳은 것은?

```
현 금 영 수 증
가맹점명 :      장충동왕족발      대표자 :        이종호
사업자번호 :    120-25-42321     전화번호 :      031-945-3521
주소 :          경기도  파주시  광탄면
-------------------------------------------------------------
거래유형 :                                      지출증빙
거래종류 :                                      승인거래
식별번호 :                                      525-12-10425
취소시  원거래일자 :
거래일시 :                                      2024/06/18
-------------------------------------------------------------
공급가액 :                                      90,909원
부가세 :                                        9,091원
봉사료 :
합계 :                                          100,000원
-------------------------------------------------------------
승인번호 :                                      1252655152
```

① 기업업무추진비   ② 복리후생비   ③ 원재료   ④ 외주가공비

14. 다음 자료를 이용하여 당기 매출총이익을 구한 것으로 옳은 것은?

| · 당기상품 순매출액 : 6,700,000원 | · 기초상품재고액 : 150,000원 |
| · 당기상품 총매입액 : 5,000,000원 | · 기말상품재고액 : 500,000원 |

① 1,700,000원   ② 2,050,000원   ③ 2,200,000원   ④ 2,350,000원

15. 종업원급여를 다음과 같이 지급한 경우 예수금으로 회계처리될 합계금액은 얼마인가?

단위 : 원

급여	국민연금	건강보험	소득세 및 지방소득세	공제 합계	차인지급액
3,000,000	135,000	120,000	93,000	348,000	2,652,000

① 2,652,000원   ② 255,000원   ③ 93,000원   ④ 348,000원

실 무 시 험

바른메디컬(회사코드:1184)는 의료기기를 판매하는 개인기업으로 당기(제3기)의 회계기간은 2024.1.1.~2024.12.31.이다. 전산세무회계 수험용 프로그램을 이용하여 다음 물음에 답하시오.

〈 기 본 전 제 〉

• 문제에서 한국채택국제회계기준을 적용하도록 하는 전제조건이 없는 경우, 일반기업회계기준을 적용하여 회계처리 한다.
• 문제의 풀이와 답안작성은 제시된 문제의 순서대로 진행한다.

문제1 다음은 바른메디컬의 사업자등록증이다. [회사등록] 메뉴에 입력된 내용을 검토하여 누락분은 추가 입력하고 잘못된 부분은 정정하시오. (6점)

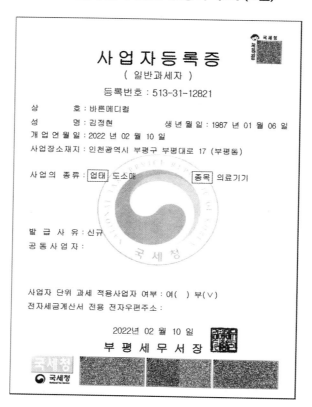

다음은 바른메디컬의 전기분 손익계산서이다. 입력되어 있는 자료를 검토하여 오류 부분은 정정하고 누락된 부분은 추가 입력하시오. (6점)

손익계산서

회사명 : 바른메디컬   제2기 2023.1.1.~2023.12.31.   (단위 : 원)

과 목	금 액	과 목	금 액
Ⅰ. 매 출 액	185,000,000	Ⅴ. 영 업 이 익	9,100,000
상 품 매 출	185,000,000	Ⅵ. 영 업 외 수 익	300,000
Ⅱ. 매 출 원 가	145,000,000	잡 이 익	300,000
상 품 매 출 원 가	145,000,000	Ⅶ. 영 업 외 비 용	800,000
기 초 상 품 재 고 액	25,000,000	기 부 금	800,000
당 기 상 품 매 입 액	160,000,000	Ⅷ. 소득세차감전순이익	8,600,000
기 말 상 품 재 고 액	40,000,000	Ⅸ. 소 득 세 등	0
Ⅲ. 매 출 총 이 익	40,000,000	Ⅹ. 당 기 순 이 익	8,600,000
Ⅳ. 판 매 비 와 관 리 비	30,900,000		
급 여	12,000,000		
복 리 후 생 비	1,900,000		
여 비 교 통 비	2,000,000		
임 차 료	9,000,000		
차 량 유 지 비	3,600,000		
운 반 비	2,400,000		

문제3 다음 자료를 이용하여 입력하시오. (6점)

[1] 다음 자료를 이용하여 기초정보관리의 [거래처등록] 메뉴에서 거래처(금융기관)를 추가로 등록하시오(단, 주어진 자료 외의 다른 항목은 입력할 필요 없음). (3점)

- 거래처코드 : 99011
- 거래처명 : 아름은행
- 유형 : 보통예금
- 계좌번호 : 207087-90-208199
- 사업용 계좌 : 여

[2] 바른메디컬의 외상매출금과 미지급금의 거래처별 초기이월 잔액은 다음과 같다. 입력된 자료를 검토하여 잘못된 부분은 삭제 또는 수정, 추가 입력하여 주어진 자료에 맞게 정정하시오. (3점)

계정과목	거래처	잔액
외상매출금	가나상사	101,050,000원
	다라상사	1,530,000원
	마바상사	201,000원
미지급금	한삼사무가구	12,700,000원
	알파문구	1,700,000원
	하나렌트카	28,000,000원

문제4 [일반전표입력] 메뉴를 이용하여 다음의 거래 자료를 입력하시오. (24점)

─────── 〈 입력 시 유의사항 〉 ───────

• 적요의 입력은 생략한다.
• 부가가치세는 고려하지 않는다.
• 채권·채무와 관련된 거래는 별도의 요구가 없는 한 반드시 기등록된 거래처코드를 선택하는 방법으로 거래처명을 입력한다.
• 회계처리 시 계정과목은 별도의 제시가 없는 한 등록된 계정과목 중 가장 적절한 과목으로 한다.

[1] 07월 12일 영업부 직원의 건강보험 직원부담분 210,000원과 회사부담분 210,000원을 보통예금 계좌에서 이체하여 납부하였다(단, 회사부담분은 복리후생비 계정을 사용할 것). (3점)

[2] 07월 30일 광고 선전을 목적으로 불특정 다수에게 배포할 판촉물을 제작하고 제작 대금 500,000원은 현금으로 결제하였다. (3점)

[3] 08월 26일 경상남도 하동군청에 수해 복구 기부금으로 1,000,000원을 보통예금에서 이체하여 기부하였다. (3점)

[4] 10월 01일 국민은행으로부터 2년 후 상환 조건으로 200,000,000원을 차입하고, 보통예금 계좌로 입금받았다. (3점)

[5] 10월 05일 이동상사에 상품을 15,000,000원에 판매하고 판매 대금 중 40%는 보통예금에 입금되었고, 나머지 60%는 이동상사가 발행한 6개월 만기 약속어음으로 받았다. (3점)

[6] 11월 08일 본사 영업부에 비치된 복사기를 수리하고 수리비 120,000원을 신용카드(국민카드)로 결제하였다. (3점)

[7] 11월 30일 다음과 같이 인적용역제공 사업소득자에게 3.3%를 제외하고 보통예금에서 지급하였다. (단, 해당 인적용역제공 사업소득자에게 지급하는 비용은 수수료비용으로 처리하기로 한다. 또한, 하나의 전표로 처리하되 공제항목은 구분하지 않고 하나의 계정과목으로 처리할 것) (3점)

사업소득 지급명세
지급년월 : 2024년 11월

회사명 : 바른메디컬

| NO | 코드 | 성명 | 귀속년월 | 지급액 | 소득세 | 차인지급액 | 영수인 |
			지급년월		지방소득세		
1	00001	임솔	2024-11	700,000원	21,000원	676,900원	
			2024-11-30		2,100원		
총계				700,000원	21,000원	676,900원	
					2,100원		

[8] 12월 21일 백화점 상품권 500,000원을 사업용카드(현대카드)로 구매하여 거래처에 선물하였다. (3점)

```
                이용해주셔서 감사합니다.
        교환/환불은 영수증을 지참하여 일주일 이내 가능합니다.
                                           현대카드
        카드종류        신용카드
        카드번호        1313-5200-7100-1207
        거래일자        2024.12.21. 17:10:05
        일시불/할부      일시불
        승인번호        852100
        [상품명]                     [금액]
        상품권 50만원권              500,000원
                           합 계 액        500,000원
                           받은금액        500,000원
        가맹점정보
        가맹점명        롯데백화점
        사업자등록번호   101-85-52021
        가맹점번호      185000
        대표자명        신원
        전화번호        02-113-1200
```

문제5

[일반전표입력] 메뉴에 입력된 내용 중 다음의 오류가 발견되었다. 입력된 내용을 검토하고 수정 또는 삭제, 추가 입력하여 올바르게 정정하시오. (6점)

───────────── 〈 입력 시 유의사항 〉 ─────────────
- 적요의 입력은 생략한다.
- 부가가치세는 고려하지 않는다.
- 채권·채무와 관련된 거래는 별도의 요구가 없는 한 반드시 기등록된 거래처코드를 선택하는 방법으로 거래처명을 입력한다.
- 회계처리 시 계정과목은 별도의 제시가 없는 한 등록된 계정과목 중 가장 적절한 과목으로 한다.

[1] 09월 05일 차량운반구를 구입하면서 취득세 500,000원을 보통예금에서 계좌이체하고 세금과공과로 회계처리 하였다. (3점)

[2] 10월 13일 경북상사에 현금 1,000,000원을 지급하고 전액 외상매입금을 지급한 것으로 처리하였으나, 금일 현재 경북상사에 대한 외상매입금 잔액(700,000원)을 초과한 금액은 선급금으로 확인되었다. (3점)

다음의 결산정리사항을 입력하여 결산을 완료하시오. (12점)

───────────── 〈 입력 시 유의사항 〉 ─────────────

- 적요의 입력은 생략한다.
- 부가가치세는 고려하지 않는다.
- 채권·채무와 관련된 거래는 별도의 요구가 없는 한 반드시 기등록된 거래처코드를 선택하는 방법으로 거래처명을 입력한다.
- 회계처리 시 계정과목은 별도의 제시가 없는 한 등록된 계정과목 중 가장 적절한 과목으로 한다.

[1] 당기 구입 시 자산으로 계상한 소모품 중 결산일 현재 영업부서에서 사용한 소모품비는 200,000원이다. (3점)

[2] 당기 중에 단기운용목적으로 구입한 주권상장법인인 ㈜누리의 발행주식 1,000주(1주당 액면금액 1,000원)를 1주당 1,200원에 취득하였으며, 기말 현재 공정가치는 1주당 1,700원으로 평가하였다. 단, 취득 이후 처분한 주식은 없다. (3점)

[3] 12월 1일에 영업부 사무실을 단기계약(계약기간 : 2024.12.01.~2025.02.28.)하고 임차료 300,000원을 현금으로 지급하였다. 지급 시 전액 선급비용으로 회계처리 하였을 경우 기말 수정분개를 하시오(단, 월할 계산할 것). (3점)

[4] 외상매출금 잔액 131,600,000원에 대해서만 1% 대손충당금을 설정하였다. 설정 전 대손충당금 잔액은 400,000원이다. (단, 본 문제에서 전산데이터 자료는 적용하지 않기로 한다.) (3점)

문제7 다음 사항을 조회하여 알맞은 답안을 이론문제 답안작성 메뉴에 입력하시오. (10점)

[1] 3월 말 현재 받을어음 잔액이 가장 큰 거래처의 상호와 그 받을어음의 잔액은 얼마인가? (3점)

[2] 2월 말 현재 자산총계와 부채총계의 차액은 얼마인가? (3점)

[3] 1월~6월 중 외상매입금 월말 잔액이 가장 많은 달과 가장 적은 달의 차이는 얼마인가? (4점)

이론과 실무문제의 답을 모두 입력한 후 답안저장(USB로 저장) 을 클릭하여 저장하고, USB메모리를 제출하시기 바랍니다.

이 론 시 험

다음 문제를 보고 알맞은 것을 골라 이론문제 답안작성 메뉴에 입력하시오. (객관식 문항당 2점)

─── 〈 기 본 전 제 〉 ───
문제에서 한국채택국제회계기준을 적용하도록 하는 전제조건이 없는 경우, 일반기업회계기준을 적용한다.

1. 다음 중 결산 시 총계정원장의 마감에 대한 설명으로 옳지 않은 것은?

① 결산 예비절차에 속한다.

② 손익계산서 계정은 모두 손익으로 마감한다.

③ 부채계정은 차변에 차기이월로 마감한다.

④ 재무상태표 계정은 모두 차기이월로 마감한다.

2. 다음의 내용과 관련하여 재무상태표와 손익계산서에 미치는 영향으로 옳은 것은?

건물 내부 조명기구 교체 비용을 수익적 지출로 처리하여야 하나, 자본적 지출로 처리하였다.

① 자산의 과소계상　　　　　　　　② 비용의 과대계상

③ 수익의 과대계상　　　　　　　　④ 당기순이익의 과대계상

3. 다음 중 당좌자산에 대한 설명으로 옳지 않은 것은?

① 유동성이 가장 높은 자산이다.

② 보고기간 종료일로부터 1년 이내에 현금화되는 자산이다.

③ 매출채권 및 선급비용, 미수수익이 포함된다.

④ 우편환증서, 자기앞수표, 송금수표, 당좌차월도 이에 포함된다.

4. 다음 중 판매관리비에 해당하지 않는 항목은 무엇인가?

① 급여

② 외환차손

③ 매출채권에 대한 대손상각비

④ 여비교통비

5. 다음의 계산식 중 옳지 않은 것은?

① 매출액 – 매출원가 = 매출총이익

② 영업이익 – 영업외비용 – 영업외수익 = 법인세비용차감전순이익

③ 매출총이익 – 판매비와관리비 = 영업이익

④ 법인세비용차감전순이익 – 법인세비용 = 당기순이익

6. 다음의 자료를 이용하여 재고자산의 취득원가를 계산하면 얼마인가?

• 재고의 매입원가 : 10,000원	• 재고수입 시 발생한 통관 비용 : 5,000원
• 판매장소 임차료 : 3,000원	

① 10,000원　　　② 13,000원　　　③ 15,000원　　　④ 18,000원

7. 기초자본금 150,000원, 총수익 130,000원, 총비용 100,000원일 때, 회사의 기말자본금은 얼마인가?

① 50,000원　　　② 150,000원　　　③ 180,000원　　　④ 230,000원

8. 다음은 당기 말 부채계정 잔액의 일부이다. 재무상태표상 매입채무는 얼마인가?

• 미지급임차료 : 30,000원	• 선수금 : 40,000원	• 단기차입금 : 20,000원
• 지급어음 : 60,000원	• 외상매입금 : 10,000원	• 가수금 : 40,000원

① 30,000원　　　② 50,000원　　　③ 60,000원　　　④ 70,000원

9. 다음 중 재무상태표에서 해당 자산이나 부채의 차감적인 평가항목들로 짝지어진 것을 고르시오.

• 대손충당금 • 감가상각누계액 • 미지급금 • 퇴직급여충당부채 • 선수금

① 대손충당금, 선수금   ② 감가상각누계액, 퇴직급여충당부채

③ 미지급금, 선수금   ④ 대손충당금, 감가상각누계액

10. 다음 중 영업이익에 영향을 미치는 것으로 옳은 것은?

① 잡이익   ② 광고선전비   ③ 이자비용   ④ 기부금

11. 다음 중 일정 기간 동안 기업의 경영성과에 대한 정보를 제공하는 재무보고서의 계정과목으로 옳지 않은 것은?

① 임대료수입   ② 미지급비용   ③ 잡손실   ④ 기부금

12. 다음의 자료를 이용하여 유형자산의 취득원가를 계산하면 얼마인가?

• 취득세 : 50,000원	• 재산세 : 30,000원
• 유형자산 매입대금 : 1,500,000원	• 사용 중에 발생된 수익적 지출 : 20,000원

① 1,500,000원   ② 1,550,000원   ③ 1,570,000원   ④ 1,580,000원

13. 다음의 내용이 설명하는 것으로 옳은 것은?

재화의 생산, 용역의 제공, 타인에 대한 임대, 관리에 사용할 목적으로 기업이 보유하고 있으며, 물리적 실체는 없지만 식별할 수 있고, 통제하고 있으며, 미래 경제적 효익이 있는 비화폐성자산을 말한다.

① 유형자산　　　　　② 투자자산　　　　　③ 무형자산　　　　　④ 유동부채

14. 다음의 거래를 분개할 경우, 차변에 오는 계정과목으로 옳은 것은?

결산일 현재 현금시재액이 장부가액보다 30,000원이 부족함을 발견했다.

① 현금　　　　　② 잡손실　　　　　③ 잡이익　　　　　④ 현금과부족

15. 다음의 자료를 참고로 하여 재무상태표를 작성할 경우, 유동성 배열에 따라 두 번째로 나열해야 할 것으로 옳은 것은?

현금, 산업재산권, 상품, 투자부동산, 기계장치

① 현금　　　　　② 기계장치　　　　　③ 상품　　　　　④ 투자부동산

실 무 시 험

이현상사(회사코드 : 1174)는 신발을 판매하는 개인기업으로 당기(제8기)의 회계기간은 2024.1.1.~2024.12.31.이다. 전산세무회계 수험용 프로그램을 이용하여 다음 물음에 답하시오.

─── 〈 기 본 전 제 〉 ───

• 문제에서 한국채택국제회계기준을 적용하도록 하는 전제조건이 없는 경우, 일반기업회계기준을 적용하여 회계처리 한다.
• 문제의 풀이와 답안작성은 제시된 문제의 순서대로 진행한다.

문제1 다음은 이현상사의 사업자등록증이다. [회사등록] 메뉴에 입력된 내용을 검토하여 누락분은 추가 입력하고 잘못된 부분은 정정하시오(주소 입력 시 우편번호는 입력하지 않아도 무방함). (6점)

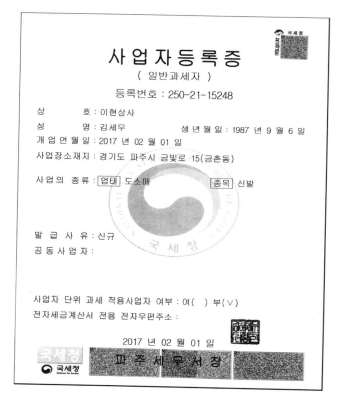

문제2 다음은 이현상사의 전기분 재무상태표이다. 입력되어 있는 자료를 검토하여 오류 부분은 정정하고 누락된 부분은 추가 입력하시오. (6점)

재무상태표

회사명 : 이현상사   제7기 2023.12.31. 현재   (단위 : 원)

과 목	금	액	과 목	금	액
현 금		10,000,000	외 상 매 입 금		18,000,000
당 좌 예 금		3,000,000	지 급 어 음		60,000,000
보 통 예 금		23,000,000	미 지 급 금		31,700,000
외 상 매 출 금	32,000,000		단 기 차 입 금		48,000,000
대 손 충 당 금	320,000	31,680,000	장 기 차 입 금		40,000,000
받 을 어 음	52,000,000		자 본 금		45,980,000
대 손 충 당 금	520,000	51,480,000	(당기순이익 :		
상 품		50,000,000	10,000,000)		
장 기 대 여 금		20,000,000			
건 물	47,920,000				
감 가 상 각 누 계 액	4,000,000	43,920,000			
차 량 운 반 구	20,000,000				
감 가 상 각 누 계 액	14,000,000	6,000,000			
비 품	7,000,000				
감 가 상 각 누 계 액	2,400,000	4,600,000			
자 산 총 계		243,680,000	부채와자본총계		243,680,000

문제3 다음 자료를 이용하여 입력하시오. (6점)

[1] [계정과목및적요등록] 메뉴를 이용하여 판매비와관리비의 기업업무추진비 계정에 다음 내용의 적요를 등록하시오. (3점)

대체적요 No.5 : 거래처 현물접대

[2] [거래처별초기이월] 메뉴의 계정과목별 잔액은 다음과 같다. 주어진 자료를 검토하여 잘못된 부분은 오류를 정정하고, 누락된 부분은 추가 입력하시오. (3점)

계정과목	거래처	잔액
외상매출금	베베인터내셔널	9,500,000원
	코코무역	15,300,000원
	호호상사	7,200,000원
외상매입금	모닝상사	2,200,000원
	미라클상사	3,000,000원
	나비장식	12,800,000원

───────────── 〈 입력 시 유의사항 〉 ─────────────

• 적요의 입력은 생략한다.
• 부가가치세는 고려하지 않는다.
• 채권·채무와 관련된 거래는 별도의 요구가 없는 한 반드시 기등록된 거래처코드를 선택하는 방법으로 거래처명을 입력한다.
• 회계처리 시 계정과목은 별도의 제시가 없는 한 등록된 계정과목 중 가장 적절한 과목으로 한다.

[1] 07월 23일 대표자 개인의 거주용 주택으로 임대차계약을 하고 임차보증금 5,000,000원을 현금으로 지급하였다. (3점)

[2] 08월 16일 상품을 판매하고 거래명세표를 다음과 같이 발급하였다. 대금 중 2,000,000원은 현금으로 받고, 잔액은 외상으로 하였다. (3점)

권		호			**거래명세표**(거래용)					
2024년 08월 16일										
백호상사 귀하			공급자	사 업 자 등 록 번 호	250-21-15248					
				상 호	이현상사		성 명	김세무	㊞	
아래와 같이 계산합니다.				사 업 장 소 재 지	경기도 파주시 금빛로 15(금촌동)					
				업 태	도소매		종 목	신발		
합계금액				육백만 원정 (₩		6,000,000			)	
월 일	품 목		규 격	수 량	단 가		공 급 대 가			
08월 16일	사무용복합기			5	1,200,000		6,000,000원			
계							6,000,000원			
전잔금	없음			합		계	6,000,000원			
입 금	2,000,000원	잔 금		4,000,000원		인수자	임우혁	㊞		

[3] 08월 27일 영업부에서 운반비 30,000원을 현금으로 지급하고, 아래의 영수증을 받았다. (3점)

```
           영수증
OK퀵서비스        217-09-8*****
대표자                    김하늘
서울시  중구  충무로3가      ***

출발지   필동 | 도착지   충현동

합계요금          30,000 원
  2024년   8월   27일
```

[4] 09월 18일 회사로부터 300,000원을 가지급 받아 출장을 갔던 영업부 직원 이미도가 출장에서 돌아왔다. 회사는 다음과 같이 출장비 명세서를 보고 받고 초과하는 금액은 현금으로 지급하였다(단, 하나의 전표로 입력하고 가지급금의 거래처를 입력할 것). (3점)

사용내역	금액
숙박비	250,000원
교통비	170,000원
합계	420,000원

[5] 10월 16일 한세상사에 외상매입금을 지급하기 위하여 송금수수료 1,000원이 포함된 5,001,000원을 보통예금 계좌에서 이체하였다(단, 송금수수료는 판매및관리비 계정을 사용함). (3점)

[6] 11월 11일 시원상사의 파산으로 인하여 외상매출금을 회수할 수 없게 되어 시원상사의 외상매출금 200,000원 전액을 대손처리 하였다. 11월 11일 현재 외상매출금의 대손충당금 잔액은 320,000원이다. (3점)

[7] 12월 05일 하나은행의 장기차입금 원금 상환 및 이자와 관련된 보통예금 출금액 1,000,000원의 상세 내역은 다음과 같다(단, 하나의 전표로 입력할 것). (3점)

대출거래내역조회

• 조회기간 : 2024.12.05.~2024.12.05.

• 총건수 : 1건

거래일자	거래내용	이자종류	거래금액 (원금＋이자)(원)	원금(원)	이자(원)	대출잔액(원)	이율
2024.12.05.	대출금 상환		1,000,000	800,000	0	19,200,000	0%
2024.12.05.		약정이자	0	0	200,000	0	2.63%

[8] 12월 23일 당사의 영업부에서 장기간 사용할 목적으로 냉장고를 구입하고 대금은 국민카드(신용카드)로 결제하였다(단, 미지급금 계정을 사용하여 회계처리 할 것). (3점)

신용카드매출전표
2024.12.23.(월) 14:30:42

3,000,000원
정상승인 | 일시불

결제정보
카드　　　　국민카드(1002-3025-4252-5239)
거래유형　　　　　　　　　　　신용승인
승인번호　　　　　　　　　　　41254785
이용구분　　　　　　　　　　　　일시불
은행확인　　　　　　　　　　KB국민은행
가맹점 정보
가맹점명　　　　　　　　　　　　성수㈜
사업자등록번호　　　　　117-85-52797
대표자명　　　　　　　　　　　　이성수

문제5	[일반전표입력] 메뉴에 입력된 내용 중 다음의 오류가 발견되었다. 입력된 내용을 검토하고 수정 또는 삭제, 추가 입력하여 올바르게 정정하시오. (6점)

――――――――― 〈 입력 시 유의사항 〉 ―――――――――

• 적요의 입력은 생략한다.
• 부가가치세는 고려하지 않는다.
• 채권·채무와 관련된 거래는 별도의 요구가 없는 한 반드시 기등록된 거래처코드를 선택하는 방법으로 거래처명을 입력한다.
• 회계처리 시 계정과목은 별도의 제시가 없는 한 등록된 계정과목 중 가장 적절한 과목으로 한다.

[1] 08월 20일 한세상사에 상품을 50,000,000원에 납품하기로 계약하고 보통예금 계좌로 입금받은 계약금 5,000,000원을 외상매출금의 회수로 회계처리한 것을 확인하였다. (3점)

[2] 11월 05일 부산은행으로부터 받은 대출 20,000,000원의 상환기일은 2026년 11월 5일이다. (3점)

문제6	다음의 결산정리사항을 입력하여 결산을 완료하시오. (12점)

――――――――― 〈 입력 시 유의사항 〉 ―――――――――

• 적요의 입력은 생략한다.
• 부가가치세는 고려하지 않는다.
• 채권·채무와 관련된 거래는 별도의 요구가 없는 한 반드시 기등록된 거래처코드를 선택하는 방법으로 거래처명을 입력한다.
• 회계처리 시 계정과목은 별도의 제시가 없는 한 등록된 계정과목 중 가장 적절한 과목으로 한다.

[1] 영업부 서류 정리를 위한 단기계약직 직원(계약기간 : 2024년 12월 1일~2025년 1월 31일)을 채용하였다. 매월 급여는 1,500,000원이며 다음 달 5일에 지급하기로 하였다(단, 급여 관련 공제는 없는 것으로 하고, 지급해야 하는 금액은 미지급비용 계정을 사용할 것). (3점)

[2] 기말 현재 가지급금 잔액 500,000원은 대구상사의 외상매입금 지급액으로 판명되었다. (3점)

[3] 기말 현재 장기대여금에 대해 미수이자 3,270,000원이 발생하였으나 회계처리가 되어있지 않았다. (3점)

[4] 보유 중인 비품에 대한 당기분 감가상각비를 계상하였다. (3점)

취득원가	잔존가액	취득일	상각방법	내용년수
5,000,000원	500,000원	2022년 1월 1일	정액법	10년

문제7 다음 사항을 조회하여 알맞은 답안을 [이론문제 답안작성] 메뉴에 입력하시오. (10점)

[1] 상반기(1월~6월) 동안 지출한 이자비용은 모두 얼마인가? (3점)

[2] 6월 말 현재 거래처 성지상사에 대한 선급금 잔액은 얼마인가? (3점)

[3] 6월 말 현재 전기 말과 비교하여 유동자산의 증감액은 얼마인가? (단, 감소 시 (-)로 기재할 것.) (4점)

이론과 실무문제의 답을 모두 입력한 후 [답안저장(USB로 저장)] 을 클릭하여 저장하고, USB메모리를 제출하시기 바랍니다.

이 론 시 험

다음 문제를 보고 알맞은 것을 골라 이론문제 답안작성 **메뉴에 입력하시오. (객관식 문항당 2점)**

─── 〈 기 본 전 제 〉 ───
문제에서 한국채택국제회계기준을 적용하도록 하는 전제조건이 없는 경우, 일반기업회계기준을 적용한다.

1. 다음 중 혼합거래에 해당하는 것으로 옳은 것은?

① 임대차 계약을 맺고, 당월 분 임대료 500,000원을 현금으로 받았다.

② 단기대여금 회수금액 300,000원과 그 이자 3,000원을 현금으로 받았다.

③ 단기차입금에 대한 이자 80,000원을 현금으로 지급하였다.

④ 상품 400,000원을 매입하고 대금 중 100,000원은 현금으로, 나머지 잔액은 외상으로 하였다.

2. 다음 중 재고자산의 원가를 결정하는 방법에 해당하는 것은?

① 선입선출법　　② 정률법　　③ 생산량비례법　　④ 정액법

3. 다음 중 결산 재무상태표에 표시할 수 없는 계정과목은 무엇인가?

① 단기차입금　　② 인출금　　③ 임차보증금　　④ 선급비용

4. 다음의 자료를 바탕으로 유형자산 처분손익을 계산하면 얼마인가?

> • 취득가액 : 10,000,000원   • 처분 시까지의 감가상각누계액 : 8,000,000원
> • 처분가액 : 5,000,000원

① 처분이익 2,000,000원   ② 처분손실 3,000,000원
③ 처분이익 3,000,000원   ④ 처분손실 5,000,000원

5. 개인기업인 신나라상사의 기초자본금이 200,000원일 때, 다음 자료를 통해 알 수 있는 당기순이익은 얼마인가?

> • 기업 경영주의 소득세를 납부 : 50,000원   • 추가 출자금 : 40,000원
> • 기말자본금 : 350,000원

① 150,000원   ② 160,000원   ③ 210,000원   ④ 290,000원

6. 다음 본오물산의 거래내역을 설명하는 계정과목으로 가장 바르게 짝지어진 것은?

> (가) 공장 부지로 사용하기 위한 토지의 구입 시 발생한 취득세
> (나) 본오물산 직원 급여 지급 시 발생한 소득세 원천징수액

	(가)	(나)		(가)	(나)
①	세금과공과	예수금	②	토지	예수금
③	세금과공과	세금과공과	④	토지	세금과공과

7. 다음 중 판매비와관리비에 해당하지 않는 것은?

① 이자비용   ② 차량유지비
③ 통신비   ④ 기업업무추진비

8. 다음 중 정상적인 영업 과정에서 판매를 목적으로 보유하는 재고자산에 대한 예시로 옳은 것은?

① 홍보 목적 전단지　　　　　　　　② 접대 목적 선물세트

③ 제품과 상품　　　　　　　　　　④ 기부 목적 쌀

9. 다음은 자본적 지출과 수익적 지출의 예시이다. 각 빈칸에 들어갈 말로 바르게 짝지어진 것은?

• 태풍에 파손된 유리 창문을 교체한 것은 (㉠)적 지출 • 자동차 엔진오일의 교체는 (㉡)적 지출

① ㉠ 자본, ㉡ 수익　　　　　　　　② ㉠ 자본, ㉡ 자본

③ ㉠ 수익, ㉡ 자본　　　　　　　　④ ㉠ 수익, ㉡ 수익

10. 다음과 같은 결합으로 이루어진 거래로 가장 옳은 것은?

(차) 부채의 감소　　　　　　(대) 자산의 감소

① 외상매입금 4,000,000원을 보통예금 계좌에서 지급한다.

② 사무실의 전기요금 300,000원을 현금으로 지급한다.

③ 거래처 대표의 자녀 결혼으로 100,000원의 화환을 보낸다.

④ 사무실에서 사용하던 냉장고를 200,000원에 처분한다.

11. 다음 중 계정과목의 분류가 다른 것은?

① 예수금　　　　　② 미지급비용　　　　　③ 선급비용　　　　　④ 선수금

12. 기간 경과 분 이자수익이 당기에 입금되지 않았다. 기말 결산 시 해당 내용을 회계처리 하지 않았을 때 당기 재무제표에 미치는 영향으로 가장 옳은 것은?

① 자산의 과소계상　　　② 부채의 과대계상　　　③ 수익의 과대계상　　　④ 비용의 과소계상

13. 다음의 자료를 이용하여 순매출액을 계산하면 얼마인가?

- 당기 상품 매출액 : 300,000원
- 상품매출 환입액 : 10,000원
- 상품매출과 관련된 부대비용 : 5,000원

① 290,000원   ② 295,000원   ③ 305,000원   ④ 319,000원

14. 다음의 내용이 설명하는 계정과목으로 올바른 것은?

기간이 경과되어 보험료, 이자, 임차료 등의 비용이 발생하였으나 약정된 지급일이 되지 않아 지급하지 아니한 금액에 사용하는 계정과목이다.

① 가지급금   ② 예수금   ③ 미지급비용   ④ 선급금

15. 다음의 자료를 바탕으로 현금및현금성자산의 금액을 계산하면 얼마인가?

- 보통예금 : 500,000원
- 1년 만기 정기예금 : 1,000,000원
- 당좌예금 : 700,000원
- 단기매매증권 : 500,000원

① 1,200,000원   ② 1,500,000원   ③ 1,700,000원   ④ 2,200,000원

실 무 시 험

하늘상사(회사코드:1164)는 유아용 의류를 판매하는 개인기업으로 당기(제9기)의 회계기간은 2024.1.1.~2024.12.31.이다. 전산세무회계 수험용 프로그램을 이용하여 다음 물음에 답하시오.

─── 〈 기 본 전 제 〉 ───

• 문제에서 한국채택국제회계기준을 적용하도록 하는 전제조건이 없는 경우, 일반기업회계기준을 적용하여 회계처리 한다.
• 문제의 풀이와 답안작성은 제시된 문제의 순서대로 진행한다.

문제1 다음은 하늘상사의 사업자등록증이다. [회사등록] 메뉴에 입력된 내용을 검토하여 누락분은 추가 입력하고 잘못된 부분을 정정하시오(단, 주소 입력 시 우편번호는 입력하지 않아도 무방함). (6점)

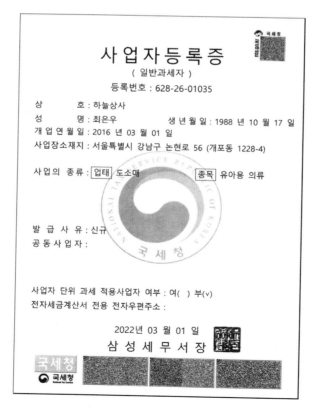

문제2 다음은 하늘상사의 전기분 손익계산서이다. 입력되어 있는 자료를 검토하여 오류 부분은 정정하고 누락된 부분은 추가 입력하시오. (6점)

손익계산서

회사명 : 하늘상사 제8기 : 2023.1.1.~2023.12.31. (단위 : 원)

과 목	금 액	과 목	금 액
Ⅰ. 매 출 액	665,000,000	Ⅴ. 영 업 이 익	129,500,000
상 품 매 출	665,000,000	Ⅵ. 영 업 외 수 익	240,000
Ⅱ. 매 출 원 가	475,000,000	이 자 수 익	210,000
상 품 매 출 원 가	475,000,000	잡 이 익	30,000
기 초 상 품 재 고 액	19,000,000	Ⅶ. 영 업 외 비 용	3,000,000
당 기 상 품 매 입 액	472,000,000	기 부 금	3,000,000
기 말 상 품 재 고 액	16,000,000	Ⅷ. 소득세차감전순이익	126,740,000
Ⅲ. 매 출 총 이 익	190,000,000	Ⅸ. 소 득 세 등	0
Ⅳ. 판 매 비 와 관 리 비	60,500,000	Ⅹ. 당 기 순 이 익	126,740,000
급 여	30,000,000		
복 리 후 생 비	2,500,000		
기 업 업 무 추 진 비	8,300,000		
통 신 비	420,000		
감 가 상 각 비	5,200,000		
임 차 료	12,000,000		
차 량 유 지 비	1,250,000		
소 모 품 비	830,000		

다음 자료를 이용하여 입력하시오. (6점)

[1] 신규거래처인 서울스포츠를 [거래처등록] 메뉴에 추가 등록하시오. (3점)

코드	거래처명	대표자명	사업자등록번호	유형	사업장소재지	업태	종목
00308	뉴발상사	최은비	113-09-67896	동시	서울 송파구 법원로11길 11	도매및소매업	신발 도매업

[2] 거래처별 초기이월의 올바른 채권과 채무 잔액은 다음과 같다. [거래처별초기이월] 메뉴의 자료를 검토하여 오류가 있으면 올바르게 삭제 또는 수정, 추가 입력을 하시오. (3점)

계정과목	거래처명	금액
외상매출금	스마일상사	20,000,000원
미수금	슈프림상사	10,000,000원
단기차입금	다온상사	23,000,000원

문제4

[일반전표입력] 메뉴를 이용하여 다음의 거래 자료를 입력하시오. (24점)

─── 〈 입력 시 유의사항 〉 ───

• 적요의 입력은 생략한다.

• 부가가치세는 고려하지 않는다.

• 채권·채무와 관련된 거래는 별도의 요구가 없는 한 반드시 기등록된 거래처코드를 선택하는 방법으로 거래처명을 입력한다.

• 회계처리 시 계정과목은 별도의 제시가 없는 한 등록된 계정과목 중 가장 적절한 과목으로 한다.

[1] 07월 25일 경리부 직원 류선재로부터 청첩장을 받고 축의금 300,000원을 사규에 따라 현금으로 지급하였다. (3점)

[2] 08월 04일 영동상사로부터 상품 4,000,000원을 매입하고 대금 중 800,000원은 당좌수표로 지급하고, 잔액은 어음을 발행하여 지급하였다. (3점)

[3] 08월 25일 하나상사에 상품 1,500,000원을 판매하는 계약을 하고, 계약금으로 상품 대금의 20%가 보통예금 계좌에 입금되었다. (3점)

[4] 10월 01일 운영자금을 확보하기 위하여 기업은행으로부터 50,000,000원을 5년 후에 상환하는 조건으로 차입하고, 차입금은 보통예금 계좌로 이체받았다. (3점)

[5] 10월 31일 영업부 과장 송해나의 10월분 급여를 보통예금 계좌에서 이체하여 지급하였다(단, 하나의 전표로 처리하되, 공제 항목은 구분하지 않고 하나의 계정과목으로 처리할 것). (3점)

급 여 명 세 서

귀속연월 : 2024년 10월   지급연월 : 2024년 10월 31일

성명	송 해 나		
세부 내역			
지 급		공 제	
급여 항목	지급액(원)	공제 항목	공제액(원)
기본급	2,717,000	소득세	49,100
		지방소득세	4,910
		국민연금	122,260
		건강보험	96,310
		장기요양보험	12,470
		고용보험	24,450
		공제액 계	309,500
지급액 계	2,717,000	실지급액	2,407,500
계산 방법			
구분	산출식 또는 산출방법		지급금액(원)
기본급	209시간×13,000원/시간		2,717,000

[6] 11월 13일 가나상사에 상품을 판매하고 받은 어음 2,000,000원을 즉시 할인하여 은행으로부터 보통예금 계좌로 입금받았다(단, 매각거래이며, 할인율은 5%로 한다). (3점)

[7] 11월 22일 거래처 한올상사에서 상품 4,000,000원을 외상으로 매입하고 인수 운임 150,000원(당사 부담)은 현금으로 지급하였다(단, 하나의 전표로 입력할 것). (3점)

[8] 2월 15일 다음과 같이 우리컨설팅에서 영업부 서비스교육을 진행하고 교육훈련비 대금 중 500,000원은 보통예금 계좌에서 이체하여 지급하고 잔액은 외상으로 하였다. 단, 원천징수세액은 고려하지 않는다. (3점)

권		호		**거래명세표**(거래용)							
2024년 12월 15일			공급자	사업자등록번호		109-02-*****					
하늘상사 귀하				상 호		우리컨설팅	성 명		김우리 ㉑		
				사 업 장 소 재 지		서울특별시 양천구 신정중앙로 86					
아래와 같이 계산합니다.				업 태		서비스	종 목		컨설팅,강의		
합계금액				일백만 원정 (₩ 1,000,000)							
월 일	품 목		규 격	수 량		단 가		공 급 대 가			
12월 15일	영업부 서비스 교육			1		1,000,000원		1,000,000원			
	계							1,000,000원			
전잔금	없음			합		계		1,000,000원			
입 금	500,000원		잔 금	500,000원							

문제5

[일반전표입력] 메뉴에 입력된 내용 중 다음의 오류가 발견되었다. 입력된 내용을 검토하고 수정 또는 삭제, 추가 입력하여 올바르게 정정하시오. (6점)

──── 〈 입력 시 유의사항 〉 ────

- 적요의 입력은 생략한다.
- 부가가치세는 고려하지 않는다.
- 채권·채무와 관련된 거래는 별도의 요구가 없는 한 반드시 기등록된 거래처코드를 선택하는 방법으로 거래처명을 입력한다.
- 회계처리 시 계정과목은 별도의 제시가 없는 한 등록된 계정과목 중 가장 적절한 과목으로 한다.

[1] 08월 22일 만중상사로부터 보통예금 4,000,000원이 입금되어 선수금으로 처리한 내용은 전기에 대손 처리하였던 만중상사의 외상매출금 4,000,000원이 회수된 것이다. (3점)

[2] 09월 15일 광고선전비로 계상한 130,000원은 거래처의 창립기념일 축하를 위한 화환 대금이다. (3점)

문제6 다음의 결산정리사항을 입력하여 결산을 완료하시오. (12점)

──────── 〈 입력 시 유의사항 〉 ────────

- 적요의 입력은 생략한다.
- 부가가치세는 고려하지 않는다.
- 채권·채무와 관련된 거래는 별도의 요구가 없는 한 반드시 기등록된 거래처코드를 선택하는 방법으로 거래처명을 입력한다.
- 회계처리 시 계정과목은 별도의 제시가 없는 한 등록된 계정과목 중 가장 적절한 과목으로 한다.

[1] 회사의 자금 사정으로 인하여 영업부의 12월분 전기요금 1,000,000원을 다음 달에 납부하기로 하였다. (3점)

[2] 기말 현재 현금과부족 30,000원은 영업부 컴퓨터 수리비를 지급한 것으로 밝혀졌다. (3점)

[3] 12월 1일에 국민은행으로부터 100,000,000원을 연 이자율 12%로 차입하였다(차입기간 : 2024.12.01.~2029.11.30.). 매월 이자는 다음 달 5일에 지급하기로 하고, 원금은 만기 시에 상환한다. 기말수정분개를 하시오(단, 월할 계산할 것). (3점)

[4] 결산을 위해 재고자산을 실사한 결과 기말상품재고액은 15,000,000원이었다. (3점)

문제7 다음 사항을 조회하여 알맞은 답안을 [이론문제 답안작성] 메뉴에 입력하시오. (10점)

[1] 상반기(1월~6월) 중 기업업무추진비(판매비와일반관리비)를 가장 많이 지출한 월(月)과 그 금액은 얼마인가? (3점)

[2] 5월까지의 직원급여 총 지급액은 얼마인가? (3점)

[3] 6월 말 현재 외상매출금 잔액이 가장 많은 거래처의 상호와 그 외상매출금 잔액은 얼마인가? (4점)

이론과 실무문제의 답을 모두 입력한 후 [답안저장 (USB로 저장)] 을 클릭하여 저장하고, USB메모리를 제출하시기 바랍니다.

이 론 시 험

다음 문제를 보고 알맞은 것을 골라 이론문제 답안작성 메뉴에 입력하시오. (객관식 문항당 2점)

───────── 〈 기 본 전 제 〉 ─────────

문제에서 한국채택국제회계기준을 적용하도록 하는 전제조건이 없는 경우, 일반기업회계기준을 적용한다.

1. 다음 자료에 의하여 기말결산 시 재무상태표상에 현금및현금성자산으로 표시될 장부금액은 얼마인가?

• 서울은행에서 발행한 자기앞수표 30,000원   • 당좌개설보증금 50,000원
• 취득 당시 만기가 3개월 이내에 도래하는 금융상품 70,000원

① 50,000원   ② 80,000원   ③ 100,000원   ④ 120,000원

2. 다음 자료는 회계의 순환과정의 일부이다. (가), (나), (다)에 들어갈 순환과정의 순서로 옳은 것은?

거래 발생 → (가) → 전기 → 수정 전 시산표 작성 → (나) → 수정 후 시산표 작성 → (다) → 결산보고서 작성

	(가)	(나)	(다)
①	분개	각종 장부 마감	결산 정리 분개
②	분개	결산 정리 분개	각종 장부 마감
③	각종 장부 마감	분개	결산 정리 분개
④	결산 정리 분개	각종 장부 마감	분개

3. 다음은 개인기업인 서울상점의 손익 계정이다. 이를 통해 알 수 있는 내용이 아닌 것은?

		손익				
12/31	상품매출원가	120,000원	12/31	상 품 매 출	260,000원
	급 여	40,000원		이 자 수 익	10,000원
	보 험 료	30,000원			
	자 본 금	80,000원			
		270,000원			270,000원

① 당기분 보험료는 30,000원이다.　② 당기분 이자수익은 10,000원이다.
③ 당기의 매출총이익은 140,000원이다.　④ 당기의 기말 자본금은 80,000원이다.

4. 다음 중 재무상태표의 계정과목으로만 짝지어진 것은?

① 미지급금, 미지급비용　② 외상매출금, 상품매출
③ 감가상각누계액, 감가상각비　④ 대손충당금, 대손상각비

5. 다음 중 결산 시 차기이월로 계정을 마감하는 계정과목에 해당하는 것은?

① 이자수익　② 임차료　③ 통신비　④ 미수금

6. 다음 중 일반적으로 유형자산의 취득원가에 포함시킬 수 없는 것은?

① 설치비　② 취득 시 발생한 운송비
③ 취득세　④ 보유 중에 발생한 수선유지비

7. 다음 중 판매비와관리비에 해당하는 것을 모두 고른 것은?

가. 이자비용	나. 유형자산처분손실
다. 복리후생비	라. 소모품비

① 가, 나　② 가, 다　③ 나, 다　④ 다, 라

8. 다음 중 계정의 잔액 표시가 올바른 것은?

① 　　　　　　선수금
　　　　2,000,000원 │

② 　　　　　　선급금
　　　　2,000,000원 │

③ 　　　　　　미수금
　　　　│　　　2,000,000원

④ 　　　　　　미지급금
　　　　2,000,000원 │

9. 다음 중 일반기업회계기준상 재고자산의 평가 방법으로 인정되지 않는 것은?

① 개별법　　　　② 선입선출법　　　　③ 가중평균법　　　　④ 연수합계법

10. 상품 매출에 대한 계약을 하고 계약금 100,000원을 받아 아래와 같이 회계처리 할 때, 다음 빈칸에 들어갈 계정과목으로 가장 옳은 것은?

(차) 현금	100,000원	(대) (　　　)	100,000원

① 선수금　　　　② 선급금　　　　③ 상품매출　　　　④ 외상매출금

11. 다음은 재무제표의 종류에 대한 설명이다. 아래의 보기 중 (가), (나)에서 각각 설명하는 재무제표의 종류로 모두 옳은 것은?

- (가) : 일정 시점 현재 기업이 보유하고 있는 자산, 부채, 자본에 대한 정보를 제공하는 재무보고서
- (나) : 일정 기간 동안 기업의 경영성과에 대한 정보를 제공하는 재무보고서

	(가)	(나)		(가)	(나)
①	재무상태표	손익계산서	②	잔액시산표	손익계산서
③	재무상태표	현금흐름표	④	잔액시산표	현금흐름표

12. 다음 중 원칙적으로 감가상각을 하지 않는 유형자산은?

① 기계장치   ② 차량운반구   ③ 건설중인자산   ④ 건물

13. 다음 자료를 이용하여 상품의 당기 순매입액을 계산하면 얼마인가?

• 당기에 상품 50,000원을 외상으로 매입하였다.   • 매입할인을 8,000원 받았다.

① 42,000원   ② 47,000원   ③ 50,000원   ④ 52,000원

14. 다음의 자료를 이용하여 기말자본을 계산하면 얼마인가?

• 기초자본 300,000원   • 당기순이익 160,000원   • 기말자본 (?)원

① 140,000원   ② 230,000원   ③ 300,000원   ④ 460,000원

15. 다음 중 수익과 비용에 대한 설명으로 옳지 않은 것은?

① 급여는 영업비용에 해당한다.   ② 소득세는 영업외비용에 해당한다.

③ 유형자산의 감가상각비는 영업비용에 해당한다.   ④ 이자수익은 영업외수익에 해당한다.

실 무 시 험

슈리상사(회사코드:1154)는 신발을 판매하는 개인기업으로서 당기(제15기)의 회계기간은 2024.1.1.~2024.12.31.이다. 전산세무회계 수험용 프로그램을 이용하여 다음 물음에 답하시오.

───────〈 기 본 전 제 〉───────

• 문제에서 한국채택국제회계기준을 적용하도록 하는 전제조건이 없는 경우, 일반기업회계기준을 적용하여 회계처리 한다.
• 문제의 풀이와 답안작성은 제시된 문제의 순서대로 진행한다.

문제1 다음은 슈리상사의 사업자등록증이다. [회사등록] 메뉴에 입력된 내용을 검토하여 누락분은 추가입력하고 잘못된 부분은 정정하시오(단, 우편번호 입력은 생략할 것). (6점)

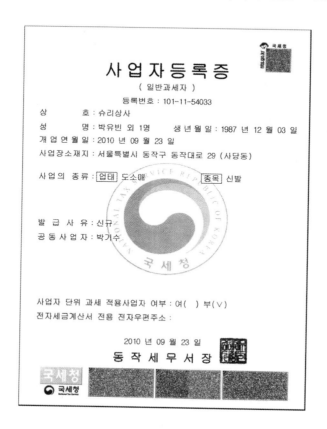

다음은 슈리상사의 전기분 재무상태표이다. 입력되어 있는 자료를 검토하여 오류 부분은 정정하고 누락된 부분은 추가 입력하시오. (6점)

손익계산서

회사명 : 슈리상사   제14기 2023.1.1.~2023.12.31.   (단위 : 원)

과 목	금 액	과 목	금 액
매 출 액	350,000,000	영 업 이 익	94,500,000
상 품 매 출	350,000,000	영 업 외 수 익	2,300,000
매 출 원 가	150,000,000	이 자 수 익	700,000
상 품 매 출 원 가	150,000,000	잡 이 익	1,600,000
기 초 상 품 재 고 액	10,000,000	영 업 외 비 용	6,800,000
당 기 상 품 매 입 액	190,000,000	이 자 비 용	6,500,000
기 말 상 품 재 고 액	50,000,000	잡 손 실	300,000
매 출 총 이 익	200,000,000	소 득 세 차 감 전 순 이 익	90,000,000
판 매 비 와 관 리 비	105,500,000	소 득 세 등	0
급 여	80,000,000	당 기 순 이 익	90,000,000
복 리 후 생 비	6,300,000		
여 비 교 통 비	2,400,000		
임 차 료	12,000,000		
수 선 비	1,200,000		
수 수 료 비 용	2,700,000		
광 고 선 전 비	900,000		

문제3 다음 자료를 이용하여 입력하시오. (6점)

[1] [계정과목및적요등록] 메뉴에서 판매비와관리비의 상여금 계정에 다음 내용의 적요를 등록하시오. (3점)

현금적요 No.2 : 명절 특별 상여금 지급

[2] 슈리상사의 거래처별 초기이월 채권과 채무잔액은 다음과 같다. 자료에 맞게 추가입력이나 정정 및 삭제하시오. (3점)

계정과목	거래처	잔액	계
외상매출금	희은상사	6,000,000원	34,800,000원
	폴로전자	15,800,000원	
	예진상회	13,000,000원	
지급어음	슬기상회	6,000,000원	17,000,000원
	효은유통	7,600,000원	
	주언상사	3,400,000원	

문제4	[일반전표입력] 메뉴를 이용하여 다음의 거래 자료를 입력하시오. (24점)

〈 입력 시 유의사항 〉

- 적요의 입력은 생략한다.
- 부가가치세는 고려하지 않는다.
- 채권·채무와 관련된 거래는 별도의 요구가 없는 한 반드시 기등록된 거래처코드를 선택하는 방법으로 거래처명을 입력한다.
- 회계처리 시 계정과목은 별도의 제시가 없는 한 등록된 계정과목 중 가장 적절한 과목으로 한다.

[1] 07월 29일 사무실에서 사용하는 노트북을 수리하고 대금은 국민카드로 결제하였다(단, 해당 지출은 수익적 지출에 해당함). (3점)

카드매출전표

카드종류 : 국민카드
카드번호 : 1234-5678-11**-2222
거래일시 : 2024.07.29. 11:11:12
거래유형 : 신용승인
금   액 : 150,000원
결제방법 : 일시불
승인번호 : 12341234
은행확인 : 신한은행
가맹점명 : 규은전자

[2] 08월 18일 농협은행으로부터 차입한 금액에 대한 이자 900,000원을 보통예금 계좌에서 지급하였다. (3점)

[3] 08월 31일 당사에서 보관 중이던 섬미상사 발행 당좌수표로 넥사상사의 외상매입금 3,000,000원을 지급하였다. (3점)

[4] 09월 20일 청소년의 날을 맞아 소년소녀가장을 돕기 위해 현금 500,000원을 방송국에 기부하였다. (3점)

[5] 10월 15일 사무실로 이용 중인 동작빌딩 임대차계약을 아래와 같이 임차보증금만 인상하는 것으로 재계약하고, 인상된 임차보증금을 보통예금 계좌에서 이체하여 지급하였다. 종전 임대차계약의 임차보증금은 170,000,000원이며, 갱신 후 임대차계약서는 아래와 같다. (3점)

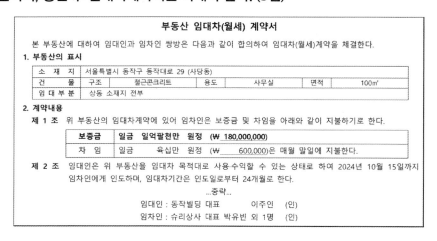

[6] 11월 04일 보유하고 있던 기계장치(취득원가 20,000,000원)를 광운상사에 10,000,000원에 매각하고 그 대금은 보통예금 계좌로 입금받았다(단, 11월 4일까지 해당 기계장치의 감가상각누계액은 10,000,000원이다). (3점)

[7] 12월 01일 영업부 출장용 자동차를 30,000,000원에 구입하면서 동시에 아래와 같이 취득세를 납부하였다. 차량운반구 구매액과 취득세는 모두 보통예금 계좌에서 지출하였다(단, 하나의 전표로 입력할 것). (3점)

대전광역시	차량취득세납부영수증		납 부 (납 입) 서		납세자보관용 영수증
납세자	슈리상사				
주소	서울특별시 동작구 동작대로 29 (사당동)				
납세번호	**기관번호** 1234567	**세목** 10101501	**납세년월기** 202412		**과세번호** 0124751

과세내역	차번	222머8888		년식 2024		과 세 표 준 액	
	목적	신규등록(일반등록)		특례 세율특례없음			
	차명	에쿠스					30,000,000
	차종	승용자동차		세율 70/1000			

세목	납 부 세 액	납부할 세액 합계	전용계좌로도 편리하게 납부!!	
취 득 세	2,100,000		우리은행	1620-441829-64-125
가산세	0	2,100,000원	신한은행	5563-04433-245814
지방교육세	0		하나은행	1317-865254-74125
농어촌특별세	0	신고납부기한	국민은행	44205-84-28179245
합계세액	2,100,000	**2024. 12. 31.** 까지	기업은행	5528-774145-58-247

지방세법 제6조~22조, 제30조의 규정에 의하여 위와 같이 신고하고 납부합니다.

■전용계좌 납부안내 (뒷면참조)

담당자	위의 금액을 영수합니다.	
한대교	**납부장소** : 전국은행(한국은행제외) 우체국 농협	2024년 12월 01일

수납인

[8] 12월 10일 거래처 직원의 결혼식에 보내기 위한 축하 화환을 주문하고 대금은 현금으로 지급하면서 아래와 같은 현금영수증을 수령하였다. (3점)

현금영수증

승인번호	구매자 발행번호	발행방법
G54782245	101-11-54033	지출증빙
신청구분	발행일자	취소일자
사업자번호	2024.12.10.	-

상품명 : 축하3단화환

구분	주문번호	상품주문번호
일반상품	2024121054897	2024121085414

판매자 정보

판매자상호 : 스마일꽃집	대표자명 : 김다림
사업자등록번호	판매자전화번호
201-91-41674	032-459-8751
판매자사업장주소 : 인천시 계양구 방축로 106	

금액

공급가액		1	0	0	0	0	0
부가세액							
승인금액		1	0	0	0	0	0

문제5 [일반전표입력] 메뉴에 입력된 내용 중 다음의 오류가 발견되었다. 입력된 내용을 검토하고 수정 또는 삭제, 추가 입력하여 올바르게 정정하시오. (6점)

〈 입력 시 유의사항 〉

• 적요의 입력은 생략한다.
• 부가가치세는 고려하지 않는다.
• 채권 · 채무와 관련된 거래는 별도의 요구가 없는 한 반드시 기등록된 거래처코드를 선택하는 방법으로 거래처명을 입력한다.
• 회계처리 시 계정과목은 별도의 제시가 없는 한 등록된 계정과목 중 가장 적절한 과목으로 한다.

[1] 10월 25일 본사 건물의 외벽 방수 공사비 5,000,000원을 수익적 지출로 처리해야 하나, 자본적 지출로 잘못 처리하였다. (3점)

[2] 11월 10일 보통예금 계좌에서 신한은행으로 이체한 1,000,000원은 장기차입금을 상환한 것이 아니라 이자비용을 지급한 것이다. (3점)

문제6 다음의 결산정리사항을 입력하여 결산을 완료하시오. (12점)

── 〈 입력 시 유의사항 〉 ──

- 적요의 입력은 생략한다.
- 부가가치세는 고려하지 않는다.
- 채권·채무와 관련된 거래는 별도의 요구가 없는 한 반드시 기등록된 거래처코드를 선택하는 방법으로 거래처명을 입력한다.
- 회계처리 시 계정과목은 별도의 제시가 없는 한 등록된 계정과목 중 가장 적절한 과목으로 한다.

[1] 결산일 현재 임대료(영업외수익) 미수분 300,000원을 결산정리분개 하였다. (3점)

[2] 단기투자목적으로 2개월 전에 ㈜자유로의 주식 100주를 주당 6,000원에 취득하였다. 기말 현재 이 주식의 공정가치는 주당 4,000원이다. (3점)

[3] 2024년 10월 1일에 영업부 출장용 차량의 보험료(보험기간 : 2024.10.01.~2025.09.30.) 600,000원을 현금으로 지급하면서 전액 보험료로 처리하였다. 기말수정분개를 하시오(단, 월할 계산할 것). (3점)

[4] 12월 31일 당기분 차량운반구에 대한 감가상각비 600,000원과 비품에 대한 감가상각비 500,000원을 계상하였다. (3점)

다음 사항을 조회하여 알맞은 답안을 이론문제 답안작성 메뉴에 입력하시오. (10점)

[1] 6월 30일 현재 당좌자산의 금액은 얼마인가? (3점)

[2] 상반기(1~6월) 중 광고선전비(판) 지출액이 가장 적은 달의 지출액은 얼마인가? (3점)

[3] 6월 말 현재 거래처 유화산업의 ①외상매출금과 ②받을어음의 잔액을 각각 순서대로 적으시오. (4점)

이론과 실무문제의 답을 모두 입력한 후 답안저장(USB로 저장) 을 클릭하여 저장하고, USB메모리를 제출하시기 바랍니다.

이 론 시 험

다음 문제를 보고 알맞은 것을 골라 이론문제 답안작성 메뉴에 입력하시오. (객관식 문항당 2점)

───────── 〈 기 본 전 제 〉 ─────────
문제에서 한국채택국제회계기준을 적용하도록 하는 전제조건이 없는 경우, 일반기업회계기준을 적용한다.

1. 다음은 계정의 기록 방법에 대한 설명이다. 아래의 (가)와 (나)에 각각 들어갈 내용으로 옳게 짝지어진 것은?

- 부채의 감소는 (가)에 기록한다.
- 수익의 증가는 (나)에 기록한다.

	(가)	(나)		(가)	(나)
①	대변	대변	②	차변	차변
③	차변	대변	④	대변	차변

2. 다음은 한국상점(회계기간 : 매년 1월 1일~12월 31일)의 현금 관련 자료이다. 아래의 (가)에 들어갈 계정과목으로 옳은 것은?

- 01월 30일 – 장부상 현금 잔액 400,000원   – 실제 현금 잔액 500,000원
- 12월 31일 – 결산 시까지 현금과부족 계정 잔액의 원인이 밝혀지지 않음.

		손익			
7/1	이자수익	70,000원	1/30	현금	100,000원
	(가)	30,000원			
		100,000원			100,000원

① 잡손실   ② 잡이익   ③ 현금과부족   ④ 현금

3. 다음 중 거래의 결과로 인식할 비용의 분류가 나머지와 다른 것은?

① 영업부 사원의 당월분 급여 2,000,000원을 현금으로 지급하다.

② 화재로 인하여 창고에 보관하던 상품 500,000원이 소실되다.

③ 영업부 사무실 건물에 대한 월세 200,000원을 현금으로 지급하다.

④ 종업원의 단합을 위해 체육대회행사비 50,000원을 현금으로 지급하다.

4. 다음의 자료를 이용하여 계산한 당기 중 외상으로 매출한 금액(에누리하기 전의 금액)은 얼마인가?

• 외상매출금 기초잔액 : 400,000원	• 외상매출금 중 에누리액 : 100,000원
• 외상매출금 당기 회수액 : 600,000원	• 외상매출금 기말잔액 : 300,000원

① 300,000원   ② 400,000원   ③ 500,000원   ④ 600,000원

5. 다음 중 아래의 자료에서 설명하는 특징을 가진 재고자산의 단가 결정방법으로 옳은 것은?

• 실제 재고자산의 물량 흐름과 괴리가 발생하는 경우가 많다.
• 일반적으로 기말재고액이 과소 계상되는 특징이 있다.

① 개별법   ② 가중평균법   ③ 선입선출법   ④ 후입선출법

6. 다음은 한국제조가 당기 중 처분한 기계장치 관련 자료이다. 기계장치의 취득가액은 얼마인가?

• 유형자산처분이익 : 7,000,000원	• 처분가액 : 12,000,000원	• 감가상각누계액 : 5,000,000원

① 7,000,000원   ② 8,000,000원   ③ 9,000,000원   ④ 10,000,000원

7. 다음의 자료를 참고하여 기말자본을 구하시오.

• 당기총수익 2,000,000원	• 당기총비용 1,500,000원
• 기초자산 1,700,000원	• 기초자본 1,300,000원

① 1,200,000원   ② 1,500,000원   ③ 1,800,000원   ④ 2,000,000원

8. 다음 중 손익의 이연을 처리하기 위해 사용하는 계정과목을 모두 고른 것은?

가. 선급비용	나. 선수수익	다. 대손충당금	라. 잡손실

① 가, 나   ② 가, 다   ③ 나, 다   ④ 다, 라

9. 다음 중 재고자산의 종류에 해당하지 않는 것은?

① 상품   ② 재공품   ③ 반제품   ④ 비품

10. 다음 중 아래의 (가)와 (나)에 각각 들어갈 부채 항목의 계정과목으로 옳게 짝지어진 것은?

- 현금 등 대가를 미리 받았으나 수익이 실현되는 시점이 차기 이후에 속하는 경우 (가)(으)로 처리한다.
- 일반적인 상거래 외의 거래와 관련하여 발생한 현금 수령액 중 임시로 보관하였다가 곧 제3자에게 다시 지급해야 하는 경우 (나)(으)로 처리한다.

	(가)	(나)		(가)	(나)
①	선급금	예수금	②	선수수익	예수금
③	선수수익	미수수익	④	선급금	미수수익

11. 다음 중 회계상 거래에 해당하는 것은?

① 직원 1명을 신규 채용하고 근로계약서를 작성했다.

② 매장 임차료를 종전 대비 5% 인상하기로 임대인과 구두 협의했다.

③ 제품 100개를 주문한 고객으로부터 제품 50개 추가 주문을 받았다.

④ 사업자금으로 차입한 대출금에 대한 1개월분 대출이자가 발생하였다.

12. 다음 중 아래의 회계처리에 대한 설명으로 가장 적절한 것은?

(차) 현금　10,000원	(대) 외상매출금　10,000원

① 상품을 판매하고 현금 10,000원을 수령하였다.

② 지난달에 판매한 상품이 환불되어 현금 10,000원을 환불하였다.

③ 지난달에 판매한 상품에 대한 대금 10,000원을 수령하였다.

④ 상품을 판매하고 대금 10,000원을 다음달에 받기로 하였다.

13. 다음 중 일반기업회계기준에서 규정하고 있는 재무제표의 종류로 올바르지 않은 것은?

① 시산표　　　　　② 손익계산서　　　　　③ 자본변동표　　　　　④ 현금흐름표

14. ㈜서울은 직접 판매와 수탁자를 통한 위탁판매도 하고 있다. 기말 현재 재고자산의 현황이 아래와 같을 때, 기말 재고자산 가액은 얼마인가?

- ㈜서울의 창고에 보관 중인 재고자산 가액 : 500,000원
- 수탁자에게 위탁판매를 요청하여 수탁자 창고에 보관 중인 재고자산 가액 : 100,000원
- 수탁자의 당기 위탁판매 실적에 따라 ㈜서울에 청구한 위탁판매수수료 : 30,000원

① 400,000원　　　　② 470,000원　　　　③ 570,000원　　　　④ 600,000원

15. 다음 자료를 이용하여 당기 매출총이익을 구하시오.

- 기초 재고자산 : 200,000원
- 기말 재고자산 : 300,000원
- 판매 사원에 대한 당기 급여 총지급액 : 400,000원
- 재고자산 당기 매입액 : 1,000,000원
- 당기 매출액 : 2,000,000원

① 600,000원　　　　② 700,000원　　　　③ 1,000,000원　　　　④ 1,100,000원

실 무 시 험

두일상사(회사코드:1144)는 사무용가구를 판매하는 개인기업으로 당기(제11기) 회계기간은 2024.1.1.~2024.12.31.이다. 전산세무회계 수험용 프로그램을 이용하여 다음 물음에 답하시오.

〈 기 본 전 제 〉

• 문제에서 한국채택국제회계기준을 적용하도록 하는 전제조건이 없는 경우, 일반기업회계기준을 적용하여 회계처리 한다.

• 문제의 풀이와 답안작성은 제시된 문제의 순서대로 진행한다.

문제1 다음은 두일상사의 사업자등록증이다. [회사등록] 메뉴에 입력된 내용을 검토하여 누락분은 추가입력하고 잘못된 부분은 정정하시오(단, 우편번호 입력은 생략할 것). (6점)

문제2

다음은 두일상사의 전기분 재무상태표이다. 입력되어 있는 자료를 검토하여 오류 부분은 정정하고 누락된 부분은 추가 입력하시오. (6점)

재무상태표

회사명 : 두일상사　　　　　　　　제10기 2023.12.31. 현재　　　　　　　　(단위 : 원)

과　　　목	금	액	과　　　목	금	액
현　　　금		60,000,000	외 상 매 입 금		55,400,000
당 좌 예 금		45,000,000	지 급 어 음		90,000,000
보 통 예 금		53,000,000	미 지 급 금		78,500,000
외 상 매 출 금	90,000,000		단 기 차 입 금		45,000,000
대 손 충 당 금	900,000	89,100,000	장 기 차 입 금		116,350,000
받 을 어 음	65,000,000		자 본 금		156,950,000
대 손 충 당 금	650,000	64,350,000	(당기순이익 :		
단 기 대 여 금		50,000,000	46,600,000)		
상　　　품		3,000,000			
소 모 품		500,000			
토　　　지		100,000,000			
차 량 운 반 구	64,500,000				
감가상각누계액	10,750,000	53,750,000			
비　　　품	29,500,000				
감가상각누계액	6,000,000	23,500,000			
자 산 총 계		542,200,000	부채와자본총계		542,200,000

문제3 다음 자료를 이용하여 입력하시오. (6점)

[1] 다음의 자료를 이용하여 기초정보관리의 [거래처등록] 메뉴를 거래처(금융기관)를 추가로 등록하시오(단, 주어진 자료 외의 다른 항목은 입력할 필요 없음). (3점)

- 코드 : 98100
- 계좌번호 : 1234-5678-1234
- 거래처명 : 케이뱅크 적금
- 계좌개설은행 : 케이뱅크
- 유형 : 정기적금
- 계좌개설일 : 2024년 7월 1일

[2] 외상매출금과 단기차입금의 거래처별 초기이월 채권과 채무의 잔액은 다음과 같다. 입력된 자료를 검토하여 잘못된 부분은 수정 또는 삭제, 추가 입력하여 주어진 자료에 맞게 정정하시오. (3점)

계정과목	거래처	잔액	계
외상매출금	태양마트	34,000,000원	90,000,000원
	㈜애옹전자	56,000,000원	
단기차입금	은산상사	20,000,000원	45,000,000원
	세연상사	22,000,000원	
	일류상사	3,000,000원	

문제4

[일반전표입력] 메뉴를 이용하여 다음의 거래 자료를 입력하시오. (24점)

─────────────── 〈 입력 시 유의사항 〉 ───────────────

- 적요의 입력은 생략한다.
- 부가가치세는 고려하지 않는다.
- 채권·채무와 관련된 거래는 별도의 요구가 없는 한 반드시 기등록된 거래처코드를 선택하는 방법으로 거래처명을 입력한다.
- 회계처리 시 계정과목은 별도의 제시가 없는 한 등록된 계정과목 중 가장 적절한 과목으로 한다.

[1] 07월 03일 거래처 대전상사로부터 차입한 단기차입금 8,000,000원의 상환기일이 도래하여 당좌수표를 발행하여 상환하다. (3점)

[2] 07월 10일 관리부 직원들이 시내 출장용으로 사용하는 교통카드를 충전하고, 대금은 현금으로 지급하였다. (3점)

```
           Seoul Metro
             서울메트로
        [교통카드 충전영수증]
  역  사  명 : 평촌역
  장 비 번 호 : 163
  카 드 번 호 : 5089-3466-5253-6694
  결 제 방 식 : 현금
  충 전 일 시 : 2024.07.10.
  ────────────────────────
  충 전 전 잔 액 :          500원
  충 전 금 액 :        50,000원
  충 전 후 잔 액 :       50,500원
  ────────────────────────
  대 표 자 명    이춘덕
  사업자번호    108-12-16395
  주소          서울특별시 서초구 반포대로 21
```

[3] 08월 05일 능곡가구의 파산으로 인하여 외상매출금 5,000,000원이 회수할 수 없는 것으로 판명되어 대손처리하기로 하였다. 단, 8월 5일 현재 대손충당금 잔액은 900,000원이다. (3점)

[4] 08월 13일 사업용 부지로 사용하기 위한 토지를 매입하면서 발생한 부동산중개수수료를 현금으로 지급하고 아래의 현금영수증을 발급받았다. (3점)

유성부동산			
305-42-23567			김유성
대전광역시 유성구 노은동로 104			TEL : 1577-0000
현금영수증(지출증빙용)			
구매 2024/08/13		거래번호 : 12341234-123	
상품명	수량	단가	금액
중개수수료		1,000,000원	1,000,000원
	공 급 대 가		1,000,000원
	합 계		1,000,000원
	받 은 금 액		1,000,000원

[5] 09월 25일 임대인에게 800,000원(영업부 사무실 임차료 750,000원 및 건물관리비 50,000원)을 보통예금 계좌에서 이체하여 지급하였다(단, 하나의 전표로 입력할 것). (3점)

[6] 10월 24일 정풍상사에 판매하기 위한 상품의 상차작업을 위해 일용직 근로자를 고용하고 일당 100,000원을 현금으로 지급하였다. (3점)

[7] 11월 15일 아린상사에서 상품을 45,000,000원에 매입하기로 계약하고, 계약금은 당좌수표를 발행하여 지급하였다. 계약금은 매입 금액의 10%이다. (3점)

[8] 11월 23일 영업부에서 사용할 차량을 구입하고, 대금은 국민카드(신용카드)로 결제하였다. (3점)

```
신용카드매출전표
2024.11.23. 17:20:11
20,000,000원
정상승인 | 일시불

결제정보
카드              국민카드(7890-4321-1000-2949)
거래유형                              신용승인
승인번호                              75611061
이용구분                                일시불
은행확인                            KB국민은행
가맹점 정보
가맹점명                             오지자동차
사업자등록번호                   203-71-61019
대표자명                              박미래
```

문제5

[일반전표입력] 메뉴에 입력된 내용 중 다음의 오류가 발견되었다. 입력된 내용을 검토하고 수정 또는 삭제, 추가 입력하여 올바르게 정정하시오. (6점)

──────── 〈 입력 시 유의사항 〉 ────────

- 적요의 입력은 생략한다.
- 부가가치세는 고려하지 않는다.
- 채권·채무와 관련된 거래는 별도의 요구가 없는 한 반드시 기등록된 거래처코드를 선택하는 방법으로 거래처명을 입력한다.
- 회계처리 시 계정과목은 별도의 제시가 없는 한 등록된 계정과목 중 가장 적절한 과목으로 한다.

[1] 08월 16일 보통예금 계좌에서 출금된 1,000,000원은 임차료(판)가 아닌 경의상사에 지급한 임차보증금으로 확인되었다. (3점)

[2] 09월 30일 사업용 토지에 부과된 재산세 300,000원을 보통예금 계좌에서 이체하여 납부하고, 이를 토지의 취득가액으로 회계처리한 것으로 확인되었다. (3점)

문제6   다음의 결산정리사항을 입력하여 결산을 완료하시오. (12점)

─────── 〈 입력 시 유의사항 〉 ───────

- 적요의 입력은 생략한다.
- 부가가치세는 고려하지 않는다.
- 채권·채무와 관련된 거래는 별도의 요구가 없는 한 반드시 기등록된 거래처코드를 선택하는 방법으로 거래처명을 입력한다.
- 회계처리 시 계정과목은 별도의 제시가 없는 한 등록된 계정과목 중 가장 적절한 과목으로 한다.

[1] 포스상사로부터 차입한 단기차입금에 대한 기간경과분 당기 발생 이자는 360,000원이다. 필요한 회계처리를 하시오. (3점)

[2] 기말 현재 가지급금 잔액 500,000원은 ㈜디자인가구의 외상매입금 지급액으로 판명되었다. (3점)

[3] 영업부의 당기 소모품 내역이 다음과 같다. 결산일에 필요한 회계처리를 하시오(단, 소모품 구입 시 전액 자산으로 처리하였다). (3점)

소모품 기초잔액	소모품 당기구입액	소모품 기말잔액
500,000원	200,000원	300,000원

[4] 매출채권(외상매출금 및 받을어음) 잔액에 대하여만 2%의 대손충당금을 보충법으로 설정하시오(단, 기타 채권에 대하여는 대손충당금을 설정하지 않는다). (3점)

다음 사항을 조회하여 알맞은 답안을 이론문제 답안작성 메뉴에 입력하시오. (10점)

[1] 4월 말 현재 지급어음 잔액은 얼마인가? (3점)

[2] 5월 1일부터 5월 31일까지 기간의 외상매출금 회수액은 모두 얼마인가? (3점)

[3] 상반기(1월~6월) 중 복리후생비(판)의 지출이 가장 적은 월(月)과 그 월(月)의 복리후생비(판) 금액은 얼마인가? (4점)

이 론 시 험

다음 문제를 보고 알맞은 것을 골라 이론문제 답안작성 메뉴에 입력하시오. (객관식 문항당 2점)

──── 〈 기 본 전 제 〉 ────

문제에서 한국채택국제회계기준을 적용하도록 하는 전제조건이 없는 경우, 일반기업회계기준을 적용한다.

1. 다음의 거래 내용을 보고 결합관계를 적절하게 나타낸 것은?

전화요금 50,000원이 보통예금 계좌에서 자동이체된다.

	차변		대변		(가)		(나)
①	자산의 증가		자산의 감소	②	부채의비용의 발생		수익의 발생
③	자본의 감소		부채의 증가	④	감소		자산의 감소

2. 다음 중 총계정원장의 잔액이 항상 대변에 나타나는 계정과목은 무엇인가?

① 임대료수입   ② 보통예금   ③ 수수료비용   ④ 외상매출금

3. 다음 중 기말상품재고액 30,000원을 50,000원으로 잘못 회계처리한 경우 재무제표에 미치는 영향으로 옳은 것은?

① 재고자산이 과소 계상된다.   ② 매출원가가 과소 계상된다.

③ 매출총이익이 과소 계상된다.   ④ 당기순이익이 과소 계상된다.

4. 다음 중 유동성배열법에 의하여 나열할 경우 재무상태표상 가장 위쪽(상단)에 표시되는 계정과목은 무엇인가?

① 영업권

② 장기대여금

③ 단기대여금

④ 영업활동에 사용하는 건물

5. 다음 중 감가상각을 해야 하는 자산으로만 짝지은 것은 무엇인가?

① 건물, 토지

② 차량운반구, 기계장치

③ 단기매매증권, 구축물

④ 재고자산, 건설중인자산

6. 회사의 재산 상태가 다음과 같은 경우 순자산(자본)은 얼마인가?

• 현금 300,000원	• 대여금 100,000원	• 선급금 200,000원
• 재고자산 800,000원	• 매입채무 100,000원	• 사채 300,000원

① 1,000,000원

② 1,100,000원

③ 1,200,000원

④ 1,600,000원

7. 다음 중 일정 시점의 재무상태를 나타내는 재무보고서의 계정과목으로만 연결된 것은?

① 선급비용, 급여

② 현금, 선급비용

③ 매출원가, 선수금

④ 매출채권, 이자비용

8. 다음 중 현금및현금성자산 계정과목으로 처리할 수 없는 것은?

① 보통예금

② 우편환증서

③ 자기앞수표

④ 우표

9. 다음 자료에 의한 매출채권의 기말 대손충당금 잔액은 얼마인가?

- 기초 매출채권 : 500,000원
- 당기 매출액 : 2,000,000원 (판매시점에 전액 외상으로 판매함)
- 당기 중 회수한 매출채권 : 1,500,000원
- 기말 매출채권 잔액에 대하여 1%의 대손충당금을 설정하기로 한다.

① 0원   ② 5,000원   ③ 10,000원   ④ 15,000원

10. 다음 자료에서 부채의 합계액은 얼마인가?

• 직원에게 빌려준 금전 : 150,000원	• 선급비용 : 50,000원	• 선지급금 : 120,000원
• 선수금 : 70,000원	• 선수수익 : 30,000원	

① 100,000원   ② 120,000원   ③ 150,000원   ④ 180,000원

11. 다음 자료는 회계의 순환과정의 일부이다. (가), (나), (다)의 순서로 옳은 것은?

거래 발생 → (가) → 전기 → 수정 전 시산표 작성 → (나) → 수정 후 시산표 작성 → (다) → 결산보고서 작성

	(가)	(나)	(다)
①	분개	각종 장부 마감	결산 정리 분개
②	분개	결산 정리 분개	각종 장부 마감
③	각종 장부 마감	분개	결산 정리 분개
④	결산 정리 분개	각종 장부 마감	분개

12. 다음 중 재고자산의 취득원가를 구할 때 차감하는 계정과목이 아닌 것은?

① 매입할인   ② 매입환출   ③ 매입에누리   ④ 매입부대비용

13. 다음 중 영업외비용에 해당하지 않는 것은?

① 보험료   ② 기부금   ③ 이자비용   ④ 유형자산처분손실

14. 다음 재고자산의 단가결정방법 중 선입선출법에 대한 설명으로 적절하지 않은 것은?

① 물가상승 시 이익이 과대계상된다.

② 물량흐름과 원가흐름이 대체로 일치한다.

③ 물가상승 시 기말재고자산이 과소평가된다.

④ 기말재고자산이 현행원가에 가깝게 표시된다.

15. 다음과 같이 사업에 사용할 토지를 무상으로 취득한 경우, 토지의 취득가액은 얼마인가?

• 무상으로 취득한 토지의 공정가치 : 1,000,000원	• 토지 취득 시 발생한 취득세 : 40,000원

① 0원   ② 40,000원   ③ 1,000,000원   ④ 1,040,000원

실 무 시 험

엔시상사(회사코드:1134)는 문구 및 잡화를 판매하는 개인기업으로 당기(제7기) 회계기간은 2024.1.1.~2024.12.31.이다. 전산세무회계 수험용 프로그램을 이용하여 다음 물음에 답하시오.

──── 〈 기 본 전 제 〉 ────

• 문제에서 한국채택국제회계기준을 적용하도록 하는 전제조건이 없는 경우, 일반기업회계기준을 적용하여 회계처리 한다.
• 문제의 풀이와 답안작성은 제시된 문제의 순서대로 진행한다.

문제1
다음은 엔시상사의 사업자등록증이다. [회사등록] 메뉴에 입력된 내용을 검토하여 누락분은 추가입력하고 잘못된 부분은 정정하시오(단, 우편번호 입력은 생략할 것). (6점)

다음은 엔시상사의 전기분 손익계산서이다. 입력되어 있는 자료를 검토하여 오류 부분은 정정하고 누락된 부분은 추가 입력하시오. (6점)

손익계산서

회사명 : 엔시상사 　　　　　제6기 2023.1.1.~2023.12.31.　　　　　(단위 : 원)

과　　　　　　목	금　　　액	과　　　　　　목	금　　　액
I. 매　　출　　액	100,000,000	V. 영　업　이　익	10,890,000
상　품　매　출	100,000,000	VI. 영 업 외 수 익	610,000
II. 매　　출　　원　　가	60,210,000	이　자　수　익	610,000
상 품 매 출 원 가	60,210,000	VII. 영　업　외　비　용	2,000,000
기 초 상 품 재 고 액	26,000,000	이　자　비　용	2,000,000
당 기 상 품 매 입 액	38,210,000	VIII. 소득세차감전순이익	9,500,000
기 말 상 품 재 고 액	4,000,000	IX. 소　득　세　등	0
III. 매　출　총　이　익	39,790,000	X. 당 기 순 이 익	9,500,000
IV. 판 매 비 와 관 리 비	28,900,000		
급　　　　　　여	20,000,000		
복 리 후 생 비	4,900,000		
여 비 교 통 비	1,000,000		
임　　차　　료	2,300,000		
운　　반　　비	400,000		
소 　모 　품 　비	300,000		

다음 자료를 이용하여 입력하시오. (6점)

[1] 다음 자료를 이용하여 [계정과목및적요등록] 메뉴에서 재고자산 항목의 상품 계정에 적요를 추가로 등록하시오. (3점)

현금적요 3. 수출용 상품 매입

[2] 외상매입금과 지급어음에 대한 거래처별 초기이월 자료는 다음과 같다. 주어진 자료를 검토하여 누락된 부분을 수정 및 추가 입력하시오. (3점)

계정과목	거래처	잔액
외상매입금	엘리상사	3,000,000원
	동오상사	10,000,000원
지급어음	디오상사	3,500,000원
	망도상사	3,000,000원

문제4 [일반전표입력] 메뉴를 이용하여 다음의 거래 자료를 입력하시오. (24점)

〈 입력 시 유의사항 〉

- 적요의 입력은 생략한다.
- 부가가치세는 고려하지 않는다.
- 채권·채무와 관련된 거래는 별도의 요구가 없는 한 반드시 기등록된 거래처코드를 선택하는 방법으로 거래처명을 입력한다.
- 회계처리 시 계정과목은 별도의 제시가 없는 한 등록된 계정과목 중 가장 적절한 과목으로 한다.

[1] 08월 10일 매출거래처 수민상회에 대한 외상매출금을 현금으로 회수하고, 아래의 입금표를 발행하여 교부하였다. (3점)

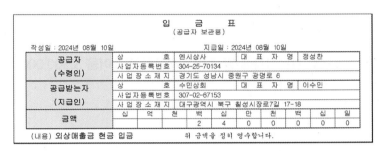

[2] 08월 25일 거래처 대표로부터 청첩장을 받고, 축의금 200,000원을 현금으로 지급하였다. (3점)

[3] 09월 02일 영업부 직원의 고용보험료 220,000원을 보통예금 계좌에서 납부하였다. 납부한 금액 중 100,000원은 직원부담분이고, 나머지는 회사부담분으로 직원부담분은 직원의 8월 귀속 급여에서 공제한 상태이다(단, 하나의 전표로 처리하고 회사부담분은 복리후생비 계정으로 처리할 것). (3점)

[4] 09월 20일 유형자산인 토지에 대한 재산세 500,000원을 현금으로 납부하였다. (3점)

	2024년09월(토지분)	재산세	도시지역분 지방교육세	고지서

전 자 납 부 번 호	구 분	납 기 내 금 액	납 기 후 금 액
11500-1-12452-124234	합 계	500,000	515,000
납 세 자 엔시상사	납부기한	2024.09.30.까지	2024.10.31.까지
주 소 지 경기 성남시 중원구 광명로 6	위의 금액을 납부하시기 바랍니다.		
과세대상 경기 성남시 성남동 1357	2024년 9월 10일		

[5] 09월 25일 상품 매입대금으로 가은상사에 발행하여 지급한 약속어음 3,500,000원의 만기가 도래하여 보통예금 계좌에서 이체하여 상환하다. (3점)

[6] 10월 05일 다음과 같이 상품을 판매하고 대금 중 4,000,000원은 자기앞수표로 받고 잔액은 외상으로 하였다. (3점)

5권	10호	거래명세표(보관용)				
2024년 10월 05일		공 급 자	사 업 자 등 록 번 호	304-25-70134		
한능협 귀하			상 호	엔시상사	성 명	정성찬 ㊞
			사 업 장 소 재 지	경기도 성남시 중원구 광명로 6		
아래와 같이 계산합니다.			업 태	도소매	종 목	문구및잡화
합계 금액		일천만 원정 (₩ 10,000,000)				
월일	품 목	규 격	수 량	단 가	공 급 대 가	
10/05	만년필		4	2,500,000원	10,000,000원	
계					10,000,000원	
전잔금	없음			합 계	10,000,000원	
입 금	4,000,000원	잔 금	6,000,000원	인수자	강아영 ㊞	

[7] 10월 20일 영업부 사무실의 10월분 수도요금 30,000원과 소모품비 100,000원을 삼성카드로 결제하였다. (3점)

[8] 11월 10일 정기예금 이자 100,000원이 발생하여 원천징수세액을 차감한 금액이 보통예금으로 입금되었으며, 다음과 같이 원천징수영수증을 받았다(단, 원천징수세액은 선납세금 계정을 이용하고 하나의 전표로 입력할 것). (3점)

※관리번호	이자소득 원천징수영수증				√소득자 보관용 □발행자 보관용 □발행자 보고용		
징 수 의 무 자	법인명(상호)	농협은행					
소 득 자	성명(상호)		사업자등록번호		계좌번호		
	정성찬(엔시상사)		304-25-70134		904-480-511166		
	주소	경기도 성남시 중원구 광명로 6					
지급일	이자율	지급액 (소득금액)	세율	원천징수세액			
				소득세	지방소득세	계	
2024/11/10	1%	100,000원	14%	14,000원	1,400원	15,400원	

위의 원천징수세액)수입금액)을 정히 영수(지급)합니다.　　2024년 11월 10일
징수(보고)의무자 농협은행

문제5　[일반전표입력] 메뉴에 입력된 내용 중 다음의 오류가 발견되었다. 입력된 내용을 검토하고 수정 또는 삭제, 추가 입력하여 올바르게 정정하시오. (6점)

〈 입력 시 유의사항 〉

• 적요의 입력은 생략한다.
• 부가가치세는 고려하지 않는다.
• 채권·채무와 관련된 거래는 별도의 요구가 없는 한 반드시 기등록된 거래처코드를 선택하는 방법으로 거래처명을 입력한다.
• 회계처리 시 계정과목은 별도의 제시가 없는 한 등록된 계정과목 중 가장 적절한 과목으로 한다.

[1] 08월 06일 보통예금 계좌에서 이체한 6,000,000원은 사업용카드 중 신한카드의 미지급금을 결제한 것으로 회계처리 하였으나 하나카드의 미지급금을 결제한 것으로 확인되었다. (3점)

[2] 10월 25일 구매부 직원의 10월분 급여 지급액에 대한 회계처리 시 공제 항목에 대한 회계처리를 하지 않고 급여액 총액을 보통예금 계좌에서 이체하여 지급한 것으로 잘못 회계처리 하였다(단, 하나의 전표로 처리하되, 공제 항목은 항목별로 구분하지 않는다). (3점)

2024년 10월분 급여명세서

사 원 명 : 박민정
부 서 : 구매부
입 사 일 : 2020.10.25.
직 급 : 대리

지 급 내 역	지 급 액	공 제 내 역	공 제 액
기 본 급 여	4,200,000원	국 민 연 금	189,000원
직 책 수 당	0원	건 강 보 험	146,790원
상 여 금	0원	고 용 보 험	37,800원
특 별 수 당	0원	소 득 세	237,660원
자 가 운 전 보 조 금	0원	지 방 소 득 세	23,760원
지 급 액 계	4,200,000원	공 제 액 계	635,010원
귀하의 노고에 감사드립니다.		차 인 지 급 액	3,564,990원

문제6 다음의 결산정리사항을 입력하여 결산을 완료하시오. (12점)

─── 〈 입력 시 유의사항 〉 ───

• 적요의 입력은 생략한다.
• 부가가치세는 고려하지 않는다.
• 채권·채무와 관련된 거래는 별도의 요구가 없는 한 반드시 기등록된 거래처코드를 선택하는 방법으로 거래처명을 입력한다.
• 회계처리 시 계정과목은 별도의 제시가 없는 한 등록된 계정과목 중 가장 적절한 과목으로 한다.

[1] 4월 1일에 영업부 사무실의 12개월분 임차료(임차기간 : 2024.4.1.~2025.3.31.) 24,000,000원을 보통예금 계좌에서 이체하여 지급하고 전액 자산계정인 선급비용으로 회계처리하였다. 기말수정분개를 하시오(단, 월할 계산할 것). (3점)

[2] 기말 외상매출금 중 미국 BRIZ사의 외상매출금 20,000,000원(미화 $20,000)이 포함되어 있다. 결산일 현재 기준환율은 1$당 1,100원이다. (3점)

[3] 기말 현재 현금과부족 중 15,000원은 판매 관련 등록면허세를 현금으로 납부한 것으로 밝혀졌다. (3점)

[4] 결산을 위하여 창고의 재고자산을 실사한 결과, 기말상품재고액은 4,500,000원이다. (3점)

문제7 다음 사항을 조회하여 알맞은 답안을 이론문제 답안작성 메뉴에 입력하시오. (10점)

[1] 상반기(1월~6월) 중 어룡상사에 대한 외상매입금 지급액은 얼마인가? (3점)

[2] 상반기(1월~6월) 동안 지출한 복리후생비(판) 금액은 모두 얼마인가? (3점)

[3] 6월 말 현재 유동자산과 유동부채의 차액은 얼마인가? (4점)

이론과 실무문제의 답을 모두 입력한 후 답안저장(USB로 저장) 을 클릭하여 저장하고, USB메모리를 제출하시기 바랍니다.

이 론 시 험

다음 문제를 보고 알맞은 것을 골라 이론문제 답안작성 메뉴에 입력하시오. (객관식 문항당 2점)

── 〈 기 본 전 제 〉 ──
문제에서 한국채택국제회계기준을 적용하도록 하는 전제조건이 없는 경우, 일반기업회계기준을 적용한다.

1. 다음 중 손익계산서에 대한 설명으로 옳지 않은 것은?

① 재무제표의 종류에 속한다.
② 재산법을 이용하여 당기순손익을 산출한다.
③ 일정한 기간의 경영성과를 나타내는 보고서이다.
④ 손익계산서 등식은 '총비용=총수익+당기순손실' 또는 '총비용+당기순이익=총수익'이다.

2. 다음의 자료를 통해 알 수 있는 외상매입금 당기 지급액은 얼마인가?

• 기초 외상매입금 60,000원	• 외상매입금 중 매입환출 30,000원
• 당기 외상매입액 300,000원	• 기말 외상매입금 120,000원

① 150,000원   ② 180,000원   ③ 210,000원   ④ 360,000원

3. 다음 중 영업이익에 영향을 미치지 않는 것은?

① 이자비용   ② 매출원가   ③ 접대비   ④ 세금과공과

4. 다음 중 결산 수정분개의 대상 항목 또는 유형으로 적합하지 않은 것은?

① 유형자산의 처분   ② 수익과 비용의 이연과 예상
③ 현금과부족 계정 잔액의 정리   ④ 매출채권에 대한 대손충당금 설정

5. 다음 중 유형자산이 아닌 것은?

① 공장용 토지　　　② 영업부서용 차량　　　③ 상품보관용 창고　　　④ 본사 건물 임차보증금

6. 다음 중 유동성이 가장 높은 자산을 고르시오.

① 재고자산　　　② 당좌자산　　　③ 유형자산　　　④ 기타비유동자산

7. 다음 자료를 이용하여 단기매매증권처분손익을 계산하면 얼마인가?

| · 매도금액 : 2,000,000원　　· 장부금액 : 1,600,000원　　· 처분 시 매각 수수료 : 100,000원 |

① (−)400,000원　　　② (−)300,000원　　　③ 300,000원　　　④ 400,000원

8. 다음 중 재고자산에 해당하지 않는 것은?

① 원재료　　　　　　　　　　　② 판매 목적으로 보유 중인 부동산매매업자의 건물
③ 상품　　　　　　　　　　　　④ 상품매입 계약을 체결하고 지급한 선급금

9. 다음 중 대손충당금 설정 대상에 해당하는 계정과목으로 옳은 것은?

① 받을어음　　　② 지급어음　　　③ 미지급금　　　④ 선수금

10. 다음 손익계정의 자료를 이용하여 매출총이익을 계산한 것으로 옳은 것은?

		손익		
매입	600,000	매출		800,000

① 5,000원   ② 195,000원   ③ 200,000원   ④ 795,000원

11. 다음 중 일반기업회계준상 재무제표에 해당하는 것으로만 구성된 것은?

① 재무상태표, 손익계산서   ② 주기, 시산표
③ 손익계산서, 시산표   ④ 재무상태표, 총계정원장

12. 다음은 기말 재무상태표상 계정별 잔액이다. 이 회사의 기말자본은 얼마인가?

- 현금 100,000원   • 상품 1,000,000원   • 선수금 300,000원
- 외상매입금 200,000원   • 단기차입금 100,000원

① 300,000원   ② 500,000원   ③ 800,000원   ④ 1,100,000원

13. 다음 중 감가상각에 대한 설명으로 틀린 것은?

① 자산이 사용가능한 때부터 감가상각을 시작한다.
② 정액법은 내용연수 동안 매년 일정한 상각액을 인식하는 방법이다.
③ 자본적 지출액은 감가상각비를 계산하는 데 있어 고려 대상이 아니다.
④ 정률법으로 감가상각하는 경우 기말 장부가액은 우하향 그래프의 곡선 형태를 나타낸다.

14. 다음 중 아래의 자료와 같은 결합관계가 나타날 수 있는 회계상 거래를 고르시오.

(차) 자산의 증가	(대) 수익의 발생

① 판매용 물품 300,000원을 외상으로 매입하였다.

② 전월에 발생한 외상매출금 100,000원을 현금으로 회수하였다.

③ 직원 가불금 300,000원을 보통예금 계좌에서 인출하여 지급하였다.

④ 당사의 보통예금에 대한 이자 300,000원이 해당 보통예금 계좌로 입금되었다.

15. 다음 중 아래 계정별원장의 (   ) 안에 들어갈 계정과목으로 가장 적합한 것은?

(		)	
당좌예금	300,000원	전기이월	200,000원
현금	150,000원	차량운반구	600,000원
차기이월	350,000원		
	800,000원		800,000원

① 미수금   ② 미지급금   ③ 선급금   ④ 외상매출금

실 무 시 험

합격물산(코드번호:1124)은 문구 및 잡화를 판매하는 개인기업으로 당기(제12기) 회계기간은 2023.1.1.~2023.12.31.이다. 전산세무회계 수험용 프로그램을 이용하여 다음 물음에 답하시오.

─── 〈 기 본 전 제 〉 ───

• 문제에서 한국채택국제회계기준을 적용하도록 하는 전제조건이 없는 경우, 일반기업회계기준을 적용하여 회계처리 한다.

• 문제의 풀이와 답안작성은 제시된 문제의 순서대로 진행한다.

문제1 다음은 합격물산의 사업자등록증이다. [회사등록] 메뉴에 입력된 내용을 검토하여 누락분은 추가입력하고 잘못된 부분은 정정하시오(단, 우편번호 입력은 생략할 것). (6점)

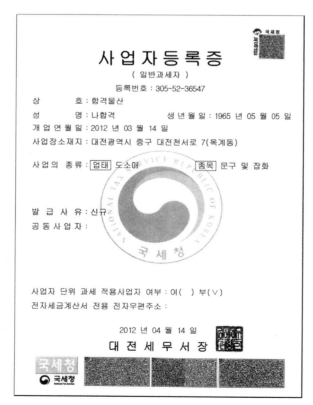

문제2

다음은 합격물산의 전기분 손익계산서이다. 입력되어 있는 자료를 검토하여 오류 부분은 정정하고 누락된 부분은 추가 입력하시오. (6점)

손익계산서

회사명 : 합격물산　　　　제11기 2022.1.1. ~ 2022.12.31.　　　　(단위 : 원)

과　　　　　목	금　　　액	과　　　　　목	금　　　액
I. 매　　출　　액	237,000,000	V. 영　업　이　익	47,430,000
상　품　매　출	237,000,000	VI. 영　업　외　수　익	670,000
II. 매　출　원　가	153,000,000	이　자　수　익	600,000
상　품　매　출　원　가	153,000,000	잡　　이　　익	70,000
기　초　상　품　재　고　액	20,000,000	VII. 영　업　외　비　용	17,000,000
당　기　상　품　매　입　액	150,000,000	기　　부　　금	5,000,000
기　말　상　품　재　고	17,000,000	유　형　자　산　처　분　손　실	12,000,000
III. 매　출　총　이　익	84,000,000	VIII. 소　득　세　차　감　전　순　이　익	31,100,000
IV. 판　매　비　와　관　리　비	36,570,000	IX. 소　　득　　세　　등	0
급　　　　　여	20,400,000	X. 당　기　순　이　익	31,100,000
복　리　후　생　비	3,900,000		
접　　대　　비	4,020,000		
통　　신　　비	370,000		
감　가　상　각　비	5,500,000		
임　　차　　료	500,000		
차　량　유　지　비	790,000		
소　모　품　비	1,090,000		

문제3 다음 자료를 이용하여 입력하시오. (6점)

[1] 합격물산의 거래처별 초기이월 자료는 다음과 같다. 주어진 자료를 검토하여 잘못된 부분은 오류를 정정하고, 누락된 부분은 추가하여 입력하시오. (3점)

계정과목	거래처명	금액
받을어음	아진상사	5,000,000원
외상매입금	대영상사	20,000,000원
예수금	대전세무서	300,000원

[2] 다음 자료를 이용하여 [거래처등록] 메뉴에서 거래처(신용카드)를 추가로 등록하시오(단, 주어진 자료 외의 다른 항목은 입력할 필요 없음). (3점)

- 거래처코드 : 99603
- 카드번호 : 1234-5678-1001-2348
- 거래처명 : BC카드
- 카드종류 : 사업용카드
- 유형 : 매입

문제4

[일반전표입력] 메뉴를 이용하여 다음의 거래 자료를 입력하시오. (24점)

─────── 〈 입력 시 유의사항 〉 ───────

- 적요의 입력은 생략한다.
- 부가가치세는 고려하지 않는다.
- 채권·채무와 관련된 거래는 별도의 요구가 없는 한 반드시 기등록된 거래처코드를 선택하는 방법으로 거래처명을 입력한다.
- 회계처리 시 계정과목은 별도의 제시가 없는 한 등록된 계정과목 중 가장 적절한 과목으로 한다.

[1] 08월 09일 ㈜모닝으로부터 상품 2,000,000원을 구매하는 계약을 하고, 상품 대금의 10%를 계약금으로 지급하는 약정에 따라 계약금 200,000원을 현금으로 지급하였다. (3점)

[2] 08월 20일 상품 운반용 중고 화물차를 7,000,000원에 구매하면서 전액 삼성카드로 결제하고, 취득세 300,000원은 보통예금 계좌에서 이체하였다. (3점)

[3] 09월 25일 영업사원 김예진의 9월 급여를 보통예금 계좌에서 이체하여 지급하였으며, 급여내역은 다음과 같다(단, 하나의 전표로 처리하되, 공제항목은 구분하지 않고 하나의 계정과목으로 처리할 것). (3점)

2023년 9월 급여내역

이름	김예진	지급일	2023년 9월 25일
기본급여	3,500,000원	소득세	150,000원
직책수당	200,000원	지방소득세	15,000원
상여금		고용보험	33,300원
특별수당		국민연금	166,500원
자가운전보조금		건강보험	131,160원
		장기요양보험료	16,800원
급여계	3,700,000원	공제합계	512,760원
노고에 감사드립니다.		지급총액	**3,187,240원**

[4] 10월 02일 민족 최대의 명절 추석을 맞이하여 영업부의 거래처와 당사의 영업사원들에게 보낼 선물 세트를 각각 2,000,000원과 1,000,000원에 구입하고 삼성카드로 결제하였다. (3점)

카드매출전표	
카드종류	신용/삼성카드
카드번호	1250-4121-2412-1114
거래일자	2023.10.02.10:30:51
일시불/할부	일시불
승인번호	69117675
이용내역	
상품명	추석선물세트
단가	20,000원
수량	150개
결제금액	3,000,000원
가맹점정보	
가맹점명	하나로유통
사업자등록번호	130-52-12349
가맹점번호	163732104
대표자명	김현숙
전화번호	031-400-3240

[5] 11월 17일 다음은 ㈜새로운에 상품을 판매하고 발급한 거래명세표이다. 대금 중 12,000,000원은 당좌예금 계좌로 입금되었고, 잔액은 ㈜새로운이 발행한 약속어음으로 받았다. (3점)

거 래 명 세 표

㈜새로운 귀하				등록번호			
				상 호	합격물산	대 표	나합격
발행일	2023.11.17.	거래번호	001	업 태	도소매업	종 목	문구 및 잡화
				주 소	대전광역시 중구 대전천서로 7(옥계동)		
				전 화	042-677-1234	팩 스	042-677-1235

NO.	품명	규격	수량	단가	금액	비고
1	A상품	5`	100	350,000	35,000,000	

총계				35,000,000		

결제계좌	은행명	계좌번호	예금주	담당자	전화	042-677-1234
	농협은행	123-456-789-10	나합격		이메일	allpass@nate.com

[6] 12월 01일 사업장 건물의 엘리베이터 설치 공사를 하고 공사대금 15,000,000원은 보통예금 계좌에서 지급하였다(단, 엘리베이터 설치 공사는 건물의 자본적 지출로 처리할 것). (3점)

[7] 12월 27일 세무법인으로부터 세무 컨설팅을 받고 수수료 300,000원을 현금으로 지급하였다. (3점)

[8] 12월 29일 현금 시재를 확인한 결과 실제 잔액이 장부상 잔액보다 30,000원 많은 것을 발견하였으나 그 원인이 파악되지 않았다. (3점)

문제5 [일반전표입력] 메뉴에 입력된 내용 중 다음의 오류가 발견되었다. 입력된 내용을 검토하고 수정 또는 삭제, 추가 입력하여 올바르게 정정하시오. (6점)

───────〈 입력 시 유의사항 〉───────
• 적요의 입력은 생략한다.
• 부가가치세는 고려하지 않는다.
• 채권·채무와 관련된 거래는 별도의 요구가 없는 한 반드시 기등록된 거래처코드를 선택하는 방법으로 거래처명을 입력한다.
• 회계처리 시 계정과목은 별도의 제시가 없는 한 등록된 계정과목 중 가장 적절한 과목으로 한다.

[1] 07월 10일 거래처 하진상사로부터 보통예금 계좌로 입금된 200,000원에 대하여 외상매출금을 회수한 것으로 처리하였으나 당일에 체결한 매출 계약 건에 대한 계약금이 입금된 것이다. (3점)

[2] 11월 25일 세금과공과 200,000원으로 회계처리한 것은 회사 대표의 개인 소유 주택에 대한 재산세 200,000원을 회사 현금으로 납부한 것이다. (3점)

문제6 다음의 결산정리사항을 입력하여 결산을 완료하시오. (12점)

─── 〈 입력 시 유의사항 〉 ───

- 적요의 입력은 생략한다.
- 부가가치세는 고려하지 않는다.
- 채권·채무와 관련된 거래는 별도의 요구가 없는 한 반드시 기등록된 거래처코드를 선택하는 방법으로 거래처명을 입력한다.
- 회계처리 시 계정과목은 별도의 제시가 없는 한 등록된 계정과목 중 가장 적절한 과목으로 한다.

[1] 상품보관을 위하여 임차한 창고의 월(月)임차료는 500,000원으로 임대차계약 기간은 2023년 12월 1일부터 2024년 11월 30일까지이며, 매월 임차료는 다음 달 10일에 지급하기로 계약하였다. (3점)

[2] 당기 말 현재 단기대여금에 대한 당기분 이자 미수액은 300,000원이다. (3점)

[3] 결산일 현재 마이너스통장인 보통예금(기업은행) 계좌의 잔액이 (−)800,000원이다. (3점)

[4] 보유 중인 비품에 대한 당기분 감가상각비를 계상하다(취득일 2022년 1월 1일, 취득원가 55,000,000원, 잔존가액 0원, 내용연수 10년, 정액법 상각, 상각률 10%). (3점)

문제7 다음 사항을 조회하여 알맞은 답안을 이론문제 답안작성 메뉴에 입력하시오. (10점)

[1] 1월부터 5월까지 기간 중 현금의 지출이 가장 많은 달(月)은? (3점)

[2] 상반기(1월~6월) 중 현금으로 지급한 급여(판매비및일반관리비)액은 얼마인가? (3점)

[3] 6월 1일부터 6월 30일까지 외상매출금을 받을어음으로 회수한 금액은 얼마인가? (4점)

이론과 실무문제의 답을 모두 입력한 후 답안저장(USB로 저장) 을 클릭하여 저장하고, USB메모리를 제출하시기 바랍니다.

이 론 시 험

다음 문제를 보고 알맞은 것을 골라 `이론문제 답안작성` **메뉴에 입력하시오. (객관식 문항당 2점)**

─────── 〈 기 본 전 제 〉 ───────
> 문제에서 한국채택국제회계기준을 적용하도록 하는 전제조건이 없는 경우, 일반기업회계기준을 적용한다.

1. 다음 중 복식부기와 관련된 설명이 아닌 것은?

① 차변과 대변이라는 개념이 존재한다.

② 대차평균의 원리가 적용된다.

③ 모든 거래에 대해 이중으로 기록하여 자기검증기능이 있다.

④ 재산 등의 증감변화에 대해 개별 항목의 변동만 기록한다.

2. 다음의 내용이 설명하는 계정과목으로 옳은 것은?

> 재화의 생산, 용역의 제공, 타인에 대한 임대 또는 자체적으로 사용할 목적으로 보유하는 물리적 형체가 있는 자산으로서, 1년을 초과하여 사용할 것이 예상되는 자산을 말한다.

① 건물　　　　　② 사채　　　　　③ 보험차익　　　　　④ 퇴직급여

3. 다음 괄호 안에 들어갈 내용으로 올바른 것은?

> 현금및현금성자산은 취득 당시 만기가 (　　　　　　　　　) 이내에 도래하는 금융상품을 말한다.

① 1개월　　　　　② 3개월　　　　　③ 6개월　　　　　④ 1년

4. 다음 중 일반기업회계기준에 의한 회계의 특징으로 볼 수 없는 것은?

① 복식회계   ② 영리회계   ③ 재무회계   ④ 단식회계

5. 다음 중 재고자산에 대한 설명으로 틀린 것은?

① 판매를 위하여 보유하고 있는 상품 또는 제품은 재고자산에 해당한다.

② 판매와 관련하여 발생한 수수료는 판매비와관리비로 비용처리 한다.

③ 판매되지 않은 재고자산은 매입한 시점에 즉시 당기 비용으로 인식한다.

④ 개별법은 가장 정확하게 매출원가와 기말재고액을 결정하는 방법이다.

6. 다음의 자료가 설명하는 내용의 계정과목으로 올바른 것은?

> 금전을 수취하였으나 그 내용이 확정되지 않은 경우에 임시로 사용하는 계정과목이다.

① 미지급비용   ② 미지급금   ③ 가수금   ④ 외상매입금

7. 다음은 영업활동 목적으로 거래처 직원과 함께 식사하고 받은 현금영수증이다. 이를 회계처리할 경우 차변에 기재할 계정과목으로 옳은 것은?

```
            현 금 영 수 증
가맹점명 :   망향비빔국수    대표자 :    이명환
사업자번호 : 145-54-45245   전화번호 :  031-542-4524
주소 :      경기도 안양시 만안구
- - - - - - - - - - - - - - - - - - - - - - - - - -
거래유형 :                        지출증빙
거래종류 :                        승인거래
식별번호 :                        855-12-01853
거래일시 :                        2023/06/29
- - - - - - - - - - - - - - - - - - - - - - - - - -
공급가액 :                        20,000원
부가세 :                          2,000원
합계 :                            22,000원
```

① 기부금   ② 기업업무추진비   ③ 복리후생비   ④ 세금과공과

8. 재고자산은 그 평가방법에 따라 금액이 달라질 수 있다. 다음 중 평가방법에 따른 기말재고자산 금액의 변동이 매출원가와 매출총이익에 미치는 영향으로 옳은 것은?

① 기말재고자산 금액이 감소하면 매출원가도 감소한다.   ② 기말재고자산 금액이 감소하면 매출총이익은 증가한다.

③ 기말재고자산 금액이 증가하면 매출원가도 증가한다.   ④ 기말재고자산 금액이 증가하면 매출총이익이 증가한다.

9. 다음 중 판매비와관리비에 해당하는 계정과목은 모두 몇 개인가?

• 기부금	• 세금과공과	• 이자비용	• 보험료
• 미수금	• 미지급비용	• 선급비용	

① 1개 ② 2개 ③ 3개 ④ 4개

10. 다음 중 아래의 잔액시산표에 대한 설명으로 옳은 것은?

잔액시산표

일산상사   2023.1.1.~2023.12.31.   (단위 : 원)

차변	원면	계정과목	대변
220,000	1	현금	
700,000	2	건물	
	3	외상매입금	90,000
	4	자본금	820,000
	5	이자수익	60,000
50,000	6	급여	
970,000			970,000

① 당기의 기말자본금은 820,000원이다.   ② 유동자산의 총합계액은 900,000원이다.
③ 판매비와관리비는 130,000원이다.   ④ 당기순이익은 10,000원이다.

11. 다음 중 회계상 거래와 관련하여 자산의 증가와 자산의 감소가 동시에 발생하는 거래로 옳은 것은?

① 영업용 차량을 현금 1,000,000원을 주고 구입하였다.

② 사무실 월세 1,000,000원을 현금으로 지급하였다.

③ 정기예금 이자 1,000,000원을 현금으로 수령하였다.

④ 상품을 1,000,000원에 외상으로 구입하였다.

12. 다음은 서울상사의 수익적 지출 및 자본적 지출에 관한 내용이다. 다음 중 성격이 나머지와 다른 하나는 무엇인가?

① 사무실 유리창이 깨져서 새로운 유리창을 구입하여 교체하였다.

② 기계장치의 경미한 수준의 부속품이 마모되어 해당 부속품을 교체하였다.

③ 상가 건물의 편의성을 높이기 위해 엘리베이터를 설치하였다.

④ 사업장의 벽지가 찢어져서 외주업체를 통하여 다시 도배하였다.

13. 다음은 합격물산의 세금 납부내역이다. 이에 대한 회계처리 시 (A)와 (B)의 차변 계정과목으로 주어진 자료에서 가장 바르게 짝지은 것은?

(A) 합격물산 대표자의 소득세 납부	(B) 합격물산 사옥에 대한 건물분 재산세 납부

	(A)	(B)		(가)	(나)
①	세금과공과	세금과공과	②	세금과공과	인출금
③	인출금	세금과공과	④	인출금	건물

14. 다음은 합격물산의 당기 말 부채계정 잔액의 일부이다. 재무상태표에 표시될 매입채무는 얼마인가?

• 선수금	10,000원	• 지급어음	20,000원	• 외상매입금	30,000원
• 단기차입금	40,000원	• 미지급금	50,000원		

① 50,000원   ② 60,000원   ③ 100,000원   ④ 110,000원

15. 다음의 자료에서 기초자본은 얼마인가?

• 기초자본 (?)	• 총수익 100,000원	• 기말자본 200,000원	• 총비용 80,000원

① 170,000원   ② 180,000원   ③ 190,000원   ④ 200,000원

실 무 시 험

파라상사(코드번호 : 1114)는 문구 및 잡화를 판매하는 개인기업으로 당기(제12기)의 회계기간은 2023.1.1.~2023.12.31.이다. 전산세무회계 수험용 프로그램을 이용하여 다음 물음에 답하시오.

─── 〈 기 본 전 제 〉 ───

• 문제에서 한국채택국제회계기준을 적용하도록 하는 전제조건이 없는 경우, 일반기업회계기준을 적용하여 회계처리 한다.
• 문제의 풀이와 답안작성은 제시된 문제의 순서대로 진행한다.

문제1 다음은 파라상사의 사업자등록증이다. [회사등록] 메뉴에 입력된 내용을 검토하여 누락분은 추가입력하고 잘못된 부분은 정정하시오(주소 입력 시 우편번호는 입력하지 않아도 무방함). (6점)

사 업 자 등 록 증

(일반과세자)

등록번호 : 855-12-01853

상 호 : 파라상사
성 명 : 박연원 생 년 월 일 : 1966 년 07 월 22 일
개 업 연 월 일 : 2012 년 02 월 02 일
사업장소재지 : 경기도 안양시 동안구 귀인로 237 (평촌동)

사업의 종류 : 업태 도소매 종목 문구 및 잡화

발 급 사 유 : 신규
공 동 사 업 자 :

사업자 단위 과세 적용사업자 여부 : 여( ) 부(∨)
전자세금계산서 전용 전자우편주소 :

2012년 02 월 02 일

동 안 양 세 무 서 장

문제2

다음은 파라상사의 전기분 재무상태표이다. 입력되어 있는 자료를 검토하여 오류부분은 정정하고 누락된 부분은 추가 입력하시오. (6점)

재무상태표

회사명 : 파라상사 　　　　　제11기 2022.12.31. 현재 　　　　　(단위 : 원)

과　　　　목	금	액	과　　　　목	금	액
현　　　　금		2,500,000	외 상 매 입 금		50,000,000
당 좌 예 금		43,000,000	지 급 어 음		8,100,000
보 통 예 금		50,000,000	미 지 급 금		29,000,000
외 상 매 출 금	20,000,000		단 기 차 입 금		5,000,000
대 손 충 당 금	900,000	19,100,000	장 기 차 입 금		10,000,000
받 을 어 음	4,900,000		자 본 금		49,757,000
대 손 충 당 금	43,000	4,857,000	(당기순이익 :		
미 수 금		600,000	8,090,000)		
상　　　　품		7,000,000			
장 기 대 여 금		2,000,000			
차 량 운 반 구	10,000,000				
감 가 상 각 누 계 액	2,000,000	8,000,000			
비　　　　품	7,600,000				
감 가 상 각 누 계 액	2,800,000	4,800,000			
임 차 보 증 금		10,000,000			
자 산 총 계		151,857,000	부 채 와 자 본 총 계		151,857,000

다음 자료를 이용하여 입력하시오. (6점)

[1] 파라상사의 외상매입금과 미지급금에 대한 거래처별 초기이월 잔액은 다음과 같다. 입력된 자료를 검토하여 잘못된 부분은 삭제 또는 수정, 추가 입력하여 주어진 자료에 맞게 정정하시오. (3점)

계정과목	거래처	잔액
외상매출금	고래전자	12,000,000원
	건우상사	11,000,000원
	석류상사	27,000,000원
미지급금	앨리스상사	25,000,000원
	용구상사	4,000,000원

[2] 다음의 내용을 [계정과목및적요등록] 메뉴를 이용하여 보통예금 계정과목에 현금적요를 등록하시오. (3점)

현금적요 : 적요No.5, 미수금 보통예금 입금

문제4 [일반전표입력] 메뉴를 이용하여 다음의 거래 자료를 입력하시오. (24점)

─── 〈 입력 시 유의사항 〉 ───

- 적요의 입력은 생략한다.
- 부가가치세는 고려하지 않는다.
- 채권·채무와 관련된 거래는 별도의 요구가 없는 한 반드시 기등록된 거래처코드를 선택하는 방법으로 거래처명을 입력한다.
- 회계처리 시 계정과목은 별도의 제시가 없는 한 등록된 계정과목 중 가장 적절한 과목으로 한다.

[1] 07월 13일 전기에 대손 처리하였던 나마상사의 외상매출금 2,000,000원이 회수되어 보통예금 계좌로 입금되었다. (3점)

[2] 08월 01일 남선상사에 대한 외상매입금 2,000,000원을 지급하기 위하여 오름상사로부터 상품판매대금으로 받은 약속어음을 배서양도하였다. (3점)

[3] 08월 31일 창고가 필요하여 다음과 같이 임대차계약을 체결하고 임차보증금을 보통예금 계좌에서 이체하여 지급하였다(단, 보증금의 거래처를 기재할 것). (3점)

부동산 월세 계약서

본 부동산에 대하여 임대인과 임차인 쌍방은 다음과 같이 합의하여 임대차계약을 체결한다.

1. 부동산의 표시

소 재 지	부산광역시 동래구 금강로73번길 6 (온천동)					
건 물	구조	철근콘크리트	용도	창고	면적	50㎡
임대부분	상동 소재지 전부					

2. 계약내용

제 1 조 위 부동산의 임대차계약에 있어 임차인은 보증금 및 차임을 아래와 같이 지불하기로 한다.

보증금	일금 이천만원 원정 (₩ 20,000,000원) (보증금은 2023년 8월 31일에 지급하기로 한다.)
차 임	일금 삼십만원 원정 (₩ 300,000원) 은 익월 10일에 지불한다.

제 2 조 임대인은 위 부동산을 임대차 목적대로 사용·수익할 수 있는 상태로 하여 2023년 08월 31일까지 임차인에게 인도하며, 임대차기간은 인도일로부터 2025년 08월 30일까지 24개월로 한다.

...중략...

(갑) 임대인 : 온천상가 대표 김온천 (인)

(을) 임차인 : 파라상사 대표 박연원 (인)

부록. 기출문제 풀이 **557**

[4] 09월 02일 대표자가 개인적인 용도로 사용할 목적으로 컴퓨터를 구입하고 사업용카드(삼성카드)로 결제하였다. (3점)

웅장컴퓨터		삼성카드
1,500,000원		
카드종류	신용카드	
카드번호	1351-1234-5050-9990	
거래일자	2023.09.02. 11:11:34	
일시불/할부	일시불	
승인번호	48556494	

[상품명]		[금액]
컴퓨터		1,500,000원
	합 계 액	1,500,000원
	받은금액	1,500,000원

가맹점정보

가맹점명	웅장컴퓨터
사업자등록번호	105-21-32549
가맹점번호	23721275
대표자명	진영기
전화번호	02-351-0000

[5] 09월 16일 만안상사에 당사가 보유하고 있던 차량운반구(취득원가 10,000,000원, 처분 시까지의 감가상각누계액 2,000,000원)를 9,000,000원에 매각하고 대금은 만안상사 발행 자기앞수표로 받았다. (3점)

[6] 09월 30일 기업 운영자금을 확보하기 위하여 10,000,000원을 우리은행으로부터 2년 후에 상환하는 조건으로 차입하고, 차입금은 보통예금 계좌로 이체받았다. (3점)

[7] 10월 02일 거래처 포스코상사로부터 상품을 2,000,000원에 외상으로 매입하고, 상품 매입과정 중에 발생한 운반비 200,000원(당사가 부담)은 현금으로 지급하였다. (3점)

[8] 10월 29일 신규 채용한 영업부 신입사원들이 사용할 컴퓨터 5대를 주문하고, 견적서 금액의 10%를 계약금으로 보통예금 계좌에서 송금하였다. (3점)

<table>
<tr><td colspan="8" align="center">견 적 서</td></tr>
<tr><td rowspan="5">공
급
자</td><td>사업자번호</td><td colspan="4">206-13-30738</td><td colspan="2" rowspan="2">견적번호 : 효은-01112</td></tr>
<tr><td>상 호</td><td colspan="2">효은상사</td><td>대 표 자</td><td>김효은 (인)</td></tr>
<tr><td>소 재 지</td><td colspan="4">서울시 성동구 행당로 133 (행당동)</td><td colspan="2" rowspan="2">아래와 같이 견적서를 발송
2023년 10월 29일</td></tr>
<tr><td>업 태</td><td colspan="2">도소매</td><td>종 목</td><td>컴퓨터</td></tr>
<tr><td>담 당 자</td><td colspan="2">한슬기</td><td>전화번호</td><td>1599-7700</td></tr>
<tr><td colspan="2" align="center">품명</td><td align="center">규격</td><td align="center">수량(개)</td><td align="center">단가(원)</td><td align="center">금액(원)</td><td align="center" colspan="2">비고</td></tr>
<tr><td colspan="2">삼성 센스 시리즈</td><td>S-7</td><td>5</td><td>2,000,000</td><td>10,000,000</td><td colspan="2"></td></tr>
<tr><td colspan="2"></td><td>이하 여백</td><td></td><td></td><td></td><td colspan="2"></td></tr>
<tr><td colspan="2"></td><td></td><td></td><td></td><td></td><td colspan="2"></td></tr>
<tr><td colspan="4" align="center">합 계 금 액</td><td></td><td>10,000,000</td><td colspan="2"></td></tr>
<tr><td colspan="4">유효기간 : 견적 유효기간은 발행 후 15일</td><td colspan="4">납   기 : 발주 후 3일</td></tr>
<tr><td colspan="4">결제방법 : 현금결제 및 카드결제 가능</td><td colspan="4">송금계좌 : KB국민은행 / 666-12-90238</td></tr>
<tr><td colspan="8">기   타 : 운반비 별도</td></tr>
</table>

문제5 [일반전표입력] 메뉴에 입력된 내용 중 다음의 오류가 발견되었다. 입력된 내용을 검토하고 수정 또는 삭제, 추가 입력하여 올바르게 정정하시오. (6점)

〈 입력 시 유의사항 〉

• 적요의 입력은 생략한다.
• 부가가치세는 고려하지 않는다.
• 채권·채무와 관련된 거래는 별도의 요구가 없는 한 반드시 기등록된 거래처코드를 선택하는 방법으로 거래처명을 입력한다.
• 회계처리 시 계정과목은 별도의 제시가 없는 한 등록된 계정과목 중 가장 적절한 과목으로 한다.

[1] 10월 05일 자본적 지출로 회계처리해야 할 영업점 건물 방화문 설치비 13,000,000원을 수익적 지출로 회계처리 하였다. (3점)

[2] 10월 13일 사업용 신용카드(삼성카드)로 결제한 복리후생비 400,000원은 영업부의 부서 회식대가 아니라 영업부의 매출거래처 접대목적으로 지출한 것으로 확인되었다. (3점)

다음의 결산정리사항을 입력하여 결산을 완료하시오. (12점)

〈 입력 시 유의사항 〉

- 적요의 입력은 생략한다.
- 부가가치세는 고려하지 않는다.
- 채권·채무와 관련된 거래는 별도의 요구가 없는 한 반드시 기등록된 거래처코드를 선택하는 방법으로 거래처명을 입력한다.
- 회계처리 시 계정과목은 별도의 제시가 없는 한 등록된 계정과목 중 가장 적절한 과목으로 한다.

[1] 기말 결산일 현재까지 기간 경과분에 대한 미수이자 1,500,000원 발생하였는데 이와 관련하여 어떠한 회계처리도 되어있지 아니한 상태이다. (3점)

[2] 당기에 납부하고 전액 비용으로 처리한 영업부의 보험료 중 선급액 120,000원에 대한 결산분개를 하시오. (3점)

[3] 당기 중에 단기운용목적으로 ㈜기유의 발행주식 1,000주(1주당 액면금액 1,000원)를 1주당 1,500원에 취득하였으며, 기말 현재 공정가치는 1주당 1,600원이다. 단, 취득 후 주식의 처분은 없었다. (3점)

[4] 기말 매출채권(외상매출금, 받을어음) 잔액에 대하여만 1%를 보충법에 따라 대손충당금을 설정하시오. (3점)

문제7 다음 사항을 조회하여 알맞은 답안을 `이론문제 답안작성` 메뉴에 입력하시오. (10점)

[1] 3월(3월 1일~3월 31일) 중 외상매출(받을어음 수령 포함) 건수는 총 몇 건인가? (3점)

[2] 6월 말 현재 거래처 자담상사에 대한 선급금 잔액은 얼마인가? (3점)

[3] 현금과 관련하여 상반기(1~6월) 중 입금액이 가장 많은 달의 그 입금액과 출금액이 가장 많은 달의 그 출금액과의 차액은 얼마인가? (단, 음수로 입력하지 말 것) (4점)

이 론 시 험

다음 문제를 보고 알맞은 것을 골라 이론문제 답안작성 **메뉴에 입력하시오. (객관식 문항당 2점)**

──────── 〈 기 본 전 제 〉 ────────

문제에서 한국채택국제회계기준을 적용하도록 하는 전제조건이 없는 경우, 일반기업회계기준을 적용한다.

1. 다음 중 아래의 거래 요소가 나타나는 거래로 옳은 것은?

비용의 발생 – 자산의 감소

① 임대차 계약을 맺고, 당월분 임대료 500,000원을 현금으로 받다.

② 상품 400,000원을 매입하고 대금은 외상으로 하다.

③ 단기차입금에 대한 이자 80,000원을 현금으로 지급하다.

④ 토지 80,000,000원을 구입하고 대금은 보통예금 계좌로 이체하다.

2. 다음 중 유동부채에 해당하지 않는 것은?

① 유동성장기부채   ② 선급비용   ③ 단기차입금   ④ 예수금

3. 다음 중 아래의 (가)와 (나)에 각각 들어갈 내용으로 옳은 것은?

단기매매증권을 취득하면서 발생한 수수료는 ⟨ (가) ⟩(으)로 처리하고, 차량운반구를 취득하면서 발생한 취득세는 ⟨ (나) ⟩(으)로 처리한다.

	(가)	(나)		(가)	(나)
①	수수료비용	차량운반구	②	단기매매증권	차량운반구
③	수수료비용	세금과공과	④	단기매매증권	수수료비용

4. 다음 계정별원장에 기입된 거래를 보고 (A) 안에 들어갈 수 있는 계정과목으로 가장 적절한 것은?

(A)			
09/15	200,000원	기초	1,500,000원
기말	1,600,000원	09/10	300,000원

① 받을어음 ② 외상매입금 ③ 광고선전비 ④ 미수금

5. 다음 중 유형자산의 취득원가를 구성하는 항목이 아닌 것은?

① 재산세 ② 취득세
③ 설치비 ④ 정상적인 사용을 위한 시운전비

6. 다음 중 당좌자산에 해당하지 않는 것은?

① 현금및현금성자산 ② 매출채권 ③ 단기투자자산 ④ 당좌차월

7. 다음은 인출금 계정과목의 특징에 대한 설명이다. 다음 중 아래의 (가)〜(다)에 각각 관련 설명으로 모두 옳은 것은?

- 주로 기업주(사업주)의 (가)의 지출을 의미한다.
- (나)에서 사용되며 임시계정에 해당한다.
- (다)에 대한 평가계정으로 보고기간 말에 (다)으로 대체되어 마감한다.

	(가)	(나)	(다)
①	개인적 용도	개인기업	자본금 계정
②	사업적 용도	법인기업	자본금 계정
③	개인적 용도	법인기업	자산 계정
④	사업적 용도	개인기업	자산 계정

8. 다음 중 손익계산서와 관련된 계정과목이 아닌 것은?

① 임차료   ② 선급비용   ③ 임대료   ④ 유형자산처분이익

9. 다음 중 미지급비용에 대한 설명으로 가장 적절한 것은?

① 당기의 수익에 대응되는 지급된 비용
② 당기의 수익에 대응되는 미지급된 비용
③ 당기의 수익에 대응되지 않지만 지급된 비용
④ 당기의 수익에 대응되지 않지만 미지급된 비용

10. 12월 말 결산일 현재 손익계산서상 당기순이익은 300,000원이었으나, 아래의 사항이 반영되어 있지 않음을 확인하였다. 아래 사항을 반영한 후의 당기순이익은 얼마인가?

> 손익계산서에 보험료 120,000원이 계상되어 있으나 해당 보험료 중 선급보험료 해당액은 30,000원으로 확인되었다.

① 210,000원   ② 270,000원   ③ 330,000원   ④ 390,000원

11. 다음 지출내역 중 영업외비용의 합계액은 얼마인가?

> • 영업용 자동차 보험료 : 5,000원   • 대손이 확정된 외상매출금의 대손상각비 : 2,000원
> • 10년 만기 은행 차입금의 이자 : 3,000원   • 사랑의열매 기부금 : 1,000원

① 1,000원   ② 3,000원   ③ 4,000원   ④ 6,000원

12. 다음 중 판매비와관리비에 해당하는 계정과목이 아닌 것은?

① 기업업무추진비　　　② 세금과공과　　　③ 광고선전비　　　④ 기타의대손상각비

13. 다음은 회계의 순환과정을 나타낸 것이다. 아래의 (가)에 들어갈 용어로 옳은 것은?

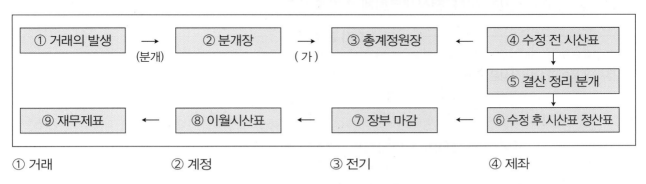

① 거래　　　　　　② 계정　　　　　　③ 전기　　　　　　④ 제좌

14. 다음 자료에서 설명하고 있는 (A)와 (B)에 각각 들어갈 용어로 바르게 짝지은 것은 무엇인가?

일정 시점의 기업의 _____(A)_____ 을(를) 나타낸 표를 재무상태표라 하고, 일정 기간의 기업의 _____(B)_____ 을(를) 나타낸 표를 손익계산서라 한다.

	(가)	(나)		(가)	(나)
①	재무상태	경영성과	②	경영성과	재무상태
③	거래의 이중성	대차평균의 원리	④	대차평균의 원리	거래의 이중성

15. 다음 중 상품에 대한 재고자산의 원가를 결정하는 방법에 해당하지 않는 것은?

① 개별법　　　　② 총평균법　　　　③ 선입선출법　　　　④ 연수합계법

실 무 시 험

수호상사(코드번호 : 1104)는 전자제품을 판매하는 개인기업으로 당기(제14기)의 회계기간은 2023.1.1.~2023.12.31.이다. 전산세무회계 수험용 프로그램을 이용하여 다음 물음에 답하시오.

──────────────〈 기 본 전 제 〉──────────────

• 문제에서 한국채택국제회계기준을 적용하도록 하는 전제조건이 없는 경우, 일반기업회계기준을 적용하여 회계처리 한다.
• 문제의 풀이와 답안작성은 제시된 문제의 순서대로 진행한다.

문제1 다음은 수호상사의 사업자등록증이다. [회사등록] 메뉴에 입력된 내용을 검토하여 누락분은 추가입력하고 잘못된 부분은 정정하시오(주소 입력 시 우편번호는 입력하지 않아도 무방함). (6점)

문제2 다음은 수호상사의 전기분 손익계산서이다. 입력되어 있는 자료를 검토하여 오류부분은 정정하고 누락된 부분은 추가 입력하시오. (6점)

손익계산서

회사명 : 수호상사　　　　　제13기 2022.1.1. ~ 2022.12.31.　　　　　(단위 : 원)

과　　　　　　목	금　　액	과　　　　　　목	금　　액
Ⅰ. 매　　출　　액	257,000,000	Ⅴ. 영　업　이　익	18,210,000
상　품　매　출	257,000,000	Ⅵ. 영　업　외　수　익	3,200,000
Ⅱ. 매　출　원　가	205,000,000	이　자　수　익	200,000
상 품 매 출 원 가	205,000,000	임　　대　　료	3,000,000
기 초 상 품 재 고 액	20,000,000	Ⅶ. 영　업　외　비　용	850,000
당 기 상 품 매 입 액	198,000,000	이　자　비　용	850,000
기 말 상 품 재 고	13,000,000	Ⅷ. 소득세차감전순이익	20,560,000
Ⅲ. 매　출　총　이　익	52,000,000	Ⅸ. 소　득　세　등	0
Ⅳ. 판 매 비 와 관 리 비	33,790,000	Ⅹ. 당　기　순　이　익	20,560,000
급　　　　　여	24,000,000		
복　리　후　생　비	1,100,000		
접　　대　　비	4,300,000		
감　가　상　각　비	500,000		
보　　험　　료	700,000		
차　량　유　지　비	2,300,000		
소　모　품　비	890,000		

문제3 다음 자료를 이용하여 입력하시오. (6점)

[1] 다음 자료를 이용하여 기초정보관리의 [거래처등록] 메뉴에서 거래처(금융기관)를 추가로 등록하시오. (단, 주어진 자료 외의 다른 항목은 입력할 필요 없음.) (3점)

- 거래처코드 : 98006
- 계좌번호 : 1203-4562-49735
- 거래처명 : 한경은행
- 사업용 계좌 : 여
- 유형 : 보통예금

[2] 수호상사의 외상매출금과 외상매입금의 거래처별 초기이월 채권과 채무잔액은 다음과 같다. 입력된 자료를 검토하여 잘못된 부분은 수정 또는 삭제, 추가 입력하여 주어진 자료에 맞게 정정하시오. (3점)

계정과목	거래처	잔액	계
외상매출금	믿음전자	20,000,000원	35,000,000원
	우진전자	10,000,000원	
	㈜형제	5,000,000원	
외상매입금	중소상사	12,000,000원	28,000,000원
	숭실상회	10,000,000원	
	국보상사	6,000,000원	

[일반전표입력] 메뉴를 이용하여 다음의 거래 자료를 입력하시오. (24점)

┌─────────────────── 〈 입력 시 유의사항 〉 ───────────────────┐
· 적요의 입력은 생략한다.
· 부가가치세는 고려하지 않는다.
· 채권·채무와 관련된 거래는 별도의 요구가 없는 한 반드시 기등록된 거래처코드를 선택하는 방법으로 거래처명을 입력한다.
· 회계처리 시 계정과목은 별도의 제시가 없는 한 등록된 계정과목 중 가장 적절한 과목으로 한다.
└──┘

[1] 07월 16일 우와상사에 상품 3,000,000원을 판매하기로 계약하고, 계약금 600,000원을 보통예금 계좌로 입금받았다. (3점)

[2] 08월 04일 당사의 영업부에서 장기간 사용할 목적으로 비품을 구입하고 대금은 BC카드(신용카드)로 결제하였다(단, 미지급금 계정을 사용하여 회계처리할 것). (3점)

[3] 08월 25일 영업용 차량운반구에 대한 자동차세 120,000원을 현금으로 납부하다. (3점)

[4] 09월 06일 거래처 수분상사의 외상매출금 중 1,800,000원이 예정일보다 빠르게 회수되어 할인금액 2%를 제외한 금액을 당좌예금 계좌로 입금받았다(단, 매출할인 계정을 사용할 것). (3점)

[5] 09월 20일 영업부 직원들을 위한 간식을 현금으로 구매하고 아래의 현금영수증을 수취하였다. (3점)

```
[고객용]
              현금 매출 전표
간식천국                    378-62-00158
이재철                      TEL : 1577-0000
대구광역시 동구 안심로 15
2023/09/20  11:53:48        NO : 18542
노나머거본파이        5          50,000
에너지파워드링크      30        150,000
합계수량/금액         35        200,000
받을금액                        200,000
현    금                        200,000
          현금영수증(지출증빙)
거래자번호 : 417-26-00528
승 인 번 호 : G141080158
```

[6] 10월 05일 당사의 상품을 홍보할 목적으로 홍보용 포스트잇을 제작하고 사업용카드(삼성카드)로 결제하였다. (3점)

```
홍보물닷컴
500,000원                         삼성카드
카드종류         신용카드
카드번호         8504-1245-4545-0506
거래일자         2023.10.05. 15:29:45
일시불/할부       일시불
승인번호         28516480
      [상품명]              [금액]
   홍보용 포스트잇         500,000원
                합 계 액     500,000원
                받은금액     500,000원
가맹점정보
가맹점명         홍보물닷컴
사업자등록번호     305-35-65424
가맹점번호        23721275
대표자명         엄하진
전화번호         051-651-0000
```

[7] 10월 13일 대전시 동구청에 태풍 피해 이재민 돕기 성금으로 현금 500,000원을 기부하였다. (3점)

[8] 11월 01일 영업부 직원의 국민건강보험료 회사부담분 190,000원과 직원부담분 190,000원을 보통예금 계좌에서 이체하여 납부하였다(단, 회사부담분은 복리후생비 계정을 사용할 것). (3점)

문제5 [일반전표입력] 메뉴에 입력된 내용 중 다음의 오류가 발견되었다. 입력된 내용을 검토하고 수정 또는 삭제, 추가 입력하여 올바르게 정정하시오. (6점)

─────── 〈 입력 시 유의사항 〉 ───────

- 적요의 입력은 생략한다.
- 부가가치세는 고려하지 않는다.
- 채권·채무와 관련된 거래는 별도의 요구가 없는 한 반드시 기등록된 거래처코드를 선택하는 방법으로 거래처명을 입력한다.
- 회계처리 시 계정과목은 별도의 제시가 없는 한 등록된 계정과목 중 가장 적절한 과목으로 한다.

[1] 08월 16일 운반비로 계상한 50,000원은 무선상사로부터 상품 매입 시 당사 부담의 운반비를 지급한 것이다. (3점)

[2] 09월 30일 농협은행에서 차입한 장기차입금을 상환하기 위하여 보통예금 계좌에서 11,000,000원을 지급하고 이를 모두 차입금 원금을 상환한 것으로 회계처리 하였으나 이 중 차입금 원금은 10,000,000원이고, 나머지 1,000,000원은 차입금에 대한 이자로 확인되었다. (3점)

다음의 결산정리사항을 입력하여 결산을 완료하시오. (12점)

─── 〈 입력 시 유의사항 〉 ───

- 적요의 입력은 생략한다.
- 부가가치세는 고려하지 않는다.
- 채권·채무와 관련된 거래는 별도의 요구가 없는 한 반드시 기등록된 거래처코드를 선택하는 방법으로 거래처명을 입력한다.
- 회계처리 시 계정과목은 별도의 제시가 없는 한 등록된 계정과목 중 가장 적절한 과목으로 한다.

[1] 영업부에서 사용하기 위하여 소모품을 구입하고 자산으로 처리한 금액 중 당기 중에 사용한 금액은 70,000원이다. (3점)

[2] 기말 현재 가수금 잔액 200,000원은 강원상사의 외상매출금 회수액으로 판명되었다. (3점)

[3] 결산일까지 현금과부족 100,000원의 원인이 판명되지 않았다. (3점)

[4] 당기분 차량운반구에 대한 감가상각비 600,000원과 비품에 대한 감가상각비 500,000원을 계상하다. (3점)

다음 사항을 조회하여 알맞은 답안을 이론문제 답안작성 메뉴에 입력하시오. (10점)

[1] 6월 말 현재 외상매출금 잔액이 가장 적은 거래처의 상호와 그 외상매출금 잔액은 얼마인가? (3점)

[2] 상반기(1~6월) 중 복리후생비(판) 지출액이 가장 많은 달의 지출액은 얼마인가? (3점)

[3] 6월 말 현재 차량운반구의 장부가액은 얼마인가? (4점)

이론과 실무문제의 답을 모두 입력한 후 답안저장 (USB로 저장) 을 클릭하여 저장하고, USB메모리를 제출하시기 바랍니다.

[119회 - 이론]

01 ③ 기업회계기준상 재무제표는 재무상태표, 손익계산서, 자본변동표, 현금흐름표, 주석임.

02 ④ • 계약금 수령 시 회계처리: (차) 현 금 ××× (대) 선수금 ×××
  • 잘못된 회계처리: (차) 현 금 ××× (대) 상품매출 ×××
  → 상품매출(수익) 과대 계상, 선수금(부채) 과소 계상

03 ① • 현금및현금성자산: ㄱ.자기앞수표, ㄴ.취득 당시 만기 3개월 이내 채권
  • 단기시세차익 목적 주식/취득 당시 6개월 이내 정기예금은 유동자산임.

04 ④ • 부채 = 장기차입금(50,000) + 예수금(100,000) + 선수금(500,000) = 650,000원
  • 자산 : 부채(650,000) + 자본(200,000)= 850,000원

05 ② • 선입선출법: 물가가 상승 상황에서 연초에 싸게 구입한 것이 먼저 팔리고, 연말에 구입한 것이 남으면 기말재고자산이 과대 평가됨.
  • 후입선출법: 물가가 상승 상황에서 연말에 비싸게 구입한 것이 먼저 팔리고, 연초에 싸게 구입한 것이 남으면 기말재고자산이 과소 평가됨.
  • 평균법: 평균법은 연간 취득단가를 평균해 계산하므로 선입선출법과 후입선출법의 중간임.

06 ① • 5월 4일 거래는 T계정 차변 거래로 이는 선급금이 증가한 아래 거래임.

(차) 선급금	100,000	(대) 현 금	100,000

  • 상품 구입을 주문하고 계약금을 지급한 거래임.

07 ② 정액법은 매년 감가상각 금액이 동일함.

08 ② 유형자산 처분이익: 처분가액(9,000,000) − 장부가액(6,800,000) = 2,200,000원

09 ② 상품 20,000,000원 어치를 외상으로 구입한 거래임.

10 ④ 선수금, 외상매입금, 예수금, 유동성장기부채는 1년 이내 상환해야 하는 유동부채임.

11 ③ 차기로 이월되는 시산표상 자본금의 대변 잔액이 기말자본금임. 즉, 500,000원임.

12 ② 기말자본(460,000) = 기초자본(300,000) + 당기순이익(χ) → 당기순이익은 160,000원임.

13 ④ 이자수익, 임차료, 기업업무추진비(접대비)는 모두 손익 항목으로 마감되어 당기순이익 집계 → 이익잉여금으로 대체됨. 다만, 미수금은 재무상태표 항목으로 잔액이 다음 연도로 이월됨.

14 ③ 상품 등 판매활동과 기업활동에서 발생한 비용 중 매출원가에 속하지 아니하는 비용은 판매관리비임.

15 ① ① 대손상각비 추가 설정 → 판매관리비 증가하여 당기순이익 감소

② 상품 대량구매로 매입할인 받으면 매입가액 감소 → 매출원가 감소하여 당기순이익 증가

③ 단기매매증권 처분하여 처분이익 발생 → 영업외수익 발생하여 당기순이익 증가

④ 장부가액보다 더 많은 화재보험금 수령 → 영업외수익 발생하여 당기순이익 증가

[119회 - 실무]

01 [기초정보관리] – [회사등록] 클릭 후 아래 내용 정정

> • 사업자등록번호 : 104-03-12153 → 104-04-11258
> • 개업연월일 : 2017년 02월 02일 → 2015년 02월 02일
> • 종목 : 문구및잡화 → 신발

02 [전기분 재무상태표] 클릭 후 아래 내용 정정

> • 임차보증금 : 50,500,000원 추가 입력
> • 감가상각누계액(차량운반구) : 10,950,000원 → 10,750,000원
> • 장기차입금 : 116,530,000원 → 116,350,000원

03 [1] [기초정보관리] – [거래처등록] – [일반거래처] 탭 클릭 후 아래 거래처 등록

> • 거래처코드 : 03095   • 거래처명 : 서울스포츠   • 유형 : 3.동시
> • 사업자등록번호 : 414-03-53425   • 대표자 성명 : 진선미   • 업태 : 도소매
> • 종목 : 스포츠용품

[2] [전기분 재무상태표] – [거래처별 초기이월] 클릭 후 아래 내용 정정

> • 외상매출금 : 바리상사 8,000,000원 → 30,000,000원
> • 지급어음 : 차이나상사 15,000,000원 → 20,000,000원
> • 미지급금 : 다름상사 18,500,000원 추가 입력

04 [1] 사전에 받은 예약금은 선수금(유동부채)으로 계상되어 있으므로 차변에 이를 없애면서 상품매출 인식

07.16	(차) 선수금(평화상사)	600,000	(대) 상품매출	3,000,000
	보통예금	2,400,000		

[2] 판매관리비 중 세금과공과 계정과목 선택

08.15	(차) 세금과공과(판매관리비)	62,500	(대) 보통예금	62,500

[3] 영업부 직원 교육 비용은 판매관리비 중 교육훈련비 계정과목 선택

08.31	(차) 교육훈련비(판매관리비)	1,000,000	(대) 보통예금	1,000,000

[4] 미리 지급한 선급금을 대변에 없애고 구입한 컴퓨터는 비품 계정과목 선택

09.24	(차) 비 품	8,000,000	(대) 선급금(도호상사)	1,000,000
			당좌예금	7,000,000

[5] 상품 구입 시 납부한 관세는 취득원가에 가산

10.03	(차) 상 품	7,560,000	(대) 현 금	7,560,000

[6] 배서하는 받을어음은 제주상사가 발행한 것이므로 거래처는 반드시 제주상사 입력

10.28	(차) 외상매입금(동문상사)	10,000,000	(대) 받을어음(제주상사)	10,000,000

[7] 소득세 등 원천징수한 243,490원은 예수금 처리

11.27	(차) 급여(판매관리비)	2,550,000	(대) 보통예금	2,306,510
			예수금	243,490

[8] 영업부 차량 관리비용은 차량유지비(판매관리비) 선택, 상거래 이외 외상매입이므로 미지급금 선택하되 하나카드에 카드 대금 지급하므로 거래처 하나카드 선택

12.28	(차) 차량유지비(판매관리비)	880,000	(대) 미지급금(하나카드)	880,000

(*) 미지급금 대신 미지급비용 선택 가능

05 [1] 송금수수료 1,000원을 제외한 나머지만 외상매입금에서 차감해야 함.

수정 전	(차) 외상매입금(아현상사)	1,001,000	(대) 보통예금	1,001,000
수정 후	(차) 외상매입금(아현상사)	1,001,000	(대) 보통예금	1,001,000
	수수료비용(판매관리비)	1,000		

[2] 임대료(영업외수익)을 없애고 임대보증금(세트상사) 선택

수정 전	(차) 보통예금	6,000,000	(대) 임대료(영업외수익)	6,000,000
수정 후	(차) 보통예금	6,000,000	(대) 임대보증금(세트상사)	6,000,000

06 [1] 수령하지 못한 이자수익 150,000원을 미수수익으로 인식. 기말결산 분개이므로 12.31자로 분개 입력

12.31	(차) 미수수익	150,000	(대) 이자수익(영업외수익)	150,000

[2] 1개월치 보험료: 1,200,000원÷12 = 100,000원, 미경과 보험료: 100,000원×6개월 = 600,000원 → 최초 전액 비용 처리했으므로 보험료(비용) 줄이고 선급비용 인식

12.31	(차) 선급비용	600,000	(대) 보험료(판매관리비)	600,000

[3] 기말결산 시점에 현금 시재가 적은 것의 이유가 확인되지 않으면 잡손실(영업외비용) 처리

12.31	(차) 잡손실(영업외비용)	50,000	(대) 현 금	50,000

[4] • 외상매출금, 받을어음에 대해서만 대손충당금 설정해야 하므로 아래 2가지 중 한 가지로 대손상각비 입력
　• 방법 1 : 아래와 같이 추가할 대손상각비를 계산한 후 [결산자료입력] 창의 판매관리비의 대손상각비 금액 입력 → F3 전표 추가 클릭, [결산자료입력] 창에서 F8 대손상각 클릭해 추가할 대손충당금을 조회할 수 있음

항 목	외상매출금	받을어음
매출채권 금액(재무상태표에서 조회)	102,770,000	100,000,000
대손충당금 필요액(1%)	1,027,700	1,000,000
대손충당금 기존 잔액	300,000	650,000
추가 설정액	727,700	350,000

- 방법 2 : 자동분개 입력 대신 아래 수동분개로 입력해도 상관없음. (시험문제가 요구 시 분개 입력을 5.결산차변, 6.결산대변으로 입력)

| 12.31 | (결차) 대손상각비(판매관리비) | 1,077,000 | (결대) 대손충당금(외상매출금) | 727,700 |
| | | | 대손충당금(받을어음) | 350,000 |

07 [1] 870,000원

    [일계표(월계표)] ⇒ 조회기간: 3월 1일 ~ 3월 31일 ⇒ 판매관리비의 복리후생비 차변 금액 중 현금 부분 금액 조회

    [2] 타이상사, 39,600,000원

        [거래처원장] ⇒ 조회기간: 1월 1일 ~ 4월 30일 ⇒ 외상매출금 클릭 후 잔액이 가장 큰 거래처 선택

    [3] 18,985,000원

- [계정별원장] ⇒ 조회기간: 4월 1일 ~ 6월 30일 ⇒ 보통예금 조회
- 보통예금 입금액(31,750,000) – 출금액(12,765,000) = 18,985,000원

[118회 - 이론]

01 ① • 미수수익: 이미 발생한 수익을 아직 수령하지 못한 금액

    • 선급비용: 이미 지급한 비용 중 아직 비용화 되지 않은 금액

    → 수익의 예상이란 미수수익을 말하는 것임.

02 ② • 자본금 T계정은 증가 시 대변, 감소 시 차변에 표시함.

    • 차변에 손익 80,000원이므로 당기순손실 80,000원이 발생한 것임.

    • 기말자본금 : 기초자본금(580,000) – 당기순손실(80,000) = 500,000원임.

03 ② • 받을어음의 대변에는 아래와 같이 받을어음이 감소하는 거래가 표시됨.

    : 받을어음 할인, 받을어음 배서, 받을어음 만기 도래로 회수

    • 받을어음을 발행하면 받을어음이 증가하므로 차변에 표시됨.

04 ④ 재고자산 평가방법은 선입선출법, 후입선출법, 평균법, 개별법이 있음. 정액법은 감가상각 방법임.

05 ② • 필요한 대손충당금: 매출채권 잔액(10,000,000) × 1% = 100,000원

    • 대손충당금 잔액 : 60,000원

    • 추가 설정액 : 100,000 - 60,000 = 40,000원

06 ③ 영업·관리에 필요한 비용인 판매관리비(가.잡급, 다.보험료), 영업외비용(나.이자비용, 라.외환차손)

07 ③ 가수금은 연도 중 사용하는 임시계정으로 외부에 공표되는 재무상태표에 표시할 수 없으며 적절한 계정과목으로 바꾸어 표시해야 함.

08 ③ • 거래 발생 → 분개 → 분개장 → 총계정원장 → 시산표(수정 전 → 기말수정분개 → 수정 후) → 각종 장부 마감 후 재무제표(손익계산서 → 재무상태표) 작성

    • 수정전 시산표 → 결산정리분개(기말수정분개) → 수정후 시산표임.

09 ③ 미지급비용은 1년 이내 갚아야 할 유동부채임.

10 ② ①③④ 단순한 계약의 체결은 자산, 부채, 자본, 수익, 비용에 영향을 미치지 않으므로 회계상 거래가 아님. ②화재로 상품 10만원이 소실되면 자산이 감소하므로 회계상 거래임.

11 ④ 판매 목적으로 보유하는 것은 재고자산이며 유형자산은 업무에 사용할 목적임.

12 ④ 감가상각 계산 시 필수 요소는 취득가액, 내용연수, 잔존가치, 상각률임. 처분가액은 감가상각비 계산과 관련 없음.

13 ② 직원의 단합목적 회식비는 복리후생비임.

14 ② • 매출원가: 기초상품재고(150,000) + 당기 상품 총매입액(5,000,000) − 기말상품재고(500,000) = 4,650,000원
  • 매출총이익: 순매출액(6,700,000) − 매출원가(4,650,000) = 2,050,000원

15 ④ 급여 지급 시 예수금은 종업원이 납부할 세금과 4대보험료를 미리 뗀 금액. 국민연금(135,000) + 건강보험(120,000) + 소득세·지방소득세(93,000) = 348,000원이 예수금임.

[118회 – 실무]

01 [기초정보관리] – [회사등록] 클릭 후 아래 내용 정정

> • 과세유형 : 3.면세사업자 → 1.일반과세
> • 종목 : 자동차운전전문학원 → 의료기기
> • 개업연월일 : 2023년 02월 10일 → 2022년 02월 10일

02 [전기분 손익계산서] 클릭 후 아래 내용 정정

> • 급여 : 21,000,000원 → 12,000,000원
> • 이자비용 800,000원 → 기부금 800,000원
> • 차량유지비 : 3,600,000원 추가 입력

03 [1] [기초정보관리] – [거래처등록] – [금융기관] 탭 클릭 후 아래 등록

> • 거래처코드 : 99011   • 거래처명 : 아름은행   • 유형 : 3.보통예금
> • 계좌번호 : 207087-90-208199   • 사업용 계좌 : 1.여

[2] [전기분 재무상태표] – [거래처별 초기이월] 클릭 후 아래 내용 정정

> • 외상매출금 : − 아자상사 → 가나상사로 거래처명 수정
>   − 마바상사 : 201,000원 추가 입력
> • 미지급금 : 알파문구 : 17,000,000원 → 1,700,000원으로 수정

04 [1] 영업부 직원 부담분 210,000원은 이미 예수금에 계상되어 있고, 회사 부담분 210,000원은 복리후생비 처리

07.12	(차) 예수금	210,000	(대) 보통예금	420,000
	복리후생비(판매관리비)	210,000		

[2] 판매매관리비 중 광고선전비 선택

07.30	(차) 광고선전비(판매관리비)	500,000	(대) 현금	500,000

[3] 영업외비용 중 기부금 선택

08.26	(차) 기부금(영업외비용)	1,000,000	(대) 보통예금	1,000,000

[4] 1년 이후 상환 예정이므로 장기차입금, 거래처는 국민은행 선택

10.01	(차) 보통예금	200,000,000	(대) 장기차입금(국민은행)	200,000,000

[5] 받을어음 수령액: 15,000,000×60% = 9,000,000원

10.05	(차) 보통예금	6,000,000	(대) 상품매출	15,000,000
	받을어음(이동상사)	9,000,000		

[6] 상거래 이외 외상구입은 미지급금 선택, 카드 대금은 국민카드에 갚아야 하므로 거래처 국민카드 선택

11.08	(차) 수선비(판매관리비)	120,000	(대) 미지급금(국민카드)	120,000

[7] 임솔로부터 원천징수한 소득세 23,100원(21,000 + 2,100)을 예수금 처리

11.30	(차) 수수료비용(판매관리비)	700,000	(대) 예수금	23,100
			보통예금	676,900

[8] 거래처 접대 목적 비용은 기업업무추진비(판매관리비), 거래처는 카드대금 지급처인 현대카드 선택

12.21	(차) 기업업무추진비(판매관리비)	500,000	(대) 미지급금(현대카드)	120,000

05 [1] 차량운반구 구입 시 취득세는 비용이 아닌 취득원가에 가산해야 함.

수정 전	(차) 세금과공과(판매관리비)	500,000	(대) 보통예금	500,000
수정 후	(차) 차량운반구	500,000	(대) 보통예금	500,000

[2] 선급금 300,000원을 차변에 입력하고 외상매입금 금액을 700,000원으로 수정

수정 전	(차) 외상매입금(경북상사)	1,000,000	(대) 현금	1,000,000
수정 후	(차) 외상매입금(경북상사)	700,000	(대) 현금	1,000,000
	선급금(경북상사)	300,000		

06 [1] 취득 시 전액 자산 처리했던 금액 중 영업부에서 사용한 200,000원을 비용 처리

12.31	(차) 소모품비(판매관리비)	200,000	(대) 소모품	200,000

[2] 단기매매증권평가이익: 기말가액 1,700,000원(1,700원×1,000주) − 취득가액 1,200,000원(1,200원×1,000주) = 500,000원

12.31	(차) 단기매매증권	500,000	(대) 단기매매증권평가이익(영업외수익)	500,000

(*) 단기매매증권 평가이익: 영업외수익

[3] 영업부서 사무실 당기 발생한 1개월치 월세를 임차료 비용 처리. 최초 지급 시 전액 선급비용(자산) 처리했으므로 선급비용을 줄여주어야 함.

12.31	(차) 임차료(판매관리비)	100,000	(대) 선급비용	100,000

(*) 당기분 월세: 300,000원 × (1개월/3개월) = 100,000원

[4] • 방법 1 : 아래와 같이 추가할 대손상각비를 계산한 후 [결산자료입력] 창의 판매관리비의 대손상각비 916,000원 입력 → F3 전표 추가 클릭, [결산자료입력] 창에서 F8 대손상각 클릭해 추가할 대손충당금을 조회할 수도 있음

대손충당금 추가 설정액: 외상매출금 131,600,000×1% − 400,000 = 916,000

• 방법 2 : 자동분개 입력 대신 아래 수동분개로 입력해도 상관없음. (시험문제가 요구 시 분개 입력을 5.결산차변, 6.결산대변으로 입력)

12.31	(결차) 대손상각비(판매관리비)	916,000	(결대) 대손충당금(외상매출금)	916,000

07 [1] 현인상사, 21,000,000원

[거래처원장] ⇒ 조회기간: 1월 1일 ~ 3월 31일 ⇒ 받을어음 입력 후 금액이 가장 큰 거래처와 잔액 조회

[2] 184,300,000원

[재무상태표] ⇒ 2월말 조회 ⇒ 자산 총계(354,700,000원), 부채총계(170,400,000원) 조회. 차액은 184,300,000원 (354,700,000원 - 170,400,000원)

[3] 19,000,000원

[총계정원장] ⇒ 조회기간: 1월 1일 ~ 6월 30일 ⇒ 외상매입금 입력 후 금액이 가장 큰 4월(40,000,000원), 가장 작은 1월 (21,000,000원) 조회. → 차이는 19,000,000원(40,000,000 - 21,000,000)

[117회 - 이론]

01 ① 총계정원장의 마감은 결산의 본절차이며 수정후 시산표를 작성하는 것이 결산의 예비절차임.

02 ④ • 조명기구 교체비용(수익적 지출: 당기비용)을 자본적 지출(자산)으로 처리
• 비용 과소계상, 자산 과대계상 → 당기순이익 과대계상, 자본 과대계상

03 ④ 당좌차월은 일종의 (−)통장으로 유동부채임. 당좌차월은 외부 공표되는 재무상태표에는 단기차입금으로 표시됨.

04 ② 외환차손은 영업외비용임.

05 ② 영업이익 + 영업외수익 - 영업외비용 = 법인세차감전순이익

06 ③ • 재고자산 취득원가: 매입가격(10,000) + 취득 소요 부대비용(5,000) = 15,000원
　　　 • 판매장소 임차료는 취득 후 판매에 발생한 판매관리비임.

07 ③ • 당기순이익 : 총수익(130,000) − 총비용(100,000) = 30,000원
　　　 • 기말자본 = 기초자본금(150,000) + 당기순이익(30,000)이므로 기말자본은 180,000원임.

08 ④ 매입채무는 외상매입금(10,000) + 지급어음(60,000) = 70,000원임.

09 ④ 차감적 평가항목의 대표적인 사례가 감가상각누계액으로 다음과 같이 표시됨.
　　　 • 기계장치　　　　×××
　　　 • 감가상각누계액　(×××)
　　　 • 장부가액　　　　×××
　　　 이러한 차감적 평가항목에는 감가상각누계액, 대손충당금이 대표적인 경우이며 퇴직급여충당부채는 지급할 퇴직금을 누적한
　　　 금액으로 차감계정은 아님.

10 ② 광고선전비는 판매관리비로 영업이익에 영향을 미침. (잡이익, 이자비용, 기부금)은 영업외비용으로 영업이익에 영향을 미치
　　　 지 않음.

11 ② 미지급비용(유동부채)는 재무상태표에 표시되는 계정과목임.

12 ② • 취득원가: 매입대금(1,500,000) + 취득세(50,000) = 1,550,000원
　　　 • 재산세와 사용 중 수익적 지출은 당기 비용으로 처리함.

13 ③ 물리적 실체 없는 자산은 무형자산임.

14 ② • 결산일 현재 부족한 현금시재액은 잡손실(영업외비용), 남는 현금시재액은 잡이익(영업외수익) 처리함.
　　　 • 현금과부족은 연중 사용하는 임시계정으로 결산일에 현금시재액 차이를 밝히지 못할 경우 이를 잡이익 또는 잡손실 처리해
　　　 야 함.

15 ③ 당좌자산(현금) → 재고자산(상품) → 투자자산(투자부동산) → 유형자산(기계장치) → 무형자산(산업재산권) 순서임. 두 번째
　　　 배열은 상품임.

[117회 - 실무]

01 [기초정보관리] – [회사등록] 클릭 후 아래 내용 정정

> • 업태 : 제조 → 도소매
> • 종목 : 사무기기 → 신발
> • 사업장관할세무서 : 128.고양 → 141.파주

02　[전기분 재무상태표] 클릭 후 아래 내용 정정

> • 보통예금 : 2,300,000원 → 23,000,000원
> • 받을어음에 대한 대손충당금 : 520,000원 추가 입력
> • 단기차입금 : 48,000,000원 추가 입력

03　[1] [계정과목및적요등록] – 판매비및일반관리비 - 813.기업업무추진비 클릭 후 대체적요 5번에 입력

> 대체적요 No.5 : 거래처 현물접대

[2] [전기분 재무상태표] – [거래처별 초기이월] 클릭 후 아래 내용 정정

> • 외상매출금 : – 코코무역 10,000,000원 → 15,300,000원
> 　　　　　　　 – 호호상사 7,200,000원 추가입력
> • 외상매입금 : 나비장식 12,800,000원 추가입력

04　[1] 대표이사 개인 목적의 현금 인출은 인출금으로 처리.(자본금으로 처리하여도 무방)

07.23	(차) 인출금	5,000,000	(대) 보통예금	5,000,000

[2] 대금 수령 못한 4,000,000원을 외상매출금 계정과목 선택

08.16	(차) 현 금	2,000,000	(대) 상품매출	6,000,000
	외상매출금(백호상사)	4,000,000		

[3] 영업부 운반비는 판매관리비 중 운반비 계정과목 선택

08.27	(차) 운반비(판매관리비)	30,000	(대) 현 금	30,000

[4] 가지급금 없애면서 영업부서 여비교통비(판매관리비) 처리. 총 여비교통비는 420,000원

09.18	(차) 여비교통비(판매관리비)	420,000	(대) 가지급금(이미도)	300,000
			현 금	120,000

[5] 외상매입금 5,000,000원 지급. 수수료는 판매관리비 처리

10.16	(차) 외상매입금(한세상사)	5,000,000	(대) 보통예금	5,001,000
	수수료비용(판매관리비)	1,000		

[6] 대손충당금 잔액 320,000원이 대손금액 200,000원 보다 크므로 대손충당금만 상계

11.11	(차) 대손충당금(외상매출금)	200,000	(대) 외상매출금(시원상사)	200,000

[7] 장기차입금 원금 800,000원, 이자비용 200,000원임. 장기차입금 거래처 하나은행 입력

12.05	(차) 장기차입금(하나은행)	800,000	(대) 보통예금	1,000,000
	이자비용(영업외비용)	200,000		

[8] 상거래 이외 외상 매입금 미지급금 처리. 거래처는 카드대금 지급처인 국민카드 입력

12.23	(차) 비 품	3,000,000	(대) 미지급금(국민카드)	3,000,000

05 [1] 계약금 수령액은 선수금임. 외상매출금 → 선수금

수정 전	(차) 보통예금	5,000,000	(대) 외상매출금(한세상사)	5,000,000
수정 후	(차) 보통예금	5,000,000	(대) 선수금(한세상사)	5,000,000

[2] 1년 이후 상환할 대출이므로 장기차입금 선택. 단기차입금 → 장기차입금

수정 전	(차) 보통예금	20,000,000	(대) 단기차입금(부산은행)	20,000,000
수정 후	(차) 보통예금	20,000,000	(대) 장기차입금(부산은행)	20,000,000

06 [1] 단기계약직 급여 1,500,000원이 미지급 되었음. 영업부 단기계약직은 잡급(판매관리비) 선택

12.31	(차) 잡 급(판매관리비)	1,500,000	(대) 미지급비용	1,500,000

(*) 잡급 대신 급여 계정과목 선택해도 무방

[2] 가지급금과 외상매입금을 상계처리

12.31	(차) 외상매입금(대구상사)	500,000	(대) 가지급금	500,000

[3] 미수이자 인식

12.31	(차) 미수수익	3,270,000	(대) 이자수익(영업외수익)	3,270,000

[4] • 방법 1 : 아래와 같이 감가상각비를 계산한 후 [결산자료입력] 창의 판매관리비의 감가상각비 450,000원 입력 → F3 전표 추가 클릭

$$\text{감가상각비} : (5,000,000 - 500,000) \div 10 = 450,000원$$

• 방법 2 : 자동분개 입력 대신 아래 수동분개로 입력해도 상관없음.

12.31	(차) 감가상각비(판매관리비)	450,000	(대) 감가상각누계액(비 품)	450,000

07 [1] 1,650,000원
[총계정원장] ⇒ 조회기간: 1월 1일 ~ 6월 30일 ⇒ 계정과목 "이자비용" 입력 후 차변 합계 조회
[2] 2,600,000원
[거래처원장] ⇒ 조회기간: 1월 1일 ~ 6월 30일 ⇒ 계정과목 "선급금" 입력 후 "성지상사" 잔액 조회
[3] 302,091,000원
• [재무상태표] ⇒ 조회기간: 6월 입력 ⇒ 유동자산 당기와 전기 잔액 조회
• 당기(471,251,000원) - 전기(169,160,000원) = 302,091,000원

01 ② 혼합거래는 차변 또는 대변, 한 쪽에 재무상태표/손익계산서 계정과목이 동시에 나타나는 거래를 말함.

① (차) 현 금(자산)	500,000원	(대) 임대료(수익)		500,000원 : 손익거래	
② (차) 현 금(자산)	303,000원	(대) 단기대여금(자산)		300,000원 : 혼합거래	
		임대료(수익)		3,000원	
③ (차) 이자비용(비용)	80,000원	(대) 현 금(자산)		80,000원 : 손익거래	
④ (차) 상 품(자산)	400,000원	(대) 현 금(자산)		100,000원 : 교환거래	
		외상매입금(부채)		300,0000원	

02 ① 재고자산 원가를 결정하는 방법은 선입선출법, 후입선출법, 평균법이 있음.

03 ② 인출금은 연도 중 사용하는 임시계정으로 회계연도 말에 자본금으로 모두 대체되어 재무상태표에 표시됨.

04 ② • 장부가액: 취득가액(10,000,000) − 처분 시까지 감가상각누계액(8,000,000) = 2,000,000
　　• 처분이익: 처분가액(5,000,000) − 장부가액(2,000,000) = 3,000,000원

05 ② 기말자본금(350,000) = 기초자본금(200,000) + 추가 출자(40,000) − 경영주 소득세 납부(50,000) + 당기순이익(χ) → 당기순이익은 160,000원임.

06 ② (가) 토지 취득세: 토지 취득원가에 가산 (나) 급여 지급 시 소득세 원천징수액: 예수금

07 ① 이자비용은 영업외비용임.

08 ③ 정상 영업과정의 판매목적 재고자산 : 상품, 제품

09 ④ 파손된 유리 교체와 자동차 엔진오일 교체는 모두 원상회복의 수익적 지출로 당기비용임.

10 ① ① 외상매입금(부채) 감소, 보통예금(자산) 감소 ② 전기요금(비용) 발생, 현금(자산) 감소 ③ 기업업무추진비(비용) 발생, 현금 또는 보통예금(자산) 감소 ④ 냉장고(자산) 감소, 현금 또는 보통예금(자산) 증가

11 ③ ①예수금, ②미지급비용, ④선수금은 모두 유동부채이고 ③선급비용은 자산임. 선급비용의 대표적 사례는 자동차 보험료로 자동차 보험은 가입 시 1년치를 선납함. 회계기간 말 기준으로 미경과 보험료는 해약 시 돌려받을 수 있어 선급비용은 유동자산임.

12 ① • 기간경과분 이자가 당기에 입금되지 않으면 다음 분개를 해야 함.

(차) 미수수익(자산)	×××	(대) 이자수익(수익)	×××

　　• 상기 거래 미인식 시 : 자산 과소 계상, 수익 과소계상

13 ① • 순매출액: 상품매출액(300,000) − 상품매출 환입액(10,000) = 290,000원
　　• 상품매출 관련 부대비용은 지급수수료 등 판매관리비 처리함.

14 ③ 발생한 비용을 지급하지 않은 금액은 미지급비용임.

15 ① • 보통예금(500,000) + 당좌예금(700,000) = 1,200,000원.
 • 1년 만기 정기예금(투자자산), 단기매매증권(당좌자산)

[116회 - 실무]

01 [기초정보관리] – [회사등록] 클릭 후 아래 내용 정정

> • 사업자등록번호 : 628-26-01132 → 628-26-01035
> • 종목 : 컴퓨터 부품 → 유아용 의류
> • 사업장관할세무서 : 212.강동 → 120.삼성

02 [전기분 손익계산서] 클릭 후 아래 내용 정정

> • 상품매출 : 656,000,000원 → 665,000,000원
> • 기업업무추진비 : 8,100,000원 → 8,300,000원
> • 임차료 : 12,000,000원 추가 입력

03 [1] [기초정보관리] – [거래처등록] – [일반거래처] 탭 클릭 후 아래 거래처 등록

> • 거래처코드 : 00308 • 거래처명 : 뉴발상사 • 등록번호 : 113-09-67896 • 유형 : 3.동시
> • 대표자 : 최은비 • 업태 : 도매및소매업 • 종목 : 신발 도매업 • 사업장주소 : 서울 송파구 법원로11길 11

[2] [전기분 재무상태표] – [거래처별 초기이월] 클릭 후 아래 내용 정정

> • 외상매출금 : 온컴상사 → 스마일상사로 거래처명 수정
> • 미수금 : 슈프림상사 : 1,000,000원 → 10,000,000원
> • 단기차입금 : 다온상사 : 23,000,000원 추가 입력

04 [1] 경리부 직원 축의금은 복리후생비(판매관리비) 선택

07.25	(차) 복리후생비(판매관리비)	300,000	(대) 현금	300,000

[2] 당좌수표 발행하면 당좌예금에서 인출되며 나머지 3,200,000원은 상거래 목적 어음 발행이므로 지급어음 선택

08.04	(차) 상품	4,000,000	(대) 당좌예금	800,000
			지급어음(영동상사)	3,200,000

[3] 상품 매출 시 미리 수령한 계약금은 선수금(유동부채) 선택

08.25	(차) 보통예금	300,000	(대) 선수금(하나상사)	300,000

[4] 1년 이후 상환할 차입은 장기차입금 선택

10.01	(차) 보통예금	50,000,000	(대) 장기차입금(기업은행)	50,000,000

[5] 영업부 직원 급여 지급 시 소득세 등 원천징수액은 예수금 처리

10.31	(차) 급 여(판매관리비)	2,717,000	(대) 예수금	309,500
			보통예금	2,407,500

[6] 받을어음 매각 거래임. 할인료는 매출채권처분손실 선택

| 11.13 | (차) 보통예금 | 1,900,000 | (대) 받을어음(가나상사) | 2,000,000 |
| | 매출채권처분손실(영업외비용) | 100,000 | | |

(*) 할인료: 2,000,000 × 5% = 100,000원

[7] 상품 매입 시 운임은 취득원가에 가산

| 11.22 | (차) 상 품 | 4,150,000 | (대) 외상매입금(한올상사) | 4,000,000 |
| | | | 현금 | 150,000 |

[8] 영업부 교육훈련비는 판매관리비, 상거래 이외 외상이므로 미지급금 선택

| 12.15 | (차) 교육훈련비(판매관리비) | 1,000,000 | (대) 보통예금 | 500,000 |
| | | | 미지급금(우리컨설팅) | 500,000 |

05 [1] 전기에 대손 처리한 외상매출금이 회수되면 대손충당금을 대변에 살려주어야 함. 선수금 → 대손충당금

| 수정 전 | (차) 보통예금 | 4,000,000 | (대) 선수금(만중상사) | 5,000,000 |
| 수정 후 | (차) 보통예금 | 5,000,000 | (대) 대손충당금(외상매출금) | 5,000,000 |

[2] 광고선전비 → 기업업무추진비(판매관리비)

| 수정 전 | (차) 광고선전비(판매관리비) | 130,000 | (대) 보통예금 | 130,000 |
| 수정 후 | (차) 기업업무추진비(판매관리비) | 130,000 | (대) 보통예금 | 130,000 |

06 [1] 영업부 미지급 전기요금을 미지급비용 처리, 전기요금은 수도광열비 계정 선택

| 12.31 | (차) 수도광열비(판매관리비) | 1,000,000 | (대) 미지급비용 | 1,000,000 |

[2] 현금과부족을 영업부 수선비로 처리

| 12.31 | (차) 수선비(판매관리비) | 30,000 | (대) 현금과부족 | 30,000 |

[3] 미지급이자를 미지급비용으로 계상

| 12.31 | (차) 이자비용(영업외비용) | 1,000,000 | (대) 미지급비용 | 1,000,000 |

(*) 미지급이자: 100,000,000 × 12% × (1개월/12개월) = 1,000,000원

[4] [결산자료입력] 창에 1월~12월 입력 후 기말상품재고액에 15,000,000원 입력 → F3 전표 추가 클릭, 상품매출원가는 180,950,000원임

07 [1] 2월, 1,520,000원
[총계정원장] ⇒ 조회기간: 1월 1일 ~ 6월 30일 ⇒ 계정과목 "기업업무추진비(판매관리비)" 입력 후 가장 금액이 큰 월과 금액 조회
[2] 27,000,000원
[손익계산서] ⇒ 5월 입력 후 판매관리비의 급여 조회
[3] 다주상사, 46,300,000원
[거래처원장] ⇒ 조회기간: 1월 1일 ~ 6월 30일 ⇒ 계정과목 "외상매출금" 입력 후 가장 금액이 큰 거래처와 금액 조회

[115회 - 이론]

01 ③ · 자기앞수표(30,000) + 취득 당시 만기 3개월 이내 금융자산(70,000) = 100,000원
· 당좌개설보증금은 인출이 제한된 투자자산임.

02 ② 거래 발생 → 분개 → 분개장 → 총계정원장 → 시산표(수정 전 → 기말수정분개 → 수정 후) → 재무제표(손익계산서 → 재무상태표)

03 ④ · 당기순이익: 상품매출(260,000) + 이자수익(10,000) − 상품매출원가(120,000) − 급여(40,000) − 보험료(30,000) = 80,000원
· 손익 T계정 차변의 자본금 80,000원: 당기순이익 80,000원이 자본계정으로 대체된다는 의미임.

04 ① 상품매출, 감가상각비, 대손상각비는 손익계산서 계정과목임.

05 ④ 결산 시 차기로 이월되는 계정은 재무상태표 항목임 : 미수금

06 ④ 보유 중 발생한 수선유지비는 당기 비용 처리함.

07 ④ 가.이자비용, 나.유형자산처분손실은 영업외비용임.

08 ② · T계정 잔액 표시는 자산은 차변, 부채·자본은 대변에 표시됨.
· 자산(②선급금, ③미수금), 부채(①선수금, ④미지급금)이므로 올바른 표시는 ②임.

09 ④ 재고자산 평가 방법은 선입선출법, 후입선출법, 평균법, 개별법이 있음. 연수합계법은 감가상각 방법임.

10 ① 상품 매출 시 계약금을 미리 받으면 선수금(유동부채) 계정과목을 사용함.

11 ① 일정시점의 재무상태 나타내는 표(재무상태표), 일정기간의 경영성과 나타내는 표(손익계산서)

12 ③ 토지, 투자부동산, 건설중인자산은 감가상각 하지 않음.

13 ① 순매입액: 상품 매입(50,000) − 매입할인(8,000) = 42,000원

14 ④ 기말자본: 기초자본(300,000) + 당기순이익(160,000) = 460,000원

15 ② · 영업이익 + 영업외수익 − 영업외비용 = 소득세차감전 순이익
· 소득세차감전 순이익 − 소득세 = 당기순이익
· 소득세는 영업외비용이 아니라 그 이후 차감되는 항목임.

[115회 - 실무]

01 [기초정보관리] – [회사등록] 클릭 후 아래 내용 정정

> • 업태 수정입력 : 제조 → 도소매
> • 종목 수정입력 : 금속제품 → 신발
> • 개업연월일 : 2015년 9월 23일 → 2010년 9월 23일

02 [전기분 손익계산서] 클릭 후 아래 내용 정정

> • 매출원가 중 당기상품매입액 : 180,000,000원 → 190,000,000원
> • 판매비와관리비 중 수수료비용 : 2,000,000원 → 2,700,000원
> • 영업외비용 중 잡손실 : 300,000원 추가 입력

03 [1] [계정과목및적요등록] – 판매비및일반관리비 - 803.상여금 클릭 후 현금적요 2번에 입력

> 현금적요 No.2 : 명절 특별 상여금 지급

[2] [전기분 재무상태표] – [거래처별 초기이월] 클릭 후 아래 내용 정정

> • 외상매출금 : – 폴로전자 : 4,200,000원 → 15,800,000원
>   – 예진상회 : 2,200,000원 → 13,000,000원
> • 지급어음 : 주언상사 : 3,400,000원 추가 입력

04 [1] 노트북 수리는 수선비 선택. 상거래 이외 외상은 미지급금 처리. 거래처는 국민카드 선택

07.29	(차) 수선비(판매관리비)	150,000	(대) 미지급금(국민카드)	150,000

[2] 이자비용(영업외비용) 선택

08.18	(차) 이자비용(영업외비용)	900,000	(대) 보통예금	900,000

[3] 섬미상사 발행 당좌수표는 언제든 사용가능하므로 현금임.

08.31	(차) 외상매입금(넥사상사)	3,000,000	(대) 현 금	3,000,000

[4] 기부금(영업외비용) 선택

09.20	(차) 기부금(영업외비용)	500,000	(대) 현 금	500,000

[5] 증가되는 임차보증금: 180,000,000 - 170,000,000 = 10,000,000원

10.15	(차) 임차보증금(동작빌딩)	10,000,000	(대) 보통예금	10,000,000

[6] 처분손익: 매각금액(10,000,000) – 장부가액(10,000,000) = 0원

11.04	(차) 감가상각누계액(기계장치)	10,000,000	(대) 기계장치	20,000,000
	보통예금	10,000,000		

(*) 처분전 장부가액: 취득원가(20,000,000) – 감가상각누계액(10,000,000) = 10,000,000원

[7] 차량운반구 취득 시 취득세는 취득원가에 가산함.

12.01	(차) 차량운반구	32,100,000	(대) 보통예금	32,100,000

(*) 차량운반구: 32,000,000 + 100,000 = 32,100,000원

[8] 거래처 직원 축의 화환은 기업업무추진비 선택

12.10	(차) 기업업무추진비(판매관리비)	100,000	(대) 현 금	100,000

05 [1] 자본적 지출(건물) → 수익적 지출(수선비)

수정 전	(차) 건 물	5,000,000	(대) 현 금	5,000,000
수정 후	(차) 수선비(판매관리비)	5,000,000	(대) 현 금	5,000,000

[2] 장기차입금 → 이자비용(영업외비용)

수정 전	(차) 장기차입금(신한은행)	1,000,000	(대) 보통예금	130,000
수정 후	(차) 이자비용(영업외비용)	1,000,000	(대) 보통예금	130,000

06 [1] 임대료 못받은 금액을 미수수익으로 인식

12.31	(차) 미수수익(유동자산)	300,000	(대) 임대료(영업외수익)	300,000

[2] 단기매매증권의 평가손실: 기말평가액 400,000원(100주×4,000원) − 취득가액 600,000(100주×6,000원) = 200,000원

12.31	(차) 단기매매증권평가손실(영업외비용)	200,000	(대) 단기매매증권	200,000

[3] 지급 시 전액 비용처리 한 금액 중 기간 미경과 부분을 선급비용 처리

12.31	(차) 선급비용(유동자산)	450,000	(대) 보험료(판매관리비)	450,000

(*) 선급비용: 600,000원 × (9개월/12개월) = 450,000원

[4] • 방법 1 : [결산자료입력] 창의 판매관리비의 감가상각비 칸에 차량운반구 600,000원, 비품 500,000원 입력 → F3 전표 추가 클릭
   • 방법 2 : 자동분개 입력 대신 아래 수동분개로 입력해도 상관없음.

12.31	(차) 감가상각비(판매관리비)	1,100,000	(대) 감가상각누계액(차량운반구)	600,000
			감가상각누계액(비품)	500,000

07 [1] 247,210,500원
   [재무상태표] ⇒ 6월 입력 후 당좌자산 금액 확인
[2] 1,650,000원
   [총계정원장] ⇒ 조회기간: 1월 1일 ~ 6월 30일 ⇒ 계정과목 "광고선전비(판매관리비)" 입력 후 가장 적은 달의 금액
[3] ① 10,500,000원, ② 500,000원
   ① [거래처원장] ⇒ 조회기간: 1월 1일 ~ 6월 30일 ⇒ 계정과목 "외상매출금" 입력 후 거래처 "유화산업" 조회 : 10,500,000원
   ① [거래처원장] ⇒ 조회기간: 1월 1일 ~ 6월 30일 ⇒ 계정과목 "받을어음" 입력 후 거래처 "유화산업" 조회 : 500,000원

[114회 - 이론]

01 ③ 부채의 감소는 차변, 수익의 증가는 대변에 기록됨.

02 ② 현금과부족 T계정의 차변에는 현금과부족이 줄어든 내역을 표시함. 결산 시까지 현금과부족의 원인이 밝혀지지 않은 거래는 아래와 같이 분개 처리됨. 즉, 남는 현금을 잡이익 처리한 것임.

(차) 현금과부족 30,000원	(대) 잡이익 30,000원

03 ② 판매관리비(① 급여, ③ 임차료, ④ 복리후생비), 영업외비용(② 재해손실)

04 ④ • 외상매출금 기말잔액 = 기초잔액 + 당기 외상매출 - 외상매출 회수 - 외상매출 에누리
　　　• 기말잔액(300,000) = 기초잔액(400,000) + 당기 외상매출(x) - 외상매출 회수(600,000) - 에누리(100,000) → 외상 매출액은 600,000원

05 ④ 물가가 상승 상황에서 연말에 비싸게 구입한 것이 먼저 팔리고, 연초에 싸게 구입한 것이 남으면 기말재고자산이 과소 평가됨. → 이는 실제 재고흐름과 다른 후입선출법에 대한 설명임.

06 ④ • 처분이익(7,000,000) = 처분가액(12,000,000) - 장부가액(x) → 장부가액은 5,000,000원임.
　　　• 장부가액(5,000,000) = 취득가액(x) - 처분 시까지 감가상각누계액(5,000,000) → 취득가액은 10,000,000원

07 ③ 기말자본: 기초자본(1,300,000) + 총수익(2,000,000) - 총비용(1,500,000) = 1,800,000원

08 ① • 수익의 이연: 수익을 지불받았으나 아직 인식 시기가 되지 않아 뒤로 미룸. → 선수수익
　　　• 비용의 이연: 비용을 지불하였으나 아직 인식 시기가 되지 않아 뒤로 미룸. → 선급비용

09 ④ 비품은 유형자산임.

10 ② • 수익 실현되기 전에 현금을 미리 받는 것: 선수수익
　　　• 상거래 이외로 임시로 현금 수령했다가 다시 지급하는 것: 예수금

11 ④ ④ 1개월분 이자가 발생하면 비용(이자비용)이 발생했으므로 회계상 거래임.

12 ③ 외상매출금 10,000원을 현금으로 회수한 거래임.

13 ① 기업회계기준상 재무제표는 재무상태표, 손익계산서, 자본변동표, 현금흐름표, 주석임.

14 ④ 기말재고자산: 창고보관 중 재고자산(500,000) + 수탁자 보관 중 재고자산(100,000) = 600,000원

15 ④ • 매출원가: 기초재고(200,000) + 당기 매입(1,000,000) - 기말재고(300,000) = 900,000원
　　　• 매출총이익: 매출(2,000,000) - 매출원가(900,000) = 1,100,000원

[114회 - 실무]

01 [기초정보관리] – [회사등록] 클릭 후 아래 내용 정정

> • 대표자명 안병남 → 이두일
> • 관할세무서 : 508.안동 → 305.대전
> • 개업연월일 2016년 10월 05일 → 2014년 01월 24일

02 [전기분 재무상태표] 클릭 후 아래 내용 정정

> • 받을어음 : 69,300,000원 → 65,000,000원
> • 감가상각누계액(차량운반구) : 11,750,000원 → 10,750,000원
> • 장기차입금 116,350,000원 추가 입력

03 [1] [기초정보관리] – [거래처등록] – [금융기관] 탭 클릭 후 아래 등록

> • 코드 : 98100   • 거래처명 : 케이뱅크 적금
> • 유형 : 3.정기적금   • 계좌번호 : 1234-5678-1234
> • 계좌개설은행 : 089.케이뱅크   • 계좌개설일 : 2024-07-01

[2] [전기분 재무상태표] – [거래처별 초기이월] 클릭 후 아래 내용 정정

> • 외상매출금 : 태양마트 : 15,000,000원 → 34,000,000원
> • 단기차입금 : – 은산상사 : 35,000,000원 → 20,000,000원
>   – 종로상사 5,000,000원 삭제 → 일류상사 3,000,000원 추가

04 [1] 당좌수표를 발행하면 당좌예금에서 빠져나가므로 대변에 당좌예금 선택

07.03	(차) 단기차입금(대전상사)	8,000,000	(대) 당좌예금	8,000,000

[2] 관리부 시내 출장비는 여비교통비(판매관리비) 선택

07.10	(차) 여비교통비(판매관리비)	50,000	(대) 현금	50,000

[3] 대손충당금 잔액 900,000원을 초과하는 금액 4,100,000원(5,000,000 - 900,000)은 대손상각비 처리

08.05	(차) 대손충당금(외상매출금)	900,000	(대) 외상매출금(능곡가구)	5,000,000
	대손상각비	4,100,000		

[4] 토지 취득 시 중개수수료는 취득원가에 가산함.

08.13	(차) 토지	1,000,000	(대) 현금	1,000,000

[5] 영업부이므로 판매관리비 중 임차료, 건물관리비 선택

09.25	(차) 임차료(판매관리비)	750,000	(대) 보통예금	800,000
	건물관리비(판매관리비)	50,000		

[6] 일용직 급여는 잡급 처리

10.24	(차) 잡 급(판매관리비)	100,000	(대) (대) 현금	100,000

[7] 계약금 지급액은 선급금 선택, 당좌수표 발행은 당좌예금에서 인출되므로 대변에 당좌예금 선택

11.15	(차) 선급금(아린상사)	4,500,000	(대) 당좌예금	4,500,000

[8] 상거래 이외 외상 매입이므로 미지급금 선택. 대금 지급처인 국민카드를 거래처로 선택

11.23	(차) 차량운반구	20,000,000	(대) 미지급금(국민카드)	20,000,000

(*) 미지급금 대신 미지급비용 선택 가능

05 [1] 임차료(판매관리비) → 임차보증금(경의상사)

수정 전	(차) 임차료(판매관리비)	1,000,000	(대) 보통예금	1,000,000
수정 후	(차) 임차보증금(경의상사)	1,000,000	(대) 보통예금	1,000,000

[2] 사용 중인 토지에 부과된 재산세는 세금과공과(비용) 처리.

수정 전	(차) 토 지	300,000	(대) 보통예금	300,000
수정 후	(차) 세금과공과(판매관리비)	300,000	(대) 보통예금	300,000

06 [1] 지급하지 못한 이자 360,000원을 미지급비용으로 인식

12.31	(차) 이자비용(영업외비용)	360,000	(대) 미지급비용(유동부채)	360,000

[2] 가지급금과 외상매입금((주)디자인가구)을 상계 처리

12.31	(차) 외상매입금(㈜디자인가구)	500,000	(대) 가지급금	500,000

[3] 구입 시 전액 소모품(자산) 처리했으므로 당기 사용분을 소모품비(판매관리비) 처리

12.31	(차) 소모품비(판매관리비)	400,000	(대) 소모품	400,000

(*) 당기 사용액: 기초잔액(500,000) + 당기구입(200,000) − 기말잔액(300,000) = 400,000원

[4] • 외상매출금, 받을어음에 대해서만 대손충당금 설정해야 하므로 아래 2가지 중 한 가지로 대손상각비 입력
  • 방법 1 : 아래와 같이 추가할 대손상각비를 계산한 후 [결산자료입력] 창의 판매관리비의 대손상각비의 외상매출금 칸에 3,081,400원, 받을어음 칸에 1,350,000원 입력 → F3 전표 추가 클릭, [결산자료입력] 창에서 F8 대손상각 클릭해 추가할 대손충당금을 조회할 수도 있음

항 목	외상매출금	받을어음
매출채권 금액	154,070,000	100,000,000
대손충당금 필요액(2%)	3,081,400	2,000,000
대손충당금 잔액	0	650,000
추가 설정액	3,081,400	1,350,000

(*) 매출채권 금액, 대손충당금 기존잔액은 재무상태표의 12월말 잔액에서 조회

- 방법 2 : 자동분개 입력 대신 아래 수동분개로 입력해도 상관없음. (시험문제가 요구 시 분개 입력을 5.결산차변, 6.결산대변으로 입력)

| 12.31 | (결차) 대손상각비(판매관리비) | 4,431,400 | (결대) 대손충당금(외상매출금) | 3,081,400 |
| | | | 대손충당금(받을어음) | 1,350,000 |

07 [1] 130,000,000원
   [재무상태표] ⇒ 4월 입력 후 지급어음 금액 확인
   [2] 60,000,000원
   [일계표] ⇒ 조회기간: 5월 1일 ~ 5월 31일 ⇒ 계정과목 "외상매출금"의 대변 합계금액 확인
   [3] 5월, 300,000원
   [총계정원장] ⇒ 조회기간: 1월 1일 ~ 6월 30일 ⇒ 계정과목 "복리후생비(판매관리비)" 입력 후 가장 적은 달의 금액 확인

[113회 - 이론]

01 ④ (차) 통신비 50,000 (대) 보통예금 50,000 → 비용 발생, 자산 감소

02 ① 잔액 차변표시(자산, 비용), 잔액 대변표시(부채, 자본, 수익) → 임대료 수입이 수익임.

03 ② • 매출원가 = 기초재고 + 당기 매입 - 기말재고
   • 기말재고 30,000원을 50,000원으로 과대계상 → 매출원가 과소 계상
   • 매출원가 과소 계상 → 매출총이익 과대 계상 → 당기순이익 과대 계상

04 ③ 단기대여금(당좌자산) → 장기대여금(투자자산) → 영업활동에 사용하는 건물(유형자산) → 영업권(무형자산) 순서임.

05 ② 유형자산 중 토지, 투자부동산, 건설중인자산은 감가상각 하지 않으며 단기매매증권은 유형자산이 아니라 감가상각 대상이 아님.

06 ① • 자산: 현금(300,000) + 선급금(200,000) + 대여금(100,000) + 재고자산(800,000) = 1,400,000원
   • 부채: 매입채무(100,000) + 사채(300,000) = 400,000원
   • 자본: 자산(1,400,000) - 부채(400,000) = 1,000,000원

07 ② 재무상태표 항목(현금, 선급비용, 선수금, 매출채권), 손익계산서 항목(급여, 매출원가, 이자비용)

08 ④ 우표는 현금처럼 사용할 수 없으므로 현금및현금성자산이 아님.

09 ③ • 매출채권 잔액: 기초 매출채권(500,000) + 당기 외상매출(2,000,000) - 회수한 매출채권(1,500,000) = 1,000,000원
   • 기말 대손충당금: 1,000,000 × 1% = 10,000원

10 ① 선수수익(30,000) + 선수금(70,000) = 100,000원

11 ② 거래 발생 → 분개 → 분개장 → 총계정원장 → 시산표(수정 전 → 기말수정분개 → 수정 후) → 재무제표(손익계산서 → 재무상태표)

12 ④ 매입부대비용은 재고자산 취득 원가에 가산함.

13 ① 보험료는 판매관리비임.

14 ③ • 선입선출법: 저렴하게 구매한 기초 재고가 먼저 팔리고 비싸게 구입한 기말재고가 남음.
　　• 기말재고: 나중에 구입한 비싼 재고가 남아 기말재고 과대평가 → 매출원가 과소 계상
　　• 일반적인 물량 흐름과 일치

15 ④ 토지를 무상으로 취득하면 공정가치가 그 매입가격임. 또한 취득세는 취득원가에 가산 → 공정가치(1,000,000) + 취득세 (40,000) = 1,040,000원

[113회 - 실무]

01 [기초정보관리] – [회사등록] 클릭 후 아래 내용 정정

> • 대표자명 : 최연제 → 정성찬
> • 종목 : 스포츠 용품 → 문구 및 잡화
> • 개업연월일 : 2018-07-14 → 2018-04-08

02 [전기분 손익계산서] 클릭 후 아래 내용 정정

> • 급여 10,000,000원 → 20,000,000원
> • 임차료 2,100,000원 → 2,300,000원
> • 통신비 400,000원 → 운반비 400,000원

03 [1] [계정과목및적요등록] – 재고자산 - 146.상품 클릭 후 현금적요 3번에 입력

현금적요 3. 수출용 상품 매입

[2] [전기분 재무상태표] – [거래처별 초기이월] 클릭 후 아래 내용 정정

> • 외상매입금 : 동오상사 10,000,000원 추가 입력
> • 지급어음 : – 디오상사 3,000,000원 → 3,500,000원
> 　　　　　　– 망도상사 3,000,000원 추가 입력

04 [1] 외상매출금을 현금으로 회수

08.10	(차) 현 금	2,400,000	(대) 외상매출금(수민상회)	2,400,000

[2] 거래처 축의금 지급은 기업업무추진비(판매관리비)임.

08.25	(차) 기업업무추진비(판매관리비)	200,000	(대) 현 금	200,000

[3] 종업원에서 원천징수한 100,000원은 이미 예수금으로 계상되어 있고 회사 부담 120,000원은 복리후생비 처리

09.02	(차) 예수금 복리후생비(판매관리비)	100,000 120,000	(대) 보통예금	220,000

[4] 토지 재산세는 세금과공과 선택

09.20	(차) 세금과공과(판매관리비)	500,000	(대) 현금	500,000

[5] 지급어음을 보통예금으로 지급

09.25	(차) 지급어음(가은상사)	3,500,000	(대) 보통예금	3,500,000

[6] 자기앞수표는 언제든 사용가능하므로 현금 계정과목 선택

10.05	(차) 현금 외상매출금(한능협)	4,000,000 6,000,000	(대) 상품매출	10,000,000

[7] 사무실 수도요금(수도광열비), 소모품비 선택하고 미지급금 거래처는 삼성카드 선택

10.20	(차) 수도광열비(판매관리비) 소모품비(판매관리비)	30,000 100,000	(대) 미지급금(삼성카드)	130,000

[8] 원천징수 된 세금은 선납세금 계정과목 선택, 정기예금 이자는 이자수익 계정과목 선택

11.10	(차) 선납세금 보통예금	15,400 84,600	(대) 이자수익(영업외수익)	100,000

05

[1] 미지급금(신한카드) → 미지급금(하나카드)

수정 전	(차) 미지급금(신한카드)	6,000,000	(대) 보통예금	6,000,000
수정 후	(차) 미지급금(하나카드)	6,000,000	(대) 보통예금	6,000,000

[2] 소득세 등 원천징수한 예수금 635,010원 인식

수정 전	(차) 급여(판매관리비)	4,200,000	(대) 보통예금	4,200,000
수정 후	(차) 급여(판매관리비)	4,200,000	(대) 보통예금 예수금	3,564,990 635,010

06

[1] 전액 자산(선급비용)으로 처리한 월세 중 당해 연도 분 월세 인식

12.31	(차) 임차료(판매관리비)	18,000,000	(대) 선급비용	18,000,000

(*) 기간 경과 월세: 24,000,000 × (9개월/12개월) = 18,000,000원

[2] 환율 상승에 따른 외화환산이익(영업외수익) 인식

12.31	(차) 외상매출금(미국 BRIZ사)	2,000,000	(대) 외화환산이익(영업외수익)	2,000,000

(*) 결산일 평가액 22,000,000원($20,000×1,100원) − 기존 외상매출금 20,000,000 = 외화환산이익 2,000,000원

[3] 현금과부족으로 계상된 금액 중 15,000원을 세금과공과로 대체

12.31	(차) 세금과공과(판매관리비)	15,000	(대) 현금과부족	15,000

[4] [결산자료입력] 창에 1월~12월 입력 후 기말상품재고액에 4,500,000원 입력 → F3 전표 추가 클릭, 매출원가는 129,100,000원임.

07 [1] 4,060,000원

　　　[거래처원장] ⇒ 조회기간: 1월 1일 ~ 6월 30일 ⇒ 계정과목 "외상매입금", 거래처 "어룡상사" 입력 후 차변합계 금액 확인

　　[2] 4,984,300원

　　　[총계정원장] ⇒ 조회기간: 1월 1일 ~ 6월 30일 ⇒ 계정과목 "복리후생비(판매관리비)" 입력 후 차변 합계 금액 확인

　　[3] 86,188,000원

　　　[재무상태표] ⇒ 조회기간: 6월 입력 ⇒ 유동자산 280,188,000원, 유동부채 194,000,000원 확인. 차이금액 86,188,000원

　　　(280,188,000 − 194,000,000원)

[112회 - 이론]

01 ② 손익계산서는 손익법을 이용하여 당기순손익을 계산함. 재산법은 기초자본과 기말자본을 비교하여 당기순이익을 계산하는 방법임. ← 이런 문제가 출제되는 것이 적절치 않으므로 과감히 찍어도 상관없음.

02 ③ 기말외상매입금(120,000) = 기초외상매입금(60,000) + 당기 외상매입(300,000) − 당기 외상매입금 지급(x) − 외상매입금 중 매입환출(30,000) → 당기 외상매입금 지급액은 210,000원임.

03 ① • 매출총이익 - 판매관리비 = 영업이익

　　　• 이자비용은 영업외비용이므로 영업이익에는 영향을 미치지 않음.

04 ① • 거래 발생시 마다 회계처리: ①유형자산 처분

　　　• 기말수정분개: ②미수수익, 선급비용 인식, ③현금과부족 정리, ④대손충당금 설정

05 ④ 임차보증금은 기타비유동자산임.

06 ② ②당좌자산 → ①재고자산 → ③유형자산 → ④기타비유동자산 순서임.

07 ③ 처분이익: 처분금액(2,000,000) − 장부금액(1,600,000원) − 매각수수료(100,000) = 300,000원

08 ④ 선급금은 재고자산을 구입시 미리 지급한 계약금으로 당좌자산임.

09 ① 대손충당금은 매출채권(외상매출금, 받을어음), 대여금, 미수금 등 회수할 채권에 대해서만 설정할 수 있음. → 부채(지급어음, 미지급금, 선수금)에 대해서는 대손충당금을 설정할 수 없음.

10 ③ 매출총이익: 매출(800,000) − 매출원가(600,000) = 200,000원

11 ① 기업회계기준상 재무제표는 재무상태표, 손익계산서, 자본변동표, 현금흐름표, 주석임.

12 ② • 자산: 현금(100,000) + 상품(1,000,000) = 1,100,000원

　　　• 부채: 선수금(300,000) + 단기차입금(100,000) + 외상매입금(200,000) = 600,000원

　　　• 자본: 자산(1,100,000) − 부채(600,000) = 500,000원

13 ③ 자본적 지출은 취득원가에 가산되므로 감가상각비를 증가시킴.

14 ④ ① 자산(상품) 증가, 부채(외상매입금) 증가 ② 자산(현금) 증가, 자산(외상매출금) 감소
　　　③ 자산(대여금) 증가, 자산(보통예금) 감소 ④ 자산(보통예금) 증가, 수익(이자비용) 발생

15 ② ・전기이월 대변, 차기이월 차변인 항목 : 부채, 자본
　　　・부채(②미지급금), 자산(①미수금, ③선급금, ④외상매출금)

[112회 - 실무]

01 [기초정보관리] – [회사등록] 클릭 후 아래 내용 정정

> ・사업자등록번호 : 350-52-35647 → 305-52-36547
> ・사업장주소 : 부산광역시 해운대구 중동 777 → 대전광역시 중구 대전천서로 7(옥계동)
> ・종목 : 신발 의류 잡화 → 문구 및 잡화

02 [전기분 손익계산서] 클릭 후 아래 내용 정정

> ・상품매출 : 227,000,000원 → 237,000,000원
> ・여비교통비 → 복리후생비
> ・유형자산처분손실 12,000,000원 추가 입력

03 [1] [전기분 재무상태표] – [거래처별 초기이월] 클릭 후 아래 내용 정정

> ・받을어음 : 아진상사 2,000,000원 → 5,000,000원
> ・외상매입금 : 대영상사 15,000,000원 → 20,000,000원
> ・예수금 : 대전세무서 300,000원 추가 입력

[2] [기초정보관리] – [거래처등록] – [금융기관] 탭 클릭 후 아래 거래처 등록

> ・거래처코드 : 99603　　　・카드번호 : 1234-5678-1001-2348
> ・거래처명 : BC카드　　　・카드종류 : 사업용카드　　　・유형 : 매입

04 [1] 계약금 지급은 선급금 계정 선택

08.09	(차) 선급금(㈜모닝)	200,000	(대) 현 금	200,000

[2] 차량 취득 시 취득세는 취득원가에 가산. 상거래 이외 외상매입은 미지급금 계정 선택

08.20	(차) 차량운반구	7,300,000	(대) 미지급금(삼성카드)	7,000,000
			보통예금	300,000

(*) 차량가액: 7,000,000 + 300,000 = 7,300,000원

[3] 소득세 등 원천징수액은 예수금 처리

09.25	(차) 급여(판매관리비)	3,700,000	(대) 예수금	512,760
			보통예금	3,187,240

[4] 기업업무추진비(영업부 거래처 선물 2,000,000), 복리후생비(영업부 직원 선물 1,000,000) 선택

10.02	(차) 기업업무추진비(판매관리비) 복리후생비(판매관리비)	2,000,000 1,000,000	(대) 미지급금(삼성카드)	3,000,000

[5] 당좌예금 입금 12,000,000원, 받을어음 수령 23,000,000원

11.17	(차) 당좌예금 받을어음(㈜새로운)	12,000,000 23,000,000	(대) 상품매출	35,000,000

[6] 엘리베이터 공사비용은 자본적 지출로 건물에 가산함.

12.01	(차) 건 물	15,000,000	(대) 보통예금	15,000,000

[7] 컨설팅 수수료는 수수료비용(판매관리비) 계정 선택

12.27	(차) 수수료비용(판매관리비)	300,000	(대) 현 금	300,000

[8] 장부보다 현금시재가 더 많으면 현금을 늘리고 이를 현금과부족으로 처리

12.29	(차) 현 금	30,000	(대) 현금과부족	30,000

05
[1] 외상매출금 회수액(하진상사) → 선수금(하진상사)

수정 전	(차) 보통예금	200,000	(대) 외상매출금(하진상사)	200,000
수정 후	(차) 보통예금	200,000	(대) 선수금(하진상사)	200,000

[2] 대표이사 개인 비용의 사용은 세금과공과가 아니라 인출금임.

수정 전	(차) 세금과공과(판매관리비)	200,000	(대) 현 금	200,000
수정 후	(차) 인출금(또는 자본금)	200,000	(대) 현 금	200,000

06
[1] 미지급한 월세 1개월치 500,000원을 미지급비용으로 인식

12.31	(차) 임차료(판매관리비)	500,000	(대) 미지급비용	500,000

[2] 이자 미수령액 300,000원을 미수수익 인식

12.31	(차) 미수수익	300,000	(대) 이자수익(영업외수익)	300,000

[3] 마이너스 통장의 (-)800,000원은 은행으로부터 단기차입한 것임. 단기차입금 선택

12.31	(차) 보통예금	800,000	(대) 단기차입금(기업은행)	800,000

[4] • 방법 1 : 계산된 감가상각비를 수동분개로 입력

12.31	(차) 감가상각비(판매관리비)	5,500,000	(대) 감가상각누계액(비품)	5,500,000

(*) 감가상각비: (55,000,000 − 0) ÷ 10 = 5,500,000원

• 방법 2 : [결산자료입력] 창의 판매관리비의 감가상각비 칸에 비품 5,500,000원 입력 → F3 전표 추가 클릭

07 [1] 2월

　　[총계정원장] ⇒ 조회기간: 1월 1일 ~ 5월 31일 ⇒ 계정과목 "현금" 입력 후 지출(대변금) 조회하여 가장 지출이 많은 월 확인 : 2월, 36,298,400원임.

　　[2] 12,000,000원

　　[일계표(월계표)] ⇒ 조회기간: 1월 1일 ~ 6월 30일 ⇒ 계정과목 "급여(판매관리비)"의 차변 중 현금 금액 확인

　　[3] 5,000,000원

　　[계정별원장] ⇒ 조회기간: 6월 1일 ~ 6월 30일 ⇒ 계정과목 "받을어음" 입력하여 조회. 적요 중 "외상대금 받을어음 회수"를 찾으면 다음과 같음.

> 6월 1일 : 지엘상사로부터 외상대금 받을어음 회수 5,000,000원

[111회 - 이론]

01 ④ 재산 등 증감을 개별 항목 변동만 기록하는 것은 단식부기임.

02 ① 재화 생산 등 자체 사용 목적으로 물리형태가 있는 자산은 유형자산임. → 건물

03 ② 취득 당시 만기가 3개월 이내 금융자산이 현금및현금성 자산임. 회계기간말 기간 3개월이 아니라 취득 당시 3개월이 기준임.

04 ④ 일반기업회계기준은 복식회계임.

05 ③ 재고자산은 판매가 되어야 당기 비용으로 인식함. → 발생주의

06 ③ 가수금: 금전을 수취하였으나 그 내용이 확정되지 않아 임시로 사용하는 계정과목

07 ② 기업업무추진비: 영업활동 목적으로 거래처 접대를 위하여 지출한 비용

08 ④ • 매출원가 = 기초재고 + 당기 매입 - 기말재고

　　• 기말재고 감소 → 매출원가 증가 → 매출총이익 감소

　　• 기말재고 증가 → 매출원가 감소 → 매출총이익 증가

09 ② 판매관리비(세금과공과, 보험료), 영업외비용(기부금, 이자비용), 자산(미수금, 선급비용), 부채(미지급비용) → 판매관리비 2개

10 ④ ① 잔액시산표상 자본금 820,000원 : 기초자본금임. → 기말자본금은 기초자본금(820,000) + 당기순이익(10,000) = 830,000원

　　② 유동자산: 현금(220,000) + 건물(700,000) = 920,000원

　　③ 판매관리비: 급여 50,000원

　　④ 당기순이익: 이자수익(60,000) – 급여(50,000) = 10,000원

11 ① ① 자산(차량) 증가, 자산(현금) 감소 ② 비용(임차료) 발생, 자산(현금) 감소
③ 자산(현금) 증가, 수익(이자수익) 발생 ④ 자산(상품) 증가, 부채(외상매입금) 발생

12 ③ 건물 가치를 증가시키는 엘리베이터 설치는 자본적 지출임.

13 ③ 업무와 무관한 대표이사 소득세 납부(인출금), 업무용 건물 재산세(세금과공과)

14 ① 매입채무: 지급어음(20,000) + 외상매입금(30,000) = 50,000원

15 ② 기말자본(200,000) = 기초자본(χ) + 총수익(100,000) − 총비용(80,000) → 기초자본은 180,000원

[111회 - 실무]

01 [기초정보관리] – [회사등록] 클릭 후 아래 내용 정정

- 대표자명 수정 : 이기호 → 박연원
- 업태 수정 : 제조 → 도소매
- 개업연월일 수정 : 2017.08.02. → 2012.02.02.

02 [전기분 재무상태표] 클릭 후 아래 내용 정정

- 미수금 : 600,000원 추가입력
- 지급어음 : 810,000원 → 8,100,000원
- 단기차입금 : 500,000원 → 5,000,000원

03 [1] [전기분 재무상태표] – [거래처별 초기이월] 클릭 후 아래 내용 정정

- 외상매입금 : – 고래전자 10,000,000원 → 12,000,000원
  – 석류상사 27,000,000원 추가입력
- 미지급금 : 앨리스상사 2,500,000원 → 25,000,000원

[2] [계정과목및적요등록] – 당좌자산 - 103.보통예금 - 클릭 후 현금적요 5번에 입력

현금적요 No.5, 미수금 보통예금 입금

04 [1] 전기에 대손 처리한 금액이 회수되면 대손충당금을 살려줘야 함.

07.13	(차) 보통예금	2,000,000	(대) 대손충당금(외상매출금)	2,000,000

[2] 약속어음 발행자가 오름상사이므로 받을어음 거래처를 반드시 오름상사 입력

08.01	(차) 외상매입금(남선상사)	2,000,000	(대) 받을어음(오름상사)	2,000,000

[3] 지급한 전세보증금은 임차보증금 계정과목 사용

08.31	(차) 임차보증금(온천상가)	20,000,000	(대) 보통예금	20,000,000

[4] 대표자 개인용도 사용금액은 인출금 또는 자본금의 인출로 처리. 컴퓨터 구입대금을 삼성카드에 지급하므로 미지급금 거래처는 삼성카드 입력

09.02	(차) 인출금	1,500,000	(대) 미지급금(삼성카드)	1,500,000

(*) 인출금 대신 자본금 입력도 가능

[5] 자기앞수표는 언제든 사용가능하므로 현금 계정과목 선택

09.16	(차) 현 금	9,000,000	(대) 차량운반구	10,000,000
	감가상각누계액(차량운반구)	2,000,000	유형자산처분이익	1,000,000

(*) • 장부가액: 취득가액(10,000,000) − 감가상각누계액(2,000,000) = 8,000,000
    • 유형자산처분이익: 매각금액(9,000,000) − 장부가액(8,000,000) = 1,000,000

[6] 상환기간이 1년 이후이므로 장기차입금 계정과목 선택

09.03	(차) 보통예금	10,000,000	(대) 장기차입금(우리은행)	10,000,000

[7] 재고자산 취득 과정의 운반비는 취득원가에 가산

10.02	(차) 상 품	2,200,000	(대) 외상매입금(포스코상사)	2,000,000
			현 금	200,000

(*) 상품: 취득가액(2,000,000) + 운반비(200,000) = 2,200,000

[8] 계약금 지급액은 선급금 계정과목 선택

10.29	(차) 선급금(효은상사)	1,000,000	(대) 보통예금	1,000,000

05

[1] 수익적 지출(수선비 비용) → 자본적 지출(건물)

수정 전	(차) 수선비(판매관리비)	1,300,000	(대) 현금	1,300,000
수정 후	(차) 건 물	13,000,000	(대) 현금	13,000,000

[2] 직원간 회식비(복리후생비) → 거래처 접대(기업업무추진비)

수정 전	(차) 복리후생비(판매관리비)	400,000	(대) 미지급금(삼성카드)	400,000
수정 후	(차) 기업업무추진비(판매관리비)	400,000	(대) 미지급금(삼성카드)	400,000

06

[1] 수령하지 못한 이자를 미수수익으로 인식

12.31	(차) 미수수익(당좌자산)	1,500,000	(대) 이자수익(영업외수익)	1,500,000

[2] 지급 시 전액 비용처리한 금액 중 기간 경과하지 않은 120,000원을 선급비용(자산) 인식

12.31	(차) 선급비용(당좌자산)	120,000	(대) 보험료(판매비와관리비)	120,000

[3] 단기매매증권 평가이익(영업외수익) 인식

12.31	(차) 단기매매증권	100,000	(대) 단기매매증권평가이익(영업외수익)	100,000

(*) 평가이익: 기말가액 1,600,000(1,000주×1,600원) − 취득가액 1,500,000(1,000주×1,500원) = 100,000원

[4] • 외상매출금, 받을어음에 대해서만 대손충당금 설정해야 하므로 아래 2가지 방법으로 대손상각비 설정, 자동분개가 더 편리함
  • 방법 1 : 아래와 같이 추가할 대손상각비를 계산한 후 [결산자료입력] 창의 판매관리비의 대손상각비의 외상매출금 칸에 323,500원, 받을어음 칸에 240,000원 입력 → F3 전표 추가 클릭, [결산자료입력] 창에서 F8 대손상각 클릭해 추가할 대손충당금을 조회할 수도 있음

항 목	외상매출금	받을어음
매출채권 금액	322,350,000	28,300,000
대손충당금 필요액(1%)	3,223,500	283,000
대손충당금 잔액	2,900,000	43,000
추가 설정액	323,500	240,000

(*) 매출채권 금액, 대손충당금 기존잔액은 재무상태표의 12월말 잔액에서 조회

  • 방법 2 : 자동분개 입력 대신 아래 수동분개로 입력해도 상관없음. (시험문제가 요구 시 분개 입력을 5.결산차변, 6.결산대변으로 입력)

12.31	(결차) 대손상각비(판매관리비)	563,500	(결대) 대손충당금(외상매출금)	323,500
			대손충당금(받을어음)	240,000

07 [1] 4건
  [거래처원장] ⇒ 조회기간: 3월 1일 ~ 3월 31일 ⇒ 계정과목 "외상매출금" 입력 후 차변 건수 3건(만안상사, 남원상사, 큰손(주)) 확인, 계정과목 "받을어음" 입력 후 차변 건수 1건(봉사사) 확인. 총 외상매출 건수 4건(3건 + 1건)
[2] 5,200,000원
  [거래처원장] ⇒ 조회기간: 6월 1일 ~ 6월 30일 ⇒ 계정과목 "선급금", 거래처 "자담상사" 입력 후 기말잔액 5,200,000원 확인
[3] 23,400,000원
  [총계정원장] ⇒ 조회기간: 1월 1일 ~ 6월 30일 ⇒ 계정과목 "현금" 입력 후 차변 합계금액(입금액)이 가장 큰 5월, 44,000,000원 확인, 대변 합계금액(출금액)이 가장 큰 2월, 20,600,000원 확인. 차액은 23,400,000원(44,000,000 - 20,600,000)

[110회 - 이론]

01 ③ ① 자산(현금) 증가, 수익(임대료) 발생 ② 자산(상품) 증가, 부채(외상매입금) 증가
       ③ 비용(이자비용) 발생, 자산(현금) 감소 ④ 자산(토지) 증가, 자산(보통예금) 감소

02 ② 선급비용은 유동자산임.

03 ① • 단기매매증권 취득 시 발생한 수수료: 당기 비용 → 수수료비용
       • 차량 취득 시 취득세: 취득원가에 가산 → 차량운반구

04 ② • 기초 대변, 기말 차변인 항목 : 부채, 자본
       • 부채(②외상매입금), 자산(①받을어음, ④미수금), 비용(③광고선전비)

05 ① 재산세는 당기 비용 처리 → 세금과공과

06 ④ 당좌차월은 일종의 (–)통장 잔고로 유동부채임. 외부 공표 시 단기차입금 계정과목 사용

07 ① 인출금은 개인기업의 사업주가 개인적 용도로 사용한 금액에 대한 계정과목으로 연중에 임시로 사용하는 계정과목임. 회계기 간말에는 자본금으로 대체되어 마감됨.

08 ② 선급비용은 유동자산임.

09 ② 미지급비용이란 당기에 발생한 비용 중 아직 지급되지 않은 금액을 말함. 즉, 당기 수익에 대응되는 미지급된 비용임.

10 ③ • 보험료 120,000원 중 30,000원은 아직 기간이 경과되어 비용처리하면 안 되는 금액으로 선급비용임.
　　　• 수정후 당기순이익: 수정전 당기순이익(300,000) + 선급비용(30,000) = 330,000원

11 ③ 영업외비용: 이자비용(3,000) + 기부금(1,000) = 4,000원

12 ④ 대여금, 미수금 등 상거래 이외 채권의 기타의대손상각비는 영업외비용임.

13 ③ 거래 발행하여 분개 후 이를 각 계정, 즉 총계정원장에 옮겨 적는 것을 전기라고 함.

14 ① 일정시점의 기업의 재무상태를 나타내는 표(재무상태표), 일정 기간의 경영성과를 나타내는 표(손익계산서)

15 ④ 재고자산 원가 결정방법은 선입선출법, 후입선출법, 평균법, 개별법이 있음. 연수합계법은 감가상각 방법임.

[110회 – 실무]

01 [기초정보관리] – [회사등록] 클릭 후 아래 내용 정정

• 종목 : 문구및잡화 → 전자제품	• 개업연월일 : 2010-01-05 → 2010-09-14
• 사업장관할세무서 : 145.관악 → 305.대전	

02 [전기분 손익계산서] 클릭 후 아래 내용 정정

• 급여 : 20,000,000원 → 24,000,000원	• 복리후생비 : 1,500,000원 → 1,100,000원
• 잡이익(930) 3,000,000원 삭제	• 임대료(904) 3,000,000원 추가입력

03 [1] [기초정보관리] – [거래처등록] – [금융기관] 탭 클릭 후 아래 등록

• 거래처코드 : 9800	• 거래처명 : 한경은행	• 사업용 계좌 : 1.여
• 유형 : 1.보통예금	• 계좌번호 : 1203-4562-49735	

[2] [전기분 재무상태표] – [거래처별 초기이월] 클릭 후 아래 내용 정정

• 외상매출금 : – 믿음전자 : 15,000,000원 → 20,000,000원
– 리트상사 5,000,000원 삭제
– ㈜형제 5,000,000원 추가입력
• 외상매입금 : 중소상사 : 1,000,000원 → 12,000,000원

04

[1] 수령한 계약금은 선수금 계정과목 선택

07.16	(차) 보통예금	600,000	(대) 선수금(우와상사)	600,000

[2] 상거래 이외 외상 매입금 미지급금 계정과목 선택. 카드대금을 카드사에 지급하므로 거래처는 BC카드 선택

08.04	(차) 비 품	15,000,000	(대) 미지급금(BC카드)	15,000,000

[3] 사용 중인 차량의 자동차세는 당기 비용 처리 : 세금과공과 계정과목 선택

08.25	(차) 세금과공과(판매관리비)	120,000	(대) 현 금	120,000

[4] 외상매출금을 기일보다 빨리 회수하면서 깎아주면 매출할인(상품매출) 계정과목 사용.

09.06	(차) 당좌예금 매출할인(상품매출)	1,764,000 36,000	(대) 외상매출금(수분상사)	1,800,000

(*) 매출할인: 1,800,000 × 2% = 36,000원

[5] 영업부 직원 간식비는 복리후생비(판매관리비) 계정과목 선택

09.20	(차) 복리후생비(판매관리비)	200,000	(대) 현 금	200,000

[6] 광고선전비(판매관리비) 선택하며 상거래 이외 외상매입금 미지급금 계정과목 선택. 거래처는 삼성카드 선택

10.05	(차) 광고선전비(판매관리비)	500,000	(대) 미지급금(삼성카드)	500,000

[7] 기부금(영업외비용) 계정과목 선택

10.13	(차) 기부금(영업외비용)	500,000	(대) 현 금	500,000

[8] 영업부 직원의 건강보험료 본인 부담금 190,000원은 예수금으로 이미 원천징수 했고, 회사 부담금 190,000원은 복리후생비(판매관리비) 처리

11.01	(차) 예수금 복리후생비(판매관리비)	190,000 190,000	(대) 보통예금	380,000

05

[1] 상품 매입 시 운반부는 상품 취득원가에 가산 : 운반비(비용) → 상품

수정 전	(차) 운반비(판매관리비)	50,000	(대) 현 금	50,000
수정 후	(차) 상 품	50,000	(대) 현 금	50,000

[2] 차입금 원금 1,000,000원 상환 → 이자비용 1,000,000원 계상

수정 전	(차) 장기차입금(농협은행)	11,000,000	(대) 보통예금	11,000,000
수정 후	(차) 장기차입금(농협은행) 이자비용(영업외비용)	10,000,000 1,000,000	(대) 보통예금	11,000,000

06

[1] 전액 자산 처리한 소모품 중 당기 사용 금액 70,000원을 비용(소모품비)으로 인식

12.31	(차) 소모품비(판매관리비)	70,000	(대) 소모품	70,000

[2] 가수금 200,000원을 없애면서 외상매출금(강원상사) 회수 처리

12.31	(차) 가수금	200,000	(대) 외상매출금(강원상사)	200,000

[3] 원인 파악이 되지 않은 현금과부족 100,000원을 잡이익(영업외수익) 처리

12.31	(차) 현금과부족	100,000	(대) 잡이익(영업외수익)	100,000

(*) 현금과부족: 재무상태표 클릭 후 12월 입력하여 조회 → 차변에 현금과부족 (−) 100,000원이 있으므로 현금 시재액이 100,000원 남는 것임.

[4] • 방법 1 : 주어진 감가상각비를 수동분개로 입력

12.31	(차) 감가상각비(판매관리비)	1,100,000	(대) 감가상각누계액(차량운반구)	600,000
			감가상각누계액(비품)	500,000

• 방법 2 : [결산자료입력] 창의 판매관리비의 감가상각비 칸에 차량운반구 600,000원, 비품 500,000원 입력 → F3 전표 추가 클릭

07

[1] 드림상사, 4,200,000원

[거래처원장] ⇒ 조회기간: 6월 1일 ~ 6월 30일 ⇒ 계정과목 "외상매출금" 입력 후 기말잔액 가장 큰 드림상사와 잔액 4,200,000원 확인

[2] 2,524,000원

[총계정원장] ⇒ 조회기간: 1월 1일 ~ 6월 30일 ⇒ 계정과목 "복리후생비(판매관리비)" 입력 후 차변 금액(지출액)이 가장 큰 3월, 2,524,000원 확인

[3] 16,000,000원

[재무상태표] ⇒ 6월로 조회 ⇒ 차량운반구 22,000,000원, 감가상각누계액 6,000,000원 확인. 장부가액 16,000,000원(차량운반구 22,000,000 − 감가상각누계액 6,000,000)

콕콕 정교수 전산회계 2급

지은이 정성진
펴낸이 정규도
펴낸곳 (주)다락원

초판 1쇄 발행 2025년 5월 30일

기획 권혁주, 김태광
편집 이후춘, 배상혁

디자인 하태호, 김희정

다락원 경기도 파주시 문발로 211
내용문의: (02)736-2031 내선 288
구입문의: (02)736-2031 내선 250~252
Fax: (02)732-2037
출판등록 1977년 9월 16일 제406-2008-000007호

Copyright ⓒ 2025, 정성진

ISBN 978-89-277-7486-0   13320

http://www.darakwon.co.kr

• 다락원 홈페이지를 방문하시면 상세한 출판 정보와 함께 동영상 강좌, MP3 자료 등
  다양한 어학 정보를 얻으실 수 있습니다.

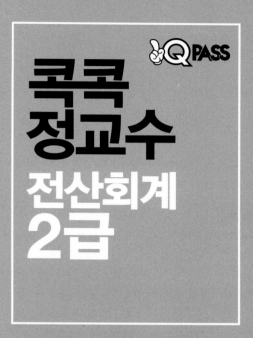

콕콕
정교수

전산회계
2급

공인회계사 · 세무사 **정성진** 지음

다락원

핵심체크

Ⅰ. 회계 기본개념

01 회계의 목적: 회계정보 이용자의 합리적인 의사결정에 유용한 정보 제공

02 회계정보 이용자
- 내부 정보이용자: 경영자, 종업원
- 외부 정보이용자: 주주, 투자자, 채권자(은행 등), 정부(세무서 등), 거래처 등
  (*) 참 고: 재무회계(외부정보 이용자에게 재무제표 제공), 원가관리회계(내부 경영자에게 원가정보 등 제공)

03 자산, 부채, 자본, 수익, 비용의 개념
- 자산: 과거 거래로 현재 기업에 의해 지배되고 미래에 경제적 효익 창출이 기대되는 자원
- 부채: 기업이 미래에 타인에게 갚아야 할 경제적 의무(타인자본)
- 자본: 자산에서 부채를 차감한 잔액으로 주주가 청구권을 가짐(자기자본) ⇒ 일명 순자산
- 수익: 경영활동으로 획득한 자산의 유입(또는 부채의 감소)
- 비용: 수익을 획득하기 위해 발생한 자산의 유출, 사용(또는 부채의 증가)

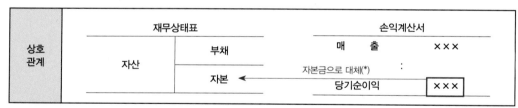

(*) 법인은 이익잉여금으로 대체

04 회계거래의 요건: 자산, 부채, 자본, 수익, 비용에 영향을 미치며 금액으로 측정 가능
[주 의] 단순한 계약서 작성은 회계상 거래가 아님.

05 회계등식(대차평균의 원리) 빈출 계산문제

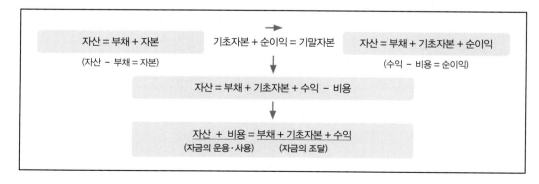

06 복식부기 Vs 단식부기

- 단식부기: 가계부와 같이 현금의 유출입만 기록하는 단순한 장부 기록법
- 복식부기: 회계거래가 발생하면 차변과 대변에 양쪽으로 장부에 기입하는 방식(거래의 이중성)으로 회계정보를 만드는 일련의 과정(복식회계)

07 회계거래 결합관계 `빈출` `사례`

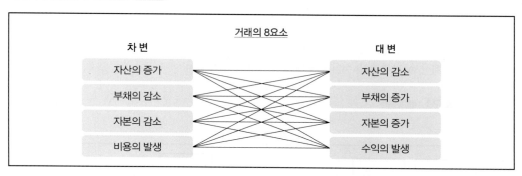

08 복식부기 자기검증

- (합계잔액)시산표: 재무상태표, 손익계산서 작성 전에 모든 계정과목이 장부에 제대로 전기되었는지 검증하는 표
- 발견 가능 실수: 차변·대변 중 한쪽 전기
- 발견 불가능 실수: 차변·대변 양편에 동일한 틀린 금액 입력, 차변·대변을 반대로 입력, 차변·대변에 이중으로 두 번 입력, 분개 자체를 누락

09 회계순환과정 `빈출`

- 결산절차: 기중 회계처리(거래 식별 → 분개(분개장) → 총계정원장 전기) ⇒ 수정 전 시산표 작성 → 기말 수정분개 → 수정 후 시산표 → 수익·비용 계정 마감 → 손익계산서 작성 → 자산·부채·자본 마감 → 재무상태표 작성
- 주요 장부(분개장, 총계정원장), 보조원장(상품재고장, 매출처원장, 매입처원장, 가지급원장 등), 보조기입장(현금출납장, 당좌예금출납장, 받을어음기입장, 지급어음기입장, 매입장, 매출장 등)
- 손익계산서: 수익·비용 계정 마감 → 집합손익계정 마감 → 손익계산서 작성(수익·비용계정은 차기로 이월되지 않음.)
- 재무상태: 자산·부채·자본 계정 마감 → 재무상태표 작성(자산·부채·자본계정은 차기로 이월됨.)

10 계정과목의 T계정 표시 `빈출`

자산·비용계정		부채·자본·수익계정	
(차변) +	(대변) −	(차변) −	(대변) +

(*) 자산 계정의 기말잔액은 차변, 부채·자본 계정의 기말잔액은 대변에 표시함.

11 재무제표 종류 `빈출`

재무상태표(특정 시점의 자산·부채·자본 잔액), 손익계산서(일정 기간 경영성과), 자본변동표(일정 기간 자본 변동), 현금흐름표(일정 기간 현금 변동), 주석(주기는 재무제표 아님.)

12 재무제표 표시: 기업명, 보고기간(재무상태표-보고기간 종료일, 손익계산서-회계기간), 금액단위, 당기·전기 비교표시

13 재무제표 작성 기준
- 재무상태표: 유동성구분, 유동성배열, 총액표시
  - 손익계산서: 발생주의, 수익·비용대응, 구분표시, 총액표시

14 재무상태표 구조 `빈출`

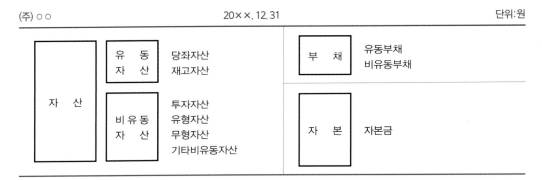

(주) ○ ○　　　　　　　　　　　　　　　20××. 12. 31　　　　　　　　　　　　단위:원

(*) 유동성 배열 `빈출`
- 자산: 당좌자산 → 재고자산 → 투자자산 → 유형자산 → 무형자산 → 기타 비유동자산
- 부채: 유동부채 → 비유동부채

15 손익계산서 구조 `빈출`

〈손익계산서 기본구조〉

(주) ○ ○　　　　　　　　　　　　20××.1.1~20××.12.31　　　　　　　　　　단위:원

매　　　　　　출	×××
매 출 원 가	(×××)
매 출 총 이 익	×××
판 매 비 와 관 리 비	(×××)
영 업 이 익	×××
영 업 외 수 익	×××
영 업 외 비 용	(×××)
소득세차감전순이익(*)	×××
소 득 세 비 용(*)	(×××)
당 기 순 이 익	×××

(*) 법인기업은 법인세차감전순이익, 법인세비용 용어사용

II. 유동자산

01 현금및현금성자산 빈출

- 현금: 통화(지폐, 동전), 통화대용증권(자기앞수표, 당좌수표, 우편환증서, 만기도래 약속어음, 만기도래 채권이자표, 배당금지급통지서)
- 요구불예금: 보통예금, 당좌예금
- 현금성자산: 취득일로부터 만기가 3개월 이내인 금융상품(양도성예금증서, 기업어음 등)
- 현금및현금성자산 아닌 것 ⇒ 당장 현금처럼 쓸 수 없음

> 우표, 수입인지, 만기미도래 약속어음, 선일자수표, 단기금융상품(회계기간 말 기준 1년 이내 만기인 적금, 정기예금), 특정현금과 예금(담보제공, 당좌개설보증금)

- 현금과부족: 현금 분실, 현금 입출금 기록누락 등으로 장부상 현금보다 금고 안의 현금이 적거나 많을 때 사용하는 임시계정과목

02 매출채권 빈출 계산문제 실무

- 매출채권: 상품, 제품 매출 등 상거래에서 발생한 외상 매출대금
  (외상매출금 - 그냥 구두상 외상매출, 받을어음 - 상대방의 어음 수령하면서 외상매출)
- 외상매출금 변동

> 기초 외상매출금 + 당기 외상매출 − 당기 회수 − 당기 대손확정 = 기말 외상매출금

- 받을어음 추심수수료: 수수료비용(판매관리비)
- 받을어음 배서 거래처: 배서하는 받을어음 거래처는 최초 어음발행 거래처 입력
- 받을어음 매각거래 할인료: 매출채권처분손실(영업외비용)
- 외화외상매출금 환산: 매출일 대비 회계기간 말 또는 외화 입금일 환율차이(영업외손익)

구 분		계정과목
환율 상승	회계기간 말(미실현)	외화환산이익
	외화 입금일(실현)	외환차익
환율 하락	회계기간 말(미실현)	외화환산손실
	외화 입금일(실현)	외환차손

03 대손충당금 빈출 실무

- 설정시점: 부족 시(추가 설정 ⇒ 대손상각비), 남을 경우(환입 ⇒ 대손충당금 환입)

> (차) 대손상각비(판매관리비) ×××　　　　　(대) 대손충당금(외상매출금 등) ×××

- 대손 발생 시: 기설정한 대손충당금과 외상매출금 상계 처리. 부족액은 추가 대손상각비 처리

> (차) 대손충당금(외상매출금 등) ×××　　　　　(대) 외상매출금 등 ×××
> 　　　대손상각비(판매관리비) ××× ← 대손충당금 부족 시

- 대손충당금 증감계산

> 기초 대손충당금 − 당기 대손확정 + 추가 설정 = 기말 대손충당금

- 이미 대손처리된 매출채권 회수: (차) 현금 ×××   (대) 대손충당금 ×××
- 기타 채권(선급금, 미수금 등) 대손: 기타의대손상각비(영업외비용)

04 유가증권 종류 [빈출]
- 단기매매증권: 1년 이내 처분 목적 주식, 채권(당좌자산)
- 만기보유증권: 만기까지 보유 목적 채권(투자자산)
- 매도가능증권: 1년 이후 처분 목적 주식, 채권(투자자산)

05 단기매매증권
- 취득비용: 수수료비용(영업외비용)
- 평가손익: 단기매매증권 평가손익(영업외손익)
- 처분손익: 단기매매증권 처분손익(영업외손익)

06 매도가능증권
- 취득비용: 취득원가 가산
- 평가손익: 기타포괄손익누계(자본)
- 처분손익: 매도가능증권처분손익(영업외손익)

07 단기매매증권 Vs 매도가능증권 [빈출] [실무]
- 취득비용: 단기매매증권(당기비용), 매도가능증권(취득원가)
- 평가손익: 단기매매증권(영업외손익), 매도가능증권(기타포괄손익누계)

08 기타 당좌자산 [빈출] [실무]
- 선급금(계약금, 선금 지급액), 단기대여금, 선납세금(이자 원천징수 당한 금액, 소득세·법인세 중간예납세액), 선급비용(미래 비용을 미리 지급한 금액), 미수수익(발생한 수익 중 받지 못한 금액), 미수금(기계장치, 건물 등 상거래 이외의 물품을 판매하고 받지 못한 금액), 가지급금(지급된 현금이 어디에 사용될지 모를 때 사용)
- 매출채권 Vs 미수금: 매출채권(상거래에서 받지 못한 외상매출금, 받을어음), 미수금(상거래 이외 유형자산 매각 등에서 받지 못한 금액)

09 재고자산 취득원가 [빈출]
- 재고자산: 정상적 영업과정의 판매용 상품, 제품 등
- 취득가액

> 재고자산 매입가액 + 매입부대비용(운임, 보험료, 하역료 등) − 매입할인 − 매입환출및에누리

10 재고자산 가액: 수량×단가 (빈출)
- 재고자산 수량파악: 실지재고조사법, 계속기록법, 혼합법
- 재고자산 단가계산: 개별법, 선입선출법, 후입선출법, (이동)평균법
- 물가상승 시 비교
  - 기말재고: 선입선출법 〉평균법 〉후입선출법
  - 매출원가: 후입선출법 〉평균법 〉선입선출법

11 재고자산 평가
- 재고자산 하락: 재고감모손실(수량 감소), 재고평가손실(가치하락)

Ⅲ. 비유동자산

01 장기금융상품: 회계기간 말 기준으로 1년 이후 만기가 도래하는 장기성예금 등

02 재고자산 VS 투자자산 VS 유형자산 (빈출)

구분	내용	사례
재고자산	통상적인 상거래 판매목적	판매용으로 보유 중인 컴퓨터, 부동산 등
투자자산	투자 목적	투자 또는 임대 목적 부동산, 주식 등
유형자산	업무에 사용 목적	업무에 사용 중인 컴퓨터, 기계장치, 본사 건물 등

03 유형자산 취득 (빈출) (실무)
- 건설중인 자산: 공사 중인 건물에 사용 중인 계정과목 ⇒ 완공 시 건물로 대체
- 취득원가에 가산되는 부대비용: 취득세, 거래비용, 최초 운송비용, 중개수수료, 자산해체비용, 설치준비비용, 조립비용, 시운전비, 토지구획비용 등
- 수익적 지출 VS 자본적 지출

구분	내용	회계처리
수익적 지출	페인트 칠, 유리교체 등 통상적인 유지를 위한 수선비용	당기 비용 처리
자본적 지출	엘리베이터 설치, 고가의 냉난방 장치, 빌딩의 증설 등 유형자산 가치를 대폭 증가시키는 지출	자산 처리

04 감가상각비 (빈출) (계산문제) (실무)
- 개념: 유형자산 취득원가를 일정기간 비용으로 인식하는 과정(단, 토지, 건설중인 자산, 투자부동산은 감가상각 안 함.)
- 감가상각 방법: 정액법, 정률법, 연수합계법, 생산량비례법, 이중체감법(한 번 선택된 감가상각방법은 계속 적용)

- 정액법: (취득원가 - 잔존가치)÷내용연수
- 정률법: [미상각잔액(취득원가 − 감가상각누계액)]×상각률
- 정액법과 정률법 그래프

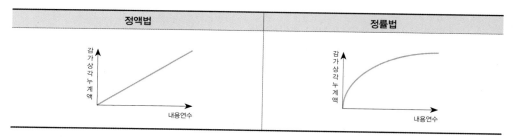

- 감가상각비 분개

| (차) 감가상각비 | ××× | (대) 감가상각누계액(건물 등) | ××× |

05 유형자산처분손익

- 처분가액 〉장부가액(취득가액 - 감가상각누계액): 유형자산처분이익(영업외수익)
- 처분가액 〈 장부가액(취득가액 - 감가상각누계액): 유형자산처분손실(영업외손실)

06 주요 무형자산: 형체가 없는 자산

영업권(타인으로부터 구입), 산업재산권(특허권, 실용신안권, 의장권, 상표권), 개발비, 소프트웨어, 광업권, 어업권, 라이선스 등

07 기타비유동자산: 임차보증금(추후 돌려받을 전세보증금), 전세권, 전신전화가입권, 장기미수금 등

Ⅳ. 부채와 자본

01 유동부채 （빈출） （실무）
- 매입채무: 원재료, 상품 등 본연의 상거래에 필요한 물품 등의 외상 매입대금
    （외상매입금 - 그냥 구두상 외상매입, 지급어음 - 어음 발행하면서 외상매입）
- 미지급금: 기계, 건물 구입 등 상거래 이외 외상매입대금
    （구두상 외상이든 어음 발행 외상이든 모두 미지급금 처리）
- 매입채무 Vs 미지급금: 매입채무(원재료, 상품 외상구입), 미지급금(기계장치 등 외상구입)
- 선수금: 매출 시 계약금 선(先) 수령액
- 예수금: 급여 지급 시 종업원이 납부할 국민연금, 건강보험료 원천징수액 ⇒ 다음 달 종업원을 대신해 납부하므로 단기성 부채
- 미지급비용: 이미 발생한 월세, 관리비, 전기료 등 각종 비용 중 지급하지 못한 부분
- 미지급세금: 회사가 납부할 소득세, 법인세 중 아직 납부하지 않은 세금(통상 1년 이내 납부)
- 선수수익: 발생하지 않은 수익을 미리 받은 금액으로 월세 선수령이 대표적 사례
- 단기차입금: 결산일(통상 12. 31일) 기준으로 1년 이내에 갚아야 할 은행차입금 등
  [주 의] – 장기차입금: 결산일 기준 1년 이후에 갚을 차입금으로 비유동부채임.
    – 당좌차월: 은행잔고 이상 인출하여 발생한 차입금으로 일종의 마이너스 통장잔액.
        당좌차월은 곧 갚아야 하므로 회계상 단기차입금에 해당
- 유동성장기부채: 결산일 기준 1년 이내 상환기일 도래한 장기차입금
- 가수금: 이유를 모르는 현금수령 시 사용하는 임시계정

02 비유동부채 （실무）
- 장기차입금: 금융기관 등에서 빌린 돈 중 회계기간 말 기준으로 1년 이후에 갚아야 할 차입금
- 임대보증금: 건물주가 세입자로부터 받아 둔 전세보증금(통상 회계기간 말 기준 1년 이후 전세기간이 끝나면 돌려줘야 함)
- 사채: 회사가 일반 대중으로부터 자금을 조달하려고 집단적으로 발행하는 채권. 통상 1년 이후 상환하므로 비유동부채로 분류
- 퇴직급여충당부채: 임직원이 매년 근무함에 따라 발생한 퇴직금. 통상 1년 이후 해당 임직원이 퇴직하므로 비유동부채로 분류

03 수익과 비용의 이연: 아직 미경과 （빈출） （실무）

수익		비용	
수익 이연	수익 발생	비용 이연	비용 발생
선수수익(부채)	미수수익(자산)	선급비용(자산)	미지급비용(부채)

04 자본 빈출 계산문제

• 자본의 구성

항목	내용
자본금	기업을 설립할 때 출자한 돈
인출금	개인기업 사업주가 회사에서 돈을 빼 쓸 때 사용하는 임시계정

• 자본의 증감

> 기초 자본금 + 추가 출자 − 인출 출자금 + 당기순이익 = 기말 자본금

(*) 대표이사가 개인적 용도로 회사자금 사용 시 자본 인출로 처리

V. 수익·비용

01 손익계산서 구조 빈출 계산문제

• 매출원가 = 기초재고 + 당기 매입 - 기말재고
• 매출총이익 = 매출 - 매출원가
• 영업이익 = 매출총이익 - 판매비와관리비
• 당기순이익 = 영업이익 + 영업외수익 − 영업외비용 − 소득세비용(법인세비용)

02 재화의 수익인식 기준

• 재화의 소유에 따른 위험이 구매자에게 이전된다.
• 수익금액을 신뢰성 있게 측정할 수 있다.
• 경제적 효익의 유입 가능성이 매우 높다.
• 거래의 원가와 비용을 신뢰성 있게 측정할 수 있다.

03 매출 조정 항목 계산문제

• 매출할인: 매출채권 조기 회수로 깎아 주는 금액으로 매출에서 차감
• 매출환입및에누리: 물품의 하자 등으로 물건값을 깎아 주는 금액으로 매출에서 차감

04 매출원가 조정 항목 계산문제

• 매입할인: 매입채무를 조기에 갚음에 따라 상대방이 깎아 준 금액으로 매출원가에서 차감
• 매입환출및에누리: 물품 하자 등으로 상대방이 물건값을 깎아 주는 금액으로 매출원가에서 차감

05 주요 판매비와관리비: 회사 영업 및 관리에 필요한 비용 일체 빈출 실무

> 급여, 잡급(일용직), 복리후생비(임직원 복지, 회사부담 건강보험료 등), 기업업무추진비(거래처 선물, 경조사비 등), 여비교통비, 세금과공과(재산세, 자동차세, 교통위반과태료, 회사부담 국민연금 등), 도서인쇄비(명함, 책 구입), 임차료, 대손상각비, 감가상각비, 교육훈련비, 차량유지비, 수수료비용, 수선비, 운반비 등

06 주요 영업외손익: 영업과 관련 없는 수익, 비용 일체 `빈출` `실무`

구분	계정과목
영업외수익	이자수익, 임대료, 단기매매증권 평가이익, 단기매매증권 처분이익, 유형자산처분이익, 외화환산이익(회계기간말 평가이익), 외환차익(외화 환전 이익), 자산수증이익, 채무면제이익, 보험차익, 잡이익 등
영업외비용	이자비용, 기부금, 단기매매증권 평가손실, 단기매매증권 처분손실, 유형자산 처분손실, 외화환산손실(회계기간말 평가손실), 외환차손(외화 환전 손실), 기타의대손상각비(미수금, 선급금 등 상거래 이외 채권 대손 손실), 재해손실, 잡손실 등

VI. 장부조회

01 재무상태표: 특정 월말의 자산, 부채, 자본 계정과목 잔액 조회 `빈출` `실무`

- 예: 5월 말 현재 재고자산의 전기 말 대비 증가 금액은 얼마인가?
- 예: 6월 말 현재 유동자산과 유동부채 차이 금액은?
- 예: 6월 말 현재 비품의 장부가액은 얼마인가?

02 거래처원장: 거래처별 특정 계정과목의 월말 잔액 `빈출` `실무`

- 예: 6월 말 현재 매출처 우진상사의 외상매출금 잔액은 얼마인가?
- 예: 5월 말 외상매출금 잔액이 가장 많은 거래처와 금액은 얼마인가?

03 총계정원장: 특정 계정과목의 가장 적게 또는 크게 발생한 월별 금액 조회 `빈출` `실무`

- 예: 상반기(1월~6월) 중 현금 지출이 가장 많은 달은 몇 월이며 그 금액은?
- 예: 1월부터 6월까지의 판매비와관리비 중 건물관리비 지출액이 가장 많은 월의 금액과 가장 적은 월의 금액 차이는?

04 월계표: 특정 계정과목의 월별 지출액을 현금과 그 이외 지출로 구분 조회 `빈출` `실무`

- 예: 1월 ~ 5월 기업업무추진비 지출액 중 현금으로 지출한 금액?
- 예: 4월부터 6월까지의 상품매출액?

05 계정별원장: 특정 계정과목의 월별 발생액, 거래내역, 거래건수 등 상세 내역 조회 `빈출` `실무`

- 예: 6월 중에 발생한 상품매출은 몇 건이며, 총 금액은 얼마인가?
- 예: 2~3월 중에 발생한 상품구입 총구입건수와 총구입대금은 얼마인가?

2부 빈출 120제

실력이 부족할 경우 ★★★ 문제는 과감히 패스해도 합격에는 지장이 없음.

Ⅰ. 이론

01. 다음 중 회계의 목적을 가장 잘 설명한 것은? [68회]

① 상품 판매 가격 결정

② 기업의 정당한 세액을 계산하여 세금 납부

③ 완성한 제품의 제조원가 결정

④ 기업의 이해관계자에게 합리적인 의사결정을 위한 정보제공

02. 다음 중 회계정보의 내부이용자에 속하는 이해관계자로 옳은 것은? [92회]

① 고객　　　　　② 정부　　　　　③ 경영자　　　　　④ 채권자

03. 다음 설명 중 잘못된 것은? [93회]

① 자산은 과거의 거래나 사건의 결과로서 현재 기업실체에 의해 지배되고 미래에 경제적 효익을 창출할 것으로 기대되는 자원을 말한다.

② 기업의 자금조달방법에 따라 타인자본과 자기자본으로 구분된다. 부채는 자기자본에 해당되며, 타인으로부터 빌린 빚을 말한다.

③ 자본은 기업실체의 자산총액에서 부채총액을 차감한 잔여액 또는 순자산을 말한다.

④ 비용은 기업실체의 경영활동과 관련된 재화의 판매 또는 용역의 제공 등에 따라 발생하는 자산의 유출이나 사용 또는 부채의 증가이다.

04. 다음 중 회계상 거래를 모두 고른 것은? [92회]

> 영미실업은 ㉠ 종업원을 추가로 채용하고 ㉡ 건물을 추가로 사용하기 위해 임대차계약을 체결하였으며 ㉢ 영업용 자동차 1대를 현금으로 매입하였다. 또한, ㉣ 1천만원의 상품을 추가로 주문하였고, ㉤ 바른은행에서 현금 2천만원을 3년간 차입하였다.

① ㉢, ㉤　　　　② ㉠, ㉣　　　　③ ㉠, ㉡　　　　④ ㉣, ㉤

05. 다음 중 시산표 등식으로 올바른 것은? [86회]

① 기말자산 + 총수익 = 기말부채 + 기초자본 + 총비용

② 기말자산 + 총수익 = 기말부채 + 기말자본 + 총비용

③ 기말자산 + 총비용 = 기말부채 + 기초자본 + 총수익

④ 기말자산 + 총비용 = 기말부채 + 기말자본 + 총수익

***
06. 다음 자료에 의하여 2기 기말자본금을 계산하면 얼마인가?(자본거래는 없음)   [96회]

구분	기초자본금	기말자본금	총수익	총비용	순이익
1기	300,000원	( )	100,000원	( )	30,000원
2기	( )	( )	400,000원	330,000원	( )

① 200,000원   ② 330,000원   ③ 400,000원   ④ 500,000원

**
07. 다음 중 장부를 기록하는 방법에 대한 설명이 틀린 것은?   [90회]

① 부기는 기록, 계산하는 방법에 따라 단식부기와 복식부기로 분류된다.

② 복식부기는 일정한 원리나 원칙에 따라 현금이나 재화의 증감은 물론 손익의 발생을 조직적으로 계산하는 부기이다.

③ 복식부기는 대차평균의 원리에 의하여 오류를 자동으로 검증하는 자기검증기능이 있다.

④ 복식부기는 일정한 원리원칙이 없이 재산의 증가 감소를 중심으로 기록하며 손익의 원인을 계산하지 않는 부기이다.

**
08. 결합관계에 대한 거래내용이 일치하는 것은?   [69회]

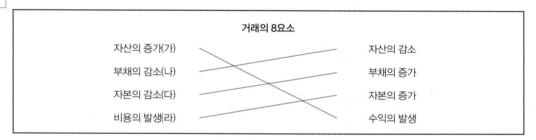

① (가) 외상매입한 상품대금 150,000원을 현금으로 지급하다.

② (나) 발행한 어음이 만기가 되어 어음금액 500,000원을 수표 발행하여 지급하다.

③ (다) 개인기업의 기업주 부담의 재산세 100,000원을 현금으로 지급하다.

④ (라) 현금 300,000원을 출자하여 영업을 시작하다.

**
09. 다음 중 혼합거래에 해당하는 것으로 옳은 것은?   [116회]

① 임대차 계약을 맺고, 당월 분 임대료 500,000원을 현금으로 받았다.

② 단기대여금 회수금액 300,000원과 그 이자 3,000원을 현금으로 받았다.

③ 단기차입금에 대한 이자 80,000원을 현금으로 지급하였다.

④ 상품 400,000원을 매입하고 대금 중 100,000원은 현금으로, 나머지 잔액은 외상으로 하였다.

***
10. 다음 중 결산 절차 (가)에 해당하는 내용으로 옳은 것은?　　　　[92회]

| 결산 예비 절차 | → | 결산 본 절차 | → | (가) |

① 시산표 작성　　　　② 분개장 마감　　　　③ 총계정원장 마감　　　　④ 재무상태표 작성

**
11. 다음 중 회계의 순환 과정 순서로 올바른 것은?　　　　[84회]

a. 분개　　　　b. 시산표작성　　　　c. 결산수정분개　　　　d. 거래의 발생
e. 총계정원장의 마감　　f. 결산보고서 작성 절차　　g. 전기(총계정원장)

① a→b→c→d→e→f→g　　　　② b→a→d→g→c→e→f
③ d→a→g→b→c→e→f　　　　④ d→a→g→c→b→f→e

**
12. 다음 중 결산 마감 시 가장 먼저 마감되는 계정은?　　　　[68회]

① 자산　　　　② 부채　　　　③ 자본　　　　④ 수익과비용

**
13. 다음 중 장부 마감 시 차기로 이월할 수 없는 계정은?　　　　[66회]

① 미지급비용　　　　② 선급금　　　　③ 이자비용　　　　④ 선수금

**
14. 다음 합계잔액시산표에서 틀리게 작성된 계정과목은?　　　　[63회]

차 변		계정과목	대 변	
잔 액(원)	합 계(원)		합 계(원)	잔 액(원)
10,000	250,000	현　　　　금	240,000	
20,000	330,000	외 상 매 출 금	310,000	
10,000	120,000	외 상 매 입 금	110,000	
		자 본 금	180,000	180,000
250,000	250,000	광 고 선 전 비		
		이 자 수 익	110,000	110,000

① 현금　　　　② 외상매출금　　　　③ 외상매입금　　　　④ 이자수익

**
15. 다음 중 시산표 작성 시 오류를 발견할 수 있는 경우는?　　　　[80회]

① 한 거래에 대한 분개 전체가 누락된 경우　　② 분개 시 차변과 대변의 계정과목을 잘못 기록한 경우
③ 분개 시 차변과 대변의 금액을 다르게 입력한 경우　　④ 한 거래를 이중으로 분개한 경우

^{***}
16. 다음 중 계정잔액의 표시로 옳지 않은 것은? [96회]

①
예수금	
	100,000원

②
토지	
	100,000원

③
보통예금	
100,000원	

④
외상매입금	
	100,000원

[*]
17. 일반기업회계기준에 따른 재무제표가 아닌 것은? [94회]

① 주기   ② 현금흐름표   ③ 재무상태표   ④ 자본변동표

^{**}
18. 다음은 재무상태표 작성기준에 대한 설명이다. 틀린 것은? [92회]

① 재무상태표의 계정과목은 유동성이 낮은 순서대로 배열한다.
② 재무상태표에서 자산·부채·자본은 총액 표시를 원칙으로 한다.
③ 자본 항목 중 잉여금은 자본잉여금과 이익잉여금으로 구분하여 표시한다.
④ 자산과 부채는 원칙적으로 결산일 현재 1년을 기준으로 유동항목과 비유동항목으로 구분하여 표시한다.

^{**}
19. 다음 중 재무상태표 작성의 기준이 아닌 것은? [66회]

① 1년 기준   ② 총액주의   ③ 유동성배열법   ④ 발생주의

^{**}
20. 다음 자료에서 유동성배열법에 의한 자산 계정의 배열 순서가 옳은 것은? [88회]

(가) 비품	(나) 상품	(다) 현금	(라) 영업권

① (다) – (나) – (가) – (라)   ② (다) – (가) – (라) – (나)
③ (다) – (가) – (나) – (라)   ④ (다) – (나) – (라) – (가)

^{**}
21. 다음 중 일반 기업회계기준의 손익계산서 작성기준에 대한 설명으로 가장 잘못된 것은? [88회]

① 수익과 비용은 순액으로 기재함을 원칙으로 한다.
② 수익은 실현시기를 기준으로 인식한다.
③ 비용은 관련 수익이 인식된 기간에 인식한다.
④ 수익과 비용의 인식기준은 발생주의를 원칙으로 한다.

^{**}
22. 다음의 ㉮, ㉯, ㉰, ㉱에 들어갈 내용으로 알맞은 것은? [67회]

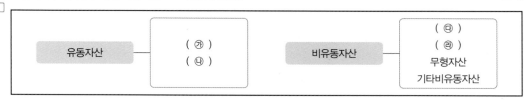

① ㉮ 당좌자산, ㉯ 투자자산   ② ㉮ 당좌자산, ㉯ 재고자산
③ ㉰ 재고자산, ㉱ 유형자산   ④ ㉰ 재고자산, ㉱ 투자자산

23. 다음 중 현금및현금성자산 항목에 해당되지 않는 것은? [87회]

① 보통예금　　　　　　　　　　　　② 타인발행수표
③ 취득 당시 만기가 5개월인 채권　　④ 배당금지급통지서

24. 다음과 같이 주어진 자료에서 당기의 외상매출금 현금회수액은 얼마인가? [91회]

- 외상매출금 기초잔액 : 5,000,000원　　• 당기에 발생한 외상매출액 : 13,000,000원
- 외상매출금 기말잔액 : 3,000,000원
- 당기에 외상매출금을 받을어음으로 대체한 금액 : 10,000,000원

① 13,000,000원　　　② 10,000,000원　　　③ 5,000,000원　　　④ 3,000,000원

25. 다음 계정기입에 대한 설명으로 가장 옳은 것은?(단, 반드시 아래에 표시된 계정만으로 판단할 것) [84회]

받을어음			
	8/3	현금	500,000원

① 상품 500,000원을 현금으로 매입하다.
② 받을어음 500,000원을 현금으로 회수하다.
③ 지급어음 500,000원을 현금으로 지급하다.
④ 상품 500,000원을 매출하고 거래처발행 약속어음으로 받다.

26. 다음 보기 내용에 맞는 올바른 회계처리는? [81회]

제품을 공급하고 받은 약속어음 550,000원을 주 거래 국민은행에서 50,000원 할인비용을 차감한 후 보통예금계좌로 입금 받았다.(매각거래로 처리할 것)

① (차) 보통예금　　　　500,000원　　　(대) 받을어음　　550,000원
　　매출채권처분손실　　50,000원
② (차) 보통예금　　　　500,000원　　　(대) 받을어음　　500,000원
　　매출채권처분손실　　50,000원　　　　　현금　　　　50,000원
③ (차) 보통예금　　　　500,000원　　　(대) 받을어음　　550,000원
　　수수료비용　　　　50,000원
④ (차) 보통예금　　　　500,000원　　　(대) 받을어음　　500,000원

27. 다음 자료를 참고로 적절한 회계처리는? [92회]

> 4월 2일 매출처 A사의 부도로 매출채권 2,000,000원이 회수불가능하여 대손처리하였다(대손충당금 잔액은 930,000원으로 확인됨).

① (차) 대손상각비   2,000,000원   (대) 매출채권   2,000,000원
② (차) 대손충당금   930,000원   (대) 매출채권   2,000,000원
      대손상각비   1,070,000원
③ (차) 대손충당금   930,000원   (대) 매출채권   930,000원
④ (차) 대손상각비   1,070,000원   (대) 매출채권   1,070,000원

28. 청석상점은 2017년 10월 15일 단기시세차익을 목적으로 시장성 있는 ㈜대성의 주식을 600,000원(액면금액 5,000원, 100주)에 구입하고 수수료 10,000원과 함께 현금으로 지급하였다. 이 주식을 2017년 11월 20일 700,000원에 전량 매각하였을 경우 단기매매증권처분이익으로 계상될 금액은 얼마인가? [75회]

① 90,000원   ② 100,000원   ③ 110,000원   ④ 190,000원

29. 다음 거래의 회계처리에 대한 설명으로 옳은 것은? [90회]

> 장기 보유 목적으로 ㈜문정의 주식(1주당 액면금액 1,000원) 100주를 액면금액으로 매입하고 수수료 10,000원과 함께 자기앞수표로 지급하다.

① 영업외비용이 10,000원 증가한다.   ② 투자자산이 110,000원 증가한다.
③ 만기보유증권이 110,000원 증가한다.   ④ 유동자산이 10,000원 감소한다.

30. 다음 선급금계정에서 10월 6일 거래의 설명으로 옳은 것은? [68회]

선급금			
10/6	현 금	150,000	

① 상품을 주문하고 계약금을 지급하다.   ② 상품을 주문받고 계약금을 받다.
③ 상품을 매입하고 계약금을 차감하다.   ④ 상품을 매출하고 계약금을 차감하다.

31. 다음 중 대여금에 대한 대손상각비를 판매비와관리비 항목에 포함하여 처리하였을 경우 일반기업회계기준으로 판단할 때, 손익계산서에 미치는 영향으로 옳은 것은? [91회]

① 영업이익은 과소계상 되었으나 당기순이익에는 변함없다.
② 기업의 매출활동 결과인 매출총이익에 영향을 미친다.
③ 기업회계기준에 따라 정상 처리되었다.
④ 당기순이익 계산에 영향을 미친다.

32. 다음 중 재고자산에 해당되는 것으로 올바르게 묶은 것은? [84회]

| a. 사무실에서 사용하는 컴퓨터　　b. 판매용 상품　　c. 당사가 제조한 제품　　d. 공장에서 사용하는 기계장치 |

① a, b　　　　　② b, c　　　　　③ c, d　　　　　④ b, d

33. 다음 중 재고자산의 매입원가에 가산하는 항목에 해당하지 않는 것은? [91회]

① 매입운임　　　② 매입보험료　　　③ 매입하역료　　　④ 매입할인

34. 다음 중 재고자산의 수량결정방법으로 맞은 것은? [67회]

① 실지재고조사법　　② 선입선출법　　③ 총평균법　　④ 이동평균법

35. 다음 중 재고자산의 단위원가(단가)를 결정하는 방법에 속하지 않는 것은? [118회]

① 개별법　　　② 선입선출법　　③ 가중평균법　　④ 연수합계법

36. 다음 중 물가하락 시 당기순이익이 가장 높게 계상되는 재고자산 원가결정방법은?(단, 재고자산의 기초재고수량과 기말재고수량이 동일하다고 가정함) [114회]

① 선입선출법　　② 이동평균법　　③ 총평균법　　④ 후입선출법

37. 다음은 영동기업의 당기 재고자산에 관련된 자료이다. 영동기업은 당해연도 8월 중에 600개의 재고자산을 판매하였다. 영동기업이 원가흐름의 가정을 선입선출법으로 적용할 경우 당기의 매출원가와 기말재고자산의 가액은? [75회]

구분	수량	매입단가
기초재고(1월 1일)	50개	500원
매입(5월 10일)	200개	600원
매입(6월 25일)	300개	650원
매입(7월 15일)	250개	800원

	매출원가	기말재고자산가액		매출원가	기말재고자산가액
①	340,000원	200,000원	②	360,000원	180,000원
③	380,000원	160,000원	④	400,000원	140,000원

38. 상품을 보관하는 과정에서 파손, 마모, 도난, 분실 등으로 인하여 실제재고수량이 장부상의 재고수량보다 적은 경우에 발생하는 손실을 처리하기 위한 계정과목으로 적절한 것은? [85회]

① 대손상각비　　② 재고자산감모손실　　③ 재해손실　　④ 잡손실

39. 다음과 같은 비유동자산들의 특징을 틀리게 설명한 것은? [91회]

| · 토지 | · 건물 | · 비품 | · 차량운반구 | · 기계장치 | · 구축물 |

① 보고기간 종료일로부터 1년 이상 장기간 사용 가능한 자산
② 판매 목적의 자산
③ 물리적형태가 있는 자산
④ 타인에 대한 임대 또는 자체적으로 사용할 목적의 자산

40. 다음의 유형자산과 관련된 지출금액 중 유형자산의 취득원가에 포함할 수 없는 것은? [82회]
① 취득 시 발생한 설치비
② 취득 시 사용가능한 장소까지 운반을 위하여 발생한 외부 운송 및 취급비
③ 유형자산을 사업에 사용함에 따라 발생하는 수리비
④ 유형자산의 제작 시 설계와 관련하여 전문가에게 지급하는 수수료

41. 유형자산의 취득 또는 완성 후의 지출이 유형자산으로 인식되기 위한 조건을 충족한 자본적 지출로 처리해야 하는 경우
가 아닌 것은? [92회]
① 내용연수 연장　　　　　　　　② 상당한 원가절감
③ 생산능력 증대　　　　　　　　④ 수선유지를 위한 지출

42. 자본적 지출을 수익적 지출로 잘못 회계처리한 경우, 이로 인해 발생하는 영향으로 바른 것은? [117회]
① 자산은 증가하고 이익은 감소한다.　　　② 자산은 증가하고 이익은 증가한다.
③ 자산은 감소하고 이익은 감소한다.　　　④ 자산은 감소하고 이익은 증가한다.

43. 유형자산의 종류 중 감가상각을 하지 않는 것만 모은 것은? [115회]
① 토지, 건물　　　② 토지, 건설중인자산　　　③ 건물, 차량운반구　　　④ 건물, 구축물

44. 2020년 10월 1일에 구입한 영업용 차량(단, 취득원가 25,000,000원, 잔존가액 1,000,000원, 내용연수 10년, 결산 연 1회)
에 대한 2020년 12월 31일 결산 시 정액법으로 계산한 감가상각비는 얼마인가? [93회]
① 600,000원　　　② 625,000원　　　③ 1,875,000원　　　④ 2,400,000원

45. 다음 자료에서 2018년 12월 31일 결산 후 재무제표와 관련된 내용으로 옳은 것은? [78회]

| · 2017년 1월 1일 차량운반구 10,000,000원에 취득 | · 정률법 상각, 내용연수 5년, 상각률 40% |

① 손익계산서에 표시되는 감가상각비는 4,000,000원이다.
② 재무상태표에 표시되는 감가상각누계액은 6,400,000원이다.
③ 상각 후 차량운반구의 미상각잔액은 6,000,000원이다.
④ 상각 후 차량운반구의 미상각잔액은 2,400,000원이다.

46. 다음은 사용하던 업무용 차량의 처분과 관련된 자료이다. 가장 거리가 먼 것은?　　　　[91회]

> • 취득가액: 25,000,000원　• 감가상각누계액: 14,000,000원　• 매각대금: 10,000,000원　• 매각대금결제: 전액 외상

① 이 차량의 장부가액은 25,000,000원이다.

② 매각대금 10,000,000원의 처리계정은 미수금이다.

③ 감가상각누계액 14,000,000원은 이전에 비용처리 되었다.

④ 이 차량의 매각으로 1,000,000원의 유형자산처분손실이 발생했다.

47. 다음 내용을 모두 포함하는 계정과목은 무엇인가?　　　　[117회]

> • 기업의 영업활동에 장기간 사용되며, 기업이 통제하고 있다.
> • 물리적 형체가 없으나 식별 가능하다.　　　　• 미래의 경제적 효익이 있다.

① 실용신안권　　　② 선수금　　　③ 기계장치　　　④ 재고자산

48. 다음은 부채에 대한 설명이다. 가장 옳지 않은 것은?　　　　[116회]

① 외상매입금은 일반적 상거래에서 발생하는 채무이다.

② 선수금은 상품을 주문받고 대금의 일부를 계약금으로 수취하였을 때 처리하는 계정과목이다.

③ 가지급금은 미래에 특정한 사건에 의해 외부로 지출하여야 할 금액을 기업이 급여 등을 지급 시 종업원 등으로부터 미리 받아 일시적으로 보관하는 금액을 처리하는 계정과목에 해당한다.

④ 가수금은 현금의 수입이 발생하였으나 처리할 계정과목이나 금액이 확정되지 않은 경우 계정과목이나 금액이 확정될 때까지 일시적으로 처리하는 계정과목이다.

49. 다음 계정과목 중 성격(소속구분)이 다른 하나는?　　　　[92회]

① 매입채무　　　② 미지급금　　　③ 장기차입금　　　④ 유동성장기부채

50. 다음 중 재무상태표에 표시되는 매입채무 계정에 해당하는 것은?　　　　[86회]

① 외상매입금, 지급어음　　　　　② 미수금, 미지급금

③ 외상매출금, 받을어음　　　　　④ 가수금, 가지급금

51. 다음은 외상매입금 거래처원장이다. 9월 외상매입금 지급액으로 옳은 것은?　　　　[66회]

금성상회					
9/30	차월이월	100,000원	9/01	전월이월	40,000원
			9/18	매　입	960,000원
하성상회					
9/30	차월이월	200,000원	9/01	전월이월	90,000원
			9/15	매　입	710,000원

① 1,400,000원　　　② 1,500,000원　　　③ 1,600,000원　　　④ 1,700,000원

52. 다음 거래를 분개할 경우 (가), (나)의 계정과목이 올바르게 짝지어진 것은? [87회]

> 우현상사는 거래처에서 컴퓨터 10대(@800,000)를 8,000,000원에 매입하고 당사 발행 약속어음으로 지급하였다.(단, 5대는 판매용, 5대는 영업부의 업무용으로 구입함)
>
> (차변) 상　품　4,000,000원　　(대변) (가)　4,000,000원
> (차변) 비　품　4,000,000원　　(대변) (나)　4,000,000원

① (가) - 지급어음, (나) - 지급어음　　② (가) - 미지급금, (나) – 미지급금
③ (가) - 미지급금, (나) - 지급어음　　④ (가) - 지급어음, (나) – 미지급금

53. 다음은 급여명세표이다. 급여 지급 시 급여명세표의 공제내역에 관한 회계처리와 관련 있는 계정은? [68회]

- 소속: 무한상사 영업부　　• 성명: 성실한　　• 주민등록번호: 801205-×××××××
- 직급(호봉): ×××(××)　　• 실수령액: 2,200,000원

급여내역		공제내역	
기 본 급	1,900,000	소 득 세	150,000
□□수당	300,000	주 민 세	15,000
급 식 비	150,000	건강보험료	85,000
교 통 비	100,000		
급 여 계	2,450,000	공제 계	250,000

① 예수금　　② 가수금　　③ 선수금　　④ 미수금

54. 거래처에 상품을 5,000,000원에 판매하기로 하고 계약금(판매금액의 10%)을 거래처에서 발행한 당좌수표로 받았다. 이에 대한 분개로 옳은 것은? [73회]

① (차) 당좌예금　500,000원　　(대) 선수금　500,000원
② (차) 현　금　500,000원　　(대) 선수금　500,000원
③ (차) 현　금　500,000원　　(대) 매출액　500,000원
④ (차) 당좌예금　500,000원　　(대) 매출액　500,000원

55. 당좌차월계약을 맺은 후 당좌예금잔액을 초과하여 발행한 수표금액을 회계처리하는 계정과목으로 가장 적절한 것은? [72회]

① 현금　　② 미지급금　　③ 지급어음　　④ 단기차입금

56. 다음 (가)와 (나)에 해당하는 계정과목을 〈보기〉에서 바르게 짝지은 것은? [85회]

손익의 이연	수익의 이연	(가)
	비용의 이연	(나)

〈보기〉　ㄱ. 미수수익　ㄴ. 미지급비용　ㄷ. 선급비용　ㄹ. 선수수익

① (가) ㄱ (나) ㄴ　　② (가) ㄴ (나) ㄱ
③ (가) ㄷ (나) ㄹ　　④ (가) ㄹ (나) ㄷ

57. 다음 자료에서 당기의 손익계산서에 표시되는 이자수익의 금액으로 옳은 것은? [94회]

		이자수익				(단위: 원)
12/31	선수수익	60,000	10/1	보통예금		100,000
12/31	손 익	40,000				

① 20,000원　　　　　② 40,000원　　　　　③ 60,000원　　　　　④ 100,000원

58. 다음 자료에서 A 개인기업의 12월 31일 현재 자본금은 얼마인가? [92회]

- 1월 1일 현금 51,000,000원을 출자하여 영업을 개시하였다.
- 9월 15일 사업주가 개인사용을 목적으로 1,910,000원을 인출하였다.
- 12월 31일 기말 결산 시 사업주가 인출한 금액을 자본금계정으로 대체하였다.
- 12월 31일 기말 결산 시 당기순이익 6,200,000원이다.

① 49,090,000원　　　　② 51,000,000원　　　③ 55,290,000원　　　④ 57,200,000원

59. 다음과 같은 자본금계정의 설명으로 올바른 것은? [62회]

		자본금			
12/31	인 출 금	1,000,000원	1/1	전기이월	5,000,000원
12/31	손 익	1,000,000원			
12/31	차기이월	3,000,000원			

① 기초자본금은 3,000,000원이다.　　　　② 기업주가 1,000,000원의 추가출자를 하였다.
③ 당기순손실이 1,000,000원이다.　　　　④ 기말자본금이 5,000,000원이다.

60. 다음은 용역의 제공에 대한 수익인식기준이다. 틀린 것은? [82회]

① 경제적 효익의 유입 가능성이 매우 높아야 한다.
② 거래전체의 수익금액을 신뢰성 있게 측정할 수 있어야 한다.
③ 진행률을 신뢰성 있게 측정할 수 있어야 한다.
④ 수익을 인식하기 위해서 투입하여야 할 원가를 신뢰성 있게 측정할 필요는 없다.

61. 다음 자료에 의해 순매출액을 구하면 얼마인가? [85회]

- 총매출액: 2,000,000원　　· 매출할인: 200,000원　　· 매출에누리: 100,000원
- 매입환출: 50,000원　　　· 매출환입: 300,000원

① 1,950,000원　　　　　② 1,550,000원　　　　③ 1,500,000원　　　　④ 1,400,000원

***
62. 다음 중 외상대금의 조기회수로 인한 매출할인을 당기 총매출액에서 차감하지 않고 영업외비용으로 처리하였을 경우 손익계산서상 매출총이익과 당기순이익에 미치는 영향으로 옳은 것은? [90회]

	매출총이익	당기순이익		매출총이익	당기순이익
①	과소계상	과대계상	②	과소계상	불 변
③	과대계상	불 변	④	과대계상	과소계상

***
63. 다음 자료에 의하여 매출원가를 구하면 얼마인가? [88회]

- 기초상품재고액: 900,000원
- 당기총매입액: 2,000,000원
- 기말상품재고액: 300,000원
- 상품매입 시 운반비: 50,000원
- 매입환출 및 에누리: 100,000원
- 매입할인: 50,000원

① 2,300,000원　　② 2,400,000원　　③ 2,500,000원　　④ 2,600,000원

***
64. 기말재고자산을 과소 평가한 경우 나타나는 현상으로 옳은 것은? [92회]

	매출원가	당기순이익		매출원가	당기순이익
①	과대계상	과대계상	②	과대계상	과소계상
③	과소계상	과대계상	④	과소계상	과소계상

***
65. 다음 계정기입에서 당기 소모품 미사용분의 금액은? [66회]

소모품비

4/1	현 금	700,000원	12/31 소 모 품		500,000원
			12/31 손 익		200,000원
		700,000원			700,000원

① 200,000원　　② 300,000원　　③ 500,000원　　④ 700,000원

**
66. 다음 자료를 기초로 판매비와관리비를 계산하면 얼마인가? [88회]

- 기부금: 400,000원
- 급여: 2,500,000원
- 복리후생비: 600,000원
- 소모품비: 300,000원

① 2,900,000원　　② 3,400,000원　　③ 3,500,000원　　④ 3,800,000원

**
67. 다음 자료에 의하여 영업외비용을 계산하면 얼마인가? [92회]

- 이자비용: 100,000원
- 복리후생비: 120,000원
- 통신비: 150,000원
- 잡손실: 170,000원
- 임차료: 210,000원
- 기부금: 110,000원

① 270,000원　　② 380,000원　　③ 480,000원　　④ 650,000원

68. 다음 중 연결이 바르지 않은 것은? [86회]

① 신입사원 명함인쇄비용 – 복리후생비

② 거래처 직원과의 식사비용 – 기업업무추진비

③ 직원들에 대한 컴퓨터 교육에 대한 강사비 지출 – 교육훈련비

④ 단기차입금에 대한 이자 지급 – 이자비용

69. 다음의 자료를 이용하여 당기순이익을 계산하면 얼마인가? [76회]

• 매출액: 8,000,000원	• 기초상품재고액: 1,500,000원	• 판매비와관리비: 2,000,000원
• 기말상품재고액: 2,500,000원	• 당기상품매입액: 4,000,000원	• 영업외비용: 700,000원

① 1,800,000원　　　　② 2,300,000원　　　　③ 3,800,000원　　　　④ 3,400,000원

70. 다음 거래와 관련이 있는 계정과목은? [91회]

기말 현재, 미국 하이사의 외상매출금 $1,000에 대하여 외화평가를 하다.(매출 시 환율 1,300원/$, 기말 평가 시 환율 1,000원/$)

① 외환차손　　　　② 외화환산손실　　　　③ 외환차익　　　　④ 외화환산이익

71. 다음 중 기말결산 수정정리사항이 아닌 것은? [90회]

① 미지급비용의 인식　　　　　　　② 기타채권에 대한 대손의 추정

③ 유가증권 처분에 따른 손익 인식　　　④ 건물의 감가상각

II. 실무

72. 상품매출 인식

매출계약하고 선수금을 받은 미림전자에 세탁기 5대를 인도하고 계약금을 차감한 잔액을 외상으로 하다. 당사 부담 운반비 150,000원은 현금으로 지급하다.(하나의 전표로 입력할 것) [118회]

1권	2호			거래명세표(거래용)			
2019 년 09 월 05 일		공급자	등록번호	135-27-40377			
미림전자　귀하			상호	보은상회	성명	나기동 ㊞	
			사업장소재지	경기도안산시 단원구 거미울길 13(선부동)			
아래와 같이 계산합니다.			업태	도소매	종목	가전제품	
합계금액		육백만원 원정 (₩ 6,000,000　　　　)					
월일	품　　　목	규격	수량	단가	공급대가		비고
9/5	세탁기	15KG	5	1,200,000	6,000,000		
		이하	여백				
계							
전잔금				합　계	6,000,000		
입금	8/25 계약금 600,000	잔금		5,400,000	인수자	김선태 ㊞	
비고	당사부담 운임 150,000원 현금지급						

★
73. 외상매출금 회수
☐ 매출처 서울상사의 외상매출금 중 1,500,000원은 약속어음(만기일 12월 20일)으로 받고 500,000원은 당사 보통예금계좌로 입금받다.   [79회]

★★★
74. 외화 외상매출금 회수
☐ 기중에 미국 ABCtech Corp.에 판매한 외상매출금 11,500,000원(미화 $10,000)의 결산일 현재 적용환율이 미화 1$당 1,200원이다. 기업회계기준에 따라 외화환산손익을 인식한다.   [91회]

★
75. 받을어음 배서
☐ 강원기기의 외상매입금 2,500,000원을 지급하기 위해 소망사무로부터 받아서 보관 중인 약속어음 2,500,000원을 배서양도 하다.   [96회]

★★
76. 받을어음 추심
☐ 덕우상사의 받을어음 9,000,000원이 만기가 도래하여 거래은행에 추심 의뢰하였는바 추심료 30,000원을 차감한 잔액이 당사 보통예금계좌에 입금되었음을 통보받다.   [77회]

★★
77. 받을어음 할인(매각거래)
☐ 아산상점에 상품을 매출하고 받은 약속어음 400,000원을 주거래 은행에서 할인받고 할인료 15,000원을 차감한 나머지 금액은 당좌 예입하다.(단, 관련 비용은 매출채권처분손실로 회계 처리할 것)   [88회]

★★
78. 매출할인
☐ 거래처 아사달유통의 상품매출에 대한 외상대금 3,000,000원을 회수하면서 약정기일보다 빠르게 회수하여 2%를 할인해 주고, 대금은 보통예금 계좌로 입금받다.   [92회]

★★
79. 상품 구입 1
☐ 상품 1,700,000원을 매입하고 대금은 당좌수표를 발행하여 지급하였다.(단, 당좌예금 잔액은 300,000원이었고 국민은행과의 당좌차월계약 한도액은 5,000,000원이다.)   [92회]

★★
80. 상품 구입 2
☐ 대전상사에서 상품 2,800,000원을 매입하고, 8월 30일 기지급한 계약금(300,000원)을 차감한 대금 중 1,000,000원은 보통예금에서 이체하고 잔액은 외상으로 하다.   [88회]

81. 대손충당금 설정
☐ 회사는 외상매출금과 받을어음의 기말잔액에 대하여 1%의 대손충당금을 보충법으로 설정하다.(재무상태표 조회: 외상매출금 68,730,000원, 받을어음 41,000,000원, 외상매출금 대손충당금 100,000원, 받을어음 대손충당금 50,000원)   [96회]

82. 대손발생
☐ ㈜P산업의 파산으로 외상매출금 700,000원이 회수 불가능하게 되어 대손처리 하다.(단, 대손충당금 잔액은 525,000원이다.)   [77회]

83. 대손처리된 외상매출금 회수
☐ 경동상사의 파산으로 7월 30일에 대손처리 하였던 외상매출금 300,000원을 보통예금으로 회수하였다.(7월 30일 자 전표입력을 참고하여 처리할 것)   [80회]

84. 단기매매증권 취득
☐ 단기 운용목적으로 ㈜동행 발행주식 1,000주(1주당 액면 5,000원)를 1주당 6,500원에 구입하다. 취득 시 수수료 110,000원을 포함한 대금은 보통예금에서 지급하다.   [92회]

85. 단기매매증권 처분
☐ 단기매매차익을 얻을 목적으로 보유하고 있는 ㈜사과의 주식 100주를 1주당 10,000원에 처분하고 대금은 수수료 등 10,000원을 차감한 금액이 보통예금계좌에 입금되었다.(단, ㈜사과의 주식 1주당 취득원가는 5,000원이다.)   [87회]

86. 단기매매증권 기말 평가
☐ 기말 현재 큰손상사가 단기매매차익을 목적으로 보유하고 있는 주식(100주, 1주당 취득원가 5,000원)의 기말 현재 공정가치는 주당 7,000원이다.   [96회]

87. 단기대여금 발생
☐ 거래처 대전상사에 경영자금 100,000,000원을 보통예금에서 단기대여해 주면서 이체수수료 1,500원을 현금으로 지급하다.(단, 수수료는 수수료비용(금융비용)으로 회계 처리한다.)   [90회]

88. 선급비용 인식
☐ 7월 1일에 1년 치 영업부 보증보험료(보험기간: 2021.7.1.~2022.6.30.) 1,200,000원을 보통예금계좌에서 이체하면서 전액 비용계정인 보험료로 처리하였다. 기말수정분개를 하시오.(단, 월할계산 할 것)   [96회]

*** 89. 미수수익 인식
□ 결산일 현재 장부에 계상되지 않은 당기분 임대료(영업외수익)는 500,000원이다.　　　　　　[92회]

** 90. 선급금 지급
□ 창문상사에서 상품 6,000,000원(300개, 1개당 20,000원)을 구입하기로 계약하고, 대금의 20%를 당좌예금 계좌에서 이체하였다.　　　　　　[84회]

** 91. 현금과부족 인식
□ 현금 시재를 확인하던 중 실제 현금이 장부상 현금보다 10,000원 적은 것을 발견하였으나 그 원인을 파악할 수 없다.　　　　　　[87회]

** 92. 투자부동산 취득
□ ㈜부동산나라에서 투자목적으로 건물을 70,000,000원에 매입하고 전액 약속어음을 발행하여 교부하다. 건물 매입에 따른 취득세 770,000원은 현금으로 납부하다.(하나의 전표로 회계처리 하시오.)　　　　[96회]

** 93. 차량운반구 취득
□ 승합차 등록비용 205,000원을 자동차등록대행업체인 예스카에 현금으로 지급하였다.　　　　　　[93회]

영수증		발행일		2020.9.25.
		받는이	동백상사	귀하
공 급 자				
상　　호	예스카		대표자	김센타　(인)
등록번호	321-21-00256			
받은금액				205,000원
날짜	품목	수량	단가	금액
9/25	차량등록비용			150,000원
	번호판구입외			55,000원
합　　계			₩	205,000원
부가가치세법시행규칙 제25조의 규정에 의한 (영수증)으로 개정				

** 94. 감가상각비 인식
□ 당기 본사 영업부서의 감가상각비는 비품 930,000원, 차량운반구 2,500,000원이다.　　　　　　[95회]

** 95. 유형자산 자본적 지출 발생
□ 본사 건물에 엘리베이터를 설치하고 13,000,000원을 넥스코에 2개월 후에 지급하기로 하다.(건물에 대한 자본적 지출로 회계처리)　　　　　　[93회]

***
96. 유형자산 처분

☐ 당사는 보유하고 있던 차량운반구(취득원가 8,000,000원, 감가상각누계액 2,000,000원)를 영동상사에 7,000,000원에 매각하고 대금을 자기앞수표로 지급받았다. [91회]

**
97. 임차보증금 지급

☐ 사무실로 사용하기 위해 상록빌딩과 체결한 부동산 임대차 계약의 잔금을 보통예금에서 이체 지급하다. (단, 보증금의 거래처를 기재하기로 한다.) [95회]

부동산 임대차 계약서						■월세 □전세	
임대인과 임차인 쌍방은 표기 부동산에 관하여 다음과 같이 임대차계약을 체결한다.							
1. 부동산의 표시							
소재지		서울시 강남구 삼성로 145길 11					
토 지	지 목	대지			면 적		11.99㎡
건 물	구 조	철근콘크리트	용 도	근린생활시설	면 적		138.7㎡
임대할부분		전체			면 적		138.7㎡

2.계약내용
제1조(목적) 위 부동산의 임대차에 한하여 임대인과 임차인은 합의에 의하여 임차보증금 및 차임을 아래와 같이 지불하기로 한다.

보증금	金	5,000,000 원정			
계약금	金	원정은 계약시에 지불하고 영수함 영수자( )		(인)	
중도금	金	원정은	년	월	일에 지불하며
잔 금	金	5,000,000 원정은	2021년 11월 8일에 지불한다.		
차 임	金	500,000 원정은	매월 20일(후불)에 지급한다.		

제2조(존속기간) 임대인은 위 부동산을 임대차 목적대로 사용할 수 있는 상태로 2021년 11월 8일까지 임차인에게 인도하며 임대차기간은 인도일로부터 2022년 11월 7일(12개월)까지로 한다.

-이 하 생 략-

**
98. 무형자산 상각

☐ 당기분 무형자산에 대한 감가상각비는 실용신안권 500,000원, 소프트웨어 700,000원이다. [95회]

***
99. 예수금 수령

☐ 영업사원 김창원의 9월 급여를 다음과 같이 당사 보통예금통장에서 이체하였다. [93회]

나리상사 2020년 9월 급여내역			
이 름	김창원	지 급 일	**2020년 9월 30일**
기본급여	3,800,000원	소 득 세	111,000원
직책수당	200,000원	지방소득세	11,100원
상 여 금		고용보험	36,450원
특별수당		국민연금	122,000원
차량유지		건강보험	50,000원
급 여 계	4,000,000원	공제합계	330,550원
노고에 감사드립니다.		지급총액	3,669,450원

*** 100. 예수금 납부
□ 11월분 건강보험료 250,000원(회사부담분 125,000원 본인부담분 예수액 125,000원)을 현금으로 납부하
였다.(회사부담분은 복리후생비로 처리하며, 하나의 전표로 입력할 것)   [92회]

** 101. 가지급금
□ 기말합계잔액시산표의 가지급금 잔액 500,000원은 거래처 대연상사에 대한 외상매입금 상환액으로 판명
되다.   [88회]

** 102. 가수금 수령
□ 기말합계잔액시산표의 가수금 잔액 1,600,000원은 거래처 부영상사에 대한 외상대금 회수액으로 판명되다.

[94회]

** 103. 선수금 수령
□ 무한상사에 상품을 6,000,000원에 판매하기로 계약하고, 계약금(판매금액의 10%)을 현금으로 받다.

[86회]

** 104. 단기 차입
□ 희망은행으로부터 2021년 12월 20일 상환하기로 하고, 30,000,000원을 차입하여 보통예금에 입금하였다.

[93회]

*** 105. 임대보증금 수령
□ 금정문구는 소유한 창고를 ㈜민철산업에 임대하기로 하고 임대보증금의 잔금을 ㈜민철산업이 발행한 당
좌수표로 받다.(단, 계약금은 계약서 작성일인 7월 1일에 현금으로 이미 받았으며 별도의 영수증을 발행하
여 주었다.)   [91회]

<table>
<tr><td colspan="8" align="center">**부동산 임대차 계약서**　　■월세　□전세</td></tr>
<tr><td colspan="8">임대인과 임차인 쌍방은 표기 부동산에 관하여 다음과 같이 임대차계약을 체결한다.</td></tr>
<tr><td colspan="8">1. 부동산의 표시</td></tr>
<tr><td>소재지</td><td colspan="5" align="center">부산광역시 금정구 금샘로323(구서동)</td><td></td><td></td></tr>
<tr><td>토 지</td><td>지 목</td><td>대지</td><td></td><td></td><td></td><td>면 적</td><td>3,242㎡</td></tr>
<tr><td>건 물</td><td>구 조</td><td>창고</td><td>용 도</td><td>사업용</td><td></td><td>면 적</td><td>1,530㎡</td></tr>
<tr><td>임대할부분</td><td colspan="5" align="center">전체</td><td>면 적</td><td>3,242㎡</td></tr>
<tr><td colspan="8">2.계약내용</td></tr>
<tr><td colspan="8">제1조(목적) 위 부동산의 임대차에 한하여 임대인과 임차인은 합의에 의하여 임차보증
금 및 차임을 아래와 같이 지불하기로 한다.</td></tr>
<tr><td>보증금</td><td>金</td><td colspan="3">10,000,000원정</td><td colspan="3"></td></tr>
<tr><td>계약금</td><td>金</td><td colspan="4">1,000,000원정은 계약시에 지불하고 영수함</td><td colspan="2">(인)</td></tr>
<tr><td>중도금</td><td>金</td><td colspan="6">원정은　　　　　　　년　　월　　일에 지불하며</td></tr>
<tr><td>잔 금</td><td>金</td><td colspan="6">9,000,000원정은　　2020 년　10월　1일에 지불한다.</td></tr>
<tr><td>차 임</td><td>金</td><td colspan="6">800,000원정은　　매월 20일(후불)에 지급한다.</td></tr>
<tr><td colspan="8">제2조(존속기간) 임대인은 위 부동산을 임대차 목적대로 사용할 수 있는 상태로 2020년 10
월 1일 까지 임차인에게 인도하며 임대차기간은 인도일로부터 2021년 9월 30일(12개월)
까지로 한다.</td></tr>
</table>

106. 자본금 인출 ★★

□ 대표자 개인 차량 과태료 60,000원을 현금 지급하였다. [95회]

107. 상품 매출원가 인식 ★★

□ 기말상품재고액은 3,600,000원이다.(기초상품금액과 당기 상품매입액의 합계는 214,150,000원임.) [116회]

108. 매입할인 ★★

□ 서연상사의 상품 구입 시 외상매입금 4,220,000원을 약정기일 이전에 지급함으로써 20,000원을 할인받고, 잔액은 당좌수표를 발행하여 지급하였다. [95회]

109. 복리후생비 지출 ★★

□ 영업부 직원용 유니폼을 600,000원에 삼호패션㈜에서 제작하고 신한카드로 결제하였다. [93회]

```
            카드매출전표
------------------------------
카드종류 : 신한카드
회원번호 : 2234-2222-****-1767
거래일시 : 2020.11.06.15:07:18
거래유형 : 신용승인
매   출 : 600,000원
부 가 세 :
합   계 : 600,000원
결제방법 : 일시불
승인번호 : 61999998
은행확인 : 신한은행
가맹점명 : 삼호패션(주)
```

110. 여비교통비 정산 ★★

□ 영업부사원 최지방이 12월 5일부터 12월 7일까지 부산 출장 시 지급받은 가지급금 400,000원에 대해 아래와 같이 사용하고 잔액은 현금으로 정산하다.(단, 가지급금에 대한 거래처 입력은 생략한다.) [117회]

· 왕복교통비 및 숙박비: 350,000원

$\overset{\star\star}{111}$. 거래처 접대

☐ 다음은 영업팀에서 거래처 임원과의 식사비용을 사업용 신용카드(비씨카드)로 결제하고 수취한 신용카드 매출전표이다.   [95회]

단말기번호 11213692	전표번호	
카드종류	거래종류	결제방법
비씨카드	신용구매	일시불
4140-0202-3245-9959		
유효기간	거래일시	품명
	2021.12.10.	스페셜 정식
전표제출	금 액/AMOUNT	130,000원
	합 계/TOTAL	130,000원
거래번호	승인번호/(Approval No.)	
	98421147	
가맹점 뽕사부		
대표자 정호용	TEL 02)	000-0000
가맹점번호 1578400	사업자번호 621-03-61009	
	서명(Signature)	
	상록	

$\overset{\star\star}{112}$. 수수료 지급

☐ 당사의 장부기장을 의뢰하고 있는 세무법인에 당월분 기장수수료 300,000원을 보통예금계좌에서 인터넷 뱅킹으로 이체하여 지급하다.   [94회]

$\overset{\star\star}{113}$. 도서인쇄비 지급

☐ 영업부에서 구독한 신문대금(정기구독료)을 현금으로 지급하였다.(도서인쇄비로 처리할 것)   [93회]

```
            영 수 증

          나리상사   귀하

        월구독료   15,000원
    위 금액을 7월분 구독료로 영수함.
            2020.07.31.

            희망일보
```

$\overset{\star\star\star}{114}$. 통신비·수도광열비 지급

☐ 7월분 영업부 사무실의 인터넷요금 50,000원과 수도요금 30,000원을 보통예금에서 이체하였다.   [86회]

115. 세금과공과 납부 [★★]

☐ 업무용 차량에 대한 제2기분 자동차세를 사업용카드(비씨카드)로 납부하고 다음과 같은 영수증을 수령하였다. [84회]

자동차세 세액 신고납부서			납세자 보관용 영수증		
납세자	최범락				
주소	경기도 안양시 동안구 학의로 332				
납세번호	기관번호	제목	납세년월기		과세번호
과세대상	17바 1234 (비영업용. 1998cc)	구분	자동차세	지방교육세	납부할 세액 합계
		당초산출세액	198,700		
과세기간	2019.07.01. ~2019.12.31.	선납공제액(10%)		(자동차세액 ×30%)	258,310 원
		요일제감면액(5%)			
		납부할세액	198,700	59,610	

116. 임차료 지급 및 선급비용 결산 [★★★]

☐ 3월 2일에 12개월분 마케팅부서 사무실 임차료(임차기간: 당해연도 3.2. ~ 다음연도 3.1.) 24,000,000원을 보통예금 계좌에서 이체하면서 전액 자산계정인 선급비용으로 처리하였다. 기말수정분개를 하시오.(단, 월할계산할 것) [113회]

117. 소모품비 결산 [★★★]

☐ 판매부문의 소모품 구입 시 비용으로 처리한 금액 중 기말 현재 미사용한 금액은 150,000원이다. [93회]

118. 이자비용 결산 [★★]

☐ 결산일 현재 12월분 차입금 이자비용 미지급액 500,000원이 계상되어 있지 않음을 발견하였다. [94회]

119. 기부금 지급 [★★]

☐ 12월 10일 코로나로 인한 치료 지원을 위하여 현금 5,000,000원을 한국복지협의회에 기부하였다. [115회]

120. 잡이익 인식 [★★]

☐ 결산일 현재 현금 실제액이 현금장부잔액보다 51,000원 많고 차이원인은 확인되지 않았다. [92회]

3부 빈출 계정과목 요약

Ⅰ. 재무상태표

구 분			내 용
자산	유 동 자 산	당 좌 자 산	
		현 금	통화(지폐, 동전), 통화대용증권(자기앞수표, 타인발행 당좌수표 등)
		당좌예금	당좌수표를 발행할 수 있는 예금
		보통예금	수시 입출금 예금
		단기금융상품	결산일로부터 만기가 1년 이내 도래하는 금융상품
		단기매매증권	회계기간 말 기준 1년 이내 처분 예정인 단기시세차익 목적으로 취득한 시장성 있는 주식, 채권
		외상매출금	구두상 외상으로 매출한 금액
		받을어음	어음을 받으면서 외상으로 매출한 금액
		대손충당금	미회수된 매출채권 중 회수가 불가능하다고 예상되는 금액
		단기대여금	빌려준 돈 중 회계기간 종료일 현재 1년 이내에 돌려받을 수 있는 금액
		미수수익	발생한 수익 중 아직 받지 못한 부분으로 미수이자가 대표적임.
		미 수 금	회사 본연의 상거래, 즉 상품, 제품의 매출이 아닌 다른 이유로 발생한 받지 못한 채권
		소 모 품	구입한 소모성 물품 중 아직 사용하지 못한 부분
		선 급 금	상품, 원재료, 기계 등을 구입하거나 사무실 전세를 얻기 위해 선금 또는 계약금 명목으로 미리 지급한 금액
		선급비용	미리 낸 비용 중 아직 비용화가 되지 않은 부분
		가지급금	현금, 예금을 지급하였으나 그 내역을 정확히 알지 못할 때 사용하는 임시계정
		선납세금	이자 수령 시 원천징수, 소득세(법인세) 중간예납으로 미리 납부한 세금
		현금과부족	현금 분실, 현금 지출 후 기록누락 등으로 장부상 현금보다 금고 안의 현금이 적을 때 사용
		재 고 자 산	
		상 품	구입해 판매하는 물품
		제 품	제조해 판매하는 물품
		원 재 료	물건의 제조를 위해 구입하는 원료, 재료 등
		매입환출및에누리	매입한 상품, 원재료의 결함, 하자로 깎은 물건값으로 해당 상품, 원재료에서 차감됨.
		매입할인	매입채무를 조기에 갚으면서 할인받은 금액으로 해당 상품, 원재료에서 차감됨.
	비유동 자 산	투 자 자 산	
		장기금융상품	회계기간 말 기준으로 1년 이후 만기가 도래하는 장기성예금 등
		특정현금과예금	담보제공된 금융상품 또는 당좌개설보증금

구 분			내 용
자산	비유동 자 산	투 자 자 산	
		장기대여금	회계기간 말 기준으로 1년 이후 회수되는 대여금
		매도가능증권	단기매매증권, 만기보유증권이 아닌 것으로 회계기간 말 기준 1년 이후 처분 목적인 주식, 채권
		만기보유증권	만기까지 보유하려고 취득한 채권
		투자부동산	시세차익이나 임대료를 받기 위해 취득한 토지, 건물 등
		유 형 자 산	
		토　지	영업, 제조활동에 사용할 대지 등
		건　물	영업, 제조활동에 사용할 공장 등
		기 계 장 치	영업, 제조활동에 사용할 각종 기계 등
		차량 운반구	영업, 제조활동에 사용할 승용차, 트럭 등
		비　품	영업, 제조활동에 사용할 컴퓨터, 책상 등
		건설중인자산	건물이 완공되기 전에 지출된 재료비, 인건비, 각종 경비를 처리할 임시계정
		감가상각누계액	유형자산 취득원가의 매년 비용 처리한 금액의 누계액(해당 유형자산에서 차감 표시)
		무 형 자 산	
		영 업 권	특정 기업을 인수, 합병할 때 그 가치를 인정해 장부상 금액보다 더 지급한 금액
		특 허 권	발명을 독점적으로 이용할 수 있는 권리
		상 표 권	상표를 독점적으로 이용할 수 있는 권리
		개 발 비	신제품이나 신기술을 개발하면서 발생한 비용 중 무형자산의 요건을 갖춘 경우의 금액
		소프트웨어	컴퓨터에 사용되는 각종 소프트웨어
		기 타 비유동	
		임차보증금	부동산 등을 빌리면서 보증금으로 맡긴 돈
		전 세 권	임차인이 전세 기간 만료 후 보증금을 받을 수 있도록 등기소에 등록된 것
		장기미수금	회계기간 말 기준으로 1년 이후 회수가 예상되는 미수금
		부도어음과수표	부도가 발생하여 대금을 회수하지 못한 어음과 수표
부 채	유 동 부 채	외상매입금	원재료, 상품을 구두상 외상으로 구입하면서 갚아야 할 빚
		지 급 어 음	원재료, 상품을 어음을 발행해 주면서 외상으로 구입하면서 갚아야 할 빚
		미지급금	영업활동(상거래) 이외 거래에서 발생한 부채로 건물, 기계장치 취득 시 외상 구입한 금액
		예 수 금	정상적인 영업활동(상거래) 이외 거래로 인해 일시적으로 받아둔 돈으로 급여 지급 시 원천징수한 소득세, 국민연금 등이 대표적 사례임.
		당좌차월	은행잔고 이상 인출하여 발생한 차입금으로 일종의 마이너스 통장 잔액
		가 수 금	현금 등을 받았으나 수령의 이유를 모를 때 일단 임시로 사용하는 계정과목
		선 수 금	정상적인 영업활동(상거래)에서 상품, 제품을 판매하기 전에 계약금 명목으로 미리 수령한 돈

구 분			내 용
부 채	유 동 부 채	단기차입금	회계기간 말 기준으로 1년 이내에 갚아야 할 차입금
		미지급세금	회사가 낼 소득세(법인세) 중 아직 납부하지 않은 금액
		미지급비용	이미 발생한 관리비, 전기료, 수도료 등의 각종 비용 중 지급하지 못한 부분
		선수수익	발생하지 않은 수익을 미리 받은 금액으로 월세 선수령이 대표적 사례임.
		유동성장기부채	장기차입금 중 회계기간 말 기준으로 1년 이내 만기가 도래하는 장기차입금을 유동부채로 바꾸는 계정과목
	비유동 부 채	사 채	회사가 일반 대중에게 자금을 조달하려고 집단적으로 발행하는 채권의 액면가액
		장기차입금	금융기관에서 빌린 돈 중 회계기간 말을 기준으로 1년 이후에 갚아야 할 차입금
		임대보증금	건물주가 세입자로부터 받은 전세보증금
		퇴직급여충당부채	전 임직원이 일시에 퇴직한다 가정할 때 지급할 퇴직금 중 아직 지급하지 않은 금액
자 본	자 본 금		기업을 설립할 때 출자한 돈
	인 출 금		개인기업 사업주가 회사에서 돈을 빼 쓸 때 사용하는 임시계정

II. 손익계산서

구 분		내 용
매 출 액	상품매출액	도소매 기업이 구입한 상품의 판매액
	제품매출액	제조기업의 제품 판매액
	매출환입및에누리	매출한 상품, 제품의 결함, 하자로 물건값을 깎아준 금액으로 매출에서 차감함.
	매출할인	매출채권을 조기에 회수하면서 외상대금을 깎아준 금액으로 매출에서 차감함.
매출원가	상품매출원가	도소매 기업이 판매한 상품의 구입 가액
	제품매출원가	제조기업이 판매한 제품의 제조원가
판매비와 관리비	급 여	임직원에게 근로의 대가로 지급되는 인건비
	상 여 금	임직원에게 근로의 대가로 지급되는 보너스
	잡 급	일용직 근로자에게 지급하는 일당
	퇴직급여	퇴직급여란 근로기준법에 따라 1년 이상 근무한 임직원이 퇴직할 때 지급할 퇴직금 중 당해 연도 발생한 금액
	복리후생비	임직원 복지를 위한 회식비, 경조사비, 피복비, 회사부담 건강보험료, 직원용 식당 운영비 등
	여비교통비	시내교통비, 국내외 출장비, 주차료, 통행료 등
	기업업무추진비	회사 업무와 관련하여 거래처 접대를 위한 비용. 거래처를 위한 경조사비도 기업업무추진비임.
	통 신 비	유무선 전화료, 우편료, 팩스비용, 인터넷비용 등
	수도광열비	상하수도요금, 도시가스요금, 난방용 유류비 등
	전 력 비	한국전력에 납부하는 전기요금
	세금과공과	자동차세, 재산세, 교통위반 과태료, 협회·조합비, 회사부담 국민연금. 단, 회사부담 건강보험료는 복리후생비임.
	감가상각비	유형자산의 당해 연도 원가 배분액
	임 차 료	임차한 부동산, 집기비품에 지급되는 매월 사용료로 사무실 임차료, 복사기 임차료 등
	수 선 비	건물수선비, 공기구 수선비, 비품 수선비 등
	보 험 료	산재보험료, 자동차보험료, 화재보험료 등
	차량유지비	차량유류비, 차량수리비, 주차비, 검사비 등
	경상연구개발비	개발단계의 비용 중 자산성이 없는 비용으로 연구원 급여, 시험재료비, 외주연구개발비 등
	교육훈련비	초청 강사료, 위탁교육훈련비, 해외연수비 등
	운 반 비	상하차비, 택배비, 배달비 등
	도서인쇄비	명함제작비, 참고서적 구입비, 신문구독비 등
	소모품비	소모성자재, 소모성공구나 비품 중 당해 연도 사용액
	수수료비용	기장 및 세무자문료, 인터넷뱅킹수수료 등
	광고선전비	광고선전물 제작비용, 신문·TV 등 광고료, 홍보용 달력 제작 등
	대손상각비	회수가 불확실한 매출채권(외상매출금, 받을어음)의 대손추산액 중 당해 연도 보충액. 단, 매출채권이 아닌 미수금, 선급금 등에 대한 대손추산액은 영업외비용의 '기타의 대손상각비' 사용
	무형자산상각비	영업권, 개발비 등 무형자산의 상각비
	잡 비	이상 열거한 비용에 포함시키기 어려운 잡다한 항목. 만약 중요한 항목일 경우 별도 계정과목을 설정해 구분표시 하여야 함.

구 분		내 용
영업외 수 익	이자수익	은행 예적금 이자 수령액 등
	배당금수익	보유 중인 주식에서 수령한 배당금
	임 대 료	빌려준 부동산 등에서 받은 월세
	단기매매증권평가이익	단기매매증권의 회계기간 말 공정가격(시가)이 취득가액보다 상승하여 발생한 미실현 평가이익. 단, 매도가능증권평가이익은 기타포괄손익임.(미실현이익)
	단기매매증권처분이익	단기매매증권을 처분하여 장부금액보다 더 많이 수령한 금액으로 실현된 이익(실현이익)
	외환차익	달러 등 외화를 실제 은행에서 환전하여 원화를 수령할 때 환율 상승으로 장부가액보다 더 수령한 원화 금액(실현이익)
	외화환산이익	달러 등 외화의 회계기간 말 환율이 외화를 처음 취득했을 때보다 오른 경우 그 상승 금액(미실현이익)
	유형자산처분이익	토지, 건물 등 유형자산을 처분할 때 장부가액보다 높게 처분하여 더 수령한 금액
	매도가능증권처분이익	매도가능증권을 처분하여 장부금액보다 더 많이 수령한 금액
	만기보유증권처분이익	채권과 같은 만기보유증권을 처분하여 장부금액보다 더 많이 수령한 금액
	자산수증이익	외부에서 무상으로 토지 등을 기증받아 생긴 이익
	채무면제이익	외상매입금, 차입금 등 부채를 탕감받아 생긴 이익
	보험차익	화재보험에 가입 후 화재로 인해 소실된 자산 금액보다 더 많은 보험금을 수령하여 발생한 차익
	잡 이 익	위 항목에 해당하지 않으면서 중요하지 않은 수익
영업외 비 용	이자비용	차입금, 당좌차월, 사채 등으로부터 발생한 이자 지급액
	외환차손	달러 등 외화를 실제 은행에서 환전하여 원화를 수령할 때 환율 하락으로 장부가액보다 덜 수령한 원화 금액(실현손실)
	외화환산손실	달러 등 외화의 회계기간 말 환율이 외화를 처음 취득했을 때보다 하락하여 발생한 손실(미실현손실)
	기 부 금	국가, 복지기관 등에 업무와 관계없이 무상으로 기증한 금액
	기타의대손상각비	회수가 불확실한 미수금, 선급금 등 상거래 이외 채권에 대한 대손추산액 중 당해 연도 보충액. 매출채권(외상매출금, 받을어음)에 대한 대손추산액은 판매관리비의 '대손상각비' 사용
	매출채권처분손실	외상매출금, 받을어음을 금융기관 등에 할인하여 처분하면서 수수료 지급 등으로 장부가액보다 덜 수령한 금액
	단기매매증권평가손실	단기매매증권의 회계기간 말 공정가격(시가)이 취득가액보다 하락하여 발생한 손실. 단, 매도가능증권평가손실은 기타포괄손익누계임.(미실현손실)
	단기매매증권처분손실	단기매매증권을 처분하여 장부금액보다 더 적게 수령하여 발생한 손실(실현손실)
	만기보유증권처분손실	채권과 같은 만기보유증권을 처분하여 장부금액보다 더 적게 수령해 발생한 손실
	재고자산감모손실	재고자산의 수량, 물량이 감소하여 손해 본 금액 중 원가성이 없는 금액. 단, 재고자산감모손실 중 원가성이 있는 부분은 매출원가에 포함시킴.
	재해손실	화재, 홍수, 지진 등 불가항력적 사고로 발생한 손실
	유형자산처분손실	토지, 건물 등 유형자산을 처분할 때 장부가액보다 낮게 처분하여 발생한 손실
	잡 손 실	위 항목에 해당하지 않으면서 중요하지 않은 비용

빈출문제 정답

01 ④	02 ③	03 ②	04 ①	05 ③	06 ③	07 ④	08 ②	09 ②	10 ④	11 ③	12 ④	13 ①	14 ③	15 ③
16 ②	17 ①	18 ①	19 ④	20 ①	21 ①	22 ②	23 ③	24 ③	25 ②	26 ①	27 ②	28 ②	29 ②	30 ①
31 ①	32 ②	33 ④	34 ①	35 ④	36 ④	37 ③	38 ③	39 ②	40 ②	41 ④	42 ④	43 ②	44 ①	45 ②
46 ①	47 ①	48 ③	49 ②	50 ①	51 ④	52 ④	53 ①	54 ②	55 ④	56 ④	57 ②	58 ④	59 ③	60 ④
61 ④	62 ③	63 ③	64 ④	65 ③	66 ④	67 ②	68 ①	69 ④	70 ②	71 ③				

72	(차) 선 수 금(미림전자) 600,000 외상매출금(미림전자) 5,400,000 운 반 비(판관비) 150,000 (대) 상품매출 6,000,000 현 금 150,000	73	(차) 받을어음(서울상사) 1,500,000 보통예금 500,000 (대) 외상매출금(서울상사) 2,000,000
74	(차) 외상매출금 500,000 (ABCtech Corp.) (대) 외화환산이익(영업외비용) 500,000	75	(차) 외상매입금(강원기기) 2,500,000 (대) 받을어음(소망사무) 2,500,000
76	(차) 보 통 예 금 8,970,000 수수료비용(판관비) 30,000 (대) 받을어음(덕우상사) 9,000,000	77	(차) 당 좌 예 금 385,000 매출채권처분손실 15,000 (대) 받을어음(아산상점) 400,000
78	(차) 매출할인(상품매출 403) 60,000 보통예금 2,940,000 (대) 외상매출금(아사달유통) 3,000,000	79	(차) 상 품 1,700,000 (대) 당좌예금 300,000 당좌차월(또는 단기차입금) 1,400,000
80	(차) 상 품 2,800,000 (대) 선 급 금(대전상사) 300,000 보 통 예 금 1,000,000 외상매입금(대전상사) 1,500,000	81	(차) 대손상각비(판관비, 835) 947,300 (대) 대손충당금(외상매출금, 109) 587,300 대손충당금(받을어음, 111) 360,000 (*) • 외상매출금 대손상각비: 68,730,000×1% – 100,000 = 587,300 • 받을어음 대손상각비: 41,000,000×1% – 50,000 = 360,000 • 12.31자로 상기 분개를 일반전표 입력하거나 "결산자료입력" 창에 입력 후 전표추가 클릭도 가능
82	(차) 대손충당금(외상매출금, 109) 525,000 대손상각비(판관비) 175,000 (대) 외상매출금(㈜P산업) 700,000	83	(차) 보통예금 300,000 (대) 대손충당금(외상매출금) 300,000
84	(차) 단기매매증권 6,500,000 수수료비용(영업외비용, 984) 110,000 (대) 보통예금 6,610,000	85	(차) 보통예금 990,000 (대) 단 기 매 매 증 권 500,000 단기매매증권처분이익(영업외수익) 490,000
86	(차) 단기매매증권 200,000 (대) 단기매매증권평가이익(영업외수익) 200,000	87	(차) 단기대여금(대전상사) 100,000,000 수수료비용(판관비) 1,500 (대) 보통예금 100,000,000 현 금 1,500

88	(차) 선급비용　　　　　　600,000 　　　(대) 보험료(판관비)　　　600,000 (*) 1,200,000원 × (6개월 ÷ 12개월) = 600,000	
90	(차) 선급금(창문상사)　　1,200,000 　　　(대) 당좌예금　　　　　1,200,000	
92	(차) 투자부동산　　　　70,770,000 　　　(대) 현　금　　　　　　770,000 　　　미지급금(㈜부동산나라)　70,000,000	
94	(차) 감가상각비(판관비)　3,430,000 　　　(대) 감가상각누계액(비품)　930,000 　　　감가상각누계액(차량운반구)　2,500,000 (*) 결산자료 입력 창의 판매관리비 부분 감가상각비 중 비품 930,000, 　차량운반구 2,500,000을 입력한 후 전표추가 클릭도 가능	
96	(차) 현　　金　　　　　7,000,000 　감가상각누계액(차량운반구, 209) 2,000,000 　　　(대) 차 량 운 반 구　8,000,000 　　　유형자산처분이익　1,000,000	
98	(차) 무형자산상각비(판관비) 1,200,000 　　　(대) 실용신안권　　　　　500,000 　　　소프트웨어　　　　　700,000 (*) 결산자료 입력 창의 판매관리비 부분 무형자산상각비 해당 칸에 금액 　입력 후 전표추가 클릭도 가능	
100	(차) 예 수 금　　　　　125,000 　복리후생비(판관비)　125,000 　　　(대) 현　金　　　　　250,000	
102	(차) 가수금　　　　　　1,600,000 　　　(대) 외상매출금(부영상사)　1,600,000	
104	(차) 보통예금　　　　30,000,000 　　　(대) 단기차입금(희망은행)　30,000,000	
106	(차) 인출금　　　　　　60,000 　　　(대) 현　金　　　　　60,000	
108	(차) 외상매입금(서연상사)　4,220,000 　　　(대) 당좌예금　　　　　4,200,000 　　　매입할인(상품, 148)　20,000	
110	(차) 여비교통비(판관비)　350,000 　현　金　　　　　50,000 　　　(대) 가지급금　　　　400,000	

89	(차) 미수수익　　　　　500,000 　　　(대) 임대료(영업외수익, 904)　500,000	
91	(차) 현금과부족　　　　10,000 　　　(대) 현　金　　　　　10,000	
93	(차) 차량운반구　　　　205,000 　　　(대) 현　金　　　　　205,000	
95	(차) 건　物　　　　　13,000,000 　　　(대) 미지급금(넥스코)　13,000,000	
97	(차) 임차보증금(상록빌딩)　5,000,000 　　　(대) 보통예금　　　　5,000,000	
99	(차) 급　여(판관비)　4,000,000 　　　(대) 예 수 금　　　　330,550 　　　보통예금　　　　3,669,450	
101	(차) 외상매입금(대연상사)　500,000 　　　(대) 가지급금　　　　500,000	
103	(차) 현　金　　　　　600,000 　　　(대) 선수금(무한상사)　600,000	
105	(차) 현　金　　　　　9,000,000 　선수금((주)민철산업)　1,000,000 　　　(대) 임대보증금((주)민철산업)　10,000,000	
107	(차) 상품매출원가　210,550,000 　　　(대) 상　品　　　　210,550,000 (*) 또는 결산자료 입력 창의 기말상품재고액 칸에 3,600,000원 입력 후 　전표 추가 클릭도 가능	
109	(차) 복리후생비(판관비)　600,000 　　　(대) 미지급금(신한카드)　600,000 　　　(또는 미지급비용)	
111	(차) 기업업무추진비(판관비)　130,000 　　　(대) 미지급금(비씨카드)　130,000 　　　(또는 미지급비용)	

112	(차) 수수료비용(판관비)	300,000		113	(차) 도서인쇄비(판관비)	15,000	
	(대) 보통예금		300,000		(대) 현　금		15,000
114	(차) 통　신　비(판관비)	50,000		115	(차) 세금과공과(판관비)	258,310	
	수도광열비(판관비)	30,000			(대) 미지급금(비씨카드)		258,310
	(대) 보통예금		80,000				
116	(차) 임차료(판관비)	20,000,000		117	(차) 소모품	150,000	
	(대) 선급비용		20,000,000		(대) 소모품비(판관비)		150,000
118	(차) 이자비용(영업외비용)	500,000		119	(차) 기부금(영업외비용)	5,000,000	
	(대) 미지급비용		500,000		(대) 현　금		5,000,000
120	(차) 현　금	51,000					
	(대) 잡이익(영업외수익)		51,000				